2024

COORDENADORES

Leandro Reinaldo
da **CUNHA**

Ana Carla
HARMATIUK MATOS

Vitor
ALMEIDA

Ana Carla Harmatiuk Matos
Ana Frazão
Andressa Regina Bissolotti dos Santos
Ariani Folharini Bortolatto
Camila Sampaio Galvão
Carla Watanabe
Cíntia Muniz de Souza Konder
Dóris Ghilardi
Fabíola Albuquerque Lôbo
Fernanda Nunes Barbosa
Fernanda Paes Leme
Fernanda Pantaleão Dirscherl
Francielle Elisabet Nogueira de Lima
Gilberto Fachetti Silvestre
Jacqueline Lopes Pereira
José Luiz de Moura Faleiros Júnior
Leandro Reinaldo da Cunha
Lígia Ziggiotti de Oliveira

RESPONSABILIDADE CIVIL, GÊNERO E SEXUALIDADES

Maria Cristine Lindoso
Natan Galves Santana
Nelson Rosenvald
Pedro Gueiros
Renata Peruzzo
Sérgio Lorentino
Silmara D. Araújo Amarilla
Teila Rocha Lins D'Albuquerque
Tereza Rodrigues Vieira
Thiago G. Viana
Vanessa de Castro Dória Melo
Vitor Almeida
Wagner Inácio Freitas Dias

Dados Internacionais de Catalogação na Publicação (CIP) de acordo com ISBD

R434
    Responsabilidade Civil, Gênero e Sexualidades / Ana Carla Harmatiuk Matos ... [et al.] ; organizado por Ana Carla Harmatiuk Matos, Leandro Reinaldo da Cunha, Vitor Almeida. - Indaiatuba, SP : Editora Foco, 2024.
    373 p. ; 17cm x 24cm.

    Inclui bibliografia e índice.
    ISBN: 978-65-6120-113-1

    1. Direito. 2. Direito civil. 3. Responsabilidade Civil. 4. Gênero. 5. Sexualidades. I. Matos, Ana Carla Harmatiuk. II. Frazão, Ana. III. Santos, Andressa Regina Bissolotti dos. IV. Bortolatto, Ariani Folharini. V. Galvão, Camila Sampaio. VI. Watanabe, Carla. VII. Konder, Cíntia Muniz de Souza. VIII. Ghilardi, Dóris. IX. Lôbo, Fabíola Albuquerque. X. Barbosa, Fernanda Nunes. XI. Leme, Fernanda Paes. XII. Dirscherl, Fernanda Pantaleão. XIII. Lima, Francielle Elisabet Nogueira de. XIV. Silvestre, Gilberto Fachetti. XV. Pereira, Jacqueline Lopes. XVI. Faleiros Júnior, José Luiz de Moura. XVII. Cunha, Leandro Reinaldo da. XVIII. Oliveira, Lígia Ziggiotti de. XIX. Lindoso, Maria Cristine. XX. Santana, Natan Galves. XXI. Rosenvald, Nelson. XXII. Gueiros, Pedro. XXIII. Peruzzo, Renata. XXIV. Lorentino, Sérgio. XXV. Amarilla, Silmara D. Araújo. XXVI. D'Albuquerque, Teila Rocha Lins. XXVII. Vieira, Tereza Rodrigues. XXVIII. Viana, Thiago G. XXIX. Melo, Vanessa de Castro Dória. XXX. Almeida, Vitor. XXXI. Dias, Wagner Inácio Freitas. XXXII. Título.

2024-1353   CDD 347   CDU 347

Elaborado por Vagner Rodolfo da Silva - CRB-8/9410
Índices para Catálogo Sistemático:
1. Direito civil 347
2. Direito civil 347

COORDENADORES
Leandro Reinaldo da CUNHA
Ana Carla HARMATIUK MATOS
Vitor ALMEIDA

Ana Carla Harmatiuk Matos
Ana Frazão
Andressa Regina Bissolotti dos Santos
Ariani Folharini Bortolatto
Camila Sampaio Galvão
Carla Watanabe
Cíntia Muniz de Souza Konder
Dóris Ghilardi
Fabíola Albuquerque Lôbo
Fernanda Nunes Barbosa
Fernanda Paes Leme
Fernanda Pantaleão Dirscherl
Francielle Elisabet Nogueira de Lima
Gilberto Fachetti Silvestre
Jacqueline Lopes Pereira
José Luiz de Moura Faleiros Júnior
Leandro Reinaldo da Cunha
Lígia Ziggiotti de Oliveira

RESPONSABILIDADE CIVIL, GÊNERO E SEXUALIDADES

Maria Cristine Lindoso
Natan Galves Santana
Nelson Rosenvald
Pedro Gueiros
Renata Peruzzo
Sérgio Lorentino
Silmara D. Araújo Amarilla
Teila Rocha Lins D'Albuquerque
Tereza Rodrigues Vieira
Thiago G. Viana
Vanessa de Castro Dória Melo
Vitor Almeida
Wagner Inácio Freitas Dias

2024 © Editora Foco

Coordenadores: Leandro Reinaldo da Cunha, Ana Carla Harmatiuk Matos e Vitor Almeida
Autores: Ana Carla Harmatiuk Matos, Ana Frazão, Andressa Regina Bissolotti dos Santos, Ariani Folharini Bortolatto, Camila Sampaio Galvão, Carla Watanabe, Cíntia Muniz de Souza Konder, Dóris Ghilardi, Fabíola Albuquerque Lôbo, Fernanda Nunes Barbosa, Fernanda Paes Leme, Fernanda Pantaleão Dirscherl, Francielle Elisabet Nogueira de Lima, Gilberto Fachetti Silvestre, Jacqueline Lopes Pereira, José Luiz de Moura Faleiros Júnior, Leandro Reinaldo da Cunha, Lígia Ziggiotti de Oliveira, Maria Cristine Lindoso, Natan Galves Santana, Nelson Rosenvald, Pedro Gueiros, Renata Peruzzo, Sérgio Lorentino, Silmara D. Araújo Amarilla, Teila Rocha Lins D'Albuquerque, Tereza Rodrigues Vieira, Thiago G. Viana, Vanessa de Castro Dória Melo, Vitor Almeida e Wagner Inácio Freitas Dias
Diretor Acadêmico: Leonardo Pereira
Editor: Roberta Densa
Coordenadora Editorial: Paula Morishita
Revisora Sênior: Georgia Renata Dias
Capa Criação: Leonardo Hermano
Diagramação: Ladislau Lima e Aparecida Lima
Impressão miolo e capa: FORMA CERTA

DIREITOS AUTORAIS: É proibida a reprodução parcial ou total desta publicação, por qualquer forma ou meio, sem a prévia autorização da Editora FOCO, com exceção do teor das questões de concursos públicos que, por serem atos oficiais, não são protegidas como Direitos Autorais, na forma do Artigo 8º, IV, da Lei 9.610/1998. Referida vedação se estende às características gráficas da obra e sua editoração. A punição para a violação dos Direitos Autorais é crime previsto no Artigo 184 do Código Penal e as sanções civis às violações dos Direitos Autorais estão previstas nos Artigos 101 a 110 da Lei 9.610/1998. Os comentários das questões são de responsabilidade dos autores.

NOTAS DA EDITORA:

Atualizações e erratas: A presente obra é vendida como está, atualizada até a data do seu fechamento, informação que consta na página II do livro. Havendo a publicação de legislação de suma relevância, a editora, de forma discricionária, se empenhará em disponibilizar atualização futura.

Erratas: A Editora se compromete a disponibilizar no site www.editorafoco.com.br, na seção Atualizações, eventuais erratas por razões de erros técnicos ou de conteúdo. Solicitamos, outrossim, que o leitor faça a gentileza de colaborar com a perfeição da obra, comunicando eventual erro encontrado por meio de mensagem para contato@editorafoco.com.br. O acesso será disponibilizado durante a vigência da edição da obra.

Impresso no Brasil (5.2024) – Data de Fechamento (5.2024)

2024
Todos os direitos reservados à
Editora Foco Jurídico Ltda.
Rua Antonio Brunetti, 593 – Jd. Morada do Sol
CEP 13348-533 – Indaiatuba – SP

E-mail: contato@editorafoco.com.br
www.editorafoco.com.br

PREFÁCIO

As denominadas questões de sexualidade e de gênero ganharam contemporaneamente visibilidade, mas são encontradas na antiguidade greco-romana, ainda que sem essa designação. Os debates travados à época sobre as práticas relativas ao casamento e às relações homossexuais masculinas, então já existentes, foram objeto de análise por Michel Foucault,[1] sob outra perspectiva, mas demonstram claramente o quão antiga é a presença de situações humanas divergentes da heteronormatividade, ao contrário do que possa parecer.

Cabe lembrar que o determinismo cromossômico de dois sexos tem como consequência uma esperada continuidade entre o sexo biológico, o gênero, a prática sexual e o desejo. A heterossexualidade assume, por conseguinte, o papel de um complemento "natural" da coerência exigida entre sexo e gênero, dando origem a "heteronormatividade", a qual estabelece as regras que regem a sexualidade das pessoas em todas as suas dimensões. Aqueles que não observam essa "matriz heterossexual" pagam um alto preço social, em geral traduzido através da discriminação, do cerceamento de direitos e, não raro, da repressão fundada na ilicitude.

Claras ficam as razões da longa e sofrida trajetória das pessoas heterodiscordantes, em todas as suas manifestações, ao longo de séculos. Contudo, as discussões sociojurídicas somente entraram efetivamente em pauta em fins da década de 1960, em razão de fato marcante ocorrido nos Estados Unidos. Em 28 de junho de 1969, a polícia inspecionou o clube *Stonewall Inn*, situado no coração do boêmio bairro de *Greenwich Village*, em Nova York, frequentado por *gays*, com o objetivo de expulsar clientes que mantinham relações com pessoas do mesmo sexo, prática considerada ilegal à época. A inspeção resultou na prisão de treze pessoas e protestos da população, que ocupou as ruas daquela cidade por cinco dias com diversas manifestações pelo "direito de viver sem se esconder". A data desse verdadeiro levante em defesa dos direitos das pessoas homossexuais, que ficou conhecido como "Rebelião de Stonewall", foi consagrada como o Dia Internacional do Orgulho LGBTQIAPN+, sigla atualmente adotada pelo movimento de pessoas heterodiscordantes.

As sucessivas modificações feitas na mencionada sigla são de todo significativas. A forma inicial GLS (gays, lésbicas e simpatizantes) foi abandonada em 2008, por não ser inclusiva, passando a ser LGBT, para reconhecimento das pessoas bissexuais, transexuais e travestis. Outras letras foram acrescidas ao longo do tempo. A sigla mais recente LGBTQIAPN+ procura incluir os demais grupos, tais como *queer*, intersex, assexual,

---

1. Ver sobre o assunto FOUCAULT, Michel. *A mulher/Os rapazes*: da história da sexualidade. Trad. Maria Theresa da Costa Albuquerque. São Paulo: Paz e Terra, 2002.

bem como expressa o símbolo de soma ao final, que revela a fluidez das orientações sexuais e identidades de gênero.

Em situação paralela se encontram as mulheres. Igualmente longa e sofrida tem sido sua trajetória, ainda que observem estritamente a heteronormatividade. Historicamente se constata que desde o período greco-romano a mulher tinha uma condição legal limitada e sem direitos políticos. Nos séculos XV e XVIII se encontra menção a denúncias da subjugação das mulheres à dominação imposta pelos homens, sob o fundamento da superioridade masculina. Todavia, estudos indicam que o surgimento do feminismo moderno tenha ocorrido no contexto sociopolítico da Revolução Francesa, onde se encontra uma célebre Declaração da escritora Olímpia de Gouges, que em 1791 proclamava ter a mulher direitos naturais idênticos aos dos homens e defendia a necessidade de equiparação dos direitos sociais, políticos e jurídicos entre homens e mulheres.[2]

O movimento das mulheres atravessou os séculos, com vários eventos marcantes, dentre os quais se destaca a pioneira greve feminina realizada em 1857 em Nova York. A luta das mulheres ganhou impulso efetivo na passagem do século XIX para o XX, tendo seu ápice na década de 1960, graças à histórica revolução dos costumes então iniciada.

Inegavelmente houve significativos avanços a partir da segunda metade do século vinte, mas o machismo ainda predomina em vários países africanos, asiáticos e latinos. O Brasil se inclui nessa relação de modo preocupante diante das estatísticas, que revelam lamentáveis números de agressões contra as mulheres, que vão de feminicídios à violência doméstica e obstétrica, que se mantêm ao lado de diversificadas formas de discriminação especialmente no trabalho. Ressalte-se que todos os casos se agravam nas situações de interseccionalidades.

O paralelismo entre a situação da população LGBTQIAPN+ e a do movimento das mulheres emerge claramente quando se considera o alarmante número de homossexuais e transgêneros que são mortos diariamente em decorrência da homofobia e da transfobia. Há, contudo, um ponto em comum, entre ambas as populações, que é indicado com propriedade pela dramaturga francesa Marion Aubert: a consciência compartilhada entre os homossexuais e as mulheres de saber "intimamente, em nossos corpos, que possivelmente, somos uma presa".[3]

Secularmente, as mulheres têm sido vítimas de opressão e a população LGBTQIAPN+ de repressão e patologização. Lembre-se que somente em 1990 a homossexualidade foi retirada da Classificação Internacional de Doenças (CID). A transexualidade foi excluída da CID por decisão de 2018, que apenas em 2022 se tornou obrigatória para todos que a adotam. Esta decisão foi ratificada em 2019 pela Organização Mundial de Saúde (OMS), retirando a transexualidade, após 28 anos, da categoria de transtornos

---

2. OLIVIERI, Antonio Carlos. Mulheres. *Uma longa história pela conquista de direitos iguais*. Disponível em: https://vestibular.uol.com.br/resumo-das-disciplinas/atualidades/mulheres-uma-longa-historia-pela-conquista-de-direitos-iguais.htm. Acesso em: 30 jan. 2024.
3. AUBERT, Marion. Sinais de alerta [Entrevista concedida a Ubiratan Brasil]. *Revista Ela*, O Globo, Rio de Janeiro, p. 21, 04 fev. 2024.

mentais para integrar a de "condições relacionadas à saúde sexual", passando a ser classificada como "incongruência de gênero".

Diante desse cenário resta claro que a opressão, a repressão e até a patologização somente contribuíram para causar ou aumentar – injustificadamente – o sofrimento das pessoas integrantes das mencionadas populações. O Direito, quando não amparou a opressão e a repressão, esteve calado por tempo demasiado sobre essas situações humanas. No momento em que se movem vários setores do mundo jurídico para, ao menos, amparar essas pessoas, constata-se que não há instrumentos bastantes ou ideais. Em verdade, a significativa parcela conservadora da sociedade dificulta o avanço legislativo tão esperado, principalmente no Brasil.

A responsabilização civil, sólido e tradicional instituto do Direito Civil, que se caracteriza por suas múltiplas funções e amplíssima área de incidência, destaca-se como o instrumento capaz, senão de resolver cabalmente, de dar amparo efetivo aos integrantes das populações LGBTQIAPN+ e de mulheres. Bastaria esta menção para evidenciar a importância da presente obra. Mas não é só.

Os temas enfrentados se inscrevem, sem dúvida, dentre os mais sensíveis vivenciados pelas citadas populações e permitem que seja traçado um panorama da diversidade e complexidade das questões humanas que estão em jogo. O maior mérito da obra é, porém, dar visibilidade e encaminhar soluções para situações não raro desconhecidas por boa parte da sociedade, quando não pelo próprio mundo jurídico.

Indiscutivelmente, a presente obra é leitura obrigatória para todos que procuram combater a discriminação e a violência em qualquer de suas manifestações.

Janeiro de 2024

Heloisa Helena Barboza

Doutora em Direito pela UERJ e em Ciências pela ENSP/FIOCRUZ. Professora Titular de Direito Civil e Diretora da Faculdade de Direito da Universidade do Estado do Rio de Janeiro (UERJ). Parecerista em Direito Privado. Procuradora de Justiça do Estado do Rio de Janeiro (aposentada).

APRESENTAÇÃO

Com imensa alegria trazemos aos estudiosos da responsabilidade civil essa obra que vincula e intesecciona a temática da sexualidade e do gênero. Cuida-se de mais uma coletânea realizada pelo IBERC (Instituto Brasileiro de Estudos de Responsabilidade Civil), que conta com expoentes do direito nacional discorrendo sobre questões de extrema relevância e atualidade, mas ainda escassamente examinadas sob a ótica do direito dos danos.

A natural fluidez dos intercambiáveis conceitos ora abordados, inevitavelmente, permite análises sob diferentes prismas, razão pela qual cabe, desde logo, registrar que ainda que se considere o gênero como um dos alicerces componentes da sexualidade, como um todo, compreendemos como fundamental a indicação expressa do termo. Isso porque, independentemente da visão adotada, é indispensável, em franco diálogo plural, gizar que as questões de gênero ganharam o coprotagonismo necessário na obra que finalmente alcança o público.

A partir da consideração de que a sexualidade é uma característica humana inafastável, evidencia-se a existência de uma enorme gama de situações em que aspectos vinculados ao sexo, gênero, orientação sexual e identidade de gênero estão na base de condutas ensejadoras de responsabilidade civil, razão pela qual tal obra se mostra tão necessária e pertinente, ainda mais nos tempos atuais, sobretudo em razão dos danos sofridos refletirem o espectro de forte discriminação e opressão.

Todas as pessoas têm a sua vivência em sociedade tangenciada pelos elementos que lhe são caracterizadores, o que descortina que as dissidências sexuais de forma recorrente suportam diversas situações lesivas que merecem urgente atenção, tanto sob o enfoque das políticas de combate à discriminação quanto à efetiva compensação dos danos injustos sofridos. Não resta dúvida que as lesões aos interesses juridicamente merecedores de tutela adquirem contorno peculiar na medida em que a injustiça alcança não só o dano em si, mas reverbera em uma dimensão coletiva de discriminação e estigma.

As ofensas às chamadas minorias sexuais não podem restar incólumes, pois tais grupos vulnerabilizados necessitam, em um Estado Democrático de Direito, de especial atenção sob pena de padecerem de uma realidade que os aparte plenamente de uma vida digna, muitas vezes flertando com uma realidade de segregação e estigma tamanha que os priva do exercício pleno de sua cidadania inclusiva.

Trazer a público uma obra com 20 artigos tratando da relação existente entre responsabilidade civil e os elementos da sexualidade (sexo, gênero, orientação sexual e identidade de gênero) é vital não só em razão do conteúdo valioso dos artigos que a compõe, mas também por conferir visibilidade ao tema que muito sofre com as alegações de ausência de legitimidade ante a existência de uma igualdade formal (mas longe de se consolidar como material e substancial), bem como pelo desprezo das pautas das minorias identitárias, tratadas por muitos de forma jocosa e marginalizada.

Proporcionar a estudiosos e pesquisadores um manancial tão vasto de conhecimento e informações sobre o tema é essencial para a caminhada em busca de uma sociedade que se mostre progressivamente mais afeita a garantir a todas as pessoas o acesso aos direitos fundamentais resguardados de forma ampla e geral no projeto emancipatório e solidarista da Constituição da República de 1988.

Verão de 2024.

Leandro Reinaldo da Cunha
Ana Carla Harmatiuk Matos
Vitor Almeida

SUMÁRIO

PREFÁCIO
Heloisa Helena Barboza.. VII

APRESENTAÇÃO
Leandro Reinaldo da Cunha, Ana Carla Harmatiuk Matos e Vitor Almeida IX

FUNÇÕES DA RESPONSABILIDADE CIVIL, NÃO DISCRIMINAÇÃO E COMUNIDADE LGBTIAPN+

DIREITO DOS DANOS E INDENIZAÇÃO: A DIFERENÇA QUE PESA ONDE NÃO DEVERIA IMPORTAR NA QUANTIFICAÇÃO DOS LUCROS CESSANTES
Nelson Rosenvald e Wagner Inácio Freitas Dias 3

RESPONSABILIDADE CIVIL E DISCRIMINAÇÃO POR ORIENTAÇÃO SEXUAL: DESAFIOS À PROTEÇÃO DA PESSOA HOMOSSEXUAL EM FACE DA HOMOFOBIA
Vitor Almeida 15

CASO OLIVERA FUENTES VS. PERU: ENTRECRUZAMENTOS DA RESPONSABILIDADE CIVIL, RELAÇÕES DE CONSUMO E DISCRIMINAÇÃO CONTRA PESSOAS LGBTQIA+
Thiago G. Viana.. 41

A RESPONSABILIDADE CIVIL DAS AGREMIAÇÕES RELIGIOSAS PELA PRÁTICA DE CULTO DE TEOR DISCRIMINATÓRIO EM RAZÃO DAS QUESTÕES DE GÊNERO E DE ORIENTAÇÃO SEXUAL
Sérgio Lorentino 61

O PAI DESPÓTICO: A RESPONSABILIDADE PATERNA PELOS DANOS CAUSADOS À PROLE DISSIDENTE DA HETERONORMATIVIDADE
Silmara D. Araújo Amarilla 75

RESPONSABILIDADE CIVIL, TRANSGÊNEROS E INTERSEXO

O APAGAMENTO, O *LAWFARE* E O *CYBERBULLYING* COMO ESTRATÉGIAS DE DISCRIMINAÇÃO CONTRA PESSOAS TRANS
Carla Watanabe... 97

A RESPONSABILIDADE CIVIL DO ESTADO PELA INSUFICIÊNCIA DE UNIDADES HOSPITALARES CREDENCIADAS PARA A REALIZAÇÃO DO PROCESSO TRANSEXUALIZADOR

Vanessa de Castro Dória Melo e Leandro Reinaldo da Cunha.................... 115

RESPONSABILIDADE CIVIL ANTE A VIOLAÇÃO PÓSTUMA DA IDENTIDADE DE GÊNERO

Teila Rocha Lins D'Albuquerque e Leandro Reinaldo da Cunha 131

ENTRE RECONHECIMENTO E REDISTRIBUIÇÃO: A LUTA DAS PESSOAS TRANS PELO DIREITO FUNDAMENTAL À IGUALDADE

Natan Galves Santana e Tereza Rodrigues Vieira 151

RESPONSABILIDADE CIVIL E VIOLÊNCIA DE GÊNERO

RESPONSABILIDADE CIVIL, GÊNERO E VIOLÊNCIA OBSTÉTRICA

Ana Carla Harmatiuk Matos e Jacqueline Lopes Pereira............................ 167

O DANO DIRETO E O DANO REFLEXO NAS VIOLÊNCIAS DE GÊNERO EM CONTEXTO DE VIOLÊNCIA DOMÉSTICA E SEUS EFEITOS PARA A RESPONSABILIDADE CIVIL

Fernanda Nunes Barbosa e Renata Peruzzo 185

A EXTENSÃO DO DANO À MULHER NA VIOLÊNCIA DOMÉSTICA OU FAMILIAR: DEVER GERAL DE INCOLUMIDADE, LESÕES À PERSONALIDADE E INDENIZAÇÃO DE PREJUÍZOS

Gilberto Fachetti Silvestre 201

RESPONSABILIDADE CIVIL, PLANEJAMENTO FAMILIAR E CUIDADO SOB A ÓTICA DO GÊNERO

RESPONSABILIDADE CIVIL POR CONCEPÇÃO INDESEJADA

Cíntia Muniz de Souza Konder 225

DANOS E TECNOLOGIA: ÚTEROS ARTIFICIAIS E NOVAS FRONTEIRAS AO PLANEJAMENTO FAMILIAR

Fernanda Paes Leme e Pedro Gueiros 241

RESPONSABILIDADE CIVIL PELO TEMPO DEDICADO AO CUIDADO: UM CAMINHO RUMO À IGUALDADE MATERIAL?

Andressa Regina Bissolotti dos Santos.. 255

ASSIMETRIAS DE GÊNERO EM RELAÇÕES FAMILIARES: POSSIBILIDADES DE APLICAÇÃO DA TEORIA DA PERDA DE UMA CHANCE EM HIPÓTESE DE AUSÊNCIA DE DIVISÃO DE CUIDADOS PARENTAIS

Lígia Ziggiotti de Oliveira e Francielle Elisabet Nogueira de Lima........................... 271

DISCRIMINAÇÃO, DADOS PESSOAIS E GÊNERO

DEVERES E RESPONSABILIDADE CIVIL DOS AGENTES DE TRATAMENTO DE DADOS. UMA PERSPECTIVA DE GÊNERO SOBRE AS LIMITAÇÕES DO CONSENTIMENTO

Ana Frazão e Maria Cristine Lindoso 285

INFLUENCIADORAS MIRINS ADULTIZADAS: A RESPONSABILIDADE CIVIL DOS PAIS PELA HIPERSEXUALIZAÇÃO DAS FILHAS

Fabíola Albuquerque Lôbo e Camila Sampaio Galvão 307

RESPONSABILIDADE CIVIL E DADOS PESSOAIS SENSÍVEIS SOBRE GÊNERO

Fernanda Pantaleão Dirscherl e José Luiz de Moura Faleiros Júnior 325

EXPOSIÇÃO NÃO CONSENSUAL DE IMAGENS ÍNTIMAS: DA VIOLÊNCIA DE GÊNERO À PERSPECTIVA DO FENÔMENO NO ÂMBITO DE RESPONSABILIZAÇÃO CIVIL

Dóris Ghilardi e Ariani Folharini Bortolatto 343

FUNÇÕES DA RESPONSABILIDADE CIVIL, NÃO DISCRIMINAÇÃO E COMUNIDADE LGBTIAPN+

DIREITO DOS DANOS E INDENIZAÇÃO: A DIFERENÇA QUE PESA ONDE NÃO DEVERIA IMPORTAR NA QUANTIFICAÇÃO DOS LUCROS CESSANTES

Nelson Rosenvald

Pós-doutor em Direito Civil na Università Roma Tre (IT-2011). Pós-doutor em Direito Societário na Universidade de Coimbra (PO-2017). *Visiting Academic* Oxford University (UK-2016/17). Professor Visitante na Universidade Carlos III (ES-2018). Doutor e mestre em Direito Civil pela PUC/SP. Professor do corpo permanente do doutorado e mestrado do IDP/DF. Presidente do Instituto Brasileiro de Estudos de Responsabilidade Civil (IBERC). Procurador de Justiça do Ministério Público de Minas Gerais.

Wagner Inácio Freitas Dias

Mestre em Direito. Doutorando em Direito. Diretor Jurídico do Grupo Fiscoplan. Membro do Instituto Brasileiro de Direito de Família. Membro do Instituto Brasileiro de Estudos das Responsabilidade Civil. Autor de diversas obras jurídicas. Palestrante. Cronista. Advogado militante.

> Todos iguais, todos iguais
> Mas uns mais iguais que os outros
> Todos iguais, todos iguais
> Mas uns mais iguais que os outros
> Todos iguais, todos iguais
> Mas uns mais iguais
> (Ninguém = ninguém, Humberto Gessinger)

Sumário: 1. Delineando o tema – 2. Tão longe – 3. Tão perto – 4. Tão diferentes, mas tão iguais – Referências.

1. DELINEANDO O TEMA

Norberto Bobbio já afirmava que o problema essencial dos direitos fundamentais era, para além de reconhecê-los, garantir a sua aplicação. A proposta deste escrito envolve discutir como o Estado da Califórnia vem construindo um espaço de diálogo para a responsabilidade civil, no espectro da quantificação dos danos, focado em afastar as discriminações de cor, gênero e condição sexual, especificamente quanto à fixação dos lucros cessantes, enquanto apresenta-se a busca, no Brasil, da implementação da técnica do julgamento com perspectiva de gênero, que visa à releitura do modo de julgar, baseada em desequiparação constitucionalmente lastreada.

Servindo de citoplasma a todo este tema, tem-se uma lógica bipolar que se estabelece entre os julgadores, e que é destacada por Gisela Sampaio da Cruz Guedes,

> A experiência demonstra que o iter reconstrutivo da ressarcibilidade de qualquer lucro cessante é um processo cheio de dificuldades, que esbarra na frieza racionalista – de resto, indispensável – dos critérios de repartição do ônus de prova. Especialmente quando a experiência pretérita da vítima não demonstra a existência anterior de lucros semelhantes, é expressivo o número de decisões que negam a reparação de lucros cessantes mesmo quando esta faceta do dano patrimonial é claramente devida, porque o julgado se sente aí sem um parâmetro seguro que possa servir de base para a sua decisão.
>
> (...)
>
> Por outro lado, a jurisprudência também está repleta de casos em que os lucros cessantes foram arbitrados com base em presunções injustificadas, sem nenhuma circunstância no caso concreto indicasse, efetivamente, que o "lesado" havia deixado de lucrar.[1]

Há uma tríplice formação, estabelecida entre duas formas de "dano hipotético", o superestimado e o subestimado, tendo como vértice comum o dano real, pertencente ao mundo dos fatos e que necessita estar minimamente refletido na decisão para que se tenha, pelo menos, uma aproximação da ideia de reparação integral. Neste espaço, a prudência do julgador, por vezes, dá lugar a conceitos previamente estabelecidos que, indevidamente, desembocam em soluções desastrosas que escancaram uma perniciosa faceta, oculta nas linhas dos mais variados decisórios.

Por outro lado, há que se avaliar a omissão dos julgadores em apreciar as variações que deveriam fazer parte do resultado, mas não são consideradas.

Nossa viagem, portanto, toca duas facetas de destacada relevância, estabelecendo, de um lado, as mazelas oriundas da fixação de indenizações ou compensações, principalmente com foco nos lucros cessantes, a partir de concepções previamente estabelecidas pelo julgador, sem que tais preceitos se apresentem com necessário suporte fático ou, pior, tenham qualquer relevância para a aplicação dada. Por outro lado, destaca-se o esforço brasileiro em trazer para a pauta do Judiciário, como forma de se desvendar *Thémis* para que se possam julgar as pessoas sob um olhar dignificante e socialmente responsável. Caminhos diversos, direções opostas, construções complementares. A elas passemos.

2. TÃO LONGE

Em 2011, um jovem casal que esperava o nascimento de seu primeiro filho mudou-se para um apartamento no Brooklyn. O filho nasceu saudável, mas um ano depois um exame médico de rotina detectou chumbo em seu sangue. Descobriu-se que a poeira da tinta com chumbo no apartamento estava envenenando silenciosamente seu bebê. Nos

---

1. CRUZ GUEDES, Gisela Sampaio. Desafios na reparação dos lucros cessantes: a importância da concretização da razoabilidade na quantificação do dano. In: SCHREIBER, Anderson; MONTEIRO FILHO, Cardos Edison do Rêgo e OLIVA, Milena Donato (Coord.). *Problemas de Direito Civil*: homenagem aos 30 anos de cátedra do Professor Gustavo Tepedino por seus orientandos e ex-orientandos. Rio de Janeiro: Forense, 2021, p. 578- 601.

anos seguintes, ele sofreu atrasos cognitivos significativos, bem como graves deficiências sociais e emocionais. A mãe da criança ajuizou ação indenizatória contra o proprietário, que foi considerado negligente. No cálculo dos danos, uma questão crítica para o júri era quanto essa criança teria ganhado ao longo de sua vida se não tivesse sido contaminada. Como de costume, os experts levaram em consideração o fato de o bebê ser hispânico. Como resultado, suas estimativas de danos foram significativamente menores do que teria sido o caso se o bebê fosse branco. O único detalhe incomum neste caso foi que o juiz federal, Jack B. Weinstein, do Distrito Leste de Nova York, se recusou a permitir tal iniquidade, colocando-se contra toda uma jurisprudência consolidada nos últimos 100 anos.[2]

Em 2020 a Califórnia proibiu o cálculo de lucros cessantes com base em raça, gênero e etnia. A lei, que é a primeira do tipo – até a presente data não foi replicada em nível federal pela administração Biden – proíbe expressamente reduções de danos por perda de ganhos futuros em casos de lesões corporais e morte por negligência quando essas delimitações forem baseadas em raça, gênero ou etnia. A prática de reduzir indenizações civis para os afro-americanos e outras minorias raciais e étnicas remonta ao início do século 20, quando os juízes o faziam com referência explícita a estereótipos ofensivos. Por exemplo, em *Blackburn v. Louisiana Ry. & Nav. Co.*, a Suprema Corte da Louisiana de 1911 reduziu a indenização por danos a um afro-americano em quase 70%, citando "a conhecida imprevidência da raça negra e a vida irregular que esses travões de cor levam".[3] A jurisprudência consolidada também exige que as mulheres justifiquem ambições profissionais para fazer jus a indenizações maiores. Um tribunal rejeitou as evidências de aspirações de uma vida de uma jovem vítima de acidente de se tornar uma veterinária como "puramente especulativa" e "sem base probatória" devido à dificuldade de ingressar na única escola de veterinária da região.[4] O mesmo ceticismo não foi demonstrado em casos em que os homens aspiravam a carreiras profissionais semelhantes. Apesar dessa discriminação generalizada em indenizações por danos, as legislaturas estaduais falharam em aceitar qualquer ação significativa para corrigir esse erro.

A Califórnia é há muito uma líder na área de responsabilidade civil. No caso de 1963 de *Greenman v. Yuba Power Products*, o estado abriu novos caminhos ao impor responsabilidade objetiva aos fabricantes por produtos defeituosos, uma abordagem que foi rapidamente adotada no segundo *restatement of torts*. Em 1968, o estado novamente abriu o caminho. Em *Dillon v. Legg*, a Suprema Corte da Califórnia estendeu a

---

2. G.M.M. v. Kimpson United States District Court, E.D. New York. Jul 29, 2015 116 F. Supp. 3d 126 (E.D.N.Y. 2015). O juiz Weinstein Enfatiza a importância da "miríade de fatores que afetam a capacidade de um indivíduo de realizar seu potencial". Descreve ainda os danos causados a crianças pequenas pelo chumbo e a exposição desproporcional de famílias de baixa renda e minorias.
3. 30 54 So. 865, 869 (La. 1911).
4. Gilborges v. Wallace, 379 A.2d 269, 276-278 (N.J. Super. Ct. App. Div. 1977), sustentando que, embora a falecida, uma menina de dezesseis anos, havia expressado interesse ao longo da vida em se tornar uma veterinária, não havia nenhuma prova de que ela provavelmente teria se tornado uma estudante de veterinária ou graduada, porque não havia nenhuma escola de veterinária no estado de Nova Jersey e apenas uma no estado da Pensilvânia, com a consequente séria dificuldade de um aluno de New Jersey obter admissão em tal escola.

viabilidade da indenização em prol do *bystander* por sofrimento emocional. Esta lista de precedentes não acaba por aqui: inclui ainda *Summers v. Tice* (1948),[5] que estabeleceu responsabilidade alternativa, permitindo que a vítima transfira o ônus da prova da causa de sua lesão para vários réus, mesmo que apenas um deles possa ter sido o responsável. Lembre-se ainda *Tarasoff v. Regents of California* (1976), que impôs um "dever de avisar" sobre terapeutas para informar terceiros ou autoridades se um cliente representar uma ameaça para si ou para outro indivíduo identificável. Por fim, *Sindell v. Abbott Laboratories* (1980), estabeleceu a *Market share liability*[6] – doutrina que permite à vítima estabelecer um caso contra um grupo de fabricantes por um dano causado por um produto, mesmo quando o autor não sabe de que réu ele se originou – em razão de dano transgeracional[7] rastreável ao DES, um medicamento comercializado para mulheres grávidas, aparentemente para prevenir aborto.[8]

Atualmente a Califórnia está mais uma vez no pioneirismo das reformas de responsabilidade civil com a conversão da *Senate Bill n. 41* em lei,[9] proibindo expressamente reduções de danos por perda de ganhos futuros em casos de lesões corporais e morte por negligência quando essas mitigações são baseadas em raça, gênero ou etnia. No sistema de responsabilidade civil de qualquer jurisdição, lucros cessantes pesam bastante na afirmação do dano patrimonial. Quando a vítima fica gravemente ferida a ponto de prejudicar sua capacidade de trabalho, o provável rendimento perdido deve ser calculado. Naturalmente, advogados, juízes e júris (nos EUA) estimam os ganhos futuros perdidos do demandante, com base no que razoavelmente teria auferido se não tivesse sofrido a lesão. Para auxiliar nessas avaliações, os especialistas muitas vezes contam com tabelas de expectativa de vida e salário – e nos EUA essas tabelas geralmente incluem números diferentes, com base na raça e gênero do demandante. Normalmente, os experts adotam o *Bureau of Labor Statistics Current Population Survey*, que é atualizado trimestralmente, para determinar os ganhos perdidos projetados. A perda de potencial de ganho é um componente significativo dos danos e pode "fazer a diferença entre um prêmio modesto e considerável".

---

5. Dois réus atiraram por negligência na direção do autor e apenas uma das balas causou o prejuízo à vítima. No interesse da justiça, o caso da queixosa inocente não é derrotado porque ela não pode provar qual das partes foi a causa real (*but-for cause*) de seu dano.
6. A doutrina é exclusiva dos Estados Unidos e distribui a responsabilidade entre os fabricantes de acordo com sua participação no mercado para o produto que deu origem ao dano ao reclamante.
7. Fenômeno pelo qual o dano é transmitido de ascendentes a descendentes com consequências traumáticas para estes.
8. O dietilestilbestrol (DES) é uma forma sintética do hormônio feminino estrogênio. Foi prescrito para mulheres grávidas entre 1940 e 1971 para prevenir aborto, parto prematuro e complicações relacionadas à gravidez. Em 1971, pesquisadores associaram a exposição pré-natal (durante o útero) ao DES a um tipo de câncer do colo do útero e da vagina chamado adenocarcinoma de células claras em um pequeno grupo de mulheres. Logo em seguida, a Food and Drug Administration (FDA) notificou médicos de todo o país que o DES não deveria ser prescrito para gestantes. O medicamento continuou a ser prescrito para mulheres grávidas na Europa até 1978. O DES agora é conhecido por ser um desregulador endócrino, uma das várias substâncias que interferem no sistema endócrino e causam câncer, defeitos de nascença e outras anormalidades do desenvolvimento.
9. Disponível em: https://leginfo.legislature.ca.gov/faces/billtextclient.xhtml?bill_id=201920200sb41. A lei entrou em vigor em 1º.01.2020. A votação final para o projeto no plenário da assembleia foi 78-0, demonstrando a força do argumento.

As tabelas baseadas em raça e gênero são comuns: uma pesquisa de 2009 conduzida pela *National Association of Forensic Economics* descobriu que 44% dos entrevistados afirmaram que contabilizam raça e 92% que contabilizam gênero ao projetar os salários futuros de uma criança lesada por um ilícito. Evidentemente, o uso de tais tabelas pode resultar em prêmios significativamente mais baixos para mulheres e pessoas de cor. Uma análise de 2016 do Washington Post[10] descobriu, por exemplo, que o uso dessas tabelas significaria que, em demandas idênticas envolvendo lesões idênticas, uma demandante afro-americana de 20 anos obteria apenas US$ 1,24 milhão em salários futuros perdidos, enquanto sua contraparte masculina branca auferiria US$ 2,28 milhões – quase o dobro – mesmo mantido constante o nível de escolaridade dos dois demandantes.

Essas tabelas baseadas em raça e gênero são cada vez mais controversas. Os seus defensores argumentam que quaisquer disparidades nos ganhos futuros projetados são um sintoma de problemas sociais persistentes – não a causa. Eles também afirmam que os ganhos futuros perdidos devem ser estimados com a maior precisão possível. Cálculos precisos, em sua opinião, exigem a consideração de uma gama de características, incluindo raça e gênero. Nada obstante, esta prática é particularmente problemática no cálculo de indenizações para crianças vítimas que ainda não trabalharam ou não alcançaram um determinado nível de escolaridade, na medida em que especialistas são mais propensos a levar em consideração gênero e raça, em detrimento de fatores individualizados, como capacidade acadêmica, ética de trabalho, aspirações profissionais ou realização educacional.

Os críticos das tabelas respondem que tais disparidades são discriminatórias, arbitrárias e podem violar a Quinta e a Décima Quarta Emendas.[11] O uso de estatísticas baseadas em raça para calcular a compensação viola o devido processo legal e o direito de propriedade porque não é cientificamente aceitável em uma população heterogênea categorizar pessoas com base na raça, uma construção social fictícia e mutável. Em vez disso, as disparidades entre "raças" estão associadas a diferenças socioeconômicas e tendem a diminuir significativamente quando os fatores socioeconômicos são controlados. Consequentemente, estatísticas baseadas em raça são inerentemente não confiáveis e seu uso em um tribunal para privar alguém de seu direito à indenização constitui ação estatal arbitrária e irracional e, portanto, uma negação do devido processo.

Neste sentido, uma análise desenvolvida pela Professora Martha Chamallas – uma das mais prolíficas estudiosas do tema – demonstra que a persistência da confiança

---

10. Disponível em: https://www.washingtonpost.com/graphics/business/wonk/settlements/.
11. 5ª Emenda: "Nenhuma pessoa poderá responder por um crime capital, ou outro crime infame, a menos que em uma apresentação ou acusação de um Grande Júri, exceto em casos surgidos nas forças terrestres ou navais, ou na milícia, quando em serviço real a tempo de Guerra ou perigo público; nem qualquer pessoa estará sujeita à mesma ofensa e por duas vezes com risco de vida ou integridade física; nem será obrigado em qualquer processo criminal a ser testemunha contra si mesmo, nem ser privado da vida, da liberdade ou dos bens, sem o devido processo legal; nem a propriedade privada será levada ao uso público, sem justa compensação". 14ª Emenda: "Todas as pessoas nascidas ou naturalizadas nos Estados Unidos, e sujeitas à sua jurisdição, são cidadãos dos Estados Unidos e do Estado em que residem. Nenhum Estado fará ou fará cumprir qualquer lei que restrinja os privilégios ou imunidades dos cidadãos dos Estados Unidos; nem qualquer Estado privará qualquer pessoa da vida, liberdade ou propriedade, sem o devido processo legal; nem negar a qualquer pessoa dentro de sua jurisdição a igual proteção das leis".

judicial em tabelas baseadas em raça, etnia e gênero demanda ação estatal para fins de proteção igual, porque "é impossível separar o uso das estatísticas do padrão legal subjacente no caso, na medida em que nenhum princípio do direito constitucional está mais firmemente arraigado do que o princípio antidiscriminação conforme aplicado a classificações raciais explícitas. O uso de dados baseados em raça falha no nível rigoroso de escrutínio estrito exigido para passar na avaliação constitucional".[12]

Em reforço, as tabelas reforçam rígidas barreiras raciais e étnicas, pois não levam em consideração o progresso futuro que poderia ser feito durante a vida do demandante, perpetuando estereótipos negativos que diminuem o valor do indivíduo e deixam de levar em conta o potencial humano. A erradicação das tabelas significaria a interrupção da perpetuação da discriminação do passado e o afrouxamento de seu controle sobre o futuro das vítimas. Exemplifique-se com uma menina negra de 3 anos gravemente ferida em um acidente de carro. Mesmo que esta criança não tenha sofrido discriminação no local de trabalho, e mesmo que a discriminação diminua ao longo de sua vida, as projeções sobre seus ganhos futuros irão incorporar os níveis de discriminação racial e sexual sofridos por mulheres negras que vieram de gerações anteriores. O resultado é que a compensação da menina será manchada não apenas pela discriminação, mas também por um nível de discriminação racial e sexual que ela provavelmente não enfrentaria.

Os críticos também observam que ao esvaziar as indenizações por danos contra mulheres e minorias, as tabelas prejudicam o acesso desses demandantes ao advogado no início do litígio. A final, advogados aceitam os casos com base em honorários de contingência (*contingency fee basis*). Dada essa forma de financiamento, os advogados só aceitarão casos se a provável indenização por danos for grande o suficiente para fazer o litígio valer a pena; quanto maiores os danos prováveis de um cliente em potencial, mais "vale a pena" seu caso.

Some-se a tudo isto o perverso cálculo de custo-benefício. A prática fornece justificativa econômica para a desvalorização dessas comunidades, o que resulta na adoção de comportamentos mais imprudentes por parte dos infratores, pois os "custos" percebidos dessa conduta são menores. Em termos pragmáticos, o uso de dados de raça e etnia em cálculos de indenização incentiva as empresas a colocar suas fábricas e operações em comunidades de baixa renda, ou de cor, onde eventuais compensações por danos patrimoniais e processos por homicídio culposo serão menos custosos do que se os danos ocorressem em locais onde a comunidade fosse predominantemente branca.[13] Embora esse incentivo financeiro raramente seja explícito, a estatística demonstra uma

---

12. Martha Chamallas, Questioning the Use of Race-Specific and Gender-Specific Economic Data in Tort Litigation: A Constitutional Argument, 63 Fordham l. rev. 73, 105 (1994); see also id. "When the court allows an expert to testify as to the plaintiff's future earning capacity, it makes a determination of relevancy and an implicit judgment about the substance of the common law of damages."
13. Embora a presença de uma empresa em uma comunidade de minoria racial possa aumentar as oportunidades de emprego e um melhor desenvolvimento econômico, esses benefícios são neutralizados se a empresa não cumprir os regulamentos de segurança ambiental e a comunidade sofrer com problemas de saúde onerosos e caros. Martha Chamallas, Civil Rights in Ordinary Tort Cases: Race, Gender, and the Calculation of Economic Loss, 38 loy. l.a. eu. rev. 1435, 1441 (2005).

desproporcional concentração de depósitos de resíduos perigosos em comunidades minoritárias.

Embora a constitucionalidade de tais tabelas seja objeto de debates há muito tempo, a controvérsia tomou vulto nos anos recentes. Em 2018, o Comitê de Advogados para Direitos Civis publicou um relatório pedindo reformas legislativas para evitar o uso de tais tabelas.[14] Em 2019, dezesseis das organizações de direitos civis mais proeminentes do país – incluindo a ACLU e a NAACP – publicaram uma carta[15] solicitando à *National Association of Forensic Economists* que congelem o uso de tabelas baseadas em raça e gênero, que se baseiam na "premissa flagrantemente falha de que as vidas das pessoas de cor e das mulheres valem menos do que as dos homens brancos".

Curiosamente, um dos raros casos de esforços de reforma federal bem-sucedidos em proibir o uso de raça ou gênero nos cálculos de danos se deu justamente no notório caso do Fundo de Compensação de Vítimas de 11 de setembro, projetado para fornecer uma alternativa compensatória sem discussão de culpa para litígios de responsabilidade civil em prol de familiares de mortos e feridos. O *special master* Kenneth R. Feinberg adotou tabelas neutras quanto à raça e gênero "para evitar qualquer preconceito em supostos padrões de vida profissional no futuro e para garantir consistência".[16]

A expectativa é que a Suprema Corte finalmente se pronuncie sobre o tema, ou que, paulatinamente, as legislações estaduais se inspirem na iniciativa da Califórnia. Claramente uma concretização da função promocional da responsabilidade civil.

3. TÃO PERTO

Difícil apontar decisões em nosso país em que, de forma direta, foi possível notar a influência de preconceitos, de forma a limitar a indenização em razão do gênero, cor ou condição sexual da vítima.

Contudo, não apenas ativamente se descompassa uma solução judicial. Na omissão também residem decisórios que sinalizam injustiça na aplicação da lei. A este ponto é fundamental recordar que toca ao julgador aplicar a Lei, mas na solução do caso concreto, sendo possível, nada é melhor do que fazer Justiça aplicando a regra legal.

Neste sentido, a apreciação dos lucros cessantes deverá passar, como todos os demais julgamentos em nosso país, pelos lineamentos estabelecidos pela Resolução 492 do CNJ e com base no Protocolo para julgamento com perspectiva de gênero, firmado pelo Grupo de Trabalho instituído pela Portaria CNJ 27/2021.

Passamos, com isso, a vislumbrar duas situações que precisam ser avaliadas neste tópico. De um lado, as perspectivas advindas para as demandas de ressarcimento a partir

---

14. Disponível em: https://lawyerscommittee.org/wp-content/uploads/2018/07/lc_life27s-worth_final.pdf.
15. Disponível em: http://justicecatalyst.org/wp-content/uploads/2019/04/2019.04.26-letter-to-nafe.pdf.
16. O Relatório Final não menciona "raça". No entanto, o Mestre Especial usou as tabelas combinadas "Todos os Homens Ativos" para calcular os ganhos futuros de todos os requerentes. Disponível em: https://www.justice.gov/archive/victimcompensation%20/%20faq5.pdf.

da Resolução mencionada e, de outro, necessário tocar na condição velada de soluções que escancaram o menos e o mais de uma sociedade permeada de preconceitos, como a nossa.

Comecemos com a adoção do protocolo de julgamento sob a perspectiva de gênero e suas implicações sobre as demandas de responsabilidade civil.

Não é incomum que se tenha em demanda ressarcitórias, no polo ativo, uma mulher. Demandas por erro médico, mormente o obstétrico, podem ilustrar tal situação.

Em que ponto e até qual limite o julgador afeta sua decisão com visões estereotipadas da requerente. Vale destacar que a Resolução 492, em que pese tenha relevante aplicação (tanto assim que tal destaque é patente no Protocolo) para casos de abusos e violência, é de indiscutível aplicabilidade em situações outras, visto que os preconcebidos delimitadores do julgador podem influenciar todo o e qualquer feito. Quebrar paradigmas negativos é uma missão geral e não deve ser restrita a certos tipos de processos.

O Protocolo busca romper tal visão, gerando um caminho para que não apenas os estereótipos sejam afastados como se devam ponderar questões especiais para fim de fixação do *quantum* indenizatório.

Limitando-nos ao tema destes escritos, devemos indagar se esta desequiparação seria legítima em uma ação indenizatória ou compensatória ou serviria para acrescer ao processo um elemento de injusto desequilíbrio, de forma a gerar dano ao invés de solucionar tal situação.

A este ponto, nota-se que o Protocolo, ancorado pela resolução 492, possibilitará ao julgador maior reflexão em seus julgados, mormente quando da aplicação de presunções.

Sim, nem toda demanda em que se discutem lucros cessantes é baseada unicamente em dados pretéritos que pavimentam uma estrada de ganhos que fora interrompida pelo evento danoso. Pelo contrário, situações há, e são muitas, em que o art. 402 do Código Civil deva ser relido, dando-se especial destaque à sua parte final, a ver:

Art. 402. Salvo as exceções expressamente previstas em lei, as perdas e danos devidas ao credor abrangem, além do que ele efetivamente perdeu, o que razoavelmente deixou de lucrar.

Ao fixar o que a vítima "razoavelmente deixou de lucrar", deve o Magistrado conhecer da experiência humana, a partir de presunções que irão lhe conduzir ao limite da criação, devendo seu decisório restar no momento exatamente anterior à transposição da fronteira entre o factível e o ficcional. Outro caminho não há para se apurar o quantum de lucros cessantes, validando o próprio reconhecimento do dever de indenizar. A base de solidariedade que carreia a responsabilidade civil nos leva pelo caminho do ressarcimento integral. Nem mais, nem menos, é importante frisar. Quando se discute responsabilidade civil e o consequente dever de indenizar, observa-se, assim, que "o dever de indenizar surge como decorrência da necessidade de repartir os riscos da vida social.

Importância diminuta haveria a feitura de contratos ou lesões ao direito de propriedade se não fosse possível distribuírem-se os danos deles decorrentes".[17]

A temática dos lucros cessantes, em tema de quantificação, é por demais complexa, principalmente quando se afasta a errônea, porém disseminada noção de que seriam eles aquilo que existia e não mais existirá, enquanto acréscimo patrimonial, em decorrência do evento danos. Errônea, se afirma, porque há lucros que, em que pesem inexistam anteriormente, passarão (passariam) a existir após o evento danoso (mas não em decorrência dele) e, ainda, muitas outras formas de lucros cessantes.

Neste ponto, mais uma vez nos valemos da visão de Gisela Sampaio[18] que esclarece três momentos em que os lucros cessantes não estarão ligados ao que existia e não mais existirá. Exemplifica a autora com as seguintes situações:

1) "lucro frustrado quando para alcançar tal lucro o prejudicado não tivesse de exercer qualquer atividade – fraude que provoca a revogação de testamento que beneficiaria o autor da demanda;

2) "casos em que o lucro teria decorrido de uma simples aceitação ou, então, do cumprimento de uma condição potestativa a cargo do lesado" – quando o benefício, ainda não aproveitado, encontrava-se dependente unicamente da aceitação do autor da demanda;

3) "as aquisições das quais o ofendido teria se beneficiado só com a observância de diligência comum" – vez que é de se supor que é natural que se enverede na busca de uma melhor condição ou se adote postura contrária ao incremento de prejuízos.

Os casos aqui apresentados servem como exemplos fundamentais para afastar do leitor qualquer ideia que vincule a ressarcibilidade de lucros cessantes à preexistência destes. Isto é importante, pois muitos há que agregam, de um lado, a noção de danos à prejudicialidade instaurada sobre um elemento pessoal indenizável e, de outro, a percepção de que as perdas envolveriam não mais ganhar o que se tinha previamente estabelecido.

Muito além dos contratos que poderiam ser realizados a partir da experiência do autor, situações há que, não sendo invenções, devem ser ponderadas pelo julgador, em que pese não existam antes da ocorrência do evento danoso.

Orlando Gomes já nos alertava do necessário destaque a ser conferido à intervenção do julgador. Explicava o saudoso mestre que "a avaliação do dano na ação de indenização faz-se mediante essa prova pericial, mas, afinal, depende do arbítrio do Juiz, mormente quando há lucros cessantes a serem ressarcidos (...)".[19]

---

17. COUTO E SILVA, Clóvis do. Dever de indenizar. *In* O Direito Privado na visão de Clóvis do Couto e Silva. Org. Vera Maria Jacob de Fradera. Porto Alegre: Livraria do Advogado. 1997, p. 191. 252p.
18. Op. cit., p. 581-582.
19. GOMES, Orlando. *Obrigações*. São Paulo: Forense, 1961. p. 422.

Ao apreciar a prova, cabe ao Magistrado realizar a composição dos elementos apresentados, de forma a dar-lhes razão e sentido, de acordo com seu livre convencimento, primeiro para conhecer ou não a procedência do pedido ressarcitório e, depois, procedente aquele, dar-lhe forma e alcance.

Neste momento, o alcance dos lucros cessantes deve ser concebido também com o uso das soluções razoáveis aqui já demonstradas. Não se pode inventar um dano, mas é plenamente aceitável que prejuízos conhecíveis da experiência humana possam ser levados em consideração.

Até que ponto a simples existência de uma demanda ressarcitória não pode implicar, para certas pessoas, em razão de seu sexo ou condição social, cor etc., um grave prejuízo, como se observa, e aqui serve como elemento de exemplificação, na fixação de pessoas que se já se socorreram da Justiça do Trabalho para conhecer de suas lides, não sendo incomum a existência de ilegais listas de ex-funcionários demandantes.

Por outro lado, a Resolução busca afastar a objetificação da mulher, impedindo que preconceitos nublem a visão do julgador em reconhecer (I) a relevância social da mulher; (II) a equivalência de atuação da mulher frente ao homem; (III) a especificidade dos danos por ela sofridos; (IV) a projeção de danos não quantificáveis diretamente, oriundos da condição de dupla jornada da mulher; (V) impedir que se neguem indenizações unicamente por se tratar de uma mulher no polo ativo.

Desta forma, a Resolução 492 viabiliza, a partir de uma desequiparação constitucionalmente sustentada, que não haja danos que remanesçam onde nasceram (*let the loss lie where it falls*) mas sim sejam devidamente diluídos, a partir do fundamento normativo da responsabilidade civil, além de denotar o vínculo entre o ofensor e a vítima:

"A questão do fundamento normativo da responsabilidade civil se preocupa em responder à seguinte pergunta: 'quem paga e por quê'?, ou seja, qual é o embasamento normativo, se algum houver, da ligação que se estabelece entre o ofensor e ofendido e, consequentemente obrigação legal obrigação legal de reparar o dano. A questão da relação entre ofensor e vítima e a obrigação de reparar levantam um dos tópicos mais interessantes da filosofia do direito privado que é o da bilateralidade da estrutura da relação privada. A constatação de que há um liame bilateral entre ofensor e vítima é um tema central nas teorias contemporâneas e é um dos elementos de construção da fundamentação da responsabilidade civil na justiça corretiva".[20]

Chega-se a um ponto de convergência (ou divergência) entre o que se vê alhures e o que se apresenta no Brasil. Este cotejo, será iniciado agora, também à guisa de conclusão.

---

20. CORTADA BARBIERI, Catarina Helena. Fundamentos filosóficos da responsabilidade civil: mapa para uma discussão. In: ROSENVALD, Nelson e MILAGRES, Marcelo (Coord.). *Responsabilidade civil* – novas tendências. 2018. p. 15-26. p. 17.

4. TÃO DIFERENTES, MAS TÃO IGUAIS

Aqui chegamos com duas questões que, inicialmente, parecem por demais diversas para ocuparem um mesmo texto. Contudo, a diferença que as afasta é a razão da similitude que as aproxima.

As decisões observadas nos Estados Unidos, denotam um flagrante desconhecimento acerca da estrutura da responsabilidade civil, em específico tema de quantificação de danos. Não há como, nos casos concretos trazidos, apontar elementos de diferenciação, que possam justificar uma quantificação (para menos) do valor a ser pago.

Pelo contrário, tais decisões escancaram o que de pior o ser humano traz em sua alma, que é a busca, silenciosa e mesquinha, de diferenças quando estas absolutamente inexistem. Quando um elemento estranho à relação jurídica indenizatória é ponderado, isso gera um descompasso absurdo na solução apresentada. É, efetivamente, um sofisma, aqui sob a máscara matemática, que, a bem de uma estrutura lógica impecável, castra e prejudica todo o sistema jurídico ao não entregar à vítima o volume indenizatório devido.

Afirma-se que tal risco atinge todo o sistema, pois, como visto acima, a regra de ressarcibilidade está ligada ao retorno à normalidade (ou quase normalidade) em um sistema que fora chacoalhado por um evento danoso. O descrédito neste sistema poderá desencadear uma sucessão de eventos catastróficos, desembocando na ineficiência, total ou parcial, do Direito enquanto mecanismo de predição e controle de condutas.

Indaga-se, agora, como este texto, que já se encontra nas últimas linhas, pondera mecanismo brasileiro de julgamento sob a perspectiva de gênero como algo que, apesar de diferençar as pessoas, é positivo?

Para que este fecho faça sentido, é fundamental perceber que, para além da autorização Constitucional da igualda material, deve-se perceber que a perspectiva apontada na Resolução 492, com base no Protocolo do GT 27, tem por fito realinhar o que se encontra roto e mal-acabado. Busca, justamente desfazer o malfeito dos olhares de soslaio e as visões nubladas.

Pena, contudo, que tal Resolução não alcançou outras situações nascidas do preconceito social, arraigado na sociedade e que, assim, chega até as linhas das sentenças. Cor, condição social, idade (avançada) são elementos que não pesam quando deveriam pesar. Não são considerados quando deveriam ser analisados para majorar a indenização. A chance perdida reflete de formas diferentes em relação àquele em que tais situação minguam. Quando um contrato ou uma oportunidade é rara, mais valiosa ela se torna.

O que se espera é que a Resolução aqui tratada seja apenas o primeiro dos muitos passos; que não acreditemos que as diferenças pesam contra uma ou poucas pessoas, visto que são muitas as que sofrem, no dia a dia, a velada necessidade de serem diminuídos para a satisfação de alguns.

E, por fim, não se pense que este texto é uma profissão de fé contra a odiosa natureza humana, pelo contrário, nossa humanidade, frágil e defeituosa como é sabido, pende, por vezes, a fazer que bons corações permaneçam enxergando de forma torta o outro.

É tempo de ajustar a balança, para que o "bem pesado e bem medido" esteja em consonância com a crueza da vida real e não pautado em belas linhas do mundo de Oz, pois, no final, é no preto e branco da casa, que se encontra a certeza de que "não há lugar como o nosso lar". Não existe, assim, lugar com a vida real, dura, mas necessária, pois se nela sofremos, nela somos irremediavelmente felizes.

REFERÊNCIAS

CHAMALLAS, Martha. *Questioning the Use of Race-Specific and Gender-Specific Economic Data in Tort Litigation*: A Constitutional Argument, 63 Fordham l. rev. 73, 105 (1994).

COUTO E SILVA, Clóvis do. Dever de indenizar. In: FRADERA, Vera Maria Jacob de (Org.). *O Direito Privado na visão de Clóvis do Couto e Silva*. Porto Alegre: Livraria do Advogado. 1997.

CORTADA BARBIERI, Catarina Helena. Fundamentos filosóficos da responsabilidade civil: mapa para uma discussão. In: ROSENVALD, Nelson e MILAGRES, Marcelo (Coord.). *Responsabilidade civil – novas tendências*. 2018.

CRUZ GUEDES, Gisela Sampaio. Desafios na reparação dos lucros cessantes: a importância da concretização da razoabilidade na quantificação do dano. In: SCHREIBER, Anderson; MONTEIRO FILHO, Cardos Edison do Rêgo e OLIVA, Milena Donato (Coord.). *Problemas de Direito Civil*: homenagem aos 30 anos de cátedra do Professor Gustavo Tepedino por seus orientandos e ex-orientandos. Rio de Janeiro: Forense, 2021.

GOMES, Orlando. *Obrigações*. São Paulo: Forense, 1961.

ESTADOS UNIDOS DA AMÉRICA. G.M.M. v. Kimpson United States District Court, E.D. New York. Jul 29, 2015, 116 F. Supp. 3d 126 (E.D.N.Y. 2015).

ESTADOS UNIDOS DA AMÉRICA. 30 54 So. 865, 869 (La. 1911).

ESTADOS UNIDOS DA AMÉRICA. Gilborges v. Wallace, 379 A.2d 269, 276-278 (N.J. Super. Ct. App. Div. 1977).

RESPONSABILIDADE CIVIL E DISCRIMINAÇÃO POR ORIENTAÇÃO SEXUAL: DESAFIOS À PROTEÇÃO DA PESSOA HOMOSSEXUAL EM FACE DA HOMOFOBIA

Vitor Almeida

Doutor e Mestre em Direito Civil pela Universidade do Estado do Rio de Janeiro (UERJ). Professor Adjunto do Departamento de Direito Civil da UERJ. Professor do Departamento de Direito da PUC-Rio. Coordenador adjunto do Instituto de Direito da PUC-Rio. Estágio pós-doutoral na Universidade do Estado do Rio de Janeiro (2022). Associado do Instituto Brasileiro de Direito Civil e do Instituto Brasileiro de Estudos em Responsabilidade Civil. Advogado.

Sumário: 1. Notas introdutórias: o papel da responsabilidade civil no enfrentamento da discriminação em razão da orientação sexual – 2. Solidariedade e não discriminação às dissidências sexuais na legalidade constitucional – 3. A trajetória jurídica de reconhecimento dos direitos à comunidade LGBTQIAPN+ e o tratamento da discriminação por orientação sexual no direito brasileiro – 4. A experiência jurisprudencial no Tribunal de Justiça do Estado do Rio de Janeiro – 5. A experiência jurisprudencial do Superior Tribunal de Justiça – 6. Em busca de uma responsabilidade civil antidiscriminatória: danos morais coletivos e reparação não pecuniária – Referências.

1. NOTAS INTRODUTÓRIAS: O PAPEL DA RESPONSABILIDADE CIVIL NO ENFRENTAMENTO DA DISCRIMINAÇÃO EM RAZÃO DA ORIENTAÇÃO SEXUAL

Stefano Rodotà pontua que a responsabilidade civil é "como uma campainha de um alarme", uma vez que "se presta muito a seguir as novas tendências determinadas em uma organização social, e que oferece a elas uma primeira forma de tutela, que demandariam uma intervenção do legislador, que ainda não estão maduras e percebidas pela sociedade e pelos parlamentos".[1] Decerto que a variada cartilha de problemas cotidianos que atingem as pessoas vulneradas em razão de atos discriminatórios que cada vez mais são denunciados pelas vítimas, inevitavelmente resvalam no campo da responsabilidade civil como instrumento idôneo a reparação dos danos morais sofridos em decorrência de condutas ilícitas e abusivas que energicamente precisam ser combatidas. No caminho, portanto, do processo de reconhecimento e representatividade, os grupos vulnerabilizados buscam a garantia de seus direitos fundamentais e a garantia dos mecanismos de enfrentamento de tais práticas odiosas discriminatórias, ainda que efêmeras e pontuais, mas que, em

---

1. Entrevista com Prof. Stefano Rodotà, publicada na seção Diálogos com a Doutrina, na *Revista Trimestral de Direito Civil*, ano 3, v. 11, jul./set., p. 287-288, 2022.

conjunto, revelam-se como medidas adequadas de erradicação de todas as formas repugnantes de discriminação.

Diante da ausência de lei ordinária específica para a proteção da comunidade LGBTQIAPN+,[2] a responsabilidade civil no cenário atual funciona mais como um "extintor de incêndio" do que "campainha de alerta", de viés nitidamente paliativo, cuja tendência é o agravamento nos próximos anos, uma vez que inexiste mobilização congressual voltada à aprovação de uma lei sobre a matéria e mesmo que tal iniciativa se desenhasse nos próximos anos a composição da vigente legislatura não parece ter a sensibilidade necessária para legislar adequadamente sobre o assunto.

Na experiência constitucional brasileira, a dignidade da pessoa humana foi eleita de forma democrática como fundamento da República, o qual, por sua vez, encontra-se diretamente vinculado ao objetivo primordial de erradicação da pobreza e da marginalização e de redução das desigualdades sociais (art. 3º, III), com vistas à construção de uma sociedade justa e solidária (art. 3º, I), ao mesmo tempo em que garantiu a não exclusão de quaisquer direitos ou garantias, mesmo que não expressos, desde que decorrentes do regime e dos princípios adotados no texto constitucional (art. 5º, §2º). Cuida-se, desse modo, de inegável "cláusula de inclusão, com vistas à proteção e ao livre desenvolvimento da personalidade".[3]

A rigor, a proeminência das situações existenciais desafia o ordenamento jurídico a promover a personalidade e a identidade das pessoas humanas de forma revigorada e enérgica, uma vez que não basta o mero discurso de preponderância do ser e instrumentalização das situações patrimoniais, mas, acima de tudo, exige uma postura de emancipação de todos, vulnerados ou não, a partir de uma ótica de alteridade e sinergia. Cabe ao Direito proteger as pessoas em suas singularidades e diferentes performances como instrumento de inclusão social, em menoscabo à figura abstrata e elitizada do sujeito de direito em sua acepção tradicional, em nítido movimento de combate à discriminação, direta ou indireta, múltipla[4] ou interseccional,[5] como imperativo imantado pela Constituição.[6]

---

2. No presente trabalho adotou-se "LGBTQIAPN+" como monograma que atualmente melhor expressa a diversidade e visibilidade de todas as vidas de sexualidades dissidentes a partir do movimento de luta, resistência e orgulho. A sigla em referência, em verdade, reflete a construção do movimento da diversidade sexual e de gênero para se referir às lésbicas, gays, bissexuais, transexuais, transgêneros, *queer*, intersexual, assexual, pansexual, não-binário, entre outros. Tal escolha não desconsidera que o uso da sigla LGTB+ igualmente pode contemplar todas as dissidências sexuais e de gênero.
3. MEIRELES, Rose Melo Venceslau. *Autonomia privada e dignidade humana*. Rio de Janeiro: Renovar, 2009. p. 3.
4. "O estado da arte aponta para o predomínio da expressão "discriminação múltipla" diante da discriminação motivada por mais de um critério proibido. [...] Discriminação múltipla é considerado, assim, um conceito "guarda-chuva" dentro do cenário mundial de proteção dos direitos humanos. [...] Ao passo que a discriminação aditiva e a discriminação composta atrelam-se a uma perspectiva quantitativa (onde a discriminação em causa é considerada a soma de discriminações diversas), a discriminação interseccional vincula-se a uma perspectiva qualitativa (na qual o fenômeno discriminatório é percebido como uma nova e específica forma de discriminação, distinta da mera adição de critérios). [...] Nesse quadro, discriminação aditiva ocorre quando alguém é discriminado com base em diversos critérios proibidos de discriminação e em momentos diferentes. [...] Como na discriminação aditiva, a discriminação composta pressupõe o somatório de critérios proibidos de discriminação, num sentido quantitativo. O que distingue a discriminação composta da discriminação aditiva é

Diante de tal cenário, na busca pela erradicação de todas as formas de discriminação em nossa sociedade, em que pese com carga de ideário utópico, movimenta as engrenagens jurídicas na direção de lapidação de mecanismos já existentes e novos que colaborem com os desígnios constitucionais e infirme os nefastos efeitos de tais práticas na sociedade, não apenas para a comunidade LGBTQIAPN+, mas para toda a coletividade, que desconsidera a diversidade e pluralidade como inerentes à condição humana. Nessa linha, inclusive, fundamental a designação de nova área jurídica que se compromete com o enfrentamento das práticas discriminatórias e colabora com a criação de políticas e instrumentos concretos de proteção, que se tem denominado Direito Antidiscriminatório.[7] Sem embargos, abalizada doutrina desbrava as relações entre a responsabilidade civil e o direito antidiscriminatório, escavinando suas interseções e a própria utilidade do remédio indenizatório no combate à discriminação.[8]

---

a concomitância de fatores em uma mesma situação". (RIOS, Roger Raupp; SILVA, Rodrigo da. Discriminação Múltipla e Discriminação Interseccional: aportes do feminismo negro e do direito da antidiscriminação. *Revista Brasileira de Ciência Política*, Brasília, n. 16, p. 11-37, jan./abr. 2015. p. 22-23).

5. "A discriminação interseccional é conceito que surgiu da percepção do fenômeno peculiar da discriminação sofrida por mulheres negras em contraste com a vivida por mulheres brancas, realidade para cuja análise não se presta a invocação abstrata da proibição de discriminação por sexo. Designada, no âmbito jurídico, sob o conceito amplo de discriminação múltipla, faz-se necessário distinguir, no interior do conceito jurídico, a perspectiva quantitativa (discriminação aditiva e composta, marcadas pela mera soma de critérios) da perspectiva qualitativa (discriminação interseccional). Nesse contexto, utiliza-se a expressão 'discriminação interseccional' para a compreensão da categoria jurídica da discriminação múltipla como fenômeno original, irredutível e inassimilável ao somatório de diversos critérios proibidos de discriminação de forma simultânea. A discriminação interseccional ocorre quando dois ou mais critérios proibidos interagem, sem que haja possibilidade de decomposição deles. Em seu conceito, é composta pelos elementos conceituais de intersecção de identidades consideradas como critérios proibidos de discriminação em estruturas de subordinação. Assim, a discriminação interseccional implica uma análise contextualizada, dinâmica e estrutural, a partir de mais de um critério proibido de discriminação. Por exemplo, uma mulher pertencente a uma determinada minoria está sujeita a estigmas e prejuízos diversos daqueles experimentados por homens pertencentes ao mesmo grupo. A discriminação baseada em mais de um critério deve ser vista, nessas situações, sob a perspectiva e considerando as experiências específicas do grupo subordinado, não de forma meramente quantitativa" (RIOS, Roger Raupp; SILVA, Rodrigo da. Democracia e direito da antidiscriminação: interseccionalidade e discriminação múltipla no direito brasileiro. *In: Ciência e Cultura*, v. 69, n. 1, a. 16, p. 44-49, 2017. p. 45). V. também: AKOTIRENE, Carla. *Interseccionalidade*. São Paulo: Sueli Carneiro; Pólen. 2019.
6. V., por todos, RIOS, Roger Raupp. *Direito da antidiscriminação*: discriminação direta, indireta e ações afirmativas. Porto Alegre: Livraria do Advogado, 2008.
7. V., por todos, SCHREIBER, Anderson. Fundamentos e ressignificação do direito antidiscriminatório. In: SCHREIBER, Anderson; MELO, Marco Aurélio Bezerra de. *Direito e transformação social*. Indaiatuba, SP: Foco, 2023; CORBO, Wallace. A construção de um direito antidiscriminatório no Brasil: conceitos fundamentais de um novo e central ramo do Direito. In: SCHREIBER, Anderson; MELO, Marco Aurélio Bezerra de. *Direito e transformação social*. Indaiatuba, SP: Foco, 2023.
8. V. ROSENVALD, Nelson; BRAGA NETTO, Felipe Peixoto. Como os Tribunais brasileiros têm tratado as atitudes discriminatórias, sob as lentes da responsabilidade civil? In: TEIXEIRA, Ana Carolina Brochado; MENEZES, Joyceane Bezerra. *Gênero, vulnerabilidade e autonomia*: repercussões jurídicas. 2. ed., Indaiatuba, SP: Foco, 2021; OLIVEIRA, Adriana Vidal de; MULHOLLAND, Caitlin. A liberdade de expressão é tolhida em função do gênero? In: TEIXEIRA, Ana Carolina Brochado; MENEZES, Joyceane Bezerra. Gênero, vulnerabilidade e autonomia: repercussões jurídicas. 2. ed. Indaiatuba, SP: Foco, 2021. No direito português: SILVA, Joel Belchior. A Discriminação e o Direito Civil: Breves notas sobre as consequências jurídicas da discriminação. *Jurismat*: Revista Jurídica, Portimão, 2017, n. 10, p. 107-128.

Nos últimos anos diversas situações de intoleráveis práticas homofóbicas foram declaradas publicamente, como, por exemplo, a atriz Cássia Kiss que, em 2022, associou a homossexualidade como uma ameaça à família e disse em entrevista que: "Porque onde eu saiba homem com homem não dá filho, mulher com mulher também não dá filho".[9] Em 2000, o apresentador Gilberto Barros, conhecido como "Leão", proferiu falas homofóbicas em seu canal do Youtube: "Não tenho nada contra, mas eu também vomito. [...] Hoje em dia, se quiser fazer na minha frente, faz. Apanha os dois, mas faz".[10] O pastor André Valadão, em 2023, disse durante culto realizado na Igreja batista da Lagoinha em Orlando, mas transmitido pelas redes sociais, que "Deus mataria" e "começava tudo de novo" em relação à comunidade LGBTQIAPN+.[11] Em 2021, o jogador Maurício Souza criticou em sua conta de *Instagram* a revelação de que o atual *Superman* é bissexual: "Ah, é só um desenho, não é nada demais. Vai nessa que vai ver onde vamos parar". O atleta foi afastado após a postagem homofóbica.[12]

Sob tais lentes, o presente trabalho mira, em especial, na análise dos julgados do Tribunal de Justiça do Estado do Rio de Janeiro (TJRJ) e do Superior Tribunal de Justiça (STJ), a respeito do papel da responsabilidade civil[13] diante de casos de homofobia, no qual se investiga se tal instrumento revela-se útil em demandas individuais ou coletivas, bem como se os parâmetros de fixação do montante indenizatória efetivamente levam em conta a situação da vítima de discriminação, já vulnerabilizada pelo estigma, preconceito e inferioridade que a estrutura social ainda impõe. É sobre a utilidade e aplicabilidade da responsabilidade civil como resposta do Direito aos atos de discriminação em razão da orientação sexual que o presente texto pretende, dentro dos limites propostos, avaliar se a proteção da pessoa humana homossexual é adequadamente promovida pelos Tribunais selecionados a partir da Constituição da República de 1988.[14]

---

9. Disponível em: https://www.uol.com.br/splash/noticias/2022/10/29/cassia-kis-homofobia.htm. Acesso em: 17 ago. 2023.
10. Disponível em: https://g1.globo.com/sp/sao-paulo/noticia/2023/05/30/justica-mantem-condenacao-de-apresentador-gilberto-barros-por-homofobia-ao-dizer-que-vomita-e-bate-em-homens-que-se-beijam.ghtml. Acesso em: 17 ago. 2023.
11. Disponível em: https://g1.globo.com/mg/minas-gerais/noticia/2023/07/03/pastor-andre-valadao-diz-em-culto-que-se-pudesse-deus-mataria-a-populacao-lgbt-e-fala-para-fieis-irem-para-cima-da-comunidade.ghtml. Acesso em: 17 ago. 2023.
12. Disponível em: https://www.uol.com.br/esporte/ultimas-noticias/2021/10/27/mauricio-souza---douglas-souza---volei.htm. Acesso em: 17 ago. 2023.
13. O presente texto não pretende, em razão das suas estreitas lindes, se debruçar sobre as múltiplas funções da responsabilidade e seu recente itinerário de profundas transformações. Sobre o assunto, cf. RODOTÀ, Stefano. *Il problema della responsabilità civile*. Milano: Giuffrè, 1964; GOMES, Orlando. Tendências modernas na teoria da responsabilidade civil. In: FRANCESCO, José Roberto Pacheco Di (Org.). *Estudos em homenagem ao professor Sílvio Rodrigues*. São Paulo: Saraiva, 1989; BODIN DE MORAES, Maria Celina. A constitucionalização do direito civil e seus efeitos sobre a responsabilidade civil. *Revista Direito, Estado e Sociedade*, n. 29, p. 233-258, 2006; SCHREIBER, Anderson. *Novos paradigmas da responsabilidade civil*: da erosão dos filtros da reparação à diluição dos danos. 3. ed. São Paulo: Atlas, 2011; ROSENVALD, Nelson. *As funções da responsabilidade civil*: a reparação e a pena civil. 3. ed. São Paulo: Saraiva, 2017; REIS JÚNIOR, Antonio dos. *Função promocional da responsabilidade civil*: um modelo de estímulos à reparação espontânea dos danos. Indaiatuba, SP: Foco, 2022.
14. A pesquisa jurisprudencial delimitou-se no âmbito do Tribunal de Justiça do Estado do Rio de Janeiro (TJRJ) e do Superior Tribunal de Justiça (STJ), no período compreendido entre outubro de 1988 a julho de 2023, em relação às ações indenizatórias em razão de condutas consideradas homofóbicas, de viés, portanto, discriminatório que atingem pessoas com orientação sexual diversa da heterossexual.

2. SOLIDARIEDADE E NÃO DISCRIMINAÇÃO ÀS DISSIDÊNCIAS SEXUAIS NA LEGALIDADE CONSTITUCIONAL

A Constituição da República de 1988 possui forte viés solidarista, ancorando-se como um dos seus principais objetivos. Para tanto, estabelece em seu art. 3º e seus incisos a construção de uma sociedade livre, justa e solidária, bem como a erradicação da pobreza e da marginalização e a redução das desigualdades sociais e regionais, de forma a promover o bem de todos, sem preconceitos e discriminação. Sob a égide do Estado Democrático de Direito, alicerçado na dignidade da pessoa humana, na igualdade substancial e na solidariedade social, a diretriz constitucional determina a correção das desigualdades sociais, por meio de uma atuação promocional e com direção distributiva, com o propósito de reduzir os desequilíbrios na busca da melhor qualidade de vida de seus cidadãos. Maria Celina Bodin de Moraes aduz que a "expressa referência à solidariedade, feita pelo legislador constituinte, longe de representar um vago programa político ou algum tipo de retoricismo, estabelece em nosso ordenamento um princípio jurídico inovador", que deve ser utilizado não somente no processo legislativo e elaboração de políticas públicas, mas "também nos momentos de interpretação e aplicação do direito, por seus operadores e demais destinatários, isto é, por todos os membros da sociedade".[15]

Nessa linha, o princípio da solidariedade reforça e reafirma o caráter da sociabilidade humana, imprescindível à coexistência entre todos, como vetor de natureza jurídica, configurando como verdadeiro dever de todos.[16] A rigor, o princípio constitucional da solidariedade social atua com o conjunto de instrumentos voltados para garantir uma existência digna, como "expressão mais profunda da sociabilidade que caracteriza a pessoa humana". Segundo Maria Celina Bodin de Moraes, "a Lei Maior determina – ou melhor, exige – que nos ajudemos, mutuamente, a conservar nossa humanidade porque a construção de uma sociedade livre, justa e solidária cabe a todos e a cada um de nós".[17]

Pietro Perlingieri ressalta que o personalismo e o solidarismo moldaram a Constituição como valores primordiais.[18] Desse modo, a pessoa passa a ser "entendida como conexão existencial em cada indivíduo da estima de si, do cuidado com o outro e da aspiração de viver em instituições justas", constituindo o "ponto de confluência de uma pluralidade de culturas, que nela reconhecem a sua própria referência de valores".[19] Nesta moldura, o personalismo, baseado na centralidade dos direitos invioláveis da pessoa humana em sua inerente dignidade, e a solidariedade,[20] fundada na cooperação e na

---

15. BODIN DE MORAES, Maria Celina. O princípio da solidariedade. *Na medida da pessoa humana*: estudos de direito civil-constitucional. Rio de Janeiro: Renovar, 2010, p. 239-240.
16. Maria Celina Bodin de Moraes afirma que "a solidariedade, nos termos invocados pelo constituinte, é um dever de natureza jurídica". Ainda de acordo com a autora, a solidariedade pode ser compreendida sob diversas facetas, como fato social, virtude, vício, pragmatismo e norma jurídica. Idem, ibidem, p. 244, 247.
17. Idem, ibidem, p. 251.
18. PERLINGIERI, Pietro. *Perfis do direito civil*: introdução ao Direito Civil Constitucional. Trad. Maria Cristina De Cicco. 3. ed., rev. e ampl. Rio de Janeiro: Renovar, 2002, p. 459.
19. Idem, ibidem, p. 460.
20. De acordo com Pietro Perlingieri, "Diversa é a solidariedade constitucional em relação àquela do Código Civil: não é mais apenas econômica, voltada para escopos nacionalistas, de eficiência do sistema e de aumento da produtividade, mas tem fins políticos, econômicos, sociais". Idem, ibidem, p. 462.

igualdade diante da afirmação dos direitos fundamentais de todos, revela que a tutela da pessoa humana é inseparável do contexto da solidariedade constitucional, afinal, "ter cuidado com o outro faz parte do conceito de pessoa".[21]

Imprescindível, portanto, reforçar o papel do reconhecimento e da solidariedade social como atitudes civis fundamentais para o desenvolvimento integral da pessoa. Saliente-se, contudo, que embora tenham igual importância, eles não possuem a mesma exigibilidade jurídica. O reconhecimento consiste numa recomendação, eis que se inscreve no âmbito dos deveres morais, enquanto a solidariedade social é um princípio de envergadura constitucional, com força de norma jurídica. É razoável considerar, entretanto, que a solidariedade social compreende o reconhecimento, que lhe confere legitimidade. Desse modo, a emancipação social e inclusão das pessoas com orientação sexual homossexual necessariamente atravessa o reconhecimento do ser diferente como condição exigível para a efetivação da solidariedade social.

A tendência hodierna dos países ocidentais democráticos em assentar o princípio da dignidade da pessoa humana como valor nuclear de seus respectivos ordenamentos jurídicos não traduz automaticamente em sua efetiva e real concretização nos destinatários mais vulneráveis em razão de contextos sociais, culturais e econômicos de longa história de discriminação e exclusão. Indispensável, portanto, para que haja respeito a esse princípio fundante, numa perspectiva evolutiva de seu próprio conteúdo, que a própria noção de dignidade descortine nova dimensão quando se consideram as "formações sociais" que integram a construção da pessoa humana como um ser real, corporificado, que não mais se esgota na concepção abstrata de sujeito de direito, nem é apenas uma unidade biológica. Nesse processo de trajetória da abstrata noção de sujeito de direito para a concreta realidade da pessoa humana singularmente considerada, a dignidade deve ser qualificada também como "social", para abranger não somente suas condições materiais de existência, mas, principalmente, o sistema global de relações em que se constrói e desenvolve a pessoa, como ser social e biológico.

De acordo com Renan Quinalha, a constituição do sujeito homossexual deriva de um regime regulatório, "composto de dimensões materiais e ideológicas", que estrutura as subjetividades e determina "ser quem somos".[22] Desse modo, compreende-se que a dissidência à norma-padrão da sociedade é retratada pelos diversos "avisos e lembretes,

---

21. Idem, ibidem, p. 461.
22. Em outra oportunidade, já tivemos oportunidade de afirmar: "Existir (*rectius*: resistir) como homossexual ultrapassa as experiências sexuais e não se revela exclusivamente na atração afetivo-erótica por pessoas do mesmo sexo. É uma vivência marcada pela corporalidade e identidade oprimida e estigmatizada que molda as percepções de mundo e a personalidade de cada indivíduo heterodiscordante. É a opressão do silêncio, da diferença e da violência de não se permitir existir enquanto homossexual em razão do preconceito arraigado e presente em diversas formas escamoteadas ou veladas, que cotidianamente impede que gays e lésbicas famosos, políticos ou em altos cargos em empresas assumam sua orientação sexual sob pena de represálias, maledicências ou mesmo segregação". ALMEIDA, Vitor; ZENGEROLAME, Flávia. A seletividade sexual e a intolerância à diversidade: a silenciosa discriminação cotidiana como dano injusto. In: COSTA, Regina Alice Rodrigues Araújo; SILVA NETTO, Manuel Camelo Ferreira da; DANTAS, Carlos Henrique Félix (Org.). *Direitos da População LGBTI+*: democracia, cidadania, políticas públicas e representatividade. Recife: Even3 Publicações, 2022, p. 20.

carregados sempre de hostilidades e violências, que chegam desde a mais tenra infância". Nesse passo, acentua que há "uma antecipação da violência como preocupação central e persistente", o que leva a uma "gestão diária e individual do medo e da vergonha".[23] Diante desse cenário, sublinha-se:

> Essa onipresença do insulto, que está sempre às voltas dos corpos LGBTI+ como ameaça potencial ou concreta, é um dos traços mais comuns dessa comunidade. Por séculos, acusados de pecadores nas Igrejas, de doentes nos hospitais e manicômios, de criminosos no sistema penal e prisional, de ameaçadores à ordem pública e aos bons costumes pelos poderes estatais, LGTBI+ foram permanentemente atravessados pelos discursos e práticas de controle político e sexual de suas subjetividades.[24]

O binarismo de sexo e de gênero[25] determina uma ordenação social e sexual que define posições e valores hierárquicos entre si, institucionalizando de forma compulsória a heteronormatividade, sobretudo no que tange aos papéis sociais que lhe são destinados.[26] Por isso, as dissidências sexuais, que desafiam a norma socialmente imposta a partir da lógica binária,[27] sujeitam-se aos riscos e toda sorte de violências que isso implica. Obviamente, o discurso hegemônico heteronormativo reforça e amplia a discriminação sexual e de gênero, o que descortina o controle dos corpos, dos desejos e da sexualidade em si. No entanto, conforme explica Renan Quinalha, a identidade LGBTI+ que inicialmente é irrompida por "imposição de poderes e discursos" que constituíram as subjetividades, atravessaram os corpos e normalizaram os desejos, posteriormente, é ressignificada como base no orgulho que permite torná-la "suporte para a ação política e a conquista

---

23. QUINALHA, Renan. *Movimento LGBTI+*: uma breve história do século XIX aos nossos dias. Belo Horizonte: Autêntica, 2022, p. 33-34.
24. Idem, ibidem, p. 34.
25. "Não houve na área jurídica, porém, maior questionamento ou apreciação crítica dos conceitos de sexo e gênero. O termo "sexo" tem vários significados, dentre eles o utilizado pelo Direito para qualificar alguém, com base na ótica médico-científica, que privilegia a constituição biológica do ser humano, e se refere ao conjunto de características (como o aspecto anatômico, cromossômico, gonadal) distintivas de macho e fêmea, que correspondem às categorias masculino e feminino, respectivamente. No Brasil, o indivíduo é qualificado na hora de seu nascimento, a partir da forma da genitália externa que apresenta. Sua importância é inquestionável, na medida em que vincula o suporte físico que vincula a construção da identidade da pessoa e constitui fator determinante de direitos e deveres, próprios de cada sexo". BORILLO, Daniel, BARBOZA, Heloisa Helena. Sexo, gênero e direito: considerações à luz do direito francês e brasileiro. *Civilistica.com*, Rio de Janeiro, a. 5, n. 2, 2016, p. 5. Disponível em: https://civilistica.emnuvens.com.br/redc/article/view/622/465. Acesso em: 03 jul. 2023.
26. Idem, ibidem, p. 36-39. De acordo com Judith Butler, o gênero não resulta do sexo e nem é aparentemente tão fixo quanto o sexo biológico. É uma construção cultural, elaborada para questionar o determinismo biológico, e que desafia a unidade do sujeito. V. BUTLER, Judith P. *Problemas de gênero*: feminismo e subversão da identidade. Tradução Renato Aguiar. Rio de Janeiro: Civilização Brasileira, 2003.
27. Daniel Borillo e Heloisa Helena Barboza defendem que "a resposta para a pergunta, se é justo (pertinente) classificar as pessoas do gênero humano em dois sexos poderá ser sim ou não, pois depende do objetivo da classificação: não será justa, quando a categoria sexo é imposta pelo Estado para identificar as crianças logo depois do nascimento; será justa, quando o sexo serve como categoria de proteção contra a discriminação e como medida corretiva que favoreça a diversidade, mas com a condição de que seja uma noção geral e abrangente (transexual, hermafrodita, práticas sexuais etc.) e permita ao mesmo tempo proteger e promover todas as dissidências sexuais. Trata-se de pensar juridicamente a pessoa em função de sua dimensão espiritual e psicológica (vontade, identidade, sentimento de pertencimento, projeto de familiar e social), mais do que considerá-la em função de sua dimensão anatômica". BORILLO, Daniel, BARBOZA, Heloisa Helena. Op. cit., p. 14.

dos direitos de igualdade".[28] Daí a necessidade de uma ativa e enérgica luta contra a discriminação sexual e de gênero, que independe da intencionalidade do agente, em razão do forte preconceito estrutural ainda presente na sociedade. Indispensável, portanto, a contínua busca em prol da efetivação dos direitos fundamentais e da erradicação das diversas formas de discriminação pautadas na matriz heteronormativa.

Não resta, dessa maneira, espaço para exclusão social na legalidade constitucional. A inclusão social é um imperativo da ordem constitucional à luz dos princípios da solidariedade social e da igualdade substancial, imantados pela dignidade humana. Afinal, uma vida digna pressupõe liberdade, que, por sua vez, depende de reconhecimento social como igual parceiro de interação na comunidade. Por isso, coexistir, logo, ser solidário desnuda o compartilhamento de "uma mesma época e, neste sentido, de uma mesma história",[29] mas que não se permita o risco de uma história única,[30] estereotipada, contada por poucos e sobre poucos. A solidariedade impõe, portanto, a diversidade de modos de vida e a pluralidade de visões de mundo, e determina uma construção múltipla da trajetória de vida de todos, inclusive das dissidências sexuais em direção ao movimento da contrassexualidade.[31]

3. A TRAJETÓRIA JURÍDICA DE RECONHECIMENTO DOS DIREITOS À COMUNIDADE LGBTQIAPN+ E O TRATAMENTO DA DISCRIMINAÇÃO POR ORIENTAÇÃO SEXUAL NO DIREITO BRASILEIRO

A Constituição de 1988, como já afirmado, estabelece em seu art. 3º os objetivos fundamentais da República Federativa do Brasil. Entre eles, promover o bem de todos, sem preconceitos de origem, raça, sexo, cor, idade e quaisquer outras formas de discriminação. No entanto, as violências motivadas pela orientação sexual e identidade de gênero da comunidade LGBTQIAPN+ na realidade brasileira descortinam um grave e crônico problema social, sendo um dos países que sempre figuram no topo das listas de homicídio contra essa população.[32] A LGBTfobia[33] exige, portanto, ativismo e esforço

---

28. QUINALHA, Renan. Op. cit., p. 35.
29. BODIN DE MORAES, Maria Celina. O princípio da solidariedade. Op. cit., p. 241.
30. "A história única cria estereótipos, e o problema com os estereótipos não é que sejam mentira, mas que são incompletos. Elas fazem com que uma história se torne a única história. [...] A consequência da história única é esta: ela rouba a dignidade das pessoas. [...] As histórias importam. Muitas histórias importam. As histórias foram usadas para espoliar e caluniar, mas também podem ser usadas para empoderar e humanizar. Elas podem despedaçar a dignidade de um povo, mas também podem reparar essa dignidade despedaçada". ADICHIE, Chimamanda Ngozi. *O perigo de uma história única*. Trad. Julia Romeu. São Paulo: Companhia das Letras, 2019. p. 26-27, 32.
31. Cf. PRECIADO, Beatriz. *Manifesto Contrassexual*. Políticas subversivas de identidade sexual. São Paulo: n-1 edições, 2014.
32. O Dossiê de Mortes e Violências contra LGBTI+ no Brasil denunciou que durante o ano de 2022 ocorreram 273 mortes LGBT de forma violenta no país. Dessas mortes 228 foram assassinatos, 30 suicídios e 15 outras causas. Destas, 159 foram de travesti e mulher transexual (58,4%), 96 Gays (35,16%), 08 lésbicas (2,93%), 8 homens trans e pessoa transmasculina (2,93%), 01 pessoa não binária e 01 de outros segmentos.
33. "A LGBTfobia é o preconceito em virtude da identidade de gênero ou orientação sexual. Ela alcança, além da homofobia: Lesbofobia (preconceito contra lésbicas), Gayfobia (preconceito contra gays), Bifobia (preconceito contra bissexuais); e Transfobia (preconceito contra pessoas trans)". BRASIL. Manual orientador sobre

político conjunto para a construção de uma cultura de não violência e tolerância para combater a matriz heteronormativa, com a promoção do respeito à diversidade e à igualdade, uma vez que se descortina a compreensão de que a LGBTfobia configura "um sistema dotado de racionalidade e operado essencialmente pela violência", o que revela o "caráter simultaneamente estrutural, institucional e individual do fenômeno".[34]

Em 2006, na Indonésia, ocorreu uma conferência com a participação de diversos países, entre eles o Brasil, a qual deu origem aos Princípios de Yogyakarta,[35] que tratam da aplicação da legislação internacional de direitos humanos em relação à orientação sexual e à identidade de gênero, em especial o direito à igualdade e à não discriminação.[36] Cabe frisar que tal documento não é considerado juridicamente vinculante, muito embora diversos Estados utilizem "seu conteúdo como forma de direção à aplicação e à defesa dos direitos humanos com relação à orientação sexual e identidade de gênero",[37] como é o caso do Brasil. No plano internacional dos direitos humanos, já se registrou que ainda não há um amadurecimento político no que concerne ao direito humano de liberdade de orientação sexual, embora já se tenha caminhado significativamente em relação à descriminalização do estilo de vida e proibição da discriminação por conta da sexualidade como "obrigações juridicamente fundamentadas para os Estados-membros da ONU".[38]

---

diversidade. Ministério dos Direitos Humanos. Secretaria Nacional de Cidadania. Brasil, 2018. Disponível em: https://www.gov.br/mdh/pt-br/assuntos/noticias/2018/dezembro/ministerio-lanca-manual-orientador-de-diversidade/copy_of_ManualLGBTDIGITAL.pdf. Acesso em: 14 jun. 2022.

34. QUINALHA, Renan. Op. cit., p. 40.
35. Os Princípios de Yogyakarta tratam de um amplo espectro de normas de direitos humanos e de sua aplicação a questões de orientação sexual e identidade de gênero. Os Princípios afirmam a obrigação primária dos Estados de implementarem tais direitos, sendo cada princípio é acompanhado de detalhadas recomendações aos Estados. Segundo Felipe Nicoleu Pimentel Alamino e Victor Antonio Del Vecchio: "Os Princípios de Yogyakarta surgem dos esforços de especialistas, conjuntamente com diversas Organizações Não Governamentais, em 2005, como um esforço de mapeamento das experiências de violação de direitos humanos, sofridas por pessoas de orientações sexuais e identidades de gênero diversas, cujo objetivo geral seria além de mapear, averiguar a aplicação dos tratados de direitos humanos aos casos específicos, bem como a obrigação dos Estados quanto à implementação efetiva de cada um destes direitos". ALAMINO, Felipe Nicolau Pimentel; VECCHIO, Victor Antonio Del. Os princípios de Yogykarta e a proteção de direitos fundamentais das minorias de orientação sexual e de identidade de gênero. In: *Revista da Faculdade de Direito da Universidade de São Paulo*, v. 113 p. 645-668, jan./dez, 2018, p. 648.
36. De acordo com o Princípio 3, que trata do direito ao reconhecimento perante a Lei: "Toda pessoa tem o direito de ser reconhecida, em qualquer lugar, como pessoa perante a lei. As pessoas de orientações sexuais e identidades de gênero diversas devem gozar de capacidade jurídica em todos os aspectos da vida. A orientação sexual e identidade de gênero autodefinidas por cada pessoa constituem parte essencial de sua personalidade e um dos aspectos mais básicos de sua autodeterminação, dignidade e liberdade. Nenhuma pessoa deverá ser forçada a se submeter a procedimentos médicos, inclusive cirurgia de mudança de sexo, esterilização ou terapia hormonal, como requisito para o reconhecimento legal de sua identidade de gênero. Nenhum status, como casamento ou status parental, pode ser invocado para evitar o reconhecimento legal da identidade de gênero de uma pessoa. Nenhuma pessoa deve ser submetida a pressões para esconder, reprimir ou negar sua orientação sexual ou identidade de gênero".
37. ALAMINO, Felipe Nicolau Pimentel; VECCHIO, Victor Antonio Del. Op. cit., p. 662.
38. "Paralelamente, sistemas regionais de proteção, tanto no âmbito da Corte Europeia de Direitos Humanos como também na Corte Interamericana de Direitos Humanos, têm sido mais progressistas no reconhecimento da liberdade de orientação sexual, sobretudo com a adoção de normativas expressas como a Resolução AG/OEA 2807, de 6 de junho de 2013, que expressamente reconhece, com base na Declaração dos Direitos Humanos, que

Como já alertado, não há lei específica, no Brasil, voltada à proteção da população LGBTQIAPN+, embora haja uma série de políticas públicas destinadas à atuação estratégica de combate da LGBTfobia,[39] bem como pontualmente alguns atos normativos já expressamente revelam tal preocupação. Nesse sentido, a Lei 13.146/2015, conhecida como Lei Brasileira de Inclusão, determina em seu art. 18, § 4º, inciso VI, que as ações e os serviços de saúde pública destinados à pessoa com deficiência devem assegurar o respeito à especificidade, à identidade de gênero e à orientação sexual. A Lei 14.612/2023 alterou o Estatuto da Advocacia (Lei 8.906/1994) para incluir a o assédio moral, assédio sexual e a discriminação como infrações ético-disciplinares no âmbito da Ordem dos Advogados do Brasil. Desse modo, foram incluídos o inciso XXX ao rol do art. 34, bem como o § 2º que define a discriminação como "a conduta comissiva ou omissiva que dispense tratamento constrangedor ou humilhante a pessoa ou grupo de pessoas, em razão de sua deficiência, pertença a determinada raça, cor ou sexo, procedência nacional ou regional, origem étnica, condição de gestante, lactante ou nutriz, faixa etária, religião ou outro fator". Ainda que pontuais, as leis que proíbem a discriminação e preconceito por orientação sexual e identidade de gênero traduzem importante conquista civilizatória e promovem de forma mais efetiva os princípios constitucionais da dignidade humana, da igualdade material e da não discriminação.

Enquanto se aguarda uma lei federal sobre a proteção da comunidade LGBTQIAPN+, de acordo com o levantamento sobre a implementação das políticas de Direitos Humanos nos governos estaduais e municipais, realizado pelo Instituto Brasileiro de Geografia e Estatística – IBGE, no ano de 2014, as pesquisas revelaram que 37% dos estados possuem legislação para a proteção dos direitos de LGBT; 25,9% possuem programa, plano ou ação desenvolvida para a promoção dos direitos de LGBT; 44,4% possuem Conselhos de Direitos LGBT; no nível municipal, 7,7% executam programa e ações voltados para a população LGBT; e 0,4% possuem conselhos municipais.[40]

O Supremo Tribunal Federal (STF), ao longo dos últimos anos, tem proferido decisões históricas no sentido de reconhecer os direitos da comunidade LGBTQIAPN+. No julgamento conjunto da ADPF 132 e ADI 4.277, em 2011, o tribunal assegurou o reconhecimento da união entre pessoas do mesmo sexo como entidade familiar, atribuindo-lhe as mesmas regras e consequências jurídicas inerentes à união estável

---

todo ser humano tem direito à vida, à liberdade e à segurança de sua pessoa sem distinção de raça, sexo, idioma, credo ou qualquer outra". ALMEIDA, Bruno Rodrigues de. A liberdade de orientação sexual como expressão da dignidade: análise dos precedentes dos órgãos internacionais e regionais de proteção aos direitos humanos. *Pensar*, Fortaleza, v. 21, n. 3, p. 874-905, set./dez., 2016, p. 899-900.

39. Como, por exemplo, o Plano Nacional de Direitos Humanos III e ações do Pacto de Enfrentamento a violência LGBTfobica lançados em 2018.
40. BRASIL. *Manual orientador sobre diversidade*. Ministério dos Direitos Humanos. Secretaria Nacional de Cidadania. Brasil, 2018. Disponível em: https://www.gov.br/mdh/pt-br/assuntos/noticias/2018/dezembro/ministerio-lanca-manual-orientador-de-diversidade/copy_of_ManualLGBTDIGITAL.pdf. Acesso em: 14 set. 2022.

heterossexual.⁴¹ A respeito do direito à igualdade e à proibição da discriminação sexual, restou consignado na histórica decisão:

> Mas é preciso aduzir, já agora no espaço da cognição jurídica propriamente dita, que a vedação do preconceito em razão da compostura masculina ou então feminina das pessoas também incide quanto à possibilidade do concreto uso da sexualidade de que eles são necessários portadores. Logo, é tão proibido discriminar as pessoas em razão da sua espécie masculina ou feminina quanto em função da respectiva preferência sexual. Numa frase: há um direito constitucional líquido e certo à isonomia entre homem e mulher: a) de não sofrer discriminação pelo fato em si da contraposta conformação anátomo-fisiológica; b) de fazer ou deixar de fazer uso da respectiva sexualidade; c) de, nas situações de uso emparceirado da sexualidade, fazê-lo com pessoas adultas do mesmo sexo, ou não; quer dizer, assim como não assiste ao espécime masculino o direito de não ser juridicamente equiparado ao espécime feminino – tirante suas diferenças biológicas –, também não assiste às pessoas heteroafetivas o direito de se contrapor à sua equivalência jurídica perante sujeitos homoafetivos. O que existe é precisamente o contrário: o direito da mulher a tratamento igualitário com os homens, assim como o direito dos homoafetivos a tratamento isonômico com os heteroafetivos; [...] Por consequência, homens e mulheres: a) não podem ser discriminados em função do sexo com que nasceram; b) também não podem ser alvo de discriminação pelo empírico uso que vierem a fazer da própria sexualidade; c) mais que isso, todo espécime feminino ou masculino goza da fundamental liberdade de dispor sobre o respectivo potencial de sexualidade, fazendo-o como expressão do direito à intimidade ou então à privacidade (nunca é demais repetir). O que significa o óbvio reconhecimento de que todos são iguais em razão da espécie humana de que façam parte e das tendências ou preferências sexuais que lhes ditar, com exclusividade, a própria natureza, qualificada pela nossa Constituição como autonomia da vontade. Iguais para suportar deveres, ônus e obrigações de caráter jurídico-positivo, iguais para titularizar direitos, bônus e interesses também juridicamente positivados.⁴²

Inclusive, após a referida decisão, o Conselho Nacional de Justiça (CNJ) editou a Resolução n. 175, de 14 de maio de 2013, que dispõe sobre a habilitação, celebração de casamento civil, ou de conversão de união estável em casamento, entre pessoas do mesmo sexo.⁴³ Em 2017, com base nos princípios da dignidade da pessoa humana, da igualdade, da proporcionalidade, da vedação do retrocesso, assim como tendo em vista a não hierarquização entre entidades familiares, o Supremo Tribunal Federal, no julgamento do RE 646.721, equiparou o regime sucessório entre cônjuges e companheiros em união estável homoafetiva.⁴⁴

No julgamento da ADPF 291, o Supremo Tribunal Federal, em 2015, declarou não recepcionados pela Constituição Federal os termos "pederastia ou outro", bem como

---

41. STF, ADPF 132 e ADI 4.277-DF, Plenário, Rel. Min. Ayres Britto, julg. 05 maio 2011, publ. 14 out. 2011. A decisão foi inscrita como patrimônio documental da humanidade no Registro Nacional do Brasil.
42. STF, ADPF 132 e ADI 4.277-DF, Plenário, Rel. Min. Ayres Britto, julg. 05 maio 2011, publ. 14 out. 2011, p. 643.
43. Antes, contudo, o Superior Tribunal de Justiça já havia decidido pela inexistência de vedação expressa a que se habilitem para o casamento pessoas do mesmo sexo (homoafetivo): "Os arts. 1.514, 1.521, 1.523, 1.535 e 1.565, todos do Código Civil de 2002, não vedam expressamente o casamento entre pessoas do mesmo sexo, e não há como se enxergar uma vedação implícita ao casamento homoafetivo sem afronta a caros princípios constitucionais, como o da igualdade, o da não discriminação, o da dignidade da pessoa humana e os do pluralismo e livre planejamento familiar". STJ, REsp. 1.183.378/RS, Quarta Turma, Rel. Min. Luis Felipe Salomão, julg. 25 out. 2011, publ. 1º fev. 2012.
44. STF, RE 646.724, Rel. Min. Marco Aurélio, Rel. p/ acórdão Min. Luis Roberto Barroso, julg. 10 maio 2017, 11 set. 2017.

a expressão "homossexual ou não", constante do *caput* do art. 235 do Código Penal Militar,[45] por conflitarem com o direito à liberdade de orientação sexual.[46] Em 2018, o Supremo Tribunal Federal, no julgamento da ADI 4.275,[47] atribuiu ao art. 58 da Lei n. 6.015/1973 interpretação conforme à Constituição e ao Pacto de São José da Costa Rica, à luz dos direitos à dignidade, à honra e à liberdade, entre outros, para reconhecer aos transgêneros o direito à substituição de prenome e sexo no registro civil, independentemente da cirurgia de transgenitalização ou da realização de tratamentos hormonais ou patologizantes.[48]

No histórico julgamento do MI 4.733 e da ADO 26, em 2019, o Supremo Tribunal Federal reconheceu a omissão do Congresso Nacional em relação ao seu dever de criminalização de condutas ofensivas, ameaçadoras e discriminatórias, em razão da orientação sexual e/ou identidade de gênero e determinou a aplicação da tipificação constante da Lei 7.716/1989,[49] pertinente aos crimes de discriminação ou preconceito de raça, cor, etnia, religião ou procedência nacional, à discriminação por orientação sexual e/ou identidade de gênero,[50] até que se elabore lei sobre o tema. A partir dessa decisão, homofobia e transfobia são condutas criminalizadas no Brasil, uma vez que é dever do Estado tipificar as ações atentatórias aos direitos fundamentais, sob pena de caracterizar discriminação institucional. Desse modo, entendeu-se que a "omissão legislativa em tipificar a discriminação por orientação sexual ou identidade de gênero ofende um sentido mínimo de justiça ao sinalizar que o sofrimento e a violência dirigida a pessoa gay, lésbica, bissexual, transgênera ou intersex é tolerada, como se uma pessoa não fosse digna de viver em igualdade".[51]

---

45. "Art. 235. Praticar, ou permitir o militar que com ele se pratique ato libidinoso, homossexual ou não, em lugar sujeito a administração militar: Pena - detenção, de seis meses a um ano".
46. STF, ADPF 291, Tribunal Pleno, Rel. Min. Luis Roberto Barroso, julg. 28 out. 2015, 11 maio 2016.
47. STF, ADI 4.275, Tribunal Pleno, Rel. Min. Marco Aurélio, rel. p/ acórdão Min. Luiz Edson Fachin, julg. 01 mar. 2018, publ. 07 mar. 2019.
48. No Brasil, o Decreto 8.727, de 28 de abril de 2016, dispõe sobre o uso do nome social e o reconhecimento da identidade de gênero de pessoas travestis e transexuais no âmbito da administração pública federal direta, autárquica e fundacional. Entende-se como nome social a designação pela qual a pessoa travesti ou transexual se identifica e é socialmente reconhecida. Sobre o assunto, seja permitido remeter a ALMEIDA, Vitor. O direito ao nome e à identidade de gênero da pessoa transexual: notas sobre o Provimento 73/2018 do Conselho Nacional de Justiça. In: SANTIAGO, Maria Cristina; MENEZES, Joyceane Bezerra de; MOUTINHO, Maria Carla (Org.). *20 anos dos Código Civil brasileiro*: uma (re)leitura dos institutos do direito civil sob as perspectivas de gênero e vulnerabilidade. Rio de Janeiro: Processo, 2023, p. 63-97.
49. STF, MI 4.733, Tribunal Pleno, Rel. Min. Luiz Edson Fachin, julg. 13 jun. 2019, publ. 29 set. 2020 e ADO 26, Tribunal Pleno, Rel. Min. Celso de Mello, julg. 13 jun. 2019, publ. 06 out. 2020.
50. "O conceito de racismo, compreendido em sua dimensão social, projeta-se para além de aspectos estritamente biológicos ou fenotípicos, pois resulta, enquanto manifestação de poder, de uma construção de índole histórico-cultural motivada pelo objetivo de justificar a desigualdade e destinada ao controle ideológico, à dominação política, à subjugação social e à negação da alteridade, da dignidade e da humanidade daqueles que, por integrarem grupo vulnerável (LGBTI+) e por não pertencerem ao estamento que detém posição de hegemonia em uma dada estrutura social, são considerados estranhos e diferentes, degradados à condição de marginais do ordenamento jurídico, expostos, em consequência de odiosa inferiorização e de perversa estigmatização, a uma injusta e lesiva situação de exclusão do sistema geral de proteção do direito". STF, ADO 26, Tribunal Pleno, Rel. Min. Celso de Mello, julg. 13 jun. 2019, publ. 06 out. 2020.
51. STF, MI 4.733, Tribunal Pleno, Rel. Min. Luiz Edson Fachin, julg. 13 jun. 2019, publ. 29 set. 2020. Em 22 de agosto de 2023, o Plenário do STF acolheu embargos de declaração no referido mandado de injunção para

Em 2020, com base no princípio da liberdade de aprender e de ensinar, e do dever estatal de combate à discriminação por orientação sexual e de gênero, o Supremo Tribunal Federal julgou na ADPF 457 inconstitucional lei municipal que proibia divulgação de material sobre "ideologia de gênero" nas escolas.[52] Nessa linha, entendeu também inconstitucional lei municipal que vedada o ensino sobre gênero e orientação sexual (ADPF 461), uma vez que compromete o acesso de crianças, adolescentes e jovens a conteúdos relevantes, pertinentes à sua vida íntima e social, em desrespeito à doutrina da proteção integral.[53]

O Supremo Tribunal Federal julgou declarou inconstitucionais, no julgamento da ADI 5.543, os art. 64, IV, da Portaria 158/2016 do Ministério da Saúde, e o art. 25, XXX, "d", da Resolução da Diretoria Colegiada da Agência Nacional de Vigilância Sanitária – ANVISA (RDC 34/2014 da ANVISA), que restringiam a doação de sangue por homossexuais, por configurarem indevida discriminação por orientação sexual e ofenderem a dignidade da pessoa humana e o direito à igualdade.[54]

---

declarar que atos de homotransfobia praticados contra membros da comunidade LGBTQIA+ configuram injúria racial: "1. Diferentemente dos demais recursos, os embargos de declaração não se prestam a reforma da decisão, sendo cabíveis apenas nos casos de obscuridade, contradição ou omissão da decisão impugnada, bem como para corrigir eventual erro material (art. 1.022, do Código de Processo Civil. 2. Mandado de injunção julgado procedente, para (i) reconhecer a mora inconstitucional do Congresso Nacional e; (ii) aplicar, até que o Congresso Nacional venha a legislar a respeito, a Lei 7.716/89 à discriminação por orientação sexual ou identidade de gênero. 3. O crime de injúria racial reúne todos os elementos necessários à sua caracterização como uma das espécies de racismo e por ser espécie do gênero racismo, o crime de injúria racial é imprescritível. Precedentes. Entendimento positivado pela Lei 14.532/2023. 4. Tendo em vista que a injúria racial constitui uma espécie do crime de racismo, e que a discriminação por identidade de gênero e orientação sexual configura racismo por raça, a prática da homotransfobia pode configurar crime de injúria racial. 5. Embargos de Declaração conhecidos e acolhidos para sanar obscuridade".

52. "A Lei 1.516/2015 do Município de Novo Gama – GO, ao proibir a divulgação de material com referência a ideologia de gênero nas escolas municipais, não cumpre com o dever estatal de promover políticas de inclusão e de igualdade, contribuindo para a manutenção da discriminação com base na orientação sexual e identidade de gênero. Inconstitucionalidade material reconhecida". STF, ADPF 457, Tribunal Pleno, Rel. Min. Alexandre de Moraes, julg. 27 abr. 2020, publ. 06 jun. 2020.

53. "1. Violação à competência privativa da União para legislar sobre diretrizes e bases da educação nacional (CF/88, art. 22, XXIV), bem como à competência deste mesmo ente para estabelecer normas gerais em matéria de educação (CF/88, art. 24, IX). Inobservância dos limites da competência normativa suplementar municipal (CF/88, art. 30, II). 2. Supressão de domínio do saber do universo escolar. Desrespeito ao direito à educação com o alcance pleno e emancipatório que lhe confere a Constituição. Dever do Estado de assegurar um ensino plural, que prepare os indivíduos para a vida em sociedade. Violação à liberdade de ensinar e de aprender (CF/88, arts. 205, art. 206, II, III, V, e art. 214). 3. Comprometimento do papel transformador da educação. Utilização do aparato estatal para manter grupos minoritários em condição de invisibilidade e inferioridade. Violação do direito de todos os indivíduos à igual consideração e respeito e perpetuação de estigmas (CF/88, art. 1º, III, e art. 5º). 4. Violação ao princípio da proteção integral. Importância da educação sobre diversidade sexual para crianças, adolescentes e jovens. Indivíduos especialmente vulneráveis que podem desenvolver identidades de gênero e orientação sexual divergentes do padrão culturalmente naturalizado. Dever do estado de mantê-los a salvo de toda forma de discriminação e opressão. Regime constitucional especialmente protetivo (CF/88, art. 227)". STF, ADPF 461, Tribunal Pleno, Rel. Min. Luis Roberto Barroso, julg. 24 ago. 2020, publ. 22 set. 2020.

54. "3. A política restritiva prevista na Portaria e na Resolução da Diretoria Colegiada, ainda que de forma desintencional, viola a igualdade, pois impacta desproporcionalmente sobre os homens homossexuais e bissexuais e/ou seus parceiros ou parceiras ao injungir-lhes a proibição da fruição livre e segura da própria sexualidade para exercício do ato empático de doar sangue. Trata-se de discriminação injustificável, tanto do ponto de vista do direito interno, quanto do ponto de vista da proteção internacional dos direitos humanos,

Cabe sublinhar, portanto, o papel contramajoritário da Corte Constitucional na defesa dos direitos das pessoas heterodiscordantes, que nos últimos anos tem atuado de forma enérgica e decisiva diante da dormência do Congresso Nacional. Com base no direito à igualdade substancial, a Constituição brasileira de 1988 se desvela como promotora de uma sociedade sem discriminações, que abrange a liberdade de orientação sexual e de identidade de gênero, o que revela um nítido viés protetivo das dissidências sexuais em busca da garantia da dignidade humana, em que pese a realidade social nem sempre se encontrar em sincronia com os desígnios constitucionais. Vale lembrar que a sociedade brasileira ainda é marcada por profundas desigualdades e preconceito em relação às pessoas com orientação sexual e identidade de gênero diversa da matriz heterossexual.

A timidez da legislação infraconstitucional não restringe o potencial da aplicação direta dos direitos fundamentais nas relações privadas, que se dirigem não apenas como diretrizes políticas, mas devem servir de base normativa para incidência nos casos entre particulares. O cenário normativo brasileiro descortina que o direito à não discriminação, de indelével base constitucional, é tributário de uma escolha do constituinte originário em garantir à determinados grupos historicamente em desvantagem sistêmica, fruto de processos de opressão, exclusão e dominação, sendo dignos de proteção especial na esfera antidiscriminatória, inclusive no âmbito da sexualidade e da identidade de gênero, sendo vedadas quaisquer práticas homotransfóbicas em nome da igualdade substancial e da solidariedade social.

à medida que pressupõem serem os homens homossexuais e bissexuais, por si só, um grupo de risco, sem se debruçar sobre as condutas que verdadeiramente os expõem a uma maior probabilidade de contágio de AIDS ou outras enfermidades a impossibilitar a doação de sangue. 4. Não se pode tratar os homens que fazem sexo com outros homens e/ou suas parceiras como sujeitos perigosos, inferiores, restringido deles a possibilidade de serem como são, de serem solidários, de participarem de sua comunidade política. Não se pode deixar de reconhecê-los como membros e partícipes de sua própria comunidade". STF, ADI 5.543, Tribunal Pleno, Rel. Min. Luiz Edson Fachin, julg. 11 maio 2020, publ. 26 ago. 2020. Em comentário à referida decisão, já tivemos a oportunidade de registrar: "É indispensável que o ordenamento jurídico promova a igualdade substancial e a vedação à discriminação em razão do exercício da sexualidade humana, sobretudo, a heterodiscordante, eis que normas que desrespeitem a identidade de pessoas potenciais doadores de sangue com base na orientação sexual e não nas condutas sexuais de risco são atentatórias à dignidade e à liberdade individual. Tais normas revelavam um tratamento desigual e contrário à diversidade, o que destoa das premissas de um Estado laico e plural. Em ultrapassada hora, mas em momento simbólico, é tempo de afirmar, de uma vez por todas, que a 'orientação sexual não contamina ninguém, condutas riscosas sim' e que a discriminação em face de determinados grupos sociais em razão da maior incidência de infecções deve ser de todo combatida pelo Direito, sobretudo quando restringe a autonomia existencial". FRANCESCONI, Paula Moura; ALMEIDA, Vitor. Doação de sangue, solidariedade social e orientação sexual: repercussões do julgamento da ADI 5.543 em tempos de pandemia. *Migalhas de Vulnerabilidade*. Disponível em: https://www.migalhas.com.br/coluna/migalhas-de-vulnerabilidade/327568/doacao-de-sangue--solidariedade-social-e-orientacao-sexual--repercussoes-do-julgamento-da-adi-5-543-em-tempos-de-pandemia. Acesso em: 03 jun. 2023. Cf., ainda, PEREIRA, Paula Moura Francesconi de Lemos; ALMEIDA, Vitor. Doação de sangue, orientação sexual e discriminação: uma análise da Ação Direta de Inconstitucionalidade 5.543/DF. In: MATOS, Ana Carla Harmatiuk; TEIXEIRA, Ana Carolina Brochado; TEPEDINO, Gustavo (Org.). *Direito Civil, Constituição e unidade do sistema*: Anais do Congresso Internacional de Direito Civil Constitucional – V Congresso do IBDCivil, Belo Horizonte: Fórum, 2019, p. 63-75.

4. A EXPERIÊNCIA JURISPRUDENCIAL NO TRIBUNAL DE JUSTIÇA DO ESTADO DO RIO DE JANEIRO

Em que pese as diversas situações cotidianas de homofobia vivenciadas por pessoas com orientação sexual heterodiscordante, as demandas reparatórias ainda possuem números pouco significativos. Em outros termos, ainda não há, sob o ponto de vista quantitativo, expressivo contingente de ações indenizatórias em razão da prática de homofobia, mesmo após a decisão do Supremo Tribunal Federal no julgamento da Ação Direta de Inconstitucionalidade por Omissão 26 e do Mandado de Injunção 4733, em 2019. Em pesquisa realizada no sítio eletrônico do Tribunal de Justiça do Estado do Rio de Janeiro, com o termo "homofobia" ou "homofóbica" no motor de busca no período compreendido entre 1988 até julho de 2023, o resultado apenas encontrou 18 (dezoito) acórdãos nos quais constava na ementa. Deste total, 14 (quatorze) decisões efetivamente relacionam-se com responsabilidade civil.

Na busca, encontrou-se acórdão no qual julgou procedente pedido de ação direta de inconstitucionalidade por vício de iniciativa e invasão de competência legislativa privativa da União da Lei Municipal 3.892/2011 de Nova Friburgo, a qual proibia qualquer forma de discriminação a pessoas em razão de sua orientação sexual no âmbito local.[55] Em outro caso, em julgamento de representação por inconstitucionalidade, o TJRJ julgou procedente o pedido ao entender que a Lei 1.128/2018 do Município de Tanguá que proibia atividades pedagógicas a reprodução de conceito de gênero na grade de ensino da rede municipal e da rede privada, continha vícios materiais insanáveis e violação da competência concorrente legislativa sobre educação entre União e Estados. Na ementa, ressalta-se a "importância da inclusão, da tolerância e do respeito às minorias para a erradicação da discriminação sexual, do bullying, da homofobia, da transfobia e da violência que atingem essa parcela da sociedade, de modo que o município acaba por descumprir o seu papel de promover políticas públicas voltadas para a eliminação das desigualdades sociais e para a construção de uma sociedade livre, justa e solidária". Ademais, fundamenta-se na orientação do Supremo Tribunal Federal por ocasião do julgamento da Arguição de Descumprimento de Preceito Fundamental 457.[56]

Embora relacionado à responsabilidade civil, o terceiro julgado não trata das hipóteses aqui catalogadas, eis que consiste em demanda ajuizada em face do *Facebook* no qual o autor pleiteava obrigação de fazer e indenização por danos morais em razão de postagem de matéria jornalística que o mencionava como suspeito de homofobia. O Tribunal entendeu que os danos morais não foram configurados com base no art. 19 da Lei 12.965/2014 (Marco Civil da Internet), tendo em a ausência de prova de que o réu foi regularmente notificado para retirar a matéria da plataforma.[57] Por fim, discutiu-se

---

55. TJRJ, ADI 0067138-28.2013.8.19.0000, Órgão Especial, Rel. Des. Roberto de Abreu e Silva, julg. 26 jan. 2015, publ. 29 jan. 2015.
56. TJRJ, ADI 0013775-82.2020.8.19.0000, órgão Especial, Rel. Des. Luiz Zveiter, julg. 05 out. 2020, publ. 08 out. 2020.
57. TJRJ, Ap. Cív. 0043832-80.2020.8.19.0001, 27ª Cam. Civ., Rel. Des. Jacqueline Lima Montenegro, julg. 13 out. 2022, publ. 17 out. 2022.

em sede de agravo de instrumento nos autos de uma ação civil pública o cabimento do recurso para o deferimento da produção de prova para ter acesso a totalidade da entrevista divulgada na mídia para verificar o alcance da manifestação do réu sobre a possível colocação homofóbica.[58]

Dentre os casos selecionados como objeto de análise, cita-se julgado no qual foi majorado o montante de indenização por danos morais, inclusive reflexos, em razão de conduta homofóbica em ambiente universitário praticado por seguranças, que gravaram o autor e seu amigo que supostamente estavam praticando atos libidinosos no banheiro. Eles foram retirados a força da cabine agredidos verbalmente e humilhados por um dos prepostos da ré, que impediu que um dos rapazes ocultasse o rosto, tendo a filmagem sido postada em redes sociais, como *Facebook* e *You Tube*, gerando centenas de comentários ofensivos. Tal situação impingiu violação dos direitos da personalidade, tais como honra e imagem, em razão da prática de homofobia praticada pelos prepostos da Universidade ao jovem indevidamente exposto, tendo inclusive reflexamente atingido sua mãe por causa da repercussão dos vídeos. Conforme decidiu o Tribunal: "A conduta da Universidade ao permitir que seus prepostos gravem eventos como o narrado e que depois façam a publicação em páginas eletrônicas é reprochável, porquanto violadora do direito tutelado e causadora de constrangimentos capazes de ofender a honra dos autores, sendo a condenação ao pagamento de compensação por dano moral o único meio jurídico capaz de atender aos valores em conflito, compensando a ofensa dirigida contra as vítimas". Em segunda instância o montante de indenização por danos morais foi majorado para R$ 30.000,00 (trinta mil reais) para a vítima direta e R$ 8.000,00 (oito mil reais) para sua mãe em razão do dano em ricochete sofrido.[59]

Em outro caso, segundo o Tribunal fluminense, não restou configurado os danos morais, eis que afastada a alegação de homofobia, bem como inexistência de vício do serviço. Casal que sustentou que o café da manhã servido foi mais simples do que o informado e que, após a reclamação, foram vítimas de homofobia em serviço de Spa Day que funcionava dentro de um hotel. A Corte entendeu que o folder não informava sobre o tipo de café da manhã ofertado e, portanto, considerou a ausência de dano moral em virtude de serviço ser aquém do esperado pelas autoras, bem como consignou que o gerente não teve nenhuma conduta homofóbica ou abusiva.[60]

O Tribunal manteve sentença que julgou improcedente o pedido de condenação de danos morais em razão da escassez das provas, que impediram de examinar a veracidade dos fatos alegados de que a parte autora teria sofrido conduta homofóbica, ameaçadora e intimidatória pelos réus.[61] Em relação de consumo, a Corte fluminense entendeu que

---

58. TJRJ, Ag. Inst. 0063071-44.2018.8.19.0000, 1ª Cam. Civ., Rel. Des. Custódio de Barros Tostes, julg. 26 fev. 2019.
59. TJRJ, Ap. Civ. 0003889-24.2018.8.19.0002, 4ª Cam. Civ., Rel. Des. Myriam Medeiros da Fonseca Costa, julg. 11 maio 2022, publ. 13 maio 2022.
60. TJRJ, Ap. Civ. 0000127-80.2013.8.19.0032, 23ª Cam. Civ., Rel. Des. Maria Celeste Pinto de Castro Jatahy, julg. 29 nov. 2017, publ. 1º dez. 2017.
61. TJRJ, Ap. Civ. 0000531-16.2018.8.19.0046, 14ª Cam. Dir. Priv., Rel. Des. Daniela Brandão Ferreira, julg. 27 jul. 2023, publ. 28 jul. 2023.

foram comprovadas por meio de prova testemunhal ofensas verbais homofóbicas proferidas dentro de academia de ginástica, restando configurado os danos morais.[62] Em caso que envolveu a possível submissão de mototáxi a ofensas homofóbicas praticadas em estabelecimento comercial, o TJRJ anulou a sentença em razão de ausência de renovação de diligência por oficial de justiça para intimação pessoal do requerente para juntada de documentação complementar para comprovação do benefício de gratuidade de justiça conforme formulado pela Defensoria Pública.[63]

No âmbito de relações profissionais, o Tribunal entendeu que envio de e-mail corporativo com menção homofóbica não tem potencial ofensivo, uma vez que mesmo empregando termo grosseiro e inapropriado não ostenta ofensa homofóbica, já tendo sido, inclusive, objeto de censura pela empresa e o réu foi advertido e retratou-se.[64] Igualmente decidiu a Corte que a alegação de conduta homofóbica motivada em razão de suposto cerceamento da liberdade constitucional de reunião, na qual houve proibição de evento porque não foram apresentadas as devidas autorizações, não restou comprovada. Desse modo, não houve atuação preconceituosa por conta da natureza do evento.[65] Nessa direção, o Tribunal entendeu que a recusa ao cumprimento do contrato de seguro coletivo mediante exigências inócuas e excessivas não caracteriza neste caso prática homofóbica, embora ultrapasse os limites do mero aborrecimento e caracterize danos morais, mas não por conduta de homofobia no caso analisado.[66]

Em razão de versões destoantes dos fatos, tornou-se impossível estabelecer a dinâmica de fatos alegados em juízo no qual o autor alegou ser vítima de agressões e ofensas homofóbicas em relação a um segurança, tendo inclusive o postulante abdicado da prova testemunhal, motivo pelo qual o Tribunal manteve a sentença de improcedência por ausência de prova.[67] Com base em farto material jornalístico e declaração do apelante com conteúdo ofensivo de natureza homofóbica, a Corte fluminense manteve a sentença de procedência parcial que condenou em danos morais, afastando a alegação de cerceamento de defesa e considerando que a doença psíquica da ré e a provocação da parte autora eram justificativas razoáveis para a divisão do ônus sucumbencial.[68] Passageiro de transporte coletivo, com doença crônica e passe especial, que sofreu constrangimento em razão de atitudes discriminatórias e homofóbicas teve caracterizado o dano moral,

---

62. TJRJ, Ap. Civ. 0331009-35.2019.8.19.0001, 7ª Cam Civ., Rel. Des. Luciano Saboia Rinaldi de Carvalho, julg. 12 abr. 2022, publ. 19 abr. 2022.
63. TJRJ, Ap. Civ., 0047234-92.2019.8.19.0038, 10ª Cam. Civ., Rel. Des. Patrícia Ribeiro Serra Vieira, julg. 05 jul. 2021, publ. 12 jul. 2021.
64. TJRJ, Ap. Civ., 0010297-79.2019.8.19.0007, 20ª Cam. Civ., Rel. Des. Maria da Glória Oliveira Bandeira de Mello, julg. 02 fev. 2021, publ. 09 fev. 2021.
65. TJRJ, Ap. Civ., 0012694-30.2014.8.19.0026, 22ª Cam. Civ., Rel. Des. Carlos Eduardo Moreira da Silva, julg. 03 jul. 2018, publ. 10 jul. 2018.
66. TJRJ, Ap. Civ. 0019444-55.2016.8.19.0001, 13ª Cam. Civ., Rel. Des. Gabriel de Oliveira Zefiro, publ. 02 mar. 2018.
67. TJRJ, Ap. Civ. 0001979-97.2013.8.19.0046, 9ª Cam. Civ., Rel. Des. Adolpho Corrêa de Andrade Mello Junior, julg. 13 set. 2016, publ. 15 set. 2016.
68. TJRJ, Ap. Civ. 0023561-18.2014.8.19.0209, 21ª Cam Civ., Rel. Des. Márcia Cunha Silva Araújo de Carvalho, julg. 06 dez. 2016, publ. 12 dez. 2016.

tendo o Tribunal mantido a sentença com base na responsabilidade civil objetiva da empresa ré e o quantum indenizatório ter sido arbitrado de acordo com os princípios da proporcionalidade e razoabilidade.[69]

O Ministério Público ajuizou ação civil pública com pedido de dano moral coletivo em face de parlamentar municipal que teria feito declaração homofóbica e discurso de ódio contra integrantes da comunidade LGBT em rede social. O Tribunal manteve a sentença de improcedência ao considerar que o conjunto probatório demonstrou que o episódio narrado correspondeu a uma troca de ofensas entre vereador e usuários do *twitter* e que, embora reprovável, a conduta não possui relevância social hábil a configurar dano moral na esfera coletiva.[70] Em matéria condominial, o Tribunal reformou a sentença hostilizada para prover o recurso que condenou o réu por danos morais em razão de ofensas homofóbicas por parte do síndico, com base na escassez de provas e histórica animosidade entre as partes.[71]

Sem embargo, o principal caso julgado pelo Tribunal Fluminense refere-se ao julgamento de uma ação civil pública proposta por entidades de classe de combate à homofobia em razão de declarações emanadas pelo então deputado federal Jair Bolsonaro, em programa televisivo, que atingiram a honra e a dignidade da comunidade LGBT, em violação a diretos individuais homogêneos. No mérito, afastada a tese defensiva de imunidade parlamentar, em sua dimensão material (*freedom of speech*), uma vez que as manifestações foram proferidas fora do recinto do Congresso Nacional e em programa veiculado em rede nacional, além de não guardarem "qualquer correlação com o livre exercício de seu mandato parlamentar", alinhado à jurisprudência do STF no sentido que as palavras e votos somente são invioláveis quando emitidas no exercício do mandato e em razão dele.[72]

Segundo o voto, as declarações do réu "provocaram humilhação e sentimento de menos valia aos atingidos", tendo em vista que disse que "não correria o risco" de ter um filho homossexual, em razão da boa educação dedicada aos filhos e "por ter sido um pai presente" ou que "ninguém tem orgulho de ter um filho gay ou uma filha lésbica". O conteúdo das suas palavras, como visto, diz mais que mil imagens. Nítido, portanto, a ideia de "inferioridade ou inadequação social e moral daqueles que possuem uma orientação sexual diversa da sua". Nessa linha, entendeu o Tribunal que "a exposição pública do réu [...] não está acobertada pelo manto da imunidade parlamentar material, além do que está em frontal inobservância ao objetivo republicano fundamental de promoção do bem de todos sem quaisquer formas de discriminação, insculpido no inciso IV do art. 3º

---

69. TJRJ, Ap. Civ. 0008895-51.2010.8.19.0209, 25ª Cam. Civ., Rel. Des. Andrea Fortuna Teixeira, julg. 17 jun. 2015, publ. 24 jun. 2015.
70. TJRJ, Ap. Civ. 0212635-07.2012.8.19.0001, 18ª Cam. Civ., Rel. Des. Eduardo de Azevedo Paiva, julg. 11 mar. 2015, publ. 13 mar. 2015.
71. TJRJ, Ap. Civ. 0267238-64.2011.8.19.0001, 13ª Cam. Civ., Rel. Gabriel de Oliveira Zefiro, julg. 23 jul. 2014, publ. 28 jul. 2014.
72. TJRJ, Ap. Civ. 0115411-06.2011.8.19.0001, 6ª Cam. Civ., Rel. Des. Inês Trindade Chaves de Melo, julg. 08 nov. 2017, publ. 15 jan. 2018.

da CR/88". Restou afastada a ocorrência de ato de censura, uma vez que caracterizado o abuso da liberdade de expressão do réu ao exprimir consideração de cunho ofensivo. Por fim, foi mantida a sentença que condenou o ofensor em indenização por danos morais coletivos em valor arbitrado em R$ 150.000,00 (cento e cinquenta mil reais).

Uma análise do conjunto das decisões proferidas pelo Tribunal de Justiça do Estado do Rio de Janeiro permite algumas conclusões parciais a partir do diagnóstico do conteúdo dos acórdãos: (a) considerando a homofobia estrutural em nossa sociedade, a quantidade de julgado é pouco expressiva e revela que ainda existem obstáculos ao acesso à justiça para o efetivo enfrentamento da discriminação por orientação sexual; (ii) a função dissuasória ainda é tímida para fins de quantificação do dano moral, uma vez que os valores não desestimulam a reincidência de práticas homofóbicas; (iii) não há efetivamente um tratamento antidiscriminatório no exame de tais casos, que permanecem sob a ótica de danos comuns, como de consumo, sem levar em consideração a violação à liberdade de orientação sexual e o apagamento da identidade homossexual.

5. A EXPERIÊNCIA JURISPRUDENCIAL DO SUPERIOR TRIBUNAL DE JUSTIÇA

A evolução da proteção dos direitos fundamentais das minorias da comunidade LGBTQIAPN+ é gradual e acompanha a própria conscientização da sociedade sobre o necessário enfrentamento de todas as formas de discriminação. No campo da responsabilidade civil ainda não há no Superior Tribunal de Justiça nenhum julgado que tenha versado sobre danos morais em razão de condutas homofóbicas. Em pesquisa realizada no sítio eletrônico do Tribunal da Cidadania com os seguintes termos "homofobia" e "homofóbica" foram encontrados 11 acórdãos, no período compreendido entre outubro de 1988 a julho de 2023. A partir do levantamento feito, 06 (seis) julgados dizem respeito à *habeas corpus* ou recursos ordinários em *habeas corpus*[73] e um conflito de competência a respeito do crime de homofobia.[74]

Ainda no campo do direito penal, em sede de recurso repetitivo menciona-se o termo homofobia no julgamento do tema 1077 no qual se entendeu pela impossibilidade

---

73. STJ, RHC 115460/RS, Sexta Turma, Rel. Min. Antônio Saldanha Palheiro, julg. 03 set. 2019, publ. 10 set. 2019; STJ, RHC 108569/RJ, Sexta Turma, Rel. Min. Antônio Saldanha Palheiro, julg. 23 abr. 2019, publ. 03 maio 2019; STJ, HC 367118/RS, Quinta Turma, Rel. Min. Jorge Mussi, julg. 07 mar. 2017, publ. 14 mar. 2017; STJ, RHC 65569/BA, Quinta Turma, julg. 02 jun. 2016, publ. 17 jun. 2016; STJ, RHC 56168/BA, Quinta Turma, Rel. Min. Leopoldo de Arruda Raposo, julg. 30 jun. 2015, publ. 19 ago. 2015; STJ, HC 219101/RJ, Quinta Turma, Rel. Min. Jorge Mussi, julg. 10 abr. 2012, publ. 08 maio 2012.
74. "2. Tendo sido firmado pelo Supremo Tribunal Federal o entendimento de que a homofobia traduz expressão de racismo, compreendido em sua dimensão social, caberá a casos de homofobia o tratamento legal conferido ao crime de racismo. 3. No caso, os fatos narrados pelo Ministério Público estadual indicam que a conduta do Investigado não se restringiu a uma pessoa determinada, ainda que tenha feito menção a ato atribuído a um professor da rede pública, mas diz respeito a uma coletividade de pessoas. 4. Demonstrado que as falas de suposto cunho homofóbico foram divulgadas pela internet, em perfis abertos da rede social Facebook e da plataforma de compartilhamento de vídeos Youtube, ambos de abrangência internacional, está configurada a competência da Justiça Federal para o processamento e julgamento do feito. 5. Conflito conhecido para declarar competente o Tribunal Regional Federal da 4ª Região, o Suscitante". STJ, CC 191970/RS, Terceira Seção, Rel. Min. Laurita Vaz, julg. 14 dez. 2022, publ. 19 dez. 2022.

de utilização de condenações penais pretéritas para valorar negativamente a personalidade e conduta social do agente, em interpretação do art. 59 do Código Penal.[75] Em procedimento de sindicância, o Tribunal entendeu pelo deferimento do arquivamento da promoção ministerial no procedimento criminal em relação ao então Governador do Estado de São Paulo em virtude de não haver nos autos indícios mínimos da prática de crime de homofobia que justificasse a continuidade da investigação criminal e a remessa ao TJRJ para o processamento e julgamento no que tange à averiguação da prática delitiva ao então Prefeito do Município do Rio de Janeiro.[76]

Em interessante caso, o STJ examinou mandado de segurança impetrado por servidora pública que pleiteava remoção entre universidades federais distintas por motivo de saúde em pessoa da família, seu filho menor, que foi diagnosticado com transtorno de identidade de gênero, que demanda tratamento especializado que é exclusivamente oferecido pelo Sistema Único de Saúde (SUS) na capital da Paraíba. A Corte Superior sublinhou que "a pretensão deduzida em juízo tem por pano de fundo a reflexa necessidade de acesso a tratamento adequado de saúde para o filho menor da servidora, motivo pelo qual não se deve descurar da concorrente normativa que rege os direitos da criança e do adolescente, que reivindica, no tocante ao seu atendimento, a observância aos primados da prioridade absoluta (art. 227 da CF) e da proteção integral", tendo provido o recurso.[77]

Em exame de ação indenizatória por danos morais em razão de suposta violação do direito de imagem por publicação não autorizada de foto e nome de pessoa que acompanhava a vítima de uma agressão que resultou em sua morte praticada por *skinheads* por motivação homofóbica, o Superior Tribunal de Justiça entendeu que, diante das circunstâncias do caso concreto, é adequada a pretensão indenizatória por causa da publicação não autorizada da foto e do nome, com base no direito à vida privada. O recurso interposto foi improvido, no entanto, diante do princípio da substanciação em razão dos limites da causa de pedir.[78]

Ao analisar o Recurso Especial originado de ação civil pública proposta em face de Jair Bolsonaro em virtude de ter proferido diversas frases desrespeitosas e preconceituosas contra homossexuais na época em que era deputado federal o relator Ministro Ricardo Villas Bôas Cueva considerou que a matéria deduzida no recurso extraordinário apresenta relação de prejudicialidade, motivo pelo qual determinou o sobrestamento da pretensão recursal e a remessa ao Supremo Tribunal Federal,[79] que ainda aguarda julgamento.

O levantamento realizado revela que o recurso à responsabilidade civil em razão de práticas homofóbicas ainda foi objeto de efetiva análise no Superior Tribunal de Justiça, o que pode ser explicado pelos obstáculos enfrentados pelas vítimas que decorrem dos

---

75. STJ, REsp. 1794854/DF, Terceira Turma, Rel. Min. Laurita Vaz, julg. 23 jun. 2021, publ. 1º jul. 2021.
76. Sd 771/DF, Corte Especial, Rel. Min. Og Fernandes, julg. 19 ago. 2020, publ. 26 ago. 2020.
77. STJ, REsp. 1937055/PB, Primeira Turma, Rel. Min. Sérgio Kukina, julg. 26 out. 2021, publ. 03 nov. 2021.
78. STJ, REsp. 1235926/SP, Terceira Turma, Rel. Min. Sidnei Beneti, julg. 15 mar. 2012, publ. 14 nov. 2012.
79. STJ, REsp. 1937562/RJ, Terceira Turma, Rel. Min. Ricardo Villas Bôas Cueva, distribuído em 28 jul. 2020.

processos de revitimização, a alta e contínua exposição com os processos judiciais e a pouca expectativa de que os valores arbitrados compensam os danos decorrentes das condutas discriminatórias.

6. EM BUSCA DE UMA RESPONSABILIDADE CIVIL ANTIDISCRIMINATÓRIA: DANOS MORAIS COLETIVOS E REPARAÇÃO NÃO PECUNIÁRIA

O direito à igualdade sem discriminações abrange a liberdade de orientação sexual e a identidade ou expressão de gênero em prol de uma sociedade mais justa e solidária e que promova a dignidade de todas as pessoas humanas. Nesse sentido, os comandos constitucionais funcionam como vetores que conformam o ordenamento jurídico em sintonia com a efetiva proteção, sem discriminação de qualquer natureza, de todas as pessoas vulneráveis em razão de estruturas sociais de exclusão e opressão, que oprimem e inferiorizam determinados grupos em razão de seus corpos dissidentes. Por isso, indispensável a criminalização de toda e qualquer discriminação atentatória dos direitos e liberdades fundamentais, como é o caso de condutas homofóbicas e transfóbicas.

A Constituição de 1988 não tolera o sofrimento que a discriminação impõe, eis que violadora da igual dignidade que cada pessoa é dotada por força do fundante valor constitucional. A infausta discriminação por orientação sexual ou identidade de gênero, assim como qualquer forma de discriminação, provoca a degradação da própria condição humana, na medida em que usurpa das pessoas a justa expectativa de que tenham igual consideração e voz na vida de relações, além de inferiorizar e subjugar por meio da "gestão diária e individual do medo e da vergonha"[80] e das violências que são constantemente sofridas.

Como já afirmado, são pressupostos fundamentais no combate à discriminação a visibilidade e representatividade, que viabilizam o livre e pleno desenvolvimento da personalidade das pessoas homossexuais, porque permitem visualizar "no exemplo do outro que seu agir não é errado, que viver de acordo com sua orientação sexual não é pecado e nem um ato de transgressão. São pessoas igualmente dotadas de dignidade e cujas competências e vozes merecem ser igualmente ouvidas no debate público sem medos ou preconceitos".[81] Ao parafrasear Angela Davis, Renan Quinalha já sentenciou que "em uma sociedade LGBTfóbica, não basta não ser LGBTfóbico, é preciso ser antiLGBTfóbico".[82]

A depreciação, o silêncio e a ocultação da homossexualidade aprofundam a opressão e perpetuam as violências em suas mais variadas formas. A rigor, "representações sociais depreciativas das homossexualidades" produzem identidades estigmatizadas e naturalizam práticas de controle e violência.[83] Por sua vez, o discurso velado de aceitação impede a visibilidade da identidade homossexual, o que gera o apagamento das

---
80. QUINALHA, Renan. Op. cit., p. 35.
81. ALMEIDA, Vitor; ZENGEROLAME, Flávia. Op. cit., p. 20.
82. QUINALHA, Renan. Op. cit., p. 40.
83. Idem, ibidem, p. 34.

existências sexuais dissidentes e autoriza a perpetração de danos recorrentes explícitos e invisíveis, que não são tolerados pelo ordenamento civil-constitucional.

Por isso, indispensável reforçar os mecanismos de combate à discriminação devem ser efetivos por força do direito à igualdade e à não discriminação, ambos de estatura constitucional. Nessa diretriz, consoante já defendido, nem sempre a responsabilidade civil em âmbito coletivo[84] se revela como o remédio mais adequado para tutelar de forma ampla a antidiscriminação à grupos historicamente vulneráveis e estigmatizados, "mas definitivamente os danos morais coletivos se apresentam como importante instrumento de reparação às violações recorrentes que visam a apagar suas identidades e negar-lhes sua digna condição humana".[85]

Decerto, o mecanismo reparatório nem sempre será a medida mais eficaz de combate à discriminação, sobretudo sob o ângulo individual. Em sua dimensão coletiva, a responsabilidade civil parece encontrar resultados mais exitosos ao enfrentamento do preconceito. A rigor, parece que, para além do reconhecimento do dano moral coletivo, inclusive nas silenciosas situações cotidianas discriminatórias, mas que causam igualmente um dano injusto, na medida em que invisibiliza a identidade heterodiscordante, interessante recurso consiste na reparação não pecuniária, que figura como remédio mais eficaz ao desestímulo das práticas discriminatórias, bem como atende aos anseios da função pedagógica no âmbito da coletividade. Mas, a rigor, não apenas nesta seara apresenta-se viável, uma vez que uma sociedade inclusive desafia instrumentos de desincentivo também em demandas individuais, sob pena de perpetuação de estereótipos e perversão do processo de emancipação das pessoas homossexuais como sujeitos de igual voz na sociedade.

Interessante caso ilustrativo ocorreu em São Luís, capital do Estado do Maranhão, quando um casal gay foi abordado por uma garçonete que informou que o dono do estabelecimento estaria incomodado e os expulsou do bar, após um beijo e demonstrações de carinho. Após a postagem do caso em suas redes sociais, uma das vítimas buscou o Poder Judiciário. A juíza do caso determinou a obrigação de afixar, no prazo de dez dias, em local visível ao público, no lado externo ou em uma de suas entradas, um cartaz com o seguinte teor: "É expressamente proibida a prática de discriminação por orientação sexual ou identidade de gênero", nos moldes da Lei 11.827/2022".[86] Além disso, na sentença ainda condenou o réu a retratar-se nas redes sociais, durante trinta

---

84. Sobre os danos morais coletivos, cf. ROSENVALD, Nelson; TEIXEIRA NETO, Felipe (Coord.). *Dano moral coletivo*. Indaiatuba, SP: Foco, 2018.
85. ALMEIDA, Vitor; ZENGEROLAME, Flávia. Op. cit., p. 21.
86. Lei Estadual 11.827, de 28 de setembro de 2022: "Art. 1º Ficam os estabelecimentos comerciais, bares, restaurantes, espaços de lazer e órgãos públicos da Administração Direta e Indireta do Estado do Maranhão, obrigados a fixar em local visível ao público, no lado externo ou em uma de suas entradas, placas informativas, proibindo a discriminação em razão de orientação sexual ou identidade de gênero. Parágrafo único. A placa deverá ser afixada em local visível e confeccionada no tamanho mínimo de 50 cm (cinquenta centímetros) de largura por 50 cm (cinquenta centímetros) de altura e conter os seguintes dizeres: 'É expressamente proibida a prática de discriminação por orientação sexual ou identidade de gênero'".

dias, sob pena de multa diária, além de fixar a compensação por danos morais no valor de R$ 11.000,00 (onze mil reais) para cada autor.[87]

Não se trata de desnaturação da finalidade precípua da responsabilidade civil no direito brasileiro – fim reparatório, mas de adequação a efetiva reparação conforme preceitua, por exemplo, nas relações de consumo como direito básico do sujeito vulnerável. Avulta-se nítida situação de vulnerabilidade agravada na medida em que a lesão vitimou consumidor homossexual. O levantamento realizado no Tribunal de Justiça do Estado do Rio de Janeiro e no Superior Tribunal de Justiça revela que as ações de indenização por danos morais em razão de práticas homofóbicas ainda não pouco manejadas, com números ainda inexpressivos, bem como não parecem levar em consideração da grave violação à identidade homossexual, de apagamento de sua existência, o que fere à dignidade humana em seu cerne.

Conclui-se, portanto, que as demandas indenizatórias em razão da prática discriminatória em razão da orientação sexual ainda são ínfimas ao considerar a homofobia estrutural no Brasil. Além disso, fundamental percorrer os caminhos em prol do fortalecimento dos danos morais coletivos, sobretudo nos casos de homofobia recreativa ou velada, bem como buscar formas de reparação não exclusivamente pecuniárias, de modo a efetivamente adotar uma reparação *antihomofóbica* que melhor atenda ao comando constitucional de não discriminação e igualdade material.

REFERÊNCIAS

ADICHIE, Chimamanda Ngozi. *O perigo de uma história única*. Trad. Julia Romeu. São Paulo: Companhia das Letras, 2019.

AKOTIRENE, Carla. *Interseccionalidade*. São Paulo: Sueli Carneiro; Pólen. 2019.

ALAMINO, Felipe Nicolau Pimentel; VECCHIO, Victor Antonio Del. Os princípios de Yogykarta e a proteção de direitos fundamentais das minorias de orientação sexual e de identidade de gênero. *Revista da Faculdade de Direito da Universidade de São Paulo*, v. 113 p. 645-668, jan./dez. 2018.

ALMEIDA, Bruno Rodrigues de. A liberdade de orientação sexual como expressão da dignidade: análise dos precedentes dos órgãos internacionais e regionais de proteção aos direitos humanos. *Pensar*, Fortaleza, v. 21, n. 3, p. 874-905, set./dez. 2016.

ALMEIDA, Vitor. O direito ao nome e à identidade de gênero da pessoa transexual: notas sobre o provimento n. 73/2018 do Conselho Nacional de Justiça. In: SANTIAGO, Maria Cristina; MENEZES, Joyceane Bezerra de; MOUTINHO, Maria Carla (Org.). *20 anos dos Código Civil brasileiro*: uma (re)leitura dos institutos do direito civil sob as perspectivas de gênero e vulnerabilidade. Rio de Janeiro: Processo, 2023.

ALMEIDA, Vitor; ZENGEROLAME, Flávia. A seletividade sexual e a intolerância à diversidade: a silenciosa discriminação cotidiana como dano injusto. In: COSTA, Regina Alice Rodrigues Araújo; SILVA NETTO, Manuel Camelo Ferreira da; DANTAS, Carlos Henrique Félix (Org.). *Direitos da População LGBTI+*: democracia, cidadania, políticas públicas e representatividade. Recife: Even3 Publicações, 2022.

---

87. Disponível em: https://g1.globo.com/ma/maranhao/noticia/2023/06/28/bar-e-condenado-a-indenizar-casal-homoafetivo-em-sao-luis-casal-foi-expulso-do-local-apos-demonstracoes-de-carinho.ghtml. Acesso em: 20 ago. 2023.

BODIN DE MORAES, Maria Celina. A constitucionalização do direito civil e seus efeitos sobre a responsabilidade civil. *Revista Direito, Estado e Sociedade*, n. 29, p. 233-258, 2006.

BODIN DE MORAES, Maria Celina. O princípio da solidariedade. *Na medida da pessoa humana*: estudos de direito civil-constitucional. Rio de Janeiro: Renovar, 2010.

BORILLO, Daniel, BARBOZA, Heloisa Helena. Sexo, gênero e direito: considerações à luz do direito francês e brasileiro. *Civilistica.com*. Rio de Janeiro, a. 5, n. 2, 2016, p. 5. Disponível em: https://civilistica.emnuvens.com.br/redc/article/view/622/465. Acesso em: 03 jul. 2023.

BRASIL. Manual orientador sobre diversidade. Ministério dos Direitos Humanos. Secretaria Nacional de Cidadania. Brasil, 2018. Disponível em: https://www.gov.br/mdh/pt-br/assuntos/noticias/2018/dezembro/ministerio-lanca-manual-orientador-de-diversidade/copy_of_ManualLGBTDIGITAL.pdf. Acesso em: 14 jun. 2022.

BUTLER, Judith P. *Problemas de gênero*: feminismo e subversão da identidade. Trad. Renato Aguiar. Rio de Janeiro: Civilização Brasileira, 2003.

CORBO, Wallace. A construção de um direito antidiscriminatório no Brasil: conceitos fundamentais de um novo e central ramo do Direito. In: SCHREIBER, Anderson; MELO, Marco Aurélio Bezerra de. *Direito e transformação social*. Indaiatuba, SP: Foco, 2023.

FRANCESCONI, Paula Moura; ALMEIDA, Vitor. Doação de sangue, solidariedade social e orientação sexual: repercussões do julgamento da ADI 5.543 em tempos de pandemia. *Migalhas de Vulnerabilidade*. Disponível em: https://www.migalhas.com.br/coluna/migalhas-de-vulnerabilidade/327568/doacao-de-sangue--solidariedade-social-e-orientacao-sexual--repercussoes-do-julgamento-da-adi-5-543-em-tempos-de-pandemia. Acesso em: 03 jun. 2023.

GOMES, Orlando. Tendências modernas na teoria da responsabilidade civil. In: FRANCESCO, José Roberto Pacheco Di (Org.). *Estudos em homenagem ao professor Sílvio Rodrigues*. São Paulo: Saraiva, 1989.

MEIRELES, Rose Melo Venceslau. *Autonomia privada e dignidade humana*. Rio de Janeiro: Renovar, 2009.

OLIVEIRA, Adriana Vidal de; MULHOLLAND, Caitlin. A liberdade de expressão é tolhida em função do gênero? In: TEIXEIRA, Ana Carolina Brochado; MENEZES, Joyceane Bezerra. *Gênero, vulnerabilidade e autonomia*: repercussões jurídicas. 2. ed. Indaiatuba, SP: Foco, 2021.

PEREIRA, Paula Moura Francesconi de Lemos; ALMEIDA, Vitor. Doação de sangue, orientação sexual e discriminação: uma análise da ação direta de inconstitucionalidade n. 5.543/DF. In: MATOS, Ana Carla Harmatiuk; TEIXEIRA, Ana Carolina Brochado; TEPEDINO, Gustavo (Org.). *Direito Civil, Constituição e unidade do sistema*: Anais do Congresso Internacional de Direito Civil Constitucional – V Congresso do IBDCivil, Belo Horizonte: Fórum, 2019.

PERLINGIERI, Pietro. *Perfis do direito civil*: introdução ao Direito Civil Constitucional. Trad. Maria Cristina De Cicco. 3. ed., rev. e ampl. Rio de Janeiro: Renovar, 2002.

PRECIADO, Beatriz. *Manifesto Contrassexual*. Políticas subversivas de identidade sexual. São Paulo: n-1 edições, 2014.

QUINALHA, Renan. *Movimento LGBTI+*: uma breve história do século XIX aos nossos dias. Belo Horizonte: Autêntica, 2022.

REIS JÚNIOR, Antonio dos. *Função promocional da responsabilidade civil*: um modelo de estímulos à reparação espontânea dos danos. Indaiatuba, SP: Foco, 2022.

RIOS, Roger Raupp. *Direito da antidiscriminação*: discriminação direta, indireta e ações afirmativas. Porto Alegre: Livraria do Advogado, 2008.

RIOS, Roger Raupp; SILVA, Rodrigo da. Democracia e direito da antidiscriminação: interseccionalidade e discriminação múltipla no direito brasileiro. *Ciência e Cultura*, v. 69, n. 1, a. 16, p. 44-49, 2017.

RIOS, Roger Raupp; SILVA, Rodrigo da. Discriminação Múltipla e Discriminação Interseccional: aportes do feminismo negro e do direito da antidiscriminação. *Revista Brasileira de Ciência Política*, Brasília, n. 16, p. 11-37, jan./abr. 2015.

RODOTÀ, Stefano. *Il problema della responsabilità civile*. Milano: Giuffrè, 1964.

ROSENVALD, Nelson. *As funções da responsabilidade civil*: a reparação e a pena civil. 3. ed. São Paulo: Saraiva, 2017.

ROSENVALD, Nelson; BRAGA NETTO, Felipe Peixoto. Como os Tribunais brasileiros têm tratado as atitudes discriminatórias, sob as lentes da responsabilidade civil? In: TEIXEIRA, Ana Carolina Brochado; MENEZES, Joyceane Bezerra. *Gênero, vulnerabilidade e autonomia*: repercussões jurídicas. 2. ed. Indaiatuba, SP: Foco, 2021.

ROSENVALD, Nelson; TEIXEIRA NETO, Felipe (Coord.). *Dano moral coletivo*. Indaiatuba, SP: Foco, 2018.

SCHREIBER, Anderson. Fundamentos e ressignificação do direito antidiscriminatório. In: SCHREIBER, Anderson; MELO, Marco Aurélio Bezerra de. *Direito e transformação social*. Indaiatuba, SP: Foco, 2023.

SCHREIBER, Anderson. *Novos paradigmas da responsabilidade civil*: da erosão dos filtros da reparação à diluição dos danos. 3. ed. São Paulo: Atlas, 2011.

SILVA, Joel Belchior. A Discriminação e o Direito Civil: Breves notas sobre as consequências jurídicas da discriminação. *Jurismat*: Revista Jurídica, Portimão, n. 10, 2017.

STF, ADI 4.275, Tribunal Pleno, Rel. Min. Marco Aurélio, rel. p/ acórdão Min. Luiz Edson Fachin, julg. 1º mar. 2018, publ. 07 mar. 2019.

STF, ADI 5.543, Tribunal Pleno, Rel. Min. Luiz Edson Fachin, julg. 11 maio 2020, publ. 26 ago. 2020.

STF, ADO 26, Tribunal Pleno, Rel. Min. Celso de Mello, julg. 13 jun. 2019, publ. 06 out. 2020.

STF, ADPF 132 e ADI 4.277-DF, Plenário, Rel. Min. Ayres Britto, julg. 05 maio 2011, publ. 14 out. 2011.

STF, ADPF 291, Tribunal Pleno, Rel. Min. Luis Roberto Barroso, julg. 28 out. 2015, 11 maio 2016.

STF, ADPF 457, Tribunal Pleno, Rel. Min. Alexandre de Moraes, julg. 27 abr. 2020, publ. 06 jun. 2020.

STF, ADPF 461, Tribunal Pleno, Rel. Min. Luis Roberto Barroso, julg. 24 ago. 2020, publ. 22 set. 2020.

STF, MI 4.733, Tribunal Pleno, Rel. Min. Luiz Edson Fachin, julg. 13 jun. 2019, publ. 29 set. 2020.

STF, RE 646.724, Rel. Min. Marco Aurélio, Rel. p/ acórdão Min. Luis Roberto Barroso, julg. 10 maio 2017, 11 set. 2017.

STJ, CC 191.970/RS, Terceira Seção, Rel. Min. Laurita Vaz, julg. 14 dez. 2022, publ. 19 dez. 2022.

STJ, HC 219.101/RJ, Quinta Turma, Rel. Min. Jorge Mussi, julg. 10 abr. 2012, publ. 08 maio 2012.

STJ, HC 367.118/RS, Quinta Turma, Rel. Min. Jorge Mussi, julg. 07 mar. 2017, publ. 14 mar. 2017.

STJ, REsp. 1.183.378/RS, Quarta Turma, Rel. Min. Luis Felipe Salomão, julg. 25 out. 2011, publ. 01 fev. 2012.

STJ, REsp. 1.235.926/SP, Terceira Turma, Rel. Min. Sidnei Beneti, julg. 15 mar. 2012, publ. 14 nov. 2012.

STJ, REsp. 1.794.854/DF, Terceira Turma, Rel. Min. Laurita Vaz, julg. 23 jun. 2021, publ. 01 jul. 2021.

STJ, REsp. 1.937.055/PB, Primeira Turma, Rel. Min. Sérgio Kukina, julg. 26 out. 2021, publ. 03 nov. 2021.

STJ, REsp. 1.937.562/RJ, Terceira Turma, Rel. Min. Ricardo Villas Bôas Cueva, distribuído em 28 jul. 2020.

STJ, RHC 108.569/RJ, Sexta Turma, Rel. Min. Antônio Saldanha Palheiro, julg. 23 abr. 2019, publ. 03 maio 2019.

STJ, RHC 115.460/RS, Sexta Turma, Rel. Min. Antônio Saldanha Palheiro, julg. 03 set. 2019, publ. 10 set. 2019.

STJ, RHC 56168/BA, Quinta Turma, Rel. Min. Leopoldo de Arruda Raposo, julg. 30 jun. 2015, publ. 19 ago. 2015.

STJ, RHC 65569/BA, Quinta Turma, julg. 02 jun. 2016, publ. 17 jun. 2016.

STJ, Sd 771/DF, Corte Especial, Rel. Min. Og Fernandes, julg. 19 ago. 2020, publ. 26 ago. 2020.

TJRJ, ADI 0013775-82.2020.8.19.0000, órgão Especial, Rel. Des. Luiz Zveiter, julg. 05 out. 2020, publ. 08 out. 2020.

TJRJ, ADI 0067138-28.2013.8.19.0000, Órgão Especial, Rel. Des. Roberto de Abreu e Silva, julg. 26 jan. 2015, publ. 29 jan. 2015.

TJRJ, Ag. Inst. 0063071-44.2018.8.19.0000, 1ª Cam. Civ., Rel. Des. Custódio de Barros Tostes, julg. 26 fev. 2019.

TJRJ, Ap. Civ. 0000127-80.2013.8.19.0032, 23ª Cam. Civ., Rel. Des. Maria Celeste Pinto de Castro Jatahy, julg. 29 nov. 2017, publ. 1º dez. 2017.

TJRJ, Ap. Civ. 0000531-16.2018.8.19.0046, 14ª Cam. Dir. Priv., Rel. Des. Daniela Brandão Ferreira, julg. 27 jul. 2023, publ. 28 jul. 2023.

TJRJ, Ap. Civ. 0001979-97.2013.8.19.0046, 9ª Cam. Civ., Rel. Des. Adolpho Corrêa de Andrade Mello Junior, julg. 13 set. 2016, publ. 15 set. 2016.

TJRJ, Ap. Civ. 0003889-24.2018.8.19.0002, 4ª Cam. Civ., Rel. Des. Myriam Medeiros da Fonseca Costa, julg. 11 maio 2022, publ. 13 maio 2022.

TJRJ, Ap. Civ. 0008895-51.2010.8.19.0209, 25ª Cam. Civ., Rel. Des. Andrea Fortuna Teixeira, julg. 17 jun. 2015, publ. 24 jun. 2015.

TJRJ, Ap. Civ. 0019444-55.2016.8.19.0001, 13ª Cam. Civ., Rel. Des. Gabriel de Oliveira Zefiro, publ. 02 mar. 2018.

TJRJ, Ap. Civ. 0023561-18.2014.8.19.0209, 21ª Cam Civ., Rel. Des. Márcia Cunha Silva Araújo de Carvalho, julg. 06 dez. 2016, publ. 12 dez. 2016.

TJRJ, Ap. Cív. 0043832-80.2020.8.19.0001, 27ª Cam. Civ., Rel. Des. Jacqueline Lima Montenegro, julg. 13 out. 2022, publ. 17 out. 2022.

TJRJ, Ap. Civ. 0115411-06.2011.8.19.0001, 6ª Cam. Civ., Rel. Des. Inês Trindade Chaves de Melo, julg. 08 nov. 2017, publ. 15 jan. 2018.

TJRJ, Ap. Civ. 0212635-07.2012.8.19.0001, 18ª Cam. Civ., Rel. Des. Eduardo de Azevedo Paiva, julg. 11 mar. 2015, publ. 13 mar. 2015.

TJRJ, Ap. Civ. 0267238-64.2011.8.19.0001, 13ª Cam. Civ., Rel. Gabriel de Oliveira Zefiro, julg. 23 jul. 2014, publ. 28 jul. 2014.

TJRJ, Ap. Civ. 0331009-35.2019.8.19.0001, 7ª Cam Civ., Rel. Des. Luciano Saboia Rinaldi de Carvalho, julg. 12 abr. 2022, publ. 19 abr. 2022.

TJRJ, Ap. Civ., 0010297-79.2019.8.19.0007, 20ª Cam. Civ., Rel. Des. Maria da Glória Oliveira Bandeira de Mello, julg. 02 fev. 2021, publ. 09 fev. 2021.

TJRJ, Ap. Civ., 0012694-30.2014.8.19.0026, 22ª Cam. Civ., Rel. Des. Carlos Eduardo Moreira da Silva, julg. 03 jul. 2018, publ. 10 jul. 2018.

TJRJ, Ap. Civ., 0047234-92.2019.8.19.0038, 10ª Cam. Civ., Rel. Des. Patrícia Ribeiro Serra Vieira, julg. 05 jul. 2021, publ. 12 jul. 2021.

CASO OLIVERA FUENTES VS. PERU: ENTRECRUZAMENTOS DA RESPONSABILIDADE CIVIL, RELAÇÕES DE CONSUMO E DISCRIMINAÇÃO CONTRA PESSOAS LGBTQIA+

Thiago G. Viana

Doutorando em Direito, Estado e Constituição pela Universidade de Brasília (UnB). Mestre em Direito e Instituições do Sistema de Justiça e bacharel em Direito pela Universidade Federal do Maranhão (UFMA). Professor da graduação e pós-graduação em Direito da UNDB – Centro Universitário, da Faculdade Estácio – São Luís e da Escola Superior do Ministério Público do Maranhão. Integrante do Grupo de Pesquisa Justiça de Transição no Brasil, do Programa de Pós-graduação em Direito da UnB. Presidente da Comissão de Diversidade Sexual e de Gênero do Instituto Brasileiro de Direito de Família (IBDFAM) – Seção Maranhão. Integrante do Núcleo de Promoção da Diversidade (NUDIV), do Ministério Público do Maranhão. Assessor Técnico (PGJ/MA).

Sumário: 1. Introdução – 2. Diversidade sexual e de gênero: algumas palavras sobre as muitas cores do arco-íris – 3. O direito do consumidor e a responsabilidade civil – 4. O *caso Olivera Fuentes* vs. *Peru*: novos olhares sobre a responsabilidade civil a partir da diversidade sexual e de gênero – 5. Conclusão – Referências.

1. INTRODUÇÃO

Os direitos de lésbicas, *gays*, bissexuais, pessoas trans, *queer*, intersexuais, assexuais (LGBTQIA+[1]) representam uma temática em franca ascensão nas últimas décadas. Após histórica perseguição a esse segmento da sociedade, paulatinamente, as pessoas LGBTQIA+ tiveram seus direitos reconhecidos, ainda que hoje persistam, de forma generalizada, o preconceito e a discriminação nos mais diversos espaços, entre eles, o ambiente doméstico, as escolas, os órgãos do governo, além das relações de consumo. Esta última é o objeto de estudo da presente pesquisa.

Primeiramente, são abordados conceitos importantes para a temática da diversidade sexual e de gênero, tais como orientação sexual, expressão e identidade de gênero, LGBTQIAfobia, bem como dados empíricos sobre violações de direitos, inclusive no tocante à questão do consumo.

Em seguida, trabalha-se o sistema jurídico-constitucional e legislativo de proteção ao consumidor, correlacionando-o a uma releitura da responsabilidade civil a partir

---

1. Sigla para designar a comunidade de lésbicas, *gays*, bissexuais, transexuais, travestis, transgêneros, queer (termo guarda-chuva utilizado para designar pessoas que não seguem o modelo compulsório de heterossexualidade ou do binarismo de gênero), intersexuais, assexuais, acrescida do "+", que abre espaço para outras orientações, identidades e expressões da diversidade sexual e de gênero atuais e futuras.

das especificidades da LGBTQIAfobia no contexto maior da discriminação enquanto fenômeno presente e constante nas relações consumeristas.

Por fim, explora-se o paradigmático Caso *Olivera Fuentes* vs. *Peru*, que se justifica pelo fato de ser o primeiro relativo à discriminação contra pessoas LGBTQIA+ nas relações de consumo julgado pela Corte Interamericana de Direitos Humanos (CorteIDH). Reflete-se, a partir desse caso, de que forma ele pode contribuir para repensar peculiaridades a serem consideradas na análise da responsabilidade civil em casos de tratamento discriminatório, fortalecendo a necessária proteção dos direitos fundamentais, em especial desse segmento populacional, e sua tônica antidiscriminatória que deve permear a aplicação do Direito no Brasil.

Conclui-se a pesquisa com a constatação de que não basta apenas a responsabilização administrativa e cível de fornecedores de produtos ou prestadores de serviços, mas, também, a qualificação dos funcionários em questões de diversidade sexual e de gênero, além das diversidades em geral, a começar pelo próprio atendimento à clientela, bem como dos próprios operadores do Direito. Garante-se, assim, os meios necessários para prevenir o tratamento discriminatório e o devido respeito aos consumidores LGBTQIA+.

2. DIVERSIDADE SEXUAL E DE GÊNERO: ALGUMAS PALAVRAS SOBRE AS MUITAS CORES DO ARCO-ÍRIS[2]

A sexualidade e o gênero, enquanto aspectos da personalidade humana, são fluidos, caleidoscópicos. Qualquer definição resvala na construção de um rótulo que acaba por aprisionar justamente essa fluidez.

Os conceitos apresentados a seguir apenas pretendem fazer um esquema didático para melhor entendimento sobre o tema da diversidade sexual e de gênero, não devendo ser compreendidos como estanques, definitivos, mas sim como um *continuums* aberto à permanente reconstrução. Ademais, eles também são utilizados no meio acadêmico pelo próprio movimento social LGBTQIA+, sendo incorporados ao discurso jurídico – na esfera legislativa, na doutrina e na jurisprudência – de reconhecimento dos direitos desse grupo social.

Ressalta-se, de início, que a condição de LGBTQIA+ não representa um "estilo de vida", uma "opção", um mero "comportamento", tal como o senso comum costuma entender.

Após um longo período histórico em que a homossexualidade foi entendida como perversão sexual, um transtorno, uma patologia, em 1973, a Associação Americana de Psiquiatria (APA) deixou de considerar o "homossexualismo" como doença mental, excluindo-o do seu "Manual Diagnóstico e Estatístico de Doenças Mentais" (DSM), quando então se passou a falar em "homossexualidade". Após a APA, diversas outras entidades e

---

2. Os tópicos 02 e 03 são uma versão adaptada e atualizada de parte do trabalho de nossa autoria na especialização em Direito Constitucional no Instituto IMADEC Ensino Jurídico, intitulada "Pessoas LGBTI+ e relações de consumo: repensando a responsabilidade civil desde o princípio constitucional da não discriminação" (2022).

associações de profissionais da saúde seguiram o mesmo caminho,[3] culminando com a decisão da Organização Mundial da Saúde (OMS), que retirou a homossexualidade da Classificação Internacional de Doenças (CID), não mais considerando-a uma patologia. O dia da decisão, 17 de maio de 1990, se tornou o Dia Mundial de Combate à Homofobia (aqui entendida como LGBTQIAfobia).

Assim, a partir dos chamados *"LGBT legal studies"*, paulatinamente, foram se concretizando, na literatura jurídica, as categorias de "orientação sexual",[4] "identidade de gênero"[5] e "expressão de gênero".[6] Mais recentemente, os estudos também vêm contemplando a chamada "intersexualidade", que designa a condição de pessoas que nasceram com órgãos sexuais ambíguos, inscrevendo-as no espectro amplo da identidade de gênero,[7] popularmente conhecidas por "hermafrodita", termo hoje considerado pejorativo por sua carga histórica e rechaçado pelo movimento social de pessoas intersexuais.

Dessa forma, a despatologização da homossexualidade em 1973 foi um marco fundamental que catalisou diversas conquistas, ao longo das décadas seguintes, na luta do movimento social por igualdade de direitos no mundo. Como frutos desse processo, podem-se citar a equiparação da idade de consentimento entre heterossexuais e LGBTQIA+ nas relações afetivas e/ou sexuais, o reconhecimento do direito a ser adotante, a união ou casamento civil e a criminalização do discurso de ódio e da LGBTQIAfobia.

---

3. No Brasil, em 1985, o Conselho Federal de Psicologia e o Conselho Federal de Medicina deixaram de considerar a homossexualidade um desvio sexual. Em 1999, por meio da Resolução 01/1999, o Conselho Federal de Psicologia proibiu a oferta de "terapia" ou participação em eventos que proponham tratamento e/ou cura da homossexualidade (VECCHIATTI, Paulo Roberto Iotti. *Manual da homoafetividade* – Da possibilidade jurídica do casamento civil, da união estável e da adoção por casais homoafetivos. 2. ed. rev. e atual. Rio de Janeiro: Forense; São Paulo: Método, 2012, p. 44).
4. "[...] uma construção subjetiva, [...] como desejo é singular e em grande medida inconsciente, mas é igualmente uma construção de caráter social. Constituída de prazeres, sensações, fantasias, imaginação, práticas eróticas etc., a orientação sexual é construída nos embates subjetivos e sociais, produzidos nas interações, a partir de padrões culturais, relações de poder, idéias (sic) sociais, configurando-se como um fenômeno individual tanto quanto coletivo. Constitui uma expressão sexual, uma manifestação das possibilidades sexuais e eróticas humanas, sempre contextualizadas e socialmente comuns a muitos indivíduos. (SOUSA FILHO, Alípio de. A política do conceito: subversiva ou conservadora? – crítica à essencialização do conceito de orientação sexual. *Revista Bagoas*, Caicó, n. 4, 2009, p. 113)
5. "[...] atitude individual frente aos construtos sociais de gênero, ante aos quais as pessoas se identificam como homens ou mulheres, percebem-se e são percebidas como integrantes de um grupo social determinado pelas concepções correntes sobre gênero, partilham crenças e sentimentos e se comprometem subjetivamente junto ao grupo com o qual se identificam, como acontece com relação a qualquer outra identidade social que adotam" (JESUS, Jaqueline Gomes de. Gênero sem essencialismo: feminismo transgénero como crítica do sexo. *Universitas humanística*, n. 78, 2014, p. 246).
6. "[...] manifestação externa dos traços culturais que permitem identificar uma pessoa como masculina ou feminina de acordo com os padrões considerados apropriados de cada gênero por uma determinada sociedade em determinado momento histórico. A expressão de gênero pode incluir, por exemplo, vestuário, gestos, adereços, higiene pessoal, uso particular do vocabulário, e assim por diante. Essa expressão individual pode ou não coincidir, pode ou não se aproximar ou se afastar dos respectivos códigos socioculturais." (ALCARAZ, Rodolfo; ALCARAZ, Abril. El derecho a la no discriminación por identidad y expresión de género. Textos del caracol, n. 4. *Dante*, n. 14. México: CONAPRED, 2008, p. 6, tradução nossa.)
7. VIANA, Thiago Gomes. *Direito Internacional arco-íris*: O reconhecimento do direito à diversidade sexual e de gênero no Sistema Interamericano de Direitos Humanos. 2018. Dissertação (Mestrado em Direito) – Universidade Federal do Maranhão (UFMA), São Luís, 2018, p. 16.

Em que pesem os avanços conquistados, o preconceito e a discriminação sofridos pelas pessoas cujo amor não ousa dizer o nome ainda são obstáculos graves em várias partes do mundo. Inclusive, práticas erótico-afetivas são penalmente tipificadas em mais de 67 países, sendo que em cerca de 11 destes é cominada a pena de morte, segundo relatório da *International Lesbian, Gay, Bisexual, Trans and Intersex Association* (ILGA).[8]

Partindo-se da perspectiva de que a discriminação precisa ser pensada de forma multimensional,[9] a LGBTQIAfobia consiste na hostilidade geral, psicológica e social, relativamente, às pessoas de quem se supõe que desejam indivíduos de seu próprio sexo ou tenham práticas sexuais com eles, bem como àqueles indivíduos que não se identificam com o gênero que lhes foi designado no nascimento, ou com os papéis sociais a eles atribuídos ou que deles se espera que expressem socialmente.[10]

A LGBTQIAfobia, tal como se dá com o racismo ou o machismo, é um constructo ideológico, político, logo, social, pautado na heterocisnormatividade, ou seja, na imposição da heterossexualidade cisgeneridade[11] como modelo do que seja uma sexualidade, expressão e identidade de gênero saudável, normal, de modo que qualquer experiência destoante é assinalada como anormal (desviante) e patológica. É importante pontuar que o problema não é ser heterossexual ou cisgênero em si, mas a imposição – como norma – dessas condições às pessoas que nelas não se encaixam, além da negativa de igualdade moral e jurídica a tais "desviantes" na sociedade.

No último relatório oficial do governo federal brasileiro, tendo dados com recorte específico, publicado em 2016 e referente ao ano de 2013, apontou-se, com base nos registros do Disque Direitos Humanos (Disque 100), 251 vítimas de homicídio: dentre as vítimas de homicídio por LGBTQIAfobia, tem-se o seguinte cenário: 53,4% (gays); 29,5% (travestis); 4,4% (lésbicas), 0,8% (mulheres transexuais); e 0,4% (homens transexuais).[12]

Recentemente, foi divulgado o dossiê "Mortes e violências contra LGBTI+ no Brasil: Dossiê 2022", organizado pelo Acontece Arte e Política LGBTI+, ANTRA e Associação Brasileira de Lésbicas, Gays, Bissexuais, Travestis, Transexuais e Intersexos (ABGLT), com os seguintes dados: entre os anos de 2000 e 2022, 5.635 (cinco mil e seiscentas e trinta

---

8. MENDOS, Lucas Ramón et al. *Homofobia de Estado 2020*: Actualización del panorama global de la legislación. Ginebra; ILGA, 2020.
9. "A multimensionalide examina os diferentes níveis de identidade pessoal ao propor um meio de examinar como a opressão racial e privação material contribuem ao promover a subordinação ainda maior de minorias sexuais" (MOREIRA, Adilson José. *Tratado de Direito Antidiscriminatório*. São Paulo: Contracorrente, 2020, p. 426-427).
10. Conceito adaptado de BORRILLO, Daniel. *Homofobia*. Barcelona: Ediciones Bellaterra, 2001, p. 36.
11. Cisgeneridade, antônima da transgeneridade, é a condição da pessoa cis: "Uma pessoa cis é uma pessoa na qual o sexo designado ao nascer + sentimento interno/subjetivo de sexo + gênero designado ao nascer + sentimento interno/subjetivo de gênero, estão 'alinhados' ou 'deste mesmo lado' – o prefixo cis em latim significa 'deste lado' (e não do outro), uma pessoa cis pode ser tanto cissexual e cisgênera mas nem sempre, porém em geral ambos" (KAAS, Haley. O que é cissexismo. *Transfeminismo*, 2014).
12. BRASIL. Ministério das Mulheres, da Igualdade Racial e dos Direitos Humanos. Secretaria Especial de Direitos Humanos. *Relatório sobre violência homofóbica no Brasil*: o ano de 2013. Brasília: MMIRDH/SEDH, 2016, p. 11, *passim*.

e cinco) pessoas LGBTQIA+ foram vítimas de violência letal; em 2022, registramos um total de 273 mortes de pessoas LGBTQIA+.[13]

No campo específico das relações de consumo, a subalternização das pessoas LGBTQIA+ acaba reforçando a própria vulnerabilidade típica da figura do consumidor, pois tanto uma como outra consubstanciam uma "[...] realidade pré-jurídica, ou seja, não se trataria de um conceito do direito, mas um conceito reconhecido por ele".[14]

São noticiados na mídia quase diariamente diversos casos de LGBTQIAfobia em bares, restaurantes, boates, escolas e outros estabelecimentos, de modo que aqui, além dos dados específicos a respeito, serão trazidos alguns casos emblemáticos para ilustrar a realidade de tratamento discriminatório por parte de fornecedores de produtos ou serviços contra esse segmento.

Considerando a marcante subnotificação e que são diversos os espaços públicos e privados onde ocorre a discriminação contra pessoas LGBTQIA+, o último relatório oficial sobre LGBTQIAfobia no Brasil, já analisado, aponta que houve violação de direitos em bares, casas noturnas (4,6%) e motéis (3,4%),[15] o que indica que, ao menos parte desses casos, deu-se no contexto de uma relação de consumo.

Em 2019, o Procon-SP realizou uma pesquisa sobre as percepções acerca da discriminação com 1.659 consumidores, ampliando a pesquisa anteriormente feita em 2010, cujo foco era apenas a discriminação racial. Segundo os dados levantados, têm-se: quando tomada como parâmetros a relação por identidade de gênero e número de entrevistados em cada grupo, verifica-se que a discriminação foi maior contra os homens trans (18 dos 29 homens), representando 62,07%; em 5,14% dos casos, o entrevistado respondeu ter se sentido discriminado por ser pessoa LGBTQIA+.[16]

Há outros aspectos que, embora não tenham o recorte do segmento LGBTQIA+, com este estão implicados no universo da pesquisa. No tocante ao local em que as pessoas foram discriminadas, 36,17% (331) declararam ter sido em uma loja (de roupas, calçados, eletroeletrônicos, entre outras), 16,28% (149) em instituições financeiras (banco, financeira, seguradora e similares), 8,31% (76) em *shopping centers*, 5,90% (54) em estabelecimentos que oferece refeições e 47 (5,14%) em concessionárias de serviço público (água, luz, gás, telefonia e afins). Quanto ao tipo de discriminação, 36,94% (338) afirmaram que tiveram seu atendimento recusado e/ou retardado, 20,22% (185) foram vítimas de agressão moral e/ou física e 16,72% (153) presenciaram alguma prática que

---

13. ACONTECE ARTE E POLÍTICA LGBTI+; ANTRA; ABGLT. *Mortes e violências contra LGBTI+ no Brasil*: Dossiê 2022. Observatório de Mortes e Violências contra LGBTI+. Florianópolis, SC: Acontece, ANTRA, ABGLT, 2023, p. 19.
14. COSTA, Ângelo Brandelli. HENNINGEN, Inês. Processos de subjetivação nas políticas de defesa do consumidor: Vulnerabilidade e cidadania em questão. *Psico*, Porto Alegre, PUCRS, v. 41, n. 3, 2010, p. 408.
15. BRASIL, op. cit., p. 22, 39.
16. FUNDAÇÃO DE PROTEÇÃO E DEFESA DO CONSUMIDOR. *Discriminação nas relações de consumo*: percepção do consumidor. São Paulo, 2019.

induziu ou incitou o preconceito ou prática discriminatória relativamente a uma condição para a qual se sentiram atingidos.[17]

Questionados sobre quais atitudes tomaram diante do episódio discriminatório, 56,83% (520) responderam que nada fizeram, 28,74% (263) tão somente exigiram respeito aos seus direitos, 10,16% (93) notificaram a ouvidoria da empresa e somente 4,26% (39) denunciaram às autoridades competentes, sendo que 18 delas recorreram ao Procon. Vale ressaltar que 49,73% (455) dos 915 entrevistados sabiam que o Procon é o órgão competente para receber reclamações relativas às práticas discriminatórias decorrentes de uma relação de consumo.[18] Esses dados reforçam a ideia acima sobre a subnotificação de casos às autoridades competentes, o que se explica pelo receio de revitimização.

Outro dado interessante trazido pelo estudo é o fato de que 73,22% (670) dos entrevistados consideraram que foi camuflada a discriminação sofrida.[19] A partir do universo de identidade e expressões das pessoas LGBTQIA+, pode-se imaginar o exemplo de uma mulher trans, com voz grossa, ou um homem cis *gay* afeminado, usando saia, receber olhares de reprovação na compra de produtos numa loja de maquiagem. É fundamental lembrar que a LGBTQIAfobia opera sob a lógica de que há brinquedos, roupas e comportamentos "naturais" para uso do sexo masculino e feminino, de modo que qualquer um que se mova fora dessa regra seja apontado como desviante, anormal.

No Brasil, apesar desses dados alarmantes, é significativo o reconhecimento dos direitos de pessoas LGBTQIA+. No Executivo, diversas são as normas que autorizam, por exemplo, a pensão por morte para casais de pessoas do mesmo sexo, a punição administrativa para estabelecimentos que discriminem pessoas LGBTQIA+, dentre outros. No Judiciário, notadamente na figura do Supremo Tribunal Federal (STF), foram reconhecidos o direito à união estável (ADI 4277 e ADPF 132), direitos de pessoas trans à identidade de gênero autopercebida, sem necessidade de laudo médico, cirurgia ou decisão judicial (ADI 4.275 e RExt. 670.422), à criminalização da LGBTQIAfobia como espécie do gênero racismo da Lei 7.716/89/90 (ADO 26 e MI 4733), doação de sangue (ADI 5433). O Poder Legislativo federal se notabiliza pelo fato de que, em quase 32 anos de redemocratização, "[...] não tenha sido aprovada uma única lei específica para garantia e proteção de direitos das pessoas LGBTQIA+, quando se tem diplomas protegendo outros grupos em situação de vulnerabilidade" (criança e adolescente, pessoa idosa, mulheres, população negra, dentre outros).[20]

Traçado esse panorama, parte-se para a análise acerca do mercado e sua relação com a população LGBTQIA+, da invisibilização ao atual reconhecimento.

---

17. Ibidem.
18. Ibidem.
19. Ibidem.
20. VIANA, op. cit., p. 142-143.

3. O DIREITO DO CONSUMIDOR E A RESPONSABILIDADE CIVIL

A Constituição da República de 1988 inaugurou um novo capítulo na história de defesa do consumidor, erigindo-o ao *status* de direito fundamental, nos termos do art. 5º, inc. XXXII, em cotejo com o art. 170, inc. V. Assim, o Direito do Consumidor se trata de um direito subjetivo público a todos e todas, garantido para proteger não apenas contra as "[...] atuações do Estado [...], mas de atuação positiva (protetiva, tutelar, afirmativa, de promoção) do Estado em favor dos consumidores (direito a alguma coisa, direito prestacional, direito econômico e social, direito fundamental de nova geração [...])".[21]

Nos termos da Lei 8.078, de 11 de setembro de 1990, o Código de Defesa do Consumidor (CDC), fruto de um mandamento constitucional constante do art. 48 do ADCT, a proteção do consumidor, em razão de sua vulnerabilidade, decorre de uma exigência da ordem pública, do interesse social (art. 1º), da dignidade, da saúde e segurança, da proteção de seus interesses econômicos, da melhoria de sua qualidade de vida (art. 4º), o que, em última análise, representa a proteção da pessoa humana.

O Estado está obrigado a resguardar os direitos fundamentais dos indivíduos contra violações por parte dos poderes públicos e, também, das agressões de particulares – são os chamados deveres de proteção (*Schutzplichten*).

Desse modo, o CDC, a teor do art. 2º, não adotou uma definição exclusiva sobre o sujeito a ser protegido, pelo contrário, adotou quatro distintos conceitos, inclusive sob as perspectivas individual (art. 2º, *caput*) e coletiva (§ único). No art. 6º, são elencados os direitos que assistem ao consumidor, tais como: proteção da vida, da saúde e da segurança, além da própria dignidade humana em si considerada.

Conforme aponta Natália Trindade, o CDC abrange, ainda, o direito à indenização pelo dano moral decorrente de violação da honra (inc. X, art. 5º), o direito à defesa do consumidor (inc. XXXII, art. 5º), os parâmetros de análise das condições econômicas das partes envolvidas, o serviço ou o bem objeto da relação de consumo e, também, os antecedentes históricos do fornecedor e, por fim, o princípio da eficiência e do acesso à justiça (incs. XXXV, LIV e LV, art. 5º).[22] Todos esses direitos estão hábeis a garantir, do ponto de vista normativo, a reparação do dano sofrido pelo consumidor.

O Direito Penal tem sido a resposta do Estado mais antiga em relação às práticas discriminatórias no país (especialmente a racial, antes com a Lei Afonso Arinos e, atualmente, com a Lei 7716/89 – Lei Caó ou Lei Antirracismo). Os estudos consumeristas, todavia, não têm recebido a devida atenção. As análises detêm-se, geralmente, na figura do dano moral, e aqui, ainda assim, sem a devida profundidade, deixando de explorar aspectos como a necessidade de reforma da própria legislação protetiva do consumidor.

---

21. BENJAMIN, Antonio Herman V.; BESSA, Leonardo Roscoe; MARQUES, Cláudia Lima. *Manual de Direito de Consumidor*. 4. ed. São Paulo: Ed. RT, 2012, p. 31.
22. TRINDADE, Natália S. Discriminação por orientação sexual e identidade de gênero nas relações de consumo na experiência jurisprudencial brasileira. XIII Jornada Brasilcon de Atualização do Código de Defesa do Consumidor – CDC, 2013, Rio de Janeiro, BR. *Diálogos com a Sociedade Brasileira*. Brasil, BR: Instituto Brasileiro de Política e Direito do Consumidor (BRASILCON), 2013, p. 4-5.

O CDC não tratou de forma específica sobre o direito à não discriminação, o que, contudo, não o exclui como um direito implícito, seja pela interpretação sistemática ou por força da própria Constituição de 1988, ou até mesmo pela irradiação do princípio da igualdade, notadamente na faceta de proibição de não discriminação,[23] de modo a alterar o *status* material e cultural de tais grupos relativamente aos grupos dominantes.[24] Diante disso, é sob essa lógica que deve ser interpretado o CDC.

No campo internacional, podem-se citar como garantidores da igualdade sob o aspecto do direito à igual proteção da lei e contra qualquer forma de discriminação a Declaração Universal dos Direitos Humanos (1948); e o Pacto de São José da Costa Rica (1969), dos quais o Brasil é signatário. Dos diplomas normativos internacionais, pode-se inferir o direito humano à livre orientação, identidade e expressão de gênero.[25]

Ademais, se o inc. IV do art. 6º do CDC proíbe a publicidade enganosa e abusiva, também aqui está implicitamente prevista a vedação de publicidade discriminatória de qualquer natureza (§ 2º). Nesse sentido, a lição de Antônio Herman de Vasconcellos e Benjamin, é de que o art. 37, § 2º, não traz um rol taxativo – a expressão "dentre outras" demarca esse ponto –, portanto, é abusiva toda publicidade que discrimina o ser humano, tendo o motivo relação com a "[...] raça, com o sexo, com a preferência sexual, com a condição social, com a nacionalidade, com a profissão e com as convicções religiosas e políticas", de modo que cabe aos administradores e juízes analisarem o caso concreto à luz da lei consumerista.[26]

Como forma de sanar essa anomalia, o Projeto de Lei do Senado (PLS) 134, de 2018, que cria o Estatuto da Diversidade Sexual e de Gênero a partir da Sugestão Legislativa nº 61, de 2017, a qual teve apoio de 100 mil assinaturas, trata de forma específica das relações de consumo no Capítulo XV, mas sem previsão de qualquer tipo de sanção.[27]

No âmbito dos estados e municípios, Adriano Silva aponta uma série de leis que têm um "viés protecionista aos consumidores, uma vez que determina sanções administrativas aos fornecedores e aos comerciantes que cometerem qualquer ato ilícito por discriminação contra pessoas LGBTQIA+: em São Paulo, a Lei estadual 10.948/01; na Paraíba, a Lei estadual 7.309/03; na cidade e no estado do Rio de Janeiro, a Lei municipal 2.475/1996 e a Lei estadual 7.041/15, respectivamente; e, no Maranhão, a Lei estadual 8.444/06.[28]

---

23. Para análise mais detalhada, v. Alexandre Bahia (2010, p. 90-94, 98-101).
24. MOREIRA, Adilson José. *O que é discriminação?* São Paulo: Letramento, 2017, p. 90-92.
25. VIANA, op. cit., p. 49 e ss.
26. BENJAMIN, Antonio Herman V. Das práticas comerciais. In: GRINOVER, Ada Pellegrini, et al. *Código brasileiro de defesa do consumidor*: comentado pelos autores do anteprojeto. 10. ed. rev., atual. e reform., v. I, Direito Material (arts. 1º a 80 e 105 a 108). Rio de Janeiro: Forense, 2011, p. 356. A lei maranhense foi posteriormente revogada de forma tácita pela Lei 10.486/2016.
27. BRASIL. Senado Federal. Projeto de Lei 134 de 2018. Institui o Estatuto da Diversidade Sexual e de Gênero. Brasília, DF: Senado Federal, 2018.
28. SILVA, Adriano de Sousa Brito. *Relação de consumo e práticas abusivas*: o dano moral por discriminação contra consumidores LGBTI. 2018. Monografia – Curso de Direito, Unidade de Ensino Superior Dom Bosco – UNDB, São Luís, 2018, p. 31 e ss.

A partir dessas considerações, passa-se a discorrer sobre a responsabilidade civil.

Em primeiro lugar, por dano moral entende-se a "[...] lesão de bem que integra os direitos da personalidade, como a honra, a dignidade, intimidade, a imagem, o bom nome etc. [...] e que acarreta ao lesado dor, sofrimento, tristeza, vexame e humilhação".[29]

A lesão dos bens jurídicos do consumidor gera a responsabilidade de o causador da lesão repará-la. Nos termos do art. 5º da Constituição de 1988, são invioláveis a honra e a imagem das pessoas, ficando assegurado o direito à indenização por dano material, moral ou à imagem, decorrente de sua violação.

Antes de passar à análise do cerne do trabalho, impende frisar que, no Brasil, quanto à questão da eficácia horizontal dos direitos fundamentais (*drittwirkung*), "é possível concluir que [...] a jurisprudência brasileira vem aplicando diretamente os direitos individuais consagrados na Constituição na resolução de litígios privados",[30] independentemente da mediação do legislador ou da aplicação das cláusulas abertas, a partir do princípio da dignidade humana em torno do qual gravita o ordenamento jurídico brasileiro.

O art. 186 do CC/02 estabelece que comete ato ilícito quem, por ação ou omissão voluntária, negligência ou imprudência, viola direito e causa dano a outrem, ainda que exclusivamente moral, devendo, conforme o art. 927, do mesmo diploma legal, reparar o dano causado.

Diferentemente da concepção no Código Civil, cuja regra geral é a responsabilidade subjetiva, o CDC adota a responsabilidade objetiva, solidária ou não, com exceção dos profissionais liberais que prestam serviço. Logo, deve o causador do dano repará-lo para o retorno do *status quo ante* ou por meio de uma indenização, a teor do art. 6º, incs. VI e VII, do referido diploma legal.

A discriminação contra pessoas LGBTQIA+ pode se efetivar tanto pelo fornecedor de produtos quanto pelo prestador de serviços, de modo que tal evento está circunscrito aos riscos da atividade econômica desenvolvida. Esse debate em torno da responsabilidade civil, considerando os casos de discriminação, demonstra, no fundo, que está em jogo a própria justiça enquanto valor social: o que antes era considerado "aceitável", passa a ser considerado inaceitável, pela superação dos preconceitos sociais que "legitimavam" a discriminação passada.[31]

Hoje não é mais socialmente tolerável a discriminação de pessoas LGBTQIA+, como era normalizada há trinta, cinquenta anos, considerando que a orientação sexual, a identidade e a expressão de gênero das pessoas consubstanciam o direito fundamental

---

29. GONÇALVES, Carlos Roberto. *Direito civil brasileiro*: responsabilidade civil. 10. ed. São Paulo: Saraiva, 2007, p. 359.
30. SARMENTO, Daniel Antonio de Moraes. *Direitos fundamentais e relações privadas*. 2. ed. Rio de Janeiro: Lumen Juris, 2006, p. 297.
31. MORAES, Maria Celina Bodin de. *Danos à pessoa humana*: uma leitura civil-constitucional dos danos morais. Rio de Janeiro: Renovar, 2007, p. 147.

ao livre desenvolvimento da personalidade, resguardado pelo princípio da dignidade humana.

No entanto, o que se verifica são os baixos índices de casos de discriminação que chegam às autoridades e ao Judiciário, em grave violação ao direito de acesso à justiça.

Em pioneira pesquisa, Natália Trindade, a partir das palavras-chave "discriminação sexual" e "dano moral" nos *sites* dos Tribunais de Justiça (TJ) estaduais, apurou que: 1) na região Sudeste foram encontradas várias demandas, cabendo frisar acórdão de um recurso de apelação no TJ em que uma academia foi condenada a pagar R$2.500,00, a título de danos morais, por ter cancelado sumariamente a matrícula de uma cliente transexual, já que ela usava o banheiro feminino; 2) na Região Sul, no Rio Grande do Sul (estado de pioneirismo notório em questão de direitos de LGBTI+), um julgado de uma turma recursal cível em que o recorrente foi impedido de acessar o camarote do clube pelos seguranças devido à sua orientação sexual, sendo fixado o *quantum* indenizatório em R$ 1.500,00; 3) na região Centro-Oeste, a autora destacou o caso de um recurso inominado não provido pelo TJ do Distrito Federal e Territórios, haja vista que, no entender da turma recursal, inexistiu declaração ofensiva relativa à orientação sexual da recorrente e, por conseguinte, não se consubstanciou em dano moral; 4) nos *sites* oficiais dos TJs das regiões Norte e Nordeste foi encontrado apenas um único resultado, no JEC e no TJ do Ceará, e dois outros resultados não relacionados com o tema no Pará e no Ceará.[32] Nos demais estados, as apelações e recursos inominados não se relacionavam com o tema da pesquisa da autora.

A primeira conclusão que se pode inferir repousa no fato, já ventilado, de *invisibilização* da discriminação contra pessoas LGBTQIA+ de uma forma geral, fruto basicamente de alguns fatores: a educação precária, sobretudo em questões básicas sobre cidadania e direitos fundamentais; como implicação desse fator, o preconceito e a discriminação marginalizam as pessoas LGBTQIA+ da fruição de direitos sociais básicos, incluindo o acesso à justiça;[33] a LGBTQIAfobia institucional nos órgãos públicos, delegacias de polícia, sistema de justiça afastam as pessoas LGBTQIA+. Se não fosse tal postura discriminatória, esse segmento denunciaria os casos de violação de seus direitos e não só os tutelados pela legislação consumerista.

O simples reconhecimento da responsabilidade civil do fornecedor de produtos quanto do prestador de serviços não se mostra suficiente para ignorar questões como multidimensionalidade e impactos da publicidade discriminatória – ostensiva ou camuflada – no desenvolvimento saudável da personalidade de pessoas LGBTQIA+. Desse modo, é importante pontuar que a própria lógica heterocisnormativa do Direito também se espraia na formação e nas pesquisas sobre o tema ora trabalhado:

---

32. TRINDADE, op. cit., p. 10-12.
33. Recorda-se que, conforme o art. 6º, inc. VII, do CDC, é garantido ao consumidor o direito básico de acesso aos órgãos judiciários e administrativos, com o objetivo de prevenção ou reparação de danos patrimoniais e morais, individuais, coletivos ou difusos, sendo assegurada a proteção jurídica, administrativa e técnica aos hipossuficientes.

Ro e Olson (2020) e Rosenbaum et al. (2021) examinaram respectivamente a discriminação contra consumidores gays e lésbicas nos Estados Unidos e na Colômbia, e constataram que, apesar de evidências substanciais sobre a existência de discriminação contra consumidores lgbtqia+, a pesquisa sobre as suas experiências ainda é escassa. De acordo com Cardoso et al. (2019), a pesquisa voltada à temática da discriminação lgbtqia+ também é quase inexistente entre estudos brasileiros, considerando o âmbito do marketing e das relações de consumo. Estudos também confirmam que pesquisas com amostras

da população lgbtqia+ são poucas (Tsai, 2011) e que são necessárias mais investigações direcionadas à diversidade em marketing de consumo (Dalpian & Silveira, 2020).[34]

Retomando alguns casos abordados anteriormente, a questão do conflito entre a liberdade religiosa e de expressão e o direito à livre orientação sexual, identidade e expressão de gênero demonstra a complexidade de pensar a LGBTIfobia nas relações de consumo.

Considerando os casos envolvendo liberdade religiosa e direitos do consumidor (*Masterpiece Cakeshop v. Colorado Civil Rights Commission*, na Suprema Corte dos Estados Unidos, e *Lee* vs. *Ashers Baking Company Ltd. and others*, na Suprema Corte do Reino Unido), percebe-se o risco de abrir a caixa de Pandora.

Se se admite a liberdade religiosa como motivo legítimo para discriminar o cliente LGBTI+, qual o limite? Um cabeleireiro católico, de visão ortodoxa, pode se recusar a cortar o cabelo de um pai de santo por entender que este cultua um "falso deus"? Poderá uma testemunha de Jeová recusar a venda de um produto a um cliente que ele sabe ser doador de sangue, já que tal prática é rechaçada por sua crença? Será permitido uma padaria afixar um cartaz escrito "*LGBTIfree*" – a exemplo dos estabelecimentos separados "por raça" na época da segregação racial nos EUA e do *apartheid* na África do Sul – ou, mesmo não o fazendo, ficar assim conhecida? Quanto tempo até surgir um dono de restaurante que seja revisionista quanto ao Holocausto e que não aceite a comemoração da queda do nazismo por clientes judeus em seu restaurante? Ou o dono de uma pizzaria que recusa o uso do banheiro por uma mulher trans por considerar uma "abominação" um homem se vestir de mulher.[35]

Nesse sentido, recorda-se, desde logo, a lição de Antônio Herman de Vasconcellos e Benjamin: a publicidade que discrimina o ser humano por "preferência sexual", mais precisamente, pela orientação sexual, expressão e identidade de gênero é abusiva e, nessa qualidade, é proibida pela legislação consumerista.[36] Logo, o tratamento discriminatório de natureza LGBTQIAfóbica se insere nesse critério, o que, contudo, não soluciona todo o fenômeno.

---

34. CARDOSO, Janaína Gularte et al. Discriminação percebida e consequências emocionais da LGBTQIA+fobia no consumo no Brasil. *Innovar*, Bogotá, v. 32, n. 85, p. 33-47, set. 2022, p. 34.
35. Cumpre destacar que esse "precedente" foi utilizado como argumento de defesa de um *buffet*, localizado na cidade de Campinas (SP), que se recusou a realizar a recepção de um casamento de dois homens e foi condenado a indenizar o casal em R$ 28 mil a título de danos morais. (ALVES, Emylly. Casa de eventos deve indenizar casal gay por recusa a celebrar casamento. *Jota*. 22 maio 2020.)
36. BENJAMIN, op. cit., p. 356.

A partir do julgamento, em 2019, do Mandado de Injunção (MI) 4.733 e Ação Direta de Inconstitucionalidade por Omissão (ADO) 26, o STF reconheceu a LGBTQIAfobia como espécie do conceito ontológico-constitucional de racismo, construído pela Corte no Caso Ellwanger,[37] logo aplicável à Lei Antirracismo.[38] Foge à proposta deste trabalho analisar as repercussões penais de um tratamento discriminatório em uma loja de maquiagem, a qual se recusa a atender uma cliente pelo fato de ela ser travesti, por exemplo. Contudo, um ilícito penal somente não terá efeitos na esfera cível quando o fato se tratar, nos termos do art. 188 do CC/02, de estado de necessidade, de legítima defesa, de estrito cumprimento do dever legal e do exercício regular do direito.[39] Assim, confirma-se a tese aqui subjacente de que orientação sexual, expressão e identidade de gênero são motivos proibidos de discriminação.

A responsabilidade civil precisa ser pensada à luz desses casos que ajudam a refletir para além da mera definição de nexo causal e dano, pois envolve a discussão da eficácia horizontal dos direitos fundamentais, especificamente entre consumidor e fornecedor de produtos e prestador de serviços.

Numa relação de consumo, o conflito criado por um episódio de discriminação, motivado por LGBTQIAfobia, precisa, necessariamente, bater às portas do Poder Judiciário e se tornar um caso com a repercussão dos exemplos dados acima? Não.

Além da formação da equipe de funcionários, da própria direção do estabelecimento em temas de diversidade em geral, como já ventilado, entende-se recomendável que, para sejam equacionados os conflitos de natureza discriminatória, deve-se utilizar a mediação de conflitos em fóruns, juizados, Defensoria Pública, Ministério Público ou mesmo no Procon, além de núcleos de mediação privada, como já vem fazendo o Tribunal de Justiça de São Paulo em parceria com a Secretaria da Justiça e da Defesa da Cidadania. Em 2014, esses órgãos criaram o projeto "Mediação de Conflitos de Direitos Humanos em casos de preconceito racial, homofobia e portadores de HIV", iniciativa que foi premiada pelo Prêmio Conciliar é Legal, do Conselho Nacional de Justiça, na categoria Mediação e Conciliação Extrajudicial em 2016, com resultados bastantes positivos.[40]

---

37. Siegfried Ellwanger, editor de livros de conteúdo nazista, teve denegado o *habeas corpus* que pedia sua absolvição pela condenação por antissemitismo com base na Lei 7.716/89.
38. No histórico julgamento da ADO 26, em 13 de maio de 2019, tivemos a honra de, representando o Grupo Gay da Bahia (GGB), dividir a tribuna do STF em defesa da tese da criminalização da LGBTQIAfobia ao lado dos advogados Paulo Iotti Vecchiatti, e Alexandre Bahia (Grupo de Advogados pela Diversidade Sexual e de Gênero – GADvS), e das advogadas Ananda Puchta (Grupo Dignidade) e Maria Eduarda Aguiar (Associação Nacional de Travestis e Transexuais – ANTRA). As reflexões sobre essa tese, que tiveram início por volta do ano de 2006, foram sendo amadurecidas ao longo dos anos em debates, seminários, artigos e compiladas na obra "O STF e a Hermenêutica Penal que gerou o reconhecimento da homotransfobia como crime de racismo" (Spessotto, 2022), onde pudemos contribuir com o artigo "Liberdade de expressão religiosa e discurso de ódio – Reflexões sobre os impactos da criminalização da LGBTIfobia".
39. Além dessas hipóteses, todas previstas no inc. VI do art. 386, do CPP, tem-se ainda a impossibilidade de propositura de ação cível de indenização contra o suposto autor de um crime quando estiver provada a inexistência do fato (inc. I) ou que o réu não concorreu para a infração penal (inc. IV).
40. Cf. BERNARDES, Pedro Henrique Dias Alves. *Mediação de conflitos em casos de discriminação*: Reconhecendo as diferenças e promovendo os direitos das minorias. Dissertação (Mestrado – Programa de Pós-Graduação em Direitos Humanos) – Faculdade de Direito, Universidade de São Paulo, 2020.

Nesse ínterim, chega-se ao cerne deste artigo para explorar quais os fundamentos e as implicações do primeiro caso julgado pela CorteIDH acerca de discriminação de pessoas LGBTQIA+ nas relações de consumo.

4. O *CASO OLIVERA FUENTES* VS. *PERU*: NOVOS OLHARES SOBRE A RESPONSABILIDADE CIVIL A PARTIR DA DIVERSIDADE SEXUAL E DE GÊNERO[41]

A Corte Interamericana de Direitos Humanos (CIDH) realizou audiências públicas sobre casos a ela submetidos entre os dias 23 e 26 de agosto de 2022 no Brasil. Nessa ocasião, tivemos a oportunidade de acompanhar pessoalmente o Caso *Olivera Fuentes* vs. *Peru*, que se tornou paradigmático por se tratar do primeiro relativo à discriminação contra pessoas LGBTQIA+ no contexto das relações de consumo – e o segundo caso em que o Peru figura como requerido (o primeiro é o Caso *Azul Rojas Marín y otra* vs. *Peru*).

A presente análise não ignora as óbvias distinções legais do Peru e do Brasil quanto ao tratamento jurídico das relações de consumo, mas serão explorados os principais aspectos, especialmente considerando que o parâmetro interpretativo é o controle de convencionalidade.[42]

Em 11 de agosto de 2004, Crissthian Manuel Olivera Fuentes e seu namorado estavam em uma cafeteria no Supermercado Santa Isabel de San Miguel, em Lima. Após trocarem demonstrações de afeto, um cliente reclamou com a gerente do supermercado, alegando-se incomodado. A gerente abordou o casal, pedindo-lhes que parassem com as demonstrações de afeto, citando reclamações sobre crianças estarem presentes. Crissthian se sentiu discriminado, pois casais heterossexuais tinham permissão para se expressar da mesma forma no estabelecimento.

Crissthian apresentou uma denúncia à Comissão de Proteção ao Consumidor (CPC) do Instituto Nacional de Defesa da Concorrência e da Propriedade Intelectual (Indecopi), alegando discriminação por sua orientação sexual. A CPC indeferiu o pedido por falta de provas conclusivas. Crissthian recorreu à Sala de Defesa da Concorrência do Tribunal de Defesa da Concorrência e Propriedade Intelectual do Indecopi, que também considerou que não havia provas suficientes para punir o supermercado.

Em seguida, Crissthian iniciou uma ação contencioso-administrativa para anular a decisão do Tribunal de Defesa da Concorrência. O Tribunal Superior de Justiça de Lima julgou improcedente a ação, argumentando que as provas apresentadas eram insuficientes e que o ônus da prova recaía sobre o consumidor. A apelação à Corte Suprema de Justiça da República foi rejeitada com base no ônus da prova e na presunção de inocência do estabelecimento.

---

41. Os fatos e conteúdo do caso foram extraídos da sentença do caso: ORGANIZAÇÃO DOS ESTADOS AMERICANOS. Corte Interamericana de Derechos Humanos. *Caso Olivera Fuentes vs. Peru*. Sentencia de 4 de febrero de 2023.
42. Cf. MAZZUOLI, Valério de Oliveira. *Controle jurisdicional da convencionalidade das leis*. 5. ed. rev., atual. e ampl. Rio de Janeiro: Forense, 2018.

Crissthian recorreu novamente à Corte Suprema de Justiça, mas seu recurso de cassação foi considerado improcedente. Em 2011, Crissthian apresentou uma petição à Comissão Interamericana de Direitos Humanos (CIDH), alegando violações de vários artigos do Pacto de São José da Costa Rica.

Em 29 de novembro de 2011, o *Estudio para la Defensa de los Derechos de la Mujer* (DEMUS), *Heartland Alliance for Human Needs & Human Rights* e *Asociación Líderes en Acción*, representando Crissthian Olivera Fuentes, apresentaram petição junto à Comissão Interamericana de Direitos Humanos (CIDH). Alegou-se no documento a violação aos seguintes dispositivos do Pacto de São José da Costa Rica: artigos 8 (garantias judiciais); 11 (proteção da honra e da dignidade); 13 (liberdade de pensamento e expressão); 24 (igualdade perante a lei); e 25 (proteção judicial), em relação a seus artigos 1.1 (obrigação de respeitar direitos) e 2 (dever de adotar disposições de direito interno). Em 28 de dezembro de 2017, a petição do caso foi admitida pela CIDH por meio do *Informe 172/17 – Petición 1718-11*, no qual entendeu serem admissíveis as violações dos artigos 8 (garantias judiciais), 11 (proteção da honra e da dignidade), 13 (liberdade de pensamento e expressão), 24 (igualdade perante a lei) e 25 (proteção judicial) em relação aos artigos 1.1 e 2 da Convenção.

Em 2017, a CIDH admitiu a petição, considerando admissíveis as violações alegadas por Crissthian.

A CIDH encaminhou o caso à CorteIDH em 04 de junho de 2021.

Como já informado, a audiência pública foi realizada pela Corte em agosto de 2022. Importante pontuar que, durante a audiência transmitida virtualmente, presenciamos uma postura revitimizadora do Estado peruano, cujo representante usou de sua fala para descredibilizar Crissthian Olivera Fuentes porque ele é ativista da causa LGBTQIA+ e por ter elaborado notícias sobre o caso na ONG que ele fazia parte à época, além de centrar seus argumentos em torno do processo administrativo sancionador. À perita designada para o caso, o representante do Peru indagou sobre a tese do interesse superior de crianças utilizada pela CPC.

Em certo trecho, o juiz brasileiro junto à Corte, Rodrigo Mudrovitsch, indagou à vítima se o sentimento de "doente" e "delinquente" ele também sentiu pelas perguntas do representante do Estado peruano, ao que a vítima assentiu que sim.

No dia 4 de fevereiro de 2023, a Corte Interamericana de Direitos Humanos proferiu uma sentença na qual declarou a responsabilidade internacional do Estado do Peru pela violação dos direitos à liberdade pessoal, garantias judiciais, vida privada, igualdade perante a lei e proteção judicial em prejuízo de Crissthian Olivera Fuentes, devido às respostas administrativas e judiciais proferidas pelas autoridades nacionais em relação à denúncia apresentada por ele.

No mérito, em resumo, foi reconhecida a violação aos direitos à liberdade, à vida privada, à liberdade de expressão, à igualdade perante a lei, às garantias judiciais e à proteção judicial. A Corte tomou a decisão amparada, basicamente, nos seguintes aspectos:

1) o direito à igualdade e não discriminação, que não tolera o tratamento discriminatório motivado pela orientação sexual, que é protegida pela Convenção Americana; 2) os *standards* de igualdade e não discriminação com base na orientação sexual, identidade de gênero e expressão de gênero aplicados às empresas, que tem o dever de respeitar os direitos das pessoas LGBTQIA+ na relações trabalhistas, bem como em suas relações comerciais por meio da oferta de produtos ou serviços.

As empresas, no entendimento da Corte, têm o dever de respeitar os direitos humanos, podendo fazê-lo com as seguintes medidas: 1) formulação de políticas para cumprir sua responsabilidade de respeitar os direitos humanos, incluindo os direitos das LGBTQIA+; 2) atuar de forma diligente para detectar, prevenir e reduzir qualquer impacto negativo, potencial ou real, que tenham causado ou para o qual tenham contribuído para a violação dos direitos humanos das pessoas LGBTQIA+ ou que tenha relação direta com suas operações, produtos, serviços e relações comerciais, e ainda exercer o *accountability* de como estão lidando com essas questões; 3) buscar soluções de qualquer impacto negativo nos direitos humanos a que tenham dado causa ou para os quais contribuíram, implementando mecanismos de reparação ou cooperando com outros processos legítimos, incluindo que sejam estabelecidos mecanismos eficazes para assegurar que pessoas ou comunidades afetadas possam fazer reclamações referentes aos serviços e produtos e participar desses mecanismos.

A Corte, relativamente às decisões administrativas, entendeu que elas resvalaram em preconceitos sociais sobre atos afetivos realizados por um casal homossexual e seu suposto impacto sobre outras pessoas, especialmente em crianças. Assim, ficou comprometida a imparcialidade dos órgãos administrativos para concretizar o devido processo legal no caso. Ademais, houve uma injustificada interferência no direito à autonomia pessoal, desenvolvimento pessoal e no direito de estabelecer e desenvolver relacionamentos com outros seres humanos e com o mundo exterior.

Na parte dispositiva, a Corte determinou ao Estado peruano, no que aqui cabe destacar:

1) Fornecimento gratuito, de forma imediata, oportuna, adequada e eficaz, de tratamento psicológico e/ou psiquiátrico a Crissthian Manuel Olivera Fuentes;

2) Desenvolver e implementar uma campanha anual de conscientização em nível nacional, nos meios de comunicação, sobre a importância de promover uma cultura de respeito e não discriminação e garantia dos direitos humanos das pessoas LGBTQIA+;

3) Elaborar um plano pedagógico abrangente sobre diversidade sexual e de gênero, igualdade e não discriminação, perspectiva de gênero e direitos humanos das pessoas LGBTQIA+ no contexto das relações de consumo, a ser incorporado nos cursos regulares de formação de autoridades administrativas, judiciais e de qualquer outro órgão responsável pelo cumprimento da legislação interna nessa temática, bem como um manual para orientar a aplicação e interpretação dos *standards* interamericanos em casos de LGBTQIAfobia;

4) Desenvolver e implementar uma política pública para monitoramento e fiscalização acerca do cumprimento da legislação nacional e dos padrões interamericanos de igualdade e não discriminação por parte das empresas e seus trabalhadores, garantindo o respeito aos direitos humanos da população LGBTQIA+.

Como se vê, trata-se de uma paradigmática decisão que reforça a jurisprudência internacional de direitos humanos, especialmente a do SIDH, para garantir os direitos humanos das pessoas LGBTQIA+, com medidas pedagógicas e educacionais de reparação e não repetição.

No caso, patente foi a LGBTQIAfobia institucional dos órgãos administrativos e judiciais, ao levantarem como tese a proteção do melhor interesse da criança,[43] o mesmo que foi utilizado pelas autoridades chilenas para retirar a guarda das filhas de Atala Riffo, cuja convivência com sua companheira seria "prejudicial" ao saudável desenvolvimento das crianças. A tese foi rejeitada pela CorteIDH porque não tem qualquer embasamento científico, pois é eivada de ideias estereotipadas e discriminatórias sobre "família".[44]

Diferentemente do Brasil, a teor do inc. VIII do art. 6º do CDC, a *Ley 29571*, o *Código de Protección y Defensa del Consumidor* ainda coloca o ônus probatório para o consumidor ou ao *provedor* dos produtos ou serviços no art. 39. Aqui, entende-se mais adequada a legislação brasileira, sobretudo quando, além da vulnerabilidade típica da figura do consumidor, há a vulnerabilidade por ser um indivíduo ou grupo social subalternizado.

A Corte perdeu a oportunidade de, na parte dispositiva, determinar que a cafeteria em questão cumprisse os pontos elencados no arrazoado argumentativo, especialmente considerando as diretrizes do Informe "*Empresas y Derechos Humanos: Estándares Interamericanos*", da *Relatoría Especial sobre Derechos Económicos, Sociales, Culturales y Ambientales* (REDESCA) da CDIH.

Por fim, após alterações no Regimento Interno do STF, o REXT. 845.779 deve voltar à pauta de julgamento da Corte para decidir sobre o uso de banheiros por pessoas trans conforme sua autoidentificação de gênero, o que, caso se queira uma utilização coerente da jurisprudência da CorteIDH, deve ter um desfecho positivo com mais esse reforço da louvável decisão no Caso *Olivera Fuentes* vs. *Peru*.

5. CONCLUSÃO

A proteção normativa da figura do consumidor na Constituição de 1988 ganhou contornos de grande relevância, erigindo tal direito ao *status* de direito fundamental.

As pessoas LGBTQIA+, ao longo dos últimos quase trinta e cinco anos após a nova ordem constitucional, em que pese serem vítimas de um verdadeiro vácuo legislativo

---

43. Sobre os pânicos morais envolvidos nesse debate, cf. LEITE, Vanessa. "Em defesa das crianças e da família": refletindo sobre discursos acionados por atores religiosos "conservadores" em controvérsias públicas envolvendo gênero e sexualidade. *Sexualidad, Salud y Sociedad*: Revista Latinoamericana, Rio de Janeiro, n. 32, 2019.
44. Cf. VIANA, op. cit., p. 124 e ss.

na proteção específica de seus direitos, tendo em vista a omissão deliberada, marca da LGBTQIAfobia institucional do Parlamento brasileiro, são um segmento protegido pelo Direito do Consumidor.

Trata-se de um grupo social que sofre tratamento discriminatório com a expulsão de bares quando manifestam afeto com seus parceiros, a recusa de atendimento em estabelecimentos do setor hoteleiro, é preterido em promoções que falam em "casal", como se essa palavra os excluísse, dentre inúmeros outros casos cotidianos de violências.

O trabalho, em um primeiro momento, abordou conceitos essenciais e o fenômeno da LGBTQIAfobia, de modo a, posteriormente, fornecer elementos para melhor compreensão do tratamento discriminatório nas relações de consumo e suas especificidades que devem ser consideradas na análise da responsabilidade civil. Não entender essas nuances pode afastar as pessoas LGBTQIA+, inviabilizando o próprio exercício do acesso à justiça.

Explorou-se o Caso *Olivera Fuentes* vs. *Peru* como exemplo emblemático de como os argumentos de proteção do melhor interessa da criança e do adolescente, liberdade de consciência, de expressão e de crença acabam sendo manejados a pretexto de seu exercício para, assim, justificar o tratamento discriminatório contra pessoas LGBTQIA+.

Impõe-se, portanto, observar a eficácia horizontal dos direitos fundamentais, notadamente no aspecto da não discriminação, que se consubstancia no dever de as empresas buscarem mecanismos para prevenir e repararem a vítima em casos de discriminação, tanto nas relações laborais quanto nas relações de consumo, bem como é cabível ao Estado monitorar e fiscalizar o cumprimento do CDC por parte da iniciativa privada.

Pensar uma releitura da responsabilidade civil implica o reconhecimento das pessoas LGBTQIA+ como sujeitos de direitos e merecedores de igual respeito e consideração em qualquer âmbito, inclusive na qualidade de consumidores.

REFERÊNCIAS

ALCARAZ, Rodolfo; ALCARAZ, Abril. El derecho a la no discriminación por identidad y expresión de género. Textos del caracol, n. 4. *Dante*, n. 14. México: CONAPRED, 2008. Disponível em: http://www.conapred.org.mx/documentos_cedoc/Derecho%20No%20discriminacion%20identidad%20%20sexogenerica.pdf. Acesso em: 22 mar. 2023.

BAHIA, Alexandre. A não-discriminação como Direito Fundamental e as redes municipais de proteção a minorias sexuais – LGBT. *Revista de Informação Legislativa*, n. 186, p. 89-106, abr./jun. 2010. Disponível em: https://www2.senado.leg.br/bdsf/bitstream/handle/id/198675/000888820.pdf?sequence=1&isAllowed=y. Acesso em: 22 mar. 2023.

ALVES, Emylly. Casa de eventos deve indenizar casal gay por recusa a celebrar casamento. *Jota*. 22 maio 2020. Disponível em: https://www.jota.info/coberturas-especiais/liberdade-de-expressao/casa-de-eventos-deve-indenizar-casal-gay-por-recusa-a-celebrar-casamento-22052020. Acesso em: 22 mar. 2023.

BENJAMIN, Antonio Herman V. Das práticas comerciais. In: GRINOVER, Ada Pellegrini, et al. *Código brasileiro de defesa do consumidor*: comentado pelos autores do anteprojeto. 10. ed. rev., atual. e reform., v. I, Direito Material (arts. 1º a 80 e 105 a 108). Rio de Janeiro: Forense, 2011. p. 259-510.

BENJAMIN, Antonio Herman V.; BESSA, Leonardo Roscoe; MARQUES, Claudia Lima. *Manual de Direito de Consumidor*. 4. ed. São Paulo: Ed. RT, 2012.

BERNARDES, Pedro Henrique Dias Alves. *Mediação de conflitos em casos de discriminação*: Reconhecendo as diferenças e promovendo os direitos das minorias. Dissertação (Mestrado - Programa de Pós-Graduação em Direitos Humanos) – Faculdade de Direito, Universidade de São Paulo, 2020. Disponível em: https://www.teses.usp.br/teses/disponiveis/2/2140/tde-08052021-002123/publico/10238630_Dissertacao_Corrigida.pdf. Acesso em: 01 maio 2023.

BORRILLO, Daniel. *Homofobia*. Barcelona: Ediciones Bellaterra, 2001.

BRASIL. Ministério das Mulheres, da Igualdade Racial e dos Direitos Humanos. Secretaria Especial de Direitos Humanos. Relatório sobre violência homofóbica no Brasil: o ano de 2013. Brasília: MMIRDH/SEDH, 2016. Disponível em: http://www.saude.sp.gov.br/resources/ses/perfil/cidadao/homepage-new/outros-destaques/lgbt-comite-tecnico-de-saude-integral/textos-tecnicos-e-cientificos/relatorio_violencia_homofobica_2013.pdf?attach=true. Acesso em: 22 set. 2019.

BRASIL. Senado Federal. Projeto de Lei 134 de 2018. Institui o Estatuto da Diversidade Sexual e de Gênero. Brasília, DF: Senado Federal, 2018. Disponível em: https://www25.senado.leg.br/web/atividade/materias/-/materia/132701. Acesso em: 20 abr. 2023.

CARDOSO, Janaína Gularte et al. Discriminação percebida e consequências emocionais da LGBTQIA+fobia no consumo no Brasil. *Innovar*, Bogotá, v. 32, n. 85, p. 33-47, set. 2022, p. 34. Disponível em: http://www.scielo.org.co/pdf/inno/v32n85/0121-5051-inno-32-85-33.pdf. Acesso em: 24 abr. 2023.

COSTA, Ângelo Brandelli. HENNINGEN, Inês. Processos de subjetivação nas políticas de defesa do consumidor: Vulnerabilidade e cidadania em questão. *Psico*, Porto Alegre, PUCRS, v. 41, n. 3, p. 406-413, jul./set. 2010. Disponível em: http://revistaseletronicas.pucrs.br/ojs/index.php/revistapsico/article/viewFile/8168/5863. Acesso em: 20 abr. 2020.

FUNDAÇÃO DE PROTEÇÃO E DEFESA DO CONSUMIDOR. *Discriminação nas relações de consumo*: percepção do consumidor. São Paulo, 16 jul. 2019. Disponível em: https://www.procon.sp.gov.br/wp-content/uploads/2019/11/Relatorio_Discriminacao.pdf. Acesso em: 15 abr. 2020.

GONÇALVES, Carlos Roberto. *Direito civil brasileiro*: responsabilidade civil. 10. ed. São Paulo: Saraiva, 2007.

KAAS, Haley. O que é cissexismo. *Transfeminismo*, 2014. Disponível em: http://transfeminismo.com/o-que-e-cissexismo/. Acesso em: 08 jan. 2020.

LEITE, Vanessa. "Em defesa das crianças e da família": refletindo sobre discursos acionados por atores religiosos "conservadores" em controvérsias públicas envolvendo gênero e sexualidade. Sexualidad, *Salud y Sociedad*: revista latinoamericana, Rio de Janeiro, n. 32, p. 119-142, 2019. Disponível em: https://www.scielo.br/j/sess/a/Cc68BmV888KZbTkwjwr495M/?format=pdf&lang=pt. Acesso em: 20 abr. 2023.

MAZZUOLI, Valério de Oliveira. *Controle jurisdicional da convencionalidade das leis*. 5. ed. rev., atual. e ampl. Rio de Janeiro: Forense, 2018.

MORAES, Maria Celina Bodin de. *Danos à pessoa humana*: uma leitura civil-constitucional dos danos morais. Rio de Janeiro: Renovar, 2007.

MOREIRA, Adilson José. *O que é discriminação?* São Paulo: Letramento, 2017.

MOREIRA, Adilson José. *Tratado de Direito Antidiscriminatório*. São Paulo: Contracorrente, 2020.

ORGANIZAÇÃO DOS ESTADOS AMERICANOS. Corte Interamericana de Derechos Humanos. *Caso Olivera Fuentes vs. Peru*. Sentencia de 4 de febrero de 2023. Disponível em: https://www.corteidh.or.cr/docs/casos/articulos/seriec_484_esp.pdf. Acesso em: 09 abr. 2023.

SARMENTO, Daniel Antônio de Moraes. *Direitos fundamentais e relações privadas*. 2. ed. Rio de Janeiro: Lumen Juris, 2006.

SILVA, Adriano de Sousa Brito. *Relação de consumo e práticas abusivas*: o dano moral por discriminação contra consumidores LGBTI. Monografia, Curso de Direito, Unidade de Ensino Superior Dom Bosco – UNDB, 61 fls. São Luís, 2018.

TRINDADE, Natália S. Discriminação por orientação sexual e identidade de gênero nas relações de consumo na experiência jurisprudencial brasileira. *Jornada BRASILCON de Atualização do Código de Defesa do Consumidor* – CDC, 13., 2013, Rio de Janeiro. Diálogos com a Sociedade Brasileira. Brasil, BR: Instituto Brasileiro de Política e Direito do Consumidor (BRASILCON), 2013.

VECCHIATTI, Paulo Roberto Iotti. *Manual da Homoafetividade*. Da possibilidade jurídica do casamento civil, da união estável e da adoção por casais homoafetivos. 4. ed. Bauru: Spessoto, 2022.

VIANA, Thiago Gomes. *Direito Internacional arco-íris*: O reconhecimento do direito à diversidade sexual e de gênero no Sistema Interamericano de Direitos Humanos. Dissertação (Mestrado em Direito) – Universidade Federal do Maranhão (UFMA), São Luís, 2018. Disponível em: https://tedebc.ufma.br/jspui/bitstream/tede/2390/2/ThiagoViana.pdf. Acesso em: 09 abr. 2023.

A RESPONSABILIDADE CIVIL DAS AGREMIAÇÕES RELIGIOSAS PELA PRÁTICA DE CULTO DE TEOR DISCRIMINATÓRIO EM RAZÃO DAS QUESTÕES DE GÊNERO E DE ORIENTAÇÃO SEXUAL

Sérgio Lorentino

Doutor em Direito Privado (magna cum laude) pela Pontifícia Universidade Católica de Minas Gerais (PUCMinas). Mestre em Prestação Jurisdicional e Direitos Humanos (cum laude) pela UFT. Professor de Direito Processual Civil e Direito do Consumidor da Universidade Federal do Tocantins – UFT. Advogado.

Sumário: 1. Introdução – 2. As agremiações religiosas no estado democrático de direito; 2.1 Existência jurídica e atuação das agremiações religiosas; 2.2 Da liberdade de culto no estado democrático de direito; 2.2.1 Dos limites da liberdade de culto; 2.2.1.1 Dos cultos de teor discriminatório em razão das questões de gênero e orientação sexual; 2.2.1.1.1 Da responsabilidade civil das agremiações religiosas como pressuposto de proteção jurídica dos direitos de gênero e orientação sexual – 3. Considerações finais – Referências.

1. INTRODUÇÃO

A liberdade é, sem dúvida, um tema bastante especial para o Direito, enquanto ciência, assim como enquanto disciplina da coexistência das pessoas em sociedade.

De todo modo, o Direito é colocado, em algumas circunstâncias, como o pressuposto da garantia da (s) liberdade (s), tanto do ponto de vista declaratório, quanto do aspecto executivo de sua concretude. Em outras circunstância, o Direito é o instrumento não mais de garantia ou de concretude, mas sim de limitação do exercício da (s) liberdade (s) individuais.

Essa dualidade é objeto de incontáveis controvérsias e pontos de vistas dos mais distintos que se possam imaginar. Por tal razão, o estudo da liberdade – esta compreendida como um *ato jurídico* que interessa ao Direito – é fundamental para a análise de diversas questões, muitas delas conflituosas, da sociedade contemporânea.

Um desses temas tem a ver com as liberdades atinentes às *crenças e cultos religiosos*, especialmente quando o exercício de tais liberdades implica em discriminação em razão das questões de gênero e orientação sexual.

O tema é bastante complexo, porque coloca em cotejo duas liberdades que têm especial relevância para a vida em sociedade: uma delas, a religiosa, protegida e garantida como Direito Fundamental. A outra, tem relação com as questões de gênero e orientação sexual – também salvaguardadas pelo manto dos Direitos Fundamentais –, e aparecem como elementos cada vez mais vinculados à existência humana, em sua concepção biopsíquica, cada vez menos vinculadas às estruturas clássicas da sociedade, tais como a *heteronormatividade*, o *patriarcado*, dentre outras.

Em suma, uma parte da sociedade tem descoberto a riqueza da existência humana e de suas formas de apresentação. O Estado, por seu turno, vem, gradativamente, *reconhecendo* juridicamente tais existências e, de consequência, promovendo a garantia de tutela aos sujeitos de direito no campo da responsabilidade criminal e da responsabilidade civil.

Assim, o presente estudo tem por escopo avaliar os campos e limites das liberdades religiosas, bem como suas limitações, especialmente através da utilização do instituto da *responsabilidade civil*, especificamente quando o exercício das liberdades religiosas importarem em discriminação de pessoas ou grupos em razão das questões de gênero e de orientação sexual.

2. AS AGREMIAÇÕES RELIGIOSAS NO ESTADO DEMOCRÁTICO DE DIREITO

O Brasil é um *Estado Democrático de Direito*. Como tal, cabe a ele, como umas de suas mais importantes missões, zelar pela garantia das liberdades, dentro de um contexto plural e democrático.

No campo das liberdades alinhadas ao contexto da religiosidade, a Constituição Federal determinou expressamente (Art. 19), ser "[...] vedado à União, aos Estados, ao Distrito Federal e aos Municípios: I – estabelecer cultos religiosos ou igrejas, subvencioná-los, embaraçar-lhes o funcionamento ou manter com eles ou seus representantes relações de dependência ou aliança, ressalvada, na forma da lei, a colaboração de interesse público".

É clara, pois, a separação entre Estado e religião. Isso não significada que o Estado não possa interagir as entidades de cunho religioso para o desenvolvimento de atividades de interesse público, tais como as filantrópicas, assistenciais, humanitárias, dentre outras.

Entretanto, cabe ao Estado a tarefa de exercer regulação dos aspectos jurídicos atinentes à proteção da liberdade religiosa, de suas entidades e de seus membros. Não foi por outra razão que a Constituição reconheceu como Direito Fundamental no art. 5º, inciso VI, que "é inviolável a liberdade de consciência e de crença, sendo assegurado o livre exercício dos cultos religiosos [...]".

Desta forma, a religião encontra-se inserida no contexto jurídico brasileiro gozando de garantias de proteção e de liberdade, mas, também sujeitando-se, como será visto neste estudo, aos ônus e responsabilidades que lhes são próprios na ordem jurídica constitucional e infraconstitucional.

2.1 Existência jurídica e atuação das agremiações religiosas

Segundo define o Direito Constitucional,[1] a *liberdade religiosa* pressupõe a aglutinação de três outras liberdades correlatas, quais sejam, a *liberdade de crença*, a *liberdade de culto* e a *liberdade de organização religiosa*.

---

1. AFONSO DA SILVA, José. *Curso de Direito Constitucional Positivo*. 31. ed. rev. e atual. São Paulo: Malheiros, 2008, p. 16.

Por *liberdade de crença* entende-se o direito de se ter ou não ter alguma crença. Já a *liberdade de culto*, assenta-se no direito de praticar os cultos, ritos, orações, cânticos e tudo o mais que integra ao contexto de uma determinada religião. Por fim, a *liberdade de organização religiosa* compreende a liberdade de estabelecimento de entidades juridicamente reconhecidas pelo Direito e que não se confundem, tampouco praticam ou sofrem ingerência do Estado.

Ainda sobre a liberdade de organização religiosa, no plano infraconstitucional, cumpre observar que o Código Civil disciplinou expressamente o pressuposto de *existência jurídica* das agremiações religiosas ao prever no art. 44 que "São pessoas jurídicas de direito privado:[...] IV – as organizações religiosas" [...]. No mesmo sentido, disciplinou no § 1º do referido artigo que "São livres a criação, a organização, a estruturação interna e o funcionamento das organizações religiosas, sendo vedado ao poder público negar-lhes reconhecimento ou registro dos atos constitutivos e necessários ao seu funcionamento".

Também no campo de regulação das fundações, o Código Civil estabeleceu que sua instituição poderá ter como finalidade o desenvolvimento de "atividades religiosas", conforme dispõe o art. 62, inciso IX.

De todo modo, em que pese a possibilidade de que as agremiações religiosas sejam constituídas formalmente sob o manto de uma organização religiosa ou fundação, fato é que a realização de suas atividades típicas (Cultos, rituais, liturgia etc.) não dependem da existência jurídica prevista nos moldes dos artigos 44, inciso IV e 62, inciso IV, do Código Civil.

É possível, portanto, que as atividades que compõem as expressões da religiosidade sejam protagonizadas por entidades organizadas em um formato jurídico definido (Organização religiosa ou fundação), mas, também, por indivíduos ou grupo de indivíduos que venham a constituir um *ente despersonalizado*.

Assim, o *escopo social* das agremiações religiosas está relacionado com o exercício da liberdade de crença e com o fomento de suas atividades típicas. Não por outra razão, a Constituição Federal garante, por força do art. 5º, inciso VI, que "é inviolável a liberdade de consciência e de crença, sendo assegurado o livre exercício dos cultos religiosos [...]".

Segundo Uadi Lammêgo Bulos,[2] "a liberdade de culto é o modo como as religiões exercitam suas liturgias, ritos, cerimônias, manifestações, hábitos, tradições etc., que são invioláveis. No Brasil, todas as religiões podem exercê-la, sem quaisquer intervenções arbitrárias".

Destarte, o texto constitucional não se ocupou de estabelecer se tal liberdade é típica, própria ou reservada às pessoas naturais ou às pessoas jurídicas, formalmente organizadas, ou, ainda, aos grupos que compõem os entes despersonalizados.

---

2. BULOS, Uadi Lammêgo. *Curso de Direito Constitucional*. 14 ed. São Paulo: Saraiva Educação, 2021, p. 578.

Certo é que, de um modo ou de outro, a Constituição assegura a liberdade de consciência e de crença e, nesse sentido, o livre exercício dos cultos religiosos enquanto expressões *exteriores* da crença.

2.2 Da liberdade de culto no Estado Democrático de Direito

Na vida em sociedade a necessidade de convivência revela ao Direito a inviabilidade do estabelecimento de liberdades imunes ao controle jurídico.

De há muito já alertava Pontes de Miranda[3] sobre o fato de que

> Os direitos mergulham no mundo social. Circunstâncias extrapessoais criam limites mais ou menos certos (Considerações objetivas) ou pessoais (Considerações subjetivas), tornam ilícito ou não o ato humano de intervir na esfera jurídica de outrem. Porque? Porque um direito não existe absolutamente, mas relativamente.

Destarte, a necessidade de controle jurídico das liberdades torna-se ainda mais necessário quando é observada na sociedade a presença e atuação de grupos dominantes no campo econômico, político, social, cultural, inclusive religioso, de maneira a proteger a parcela da sociedade que compõem as *minorias* e que, nesta condição, ostentam clara *vulnerabilidade*.

Por isso, ainda ecoa, cada vez mais atual, a assertiva de Lacordaire[4] de que [...][5] *entre le riche et le pauvre, entre le maître et le serviteur, c'est la liberté qui opprime, et la loi qui affranchit.*

Eis a *autonomia privada* que está a explicar que os espaços de atuação das pessoas submetem-se aos limites impostos pela Ordem Jurídica, inclusive os existentes para evitar que o exercício da liberdade de uma pessoa "[...] não perturbem os direitos de terceiros nem violem outros valores relevantes da comunidade".[6]

É somente no campo da limitação jurídica que se torna possível a coexistência das liberdades, inclusive a liberdade de culto religioso. É o que se verá no tópico seguinte.

2.2.1 Dos limites da liberdade de culto

Para Uadi Bulos[7] "[...] a liberdade de culto não é ilimitada. Seu exercício é legítimo desde que não perturbe a ordem, a paz, a tranquilidade e o sossego público, devendo respeitar a lei e os bons costumes, sob pena de responsabilidade civil e criminal.".

De fato, a exemplo do que ocorre com o exercício de outras liberdades, inclusive previstas sob os auspícios dos Direitos Fundamentais, a liberdade de culto perde sua

---

3. PONTES DE MIRANDA. *Tratado de direito privado*. Parte Especial. São Paulo: Ed. RT, 1984, t. LIII, p. 99.
4. LACORDAIRE, Henri-Dominique. *Conférences de Notre-Dame de Paris*, Tome Troisième, Années 1848-1849-1850. Paris, 1848, p. 246.
5. Entre o rico e o pobre, entre o senhor e o servo, é a liberdade que oprime, e a lei que liberta.
6. SARMENTO, Daniel. *Direitos Fundamentais e Relações Privadas*. Rio de Janeiro: Lumen Juris, 2004, p. 188.
7. Idem.

proteção jurídica ou encontra seu limite à medida em que interfere prejudicialmente no exercício de outras liberdades, também protegidas na dimensão de Direitos Fundamentais.

Como a liberdade de culto tem matriz constitucional, é natural que o debate sobre seus limites requisite o estudo do tema sob o enfoque da *Teoria dos Direitos Fundamentais*, especialmente na parte que trata da sua *irradiação*.[8]

Nesse sentido, verifica-se que a tutela dos Direitos Fundamentais pode ocorrer na relação Estado/cidadão ou na relação cidadão/cidadão. No primeiro caso, apenas umas das partes, o cidadão, é o detentor do Direito Fundamental e, no segundo caso, ambos são titulares de Direitos Fundamentais.

O segundo caso é aquele que se encaixa na hipótese em estudo, ou seja, particulares no exercício da liberdade de culto e particulares impactados negativamente em seus direitos em uma relação de causalidade direta. Para Alexy,[9] a partir da *ponderação*, é possível construir uma solução jurídica que adequadamente limite o exercício de um Direito Fundamental. E assim o faz ao admitir a possibilidade de que alguém, agindo no exercício de um Direito Fundamental possa violar o direito fundamental de uma outra pessoa.

Na linha de tais assertivas, convém trazer à colação as experiências da jurisprudência do STF no controle de constitucionalidade, tendo como questão de fundo o tema prioritário do presente estudo, qual seja a liberdade de culto.

Destaca-se, de início, o julgamento da ADPF – Arguição de descumprimento de preceito fundamental 811, de onde resultou o entendimento de que

> [...] Com variações de intensidade e de horizonte temporal, essas medidas ora consistiam na proibição total da realização de *cultos*, ora na fixação de diretrizes intermediárias ao funcionamento das casas religiosas. As restrições ao funcionamento das casas de *cultos* foram impulsionadas por eventos de supercontaminação identificados em diversas regiões do mundo. Colhe-se do Direito Comparado decisões de Cortes Constitucionais que reconhecem a constitucionalidade das restrições às atividades religiosas coletivas presenciais durante a pandemia do novo Coronavírus.[...] (ADPF 811, Relator(a): Gilmar Mendes, Tribunal Pleno, julgado em 08.04.2021, processo eletrônico DJe-123 divulg 24.06.2021 public 25.06.2021).

É de bom tom observar que o fundamento estruturante do citado aresto se encontra na possibilidade de restrição da liberdade de culto, o que confere a tal liberdade um caráter relativo diante de um imperativo de proteção dos indivíduos e da coletividade.

No caso em estudo, a restrição que se impôs teve como justificativa a preservação da saúde pública. Mas é possível que outras restrições se imponham para a salvaguarda de outros direitos e sujeitos, possuindo o STF um repertório jurisprudencial nesse sentido.

---

8. Eficácia horizontal.
9. ALEXY, Robert. *Teoria dos Direitos Fundamentais*. Trad. Virgilio Afonso da Silva. 2. ed. São Paulo: Malheiros, 2012, p. 532.

De início, observa-se que a Corte limitou o direito de culto em trem urbano, de modo a não se permitir o incômodo dos passageiros e da necessidade de garantir a todos o direito à não submissão a um determinado culto.[10]

Em outro julgado, decidiu-se que o discurso ofensivo proferido em um determinado culto e direcionado ao menoscabo de outro culto religioso não está protegido pela liberdade de culto.[11]

Já numa outra oportunidade, o STF entendeu ser constitucional a permissão legal para o sacrifício de animais, quando tal atividade encontra-se inserida no contexto das tradições das religiões de matriz africana. Entendeu-se, ainda, que a vedação legal a tal culto configuraria expressão do racismo estrutural.[12]

Como se vê, das mais variadas possibilidades, a liberdade de culto encontra limites na Ordem Jurídica, não se tratando, como visto, de um direito imune ao controle jurisdicional. Vale mencionar que Ingo Wolfgang Sarlet[13] assevera que a liberdade religiosa, nela contida a da liberdade de culto, "[...] encontra limites em outros direitos fundamentais e na dignidade da pessoa humana, o que implica, em caso de conflito, cuidadosa ponderação e atenção, entre outros aspectos, aos critérios de proporcionalidade".

Em outras palavras, a pretexto do exercício da religiosidade não é dado a quem quer que seja, sob pena de responsabilidade civil ou criminal, a promoção de culto que interfira, ofenda ou reduza os direitos individuais e coletivos tanto das pessoas que se encontram inseridas no contexto do culto e da agremiação religiosa, quando daqueles que não professam a fé, tampouco fazem parte do universo da agremiação religiosa.

2.2.1.1 Dos cultos de teor discriminatório em razão das questões de gênero e orientação sexual

Antes de adentrar no âmago dos elementos diretamente ligados ao presente tópico, é preciso tecer algumas considerações sobre as questões de gênero e de orientação sexual.

Isso porque, até aqui, o trabalho perpassou pelo universo da tutela constitucional das liberdades e, em especial, da liberdade de culto, buscando demonstrar a existência de limites para o seu exercício.

A proposta desta obra é, pois, trazer à discussão as questões de gênero e de orientação sexual como *elementos ativos e justificadores da limitação da liberdade de culto*.

---

10. ARE 1315221 AgR, Relator(a): Alexandre de Moraes, Primeira Turma, julgado em 17.08.2021, Processo Eletrônico DJe-166 divulg 19.08.2021 public 20.08.2021.
11. RHC 146303, Relator(a): Edson Fachin, Relator(a) p/ Acórdão: Dias Toffoli, Segunda Turma, julgado em 06.03.2018, Processo Eletrônico DJe-159 divulg 06.08.2018 public 07.08.2018.
12. RE 494601, Relator(a): Marco Aurélio, Relator(a) p/ Acórdão: Edson Fachin, Tribunal Pleno, julgado em 28.03.2019, Processo Eletrônico DJe-251 divulg 18.11.2019 public 19.11.2019.
13. SARLET, Ingo Wolfgang. Algumas notas sobre a liberdade religiosa na Constituição Federal de 1988. In: CLEVE, Clèmerson Melin. (Org.). *Direito Constitucional*: direitos e garantias fundamentais. São Paulo: Ed. RT, 2015, p. 842.

E assim se faz necessário por uma razão muito óbvia: o Brasil é um país misógino[14] e homotransfóbico.[15] Por outro lado, o Brasil também é um país de intensa religiosidade dominada pelo cristianismo católico e evangélico de diversos matizes, mas que têm em comum o culto aos padrões sociais heteronormativos e uma visão do papel disciplinado e servil da mulher em relação aos homens, aos filhos e à família.

Qualquer outra forma de existência que se dissocie do *padrão* heteronormativo e patriarcal padece com os rituais e menções de abominação e de menoscabo. Incluem-se na mira dos ataques as mulheres que decidem dissolver o casamento ou mesmo adotar uma postura liberta em seus vários aspectos, inclusive o da sexualidade, estilo de vida e consumo de bens culturais como a música e a leitura. Já no que se refere às questões de orientação sexual, os ataques proferidos em rituais e cultos religiosos são direcionados a todos aqueles que decidiram por romper os paradigmas da hetenormatividade, seja por compreender sua própria sexualidade ou mesmo por compreender seu real posicionamento em relação às questões de gênero, inclusive no caso dos processos de transição de gênero.

Destarte, os cultos de teor discriminatório em razão do gênero e orientação sexual, constituem violência e concretizam efetivo dano tanto a indivíduos determinados, quanto à coletividade, no caso do grupo a que pertencem. É o que também afirma Gabrielle Almeida[16] ao dizer, no contexto de estudo sobre a liberdade religiosa e o discurso de ódio, que "[...] historicamente os grupos sociais vulnerabilizados por falas (e atos) de ódio se encontram fora do padrão branco, masculino, heterossexual binário e cristão.

Nesse cenário, é preciso que a proteção dos Direitos Fundamentais desse público (*Imperativo de tutela* (*Untermassverbote*), ao qual alude Claus-Wilhelm Canaris[17]), seja efetivado nos mais diversos cenários jurídicos possíveis, de modo a coibir a violência decorrente da prática de culto religioso de teor discriminatório.

---

14. De acordo com dados do Fórum Brasileiro de Segurança Pública estima-se "[...] que cerca de 18,6 milhões de mulheres brasileiras foram vitimizadas em 2022, o equivalente a um estádio de futebol com capacidade para 50 mil pessoas lotado todos os dias. Em média, as mulheres que foram vítimas de violência relataram ter sofrido quatro agressões ao longo do ano, mas entre as divorciadas a média foi de nove vezes.". SOUZA Ludmilla. Mais de 18 milhões de mulheres sofreram violência em 2022. *Agência Brasil*. São Paulo, 02.03.2023. Disponível em: https://agenciabrasil.ebc.com.br/direitos-humanos/noticia/2023-03/mais-de-18-milhoes-de-mulheres-sofreram-violencia-em-2022. Acesso em: 10 maio 2023.
15. Segundo noticia a imprensa oficial. "Em 2021, houve no Brasil, pelo menos 316 mortes violentas de pessoas lésbicas, gays, bissexuais, travestis, transexuais e pessoas intersexo (LGBTI+). Esse número representa um aumento de 33,3% em relação ao ano anterior, quando foram 237 mortes. Os dados constam do Dossiê de Mortes e Violências contra LGBTI+ no Brasil". BOEHM, Camila. Número de mortes violentas de pessoas LGBTI+ subiu 33,3% em um ano. *Agência Brasil*. São Paulo, 12.05.2022. Disponível em: https://agenciabrasil.ebc.com.br/direitos-humanos/noticia/2022-05/numero-de-mortes-violentas-de-pessoas-lgbti-subiu-333-em-um-ano. Acesso em: 10 maio 2023.
16. ALMEIDA, Gabrielle Sousa de. LIBERDADE RELIGIOSA: a reprodução de discursos de ódio pelo judiciário através da discricionariedade. In: FARIA, José Antonio de Martos; SILVA, Lucas Gonçalves da; FREITAS, Riva Sobrado de (Org.). *Direitos e garantias fundamentais II* [Recurso eletrônico on-line]. Florianópolis: CONPEDI, 2022, p. 26. Disponível em: http://site.conpedi.org.br/publicacoes/465g8u3r/83gwnf91/vnrsnl5qYK2SPBM8.pdf. Acesso em: 20 maio 2023.
17. CANARIS, Claus-Wilhelm. *Direitos fundamentais e direito privado*. Trad. Ingo Wolfgang Sarlet e Paulo Mota Pinto. Coimbra: Almedina, 2009, p. 56.

Uma das possibilidades, atentando-se às funcionalidades jurídicas dissuasória, pedagógica e reparatória, pode ser contemplada pela *responsabilidade civil* das agremiações religiosas por prática de culto de teor discriminatório. É o que se verá adiante.

2.2.1.1.1 Da responsabilidade civil das agremiações religiosas como pressuposto de proteção jurídica dos direitos de gênero e orientação sexual

Enquanto a crença está restrita aos limites da consciência de cada um, nenhum mal pode causar a quem quer que seja. Por outro lado, quando a crença e seus elementos se *exteriorizam* e *alcançam* indivíduos ou grupos ofendendo ou negando seus direitos, sua dignidade, sua personalidade e honra, inclusive aquelas relacionadas ao gênero e orientação sexual, há uma transgressão jurídica (*ato ilícito*) que enseja a responsabilidade do causador.

O fato é ainda mais relevante quando se leva em conta a velocidade e a capacidade do registro e da difusão dos cultos, agora não apenas por meio da televisão e do rádio, mas, especialmente, por meio das redes sociais.

Portanto, o controle jurídico da liberdade de culto por meio da responsabilidade civil das agremiações religiosas nunca foi tão necessário e urgente. A propósito da compreensão dos pressupostos de tal controle jurídico é fundamental, logo de início, tributar atenção à decisão do Supremo Tribunal Federal que estabeleceu no julgamento da *ação direta de inconstitucionalidade por omissão 26/DF*,[18] ajuizada pelo Partido Popular Socialista, a tese de que

> Até que sobrevenha lei emanada do Congresso Nacional destinada a implementar os mandados de criminalização definidos nos incisos XLI e XLII do art. 5º da Constituição da República, as condutas homofóbicas e transfóbicas, reais ou supostas, que envolvem aversão odiosa à orientação sexual ou à identidade de gênero de alguém, por traduzirem expressões de racismo, compreendido este em sua dimensão social, ajustam-se, por identidade de razão e mediante adequação típica, aos preceitos primários de incriminação definidos na Lei 7.716, de 08/01/1989, constituindo, também, na hipótese de homicídio doloso, circunstância que o qualifica, por configurar motivo torpe (Código Penal, art. 121, § 2º, I, "in fine"); II – A repressão penal à prática da homotransfobia não alcança nem restringe ou limita o exercício da liberdade religiosa, qualquer que seja a denominação confessional professada, a cujos fiéis e ministros (sacerdotes, pastores, rabinos, mulás ou clérigos muçulmanos e líderes ou celebrantes das religiões afro-brasileiras, entre outros) é assegurado o direito de pregar e de divulgar, livremente, pela palavra, pela imagem ou por qualquer outro meio, o seu pensamento e de externar suas convicções de acordo com o que se contiver em seus livros e códigos sagrados, bem assim o de ensinar segundo sua orientação doutrinária e/ou teológica, podendo buscar e conquistar prosélitos e praticar os atos de culto e respectiva liturgia, independentemente do espaço, público ou privado, de sua atuação individual ou coletiva, desde que tais manifestações não configurem discurso de ódio, assim entendidas aquelas exteriorizações que incitem a discriminação, a hostilidade ou a violência contra pessoas em razão de sua orientação sexual ou de sua identidade de gênero; III - O conceito de racismo, compreendido em sua dimensão social, projeta-se para além de aspectos estritamente biológicos ou fenotípicos, pois resulta, enquanto manifestação de poder, de uma construção de

---

18. STF. ADO 26, Relator(a): Celso de Mello, Tribunal Pleno, julgado em 13.06.2019, Processo Eletrônico DJe-243 divulg 05.10.2020 public 06.10.2020.

índole histórico-cultural motivada pelo objetivo de justificar a desigualdade e destinada ao controle ideológico, à dominação política, à subjugação social e à negação da alteridade, da dignidade e da humanidade daqueles que, por integrarem grupo vulnerável (LGBTI+) e por não pertencerem ao estamento que detém posição de hegemonia em uma dada estrutura social, são considerados estranhos e diferentes, degradados à condição de marginais do ordenamento jurídico, expostos, em consequência de odiosa inferiorização e de perversa estigmatização, a uma injusta e lesiva situação de exclusão do sistema geral de proteção do direito.

A tese fixada pelo STF supriu a omissão do legislador infraconstitucional no que se refere ao estabelecimento de punição a "qualquer discriminação atentatória dos direitos e liberdades fundamentais".[19]

Assim, inseriu no contexto de abrangência da Lei 7.716, de 08/01/1989,[20] "as condutas *homofóbicas* e *transfóbicas*, reais ou supostas, que envolvem aversão odiosa à orientação sexual ou à identidade de gênero de alguém".

Pois bem, a Lei 7.716/1989, prevê, no art. 20, o tipo penal consistente em "Praticar, induzir ou incitar a discriminação ou preconceito de raça, cor, etnia, religião ou procedência nacional". Nesse sentido, estabeleceu o § 2º-A do citado artigo uma pena maior "Se qualquer dos crimes previstos neste artigo for cometido no contexto de atividades esportivas, *religiosas*, artísticas ou culturais destinadas ao público" [Destaque nosso].

Mais que isso, no que interessa ao presente estudo, o julgamento da ADO 26 tratou de observar a prática da homotransfobia, especificamente, no contexto dos cultos religiosos, assentando a premissa da proteção jurídica à liberdade de culto, "desde que tais manifestações não configurem discurso de ódio, assim entendidas aquelas exteriorizações que incitem a discriminação, a hostilidade ou a violência contra pessoas em razão de sua orientação sexual ou de sua identidade de gênero".

Com efeito, para além de criminalizar a prática de homotransfobia, o precedente em estudo inseriu na Ordem Jurídica uma hipótese bem delineada de *ato ilícito* que, como tal, gera para o seu autor/causador/propagador a obrigação de reparar o dano, inclusive com obrigação de indenizar.

Portanto, não é demais lembrar que o Código Civil traz a expressa previsão nos artigos 186 e 187, respectivamente, de que "Aquele que, por ação ou omissão voluntária, negligência ou imprudência, violar direito e causar dano a outrem, ainda que exclusivamente moral, comete ato ilícito.", bem como que "Também comete ato ilícito o titular de um direito que, ao exercê-lo, excede manifestamente os limites impostos pelo seu fim econômico ou social, pela boa-fé ou pelos bons costumes.".

Seguindo a conhecida trilha da responsabilidade prevista no Código Civil, cumpre trazer ainda à colação o disposto no art. 927, o qual estabelece que "Aquele que, por ato ilícito (arts. 186 e 187), causar dano a outrem, fica obrigado a repará-lo.".

---

19. Art. 5º, inciso XLI, da Constituição Federal de 1988.
20. Define os crimes resultantes de preconceito de raça ou de cor.

E é justamente neste ponto que se acomoda a responsabilidade civil das agremiações religiosas, ou seja, no campo do exercício da liberdade de culto fora dos limites de sua proteção jurídica, especialmente quando tiver como consequência a discriminação de gênero e de orientação sexual.

Em suma, a liberdade de culto constitucionalmente garantida às agremiações religiosas não constitui um espaço imune de consequências jurídicas. Ao contrário de tal ideia, o campo das liberdades constitucionais gerais e também específicas, como é a de culto, encontra sim uma limitação jurídica e a violação de tal limite confira, como já dito, transgressão jurídica passível de responsabilização civil.

Assim sendo, qualquer bem jurídico violado, de natureza material ou puramente moral, no âmbito de culto religioso enseja a responsabilidade civil da agremiação que o patrocina ou que o ambienta.

Vale o registro, nesse sentido, do caso enfrentado pelo Tribunal de Justiça de Minas Gerais[21] onde um cidadão buscou indenização por danos morais em razão da perturbação provocada pelo barulho emanado por um culto religioso, senão vejamos:

> Ementa: Apelação Cível – Ação indenizatória – Inovação recursal – Conhecimento parcial – Liberdade de culto religioso – Barulho excessivo – Dano moral caracterizado – *Quantum* – Razoabilidade. [...]. A Constituição garante a liberdade de culto religioso, que deve ser ponderado em conformidade com os direitos de vizinhança, mediante observância das circunstâncias do lugar, grau de sensibilidade do homem médio e observância de limites técnico-científicos. São abusivos os atos prejudiciais ao vizinho, incluídos aí aqueles causadores de barulho excessivo, devendo o incômodo anormal ensejar o dever de indenizar. A indenização por danos morais não deve ser baixa a ponto de ser simbólica, mas não pode ser elevada a ponto de causar enriquecimento ilícito.

Como se vê na ementa do citado aresto e, desde já, o tomando como paradigma desta específica discussão sobre a limitação da liberdade de culto e a correspondente responsabilidade por sua violação danosa, observa-se que o Tribunal ponderou a garantia da liberdade de culto com as regras disciplinadores do direito de vizinhança. Já havia sido falado neste trabalho acerca da ponderação como método de regramento jurídico concreto do exercício das liberdades constitucionais. E, no caso, foi justamente o que ocorreu.

Isso porque, em suas razões, o relator do caso discorreu em seu voto[22] que

> [...] o exercício do culto religioso é assegurado pela Constituição da República, em seu artigo 5º, inciso VI. E o Código Civil preceitua regras de convivência social, sendo abusivos os atos que provoquem barulho excessivo. Se cada proprietário ou possuidor, nos termos do artigo 1.277 do Código Civil, tem direito a fazer cessar as interferências prejudiciais ao seu sossego, não é menos verdade que cada um tem direito ao seu uso regular, ou seja, ao exercício das faculdades normais sobre o bem, sem incorrer em atos emulativos ou em abuso do direito.

---

21. TJMG - Apelação Cível 1.0000.19.051075-0/002, Relator(a): Des.(a) José Augusto Lourenço dos Santos, 12ª Câmara Cível, julgamento em 30.06.2022, publicação da súmula em 05.07.2022.
22. Idem.

Em outro caso, desta vez mais coeso com os direitos de gênero e orientação sexual que se pretende proteger com a responsabilidade civil das agremiações religiosas, o Tribunal mineiro, mais uma vez não teve dúvidas em afirmar a limitação do direito de culto, impondo a consequente responsabilidade civil. Eis o aresto:[23]

> Ementa: Apelação cível. Ação de indenização. Levantamento de saia de participante de culto. Situação vexatória. Dano moral configurado. Sentença mantida. Recurso desprovido. – A responsabilidade civil decorrente da prática de ato ilícito encontra a sua regulamentação nos artigos 186 e 927 do Código Civil, dos quais se extrai como requisitos para a caracterização do dever de reparar: a configuração de uma conduta culposa; um dano a outrem; e o nexo causal entre aquela e o dano causado. – O levantamento de saia de participante de culto por outra constitui situação vexatória, constrangedora, que dá ensejo à indenização por danos morais.

Ainda de acordo com a lei civil, insta consignar que as questões de gênero e de orientação compõem um universo inerente aos Direitos da Personalidade, na medida em que se revelam como verdadeiros atributos existenciais da pessoa humana.

Por assim, ser, cultos de teor discriminatório em razão do gênero e orientação submetem-se à tutela do art. 12, do Código Civil, através da qual "Pode-se exigir que cesse a ameaça, ou a lesão, a direito da personalidade, e reclamar perdas e danos, sem prejuízo de outras sanções previstas em lei".

Destaca-se, ainda, que a tutela jurídica das pessoas prejudicadas por culto de teor discriminatório em razão do gênero ou orientação sexual não só pode como deve ser realizada pela via da ação coletiva, inclusive no campo da indenização por dano moral coletivo, enquanto ferramenta de controle de larga escala de tais ilícitos.

Há, inclusive, um caso paradigmático consistente na realização de um TAC – Termo de ajustamento de conduta e um ANPP – Acordo de não persecução penal, realizados pelo Ministério Público da Paraíba com uma entidade religiosa, o que incluiu também a realização de uma retratação pública com o seguinte teor:

> A Igreja Evangélica Assembleia de Deus de Caaporã- PB, em razão de TAC firmado com o Ministério Público do Estado da Paraíba, nos autos do Inquérito Civil n° 001.2022.005613, ciente dos direitos fundamentais de que é titular o grupo LGBTQI+, caracterizando, segundo entendimento do Supremo Tribunal Federal, a homofobia e transfobia a prática do crime de racismo (Lei 7.716/1989), vem retratar-se da pregação hostil em desfavor da aludida minoria, veiculada pelo Pastor Sérgio José Lima da Silva, em culto realizado em nossa sede, no início do mês de fevereiro/2022.[24]

Como visto, o Direito pouco a pouco vem ganhando solução de concretude no campo da proteção das expressões de gênero e sexualidade, especialmente no campo jurisprudencial, sendo inconteste e cada vez mais necessária a atuação da responsabilidade civil como um instituto apto ao combate, à pedagogia, ao desestímulo e à com-

---

23. TJMG – Apelação Cível 1.0194.14.001228-8/001, Relator(a): Des.(a) Luiz Artur Hilário, 9ª Câmara Cível, julgamento em 03.05.2016, publicação da súmula em 1°.06.2016.
24. Disponível em: https://www.mppb.mp.br/index.php/28-noticias/cidadao/24573-homofobia-igreja-realiza-retratacao-e-pastor-paga-prestacao-pecuniaria-apos-acordo-com-o-mp. Acesso em: 10 jun. 2023.

pensação pelos danos praticados por entidades religiosas contra as questões de gênero e de orientação sexual.

3. CONSIDERAÇÕES FINAIS

Atentando-se aos limites constitucionais previstos para o exercício das liberdades em consonância com as normas da ordem civil com eles alinhados, não há que se falar no caráter absoluto da liberdade de culto, devendo esta liberdade constitucional ser exercida dentro dos limites que salvaguardem e que não prejudiquem os direitos de gênero e orientação sexual, especialmente considerados como elementos da existência humana digna e também plena de acordo com a personalidade e características próprias de cada pessoa e do grupo a que pertencem.

Nesse sentido, a transgressão dos limites da liberdade de culto enseja responsabilidade civil da entidade religiosa transgressora com obrigação de indenizar tanto o dano moral individual quanto o dano moral coletivo, de acordo com as circunstâncias e particularidades do caso concreto.

É de bom tom avaliar que o Direito deve caminhar cada vez mais em compasso com as ciências que promovem a investigação e o consequente *reconhecimento* das expressões e das características humanas de modo que suas estruturas (Leis, jurisprudência, doutrina, princípios gerais e aplicados etc.) ostentem vigor democrático capaz de alcançar e de proteger todas as *formas de existência* contra todas as formas de violência, opressão e de discriminação.

E isso, por mais que pareça ser coisa do novo Direito, do Direito Neoconstitucional, do Direito fragmentado em microssistemas protetivos, dos Direitos das minorias juridicamente reconhecidas contemporaneamente, encontra também arrimo no Direito em sua concepção funcional básica, que está a dizer que [...] todo aquele que obstaculizar minha ação ou minha condição me produz injustiça. [...] pois qualquer um pode ser livre enquanto eu não prejudicar sua liberdade mediante minha ação externa[...].[25]

Mas há quem se esqueça.

REFERÊNCIAS

AFONSO DA SILVA, José. *Curso de Direito Constitucional Positivo*. 31 ed. rev. e atual. São Paulo: Malheiros, 2008.

ALEXY, Robert. *Teoria dos Direitos Fundamentais*. Trad. Virgilio Afonso da Silva. 2. ed. São Paulo: Malheiros, 2012.

ALMEIDA, Gabrielle Sousa de. Liberdade religiosa: a reprodução de discursos de ódio pelo judiciário através da discricionariedade. In: FARIA, José Antonio de Martos; SILVA, Lucas Gonçalves da; FREITAS, Riva Sobrado de (Org.). *Direitos e garantias fundamentais II* [Recurso eletrônico on-line]. Florianópolis: CONPEDI, 2022, p. 26. Disponível em: http://site.conpedi.org.br/publicacoes/465g8u3r/83gwnf91/vnrsnl5qYK2SPBM8.pdf. Acesso em: 20 maio 2023.

---

25. KANT, Immanuel. *Introdução ao estudo do direito*. 2. ed. 2. Trad. Edson Bini. Bauru, SP: EDIPRO, 2007. p. 47.

BULOS, Uadi Lammêgo. *Curso de Direito Constitucional*. 14 ed. São Paulo: Saraiva Educação, 2021.

CANARIS, Claus-Wilhelm. *Direitos fundamentais e direito privado*. Trad. Ingo Wolfgang Sarlet e Paulo Mota Pinto. Coimbra: Almedina, 2009.

KANT, Immanuel. *Introdução ao estudo do direito*. 2. ed. 2. Trad. Edson Bini. Bauru, SP: Edipro, 2007.

LACORDAIRE, Henri-Dominique. *Conferences de Notre-Dame de Paris*. Paris: Années 1848-1849-1850. Tome Troisième.

PONTES DE MIRANDA. *Tratado de direito privado*. Parte Especial. São Paulo: Ed. RT, 1984. t. LIII.

SARLET, Ingo Wolfgang. Algumas notas sobre a liberdade religiosa na Constituição Federal de 1988. In: CLEVE, Clèmerson Melin. (Org.). *Direito Constitucional*: direitos e garantias fundamentais. São Paulo: Ed. RT, 2015.

SARMENTO, Daniel. *Direitos Fundamentais e Relações Privadas*. Rio de Janeiro: Lumen Juris, 2004.

O PAI DESPÓTICO: A RESPONSABILIDADE PATERNA PELOS DANOS CAUSADOS À PROLE DISSIDENTE DA HETERONORMATIVIDADE

Silmara D. Araújo Amarilla

Doutora em Direito pela Pontifícia Universidade Católica de São Paulo – PUC/SP (2018). Mestre em Direito pela Faculdade Autônoma de Direito de São Paulo – FADISP (2011). Especialista em Direito Processual Civil pela Pontifícia Universidade Católica de São Paulo – PUC/SP (1999). Graduação em Direito pela Universidade Católica Dom Bosco – UCDB (1997). Professora na Escola Superior da Magistratura de Mato Grosso do Sul – ESMAGIS. Membro do Instituto Brasileiro de Direito de Família – IBDFAM, do Instituto Brasileiro de Estudos de Responsabilidade Civil – IBERC e do Conselho Nacional de Pesquisa e Pós-graduação em Direito – CONPEDI.

Sumário: 1. Considerações iniciais – 2. As imagens do pai – 3. Do *pater* ao pai: a construção da autoridade parental – 4. O abuso no exercício da autoridade parental sob a perspectiva paterna: o pai despótico – 5. A construção da heteronormatividade e a configuração da homofobia familiar – danos ressarcíveis – 6. Conclusões – Referências.

1. CONSIDERAÇÕES INICIAIS

O presente trabalho escrutina a autoridade parental sob a perspectiva paterno-filial e seu exercício abusivo, particularmente no que concerne as atuações homofóbicas intrafamiliares.

Reivindica, para tanto, como marco teórico o tratamento constitucionalmente estabelecido para a parentalidade responsável, aportando como fio condutor o quilate diferenciado atribuído aos direitos de crianças e adolescentes. A partir desse cenário normativo e axiológico, coteja o exercício da paternidade fincada no cuidado – enquanto elemento de densificação jurídica do afeto – e sua contraface, caracterizada pela malversação da autoridade parental e protagonizada pelo pai despótico, que frustra a individualidade, a autonomia e a liberdade existencial da prole.

No desenvolvimento das pesquisas que oferecem substrato ao estudo, investigou-se de que modo a autoridade parental abandona o laço para se render ao nó, partindo de um sobrevoo ligeiro sobre a origem do *pater potestas* para, na sequência, coligir reflexões sobre o sempre dramático "abandono afetivo", agora sob o viés da sexualidade infanto-juvenil, sua autonomia existencial e pleno desenvolvimento.

Faz-se necessário, de início, justificar o recorte de gênero utilizado diante das especificidades que distinguem a paternidade da maternidade, seja em virtude da construção histórica e cultural de cada qual, seja em razão dos desdobramentos que sobrevieram na sua essência e vocação.

De modo algum se acredita que autoridade parental seja ou possa ser exercida com prevalência por qualquer um de seus legitimados – mesmo porque fazê-lo vulneraria a isonomia estabelecida constitucionalmente entre os sujeitos parentais (art. 226, §5º, CF/88), bem como a proteção dispensada à monoparentalidade como instituidora de entidade familiar (art. 226, § 4º, CF/88). Tampouco merece qualquer crédito a (falsa) ideia de que o par homoafetivo, no exercício de seus misteres frente à prole, enreda qualquer déficit – o que feriria de morte os princípios da dignidade da pessoa humana, da igualdade, liberdade e do livre planejamento familiar. Mesmo assim, não há como negar que pai e mãe construíram seus lugares (concretos e simbólicos) a partir de vivências específicas, contando cada qual com um repertório próprio de experiências sociais, culturais e históricas; dores e desassossegos; violência, opressão e subjugação. Ignorar essas perspectivas singulares (paternidade/maternidade) alijaria desse ou de qualquer estudo elementos importantes para a compreensão da autoridade parental na sua conformação contemporânea, frustrando igualmente qualquer esforço teórico direcionado ao exercício abusivo e potencialmente danoso desse *munus*.

O tema aqui retratado consiste na segunda parte de uma trilogia inaugurada com o artigo "As mães que devoram",[1] que se debruça sobre a parentalidade nociva sob o ângulo materno. Naquela primeira parte, analisou-se o percurso trilhado na construção da maternidade e os eventuais desbordos ocorridos em seu desempenho, instigando uma investigação crítico-reflexiva acerca do conceito da perda de uma chance no âmbito familiarista. Nesta segunda parte, o trabalho calcula nova rota para discorrer acerca do abuso no exercício da autoridade parental sob a perspectiva paterna, com enfoque para a exorbitância de uma força (pseudo)cuidadora, que se degenera na tirania. A abordagem tripartite buscará fechamento no exame dos limites da intervenção estatal frente às falhas/excessos parentais, dedicando-se, então, àquilo que a autora convencionou denominar de "a terceira margem do rio".

Segmentando-se deliberadamente a análise da parentalidade e especificando uma de suas vertentes abusivas e potencialmente danosas, o presente trabalho almeja agregar subsídios para a interface da responsabilidade civil e do direito de família – sob a ótica dos vínculos paterno/materno-filiais –, reforçando a todo momento, como autêntico mantra, a primazia dos direitos e interesses da prole quanto ao seu pleno desenvolvimento, em todos seus nuances e dimensões.

2. AS IMAGENS DO PAI

Afirma-se que os mitos remetem a humanidade a ideias, conceitos e fantasias que precedem à escrita. Desse modo, por intermédio deles, os mitos, bem como da linguagem metafórica sobre a qual se assentam é possível explicar o mundo e as vivências humanas, inclusive transgeracionalmente.

---

1. AMARILLA, Silmara Domingues Araújo. Mães que devoram: um ensaio sobre a perda de uma chance no âmbito dos vínculos materno-filiais. In: TEIXEIRA, Ana Carolina Brochado; ROSENVALD, Nelson; MULTEDO, Renata Vilela. *Responsabilidade civil e direito de família*. São Paulo: Editora Foco, 2021.

Na mitologia grega, Cronos – Saturno para os romanos –, filho mais novo de Urano e Gaia, toma o poder do pai e se torna o primeiro rei do mundo. Após castrar Urano e lhe enviar às profundezes do Tártaro (inferno), Cronos se casa com a irmã, Reia, advindo dessa união vários filhos. Tirânico e aprisionado na paranoia que, também ele, seria um dia traído por sua descendência, Cronos engole cada um de seus filhos, à exceção de Zeus que, salvando-se desse trágico epílogo, confirma tempos depois a premonição do pai, vindo a destroná-lo.

No âmbito da teoria psicanalítica, Cronos traz consigo a referência de uma paternidade que, se por um lado, atua junto aos filhos separando-os salutarmente da figura materna permitindo, com isso, o rompimento do narcisismo, a formação da consciência e a inserção da prole no mundo dos limites e da cultura; de outro, sob o prisma negativo, personifica o despotismo e a reverência impositiva mediante o emprego da força.[2]

Ainda sob a perspectiva da psicanálise, Cronos inaugura a era do patriarcado, ou seja, do pai enquanto agente da lei e da castração; aquele que, do mesmo modo e com o mesmo afinco, que permite o desenvolvimento individual dos filhos pela libertação do ego, também *sequestra* seu devir, privilegiando a tradição em detrimento da transformação.[3] Do ponto de vista relacional, simboliza um modelo de pai que, diante da rigidez e inflexibilidade, impede o desenvolvimento integral do filho e sua constituição enquanto sujeito.

Também em Freud[4] será possível vislumbrar o mito do pai tirano que, subjugando os filhos pelo exercício da força e do poder, toma para si as mulheres da tribo, sendo posteriormente assassinado pela prole no banquete totêmico. Em "Totem e Tabu", Freud resgata a antropologia para discorrer sobre o nascimento da civilização. Conta, então, que nos primórdios da humanidade existia um pai primevo, tirânico, que privava sexualmente os filhos, promovendo sua permanente submissão. O resultado da tirania teria sido a rebelião da descendência e o patricídio, eventos que, por sua vez, desencadearam a proibição do assassinato do totem, substituto do pai, a renúncia coletiva às mulheres da tribo e o início da civilização.

Para Campbell[5] os mitos são histórias que apresentam a humanidade na busca por sua essência; têm por escopo oferecer alguma margem de respostas para as angústias

---

2. "Crono aponta-nos um modelo de paternidade que, se por um lado, ajuda os filhos a se desligarem de um modo narcísico de ser, pela atuação da disciplina e responsabilidade, por outro lado, engole seus filhos, levando-os para longe do feminino, do irracional, do imprevisível, do espontâneo. A conjunção Senex-Puer nesse modelo de paternidade é impossível de ser realizada, na medida em que o velho, o estabelecido, devora o novo, o vir-a-ser. Crono, além de um modelo de paternidade, invade a masculinidade como um todo, criando o homem que não abria em si mesmo nenhum espaço para o feminino". DE FARIA, Durval. Imagens do pai na mitologia. *Psic. Rev. São Paulo*, n. 15 (1): 45-48, maio 2006. Disponível em: file:///C:/Users/Silmara/Downloads/18095-Texto%20 do%20artigo-45473-1-10-20140206.pdf. Acesso em: 17 maio 2023.
3. "O significado do devoramento pelo pai, constante na psicologia satúrnica, pode ser explicado como um bloqueio ao impulso de transformação". VITALE, A. O arquétipo de Saturno ou a transformação do Pai. In: HILLMAN, JAMES. (Org.) *Pais e mães*. São Paulo: Símbolo. 1979, p. 30.
4. FREUD, Sigmund. Totem e tabu. *Obras psicológicas de Sigmund Freud*: edição standard brasileira. Rio de janeiro: Imago, 1996.
5. CAMPBELL, Joseph. *O poder do mito*: com Bill Moyers. São Paulo: Palas Athena, 1991.

que permeiam e atravessam as civilizações. A visão arquetípica engendrada pelo mito dialoga com padrões que universalizam as vivências humanas, figurando no presente estudo como um recurso alegórico para ilustrar o pai, a função paterna e o exercício autocrático de seus misteres junto à prole.

Este estudo lança mão de uma visão arquetípica do pai, que, sob determinado ângulo, exerce os poderes e os privilégios do rei, protetor, provedor e sacerdote – segundo a promessa de ordem, hierarquia, identidade, sustento e amparo –; porém sob outro desempenha a rigidez e o abuso do tirano, governando pelo medo e pelo medo exigindo dos *seus* obediência absoluta.[6]

Ter em mente como a imagem do pai restou edificada ao longo da história, para, na sequência, compreender as razões pelas quais, ainda hoje, o *pater potestas* se apresenta – numa versão opressora, particularmente quanto à sexualidade divergente da heteronormatividade –, permitirá aferir, com mais propriedade, o que se convencionou denominar de "abandono afetivo", não apenas a partir da postura omissiva do sujeito parental sob enfoque, mas também em sua configuração ativa (comissiva), ou seja, a partir da malversação da autoridade parental mediante adoção de posturas coercitivas e autoritárias frente à prole.

3. DO *PATER* AO PAI: A CONSTRUÇÃO DA AUTORIDADE PARENTAL

Vale-se aqui da locução "autoridade parental" – privilegiando-a em detrimento do "poder familiar" – por entender que melhor reflete sua compleição contemporânea, fruto de uma longa e dinâmica construção histórica e social, também convergindo com sua atual vocação e legitimidade para o exercício.

De fato, falar-se em "poder familiar" a um só tempo incute a ideia de legitimidade difusa para seu desempenho, espraiando aparentemente tal *munus* a toda família – o que não se coaduna com a titularidade do instituto, investido exclusivamente nos sujeitos parentais –, e faz reverberar na derme social um pátrio poder já abolido da relação paterno/materno-filial. A noção de poder, portanto, para fins de enquadramento do instituto, é substituída pela noção de autoridade, alicerçada na parentalidade responsável e sua função social.

Lôbo[7] reforça que a denominação "autoridade" se mostra mais adequada, na medida em que "poder" evoca uma espécie de regência sobre a pessoa do outro.[8] O termo "autoridade parental" é igualmente prestigiado por Leite,[9] que lhe atribui a noção de

---

6. MURDOCK, Maureen. *A filha do herói*. São Paulo: Summus, 1997.
7. LÔBO, Paulo. *Direito civil: Famílias*. 2 ed. São Paulo: Saraiva, 2009, p. 271.
8. No mesmo sentido, Luiz Edson Fachin orienta que "autoridade parental revela um conjunto de circunstâncias que vão informar as características do exercício de direitos e a assunção de correspectivos deveres. Não se trata de 'poder', nem propriamente de 'função'. Não há relação de subordinação". FACHIN, Luiz Edson. *Direito de família*: elementos críticos à luz do novo código civil brasileiro. 2. ed. Rio de Janeiro: Renovar, 2003, p. 243.
9. LEITE, Eduardo de Oliveira. *Famílias monoparentais*: a situação jurídica de pais e mães solteiros, de pais e mães separados e dos filhos na ruptura a sociedade conjugal. 2. ed. rev., atual. ampl. São Paulo: Ed. RT, 2003, p. 213.

"conjunto de deveres cuja simplicidade do dispositivo legal não permite avaliar a complexidade e a responsabilidade".

Feita esta nota introdutória, cumpre registrar que, em virtude do exercício da autoridade parental, pais e mães devem, além de prestar sustento e autuar na guarda e educação dos filhos (art. 1.566, Código Civil de 2002), também protegê-los, tutelar suas necessidades materiais, afetivas, emocionais e espirituais, resguardar sua integridade e estimular o pleno desenvolvimento de sua personalidade, identidade e autonomia (art. 227 e 229, CF/88; art. 4º, 5º, 15, 16, 18, 18-A, dentre outros, Lei 8.069/90; art. 1.634, CC/2002). Entretanto, nem sempre foi assim, mantendo-se durante prolongado calvário um sistema de atuação parental fundado não nos direitos e necessidades da prole, mas sim nos interesses e convicções do pai, a quem competia a chefia da célula familiar e sua gestão.

Seja porque o afastamento do pátrio poder não se encontra tão recuado no tempo, seja porque, em muitos aspectos, alguns de seus vetores por vezes ensaiam retorno sob novas roupagens e nomenclaturas, calha trazer a lume alguns breves apontamentos sobre essa vertente do "poder do pai" e sua repercussão no vínculo paterno-filial.

O poder patriarcal à frente da família foi contemplado pelas antigas codificações (Legislação Mosaica, Código de Hamurabi e Código de Manu) com um enfoque marcadamente religioso, trazendo como nota permanente a supremacia do marido sobre a mulher, do pai sobre os filhos e do senhor sobre seus escravos.

Com efeito, o plexo de direitos no qual se encontrava investido o *pater* a fim de reger a pessoa, patrimônio e destino dos filhos, dentre outros integrantes do núcleo doméstico, precede até mesmo a era codificada.

Vale a pena registrar que no Direito Romano repudiava-se a filiação dita ilegítima uma vez que o culto doméstico somente poderia ser perpetuado pelo filho varão havido do matrimônio de seus pais. Ou seja, a filiação extramatrimonial encontrava-se impedida de performar o culto, ficando consequentemente segregada da dinâmica doméstica, do direito ao nome e ao patrimônio, bem como da convivência familiar.[10] O *pater familias* exercia seus poderes de forma vitalícia e absoluta, competindo-lhe, por exemplo, dispor da vida dos filhos, expô-los quando do seu nascimento, vendê-los como escravos, outorgar-lhes em casamento ou instituir-lhes o divórcio.[11]

---

10. COULANGES, Fustel de. Apud HIRONAKA, Giselda Maria Fernandes Novaes. *Dos filhos havidos fora do casamento*. Disponível em: https://ibdfam.org.br/artigos/17/Dos+filhos+havidos+fora+do+casamento Acesso em: 17 maio 2023.
11. Nesse sentido, cumpre trazer a lume as lições de José Carlos Moreira Alves: "são absolutos os poderes do 'pater familias' sobre as pessoas e coisas a ele submetidas. É ele o chefe militar da família, seu sacerdote e juiz; tem poder de vida e morte sobre todos os membros da família – pode até expor os filhos, ao nascerem; ou depois vendê-los, no estrangeiro, como escravos. Todo o patrimônio da família lhe pertence; daí, tudo o que as pessoas, que lhe são submetidas, adquirem pertence a ele. Somente ingressa na família quem o 'pater familias' quiser, até os filhos de sua esposa ele deverá reconhecê-los como seus. E para que uma pessoa 'alieni iuris' saia de sua família é necessário que o 'pater familias' o consinta, pela emancipação ou pela extinção da 'manus maritalis'". ALVES, José Carlos Moreira. *Direito Romano*. 14. ed. Rio de Janeiro: Forense, 2008, p. 605.

Somente a partir do direito clássico foi verificado um abrandamento no poder absoluto do *pater*, do qual seria retirada a prerrogativa de dispor da vida dos filhos, assegurando-se, por sua vez, à prole a possibilidade de buscar a tutela do Estado frente aos eventuais excessos perpetrados em seu desfavor.

No direito pós-clássico, seguiram avançando as limitações impostas ao *pater familias*. Nesse sentido, sublinha Moreira Alves,[12] que as restrições foram trazidas em virtude das mudanças sociais, que findariam por aproximar os conceitos do *patria potestas* e do pátrio poder (educativo e corretivo), preservando-se de todo modo sua vitaliciedade e titularidade – que, registre-se, não recaia necessariamente sobre o pai natural, mas sim sobre o ascendente masculino mais remoto.

Examinando a moldura jurídica de outrora, Pereira[13] aponta que, na segunda metade do século XIX, havia expressa previsão legal acerca dos "direitos" decorrentes do pátrio poder, contemplando o instituto um conjunto de prerrogativas que assegurava ao pai, por exemplo, determinar o "gênero de educação" que lhe figurasse mais conveniente; ter a prole em sua companhia, guarda e sujeição; corrigir e castigar "moderadamente" os filhos enquanto menores; deles exigir a prestação gratuita de serviços próprios à idade e condição; conceder-lhes ou negar-lhes consentimento para o casamento; nomear-lhes tutor em testamento e representá-los na vida civil.

Ponderando acerca da causa que subjazia ao pátrio poder, Pereira[14] sublinha que o instituto, na sua origem, subvertia o escopo que deveria realmente lhe orientar, qual seja de reconhecer a vulnerabilidade da prole e, em razão disso, desempenhar os cuidados necessários à sua superação. Privilegiava, assim, a posição do pai, muitas vezes – se não comumente – em detrimento dos interesses do filho, convertendo-se o *munus* em instrumento de prepotência, orgulho e cobiça. Com o passar do tempo, observa ainda Pereira, as codificações francesa, portuguesa e chilena depuraram dos misteres parentais esse viés egoico e narcísico, aproximando-os do que denominou de "typofilosofico", noção calcada na recognição da "incapacidade" da criança e adolescente sob os cuidados paternos.

O Código Civil Brasileiro de 1916, conquanto alardeasse beber na fonte iluminista e, assim sendo, encampar o ideário calcado na liberdade, igualdade e fraternidade, tal como preconizado pelo *Code*, ainda estampou nítido enfoque religioso e segregatório, mantendo a família em sua composição nuclear e trinária (pai-mãe-filho). Prosseguiu, assim, o Código de 1916 privilegiando a origem matrimonial da família, sua estrutura hierarquizada, gestão patriarcal e função marcadamente patrimonial.

Partindo dos elementos que compõem o conceito tradicional de família e que concernem diretamente ao tema abordado pelo presente estudo – ou seja, sua estrutura hierarquizada e gestão patriarcal –, observa-se que competia ao homem/pai ditar o

---

12. ALVES, José Carlos Moreira. Op. cit., p. 621.
13. PEREIRA, Lafayette Rodrigues. *Direitos de família*: anotações e adaptações ao Código Civil, por José Bonifácio de Andrada e Silva. Rio de Janeiro: Virgílio Maia & Comp., 1918, p. 234-238, 241-244.
14. PEREIRA, Lafayette Rodrigues. Op. cit., p. 234.

destino do núcleo doméstico e de seus integrantes, desempenhando o chefe de família o papel central da unidade familiar, gravitando em torno dele e na órbita de seus particulares interesses e crenças, a esposa e os filhos.[15]

O Código de Beviláqua (1916) tratou de arrolar um conjunto de direitos e deveres que competiam aos pais em virtude do pátrio poder, indicando, no que concerne à pessoa dos filhos, o poder de criação, educação, de exigir respeito e obediência da prole, dentre outros (art. 384).

Calha sublinhar que a "razão de ser" do instituto prosseguiu se alterando continuamente. Nesse sentido, Pontes de Miranda[16] assevera que o pátrio poder perderia, na época, "a fereza romana, com que fora transplantada para Portugal e depois para o Brasil", convolando-se num conjunto de direitos exercidos pelos pais para melhor se desincumbir dos misteres de guarda, proteção e educação dos filhos, "formando-os e robustecendo-os para a sociedade e para a vida". Assim, ainda segundo Pontes de Miranda, o pátrio poder se aproximaria mais da proteção do que propriamente do exercício de poderes, alocando-o o autor no âmbito do direito protetivo, junto à adoção, tutela e curatela.

Interessante anotar que a aproximação do instituto de sua autêntica vocação e seu afastamento da visão absolutista do pátrio poder foi ocorrendo paulatinamente, inclusive com a previsão de limitações para as hipóteses de exercício abusivo (suspensão e extinção do pátrio poder). Este sistema de contenção e censura das práticas danosas foi regulamentada por vários instrumentos legislativos, dentre os quais é possível citar o próprio Código de 1916 (art. 392 e seguintes), Decreto 17.943-A/1927 (art. 31 a 37) e Lei 6.697/1979 (art. 42, II). Em todos esses diplomas, conquanto cada qual ao seu modo, presencia-se uma referência comum ao afastamento da autoridade parental como resposta à perpetração de atos de violência, abuso e negligência, bem como a salvaguarda da integridade física e psicossocial dos filhos menores, confiados (e não subjugados, submetidos ou assujeitados) àquele mister.

Sem qualquer dúvida, tem-se que uma das molas propulsoras para o novo arranjo familiar – mais democrático, afetivo e solidário –, bem como para a adequação do exercício da parentalidade à sua verdadeira função, foi a compreensão da infância e adolescência enquanto períodos diferenciados do desenvolvimento humano,[17] sendo

---

15. Luiz Roberto de Assumpção enfatiza, lembrando as ponderações trazidas por Andrée Michel (Modèles sociologiques de la famille dans les sociétés contemporanies, *Archives de Philosophie du Droit*, v. 131, p 127-136, 1975, esp. p. 129) que "a divisão de papéis familiares no modelo de família tradicional, compatível com o descrito no Código Civil de 1916, foi forjada, tendo como critérios sexo e idade. Isso deu origem a várias místicas que tinham por objetivo sensibilizar e consolidar o conjunto dos papéis existentes na família tradicional: a mística feminina, que locou a mulher num 'papel doméstico e afetivo [...] definido de modo complementar àquele do marido'; a mística patriarcal, que atribuiu ao homem qualidades que o destacavam por sua inteligência, coragem e iniciativa, e que lhe gerava o respeito dos demais membros da família; e a mística familiar tradicional, decorrente da relação de ambas e articulada sobre as idéias de complementaridade dos sexos". ASSUMPÇÃO, Luiz Roberto de. *Aspectos da paternidade no novo Código Civil*. São Paulo: Saraiva, 2004, p. 31, nota 114.
16. PONTES DE MIRANDA, Francisco Cavalcanti. *Tratado de Direito Privado*. 4. ed. São Paulo: Ed. RT, 1983, t. IX, p. 106-107.
17. Calha lembrar que na Idade Média e no início da era moderna não existia ou era suficientemente amadurecido o conceito de infância, como período destacado do desenvolvimento humano, marcado por demandas especiais.

igualmente relevante a apreensão de uma dimensão moral e existencial da pessoa humana, com o reconhecimento e aprimoramento dos conceitos de dignidade e dos direitos da personalidade. A maturação dessas perspectivas contribuiu significativamente para assegurar aos filhos a condição de sujeitos de direitos, emancipando-os da coisificação e apropriação parental.

Portanto, sempre convém ressaltar que a superação do sistema hierarquizado/patriarcal da estrutura/gestão familiar, com evidentes reflexos para o *modus operandi* da paternidade, apenas logrou alteração consistente a partir da evolução dos costumes, sendo crucialmente relevante a mudança de paradigma do cerne familiar: de fim em si mesmo para instrumento a serviço do bem-estar de seus integrantes, notadamente dos mais vulneráveis.

Sem ignorar, por óbvio, da árdua trajetória normativa que antecedeu a promulgação da Carta Cidadã, cujo detalhamento desbordaria dos limites estabelecidos para este estudo, importa ressaltar que o advento da Constituição da 1988 figura como divisor de águas no tratamento dispensado à família (em geral) e à parentalidade (em particular), afastando a matiz matrimonial, hierarquizada, patriarcal e patrimonialista que até então distinguia o núcleo doméstico em sua origem, estrutura, gestão e vocação, respectivamente.

Com a promulgação da Carta de 1988 e o advento do Estatuto da Criança e Adolescente, em 1990, o então denominado pátrio poder consagrou-se como um "conjunto de direitos e deveres atribuídos aos pais, em relação à pessoa e aos bens dos filhos não emancipados, tendo em vista a proteção destes".[18]

Foi exatamente dentro desse ambiente que nasceu, após longuíssima gestação, o Código Civil de 2002 (Lei 10.406, de 10 de janeiro de 2002), prevendo, em seu art. 1.630, o "poder familiar" ao qual estariam "sujeitos os filhos", enquanto menores. Na sequência, o art. 1.634, com redação conferida pela Lei 13.058/2014, apontou – adensando a igualdade apregoada constitucionalmente – a competência conjunta que recai sobre os sujeitos parentais para o desempenho de seus misteres junto à prole, descrevendo, ademais, seu exercício. O diploma em questão também cuidou de apontar as consequências oriundas do abuso da autoridade parental (art. 1.637), prescrevendo a suspensão, a requerimento de algum parente ou do Ministério Público; ou, ainda, a perda, diante da vulneração da integridade física e psíquica dos menores, bem como sua sujeição ao risco (art. 1.638).

Identificado, ainda que a passos largos, o caminho percorrido da figura do *pater* (absoluto) à figura do pai (funcionalizado), utilizando como cabo-guia a transmutação

---

As crianças passavam a perambular pelo mundo adulto tão logo conseguiam escapar da "barra da saia" de suas mães e amas, o que, segundo Ariès, normalmente ocorria após o desmame tardio, por volta dos sete anos de idade. Ainda segundo o autor, a família de então cumpria sua função quanto à transmissão da vida, dos bens e do nome, sem adentrar propriamente na "sensibilidade", inexistindo uma privatização da vida doméstica capaz de criar/consolidar laços afetivos ou de particularizar o mundo infantil. ARIÈS, Philippe. *História Social da Criança e da família*. Trad. Dora Flaksman. 2. ed. Rio de Janeiro: LTC, 2006, p. 193.

18. AZEVEDO, Álvaro Villaça. *Direito de família*. São Paulo: Atlas, 2013, p. 277-278.

do conceito de pátrio poder para o conceito de autoridade parental, passa-se, então, a esmiuçar como eventualmente tal *munus* pode ser exercido de forma abusiva, com especial atenção para a atuação paterna.

4. O ABUSO NO EXERCÍCIO DA AUTORIDADE PARENTAL SOB A PERSPECTIVA PATERNA: O PAI DESPÓTICO

Montesquieu (*Charles-Louis de Secondat, Baron de La Brède et de Montesquieu*), em sua obra "O Espírito das leis", sistematiza e amplia as lições de Aristóteles e Locke para discorrer sobre a teoria da separação dos poderes, exaltando um sistema de freios e contrapesos (*checks and balances system*) como instrumento necessário à coerção do absolutismo. Para o pensador, quem exerce o poder tende a dele abusar, sendo indispensável a concepção de mecanismos que, por um lado, assegurem autonomia dos titulares, e, de outro, estabeleçam limites para o seu exercício.

Percebe-se sem grande dificuldade que a paternidade, tomada pela figura do *pater*, assumiu outrora foros absolutistas, sendo progressivamente funcionalizada com vistas nos melhores e superiores interesses de crianças e adolescentes no espectro familiar. Todavia, mesmo diante da renovação de paradigmas para a família e para a parentalidade – que passaram a ser legitimadas pelas permutas afetivas e pelo desempenho dos deveres de cuidado –, ainda se faz necessário um sistema de contenção para a atuação de pais e mães face aos filhos, notadamente considerando a relevância daqueles no processo de formação destes e a precariedade estrutural inata à infância e à adolescência.

Viu-se o quão árduo foi o caminho percorrido pela autoridade parental até lograr ser vislumbrada como poder-dever alicerçado no afeto (leia-se, cuidado) e funcionalizado na parentalidade responsável. Como quociente dessa empreitada, o *munus* no qual investidos pais e mães em face de seus filhos passou a envolver os dois polos sem, todavia, contrapô-los, tampouco estabelecendo uma relação de assujeitamento de um diante da autoridade exercida pelo outro. Significa dizer que pais e mães exercem a autoridade que lhes compete, detendo, a um só tempo, o poder e o dever de agir segundo os melhores interesses dos filhos, advindo daí a noção de atuação vinculada ao interesse de outrem.[19]

Quando, entretanto, esta autoridade é exercida de forma abusiva, desbordando de sua função social; quando deixa de atentar para a preservação da integridade física, psíquica e emocional daqueles aos quais é endereçada; quando frustra a criação e manutenção de um espaço saudável mediante a adoção de práticas (supostamente corretivas ou educativas) fundadas na coerção, opressão, violência e degradação moral; abre ensanchas não apenas para sua cassação (temporária ou definitiva), mas também

---

19. "Assim, o poder familiar, sendo menos poder e mais dever, converteu-se em *munus*, concebido como encargo legalmente atribuído a alguém, em virtude de certas circunstâncias, a que não se pode fugir. O poder familiar dos pais é ônus que a sociedade organizada a eles atribui, em virtude de circunstâncias da parentalidade, no interesse dos filhos. O exercício do *munus* não é livre, mas necessário ao interesse de outrem". LÔBO, Paulo Luiz Netto. *Comentários ao Código Civil*. São Paulo: Saraiva, 2003, v. XVI, p. 190.

à responsabilização dos agentes parentais faltosos e adoção de diligências alternativas voltadas à remodelação de sua atuação.

O fomento de uma infância e adolescência exitosas, ou seja, de uma infância e adolescência que permitam a construção da personalidade, o desenvolvimento da identidade e a superação da vulnerabilidade dos indivíduos em formação, de modo a assegurar-lhes o *é* e o *porvir*, depende de um ambiente familiar e vincular facilitador. Noutras palavras, demanda laços estruturantes que permitam a estruturação e sustentação (*holding*[20]) do ser humano em processo de maturação.

No cenário familiar, tem-se que o abuso de "poder" – ou seja, o abuso no exercício da autoridade parental – "compreende as situações em que os detentores daquele poder-dever excedem as balizas socialmente esperadas de sua atuação e desviam-se das finalidades jurídicas associadas à sua condição de pais".[21]

É possível afirmar que, no campo do direito de família (mais genericamente) e da parentalidade (mais especificamente), a teoria do "abuso do direito" é revisitada para qualificar situações nas quais a atuação parental descura dos lindes que legal e socialmente lhe foram prescritos, apurando-se o desbordo a partir de uma posição jurídica originariamente legítima (autoridade parental), porém que restou exercida fora dos limites da normalidade e em desvio de finalidade (art. 187, Código Civil).

Grusec e Lytton[22] ensinam que a infância é, por excelência, o estágio do desenvolvimento humano no qual ocorre a aquisição do padrão de comportamento social, sobretudo em virtude da interação estabelecida com a família. Desse modo, quando os agentes parentais propiciam um ambiente seguro e estável à criança, esta poderá desenvolver sua personalidade, identidade e habilidades. Entretanto, quando a criança se depara com a negligência ou com a adoção de padrões inadequados de cuidado, o mesmo ambiente que poderia impulsioná-la finda por malferi-la, carreando danos da mais variada ordem. A conclusão que se alcança é que a família – numa perspectiva mais ampla – e as interações da prole com os sujeitos parentais – numa perspectiva mais restrita – podem figurar como fatores de proteção e desenvolvimento, mas igualmente como fatores de risco, trauma e dor.

---

20. O termo *holding*, advindo do verbo inglês *to hold*, significa segurar, manter, conter. No campo psicanalítico, foi empregado por Winnicott para definir uma das funções da mãe "suficientemente boa", que auxilia sua prole na consolidação de sua personalidade. Mister realçar que o *holding* não está confinado à figura materna, também competindo à figura paterna e ao ambiente facilitador. Teoria do relacionamento paterno-filial. WINNICOTT, D. W. Teoria do relacionamento paterno-filial. *O ambiente e os processos de maturação*: estudos sobre a teoria do desenvolvimento emocional. Trad. Irineo Constantino Schuch Ortiz. Porto Alegre: Artes Médicas, 1994.
21. GRAMSTRUP, Erik F.; TARTUCE, Fernanda. *A responsabilidade civil, pelo uso abusivo do poder familiar*. Disponível em: http://www.fernandatartuce.com.br/wp-content/uploads/2016/08/A-resp-civil-por-uso-abusivo-do-poder-familiar.pdf. Acesso em: 23 maio 2023.
22. GRUSEC, Joan E.; KUCZYNSKI, Leon. Direction of effect in socialization: a comparison of the parent's versus the child's behavior as determinants of disciplinary techniques. *Developmental Psychology*, 16 (1), 1-9 [1980]; NEWCOMBE, N. *Desenvolvimento infantil*. 8. ed. Porto Alegre: Artmed, 1999.

É possível buscar na psicologia do desenvolvimento, especificamente no que concerne às relações familiares, subsídios teóricos para a apreensão dos padrões parentais – que, em última análise, poderão exceder a regularidade para desaguar na negligência e abuso.

As chamadas *práticas educativas, disciplinares e de cuidado* consistem em estratégias das quais lançam mão os sujeitos parentais, no processo de socialização dos infantes, sendo normalmente empregadas de modo associado e permeadas por sentimentos nem sempre coerentes e harmônicos entre si. Dentre as inúmeras classificações existentes, prestigia-se aqui o modelo proposto por Hoffman,[23] que aporta a divisão dessas práticas em *técnicas coercitivas* e *indutivas*.

As técnicas coercitivas consubstanciam instrumentos de controle comportamental assentadas na utilização de punições físicas ou privação de privilégios – inclusive, de afeto.[24] Pais e mães valem-se dessa estratégia a fim de modular o comportamento infantil mediante a imposição de sanções. As técnicas indutivas, por sua vez, tratam de um modelo de disciplina alicerçado na argumentação. Nesse caso, o comportamento infantil é regulado pelos sujeitos parentais mediante a descrição das regras estabelecidas e das consequências que advirão de sua transgressão.

Outro aspecto relativo à interação paterno/materno-filial que pode oferecer recursos úteis para a compreensão do abuso no exercício da autoridade parental diz respeito aos estilos parentais, definidos por Reppold, Pacheco, Bardagi e Hutz como "um conjunto de atitudes e manifestações dos pais em direção aos seus filhos que caracterizam a natureza da interação entre esses".[25]

Analisando os estilos parentais a partir de Baumrind,[26] Maccoby e Martin[27] é possível divisar quatro espécies: o autoritário, o autoritativo, o indulgente e o negligente. O estilo autoritário – o que de perto interessa ao estudo aqui realizado –, caracteriza-se por alto grau de exigência e reduzida responsividade dos agentes parentais frente à prole, nele se constatando uma atuação rígida na injunção de valores, regras e sanções. No âmbito desse estilo parental, enfatiza-se a obediência como resultado do respeito à ordem, hierarquia e autoridade, sendo comum a aplicação de punições físicas e a privação de "privilégios" para modulação do comportamento filial. Ainda dentro desse sistema,

---

23. HOFFMAN, Martin L. Moral internalization, parental power, and the nature of parent-child interaction. *Developmental Psychology*, 11, 228-239 [1975].
24. Termo utilizado aqui, excepcionalmente, na sua acepção de inclinação amorosa.
25. REPPOLD, Caroline Tozzi; PACHECO, Janaína; BARDAGI, Marúcia; HUTZ, Cláudio Simon. Prevenção de problemas de comportamento e desenvolvimento de competências psicossociais em crianças e adolescentes: uma análise das práticas educativas e estilos parentais. In: HUTZ, Cláudio Simon (Org.). *Situações de risco e vulnerabilidade na infância e na adolescência*: aspectos teóricos e estratégias de intervenção. São Paulo: Casa do Psicólogo, 2002, p. 23.
26. BAUMRIND, Diana. Current patterns of parental authority. *Developmental Psychology Monographs*, Universidade de Michigan: American Psychological Association, v. 4, n. 1 (2), p. 1-102, [1971].
27. MACCOBY, E.; MARTIN, J. Socialization in the context of the family: parent-child interaction. In: MUSSEN, P. H. (Organização da série); Hetherington, E. M. (Organização do volume). *Handbook of child psychology*: socialization, personality, and social development. 4. ed. New York: Wiley. v. 4, p. 1-101, [1983].

a relação paterno/materno-filial guia-se na "mão única" (unilateralidade), rendendo situações de medo, ansiedade, raiva e retraimento de crianças e adolescentes envolvidos.

A utilização de técnicas coercitivas e a adoção de um estilo parental autoritário demonstram que a conduta parental danosa pode decorrer não apenas do *non faccere* (não fazer), ou seja, da postura omissiva de pais e mães em face dos filhos, também sendo constatada a partir de condutas ativas (comissivas). A observação é relevante na medida em que restringir o ilícito parental no viés omissivo afasta da apuração as práticas educativas, disciplinares e de cuidado baseadas em métodos coercitivos, bem como o estilo parental autoritário como indutores de danos e, eventualmente, do dever de indenizar.

Consoante ressaltado nas linhas iniciais deste trabalho, de modo algum se pretende afirmar que condutas tirânicas são exclusividade dos pais; mães também podem atuar junto à prole de forma despótica. Não há como negar, contudo, que o patriarcado, enquanto discurso normativo, deixou marcas indeléveis na constituição das famílias contemporâneas e nos papéis e funções dos sujeitos parentais, incutindo histórica e culturalmente na figura masculina (do pai) o *poder-de-dizer-a-lei* quanto aos filhos – tendendo, consequentemente, no resgate de Montesquieu, ao abuso.

A frase comumente atribuída ao Rei Luís XIV, "Je suis la Loi, Je suis l'Etat, L'État c'est moi! (Eu sou a Lei, eu sou o Estado, O Estado sou eu), pode ser reeditada e migrada para o feudo familiar, de modo a traduzir o legado (inegavelmente ainda persistente) da (pseudo)supremacia masculina, inclusive no que concerne ao controle da sexualidade e dos corpos – sejam femininos, sejam filiais.[28]

Segue-se, então, para o exame de condutas parentais – especificamente sob o viés paterno – fundadas na adoção de práticas de cuidado coercitivas e sob estilo autoritário em razão da orientação sexual da prole.

5. A CONSTRUÇÃO DA HETERONORMATIVIDADE E A CONFIGURAÇÃO DA HOMOFOBIA FAMILIAR – DANOS RESSARCÍVEIS

Não é de hoje que a família se coloca como guardiã da sexualidade. Segundo Foucault,[29] a partir do século XVIII, uma estrutura sutil de proliferação de discursos sobre uma suposta verdade sobre o sexo começou a permear a sociedade, produzindo um

---

28. "Cabe destacar que o patriarcado não designa o poder do pai, mas o poder dos homens, ou do masculino, enquanto categoria social. O patriarcado é uma forma de organização social na qual as relações são regidas por dois princípios básicos: 1) as mulheres estão hierarquicamente subordinadas aos homens e, 2) os jovens estão hierarquicamente subordinados aos homens mais velhos. A supremacia masculina ditada pelos valores do patriarcado atribuiu um maior valor às atividades masculinas em detrimento das atividades femininas.; legitimou o controle da sexualidade, dos corpos e da autonomia femininas; e, estabeleceu papéis sexuais e sociais nos quais o masculino tem vantagens e prerrogativas". NARVAZ, Martha Giudice; KOLLER, Sílvia Helena. *Famílias e patriarcado*: da prescrição normativa à subversão criativa. Disponível em: SciELO - Brasil - Famílias e patriarcado: da prescrição normativa à subversão criativa Famílias e patriarcado: da prescrição normativa à subversão criativa. Acesso em: 20 maio 2023.
29. FOUCAULT, Michel. *História da sexualidade I*: a vontade de saber. Rio de Janeiro: Graal, 1988.

conjunto heterogêneo de proposições, enunciados e regras, voltado ao controle dos indivíduos e populações (dispositivo da sexualidade).

O Estado, sob a ótica de Donzelot,[30] atribui à família o papel de vigilante da ordem social posta, atribuindo-lhe, portanto, o dever de manter seus membros na esteira das normas socialmente consagradas. Quando, entretanto, determinado sujeito não se amolda ao *stablishment*, finda ele por ser dissociado do laço familiar, passando a um estado de "não pertencimento" e objeção pública.

Por estar inserida dentro de uma sociedade heteronormativa, a família ocidental fica encarregada de criar e consolidar, transgeracionalmente, indivíduos que trilhem os passos da heterossexualidade,[31] num movimento contínuo de retroalimentação do sistema e perpetuação da "sexualidade socialmente aceita" ou considerada natural, coerente ou superior.

O conceito de heteronormatividade foi cunhado em 1991 por Warner,[32] consistindo na normatização de uma ordem social a partir do pressuposto segundo o qual a heterossexualidade é natural e único modelo de orientação sexual. Para além da orientação sexual, dirige-se também a heteronormatividade ao controle e regulação da vida dos indivíduos, com a imposição de padrões de comportamento vinculados a um suposto binarismo sexual.[33]

Muito embora o vocábulo (heteronormatividade) seja relativamente novo na língua portuguesa, cumpre salientar que faz referência a uma construção sedimentada há séculos. Dialoga com um estado de coisas onde pessoas que não seguem determinado padrão de gênero e sexualidade, associado à heterossexualidade, estão à margem da adequação, submetendo-se à discriminação e violência, inclusive no espectro familiar.

Se o dispositivo da sexualidade, como dito, autoriza as famílias a se posicionarem como guardiãs das normas estabelecidas, acaba também por afiançar a heteronormatividade a partir de mecanismos de exclusão da dissidência, sendo a homofobia um de seus aparatos.

Na lição de Borrillo,[34] a homofobia materializa uma ação de hostilidade direcionada aos homossexuais; um sentimento de fobia, repulsa e ódio que conduz à abjeção, desumanização, distinção e afastamento do indivíduo homossexual. Expandindo esse marco conceitual, Butler[35] entende que a homofobia pode ser compreendida como um

---

30. DONZELOT, Jacques. *A polícia das famílias*. 2. ed. Rio de Janeiro: Graal, 1986.
31. PERUCCHI, Julian; BRANDÃO, Brune Coelho; Vieira, Hortênsia Isabela dos Santos. Aspectos psicossociais da homofobia intrafamiliar e saúde de jovens lésbicas e gays. Universidade Federal de Juiz de Fora, 2014. Disponível em: https://www.scielo.br/scielo.php?pid=S1413-294X2014000100009&script=sci_arttext. Acesso em: 20 maio 2023.
32. WARNER, Michael. *Fear of a queer planet*: queer politics and social theory. Minnesota: Minnesota Press, 1994.
33. A partir dos estudos de Warner, Miskolci sublinha que a heteronormatividade externaliza expectativas e obrigações sociais que decorrem da suposição que a heterossexualidade é natural, sendo conceituada como um conjunto de prescrições que alicerçam processos sociais de regulação e controle. MISKOLCI, Richard. A teoria queer e a sociologia: o desafio de uma analítica da normalização. *Revista Sociologias*. Porto Alegre, ano 11, n. 21, jan./jul. 2009, p. 150-182.
34. BORRILLO, Daniel. *Homofobia*: história e crítica de um preconceito. Belo Horizonte: Autêntica Editora, 2010.
35. BUTLER, Judith. *Problemas de gênero*: feminismo e subversão da identidade. Rio de Janeiro: Civilização Brasileira, 2003.

conjunto de discursos negativos e práticas direcionadas ao erotismo e performatividade de gênero dissidentes da heteronormatividade.

O que se nota é que, para além de uma aversão dirigida àquele ou àquela que se apresenta dissidente da heteronormatividade, a homofobia se move ou se justifica dentro de um sistema alicerçado na pretensa superioridade da heterossexualidade e suas regulações de gênero, implicando na patologização, inferiorização e discriminação de formas dissidentes. Transcende, assim, a simples "fobia" para instituir um aparelho de controle e regulação da sexualidade, fomentando discursos e atuações que vão desde a invisibilização até a segregação e outras formas mais virulentas de dominação e opressão.[36]

Reportando-se ao fenômeno no ambiente doméstico, Toledo e Teixeira-Filho[37] explicam que a homofobia familiar traduz uma violência inequívoca, porém dissimulada, encontrando arrimo nas instituições de poder, que legitimam a prática a partir de um discurso de restauração e consagração de esforços capazes de "realinhar" o indivíduo no curso da "normalidade", ou seja, na heterossexualidade.

Particularmente acerca do desempenho abusivo do pai à testa da autoridade parental e, nessa senda, da prática de atos de homofobia familiar, algumas notas se impõem.

A despeito de todas as alterações estruturais, funcionais e jurídicas experimentadas pela família e pela parentalidade – que não foram poucas e não foram rasas –, direcionadas, por exemplo, à horizontalização e equalização da gestão doméstica entre homens e mulheres, à despatrimonialização das relações interpessoais e afetação dos misteres parentais na necessidade do cuidado infantojuvenil, o fato é que tanto o modelo hierarquizado (patriarcal), quanto igualitário não existem em estado puro.

Borges[38] pondera, neste aspecto, que "as relações familiares no cotidiano oscilam em um movimento às vezes confuso e contraditório, perpassando ambos os modelos", ombreando-se o moderno e o conservador. Quer-se com isso dizer que, muito embora seja apregoado na contemporaneidade um formato democrático, igualitário e solidário

---

36. "No cerne desse tratamento discriminatório, a homofobia tem um papel importante, dado que é uma forma de inferiorização, consequência direta da hierarquização das sexualidades, que confere à heterossexualidade um status superior e natural. Enquanto a heterossexualidade é definida pelo dicionário como a sexualidade (considerada normal) do heterossexual, e este como aquele que experimenta uma atração sexual (considerada normal) pelos indivíduos do sexo oposto, a homossexualidade, por sua vez, encontra-se desprovida dessa normalidade. Nos dicionários de sinônimos, a palavra "heterossexualidade" sequer aparece; por outro lado, androgamia, androfilia, homofilia, inversão, pederastia, pedofilia, socratismo, uranismo, androfobia, lesbianismo, safismo e tribadismo são propostos como equivalentes ao termo 'homossexualidade'. E se o dicionário considera que um heterossexual é simplesmente o oposto de um homossexual, são muitos os vocábulos que apresenta para designar este último: gay, homófilo, pederasta, *eculé*, bicha-louca, homo, bichona, bichinha, afeminado, bicha-velha, maricona, invertido, sodomita, travesti, traveco, lésbica, gomorreia, tríbade, sapatão, bi, gilete". BORILLO, Daniel. *Homofobia*: história de um preconceito. Belo Horizonte: Editora Autêntica, 2010, p. 17.
37. TOLEDO, Livia Gonsalves; TEIXEIRA-FILHO, Fernando Silva. Homofobia familiar: abrindo o armário entre quatro paredes. *Arquivos Brasileiros de Psicologia*, v. 65, p. 376-391, 2013. Disponível em: http://pepsic.bvsalud.org/scielo.php?script=sci_arttext&pid=S1809-52672013000300005#:~:text=Para%20a%20autora%2C%20a%20homofobia,e%20invisibilizada%20no%20mundo%20privado. Acesso em: 5 mar. 2023.
38. BORGES, Roberta da Costa. *Pais e mães heterossexuais*: relatos acerca da homossexualidade de filhos e filhas. Dissertação (Mestrado em Ciências. Faculdade de Filosofia, Ciências e Letras). Universidade de São Paulo – USP, Ribeirão Preto, 2009, p. 22.

de gestão familiar, é inegável que o patriarcado ainda lega posses na experiência, exercício e prática da autoridade parental. Por conta disso, revela-se contraproducente ignorar que aquele que persiste controlando – ao menos em significativamente – as estruturas de poder, dentro e fora da família, é o homem (pai), produzindo discursos e articulando estratégias de atuação em face da prole e em razão de seu cuidado.

Feitas estas considerações, importa realçar, na trilha das lições de Singly,[39] que é exatamente no espaço onde são vivenciadas as trocas afetivas, ou seja, onde "circula o amor", que os indivíduos constroem grande parcela de sua identidade. Prossegue o autor explicando que o reconhecimento advindo de uma figura à qual se confere importância afetiva é fundamental na percepção de autenticidade por parte do indivíduo e apropriação de sua própria existência.

Nessa esteira, tem-se que crianças e adolescentes, especialmente em virtude da vulnerabilidade que lhes é inata, apresentam-se mais sensíveis aos impactos da rejeição e da violência perpetrada por seus cuidadores. Logo, se a repulsa, intimidação e ofensa – física ou psíquica – provém daquele que, concreta ou simbolicamente, figura para a prole como "sábio", "protetor"; se advém daquele que diz-a-lei e é titular do saber, as repercussões experimentadas são recrudescidas e potencializadas.

Assim, quando crianças e adolescentes, sob a autoridade parental, mostram-se divergentes das "regras" impostas e deixam de se posicionar na "direção planejada",[40] não se conformando com o dispositivo de sexualidade imposto, muitas vezes encontram uma resposta inadequada e repressiva de seus pais, resposta que oscila desde a tristeza, depressão e culpa, até a ojeriza, repugnância e raiva.[41]

Sob a ótica infantojuvenil, a crueldade e violência no âmbito familiar amplificam os números de abandono do lar e evasão escolar, prostituição, abuso de substâncias tóxicas, exposição a doenças sexualmente transmissíveis, aumentando, outrossim, exponencialmente, o risco de suicídio entre adolescentes.[42]

Calha lembrar que, nos termos do que enuncia o art. 227, da Constituição Federal de 1988, é dever da família (e, consequentemente, dos pais, titulares da autoridade parental) garantir às crianças e adolescentes o direito à vida, à saúde, à dignidade, ao respeito, à liberdade e à convivência comunitária, encontrando-se igualmente resguardados dos atos de negligência, discriminação, exploração, violência, crueldade e opressão. A prescrição renovada pela Lei 8.069/1990 (ECA), que assegura à criança e ao adolescente

---

39. SINGLY, François de. O nascimento do "indivíduo individualizado" e seus efeitos na vida conjugal e familiar. In: PEIXOTO, Chico Ehlers; SINGLY, François de; CICCHELLI, Vicenzo (Org.). *Família e individualização*. Rio de Janeiro: Editora FGV, 2000, p. 13-19.
40. LOURO, G. L. *Um corpo estranho*: ensaios sobre sexualidade e teoria queer. Belo Horizonte: Autêntica, 2004, p. 17.
41. ROBINSON, B.E.; WALTERS L.H.; SKEEN, P. Response of parents to learning that their child is homosexual and concern over AIDS: a national study. *Journal of Homosexuality*, 1989; 18 (1-2); 59-80.
42. Estes jovens se apresentam duas ou três vezes mais suscetíveis ao suicídio frente a indivíduos da mesma idade. Para mais dados: REMAFEDI, G; FARROW, J.A.; DEISHER, R.W. Risk factors for attempted suicide in gay and bisexual youth. *Pediatrics*, 1991, 87 (6); 869-75.

os direitos fundamentais inerentes à pessoa humana, sem prejuízo à proteção integral de seu desenvolvimento físico, mental, moral, espiritual e social, "em condições de liberdade e de dignidade" (art. 3º e 4º). Por sua vez, para o sujeito parental que abusa de sua autoridade ou a exercita de forma desviante da finalidade para a qual estabelecida, o Código Civil prevê a suspensão (art. 1.637) ou a perda do *munus* (art. 1.638), afora a responsabilização civil e criminal.

A orientação sexual e a identidade de gênero estão abarcadas no plexo dos direitos da personalidade, intimidade, privacidade e autodeterminação. Seu respeito colhe fundamento nos princípios da dignidade da pessoa humana, igualdade e respeito à diversidade, livre orientação sexual e de identidade de gênero, devendo ser objeto de tutela por parte do Estado, da sociedade e da família.[43] Pais que rejeitam seus filhos e ignoram sua autonomia; que os aterrorizam mediante práticas coercitivas, castigos corporais, humilhações e privação afetiva; falham gravemente no desempenho dos misteres nos quais são investidos pela autoridade parental, incidindo em prática ilícita e danosa.

A responsabilidade dos pais consiste, precipuamente, em afiançar aos filhos a oportunidade de desenvolvimento integral – inclusive sob a perspectiva de sua sexualidade e identidade de gênero –, propiciando-lhes um ambiente, um vínculo e um conjunto de cuidados suficientemente estruturados para que possam, no exercício de sua liberdade e no pleno gozo de sua dignidade, vivenciar todas as dimensões daquilo que são e que almejam ser.

6. CONCLUSÕES

Tomando-se por premissa que a família consiste em ambiente privilegiado para as vivências afetivas, figurando os sujeitos parentais como promotores do pleno desenvolvimento de crianças e adolescentes, tem-se que, em virtude do abuso no exercício da autoridade parental, aquele espaço também pode se convolar em *locus* diferenciado para a manifestação da homofobia.

Buscando cumprir as promessas empenhadas para o controle da sexualidade e a perpetuação da heteronormatividade, muitas famílias e, particularmente, muitos pais envidam esforços no sentido formatar a orientação sexual da prole, bem assim sua identidade de gênero, dentro daquilo que socialmente se entende por coerente e natural.

A contraposição aos papeis de gênero e orientação sexual que, histórica e culturalmente, foram reputados convencionais, pode figurar como centelha para a repressão, crueldade e prática reiterada de atos homofóbicos no cenário familiar, robustecendo a discriminação experimentada por crianças e adolescentes nos espaços macrossociais. Assim, a negativa de performance de gênero ou de orientação sexual, dentro do layout

---

43. Sempre convém o registro que, em 2019, o Supremo Tribunal Federal apreciou a Ação Direta de Inconstitucionalidade por Omissão n. 26, decidindo criminalizar a discriminação por orientação sexual e identidade de gênero, equiparando tais condutas ao racismo (Lei n. 7716/89), que prevê sanções por preconceito e discriminação de raça, cor, etnia, religião e procedência nacional. BRASIL, STF, Ação Direta de Inconstitucionalidade por Omissão 26 Distrito Federal, Relator Ministro Celso de Mello, j. 13.06.2019.

que se entende adequado, deflagra eventualmente repulsa, ofensa e banimento, conduzindo crianças e adolescentes a estigmatizações e padecimento físico e psíquico.

Tais práticas, associadas à compreensão de que a gestão patriarcal da família ainda viceja em vários nuances, coloca em perspectiva o papel do pai enquanto vigilante e censor da sexualidade dissidente da heteronormatividade.

O impacto da homofobia no âmbito familiar, perpetrada com lastro no vínculo paterno-filial, ganha contornos dramáticos em virtude de três fatores bastante específicos – que de modo algum devem ser ignorados no trabalho de identificação da conduta ilícita e apuração do dano: primeiro, em virtude da ocultação das práticas homofóbicas intrafamiliares no recôndito da vida privada; segundo, diante da dissimulação da atuação danosa no discurso da liberdade dos pais para criar, educar e orientar a prole segundo seus próprios valores e convicções; terceiro, pela potencialização do resultado ofensivo diante da a precariedade estrutural da vítima (crianças e adolescente), seu grau de exposição à ofensa e a relevância, concreta e simbólica, do agente ofensor no quadro de referências afetivas da prole.

Muito embora queira-se crer que os direitos humanos e as garantias fundamentais, que deitam efeitos também no direito familiarista e infancista, estejam sempre em evolução, ampliando horizontalmente e verticalmente seus respectivos espectros, o fato é que o crescimento de uma força conservadora, sensibilizada por pautas que apregoam, na sua máxima potência, as liberdades individuais – por vezes em detrimento de concepções mais difusas –, faz ecoar nos dias de hoje um risco de retrocesso; algo que se pode afirmar também no que concerne à função social da autoridade parental e seu escopo civilizatório.

Torna-se imperativo, pois, um tratamento mais aprofundando do tema, de modo que os déficits no exercício da autoridade parental sejam o mais precocemente possível diagnosticados, possibilitando, com isso, aos integrantes mais vulneráveis do cenário familiar, a tutela de seus superiores interesses e a garantia de que sua dignidade não será invisibilizada ou aviltada.

REFERÊNCIAS

ALVES, José Carlos Moreira. *Direito Romano*. 14. ed. Rio de Janeiro: Forense, 2008.

AMARILLA, Silmara Domingues Araújo. Mães que devoram: um ensaio sobre a perda de uma chance no âmbito dos vínculos materno-filiais. In: TEIXEIRA, Ana Carolina Brochado; ROSENVALD, Nelson; MULTEDO, Renata Vilela. *Responsabilidade civil e direito de família*. São Paulo: Editora Foco, 2021.

ARIÈS, Philippe. *História Social da Criança e da família*. Trad. Dora Flaksman. 2. ed. Rio de Janeiro: LTC, 2006.

ASSUMPÇÃO, Luiz Roberto de. *Aspectos da paternidade no novo Código Civil*. São Paulo: Saraiva, 2004.

AZEVEDO, Álvaro Villaça. *Direito de família*. São Paulo: Atlas, 2013.

BAUMRIND, Diana. Current patterns of parental authority. *Developmental Psychology Monographs*. Universidade de Michigan: American Psychological Association, v. 4, n. 1 (2), p. 1-102, [1971].

BORGES, Roberta da Costa. *Pais e mães heterossexuais*: relatos acerca da homossexualidade de filhos e filhas. Dissertação (Mestrado em Ciências. Faculdade de Filosofia, Ciências e Letras). Universidade de São Paulo – USP, Ribeirão Preto, 2009.

BORRILLO, Daniel. *Homofobia*: história e crítica de um preconceito. Belo Horizonte: Autêntica Editora, 2010.

BRASIL, STF, Ação Direta de Inconstitucionalidade por Omissão 26 Distrito Federal, Relator Ministro Celso de Mello, j. 13.06.2019.

BUTLER, Judith. *Problemas de gênero*: feminismo e subversão da identidade. Rio de Janeiro: Civilização Brasileira, 2003.

CAMPBELL, Joseph. *O poder do mito*: com Bill Moyers. São Paulo: Palas Athena, 1991.

COULANGES, Fustel de. Apud HIRONAKA, Giselda Maria Fernandes Novaes. *Dos filhos havidos fora do casamento*. Disponível em: https://ibdfam.org.br/artigos/17/Dos+filhos+havidos+fora+do+casamento Acesso em: 17 maio 2023.

DE FARIA, Durval. Imagens do pai na mitologia. *Psic. ver. São Paulo*, n. 15 (1): 45-48, maio 2006.0 Disponível em: file:///C:/Users/Silmara/Downloads/18095-Texto%20do%20artigo-45473-1-10-20140206.pdf. Acesso em: 17 maio 2023.

DONZELOT, Jacques. *A polícia das famílias*. 2. Ed. Rio de Janeiro: Graal, 1986.

FACHIN, Luiz Edson. *Direito de família*: elementos críticos à luz do novo código civil brasileiro. 2. ed. Rio de Janeiro: Renovar, 2003.

FOUCAULT, Michel. *História da sexualidade I*: a vontade de saber. Rio de Janeiro: Graal, 1988.

FREUD, Sigmund. Totem e tabu. *Obras psicológicas de Sigmund Freud*: edição standard brasileira. Rio de janeiro: Imago, 1996.

GRAMSTRUP, Erik F.; TARTUCE, Fernanda. *A responsabilidade civil, pelo uso abusivo do poder familiar*. Disponível em: htttp://www.fernandatartuce.com.br/wp-content/uploads/2016/08/A-resp-civil-por--uso-abusivo-do-poder-familiar.pdf. Acesso em: 23 maio 2023.

GRUSEC, Joan E.; KUCZYNSKI, Leon. Direction of effect in socialization: a comparison of the parent's versus the child's behavior as determinants of disciplinary techniques. *Developmental Psychology*, 16 (1), 1-9, [1980].

HOFFMAN, Martin L. Moral internalization, parental power, and the nature of parent-child interaction. *Developmental Psychology*, 11, 228-239 [1975].

LEITE, Eduardo de Oliveira. *Famílias monoparentais*: a situação jurídica de pais e mães solteiros, de pais e mães separados e dos filhos na ruptura a sociedade conjugal, 2. ed. rev., atual. ampl. São Paulo: Ed. RT, 2003.

LÔBO, Paulo Luiz Netto. *Comentários ao Código Civil*. São Paulo: Saraiva, 2003.

LÔBO, Paulo. *Direito civil*: Famílias. 2 ed. São Paulo: Saraiva, 2009.

LOURO, G. L. *Um corpo estranho*: ensaios sobre sexualidade e teoria queer. Belo Horizonte: Autêntica, 2004.

MACCOBY, E.; MARTIN, J. Socialization in the context of the family: parent-child interaction. In: MUSSEN, P. H. (Organização da série); Hetherington, E. M. (Organização do volume). *Handbook of child psychology*: socialization, personality, and social development. 4. ed. New York: Wiley, 1983. v. 4

MISKOLCI, Richard. A teoria queer e a sociologia: o desafio de uma analítica da normalização. *Revista Sociologias*. Porto Alegre, ano 11, n. 21, p. 150-182, jan./jul. 2009.

MURDOCK, Maureen. *A filha do herói*. São Paulo: Summus, 1997.

NARVAZ, Martha Giudice; KOLLER, Sílvia Helena. *Famílias e patriarcado*: da prescrição normativa à subversão criativa. Disponível em: SciELO - Brasil - Famílias e patriarcado: da prescrição normativa à subversão criativa Famílias e patriarcado: da prescrição normativa à subversão criativa. Acesso em: 20 maio 2023.

NEWCOMBE, N. *Desenvolvimento infantil*. 8. ed. Porto Alegre: Artmed, 1999.

PEREIRA, Lafayette Rodrigues. *Direitos de família*: anotações e adaptações ao Código Civil, por José Bonifácio de Andrada e Silva. Rio de Janeiro: Virgílio Maia & Comp., 1918.

PERUCCHI, Julian; BRANDÃO, Brune Coelho; Vieira, Hortênsia Isabela dos Santos. *Aspectos psicossociais da homofobia intrafamiliar e saúde de jovens lésbicas e gays*. Universidade Federal de Juiz de Fora, 2014. Disponível em: https://www.scielo.br/scielo.php?pid=S1413-294X2014000100009&script=sci_arttext. Acesso em: 20 maio 2023.

PONTES DE MIRANDA, Francisco Cavalcanti. *Tratado de Direito Privado*. 4. Ed. São Paulo: Ed. RT, 1983. t. IX.

REMAFEDI, G; FARROW, J.A.; DEISHER, R.W. Risk factors for attempted suicide in gay and bisexual youth. *Pediatrics*, 1991, 87 (6); 869-75.

REPPOLD, Caroline Tozzi; PACHECO, Janaína; BARDAGI, Marúcia; HUTZ, Cláudio Simon. Prevenção de problemas de comportamento e desenvolvimento de competências psicossociais em crianças e adolescentes: uma análise das práticas educativas e estilos parentais. In: HUTZ, Cláudio Simon (Org.). *Situações de risco e vulnerabilidade na infância e na adolescência*: aspectos teóricos e estratégias de intervenção. São Paulo: Casa do Psicólogo, 2002.

ROBINSON, B.E.; WALTERS L.H.; SKEEN, P. Response of parents to learning that their child is homossexual and concern over AIDS: a national study. *Journal of Homosexuality*, 1989; 18 (1-2); 59-80.

SINGLY, François de. O nascimento do "indivíduo individualizado" e seus efeitos na vida conjugal e familiar. In: PEIXOTO, Chico Ehlers; SINGLY, François de; CICCHELLI, Vicenzo (Org.). *Família e individualização*. Rio de Janeiro: Editora FGV, 2000.

TOLEDO, Livia Gonsalves; TEIXEIRA-FILHO, Fernando Silva. Homofobia familiar: abrindo o armário entre quatro paredes. *Arquivos Brasileiros de Psicologia*, v. 65, p. 376-391, 2013. Disponível em: http://pepsic.bvsalud.org/scielo.php?script=sci_arttext&pid=S1809-52672013000300005#:~:text=Para%20a%20autora%2C%20a%20homofobia,e%20invisibilizada%20no%20mundo%20privado. Acesso em: 5 mar. 2023.

VITALE, A. O arquétipo de Saturno ou a transformação do Pai. In: HILLMAN, JAMES. (Org.) *Pais e mães*. São Paulo: Símbolo, 1979.

WARNER, Michael. *Fear of a queer planet*: queer politics and social theory. Minnesota: Minnesota Press, 1994.

WINNICOTT, D. W. Teoria do relacionamento paterno-filial. *O ambiente e os processos de maturação*: estudos sobre a teoria do desenvolvimento emocional. Trad. Irineo Constantino Schuch Ortiz. Porto Alegre: Artes Médicas, 1994.

RESPONSABILIDADE CIVIL, TRANSGÊNEROS E INTERSEXO

O APAGAMENTO, O *LAWFARE* E O *CYBERBULLYING* COMO ESTRATÉGIAS DE DISCRIMINAÇÃO CONTRA PESSOAS TRANS

Carla Watanabe

Mestra e Doutoranda em direito constitucional pelo Instituto Brasileiro de Ensino, Desenvolvimento e Pesquisa (IDP).

Sumário: 1. Introdução – 2. As pessoas trans e a discriminação – 3. A aversão contra pessoas trans – 4. Estratégias de discriminação: o apagamento – 5. *Cyberbullying* – 6. *Lawfare* – 7. Responsabilidade civil – 8. Considerações finais – Referências.

1. INTRODUÇÃO

Neste texto, será discutida uma modalidade de discriminação que atinge múltiplas dimensões da vida da pessoa transgênera, especialmente a que possui alguma ocupação, seja como empregada, seja como profissional liberal. O interesse teórico para sua pesquisa surgiu a partir da vivência da autora, por ter sido vítima das violências relatadas no artigo.

Apesar da amplitude dessa modalidade, inexistem pesquisas sobre ela devido à sua novidade temporal e porque a maioria das pessoas trans está subempregada ou sequer tem renda.[1] Esse tipo de discriminação, porém, tende a ganhar vulto devido a políticas de inserção social que permitirão que um número crescente de transgêneros ingresse no mercado de trabalho.[2] Ademais, as conclusões desta pesquisa podem ser usadas, com algumas adaptações, para descrever mecanismos discriminatórios praticados contra diversas populações subalternizadas.

A literatura acerca desse tipo de discriminação é praticamente inexistente. A uma porque um dos modos de atuação dos agressores é por meio da rede mundial de computadores – Internet, de forma intencional, anônima e pulverizada. A duas porque esses agentes ocultam seus reais intentos discriminatórios por meio de ataques múltiplos a diversas dimensões da vida da vítima. A três porque, ao atingir todas as esferas da manifestação da personalidade da vítima, os danos materiais e morais são vastos e

---

1. De acordo com o Mapeamento das Pessoas Trans no Município de São Paulo, realizado na cidade mais rica do país, menos de 58% das pessoas trans exerce atividade remunerada. Desse total, entre as travestis e mulheres trans, 46% e 34%, respectivamente, são profissionais do sexo. Caracteriza-se, assim, principalmente ao conjugar outros fatores, a extrema vulnerabilidade dessa população (SÃO PAULO (MUNICÍPIO). Centro de Estudo de Cultura Contemporânea. Mapeamento das Pessoas Trans no Município de São Paulo, janeiro de 2021. *Cidade de São Paulo*, 2021. Disponível em: https://www.prefeitura.sp.gov.br/cidade/secretarias/upload/direitos_humanos/LGBT/AnexoB_Relatorio_Final_Mapeamento_Pessoas_Trans_Fase1.pdf. Acesso em: 28 nov. 2021).
2. No Município de São Paulo, existe o programa Transcidadania, que objetiva prover educação e transferir renda a essa parcela da população.

incalculáveis. E, finalmente, porque, à semelhança da *discriminação por preconceito implícito*,[3] o ônus da prova que é atribuído à vítima é tarefa de difícil consecução.

De fato, em termos de prova, de responsabilização civil e de aparência externa, essa modalidade se aproxima da mencionada *discriminação por preconceito implícito*, que cuida dos vieses inconscientes que resultam na discriminação indireta.[4] Porém, ao mesmo tempo, qualifica-se como uma típica manifestação da discriminação direta, intencional, intersubjetiva e arbitrária. Trata-se do *Lawfare*, ou "*o uso estratégico do Direito para fins de deslegitimar, prejudicar ou aniquilar um inimigo*",[5] e do *cyberbullying*.

Diante das dificuldades apontadas, surge a necessidade de reformas legislativas conjugadas com renovadas posturas do Poder Judiciário. Afinal, como será descrito, os danos causados à vítima são avassaladores; portanto, ela deveria conseguir ao menos alguma satisfação pelo prejuízo injusto ocasionado pelos agressores.

2. AS PESSOAS TRANS E A DISCRIMINAÇÃO

As pessoas transgêneras constituem uma minoria inserta no universo LGBTQIA+, que reúne grupos discriminados por suas sexualidades dissidentes. A característica essencial dessa população é a de possuir identidade de gênero diversa da que lhe foi atribuída quando do nascimento.

A exclusão que atinge esse grupo é devida à particularidade de as sociedades ocidentais se fundamentarem em um padrão essencialista e binário de gênero. Ao nascerem, os indivíduos são identificados de acordo com duas categorias logicamente excludentes (homem ou mulher), de acordo com a aparência de seus genitais externos. Essa classificação os marcará até o fim de suas vidas, de tal sorte que a sociedade e o ordenamento jurídico cuidarão de criar obstáculos intransponíveis para impedir eventuais trânsitos entre aquelas duas categorias.[6]

O conceito de cis-heteronormatividade é central para entender o mecanismo discriminatório constituinte da homotransfobia. A cis-heteronormatividade se baseia na clássica oposição binária natureza/cultura.[7] Sua perspectiva pressupõe como naturais a heterossexualidade e a fixidez dos papéis de gênero. Considera "pervertidos" e imorais todos aqueles que têm comportamento divergente daquele que pertence a uma afirmada "ordem natural das coisas".[8] Aquele que não expressa a heterossexualidade como forma de atração afetiva, ou que não se conforma com o gênero que lhe foi atribuído quando do nascimento, recebe o desprezo da sociedade por fugir de padrões esperados de conduta.

---

3. MARMELSTEIN, G. *Discriminação por Preconceito Implícito*. Salvador: JusPodivm, 2021.
4. MARMELSTEIN, G. Idem.
5. ZANIN, C.; MARTINS, W.; VALIM, R. *Lawfare*: Uma introdução. São Paulo: Contracorrente, 2019. P. 21.
6. FOUCAULT, M. O Verdadeiro Sexo. In: FOUCAULT, M. Herculine Barbin. *O diário de um hermafrodita*. Rio de Janeiro: Francisco Alves, 1978. p. 1-10.
7. WOODWARD, K. Identidade e Diferença: Uma introdução teórica e conceitual. In: SILVA, T. T. D.; HALL, S.; WOODWARD, K. *Identidade e Diferença. A perspectiva dos estudos culturais*. Petrópolis: Vozes, 2014. Cap. 1, p. 7-72.
8. FOUCAULT, M. *História da Sexualidade I*: A vontade de Saber. 12. ed. Rio de Janeiro: Edições Graal, 1997.

Por esse motivo, a cis-heteronormatividade é tida por compulsória.[9] Ela constrói referências culturais que moldam expectativas e condutas. Cria pedagogias que controlam o comportamento de corpos e de mentes como condição para o indivíduo ser aceito como um sujeito que mereça reconhecimento, respeito e consideração sociais. Ao estabelecer requisitos de aceitação, ela se torna condição básica para alguém conseguir dignidade, trabalho digno e ascensão profissional. Na esfera privada, o respeito às suas condicionantes pode redundar no recebimento do afeto que permite a plena inclusão familiar. Ou seja, há distribuição de "recompensas" sociais ao indivíduo cuja conduta é aderente à cis-heteronormatividade.[10]

O receio de perda desse *status* privilegiado é uma das razões pelas quais um indivíduo prefere ocultar sua sexualidade ou sua identidade de gênero. Afinal, um transgênero que não realizou sua transição, ou um homossexual que não revelou aos outros sua verdadeira orientação sexual, não possuem qualquer característica externa visível que os distinga da população em geral. Todavia, a identidade de gênero e a orientação sexual são elementos essenciais da personalidade de um indivíduo. Ao omiti-las dos outros, ou ao vivenciá-las às escondidas em momentos restritos de sua esfera privada, esse indivíduo introjeta em si próprio a desaprovação moral da sociedade. Provavelmente acumulará danos psíquicos que podem se materializar em males como a depressão ou o *stress* pós-traumático.[11]

A discriminação por orientação sexual e por identidade de gênero é constituída por múltiplas dimensões. Uma delas, como já mencionado, decorre de um binarismo que considera "natural" a cis-heterossexualidade e "antinaturais" todas as demais expressões dissidentes. Apesar de a vivência dominante afirmar-se superior por fundamento em uma suposta ordem biológica, não há dúvidas de que se trata de uma construção cultural. Mesmo assim, ela se impõe como única racionalidade possível e influencia diretamente os fundamentos morais das sociedades ocidentais. Doutrinas religiosas, normas jurídicas e estigmas foram erguidos com o propósito de reafirmar a prevalência dos valores dominantes como os únicos permitidos.[12]

Os estereótipos relacionados à homossexualidade e às pessoas transgêneras afirmam padecerem essas pessoas de suposta inferioridade moral.[13] Nessa visão, elas seriam indivíduos incapazes de controlar seus apetites sexuais por serem promíscuos e predadores sexuais. A suposta prática sexual descontrolada decorrente da orientação sexual ou da identidade de gênero dessas pessoas ofuscaria totalmente as suas demais

---

9. O conceito de "heterossexualidade compulsória" pertence originalmente à obra de Adrienne Rich em seu artigo clássico "*Compulsory Heterosexuality and Lesbian Existence*" (RICH, A. Heterossexualidade compulsória e existência lésbica. Bagoas – Estudos gays: gêneros e sexualidades, Natal/RN, 4, 2012. Disponível em: https://periodicos.ufrn.br/bagoas/article/view/2309. Acesso em: 22 maio 2023). O acréscimo do prefixo "cis" serve como uma adaptação ao conceito original para abarcar as identidades de gênero dissidentes, as quais são especial alvo das normas de gênero.
10. MOREIRA, A. J. *Tratado de Direito Antidiscriminatório*. São Paulo: Contracorrente, 2020.
11. Ibidem.
12. BARKER, M.-J.; SCHEELE, J. *Queer. Una Historia Gráfica*. Santa Cruz de Tenerife, ES: Editorial Melusina, 2016.
13. MOREIRA, A. J. Idem.

características.[14] Essa condição as transformaria em supostas ameaças à ordem social vigente, pois o estilo de vida dessas pessoas teria o poder de degradar toda a sociedade. Por essa razão, muitos defendem que esses indivíduos sejam excluídos do espaço público, que não demonstrem sua sexualidade e que não manifestem gestos de afeto.[15]

Esse estigma se aprofunda para as mulheres trans.[16] Da mesma forma como ocorre com o homossexual, elas têm sua identidade reduzida à transgeneridade; portanto, são também consideradas promíscuas. Outros estereótipos as relacionam à prostituição, ao consumo de drogas e à marginalidade.[17] Sua simples existência, ou presença em determinado ambiente, desperta sensível desconforto em alguns indivíduos. Isto porque as pessoas trans são ininteligíveis para as normas de gênero vigentes, o que faz com que sejam vistas como indignas, como não humanas. Por sofrerem um processo discriminatório mais profundo, elas recaem no campo da abjeção e são excluídas de quaisquer hierarquias morais ou sociais.[18]-[19]

A transfobia, apesar dos pontos de semelhança, possui características que a diferenciam da discriminação por orientação sexual em sentido estrito. Esta pode ser ocultada, pois os homossexuais não ostentam qualquer característica que os permita distingui-los

---

14. Um pesquisador, um artista ou um grande profissional pode passar a sofrer repúdio devido a sua homossexualidade ou transgeneridade. A inteligência, os méritos e conquistas daquela pessoa podem ser desconsiderados devido a sua orientação sexual ou sua identidade de gênero, quando divergentes da cis-heterossexualidade. Foi o que ocorreu com Alan Turing, matemático que foi um dos criadores do computador moderno e que decifrou o código secreto dos nazistas durante a Segunda Guerra Mundial. Sua descoberta permitiu localizar a posição das forças de Hitler, o que levou os Aliados à vitória sobre as forças do Eixo Todavia, ao ser descoberto homossexual, caiu em desgraça. Sofreu castração química, foi torturado e preso, perdeu seu emprego, além de ter sua locomoção restringida. Menos de dois anos depois da denúncia pelo crime de "indecência", suicidou-se em 1954, aos 41 anos (HODGES, A. *Alan Turing*: The Enigma. London: Vintage Books, 2012).
15. Esse estigma foi reforçado na década de 1980, quando da epidemia de AIDS. Na época, criou-se um "pânico moral" por meio da narrativa de que se tratava de uma doença restrita a homens gays, travestis e transexuais. Nesse sentido, Richard Miskolci acredita ter ocorrido uma "repatologização" da homossexualidade, o que propiciou o surgimento do sujeito "aidético", cuja identidade estava associada à propagação da peste. Portanto, gays, travestis e transexuais deveriam ser expurgados do convívio social, pois constituíam um "*Fantasma de impureza em que repugnância e desejo se associam na reiteração da norma heterossexual*" (MISKOLCI, R.; PELÚCIO, L. A prevenção do desvio: o dispositivo da AIDS e a repatologização das sexualidades dissidentes. *Sexualidad, Salud y Sociedad*, Rio de Janeiro, 2009. 125-157.
16. A partir de um padrão binário de classificação, mulheres trans são indivíduos de identidade de gênero feminina, mas que tiveram o gênero masculino atribuído quando do nascimento. Em contraponto, homens trans são os indivíduos cuja identidade de gênero é masculina, mas que tiveram o gênero feminino atribuído quando do nascimento.
17. A despeito de serem divulgados números que ratificam a associação entre as mulheres trans e prostituição, deve-se frisar que não existem estatísticas amplas em nosso país que permitam essa conclusão. O único levantamento confiável realizado com essa população foi o "Mapeamento das Pessoas Trans no Município de São Paulo" (SÃO PAULO (Município). Idem). O número verificado naquele levantamento foi de 21%, sensivelmente inferior aos 95% indicados por pretensas pesquisas de alguns grupos. A divulgação de dados de origem questionável, sem qualquer respaldo científico ou estatístico, tem o efeito de reforçar estereótipos negativos sobre a população trans, o que aumenta a repulsa social contra esse grupo.
18. O conceito de "abjeção" tem origens na literatura da filósofa Julia Kristeva (KRISTEVA, J. *Powers of Horror*: An Essay on Abjection. New York: Columbia University Press, 1984). Sua utilização para sexualidades dissidentes foi desenvolvida posteriormente pela filósofa Judith Butler (BUTLER, J. *Corpos que importam. Os Limites Discursivos do Sexo*. São Paulo: N-1 edições, Crocodilo, 2021).
19. KRISTEVA, J. Idem.

do padrão heterossexual.[20] A transfobia, a seu turno, caracteriza-se por ser complexa nos seus padrões de interseccionalidade, principalmente após a pessoa trans iniciar sua transição. O sexismo e a homofobia, ambos fortemente lastreados na inadequação a padrões de gênero binários, encontram-se na base de uma rejeição profunda que leva essas pessoas a serem consideradas "seres abjetos". Delas são excluídos quaisquer traços de humanidade, o que atrai estigmas ligados à mais profunda rejeição.

3. A AVERSÃO CONTRA PESSOAS TRANS

A discriminação interseccional de que sofrem as pessoas trans faz com que o padrão discriminatório praticado contra elas praticado seja em parte semelhante ao que ocorre contra outras minorias inferiorizadas. Todos ostentam marcas visíveis (como cor de pele, origem ou gênero) que os distinguem no meio social. São esses marcadores sociais da diferença que os caracterizam e que contra eles atraem estereótipos negativos.[21]

O transgênero que se encontra em processo de transição e o indivíduo não binário não se situam entre os padrões socialmente exigidos para a feminilidade, nem para a masculinidade. Essa *inadequação* ocorre mesmo com o transexual que adquira aparente conformidade com o gênero com o qual se identifica, pois essa "adequação" dificilmente será perfeita.

A "*passabilidade*" é uma meta perseguida por muitos transexuais. Dita por outras palavras, ela seria a busca do perfeito enquadramento ao gênero com o qual aquela pessoa se identifica. Todavia, esse modelo ideal de homem ou de mulher é algo inalcançável, mesmo por pessoas que nasceram e que sempre exerceram seus papéis de gênero em conformidade com seu sexo biológico.[22] Ninguém atende aos requisitos imagináveis correspondentes a um padrão ideal de homem ou de mulher, pois nenhuma pessoa é completamente aderente aos papéis de gênero e padrões corporais desse homem/mulher ideal durante todos os momentos da vida.

A *passabilidade*, todavia, tem o efeito de tornar aquela pessoa invisível em espaços públicos nos quais anônimos se interrelacionam. Como resultado, as mudanças corporais e a adequação a papéis de gênero fazem com que sejam reduzidas as possibilidades de violência contra aquela pessoa. Porém, a violência provavelmente ocorrerá tão logo alguma discrepância seja verificada entre o gênero vivenciado e aquele de antes da transição.[23]

Esse processo discriminatório ocorre porque muitas pessoas transgêneras buscarão se manter na mesma vida que levavam antes do processo de transição. Por esse motivo, sempre existirá a possibilidade de deparar-se com alguém conhecido, seja do ambiente de trabalho, seja do círculo de amizades e da família, ou mesmo aqueles com quem ocasionalmente encontrava antes da transição. Nesse mesmo sentido, deve-se

---

20. MOREIRA, A. J. Idem.
21. Ibidem.
22. BUTLER, J. Idem.
23. BUTLER, J. Idem.

ressaltar a existência dos inúmeros cadastros públicos e particulares que continuarão a manter o prenome e o sexo daquela pessoa desde antes da transição. Assim, por diversas oportunidades, as pessoas trans não serão aptas a atender plenamente às expectativas sociais, o que as tornará ininteligíveis perante as normas de gênero ao menos em alguns momentos da vida. Essa inadequação acarreta reações de ambiguidade no meio social e, para algumas pessoas, motiva forte aversão contra aqueles ditos "diferentes".

A mulher trans sofre ainda os efeitos do sexismo. Trata-se da hierarquização social motivada pelo gênero da pessoa. O patriarcalismo da sociedade ocidental considera a mulher um ser inferior, relativamente ao homem, e a ela associa estereótipos como menor inteligência, incapacidade para exercício de funções de liderança, dificuldade de aprendizado das ciências da natureza e matemática, além de restringi-la ao espaço doméstico. Nele, a mulher tem o cuidado como sua principal função, seja com a prole, seja com os doentes ou com os idosos. Esse insulamento ao lar a retira do espaço público, pois suas atribuições ligadas ao cuidado supostamente seriam conflitantes com o desenvolvimento e dedicação que uma vida profissional requer.[24]

O sexismo é, em parte, uma das causas da discriminação por orientação sexual. A condenação moral e social dos gays e lésbicas encontra raízes na pressuposição da existência de papéis binários para o relacionamento conjugal. Nessa perspectiva, em um casal de lésbicas, uma delas cumpriria o papel masculino, o que representaria uma usurpação desse papel. Entre os gays, um deles deveria ocupar o papel reservado ao sexo feminino, para o qual seria esperada uma adequação a uma conduta passiva e submissa.[25] Essa "inversão" de papéis atrai o desprezo social, que exige a perfeita conformidade entre os órgãos sexuais biológicos e o papel exercido na sociedade.

Conjugam-se, assim, para as pessoas trans essa interseccionalidade de discriminações e o forte sentimento de repulsa decorrente da ininteligibilidade devida ao descumprimento das normas de gênero. Ao final, o sentimento social predominante contra esses indivíduos será o da abjeção pura e simples. Essas consequências fazem com que a discriminação praticada contra transgêneros se situe em um patamar diverso daquelas motivadas pela orientação sexual ou pelo sexismo.

O conceito de abjeção ora mencionado tem origem na teoria da filósofa franco-búlgara Julia Kristeva. Sua concepção original é referente ao estabelecimento de fronteiras entre o eu e o outro. Essas divisas são constituintes do próprio eu, considerado seguro, familiar e aceitável. Elas permitem a definição de uma identidade própria para o eu, o que dá segurança para a construção de uma ordem interna.[26]

O sentimento de abjeção é próprio da condição humana e está relacionado ao corpo e a seus processos biológicos. Ele surge quando do confronto com excrementos ou outros fluidos corporais, ou com experiências grotescas, como práticas sexuais bizarras,

---
24. OPPENHEIMER, D. B. et al. *Comparative Equality and Anti-Discrimination Law*. 3. ed. Cheltenham, UK: Edward Elgar Publishing, 2020.
25. MOREIRA, A. J. Idem.
26. KRISTEVA, J. Idem.

ou com deformidades corporais extremas. Elas provocam um sentimento imediato e quase primário de rejeição e de repulsa. Porém, de forma contraditória, destaca Kristeva, o abjeto nos fascina e nos atrai, criando uma relação complexa e ambivalente.[27]-[28]

O conceito de abjeção se estende a outros campos, como a cultura, a linguagem e as estruturas sociais.[29] Sua manifestação pode ocorrer quando do encontro com culturas e ideologias estrangeiras ou com obras de arte consideradas transgressoras. Essa mesma percepção é tida por inúmeras pessoas ao terem contato com transgêneros, os quais passam a ser vistos como algo estranho e repulsivo. Por esse motivo, o simples compartilhamento de espaços comuns com transgêneros ocasiona uma sensação de desconforto intensa nessas pessoas. Afinal, as normas de gênero constroem padrões rígidos e binários de inteligibilidade que excluem aqueles que as descumprem. Daí vêm a repulsa, o ódio e a discriminação praticados contra aqueles que rompem as fronteiras do gênero.

4. ESTRATÉGIAS DE DISCRIMINAÇÃO: O APAGAMENTO

O apagamento da imagem da pessoa trans pode ser a primeira etapa do tipo de discriminação descrito neste artigo. Nesse contexto, deve-se lembrar que os meios virtuais exercem papel fundamental na vivência da maioria das pessoas. Atualmente, a Internet cumpre velozmente o papel de tornar alguém conhecido dos demais. Porém, o apagamento é o fenômeno oposto. Na prática, ocorre uma "invisibilização" da vítima, pois seu nome, ou suas conquistas, desaparecem das redes sociais e dos sítios relacionados à sua área de atuação. Essa ação deliberada pode ser adotada tanto em organizações, com o apagamento sistemático da atuação de um empregado, como em associações ou sindicatos, com o apagamento de um associado.[30]

Ressalte-se que entes associativos ou qualquer tipo de instituição, não cometem atos discriminatórios. Todavia, deve-se lembrar que, por trás deles, encontram-se pessoas que comungam de interesses semelhantes. Sua deliberação, ou omissão culposa, na prática de atos discriminatórios, de maneira repetitiva, tende a construir uma cultura de desrespeito ao diferente. Essa atitude acentua a possibilidade de se configurar a chamada discriminação institucional, que independe da prova da culpa para ser caracterizada.[31]

A atuação pode também ocorrer por meio de seleção de notícias que ressaltem fatos negativos relacionados à vítima. Porém, a hipótese mais comum ocorre pela simples omissão. Propositalmente, a vítima é apagada de quaisquer notícias propagandeadas pela instituição.

---

27. De certa forma, esse sentimento explica a forte atração sexual que transexuais e travestis motivam em outras pessoas.
28. KRISTEVA, J. Idem.
29. Ibidem.
30. Se a vítima ocupar algum cargo de visibilidade na instituição, a primeira providência é a de retirá-la daquela posição. Para tanto, podem ser utilizados mecanismos que induzam a pessoa a renunciar de seu cargo, ou mesmo a não se candidatar para futuras reconduções. A vítima também pode ser coagida a se retirar da instituição – o que caracteriza ilícito jurídico ligado à noção de discriminação direta.
31. MOREIRA, J. *O que é Discriminação?* Belo Horizonte: Editora Letramento, 2017.

O propósito é o de tornar a vítima uma pessoa desconhecida, ou indesejada, de tal sorte que seja mais fácil extirpá-la do convívio social e profissional. Essa tática está diretamente vinculada à ideia de abjeção contra pessoas trans. Ao ser considerada indesejável, a vítima se transforma em um alguém cuja vida não merece ser compartilhada, ao menos entre aquelas pessoas.[32] Sua virtual morte, ou retirada do convívio social e profissional, não farão diferença àquele ambiente.

Afinal, a realização de ataques a pessoas que efetivamente têm existência poderia gerar algum tipo de repercussão indesejada pelos agressores. Se, todavia, os mesmos ataques forem realizados contra alguém que virtualmente não existe, que não possui nenhuma rede de apoio, ou que a teve destruída, seus efeitos podem ser mais cruéis e devastadores. As violências podem ser realizadas com maior liberdade, pois não haverá qualquer repercussão.

O *lawfare* e o "*cyberbullying*",[33] além de outras práticas danosas, podem ser praticados com mais liberdade nesse contexto. Afinal, a prática de violências contra a vítima não será apta a gerar qualquer onda de indignação, ou mesmo de solidariedade, vinda de outras pessoas. É por esses motivos que o apagamento é uma das primeiras táticas a serem adotadas pelos agressores. Ele possui, portanto, um caráter pragmático.

Ao despir o outro de sua humanidade, é mais fácil destruí-lo. Um ser execrável, não humano e desconhecido pode ser aniquilado, ou ter seus direitos violados, sem que de seu desaparecimento, ou de seu sofrimento, resulte qualquer reação moral do meio no qual aquela pessoa está inserida. De fato, a recusa em ver o outro como um igual possibilita a quebra de quaisquer laços de solidariedade que poderiam perdurar com a vítima.[34]

Perceba-se que o apagamento, em última análise, não é apenas uma série de ações e omissões que busca retirar visibilidade da vítima. Na verdade, é a completa negação da existência do outro. É a total recusa ao diálogo, que é a demonstração cabal de que o outro é humano. Ela é uma das maiores violências que podem ser cometidas contra a vítima, pois retira-lhe a dignidade.[35] Ao retirar-lhe a condição humana, o agressor concretiza sua percepção de que a pessoa trans é um objeto não humano e que merece ser aniquilada.

De fato, o ódio contra pessoas trans é tão onipresente na sociedade que os danos decorrentes da discriminação podem redundar em ataques contra as mais diferentes dimensões da vida da vítima. Nesse aspecto, deve-se ressaltar que a persistência da prática de condutas discriminatórias na contemporaneidade pode independer da cri-

---

32. BUTLER, J. *Quadros de Guerra. Quando a vida é passível de luto?* 6. ed. Rio de Janeiro: Civilização Brasileira, 2019.
33. Esses mecanismos de agressão serão detalhados mais à frente nesse texto. Por ora, basta a noção de que o "*cyberbullying*" é uma prática danosa realizada em ambiente virtual, com o objetivo de destruir a reputação e a autoestima da vítima.
34. VIEIRA, O. V. *A Desigualdade e a Subversão do Estado de Direito*. SUR – Revista internacional de Direitos Humanos, São Paulo, 2007. 28-51.
35. GADAMER, H.-G. *Philosophical Hermeneutics*. Los Angeles/US: University of California Press, 1977.

minalização da transfobia.³⁶ Tal fato ocorre porque a tipificação de uma conduta, ou o agravamento da pena aplicável a determinado crime não necessariamente induz a que pessoas cometam menos crimes.³⁷ Às vezes, ocorre o efeito inverso e as pessoas buscam burlar a lei por meio de artifícios que dissimulem o crime, de forma a torná-lo menos visível, o que leva a que a discriminação ocorra por meios indiretos e velados. Afinal, é atualmente indesejável a qualquer pessoa ou instituição ter sua imagem associada a práticas discriminatórias. Nesse contexto, o único fator constatável empiricamente como hábil a reduzir comportamentos delituosos é a certeza da punição.³⁸⁻³⁹

Ao concluírem que aquela pessoa não é digna de ocupar determinado espaço social, agressores buscam desmoralizá-la e tentam provar por todos os meios que o lugar dela é o da não existência. Afinal, de acordo com eles, a pessoa infame não se enquadra sequer em hierarquias sociais, pois ela não mereceria conviver entre pessoas ditas "normais". Por esses motivos, a abjeção atinge a vítima em todas suas esferas de vida. Sem mencionar explicitamente o motivo do ódio, os agressores buscam demonstrar que ela é incapaz de trabalhar, de ter amizades e de ser digna do convívio no espaço público.

O sentimento de repulsa contra o outro é o que as move. Essa modalidade de discriminação é talvez de mais perversa do que as demais, pois não mostra explicitamente o verdadeiro motivo de seu ódio. A vítima não é atacada apenas por ser trans, mas por ser uma pessoa abjeta. Em todos os aspectos de sua vida, é imposto o mesmo desvalor, o que aumenta sua exposição e vulnerabilidade. Afinal, se a discriminação é explícita, ela ataca apenas uma característica sensível da pessoa abjeta, ou seja, o fato de sua identidade de gênero ser divergente da que lhe foi atribuída quando do nascimento. Todavia, se a discriminação passa a abarcar todas as dimensões da vida, como a pessoal, profissional e familiar, o dano é infinitamente maior. Os efeitos desse dano podem ser avassaladores, pois a existência da vítima como um todo é comprometida. O objetivo desses agressores é

---

36. A criminalização da homotransfobia ocorreu por meio de acórdão prolatado pelo Supremo Tribunal Federal – STF em junho de 2019, ao decidir acerca da Ação Direta de Inconstitucionalidade por Omissão – ADO 26. Na oportunidade, foi determinado que, enquanto o Congresso Nacional não editar lei sobre o tema, serão aplicadas as disposições da Lei 7.716/1989.
37. ROOIJ, B. V.; FINE, A. *The Behavioral Code*: The Hidden Ways the Law Makes Us Better. or Worse. Boston, US: Beacon Press, 2021.
38. As estatísticas utilizadas pelos autores (ROOIJ, B. V.; FINE, A. Idem) para essas conclusões têm por base estudos estadunidenses realizados por várias décadas, tendo por base pessoas reincidentes. Existem algumas outras pesquisas que buscam demonstrar uma correlação positiva entre o agravamento da pena e a abstenção de comportamentos criminosos, mas que, segundo os autores, não foram considerados conclusivas pela comunidade acadêmica. Todas os estudos, entretanto, convergem no sentido de que a certeza da punição tem correlação negativa com a prática de condutas criminosas.
39. Os estudos usam estatísticas de longo prazo realizadas nos Estados Unidos. Todavia, a tendência observada em suas conclusões pode ser utilizada em nosso país, principalmente porque a sensação da certeza da punição, que influencia diretamente na não reincidência, é sensivelmente maior entre os estadunidenses do que entre os brasileiros. Nesse sentido, vide os resultados da pesquisa apresentados resultados da pesquisa Estudo da Impunidade São Paulo, 1991-1997 (ADORNO, S.; PASINATO, W. Violência e impunidade penal: Da criminalidade detectada à criminalidade investigada. *Dilemas-Revista de Estudos de Conflito e Controle Social*, São Paulo, 3, 2010. 51-84).

o de ocasionar um profundo sentimento de inferioridade e de desvalor na pessoa abjeta. É o de eliminá-la do convívio em sociedade.[40]

Afinal, uma pessoa trans trabalha, tem amigos e família e frequenta diversos ambientes sociais. Essa discriminação velada, praticada em todas as esferas da vivência é extremamente violenta, principalmente se forem conjugadas violências no ambiente físico e no ambiente virtual. Pior ainda, se o desmerecimento percebido na discriminação direta[41] pode ser de fácil constatação e responsabilização, o mesmo não pode ser dito acerca da discriminação velada.

Ataques à vítima por intermédio do desmerecimento de todos os aspectos de sua vida fazem surgir quadros destrutivos como angústia, tensão, depressão, desgosto, ansiedade constante e tensão. Tais sintomas podem se consolidar na psique da vítima como um "stress pós-traumático", depressão profunda ou síndrome do pânico, podendo levar a ideações suicidas. Estas podem se concretizar devido à fragilização das redes de solidariedade da vítima, destruídas devido à atuação desses agressores.

5. *CYBERBULLYING*

A Internet, como mencionado anteriormente, é uma ferramenta que pode ser utilizada para destruir a reputação e a autoestima de uma pessoa trans. De forma concomitante, ou logo após um período de "apagamento", os agressores podem iniciar ataques virtuais em série contra a vítima. São violências que podem atingir todas as esferas da vida da vítima, seja a pessoal, seja a profissional.

Nessas práticas, o agressor raramente se identifica. Normalmente, ele se oculta sob um pretenso anonimato por meio da criação de perfis falsos em redes sociais. A confortável sensação de que nunca será descoberto, porém, é falsa, sendo certo que sua identidade pode ser descoberta por meio do IP (*Internet Protocol*) único de acesso do dispositivo utilizado pelo agente quando da prática do ato ilícito.

A prática adotada pelos agressores é a do "*cyberbullying*", que é devastador para a vítima e não ocorre apenas com crianças ou jovens em idade escolar. Enquanto o *bullying* comum se restringe a determinados espaços físicos, como a escola, o clube ou a associação, o *cyberbullying*[42] ocorre por meio de canais virtuais e não há lugar seguro para a vítima. A constante posse e interação com instrumentos como computador, tablet

---

40. A expressão visual mais próxima desses ataques amplos é o linchamento, que atinge todas as dimensões físicas e morais da vítima.
41. Discriminação direta é aquela intersubjetiva, arbitrária e intencional, na qual ocorre um tratamento injusto e desfavorável a pessoa ou grupo inferiorizados, motivado por uma característica ou por um *status* geradores de estereótipos negativos (MOREIRA, J. *O que é Discriminação?* Belo Horizonte: Editora Letramento, 2017).
42. *Bullying*, para este artigo, é definido como um comportamento sistemático, agressivo, intencional e arbitrário, dirigido contra uma pessoa, ou contra um grupo, no qual o agressor se encontra em posição superior à da vítima. O *cyberbullying*, a seu turno, é o *bullying* que ocorre no meio virtual. Nele, as condutas agressivas são indiretas e assíncronas; e a disparidade de poder pode decorrer da habilidade técnica e do anonimato do agressor na rede (RIBEIRO, N. A. *Cyberbullying. Práticas e consequências da violência virtual na escola*. Salvador: JusPodivm, 2019).

ou smartphone transformam esses artefatos em um novo panóptico, pois a agressão alcança a vítima e a torna visível onde quer que ela esteja.[43] Seja no trabalho, no seu espaço de lazer, ou mesmo trancada em seu quarto, a pessoa trans pode continuar a receber mensagens de ódio ou difamatórias por e-mails, por redes sociais como Facebook, YouTube, Instagram, TikTok, GoogleMaps ou WhatsApp, ou por mensagens de texto. A incessante humilhação, intencional e repetitiva esgota as forças da vítima e lhe acarreta danos psíquicos duradouros, como depressão, angústia, medo e ideações suicidas.[44]

No universo profissional, a discriminação se manifesta em diversas oportunidades. Elas vão desde a contratação (ou recusa da), passando pela relação de emprego e chegando até o término do contrato. Afinal, nenhum empregador dirá que demitiu, ou deixou de contratar determinada pessoa devido à sua identidade de gênero. Se fizesse essa vinculação, ele responderia civil e penalmente por sua conduta. Por esse motivo, essas discriminações são mais veladas.

Se a pessoa trans for profissional autônoma, os ataques poderão versar acerca da qualidade do produto por ela vendido ou do serviço prestado por ela. O papel amplificador da Internet ganha prevalência nesse contexto. Afinal, se antes uma simples fofoca tinha alcance limitado à vizinhança dos interlocutores, a Internet, por sua vez, permite a destruição da imagem da pessoa agredida em escala ampla e inimaginável. Pessoas que nunca compareceram ao estabelecimento, movidas apenas pelo ódio, podem se utilizar de um pretenso anonimato das redes e criar inúmeros perfis *fakes*. Tudo com o propósito de afirmar que o serviço é horrível e que os produtos são de péssima qualidade. O objetivo, além de desmoralizá-la, de tirar o público consumidor da vítima, é o de asfixiá-la financeiramente.

A sistemática postagem de comentários falsos sobre esses serviços e produtos em redes sociais tem o claro objetivo de acabar com a credibilidade profissional da pessoa trans. Trata-se de um *cyberbullying* motivado pela transfobia, mas que não deixa transparecer o real motivo da violência.

Por trás desses ataques, encontra-se a concepção de que a pessoa trans não merece estar naquele lugar social. Não pode ser bem-sucedida profissionalmente e não é digna de ter uma vida como as das demais pessoas. Para tanto, os agressores que organizam essas violências acreditam que a pessoa trans tem um único lugar social que lhe é permitido, ou seja, a margem da sociedade. Para eles, o transgênero não merece estar entre pessoas "normais".

A humilhação e o sentimento de desvalor decorrentes dessas agressões corroem internamente a vítima. Como esses ataques são constantes e assíncronos, ou seja, não têm hora para ocorrer, eles acabam por ser avassaladores.[45] A vítima vive em constante estado de vigília e de pânico, a imaginar que a próxima agressão está na iminência de

---

43. BENTHAM, J. *O Panóptico*. 3. ed. Belo Horizonte: Autêntica, 2019.
44. RIBEIRO, N. A. *Cyberbullying. Práticas e consequências da violência virtual na escola*. Salvador: JusPodivm, 2019.
45. Ibidem.

ocorrer. Quando ela infalivelmente ocorre, a vítima desaba, pois sua estrutura psíquica está fatigada diante do *cyberbullying*. Esses ataques fazem com que a percepção da vítima se desloque totalmente para o universo virtual. É ele que passa a concentrar sua atenção, a qual tende a imaginar que sua dignidade, sua vida e seus valores mais internos são totalmente dependentes dos comentários desabonadores produzidos pelos agressores.

Outra possibilidade é a de atacar características ligadas ao comportamento social da pessoa trans. Pouco importa o passado, os méritos pessoais e profissionais, ou mesmo o real temperamento da pessoa. Tudo é esquecido como se a pessoa que se assumiu trans não fosse a mesma de antes da transição. Esses agressores constroem uma nova imagem, de todo ligada a características negativas. Essa figura será a de alguém intolerante, desrespeitoso com as demais pessoas, irascível, egoísta, inescrupuloso e com tendências criminosas. A imagem a ser construída é a de alguém insociável, em suma. Mas todas essas atitudes têm por motivação a transfobia, pois é *"evidente que todas as dificuldades que [a vítima] sofre neste aspecto decorrem de uma visão social deturpada que leva em consideração a aparência do indivíduo e a toma como parâmetro de adequação, capacidade e decência"*.[46]

Essa imagem pode ser veiculada no meio pessoal e no profissional. A intenção é a de excluir a pessoa trans do convívio com outras pessoas por meio desses boatos. O meio de transmissão dessas referências negativas pode se dar por meio do contato interpessoal (aí incluídas conversas pessoais, e-mails ou mensagens por aplicativo) ou por intermédio da rede mundial de computadores em redes sociais. Neste caso, a dimensão do boato se agiganta, ganha amplitude muito maior do que a do simples contato interpessoal. Quando combinado com as outras táticas, equivale a um autêntico *"cancelamento"*[47] da pessoa, com a diferença de que a pessoa trans é apenas alguém comum do povo, sem pretensões a ser famosa ou algo semelhante. O resultado, entretanto, é o isolamento social e a perda de sustento financeiro.

> O cancelamento, apesar de ser um fenômeno cultural, pode deixar marcas duríssimas e permanentes na vida de uma pessoa, uma vez que mais do que provocar perdas financeiras, pode representar até mesmo riscos à segurança dos cancelados e de seus familiares. Ele está profundamente ligado à chamada prática do linchamento, que se configuraria 'como forma de justiça social empregada quando os indivíduos acreditam que algum elemento da estrutura está em desacordo com a ordem moral convencionada'.[48]

---

46. CUNHA, L. R. D. *Identidade e Redesignação de Gênero: aspectos da personalidade da família e da responsabilidade civil*. 2. ed. Rio de Janeiro: Lumen Juris, 2018. p. 290.
47. O *"cancelamento abarca o ato de "boicotar uma pessoa, isto é, negá-la e excluí-la da legitimação social em resposta a uma atitude tomada por ela que tenha sido considerada errada"* (ACIOLI, B. D. L.; PEIXOTO, E. L. C. Novas Práticas de Linchamento Virtual. Fachadas erradas e cancelamento de pessoas na cultura digital. *Revista Latinoamericana de Ciencias de la Comunicación*, 19, 23 dez. 2020. 80-91. Disponível em: http://revista.pubalaic.org/index.php/alaic/article/view/640. Acesso em: 15 jun. 2023. p. 85).
48. MEDON, F. Não canceleis para que não sejais cancelado. In: SCHREIBER, A.; MARTINS, G. M.; CARPENA, H. *Direitos Fundamentais e Sociedade Tecnológica*. Indaiatuba: Editora Foco, 2022. p. 285-298. P. 287.

6. *LAWFARE*

Conjugadas com a destruição da imagem da vítima em todas as dimensões de sua vida estão as práticas de *"lawfare"*. Este, ao contrário do que o senso comum poderia supor, pode ser utilizado contra qualquer pessoa, não apenas contra pessoas famosas ou políticos. Ele é uma deturpação do próprio direito, visto normalmente como meio pacífico de resolução de conflitos. Nesse contexto, de forma contraditória, o direito se torna uma arma cujo propósito é o de destruir um oponente, de submetê-lo e subjugá-lo. Em outras palavras, trata-se da utilização de instâncias judiciais e administrativas para destruir um inimigo ou, mais precisamente, é "*o uso estratégico do Direito para fins de deslegitimar, prejudicar ou aniquilar um inimigo*".[49]

Como bem ressalta o Prof. Cristiano Zanin, o *lawfare* não é um conceito jurídico. É uma perspectiva externa ao direito, não abarcada pelo uso estrito da dogmática. Nele, "*sob uma aparência de juridicidade, cometem-se todas as atrocidades, sem qualquer limite*".[50]

Nesse contexto, os agentes da violência podem realizar denúncias falsas a órgãos fiscalizadores, ou repetidas denúncias por motivos irrelevantes, de sorte a se ter um quadro no qual a vítima fique caracterizada como alguém irresponsável e que não tenha qualquer dignidade profissional. São as denominadas "*denúncias sem materialidade (frivolous charge) ou sem justa causa*".[51]

Para tanto, os agressores podem atuar pessoalmente, anonimamente, ou por meio de interpostas pessoas. Essas alegações podem abarcar conteúdos dos mais diversos, com o objetivo de construir um caldo argumentativo no qual a vítima fique caracterizada como alguém que descumpre normas legais, regulamentares e até mesmo morais. No ambiente profissional, por exemplo a pessoa trans pode ser caracterizada como agente ativa de assédio moral, ou como alguém que admita essa prática; ou como alguém relapso e descumpridor de deveres; ou mesmo como alguém indigno de exercer determinada profissão. Tudo, ressalte-se, a despeito de aquela pessoa ter um passado profissional sem quaisquer máculas.

A perseguição não tem limites. Por vezes, mesmo que a demanda inicial tenha sido repelida, os agentes de violência podem utilizar-se de mecanismos recursais, com o propósito de pleitear a punição da vítima. Esse prolongamento injustificado de processo judicial ou administrativo, além do efeito destruidor sobre a psique da vítima, acaba por deixá-la em constante tensão.

O uso repetido de estratégias de *lawfare* pode deixar a impressão às entidades fiscalizadoras de que há efetivamente algo a ser corrigido na atuação da destinatária dos ataques. Por isso, uma das táticas é a de raramente se repetirem os acusadores, sob pena de ser exposto o caráter transfóbico da conduta.

---

49. ZANIN, C.; MARTINS, W.; VALIM, R. *Lawfare*: Uma introdução. São Paulo: Contracorrente, 2019. p. 21.
50. Ibidem, p. 21.
51. Ibidem, p. 78.

A conjugação de todos esses métodos de violência, ou mesmo de apenas alguns deles, escancara a disparidade da relação de poder da vítima, relativamente a seus ofensores. Como os ataques são contínuos, vêm de inúmeras fontes, por meio de pessoas que não mostram sua verdadeira face, nem suas verdadeiras intenções, o efeito é avassalador. Causa danos gravíssimos à autoestima, à saúde e à integridade físico-psicológica da ofendida. A repetição dessas violências no decorrer do tempo enfraquece a resiliência da vítima, destrói sua rede de apoio e a leva a um sentimento irretorquível de isolamento.

Os efeitos desse dano se manifestam no sofrimento solitário de intensa dor psíquica. Os danos materiais e morais são evidentes e amplos. O *lawfare* pode levar à perda de rendimento no trabalho, ou mesmo à perda do emprego ou ao fechamento do estabelecimento gerenciado pela pessoa trans. Afinal, não é do interesse de outros integrantes da categoria profissional a permanência de um ser abjeto entre eles, mesmo que eles jamais a encontrem pessoalmente. Eles têm um misto de vergonha, de ódio e de rejeição contra aquela pessoa, daí o interesse em apagá-la da história daquela categoria.

7. RESPONSABILIDADE CIVIL

Não há dúvidas acerca dos danos morais devidos pelas práticas de *apagamento*, de *cyberbullying* e de *lawfare* contra pessoas trans nas instituições. Os efeitos desses danos podem se materializar em intensos sofrimentos psíquicos, os quais virão a se somar, para a pessoa trans, às dores de viver em uma sociedade que rejeita estruturalmente o diferente.[52] Há também a possibilidade de se materializarem danos materiais, especialmente quando os atos discriminatórios levam a vítima a perder o emprego; ou, se ela for profissional autônoma, a fechar sua empresa.

De fato, estariam comprovados o dano, a conduta antijurídica e o nexo de causalidade entre ambos. No caso das agressões cometidas por meio virtual (*cyberbullying*), ainda que fosse utilizada a teoria subjetiva, também estaria clara a culpa do agressor. Afinal, ninguém se prestaria a difamar o outro por meio de perfis *fakes* se não tivesse intenção explícita de fazê-lo.

Todavia, existe uma grande dificuldade em indicar os atores responsáveis pelos atos discriminatórios. Tanto o apagamento, quanto o *cyberbullying* e o *Lawfare* podem indicar uma unidade de desígnios com o propósito de destruir a integridade psíquica e as imagens da pessoa trans na sociedade e no seu meio profissional. A forma de agir dos agressores, porém, é pulverizada, seja por meio da utilização de inúmeros perfis "*fakes*", seja pela utilização de interpostas pessoas para realizar denúncias em excesso, denúncias infundadas, ou recursos contra decisões administrativas ou judiciais que absolvem a pessoa trans de ilícitos dos quais ela foi acusada.

Assim, a grande dificuldade que se apresenta é a de demonstrar em juízo que esses atos tiveram por fim único a discriminação contra a pessoa trans. Afinal, eles atacam

---

52. BLACK, P. *Minorities and Deviance. Coping strategies of the power-poor.* Lanham, US: Lexington Books, 2018.

todas as dimensões da vida da vítima, mas não necessariamente sua identidade de gênero. Provas estatísticas poderiam ser hábeis a demonstrar a diferença entre uma situação "anterior" e outra "posterior". Entretanto, é conhecida a postura de os juízes brasileiros rejeitarem essa modalidade de evidência, ao contrário do que ocorre com a justiça estadunidense, que desenvolveu técnicas decisórias sofisticadas para lidar com as perícias que se utilizam de provas estatísticas.[53]

Além dessa adversidade, destaca-se que a justiça brasileira é baseada no paradigma liberal do direito. Há a exigência de ações estritamente individuais, nas quais seja possível indicar-se apenas um único agente e sua respectiva conduta, sendo da vítima o ônus da prova constitutiva de seu direito.[54] É certo que é possível a inversão do ônus da prova em determinadas situações;[55] porém, a pessoa trans dificilmente conseguirá correlacionar o fato danoso a uma clara intenção de discriminar do agente. No máximo, conseguirá caracterizar o "*animus difamandi*" do agressor ao realizar comentários falsos em redes sociais e, ainda assim, para cada conduta, se conseguir identificar o agente.

Em contraponto, existe forte tendência no direito brasileiro a responsabilizar provedores e redes sociais se, alertados da existência do conteúdo danoso postado por terceiros, não adotaram medidas para retirar a publicação falsa. Isso a despeito de o art. 19 do Marco Civil da Internet (Lei 12.965/2014) afirmar que o provedor apenas será responsável civilmente se descumprir ordem judicial para retirar o conteúdo. No caso concreto, há uma colisão entre princípios, devendo ser ponderados o princípio da liberdade de expressão e o direito à intimidade, à honra e à imagem da vítima.[56]

A depender da solução adotada pelo STF no Tema 987, a vítima de danos morais e de danos materiais ocasionados por *cyberbullying* e por *lawfare*, como indicados neste artigo, poderá obter alguma satisfação quanto aos seus direitos de personalidade ofendidos.

8. CONSIDERAÇÕES FINAIS

Neste artigo, foi discutida e caracterizada a interseccionalidade da discriminação contra pessoas trans. Além do sexismo e da discriminação por orientação sexual, junta-se a abjeção, fato que exclui a pessoa trans de qualquer hierarquia social pré-constituída.

Por ser a pessoa trans considerada um ser abjeto, pessoas e instituições se sentem à vontade para apagá-la completamente do convívio social e profissional. Sua história é desconstruída com a finalidade de demonstrar que o único lugar social a ela admitido é o da marginalidade.

---

53. MOREIRA, J. *O que é Discriminação?* Belo Horizonte: Editora Letramento, 2017.
54. FARIAS, C. C. D.; BRAGA NETTO, F. P.; ROSENVALD, N. *Novo Tratado de Responsabilidade Civil*. 4. ed. São Paulo: Saraivajur, 2019.
55. É o que afirma o § 1º, do Art. 373 do Código de Processo Civil.
56. Essa discussão se encontra no STF por meio do Recurso Extraordinário – RE 1.037.396-SP, ao qual foi reconhecida repercussão geral pelo tribunal no Tema 987, que discute a "*constitucionalidade do art. 19 da Lei 12.965/2014 (Marco Civil da Internet) que determina a necessidade de prévia e específica ordem judicial de exclusão de conteúdo para a responsabilização civil de provedor de internet, websites e gestores de aplicativos de redes sociais por danos decorrentes de atos ilícitos praticados por terceiros*".

O apagamento sistemático propicia espaço para a prática de agressões múltiplas, que atingem todas as dimensões da vida da vítima. O efeito danoso ocorre principalmente na esfera extrapatrimonial, apesar de também poder ocasionar danos patrimoniais, devido a perda de saúde, de emprego ou de ocupação da pessoa trans. Os efeitos desses danos são devastadores para a esfera psíquica da vítima, pois os atos ilícitos não revelam a explícita intenção de discriminar a vítima devido à sua identidade de gênero.

Cyberbullying e *lawfare* são algumas das ferramentas utilizadas para atacar todos os domínios da vida da vítima. Nesse aspecto, o meio virtual funciona à semelhança de uma batalha de guerrilhas, pois o agressor está sempre oculto e aparenta ser numeroso, mesmo às custas da criação de perfis falsos nas redes sociais. A vítima é tratada como um inimigo, como um ser desprezível que deve ser eliminado. Essa característica da pulverização dos ataques dificulta a responsabilização civil dos agressores, ainda mais porque eles aparentam possuir desígnios múltiplos não relacionados entre si.

As possibilidades de coibir comportamentos discriminatórios como os mencionados neste artigo não passam por soluções simples. Além da necessidade de mudanças na responsabilização civil de terceiros, como no caso dos provedores de Internet, é essencial o investimento na educação para a cidadania de jovens e de crianças.

Outras medidas devem ser propostas, pois a questão da discriminação atinge as porções mais vulneráveis da população brasileira; e porque é objetivo da República Federativa do Brasil *"promover o bem de todos, sem preconceitos de origem, raça, sexo, cor, idade e quaisquer outras formas de discriminação"*.[57]

REFERÊNCIAS

ACIOLI, B. D. L.; PEIXOTO, E. L. C. Novas Práticas de Linchamento Virtual. Fachadas erradas e cancelamento de pessoas na cultura digital. *Revista Latinoamericana de Ciencias de la Comunicación*, 19, 23 dez. 2020. 80-91. Disponível em: http://revista.pubalaic.org/index.php/alaic/article/view/640. Acesso em: 15 jun. 2023.

ADORNO, S.; PASINATO, W. Violência e impunidade penal: Da criminalidade detectada à criminalidade investigada. *Dilemas-Revista de Estudos de Conflito e Controle Social*, São Paulo, 3, 2010. 51-84.

BARKER, M.-J.; SCHEELE, J. *Queer. Una Historia Gráfica*. Santa Cruz de Tenerife, ES: Editorial Melusina, 201.

BENTHAM, J. *O Panóptico*. 3. ed. Belo Horizonte: Autêntica, 2019.

BLACK, P. *Minorities and Deviance. Coping strategies of the power-poor*. Lanham, US: Lexington Books, 2018.

BUTLER, J. *Quadros de Guerra. Quando a vida é passível de luto?* 6. ed. Rio de Janeiro: Civilização Brasileira, 2019.

BUTLER, J. *Corpos que importam. Os Limites Discursivos do Sexo*. São Paulo: N-1 edições, Crocodilo, 2021.

CUNHA, L. R. D. *Identidade e Redesignação de Gênero*: aspectos da personalidade da família e da responsabilidade civil. 2. ed. Rio de Janeiro: Lumen Juris, 2018.

FARIAS, C. C. D.; BRAGA NETTO, F. P.; ROSENVALD, N. *Novo Tratado de Responsabilidade Civil*. 4. ed. São Paulo: Saraivajur, 2019.

---

57. Art. 3º, IV, da Constituição Federal.

FOUCAULT, M. O Verdadeiro Sexo. In: FOUCAULT, M. *Herculine Barbin. O diário de um hermafrodita*. Rio de Janeiro: Francisco Alves, 1978.

FOUCAULT, M. *História da Sexualidade I*: A vontade de Saber. 12. ed. Rio de Janeiro: Edições Graal, 1997.

GADAMER, H.-G. *Philosophical Hermeneutics*. Los Angeles/US: University of California Press, 1977.

HODGES, A. *Alan Turing*: The Enigma. London: Vintage Books, 2012.

KRISTEVA, J. *Powers of Horror*: An Essay on Abjection. New York: Columbia University Press, 1984.

MARMELSTEIN, G. *Discriminação por Preconceito Implícito*. Salvador: JusPodivm, 2021.

MEDON, F. Não canceleis para que não sejais cancelado. In: SCHREIBER, A.; MARTINS, G. M.; CARPENA, H. *Direitos Fundamentais e Sociedade Tecnológica*. Indaiatuba: Editora Foco, 2022.

MISKOLCI, R.; PELÚCIO, L. A prevenção do desvio: o dispositivo da aids e a repatologização das sexualidades dissidentes. *Sexualidad, Salud y Sociedad*, Rio de Janeiro, 2009.

MOREIRA, A. J. *Tratado de Direito Antidiscriminatório*. São Paulo: Contracorrente, 2020.

MOREIRA, J. *O que é Discriminação?* Belo Horizonte: Editora Letramento, 2017.

OPPENHEIMER, D. B. et al. *Comparative Equality and Anti-Discrimination Law*. 3. ed. Cheltenham, UK: Edward Elgar Publishing, 2020.

RIBEIRO, N. A. *Cyberbullying. Práticas e consequências da violência virtual na escola*. Salvador: JusPodivm, 2019.

RICH, A. Heterossexualidade compulsória e existência lésbica. *Bagoas* – Estudos gays: gêneros e sexualidades, Natal/RN, 4, 2012. Disponível em: https://periodicos.ufrn.br/bagoas/article/view/2309. Acesso em: 22 maio 2023.

ROOIJ, B. V.; FINE, A. *The Behavioral Code*: The Hidden Ways the Law Makes Us Better. or Worse. Boston, US: Beacon Press, 2021.

SÃO PAULO (MUNICÍPIO). Centro de Estudo de Cultura Contemporânea. Mapeamento das Pessoas Trans no Município de São Paulo, Janeiro de 2021. *Cidade de São Paulo*, 2021. Disponível em: https://www.prefeitura.sp.gov.br/cidade/secretarias/upload/direitos_humanos/LGBT/AnexoB_Relatorio_Final_Mapeamento_Pessoas_Trans_Fase1.pdf. Acesso em: 28 nov. 2021.

VIEIRA, O. V. A Desigualdade e a Subversão do Estado de Direito. *SUR – Revista internacional de Direitos Humanos*, São Paulo, 2007.

WOODWARD, K. Identidade e Diferença: Uma introdução teórica e conceitual. In: SILVA, T. T. D.; HALL, S.; WOODWARD, K. *Identidade e Diferença. A perspectiva dos estudos culturais*. Petrópolis: Vozes, 2014.

ZANIN, C.; MARTINS, W.; VALIM, R. *Lawfare*: Uma introdução. São Paulo: Contracorrente, 2019.

A RESPONSABILIDADE CIVIL DO ESTADO PELA INSUFICIÊNCIA DE UNIDADES HOSPITALARES CREDENCIADAS PARA A REALIZAÇÃO DO PROCESSO TRANSEXUALIZADOR

Vanessa de Castro Dória Melo

Mestranda em Direitos Humanos pela Universidade Federal da Bahia (UFBA). Especialista em Direito Público – Uniderp/LFG. Professora de Direito Civil e Direito Processual Civil do Centro Universitário do Rio São Francisco (UniRios). Pesquisadora dos grupos de pesquisa "Conversas Civilísticas" e "Direito e Sexualidade". Advogada. E-mail: vangarcez@hotmail.com.

Leandro Reinaldo da Cunha

Pós-doutor e Doutor em Direito pela Pontifícia Universidade Católica de São Paulo – PUC/SP e Mestre em Direito pela Universidade Metropolitana de Santos – UNIMES. Professor Titular-Livre de Direito Civil da Universidade Federal da Bahia (graduação, mestrado e doutorado). Pesquisador Científico. Vice-Presidente e investigador da Rede Visões Cruzadas sobre a Contemporaneidade (Rede VCC). Associado Titular do Instituto Brasileiro de Estudos de Responsabilidade Civil (IBERC). Líder dos grupos de pesquisa "Conversas Civilísticas" e "Direito e Sexualidade". https://orcid.org/0000-0003-2062-2184. E-mail: leandro.reinaldo@ufba.br.

Sumário: 1. Introdução – 2. A realidade da população transgênero e a premência das intervenções cirúrgicas – 3. A sexualidade e o direito fundamental à saúde – 4. A responsabilidade civil estatal – 5. Considerações finais – Referências.

1. INTRODUÇÃO

O acesso à saúde é um dos direitos mais elementares consignados em nossa Constituição Federal, norteador básico de nosso Estado Democrático de Direito, como corolário da vida humana enquanto aspecto essencial da humanidade.

Evidentemente que a busca por uma vida digna passa, necessariamente, por uma vida permeada pelos parâmetros da saúde e da higidez física e mental que permitam que a existência da pessoa possa se desenvolver de forma adequada, respeitando os preceitos mais basilares consignados pelos Direitos Humanos e Fundamentais.

No entanto não se pode olvidar que ainda que o acesso à saúde seja um fator indispensável para a vida de todo indivíduo há uma parcela da população à qual não se garante efetivamente o acesso ao preconizado pelos parâmetros mínimos da dignidade da pessoa humana e que, em decorrência disso, estão sob constante risco de aniquilamento. Nesse contexto pode-se inserir as minorias sexuais, que por não fazerem parte daqueles que se tem por dominantes socialmente acabam padecendo, face a aspectos vinculados à sua sexualidade, de uma efetiva atenção.

Ante a um manifesto desrespeito aos ditames mais basilares de um Estado Democrático de Direito as minorias sexuais são compelidas a travar inúmeras batalhas visando o acesso ao que se tem por mais elementar, revelando a dimensão dos riscos aos quais estão expostos, sendo que as mazelas experienciadas podem revestir-se de contornos ainda mais complexos dependendo de qual grupo aquela pessoa integra.

Considerando as diversas vertentes sexualmente minoritárias o presente texto destina sua atenção às pessoas transgênero, as quais enfrentam uma realidade extremamente delicada em nossa sociedade, mormente ao se considerar os dados estatísticos que indicam marcadores preocupantes no que concerne à sua integridade física e psicológica.

Dentre as parcas conquistas obtidas pelas pessoas transgênero em nosso país está a possibilidade de que elas venham a realizar o processo transexualizador, visando a adequação física do seu corpo ao seu gênero de pertencimento, de forma gratuita e subvencionada pelo Estado através do Sistema Único de Saúde (SUS).

E é exatamente nesse ponto em que se insere a questão de fundo do presente texto, no qual nos propomos a analisar a realidade fática das pessoas transgênero em busca de sua adequação física com o fim de compatibilizar seu corpo com os parâmetros do gênero com o qual se identifica.

2. A REALIDADE DA POPULAÇÃO TRANSGÊNERO E A PREMÊNCIA DAS INTERVENÇÕES CIRÚRGICAS

A sexualidade é um dos núcleos essenciais do ser humano, sendo a ele inerente, e o seu desrespeito vai de encontro com a própria dignidade da pessoa humana, "com conexões que vão além dos aspectos mais corriqueiros, permeando toda a existência do sujeito",[1] e, segundo entendemos, está lastreada em quatro pilares, distintos e não excludentes, que são: sexo, gênero, orientação sexual e identidade de gênero.

O sexo, analisado em seu sentido estrito segundo o viés jurídico, há de ser compreendido, em um primeiro momento, como o sexo anatômico que é aquele verificado, ordinariamente, segundo as características físicas apresentadas pela pessoa quando de seu nascimento e que é o incluído no registro civil do indivíduo, que normalmente é associado ao preceito binário do homem/macho e mulher/fêmea.[2]

É importante refletirmos que existem condições sexuais que não se enquadram nesse ideal binário de homem/macho ou mulher/fêmea, existindo as pessoas intersexo, cuja incidência estimada é de 1,7% da população mundial, o que significa que "a cada 100 nascimentos, uma criança, minimamente, nasceria com alguma variação gonodal, feno-

---

1. CUNHA, Leandro Reinaldo da Cunha. *Identidade e redesignação de gênero*: aspectos da personalidade, da família e da responsabilidade civil. 2. ed. Rio de Janeiro: Lumen Juris, 2018, p. 5.
2. CUNHA, Leandro Reinaldo da. Refúgio/asilo político para pessoas LGBTI+. *Revista Direito e Sexualidade*. Salvador, v. 3, n. 2, p. 189-204, 2022, p. 191.

típica ou de outra forma variante que lhe caracterizaria como corpo Intersexo".[3] Assim temos por intersexo aquele que apresenta uma "condição genética, física ou anatômica [que revela] um fenótipo que não permite a clara definição entre a conceituação binária homem/mulher, seja por apresentar estrutura genital que não autoriza a sua alocação em um dos grupos, ou em face de presença de aspectos de genitália condizentes com os dois conceitos".[4]

Já ao se apreciar o segundo dos pilares da sexualidade, o gênero, precisamos levar em consideração as expressões socioculturais que são rotineiramente conferidas e associadas ordinariamente ao homem ou a mulher. Quando relacionadas ao homem/macho estamos diante do que se tem por masculino e, de outra sorte, se vinculadas à mulher/fêmea tem-se por feminino. Essas expressões são baseadas naqueles traços normalmente vinculados a cada gênero, como o "menino veste azul e menina veste rosa", sendo preciso compreender que esse conceito cultural não possui vinculação com o sexo anatômico, mas sim à forma como aquele indivíduo performa seu existir perante a sociedade.[5]

A orientação sexual, terceiro dos aspectos da sexualidade, refere-se à atração afetiva/sexual demonstrada pela pessoa, e que pode apresentar-se como heterossexual, homossexual, bissexual, assexual e pansexual, baseada na existência de atração por alguém de outro gênero, ou do mesmo gênero, ou por mais de um gênero, ou não a apresentam ou então por qualquer pessoa, independentemente do seu gênero, respectivamente.[6]

O último pilar da sexualidade é a identidade de gênero, caractere relativo à percepção do próprio indivíduo quanto ao seu gênero. Segundo esse parâmetro as pessoas são entendidas como cisgêneros ou transgêneros, segundo a existência de uma compatibilidade ou não entre o sexo assinalado quando do nascimento e a sua percepção de gênero.

Havendo uma compatibilidade entre o esperado em razão do sexo atribuído quando do nascimento e a percepção de gênero estamos diante de pessoas cisgênero, enquanto serão tidas por transgênero aquelas que se identificam com gênero diverso do esperado em razão do sexo que a si foi consignado quando do seu nascimento, grupo no qual incluem-se travestis e transexuais.[7]

Em definição extraída dos "Princípios de Yogyakarta" temos que a identidade de gênero está associada:

---

3. SANTOS, Thais Emilia de Campos dos. *Jacob(y), "entre os sexos" e cardiopatias*: o que o fez anjo? São Paulo: Scortecci, 2020, p. 82.
4. CUNHA, Leandro Reinaldo da. *Identidade e redesignação de gênero*: Aspectos da personalidade, da família e da responsabilidade civil. 2 ed. rev. e ampl. Rio de Janeiro: Lumen Juris, 2018, p 26-27.
5. CUNHA, Leandro Reinaldo da. A responsabilidade civil face à objeção ao tratamento do transgênero sob o argumento etário. In: ROSENVALD, Nelson; MENEZES, Joyceane Bezerra de; DADALTO, Luciana (Org.). *Responsabilidade Civil e Medicina*. Indaiatuba-SP: Editora Foco, 2020, v., p. 289-301.
6. CUNHA, Leandro Reinaldo da. *Identidade e redesignação de gênero*: Aspectos da personalidade, da família e da responsabilidade civil. 2. ed. rev. e ampl., Rio de Janeiro: Lumen Juris, 2018, p. 17.
7. CUNHA, Leandro Reinaldo da. Do dever de especial proteção dos dados de transgêneros. *Revista Direito e Sexualidade*. v. 2, n. 2, p. 213-231, jul./dez. 2021, p. 217.

> à experiência interna, individual e profundamente sentida que cada pessoa tem em relação ao gênero, que pode, ou não, corresponder ao sexo atribuído no nascimento, incluindo-se aí o sentimento pessoal do corpo (que pode envolver, por livre escolha, modificação da aparência ou função corporal por meios médicos, cirúrgicos ou outros) e outras expressões de gênero, inclusive o modo de vestir-se, o modo de falar e maneirismos.[8]

Em que pese termos o entendimento de que todos os seres humanos são livres e iguais, tanto em dignidade quanto em direitos, independentemente de orientação sexual ou identidade de gênero, e que possuem o direito de desfrutar a plenitude dos Direitos Humanos,[9] se constata que a realidade vivenciada pelas pessoas transgênero é preocupante, podendo até mesmo se considerar que, no Brasil, estamos diante de um genocídio trans tamanha a sua vulnerabilidade.[10]

Para expressar a premência da proteção das pessoas transgênero é de se considerar que pelo décimo quarto ano seguido o Brasil é o país que mais mata transexuais no Mundo, de acordo com a ONG Internacional Transgender Europe (TGEU).[11] A isso se soma uma taxa extremamente elevada de tentativa de suicídio entre as pessoas transgênero,[12] além de uma expectativa de vida média que equivale a menos da metade daquela constatada entre as pessoas cisgênero.[13] Acresça-se ainda que, em média, com 13 (treze) anos pessoas transgênero são expulsas de casa por seus pais, apresentando também uma das mais elevadas taxas de evasão escolar, que acaba culminando com uma irrisória inserção no mercado de trabalho, com apenas 4% da população trans feminina possuindo um emprego formal e 90% delas tendo como fonte primária de renda a prostituição.[14]

> Em suma, em relação a comunidade trans, as violências físicas e psicológicas, a exclusão familiar ou permanência em ambientes familiares tóxicos e/ou transfóbicos, o abuso físico ou sexual, o alto índice de rejeição no mercado formal de trabalho, a extrema violência em suas mais diversas nuances e formas, o racismo, o cissexismo, a ausência de esperança, o estresse de minorias, o transtorno de ansiedade generalizada, depressão, humilhação, baixa autoestima, são alguns dos principais fatores que podem agravar a saúde mental de pessoas trans e levar ao suicídio, exatamente por serem contextos específicos em que apenas pessoas trans podem se deparar.[15]

---

8. Princípios de Yogyakarta. *Princípios sobre a aplicação da legislação internacional de direitos humanos em relação à orientação sexual e identidade de gênero*, 2007, p. 9-10.
9. Princípios de Yogyakarta. Princípios sobre a aplicação da legislação internacional de direitos humanos em relação à orientação sexual e identidade de gênero, 2007.
10. CUNHA, Leandro Reinaldo da. Genocídio trans: a culpa é de quem? *Revista Direito e Sexualidade*. Salvador, v. 3, n. 1, p. I-IV, 2022.
11. TRANS MURDER MONITORING (TMM). Disponível em: https://transrespect.org/en/map/trans-murder-monitoring/?submap=tmm_2022. Acesso em: 9 jun. 2023.
12. Resumen Ejecutivo Encuesta-T 2017, p. 23-24; GRANT, Jaime M.; MOTTET, Lisa A.; TANIS, Justin; HERMAN, Jody L.; HARRISON, Jack; KEISLING, Mara. *National Transgender Discrimination Survey Report on health and health care*. Washington, 2010, p. 16.
13. BENEVIDES, Bruna G. *Dossiê Assassinatos e violências contra travestis e transexuais brasileiras em 2021*. Antra, 2022, p. 41.
14. Dossiê dos assassinatos e da violência contra travestis e transexuais brasileiras em 2020. In: BENEVIDES, Bruna G.; NOGUEIRA, Sayonara Naider Bonfim (Org.). São Paulo: Expressão Popular, ANTRA, IBTE, 2021. 136p.
15. Dossiê: assassinatos e violências contra travestis e transexuais brasileiras em 2022 . In: BENEVIDES, Bruna G.; NOGUEIRA, Sayonara Naider Bonfim (Org.). Brasília: Distrito Drag, Antra, 2023. 109p, p. 82.

Em contraposição a toda essa repulsa que acompanha as vivências transgênero no Brasil surge a informação de que o Brasil é o País que mais consome pornografia trans no mundo, sendo a categoria "transgênero" a mais vista no Brasil.[16]

E mesmo ciente de todos esses dados muito pouco ou quase nada é realizado pelo Poder Público com o objetivo de resguardar a integridade das pessoas transgênero, sendo ainda mais gritante se constatar que inexiste legislação que busque atender as necessidades específicas desse grupo social, em manifesta leniência legislativa que coloca em risco a manutenção do tecido social sustentado em um Estado Democrático de Direito.[17]

Patentes os inúmeros obstáculos enfrentados pelas pessoas transgênero diariamente, situação essa que é em larga medida decorrente do fato de que a sexualidade ainda é um tabu em nossa sociedade, encontrando uma forte resistência social daqueles que não se enquadram em nenhuma das minorias sexuais. A imposição de uma pauta que tenha por fulcro a garantia dos direitos mínimos para a população transgênero coloca-se como um grande desafio.

Um dos aspectos que tem o condão de reduzir um pouco todo o estigma e preconceito que permeia a existência das pessoas transgênero está associado à passabilidade,[18] conceito usado para designar a ideia de que aquela pessoa apresenta caracteres externos que permitem que ela transite tranquilamente na multidão sem que seja constatada a sua condição,[19] gozando de uma vida minimamente mais próxima dos parâmetros elementares garantidos pelo texto constitucional. Fator de considerável grandeza para esse fim recai sobre a possibilidade de que as pessoas transgênero possam realizar, caso assim o desejem, tratamentos médicos (hormonais e cirúrgicos) com o objetivo de alcançar modificações corporais, no chamado processo transexualizador.

E, contrariando toda a carência de atenção estatal que acompanha a vivência transgênero, o Brasil viabiliza a realização de tal processo transexualizador, de forma gratuita, pelo Sistema Único de Saúde (SUS), nos termos descritos na Portaria 2.803/13 do Ministério da Saúde.

Contudo nem mesmo essa informação "que conduz a uma ideia de que a realização do processo transexualizador é universal"[20] é um alento para os anseios das pessoas transgênero, vez que existe uma enorme distância entre se determinar a realização do processo transexualizador e ele vir a ser efetivado. Basta que se tenha em mente que, nos moldes atuais, a espera para a realização dessa cirurgia é, em média, de 10 (dez) anos,

---

16. Dossiê: assassinatos e violências contra travestis e transexuais brasileiras em . In: BENEVIDES, Bruna G.; NOGUEIRA, Sayonara Naider Bonfim (Org.). Brasília: Distrito Drag, ANTRA, 2023. 109p.
17. CUNHA, Leandro Reinaldo da. Identidade de gênero e a responsabilidade civil do Estado pela leniência legislativa, *RT* 962 p. 37-52, 2015, p. 48.
18. DUQUE, Tiago. Epistemologia da passabilidade: Dez notas analíticas sobre experiências de (in)visibilidade trans. História Revista: *Revista do Departamento de História*, v. 25, n. 3, 2020, p. 33.
19. CUNHA, Leandro Reinaldo da. Além do gênero binário: repensando o direito ao reconhecimento legal de gênero. Tradução de texto original de THEILEN, Jens T. por *Revista Direito e Sexualidade*, Salvador, v. 1, n. 1, p. 1-16, jan./jun. 2020, p. 8.
20. Disponível em: https://www.migalhas.com.br/coluna/direito-e-sexualidade/392338/passabilidade-como-fator-de-inclusao-e-acesso-para-pessoas-transgenero.

conforme a Associação de Travestis e Transexuais do Brasil (ANTRA),[21] havendo casos de espera por até 18 (dezoito) anos.[22]

Considerando que estamos diante da discussão do acesso ao direito fundamental à saúde para as pessoas transgênero a pergunta norteadora que nos inquieta consiste em pensar qual a responsabilidade civil do Estado em decorrência da falta de hospitais para a realização das cirurgias de modificações corporais? Refletiremos de que modo essas filas de espera reforçam uma segregação e marginalização das pessoas trans, e que nossa reflexão possa ser um caminho para contribuir com o debate acerca das violações de direitos humanos sofridas diariamente por essas pessoas.

3. A SEXUALIDADE E O DIREITO FUNDAMENTAL À SAÚDE

A saúde é reconhecida como direito fundamental de segunda geração, diretamente relacionada com os de quarta geração[23] e que não se restringe apenas a uma questão de bem-estar físico, mas também mental e social, sendo um direito humano fundamental a ser protegido no âmbito nacional e internacional, independentemente de sexo, raça, cor, gênero ou orientação sexual, de acordo com a Declaração de Alma-Ata, formulada na Conferência Internacional sobre Cuidados Primários de Saúde, realizada pela Organização Mundial de Saúde – OMS.[24]

Face a sua inerente vinculação com a higidez e integridade tem-se que "a consecução do mais alto nível possível de saúde é a mais importante meta social mundial, cuja realização requer a ação de muitos outros setores sociais e econômicos, além do setor saúde".[25] E ao se considerar especificamente a perspectiva das pessoas transgênero pode-se agregar o princípio dezessete dos "Princípios da Yogyakarta" o qual aduz que "Toda pessoa tem o direito ao padrão mais alto alcançável de saúde física e mental, sem discriminação por motivo de orientação sexual ou identidade de gênero. A saúde sexual e reprodutiva é um aspecto fundamental desse direito".[26]

Em termos constitucionais não apenas o princípio da dignidade da pessoa humana como um dos fundamentos do Estado Democrático do Direito respalda a preocupação com a integridade dos indivíduos, havendo especificamente o direito à saúde como um dos direitos sociais elencados em seu artigo 6º, afirmando ser a saúde um direito de todos.

---

21. ANTRA. Associação Nacional de Travestis e Transexuais. *Como acessar o SUS para questões de transição?* Disponível em: https://antrabrasil.org/2020/07/27/como-acessar-o-sus-para-questoes-de-transicao/. Acesso em: 09 jun. 2023.
22. Disponível em: https://g1.globo.com/sp/sao-paulo/noticia/2023/04/05/um-ano-apos-decisao-favoravel-na-justica-professora-trans-aguarda-cirurgia-de-redesignacao-sexual.ghtml.
23. ROCHA, Julio Cesar de Sá da. *Direito da Saúde*: direito sanitário na perspectiva dos interesses difusos e coletivos. 2. ed. São Paulo: Atlas, 2011.
24. OMS. *Declaração de Alma-Ata*. Disponível em: http://bioeticaediplomacia.org/wp-content/uploads/2013/10/alma-ata.pdf. Acesso em: 10 jun. 2023.
25. OMS. *Declaração de Alma-Ata*. Disponível em: http://bioeticaediplomacia.org/wp-content/uploads/2013/10/alma-ata.pdf. Acesso em: 10 jun. 2023, p. 1.
26. Princípios de Yogyakarta. Princípios sobre a aplicação da legislação internacional de direitos humanos em relação à orientação sexual e identidade de gênero, 2007, p. 24.

Ante a todo o arcabouço normativo existente é imprescindível que existam medidas legais para o pleno gozo desse direito, independentemente de orientação sexual ou identidade de gênero, com a garantia de instalações, bens e serviços para o adequado atendimento, fator que se reveste de contornos ainda mais complexos ao se considerar a profunda vulnerabilidade que permeia a existência transgênero conforme já exposto.

Sob uma perspectiva temporal é relevante se pontuar que a transexualidade já foi considerada uma doença, sendo que a redação mais recente da Classificação Internacional de Doenças (CID-11) de 2019[27] (que entrou em vigor em 1º de janeiro de 2022) afastou a patologização até então vigente, inserindo-a entre as condições relacionadas à saúde sexual.

Mesmo com a despatologização é patente que, nos termos já defendidos por Harry Benjamin em 1966, a cirurgia de transgenitalização reveste-se de caráter terapêutico,[28] aspecto que não pode ser ignorado e que norteia os instrumentos que garantem a possibilidade da realização do processo transexualizador em território nacional desde 2008 (Portaria 1.707/08) pelo Sistema Único de Saúde (SUS).

Contudo, em que pese a determinação do Ministério da Saúde no sentido de garantir pleno acesso ao processo transexualizador a quem dele necessita (Portaria 2.803/13), constata-se que, nos termos da Portaria 2.736/2014,[29] existem apenas quatro estabelecimentos hospitalares cadastrados para os procedimentos cirúrgicos: Hospital de Clínicas de Porto Alegre – Universidade Federal do Rio Grande do Sul (RS); Universidade Estadual do Rio de Janeiro – HUPE – Hospital Universitário Pedro Ernesto (RJ); Hospital de Clínicas da Faculdade de Medicina /FMUSP – Fundação Faculdade de Medicina MECMPAS (SP) e Hospital das Clínicas da Universidade Federal de Goiás (GO).

Esse número diminuto de estabelecimentos hospitalares autorizados a realizar os procedimentos cirúrgicos necessários ao processo transexualizador é o que gera as filas de espera absurdas enfrentadas pelas pessoas transgênero que, como já indicado, são de 10 (dez) anos em média.[30] Uma mera análise aritmética que considere a precocidade com que pessoas transgênero tem suas vidas ceifadas conjugada com a regra desprovida de fundamentação de que as intervenções cirúrgicas apenas podem sem realizadas a partir dos 21 anos, segundo o art. 14, § 2º da Portaria 2.803/13 do Ministério da Saúde,[31] faria

---

27. OMS. Código Internacional de Doenças (CID) n. 11. Disponível em: https://icd.who.int/browse11/l-m/en#/http%3a%2f%2fid.who.int%2ficd%2fentity%2f411470068. Acesso em: 09 jun. 2023.
28. BENTO, Berenice Alves de Melo. *O que é transexualidade*. 2. ed. São Paulo: Brasiliense, 2012.
29. BRASIL. Ministério da Saúde. Altera o art. 9º da Portaria 2.803/GM/MS, de 19 de novembro de 2013, que redefine e amplia o Processo Transexualizador no Sistema Único de Saúde (SUS). Portaria 2.736, de 9 de dezembro de 2014. Publicada em 19 dez. 2014.
30. ANTRA. Associação Nacional de Travestis e Transexuais. *Como acessar o SUS para questões de transição?* Disponível em: https://antrabrasil.org/2020/07/27/como-acessar-o-sus-para-questoes-de-transicao/. Acesso em: 09 jun. 2023.
31. CUNHA, Leandro Reinaldo da. A responsabilidade civil face à objeção ao tratamento do transgênero sob o argumento etário. *Responsabilidade Civil e Medicina*. 2. ed. Indaiatuba: Editora Foco, p. 307-321, 2021, p. 308.

com que o procedimento somente fosse realizado, quando viesse a ocorrer, restando apenas pouco tempo de vida para essa pessoa.[32]

Esses números evidenciam que fazer com que as pessoas transgênero tenham que aguardar esse longo período de tempo para acessar um direito fundamental vai de encontro à dignidade da pessoa humana e ao direito à saúde, privando-as dos mais elementares direitos, além de potencialmente estar conduzindo-as a uma morte precoce.

Essa dificuldade de acesso ao tratamento primordial e de cunho terapêutico,[33] seja ele de natureza cirúrgica ou hormonal, tem ainda o nefasto condão de levar as pessoas transgêneros a buscar alternativas desesperadas, como automedicação[34] e tratamentos clandestinos que majoram o risco de que venham a sofrer com enormes sequelas.

De se notar que a necessidade de que se garanta a proteção específica das pessoas transgênero, ao menos em tese, está consignada em diversos instrumentos destinados à atenção aos Direitos Humanos, podendo ser aqui suscitado, apenas à guisa de ilustração, o próprio Programa Nacional de Direitos Humanos 3 (PNDH – 3), aprovado em 21 de dezembro de 2009 pelo Decreto 7.037/09, "com o escopo de estabelecer as diretrizes e objetivos na esfera dos direitos humanos que orientariam o Poder Público para uma sociedade mais adequada aos preceitos inerentes aos estabelecidos pelos direitos humanos, lastreado pela dignidade da pessoa humana e buscando fomentar um Estado Democrático de Direito".[35]

A Política Nacional de Saúde Integral de Lésbicas, Gays, Bissexuais, Travestis e Transexuais (Política Nacional de Saúde Integral LGBT),[36] instituída no âmbito do SUS, através da Portaria 2.836,[37] em 1º de dezembro de 2011, com o fulcro de nortear e legitimar essas necessidades específicas dessa parte da população, tão vulnerável, com a construção de mais equidade no Sistema Único de Saúde (SUS) também consigna a necessidade de atenção dos direitos sexuais como componente fundamental da saúde, pugnando pela eliminação da discriminação e do preconceito institucional, e, ao mesmo tempo, buscando a redução das desigualdades, ampliando o acesso à saúde, por meio do Sistema Único de Saúde (SUS), a essa parte da população tão invisibilizada.

---

32. CUNHA, Leandro Reinaldo da. População transgênero, direitos fundamentais e responsabilidade civil. In: ROSENVALD, Nelson; MONTEIRO FILHO, Carlos Edison do Rêgo; RUZYK, Carlos Eduardo Pianovski (Org.). *Responsabilidade civil e a luta pelos direitos fundamentais*. Indaiatuba: Editora Foco, 2023, v. 1, p. 285.
33. CUNHA, Leandro Reinaldo da. A responsabilidade civil face à objeção ao tratamento do transgênero sob o argumento etário. *Responsabilidade Civil e Medicina*. 2. ed. Indaiatuba: Editora Foco, p. 307-321, 2021, p. 318.
34. O'DWYER, Brena; HEILBORN, Maria Luiza. Jovens Transexuais: Acesso a serviços médicos, medicina e diagnóstico. *Revista Interseções*, v. 20, n. 1, p. 196-219, jun. 2018, p. 214.
35. CUNHA, Leandro Reinaldo da Cunha. *Identidade e redesignação de gênero*: aspectos da personalidade, da família e da responsabilidade civil. 2. ed. Rio de Janeiro: Lumen Juris, 2018, p. 84-85.
36. BRASIL. Ministério da Saúde. Política Nacional de Saúde Integral LGBT. 1. reimpr. Ministério da Saúde, Brasília-DF, 2013.
37. BRASIL. Ministério da Saúde. Institui, no âmbito do Sistema Único de Saúde (SUS), a Política Nacional de Saúde Integral de Lésbicas, Gays, Bissexuais, Travestis e Transexuais (Política Nacional de Saúde Integral LGBT). Portaria 2.836, de 1º de dezembro de 2011. Publicada em 1º dez. 2011.

[...] enfrentar toda a discriminação e exclusão social implica em promover a democracia social, a laicidade do Estado e, ao mesmo tempo, exige ampliar a consciência sanitária com mobilização em torno da defesa, do direito à saúde e dos direitos sexuais como componente fundamental da saúde.[38]

De acordo com o artigo 3º da Carta dos Direitos dos Usuários de Saúde, "toda pessoa tem direito ao tratamento adequado e no tempo certo para resolver o seu problema de saúde".[39] Contudo nos parece bastante evidente que impor a uma pessoa transgênero que aguarde por 10 (dez) anos em filas de espera, como dito, para a realização do processo transexualizador desrespeita manifestamente tal premissa.

A inércia do Poder Público em efetivar a proteção às pessoas transgênero ensejou a judicialização também dessa perspectiva, tendo o Supremo Tribunal Federal, em sede de Mandado de Injunção (MI 4.733[40]), em 2020, decidido que cabe ao Estado reconhecer e proteger a identidade de gênero, por ser uma manifestação da própria personalidade da pessoa humana.

Em 2021, em decisão do Ministro Gilmar Mendes, em liminar proferida na Arguição de Descumprimento de Preceito Fundamental (ADPF) 787,[41] ajuizada pelo Partido dos Trabalhadores (PT), ordenou que o Ministério da Saúde alterasse o sistema de informação do Sistema Único de Saúde (SUS), dentro do prazo de 30 dias, visando a marcação de exames e consultas independentemente do registro do sexo biológico, considerando a autodeclaração de gênero, haja vista que tal imposição vedava o acesso a certas pessoas ao atendimento médico necessário.

É patente que garantir formalmente o direito à saúde às pessoas transgênero e não efetivá-lo tangencia conceitos como tortura e crueldade,[42] "vez que o Estado cria nas pessoas expectativas que posteriormente não se efetivam",[43] podendo ser denominado como uma "crueldade jurídica", como pontua Alícia Garcia de Solovagione.[44]

A inoperância do Estado em garantir a realização dos tratamentos e procedimentos cirúrgicos desejados pelas pessoas transgênero dentro de um prazo razoável desrespeita a dignidade da pessoa humana e discrimina-as, negando a essas pessoas seu igual valor em inafastável falha do Estado em proteger parcela das mais vulneráveis da população.

---

38. BRASIL. Ministério da Saúde. Política Nacional de Saúde Integral LGBT. 1. reimpr. Ministério da Saúde, Brasília-DF, 2013, p. 8.
39. BRASIL. Ministério da Saúde. Carta dos direitos dos usuários da saúde. Ministério da Saúde, Brasília-DF, 2012, p. 9.
40. STF. Mandado de Injunção 4.733 DF. Relator: Ministro Edson Fachin. DJ: 29.09.2020. Disponível em: http://portal.stf.jus.br/processos/downloadPeca.asp?id=15344543023&ext=.pdf. Acesso em: 09 jun. 2023.
41. STF. Arguição de Descumprimento de Preceito Fundamental 787 DF. Relator: Ministro Gilmar Mendes. DJ: Disponível em: http://portal.stf.jus.br/processos/detalhe.asp?incidente=6093095. Acesso em: 09 jun. 2023.
42. CUNHA, Leandro Reinaldo da Cunha. *Identidade e redesignação de gênero*: aspectos da personalidade, da família e da responsabilidade civil. 2. ed. Rio de Janeiro: Lumen Juris, 2018, p. 90.
43. CUNHA, Leandro Reinaldo da. População transgênero, direitos fundamentais e responsabilidade civil. In: ROSENVALD, Nelson; MONTEIRO FILHO, Carlos Edison do Rêgo; RUZYK, Carlos Eduardo Pianovski (Org.). *Responsabilidade civil e a luta pelos direitos fundamentais*. Indaiatuba: Editora Foco, 2023, v. 1, p. 284.
44. SOLOVAGIONE, Alícia Garcia de. *Transexualismo*. Análisis jurídico y soluciones registrales. Córdoba: Advocatus, 2008, p. 201.

4. A RESPONSABILIDADE CIVIL ESTATAL

Para romper, minimamente, com o processo de invisibilização da população transgênero é preciso a implementação de políticas públicas efetivas, que necessariamente devem ser precedidas do conhecimento da real quantidade de pessoas que se encontram fora do espectro cisgênero em nosso País. A inexistência de dados oficiais impõe que se fie em estudos que afirmam que, no Brasil, 2% da população se identifica como alguém pertencente a um gênero diverso,[45] o que pode se traduzir em mais de 4 milhões de pessoas.

Essa carência de dados oficiais fez com que o Ministério Público Federal ajuizasse ação civil pública em face do IBGE (processo 1002268-94.2022.4.01.3000),[46] com a finalidade de haver a inclusão da contagem das pessoas transgênero no Censo 2022. Infelizmente não se obteve êxito nesse intento, tendo ocorrido o censo sem qualquer questionamento sobre a identidade de gênero.

> Apesar de todos os esforços feitos pelas instituições que produzem informações sobre a violência contra pessoas LGBTQIA+, continuamos com uma ausência extrema de dados governamentais e sem informações sobre a população LGBTQIA+ vinda do Estado. Sejam dados populacionais ou específicos sobre acesso à saúde e os impactos da violência, entre outros. A invisibilização continua junto ao apagão e a subnotificação intencionais. Assim como a dificuldade de busca de informações nos estados e municípios, que seguem omissas as respostas diante da situação geral em que pessoas LGBTQIA+ vem sendo (ex)postas. O próprio Atlas da Violência já vem denunciando a dificuldade de obter informações sobre LGBTIfobia em seus levantamentos.[47]

A ausência de informações de base tem como consequência imediata a ampliação da probabilidade (para uma quase certeza) de que as medidas a serem adotadas visando a atenção ao tema específico se mostrarão incapazes de atingir os fins colimados. E é isso que se pode constatar quando se está diante da realidade das pessoas transgênero que buscam o Sistema Único de Saúde (SUS) para a realização do processo transexualizador, pois passa longe do razoável a existência de uma espera média de 10 (dez) anos.

O número de hospitais que realizam os procedimentos pelo Sistema Único de Saúde (SUS) é ínfimo e está longe de cobrir a amplitude do território nacional, restando totalmente desatendida a grande maioria dos estados brasileiros. E o que evidencia a ineficácia do Poder Público é exatamente a constatação dessa enorme fila de espera, já que o Estado, mesmo ciente da existência de pessoas transgênero e de suas necessidades, haja vista a portaria do Ministério da Saúde, não reuniu dados sólidos acerca de quantas são as pessoas transgênero em nosso país, tampouco em que localidades elas se

---

45. SPIZZIRRI, Giancarlo, EUFRÁSIO, Raí, LIMA, Maria Cristina Pereira et al. Proportion of people identified as transgender and non-binary gender in Brazil. *Sci Rep* 11, 2240 (2021). https://doi.org/10.1038/s41598-021-81411-4. Disponível em: https://www.nature.com/articles/s41598-021-81411-4#citeas. Acesso em: 09 jun. 2023.
46. BRASIL. Justiça Federal da 1ª Região. Ação Civil Pública 1002268-94.2022.4.01.3000 (AC). Disponível em: file:///C:/Users/Windows/Downloads/Decis_o%20IBGE%20LGBTQIA%20_1_.pdf. Acesso em: 10 jun. 2023.
47. Dossiê: assassinatos e violências contra travestis e transexuais brasileiras em 2022. In: BENEVIDES, Bruna G. (Org). Brasília: Distrito Drag, Antra, 2023. 109p, p. 12.

encontram para determinar a necessidade exata de estabelecimentos qualificados para o atendimento necessário.

De se consignar também que mesmo se tratando de uma determinação de cunho federal, firmada pelo Ministério da Saúde, o Sistema Único de Saúde (SUS) sequer possui um cadastro único dos interessados no processo transexualizador em todo o Brasil, havendo listas internas em cada instituição.

O não implemento dos meios necessários a cumprir a determinação imposta pelo próprio Estado, por meio do Ministério da Saúde, visando o atendimento da população transgênero, mormente no que tange à realização do processo transexualizador, é conduta que conflita com o princípio da dignidade da pessoa humana e do direito à saúde, em manifesta afronta à Política Nacional de Saúde Integral da população LGBTQIAP+, a Constituição da República e os textos internacionais.

Importante se consignar que não se pode admitir em hipótese alguma uma proteção que se mostre ineficiente ou parcial quando estamos diante de uma questão que versa sobre direitos humanos ou, como bem acentua Nelson Nery Jr., "a proteção do Estado aos direitos fundamentais deve ocorrer tanto para evitar a proibição de excesso (Übermassverbot) quanto a proibição de proteção insuficiente (Untermassverbot).[48]

Essa ineficiência do Poder Público em efetivar os direitos fundamentais estabelecidos na Constituição Federal e devidamente instrumentalizado pela Portaria 2.803/13 do Ministério da Saúde traz um enorme prejuízo para essa parcela tão vulnerabilizada da população que acaba vendo-se compelida a buscar a judicialização a fim de conseguir acesso aos direitos que lhes são destinados mas não garantidos, pleiteando a realização das cirurgias vinculadas ao processo transexualizador de forma imediata pelo Sistema Único de Saúde (SUS) ou, ainda, através da rede particular, com o pedido para que o Poder Público seja obrigado a custear todo o procedimento.

Em 2019, a Defensoria Pública de São Paulo[49] obteve decisão favorável obrigando a realização da cirurgia de transgenitalização em uma mulher transgênero que já realizava tratamento hormonal desde 2012 e preenchia todos os demais requisitos, em até 90 dias após a sua publicação.

Em outubro de 2021, a Comissão Interamericana de Direitos Humanos (CIDH) realizou audiência pública no caso Luiza Melinho versus Brasil. No caso em questão, Luiza afirmou que o Brasil teria violado seu direito à saúde ao lhe negar a realização da cirurgia de transgenitalização através do Sistema Único de Saúde (SUS) ou custear em hospital privado, o que fez com que não tivesse uma vida digna, colocando em risco a sua vida e sua integridade física. Bruna Benevides, perante a CIDH afirmou:

---

48. NERY JR., Nelson. Direitos fundamentais à saúde e informação do consumidor. *Soluções Práticas de Direito.* São Paulo: Ed. RT, v. 1, n. 1, p. 309-362, 2014, p. 335.
49. SP: Após ação da Defensoria Pública, Justiça determina realização de cirurgia de redesignação sexual em mulher trans. ANADERP, 2019. Disponível em: https://www.anadep.org.br/wtk/pagina/materia?id=40104. Acesso em: 10 jun. 2023.

(...) falo de um País que vem sendo apontado há anos como o que mais assassina pessoas trans do mundo, sem que tenha sido tomada qualquer iniciativa para enfrentar este problema, o assassinato, inclusive, não se caracteriza apenas pelos crimes de ódio, mas o assassinato social muitas vezes se consolida pela omissão do Estado, pela ausência ou sucateamento de políticas públicas [...] o Brasil que eu e Luísa conhecemos não respeita e viola diariamente os direitos das pessoas trans para além dos tratados internacionais dos quais é signatário, ao não garantir políticas públicas que assegurem o direito à vida, ao bem-estar social e aos cuidados da saúde necessários para a transição física. Pessoas trans precisam de acompanhamento de todos os parâmetros de saúde, mas por conta da transfobia estrutural acabamos sendo afastadas do consultório médico e não existem informações suficientes sobre os cuidados específicos oferecidos pelo sistema de saúde público para a população trans como um todo...[50]

Em junho de 2023 a Comissão Interamericana de Direitos Humanos submeteu à Corte Interamericana (CorteIDH) o Caso 13.021 no qual pede a condenação do Brasil por violações aos direitos humanos de Luiza Melinho.[51]

O que se mostra inafastável é que o não cumprimento pelo Poder Público de seus deveres atrelados à saúde das pessoas transgênero tem o condão de agravar sua situação, ofendendo a sua integridade e até mesmo potencializando o risco de que venha a ceifar sua própria vida ante a todo o preconceito e discriminação que acompanha a vivência transgênero. A ofensa a um bem jurídico dos mais valorizados em um Estado Democrático de Direito é patente em tais casos, sendo imperioso que o Estado seja responsabilizado por sua ineficiência.[52]

Evidentemente que aqui nos deparamos com um manifesto descumprimento dos deveres mais fundamentais previstos em nossa Constituição Federal, mormente ao considerarmos que seu texto traz de maneira expressa, no art. 196, a obrigação do Estado em prestar o serviço de saúde, garantido por políticas sociais e econômicas.

A responsabilidade do Estado em não garantir de forma efetiva e real o acesso ao processo transexualizador não pode ser ignorada. E nessa senda é importante que se apresente de maneira peremptória que o texto constitucional prevê que a responsabilidade civil do Estado é objetiva ao asseverar que "As pessoas jurídicas de direito público e as de direito privado prestadoras de serviços públicos responderão pelos danos que seus agentes, nessa qualidade, causarem a terceiros, assegurado o direito de regresso contra o responsável nos casos de dolo ou culpa" (Art. 37, § 6º).

Quando se aprecia a responsabilidade civil do Estado um tema que ganha relevância incide sobre a natureza da conduta estatal, já que em caso de conduta omissiva a responsabilização reveste-se de uma complexidade maior do que em sede de atuação comissiva.

A responsabilidade por omissão não é tema pacífico em nosso ordenamento, com doutrinadores como Celso Antônio Bandeira de Mello, José Cretella Júnior e Maria Sylvia

---

50. Comissão Interamericana de Direitos Humanos. 22 outubro de 2021. Disponível em: https://www.oas.org/pt/cidh/sessoes/?S=181. Acesso em: 31 out. 2023.
51. Disponível em: https://www.oas.org/pt/cidh/jsForm/?File=/pt/cidh/prensa/notas/2023/190.asp. Acesso em: 31 out. 2023.
52. CUNHA, Leandro Reinaldo da. *Identidade e redesignação de gênero*: aspectos da personalidade, da família e da responsabilidade civil. 2. ed. Rio de Janeiro: Lumen Juris, 2018, p. 278.

Zanella Di Pietro, entendendo que essa responsabilidade seria subjetiva, dependendo de culpa, enquanto que outra parte da doutrina, como Flávio Tartuce, entende que essa responsabilidade é objetiva, argumentando que "[...] não se pode interpretar a Constituição da República de maneira prejudicial ao cidadão, que terá o pesadíssimo fardo de provar a culpa do ente estatal nos casos de omissão, uma prova perversa, diabólica, até impossível",[53] sendo importante "que o intérprete do século XXI deve – cada vez mais – assumir uma postura severa diante das omissões estatais".[54]

Contudo entendemos que no presente caso não estamos sequer diante de uma figura omissiva já que o Poder Público efetivamente instrumentalizou, por meio da Portaria 2.803/13 do Ministério da Saúde o processo transexualizador, contudo o fez de maneira ineficiente. Não se trata, portanto, de um não agir, mas sim de uma atuação que não atinge a amplitude necessária que dá azo uma série de ofensas aos direitos fundamentais da população transgênero.

E, sendo assim, não há qualquer celeuma quanto a aplicação da responsabilidade civil objetiva do Estado nos termos do art. 37, § 6º da Constituição Federal, compelindo o Poder Público a indenizar todos os danos sofridos em decorrência dessa atuação deficitária, tanto no âmbito patrimonial quanto no extrapatrimonial, onde entendemos ser incidente tanto a figura do dano moral quanto a do dano existencial ou quanto ao projeto de vida.

5. CONSIDERAÇÕES FINAIS

Inúmeras são as violências e discriminações diárias sofridas pelas pessoas transgênero em razão da sua identidade de gênero e, inquestionavelmente, boa parte delas (ou todas) tem como origem o não cumprimento de forma efetiva dos preceitos constitucionalmente previstos. Até mesmo quando se acredita que haveria uma nesga de luz na escuridão que prevalece em sede da efetivação dos direitos fundamentais desse grupo tão vulnerabilizado se constata que se trata apenas de mais um engodo.

Ainda que aos olhos menos atentos que venham a se fiar apenas no texto normativo possa parecer que o estado brasileiro garante a dignidade humana das pessoas transgênero com a previsão de realização do processo transexualizador pelo Sistema Único de Saúde (SUS) tal impressão não se verifica na prática.

Mesmo que se tenha como consolidado que a saúde, englobando o bem-estar físico, moral e social, nos termos firmados pela OMS (Organização Mundial da Saúde), é um direito fundamental a ser franqueado a todas as pessoas em nosso Estado Democrático de Direito, constatamos que a implementação prática de tal garantia se dá de forma bastante seletiva, deixando sem guarida um dos grupos sociais mais vulnerabilizados da nossa sociedade.

---

53. TARTUCE, Flávio. *Responsabilidade civil*. Rio de Janeiro: Forense, 2022, p. 673.
54. FARIAS, Cristiano Chaves de; ROSENVALD, Nelson; BRAGA NETTO, Felipe Peixoto. *Curso de direito civil*: Responsabilidade Civil. 2. ed. rev., ampl. e atual. São Paulo: Atlas, 2015, p. 606.

A conduta ineficiente estatal que prevê, segundo a Portaria 2.803/13 do Ministério da Saúde, que apenas 4 hospitais em todo o Brasil podem realizar as intervenções cirúrgicas vinculadas ao processo transexualizador nos conduz a uma fila de espera para acessar a tal direito de, em média, 10 anos, em total afronta aos direitos humanos e fundamentais.

Não há qualquer razoabilidade em se aguardar tanto tempo para poder passar por intervenções cirúrgicas de natureza terapêutica e que conferirá uma maior passabilidade a essa pessoa, que poderá ter uma vida um pouco mais próxima da normalidade vivenciada por todas as pessoas, sem que esteja constantemente sob o risco de todos os preconceitos, discriminações e medos que permeiam a realidade de uma pessoa transgênero em nossa sociedade.

Não ser efetivo em viabilizar os meios para que o processo transexualizador seja ofertado em um tempo minimamente razoável às pessoas transgênero que acorrem ao Sistema Único de Saúde (SUS) para a realização das intervenções cirúrgicas pertinentes acorrenta esse indivíduo a uma situação em que sua expectativa de vida média é menor do que a metade daquela constatada entre as pessoas cisgênero, o que tem uma enorme relação com o alto índice de tentativa de suicídio que acompanha essa minoria sexual.

A atuação pífia do Poder Público em garantir a integridade de um dos grupos mais vulnerabilizados dentro de nossa sociedade causa enormes danos e esses não podem restar sem qualquer recomposição por parte do agente de tamanha lesão, impondo o dever de indenizar ao Estado, de forma objetiva, nos termos do art. 37, § 6º da Constituição Federal.

Evidente que a reparação monetária não conseguirá sanar toda a extensão dos danos sofridos por aquelas pessoas transgênero que são privadas do acesso ao direito constitucionalmente garantido à saúde, sendo essa uma solução meramente paliativa enquanto o Estado não toma medidas reais para efetivar o cumprimento do disposto na Portaria 2.803/13 do Ministério da Saúde. Contudo, a compensação financeira de todas as agruras sofridas pode minimamente garantir a essa pessoa condições de buscar uma existência mais próxima daquela preconizada pelas diretrizes da dignidade humana.

REFERÊNCIAS

ANTRA. Associação Nacional de Travestis e Transexuais. *Como acessar o SUS para questões de transição?* Disponível em: https://antrabrasil.org/2020/07/27/como-acessar-o-sus-para-questoes-de-transicao/. Acesso em: 09 jun. 2023.

BENEVIDES, Bruna G. *Dossiê Assassinatos e violências contra travestis e transexuais brasileiras em 2021.* Antra, 2022.

BENTO, Berenice Alves de Melo. *O que é transexualidade.* 2. ed. São Paulo: Brasiliense, 2012.

BRASIL. Justiça Federal da 1ª Região. Ação Civil Pública 1002268-94.2022.4.01.3000 (AC). Disponível em: file:///C:/Users/Windows/Downloads/Decis_o%20IBGE%20LGBTQIA%20_1_.pdf. Acesso em: 10 jun. 2023.

BRASIL. Ministério da Saúde. Altera o art. 9º da Portaria 2.803/GM/MS, de 19 de novembro de 2013, que redefine e amplia o Processo Transexualizador no Sistema Único de Saúde (SUS). Portaria 2.736, de 9 de dezembro de 2014. Publicada em 19 dez. 2014.

BRASIL. Ministério da Saúde. Política Nacional de Saúde Integral LGBT. 1. reimpr. Ministério da Saúde, Brasília-DF, 2013.

BRASIL. Ministério da Saúde. Carta dos direitos dos usuários da saúde. Ministério da Saúde, Brasília-DF, 2012.

BRASIL. Ministério da Saúde. Institui, no âmbito do Sistema Único de Saúde (SUS), a Política Nacional de Saúde Integral de Lésbicas, Gays, Bissexuais, Travestis e Transexuais (Política Nacional de Saúde Integral LGBT). Portaria 2.836, de 1º de dezembro de 2011. Publicada em 1º dez. 2011.

CUNHA, Leandro Reinaldo da Cunha. *Identidade e redesignação de gênero*: aspectos da personalidade, da família e da responsabilidade civil. 2. ed. Rio de Janeiro: Lumen Juris, 2018.

CUNHA, Leandro Reinaldo da Cunha. Genocídio Trans: a culpa é quem? *Revista Direito e Sexualidade*, [S.l.], v. 3, n. 1, jan./jun. 2022

CUNHA, Leandro Reinaldo da. Do dever de especial proteção dos dados de transgêneros. *Revista Direito e Sexualidade*. v. 2, n. 2, p. 213-231, jul./dez. 2021.

CUNHA, Leandro Reinaldo da Cunha. A responsabilidade civil face à objeção ao tratamento do transgênero sob o argumento etário. In: Nelson Rosenvald; Joyceane Bezerra de Menezes; Luciana Dadalto. (Org.). *Responsabilidade Civil e Medicina*. Indaiatuba-SP: Editora Foco, 2020.

CUNHA, Leandro Reinaldo da Cunha. Identidade de gênero e a responsabilidade civil do Estado pela leniência legislativa. *Revista dos Tribunais*. São Paulo: Ed. RT, n. 962, p. 37-52, 2015.

CUNHA, Leandro Reinaldo da Cunha. A responsabilidade civil face à objeção ao tratamento do transgênero sob o argumento etário. *Responsabilidade Civil e Medicina*. 2. ed. Indaiatuba: Editora Foco, 2021.

CUNHA, Leandro Reinaldo da Cunha. População transgênero, direitos fundamentais e responsabilidade civil. In: ROSENVALD, Nelson; MONTEIRO FILHO, Carlos Edison do Rêgo; RUZYK, Carlos Eduardo Pianovski (Org.). *Responsabilidade civil e a luta pelos direitos fundamentais*. Indaiatuba: Editora Foco, 2023. v. 1.

CUNHA, Leandro Reinaldo da. Refúgio/asilo político para pessoas LGBTI+. *Revista Direito e Sexualidade*. Salvador, v. 3, n. 2, p. 189-204, 2022.

CUNHA, Leandro Reinaldo da Cunha. Além do gênero binário: repensando o direito ao reconhecimento legal de gênero. Tradução de texto original de THEILEN, Jens T. *Revista Direito e Sexualidade*. Salvador, v. 1, n. 1, p. 1-16, jan./jun. 2020.

DUQUE, Tiago. Epistemologia da passabilidade: Dez notas analíticas sobre experiências de (in)visibilidade trans. História Revista. *Revista do Departamento de História*, v. 25, n. 3, 2020.

FARIAS, Cristiano Chaves de; ROSENVALD, Nelson; BRAGA NETTO, Felipe Peixoto. *Curso de direito civil*: Responsabilidade Civil. 2. ed. rev., ampl. e atual. São Paulo: Atlas, 2015.

GAGLIANO, Pablo Stolze; PAMPLONA FILHO, Rodolfo. *Novo Curso de Direito Civil*: Obrigações. 24. ed. São Paulo: SaraivaJur, 2023. v. 2.

GRANT, Jaime M.; MOTTET, Lisa A.; TANIS, Justin; HERMAN, Jody L.; HARRISON, Jack; KEISLING, Mara. *National Transgender Discrimination Survey Report on health and health care*. Washington, 2010.

NERY JR., Nelson. Direitos fundamentais à saúde e informação do consumidor. *Soluções Práticas de Direito*. São Paulo: Ed. RT, v. 1, n. 1, p. 309-362, 2014.

O'DWYER, Brena; HEILBORN, Maria Luiza. Jovens Transexuais: Acesso a serviços médicos, medicina e diagnóstico. *Revista Interseções*, v. 20, n. 1, p. 196-219, jun. 2018.

OMS. Código Internacional de Doenças (CID) n. 11. Disponível em: https://icd.who.int/browse11/l-m/en#/http%3a%2f%2fid.who.int%2ficd%2fentity%2f411470068. Acesso em: 09 jun. 2023.

OMS. Declaração de Alma-Ata. Disponível em: http://bioeticaediplomacia.org/wp-content/uploads/2013/10/alma-ata.pdf. Acesso em: 10 jun. 2023.

PRINCÍPIOS DE YOGYAKARTA. Princípios sobre a aplicação da legislação internacional de direitos humanos em relação à orientação sexual e identidade de gênero, 2007.

RESUMEN EJECUTIVO ENCUESTA-T 2017, p. 23-24; GRANT, Jaime M.; MOTTET, Lisa A.; TANIS, Justin; HERMAN, Jody L.; HARRISON, Jack; KEISLING, Mara. National Transgender Discrimination Survey Report on health and health care. Washington, 2010.

ROCHA, Julio Cesar de Sá da. *Direito da Saúde*: direito sanitário na perspectiva dos interesses difusos e coletivos. 2. ed. São Paulo: Atlas, 2011.

SANTOS, Thais Emilia de Campos dos. *Jacob(y), "entre os sexos" e cardiopatias*: o que o fez anjo? São Paulo: Scortecci, 2020.

SOLOVAGIONE, Alícia Garcia de. *Transexualismo. Análisis jurídico y soluciones registrales*. Córdoba: Advocatus, 2008.

SPIZZIRRI, Giancarlo, EUFRÁSIO, Raí, LIMA, Maria Cristina Pereira et al. Proportion of people identified as transgender and non-binary gender in Brazil. *Sci Rep* 11, 2240 (2021). https://doi.org/10.1038/s41598-021-81411-4. Disponível em: https://www.nature.com/articles/s41598-021-81411-4#citeas. Acesso em: 09 jun. 2023.

STF. Mandado de Injunção 4.733 DF. Relator: Ministro Edson Fachin. DJ: 29.09.2020. Disponível em: http://portal.stf.jus.br/processos/downloadPeca.asp?id=15344543023&ext=.pdf. Acesso em: 09 jun. 2023.

STF. Arguição de Descumprimento de Preceito Fundamental 787 DF. Relator: Ministro Gilmar Mendes. DJ: Disponível em: http://portal.stf.jus.br/processos/detalhe.asp?incidente=6093095. Acesso em: 09 jun. 2023.

TARTUCE, Flávio. *Responsabilidade civil*. Rio de Janeiro: Forense, 2022.

TRANS MURDER MONITORING (TMM). Disponível em: https://transrespect.org/en/map/trans-murder-monitoring/?submap=tmm_2022. Acesso em: 9 jun. 2023.

RESPONSABILIDADE CIVIL ANTE A VIOLAÇÃO PÓSTUMA DA IDENTIDADE DE GÊNERO

Teila Rocha Lins D'Albuquerque

Doutoranda e Mestre em Direito pela Universidade Federal da Bahia. Mestre em Políticas Sociais e Cidadania pela Universidade Católica do Salvador. Professora da Universidade Católica do Salvador e da Uninassau. Associada do Instituto Brasileiro de Estudos de Responsabilidade Civil (IBERC). Membro do grupo de pesquisa "Conversas Civilísticas". https://orcid.org/0009-0000-7895-8938. Teilarocha.adv@gmail.com

Leandro Reinaldo da Cunha

Pós-doutor e Doutor em Direito pela Pontifícia Universidade Católica de São Paulo – PUC/SP e Mestre em Direito pela Universidade Metropolitana de Santos – UNIMES. Professor Titular-Livre de Direito Civil da Universidade Federal da Bahia (graduação, mestrado e doutorado). Vice-Presidente e investigador da Rede Visões Cruzadas sobre a Contemporaneidade (RedeVCC). Associado Titular do Instituto Brasileiro de Estudos de Responsabilidade Civil (IBERC). Líder dos grupos de pesquisa "Conversas Civilísticas" e "Direito e Sexualidade". https://orcid.org/0000-0003-2062-2184. E-mail: leandro.reinaldo@ufba.br.

Sumário: 1. Introdução – 2. Transgêneros na sociedade atual – 3. Direitos da personalidade na perspectiva da pessoa transgênero – 4. Tutela *post mortem* dos direitos da personalidade; 4.1 Titularidade; 4.2 Situações de violação *post mortem* dos direitos da personalidade da pessoa transgênero; 4.2.1 Velório e sepultamento; 4.2.2 Desrespeito ao nome – 5. Tutelas específicas e reflexos na responsabilidade civil diante da violação póstuma da identidade de gênero – 6. Considerações finais – Referências.

1. INTRODUÇÃO

Nos moldes postos atualmente por nossa sociedade, podemos considerar de compreensão singela a ideia de que a morte é uma certeza que atingirá a toda e qualquer pessoa, ainda que as memórias relacionadas àquele que teve sua vida findada permaneçam circulando entre os que remanescem no mundo terreno.

A certeza da morte faz com que o ordenamento jurídico pátrio teça uma série de considerações buscando estabelecer os parâmetros a serem adotados visando a transmissão do patrimônio deixado pelo falecido, em atenção ao posicionamento oitocentista ainda vigente de larga atenção aos elementos materiais.

Todavia, aspectos relacionados ao morto que não estão circunscritos aos limites da materialidade ou gozem de relevância econômica, acabam ficando ao largo da preocupação do legislador, ao menos no que tange aos aspectos vinculados ao Direito Civil.

Ainda que seja patente a perspectiva de que certos direitos ainda são resguardados ao morto, nota-se que persistem parâmetros segregatórios e discriminatórios experienciados em vida por certas pessoas, as quais têm sua honra e memória atingidas após o seu falecimento.

É evidente que tal sorte de circunstância verifica-se exatamente contra aqueles grupos sociais que historicamente sofrem os impactos nefastos da discriminação, colocando as minorias sexuais como um alvo tradicional de condutas ofensivas que ultrapassam os limites de sua vida e acabam atingindo-as também no *post mortem*.

Trabalhando tal perspectiva sob o prisma da sexualidade, o presente texto se aterá à análise da condição vivenciada pelas pessoas transgênero que, não bastasse todas ofensas contra si perpetradas durante a vida, seja da sociedade ou da própria família, ainda correm o risco de ver sua autodeterminação de gênero ignorada, tendo sua memória profanada ante a atos extremamente desrespeitosos, como quando são veladas ou enterradas com vestimentas que não se adequam com sua identidade de gênero ou mesmo com a indicação de seu nome ignorando esse mesmo conceito.

Faz-se premente que se aprecie o presente tema visando resguardar a identidade da pessoa transgênero, em extensão ao respeito que há de ser preservado de sua dignidade, mesmo após a sua morte. Inafastável a necessidade de tutelas jurídicas atentas a assegurar a dignidade póstuma da pessoa transgênero, especialmente no que concerne à responsabilidade civil.

2. TRANSGÊNEROS NA SOCIEDADE ATUAL

Em que pese a existência consolidada do preceito de que os direitos humanos e os direitos fundamentais são garantidos a todas as pessoas, está cristalizado em nossa sociedade que determinados grupos, tidos como minoritários, não gozam de tal prerrogativa,[1] fator facilmente constatado quando se considera a população transgênero.

Entendendo a sexualidade segundo a perspectiva de que ela se alicerça em quatro pilares básicos, quais sejam, sexo, gênero, orientação sexual e identidade de gênero, as pessoas transgênero estão englobadas nesse último critério, relacionado com a percepção individual acerca do seu pertencimento de gênero. Com isso tem-se por transgênero aquelas pessoas que sentem-se pertencentes a um gênero distinto daquele que era o esperado em razão do sexo que lhe foi atribuído quando do seu nascimento.[2]

Ainda que estabilizado o entendimento de que a transgeneridade não esteja vinculada a um aspecto volitivo ou a uma opção,[3] é bastante comum que tal tipo de pensamento permeie o entendimento da população geral, fazendo com que o direito à autodetermi-

---

1. CUNHA, Leandro Reinaldo da; CAZELATTO, Caio Eduardo Costa. Pluralismo jurídico e movimentos LGBTQIA+: do reconhecimento jurídico da liberdade de expressão sexual minoritária enquanto uma necessidade básica humana. *Revista Jurídica* – Unicuritiba, [S.l.], v. 1, n. 68, p. 486-526, mar. 2022, p. 504.
2. CUNHA, Leandro Reinaldo da. *Identidade e redesignação de gênero*: Aspectos da personalidade, da família e da responsabilidade civil. 2. ed. rev. e ampl. Rio de Janeiro: Lumen Juris, 2018, p 17.
3. CUNHA, Leandro Reinaldo da. Direitos dos transgêneros sob a perspectiva europeia. *Revista Debater a Europa*, n. 19, 2018, p. 49.

nação da pessoa transgênero encontre obstáculos e sofra constantes violações, as quais podem ultrapassar a sua própria existência em vida.

Compreender a realidade vivenciada pela população transgênero é a melhor forma de explicar os fundamentos que levam a uma situação fática que não vislumbra a existência de qualquer problema em se desrespeitar a dignidade daquela pessoa que morreu.

Dados do dossiê da Associação Nacional de Travestis e Transexuais (ANTRA) publicados em 2023, revelam que do total de 4.639 assassinatos catalogados pela ONG *Transgender Europe* (TGEU) entre 2008 e setembro de 2022, 1.741 ocorreram no Brasil, o que equivale a 37,5% de todas as mortes de pessoas trans do mundo. Considerando o último ano apreciado no dossiê, o Brasil é o país que mais assassinou pessoas trans (com 96 mortes, seguido do México e Estados Unidos, com 56 e 51, respectivamente), das quais 95% eram mulheres trans ou pessoas transfemininas, o que confere ainda uma perspectiva de gênero como um dos principais fatores no assassinato de pessoas trans.[4]

Pessoas transfemininas, travestis e mulheres trans enfrentam uma maior vulnerabilidade devido às vivências de transgeneridade no espaço público, ainda mais expostas aos riscos de uma morte violenta e prematura no Brasil.

Inegável que essa violência é consequência de todo o discurso de ódio e estímulo ao extermínio de suas existências, a qual pode ensejar a afirmação de que estamos diante de um genocídio trans.[5] E o fato de se deparar com a morte de uma maneira mais precoce enseja a constatação de uma situação fática que torna mais recorrente a subversão daquela perspectiva ordinária de que os ascendentes falecem antes de seus descendentes, o que dá azo a parte do problema disposto no presente texto, já que nem sempre as pessoas transgênero encontram no seio familiar o suporte necessário, como traremos posteriormente.

Esse traço de violência de gênero que se vislumbra quando da análise dos ataques perpetrados contra pessoas transgênero é marcado pela diferença declarada em relação ao padrão sexual imposto socialmente, sendo ainda retroalimentada pelo tratamento concedido a essas pessoas, que conviveram com uma definição patologizante por todo o período em que sua condição foi definida como "transtorno de identidade de gênero" pela Organização Mundial de Saúde.

Essa classificação enquanto patologia acabava por reproduzir violência de gênero de forma física, moral, psicológica e sexual nas esferas públicas e privadas de forma implícita ou explícita, dificultando a vida em sociedade para esses sujeitos. Como exemplo disso, tem-se a barreira profissional com escassez de oportunidades, o que se relaciona diretamente com o envolvimento dessas pessoas na prostituição e no tráfico de drogas, além do elevado número de homicídios que acomete os transgêneros no Brasil, fatos

---

4. BENEVIDES, Bruna G. *Dossiê*: assassinatos e violências contra travestis e transexuais brasileiras em 2022 ANTRA (Associação Nacional de Travestis e Transexuais) – Brasília, DF: Distrito Drag; ANTRA, 2023. 109p. ISBN: 978-85-906774-8-2, p. 61.
5. CUNHA, Leandro Reinaldo da. Genocídio trans: a culpa é de quem? *Revista Direito e Sexualidade*. Salvador, v. 3, n. 1, p. I-IV, 2022.

que demonstram a perpetuação da violência de forma histórica em todas as estruturas, determinando a esses sujeitos uma equivocada condição de cidadãos de segunda ordem.[6]

A comunidade LGBTQIAPN+ enfrenta um histórico de exclusão social que tem como seu demonstrativo mais pungente a absurda leniência legislativa no que tange a proteção de seus direitos mais basilares.[7] Essa ineficácia do Poder Público acaba por fomentar atos de violência e violação a direitos fundamentais que quando não ceifa a vida dos integrantes desse grupo vulnerabilizado faz com que tenham que se socorrer do Poder Judiciário em busca dos parâmetros mínimos para manter-se vivos.

As questões atreladas ao nome e ao sexo/gênero consignados em seus documentos já foram apreciadas pelos tribunais superiores. Contudo, a natureza e a amplitude das discriminações sofridas pelas pessoas transgênero revestem-se de contornos tão preocupantes que a transfobia, desde 2019, com o julgamento da Ação Direta de Inconstitucionalidade por Omissão (ADO) 26, passou a ser considerada como crime de racismo. A morosidade do Congresso Nacional para aprovar leis específicas sobre o tema foi parâmetro considerado pelo Supremo Tribunal Federal (STF) para determinar a incidência do disposto na Lei 7.716/1989, que versa sobre racismo, aos casos de transfobia.[8]

Fato é que a transgeneridade encerra em si uma série de complexidades que restam sumariamente ignoradas pelo nosso ordenamento jurídico, impondo a necessidade de profundos estudos sobre o tema.

3. DIREITOS DA PERSONALIDADE NA PERSPECTIVA DA PESSOA TRANSGÊNERO

Os direitos da personalidade, atributos essenciais à condição humana, por estarem atrelados ao conceito da humanidade, gozam de compreensão e amplitude variável considerando o momento histórico, já que não admite que suas variadas expressões sejam congeladas.

Assim entende-se que não encerra em si um rol restritivo face a esse caráter aberto que o caracteriza, sendo possível, ainda que não haja proteção em instrumento específico, a flexibilização do direito vigente para abarcar, no caso concreto, hipótese que confira guarida a elementos essenciais da personalidade, até mesmo ante a cláusula geral da dignidade da pessoa humana, a fim de garantir a manutenção do ordenamento jurídico sem que ocorra o seu envelhecimento precoce.[9]

---

6. COSTA, Fabricio Veiga. A problemática jurídica da transexualidade infantil. In: VIERIA, Tereza Rodrigues (Org.). *Transgêneros*. Brasília: Editora Zacarewicz, 2019, p. 45.
7. CUNHA, Leandro Reinaldo da. Identidade de gênero e a responsabilidade civil do Estado pela leniência legislativa, *RT* 962 p. 37-52, 2015, p. 48.
8. SUPERIOR TRIBUNAL DE JUSTIÇA. STF enquadra homofobia e transfobia como crimes de racismo ao reconhecer omissão legislativa. Disponível em: https://portal.stf.jus.br/noticias/verNoticiaDetalhe.asp?idConteudo=414010. Acesso em: 25 maio 2023.
9. ZANINI, Leonardo Estevam de Assis. *Direitos da Personalidade*: aspectos essenciais. São Paulo, Saraiva, 2011, p. 88.

Nota-se, portanto, que a categoria dos direitos da personalidade não possui a finalidade de imobilizar o rol dos atributos essenciais ao ser humano, não podendo-se ignorar que traz consigo inúmeras funções jurídicas, tais como: função preventiva (visa demonstrar as distintas ameaças que cada um desses atributos pode padecer, facilitando a prevenção de danos), função reparatória (busca permitir a mais plena reparação através do desenvolvimento de instrumentos específicos), função pacificadora (tem como escopo auxiliar a formulação de critérios próprios para a ponderação nas hipóteses de colisão entre os próprios direitos da personalidade ou entre eles e outros direitos fundamentais) e função promocional (pretende estimular o desenvolvimento desses atributos por meio de políticas públicas e iniciativas sociais apropriadas).

A construção dos direitos da personalidade como uma categoria geral tem, portanto, a serventia de ratificar, para fins práticos, as semelhanças e as diferenças entre os diversos atributos da condição humana, sem ameaçar a permanente conexão que os vincula, como feições de um todo indivisível.[10]

Desse modo, os direitos contemplados pela legislação cível não reduzem em nada a proteção ao fenômeno humano exatamente por elencar de forma não taxativa alguns dos atributos imprescindíveis à dignidade humana, expressados e reconhecidos de forma específica como passíveis de tutela pelo ordenamento jurídico brasileiro. Ressalta-se mais uma vez que não se esgotam em um rol taxativo, como se reafirma na prática judicial, na produção legislativa e na reflexão doutrinária, nas quais emergem novos direitos da personalidade a cada dia, com manifestações existenciais variadas que clamam pelo reconhecimento de sua essencialidade.[11]

Inserido no contexto dos direitos da personalidade está o direito de autodeterminação, resultante da autonomia privada que permite a cada pessoa o poder de se posicionar na sociedade, conforme o ordenamento jurídico. O termo "autonomia" possui o sentido de tradição patrimonialista no direito privado, mas também admite acepção de autonomia existencial, adequada para a esfera de liberdades pessoais do sujeito, em que é possível a autodeterminação da própria vida e personalidade de forma digna.[12]

A atribuição constitucional de um "catálogo aberto de direitos fundamentais" confere a todos a possibilidade de exercício deles de forma livre para que se "escolha a melhor forma de se realizar, por meio da eficácia do viés existencial da autonomia privada"[13] segundo a qual compete apenas à própria pessoa eleger a sua forma de viver, resguardados espaços cuja ingerência se admite unicamente ao titular do direito sem a interferência do Estado.

Não se admite que um legislador ou terceiro condicione o modo de viver de cada um, em situações subjetivas existenciais, exatamente por não conhecer as necessidades

---

10. MIRAGEM, Bruno. *Teoria Geral do Direito Civil*. Rio de Janeiro: Forense, 2021, p. 190.
11. SCHREIBER, Anderson. *Direitos da personalidade*. 3. ed. São Paulo: Atlas, 2014, p 14.
12. REQUIÃO, Maurício. Estatuto da pessoa com deficiência, incapacidades e interdição. Imprenta: Florianópolis, Tirant lo Blanch, 2018, p. 32.
13. TEIXEIRA, Ana Carolina Brochado. Autonomia existencial. *Revista Brasileira Direito Civil*, v. 16, 2018, p. 75.

individuais, incumbindo a cada um a construção e a vivência da própria ideia de autonomia existencial. Como bem definia Stefano Rodotà, não há o Estado que intervir em questões de cunho pessoal que em nada interferem na vida das demais pessoas.[14]

Ademais, o princípio da dignidade exige que os sujeitos sejam respeitados em suas liberdades para que possam construir a si mesmos conforme seus próprios valores, afastando a incidência da atuação do legislador, da família, entre outras entidades em situações existenciais de modo a assegurar um espaço particularizado de decisão pessoal.[15]

Inserto na perspectiva dos direitos da personalidade, segundo uma abordagem que busca a análise de questões atreladas à identidade de gênero, cumpre-nos tecer breves apontamentos sobre o direito ao nome e a identidade pessoal.

O direito ao nome, expressamente descrito como um dos direitos da personalidade no Código Civil (art. 16), é um atributo básico da identidade do sujeito, ladeado por outros como a voz, imagem, a história pessoal, cultural, orientação sexual e filosófica, entre outros sinais distintivos.[16] O nome, outrora imutável por princípio, passou a uma condição de livre alteração com as mais recentes mudanças da Lei de Registros Públicos (6.015/73) trazidas pela Lei 14.382/22, especialmente no disposto no art. 56.

Todavia anteriormente a possibilidade de alteração do nome atribuído às pessoas transgênero no nascimento dependia de determinação judicial, sendo que, desde a decisão proferida pelo Superior Tribunal de Justiça (STJ), consolidou-se o entendimento que esta poderia se dar independentemente de qualquer intervenção hormonal ou cirúrgica prévia (REsp. 1.626.739).[17]

O tema voltou a ser objeto dos tribunais superiores com o julgamento no Supremo Tribunal Federal (STF) da ADI 4275 e do RE 670422/RS, este último o *leading case* que deu ensejo ao tema de repercussão geral 761.[18] Na sequência da manifestação do Supremo Tribunal Federal (STF) o Conselho Nacional de Justiça (CNJ) elaborou o Provimento 73, instrumentalizando a alteração do nome em razão da identidade de gênero de forma administrativa, sem a necessidade de autorização judicial prévia ou de realização de intervenções medicas, ante a autodeclaração do requerente transgênero.

O fundo a sustentar a possibilidade de alteração do nome reside basicamente na proteção da dignidade da pessoa humana, não se exigindo nada mais do que a manifestação da vontade do sujeito.[19]

---

14. RODOTÀ, Stefano. A antropologia do *homo dignus*. Trad. Maria Celina Bodin de Moraes. *Civilistica.com*. Rio de Janeiro, a. 6, n. 2, jan./mar. 2017, p. 14.
15. TEIXEIRA, Ana Carolina Brochado. Autonomia existencial. *Revista Brasileira Direito Civil*, v. 16, 2018, p. 75.
16. MIRAGEM, Bruno. *Teoria Geral do Direito Civil*. Rio de Janeiro: Forense, 2021, p. 214.
17. CUNHA, Leandro Reinaldo da. *Identidade e redesignação de gênero*: Aspectos da personalidade, da família e da responsabilidade civil. 2 ed. rev. e ampl. Rio de Janeiro: Lumen Juris, 2018, p 149-150.
18. Repercussão Geral 761 – Possibilidade de alteração de gênero no assento de registro civil de transexual, mesmo sem a realização de procedimento cirúrgico de redesignação de sexo. (*Leading case* RE 670.422).
19. MIRAGEM, Bruno. *Teoria Geral do Direito Civil*. Rio de Janeiro: Forense, 2021, p. 214.

Importante se ponderar que o nome social da pessoa transgênero também reveste-se de proteção, ainda que se sustente atualmente que ante o posicionamento adotado pelos tribunais e face à possibilidade de retificação administrativa este tenha perdido um pouco da sua relevância prática, sem que isso signifique que se trate de tema irrelevante.[20]

O nome social, entendido como aquele prenome adotado pela pessoa e pelo qual ela "se identifica perante a coletividade, ainda que não se revele seu nome verdadeiro (constante de seus documentos de identificação)" e que é "admitido como forma efetiva de identificação em inúmeras searas" insere-se no contexto dos "direitos da personalidade do sujeito quando padeça de uma dissonância quanto a sua identidade de gênero, minorando as consequências danosas do preconceito e discriminação".[21]

Frise-se que o nome social para esse sujeito não é mero apelido, mas sim verdadeira adequação do nome, inclusive com o fim de evitar constrangimentos, tais como ser apresentada com nome em gênero diverso daquele que retrata a sua identidade.[22]

O nome social é, portanto, "aquele pelo qual a pessoa se identifica perante a coletividade, ainda que não se revele seu nome verdadeiro (constante de seus documentos de identificação)" (Cunha, 2018, p. 172) e que, inegavelmente, lastreado em parâmetros inerentes aos direitos da personalidade e da dignidade da pessoa humana, vem sendo reconhecido como forma de individualização pessoal oficial nos mais diversos momentos, a fim de se garantir a efetiva identificação do sujeito.[23]

Na mesma seara em que se encontra o nome, embora não esteja expresso no Código Civil, está o direito à identidade pessoal, o qual compreende aspectos variados do sujeito, a exemplo de ideologia política, religião e orientação sexual. Através de uma perspectiva dinâmica, direciona-se a promover e assegurar uma versão autêntica e singular da pessoa humana por meio de todos esses aspectos, e, exatamente por isso, não se caracteriza por justaposição com outros atributos da personalidade.[24]

A identidade pessoal configura-se independentemente das condições pessoais, sociais, defeitos ou virtudes do sujeito, reconhecendo-se a cada um a tutela da sua individualidade. Com isso, admite-se também uma possibilidade de alteração intrínseca, ou seja, um amplo potencial de mudança da identidade pessoal em conformidade com a evolução da pessoa.[25]

---

20. CUNHA, Leandro Reinaldo da. O esvaziamento do preceito do nome social diante das atuais decisões dos tribunais superiores. *Revista dos Tribunais*. São Paulo: Ed. RT, n. 1011, p. 67-81, 2020.
21. CUNHA, Leandro Reinaldo da. *Identidade e redesignação de gênero*: Aspectos da personalidade, da família e da responsabilidade civil. 2 ed. rev. e ampl. Rio de Janeiro: Lumen Juris, 2018, p 172.
22. PEREIRA, Ana Letícia Silva et al. Visibilidade post mortem: análise do direito ao uso do nome social nos registros de óbito. *Revista Feminismos*, v. 11, n. 1, 2023, p. 12 .
23. CUNHA, Leandro Reinaldo da. O esvaziamento do preceito do nome social diante das atuais decisões dos tribunais superiores. *Revista dos Tribunais*. São Paulo: Ed. RT, n. 1011, p. 67-81, 2020, p 73.
24. SCHREIBER, Anderson. *Direitos da personalidade*. 3. ed. São Paulo: Atlas, 2014, p. 216.
25. MORAES, Maria Celina Bodin de. Ampliando os direitos da personalidade. *Revista de Saúde Pública*, v. 41, n. 5, 2007, p. 13.

Nesse sentido, o direito à identidade como direito da personalidade relaciona-se com o reconhecimento de um direito à diferença e de seu respeito por meio do pluralismo e da liberdade individual de autodeterminar a própria vida, considerando um sistema de crenças e valores de cada um, seara em que se pode inserir a sexualidade da pessoa, e, nela, sua identidade de gênero. Face ao seu viés personalíssimo é premente se asseverar que cabe ao direito privado assegurar o seu pleno exercício frente a todos, até mesmo à família, possibilitando a afirmação e respeito à identidade de cada sujeito de forma particularizada.[26]

Evidencia-se, portanto, que o nome e o direito à identidade fazem parte dos direitos da personalidade, vez que caracteres indissociáveis da pessoa e que tem o condão de, juntamente com outros, resguardar a humanidade de todo indivíduo.

4. TUTELA *POST MORTEM* DOS DIREITOS DA PERSONALIDADE

Face à sua natureza os direitos da personalidade têm como característica a vitaliciedade, contudo isso não significa que restrinja-se tão somente ao período da vida de seu titular, já que podem ter seus efeitos ampliados para antes do nascimento (tutela de determinados interesses do nascituro, como sua vida e integridade) e também para após o óbito, alargando os efeitos da proteção à honra da pessoa ou à dignidade do cadáver.

A tutela póstuma da personalidade tem ampla tradição e remonta a momento antecedente ao reconhecimento desses direitos, em que outros institutos jurídicos eram utilizados para assegurá-la, como no célebre caso da divulgação fotográfica de Otto Von Bismarck em 1899 na Alemanha, em que se reconheceu a ilicitude da conduta dos jornalistas por adentrar o espaço do velório sem autorização e fotografar o cadáver. Face à ausência de uma previsão específica de proteção aos direitos da personalidade à época, o ilícito foi reconhecido com fundamento da invasão da propriedade privada.

Na atualidade verifica-se a tutela da personalidade após a morte, embora não projetada necessariamente a todos os seus atributos, mas incidindo sobre aqueles cuja a expansão para o fim da vida possua significado, merecendo destaque os relativos à integridade moral que contemplem a memória póstuma.[27]

Não poucas vezes se constata o desrespeito e a prática de condutas transfóbicas contra a pessoa após a sua morte, muitas vezes perpetradas pela própria família, a qual avoca para si o poder de grandes detentores dos corpos e memórias dos falecidos, impondo a necessidade de medidas garantidoras de uma proteção póstuma a essas pessoas.[28]

Tendo por base as idiossincrasias que se verificam em situações em que se pode pensar na tutela dos direitos da personalidade *post mortem* faz-se imperiosa uma análise focada de certos elementos.

---

26. MIRAGEM, Bruno. *Teoria Geral do Direito Civil*. Rio de Janeiro: Forense, 2021, p. 216.
27. MIRAGEM, Bruno. *Teoria Geral do Direito Civil*. Rio de Janeiro: Forense, 2021, p. 193.
28. BENEVIDES, Bruna (Org.). *Dossiê*: assassinatos e violências contra travestis e transexuais brasileiras em 2021. Brasília: Distrito Drag, ANTRA, 2022. 144f. ISBN: 978-65-992959-7-3.

4.1 Titularidade

O ponto que assume protagonismo imediato no que tange à proteção dos direitos da personalidade *post mortem* reside na definição de quem haverá de atuar com o fim de exigir o provimento jurisdicional cabível considerando-se que o titular do direito já faleceu. A impossibilidade de que a própria pessoa o faça após o seu falecimento não exclui, como já aduzido, a existência de certas projeções para depois de sua morte.

Independentemente da fonte da qual emanam atos atentatórios aos direitos da personalidade da pessoa falecida, sejam estes praticados por desconhecidos, familiares e pela sociedade como um todo, resguardam-se meios destinados à proteção da sua dignidade.

A tutela dos direitos da personalidade, nos termos prescritos no art. 12 do Código Civil, preconiza a possibilidade de fazer cessar a lesão ou ameaça de lesão a tais direitos, como também a reparação por eventuais perdas e danos sofridas, sem excluir ainda outras medidas que podem se configurar em retratação, direito de resposta, entre outras capazes de assegurar ao sujeito a proteção dos atributos da personalidade.[29]

A defesa *post mortem* de atributos da personalidade, ante a inviabilidade do exercício próprio, é deferida ao cônjuge sobrevivente, ou a qualquer parente em linha reta, ou colateral até o quarto grau, nos termos descritos no parágrafo único do artigo 12 do Código Civil.

E a questão da legitimidade para a defesa dos interesses do falecido exsurge como um dos pontos nevrálgicos da presente discussão, haja vista que em sede de ofensas póstumas aos direitos da personalidade de pessoas transgênero o mais ordinário é que tais atos sejam perpetrados exatamente por esses familiares que têm a prerrogativa de manifestarem-se no sentido de garantir a incolumidade da imagem do falecido. Não parece ser plausível crer que os legitimados demandarão por ofensas direcionadas ao falecido praticadas por eles mesmos.

Conforme se constata, diversos são os casos de violação da dignidade póstuma por atos ocorridos no próprio velório da pessoa trans, em que aqueles que mais deveriam zelar pela tutela póstuma da identidade de gênero, muitas vezes são os verdadeiros autores da violação. Tal aspecto, inicialmente, poderia criar uma dificuldade prática quanto à reparação civil, já que os legitimados ativamente pelo artigo 12 do Código Civil para o pleito ressarcitório de caráter póstumo, podem ser também os réus de eventual ação indenizatória, caracterizando-se a extinção da obrigação de indenizar, por força do instituto previsto no artigo 381 do Código Civil.

Lado outro, é possível ainda que entre os próprios familiares legitimados para a defesa póstuma da personalidade, reste configurada a propositura de ação indenizatória, em que um desses familiares figure como guardião da identidade de gênero violada

---

29. GODINHO, Adriano Marteleto; GUERRA, Gustavo Rabay. A defesa especial dos direitos da personalidade: os instrumentos de tutela previstos no direito brasileiro. *Revista Jurídica Cesumar-Mestrado*, v. 13, n. 1, 2013, p. 196.

contra o outro, que tenha cometido o ato atentatório à memória e a autodeterminação da pessoa morta.

Assim, pode-se concluir que, com a morte da pessoa, extingue-se a sua personalidade. À pessoa sobrevivem, todavia, alguns bens, como o seu nome, a sua honra, a sua imagem, que podem também fazer parte do conjunto de interesses a serem conservados pelos seus parentes em nome da família; por isso, a eles são confiados o dever de proteção, recebendo do direito a legitimação processual. O dano post-mortem aos bens da personalidade é único e autoriza uma única ação, que pode ser promovida em conjunto por todos os herdeiros legitimados, por alguns deles, ou por um só herdeiro, e terá por objeto a indenização por dano causado à memória do morto, diante dos valores relativos aos direitos da personalidade que devem ser preservados com a sua morte.[30]

Contudo considerando a amplitude de legitimados a atuar em caso de violação de direitos da personalidade de quem tenha falecido, que estende-se até os parentes colaterais em 4º grau, compreende-se que a prerrogativa de atuar pertence a todos eles, sem a exclusão dos mais distantes em decorrência da existência de outros mais próximos vez que a perspectiva é exatamente a de garantir a mais ampla proteção aos direitos daquele que não mais se faz presente para poder litigar por seus direitos por si.

Entendemos também ser pertinente a excepcional possibilidade da oferta de um curador especial para atuar naquela situação em específico, em analogia ao previsto no art. 72, I do Código de Processo Civil, caso os interesses dos representantes ordinários conflitem com os do representado, atribuição essa a ser exercida pela Defensoria Pública.

4.2 Situações de violação *post mortem* dos direitos da personalidade da pessoa transgênero

O *post mortem* da pessoa transgênero traz consigo contextos mais delicados no que se refere à proteção dos seus direitos da personalidade vez que não poucas são as situações em que suas conquistas obtidas em vida são sepultadas com elas.

Os conflitos que enfrentaram em vida para conseguir que sua identidade de gênero fosse efetivamente respeitada correm o risco de serem invisibilizadas quando do seu passamento pois nem sempre aqueles que tornam-se os responsáveis pela proteção de sua dignidade e memória respeitam a sua existência dissonante dos padrões socialmente impostos. É inafastável a concepção de que as pessoas transgênero precisam "ter a sua autodeterminação respeitada tanto em vida quanto no *post mortem*".[31]

Considerando a hipótese específica à qual se propõe o presente texto podemos considerar duas situações distintas em que vislumbramos a incidência de ofensas *post mortem* aos direitos da personalidade da pessoa transgênero, quais sejam: desrespeito à

---

30. BELTRÃO, Silvio Romero. Tutela jurídica da personalidade humana após a morte: conflitos em face da legitimidade ativa. *Revista de Processo*, 2015, p. 7.
31. PEREIRA, Ana Letícia Silva et al. Visibilidade *post mortem*: análise do direito ao uso do nome social nos registros de óbito. *Revista Feminismos*, v. 11, n. 1, 2023, p. 7.

identidade de gênero quando do sepultamento ou atos prévios, e; não atenção ao nome social ou retificado da pessoa falecida.

Importante se consignar a existência de iniciativas com esse fim em tramitação ou já vigentes, merecendo especial menção a Lei 6.804/21 do Distrito Federal que garante a utilização do nome social em lápides, jazigos e certidões de óbito mesmo que aquelas pessoas não tivessem realizado a retificação do nome em vida.

4.2.1 Velório e sepultamento

Um dos maiores atos de violência sofridos por pessoas transgênero após a sua morte é o do velório ou sepultamento que afronta a identidade de gênero daquele que faleceu, com o uso de trajes, acessórios e outros elementos discrepantes com o modo como a pessoa expressava sua identidade de gênero e se apresentava socialmente.

Tal sorte de conduta, de regra praticada pelos familiares que se negam a respeitar a transgeneridade da pessoa, surge como uma forma de relegar a identidade de gênero do falecido, tomando-lhe a sua essência como pessoa a fim de atender a interesses daqueles familiares, o que se consuma em inconteste ataque à dignidade e à memória póstuma da pessoa transgênero, e que não pode restar sem consequências.

A simples constatação de dados como o de que pessoas transgênero são expulsas de casa, em média, aos 13 anos[32] basta para compreender que essa mesma família que afasta esses jovens da convivência familiar não hesitará em fazer valer seus interesses e desconfigurar tudo o que o falecido era, negando-lhe o direito de ser velado e enterrado segundo os parâmetros que entendia serem os que lhe identificava.

Reflexo dessa conduta pode se verificar no caso de Alana, mulher trans, enterrada com terno, barba e bigode pela família que não aceitava a sua identidade de gênero, o que causou revolta entre seus amigos, alcançando o movimento em defesa da comunidade transexual de Aracaju (SE), onde foi enterrada.[33]

Ressalta-se que esse não é um caso isolado e revela claramente o grau de violência que se tem por normalizado quando praticado em face de uma pessoa transgênero, fator que tem levado à elaboração de projetos de lei, similares à Lei 6.804/21 do Distrito Federal, com o objetivo de garantir o respeito póstumo da identidade de gênero.

Tal sorte de ritual vexatório de despedida promove a dupla morte das pessoas trans. A atual concepção de que a família do falecido passa a ser a "proprietária" do corpo daquele que faleceu parece fomentar o surgimento de um poder que traz consigo o apagamento dos anseios, desejos e da própria existência do morto, como se a partir da morte suas manifestações existenciais deixassem de ter qualquer valor e pudessem ser ignoradas ou sepultadas juntamente com ele.

---

32. CUNHA, Leandro Reinaldo da. Genocídio trans: a culpa é de quem? *Revista Direito e Sexualidade*. Salvador, v. 3, n. 1, p. I-IV, 2022.
33. Disponível em: https://oglobo.globo.com/brasil/era-que-ela-mais-me-pedia-para-que-nao-acontecesse-diz--amiga-de-mulher-trans-enterrada-de-terno-bigode-no-sergipe-1-25235187 Acesso em: 25 ago. 2023.

O nosso ordenamento, vastamente calcado em preocupações materiais dotadas de relevância econômica, tem enorme preocupação em buscar a garantia e prevalência dos atos e negócios jurídicos praticados em vida pelo falecido, trazendo uma série de considerações referentes a consequências sucessórias das doações praticadas em favor dos filhos ou mesmo das disposições de última vontade.[34]

Já no que se refere a questões de cunho existencial há um claro menoscabo do manifestado pelo sujeito, ou por total ausência de regulamentação, por previsão expressa ou interpretação questionável da lei, como se vislumbra em sede de doação de órgãos em que a lei impõe a manifestação dos familiares mesmo tendo havido declaração expressa do indivíduo no sentido de determinar a doação de seus órgãos.

Fato é que essa construção socialmente aceita de que o corpo do morto "pertence" a sua família conduz a situações como a relatada de Alana que mesmo com toda a sua luta por autodeterminação e reconhecimento social foi reduzida a nada por sua família que a desfigurou para atender a seus interesses manifestamente contrários a tudo o que era mais caro a ela.

Em tais circunstâncias parece ser suficientemente claro que houve um desrespeito aos direitos da personalidade daquele que faleceu, o que pode ensejar tanto uma atuação visando fazer cessar tais ofensas como também a imposição de dever de reparar.

4.2.2 *Desrespeito ao nome*

Além das situações de velório e sepultamento há ainda a utilização de prenome que ignora a identidade de gênero do falecido. E tal aspecto ganha contornos de maior complexidade vez que se faz necessário apreciá-lo segundo duas vertentes distintas considerando a realização ou não da retificação formal do nome.

Tendo havido a alteração do nome da pessoa transgênero adequando-o à sua identidade de gênero é patente que qualquer ato que venha a ignorar o nome consignado formalmente assume a condição de clara ofensa, não restando qualquer dúvida quanto a sua ilicitude.

Todavia não tendo ocorrido a retificação formal do nome da pessoa transgênero que faleceu estaríamos diante de um caso que merece uma atenção mais acurada. Apesar de existirem propostas legislativas visando a inclusão do nome social na certidão de óbito, como é o caso do Projeto de Lei 97/21 da Assembleia Legislativa do Estado de São Paulo, e mesmo leis com tal fulcro, como é o caso da Lei 6.804/21 do Distrito Federal, o modelo atual do referido documento, conforme estabelecido no Provimento 63 do Conselho Nacional de Justiça (CNJ) não traz campo para a sua indicação.

E não são poucos os casos de pessoas trans que falecem sem que tenham procedido com essa alteração que, mesmo que facilitada pelos preceitos atualmente postos, especialmente pelo Provimento 73 do Conselho Nacional de Justiça (CNJ), cujo conteúdo

---

34. CUNHA, Leandro Reinaldo da. *Sucessão*: Colação e sonegados. Indaiatuba: Editora Foco, 2022, p. 1.

foi incorporado ao Provimento 149/23, ainda pode encerrar alguma dificuldade decorrente não só do preconceito que faz com que alguns ainda tenham receio de se expor abertamente com a alteração dos documentos sem que goze de passabilidade plena[35] ou face a dificuldades econômicas, já que a alteração não se realiza sem que o interessado suporte os encargos financeiros.

Conforme aponta o dossiê publicado em 2023 pela ANTRA, existem pessoas com questões legais ou sucessórias que dificultam a retificação do nome, bem como a depender do Estado, pode haver custos que dificultam o procedimento: "independente do motivo de cada pessoa e de cada caso, a autodeclaração de gênero é um Direito Humano que independe da anuência estatal. Respeitar os pronomes, o nome social, a expressão e a identidade de gênero das pessoas Trans deve estar acima de qualquer norma formal".[36]

Tal questão poderia ser sanada a partir de uma regulamentação adequada, que contemplasse um olhar mais cuidadoso e esforçado por parte do Estado em atenção às peculiaridades e dados acerca da severa realidade que acomete a comunidade transgênero, contudo sua leniência é uma realidade consolidada.[37]

Face aos aspectos formais que preconizam uma identidade entre os dados consignados no Registro Civil de Nascimento (RCN) que enseja a elaboração da Certidão de Nascimento é o que constará da Certidão de Óbito dessa mesma pessoa parece haver coerência na indicação do nome não retificado nesse documento, sem que isso encerre em si uma violação à memória da pessoa falecida.

Contudo é inquestionável que deixar de reconhecer o nome social no registro de óbito, ainda que existam restrições ante a forma como se constituiu o modelo desse documento, é uma violação à dignidade dessas pessoas, a qual caracteriza mais uma violência, a qual cerceia o seu direito de ser reconhecida após a morte como havia desejado em vida.[38] Acresça-se que em tais circunstâncias nem mesmo existem os sempre alegados riscos de que a pessoa venha a se valer do nome alterado para benefícios escusos...

De outra sorte se afigura como imprescindível a adequação da Certidão de Óbito em caso de retificação *post mortem* do nome de pessoa transgênero que tenha solicitado tal mudança, administrativamente ou judicialmente, e tenha vindo a falecer antes de findo o processo retificador.

A título de exemplificação pode-se relatar o caso de Samantha, mulher trans falecida, cuja mãe buscou, em 2022, a tutela jurisdicional visando a alteração do registro de óbito

---

35. CUNHA, Leandro Reinaldo da. *Passabilidade como fator de inclusão e acesso para pessoas transgênero*. Disponível em: https://www.migalhas.com.br/coluna/direito-e-sexualidade/392338/passabilidade-como-fator-de-inclusao-e-acesso-para-pessoas-transgenero. Acesso em: 25 ago. 2023.
36. BENEVIDES, Bruna G. *Dossiê*: assassinatos e violências contra travestis e transexuais brasileiras em 2022. ANTRA (Associação Nacional de Travestis e Transexuais) – Brasília, DF: Distrito Drag; ANTRA, 2023. 109p. ISBN: 978-85-906774-8-2 (p. 67).
37. CUNHA, Leandro Reinaldo da. Identidade de gênero e a responsabilidade civil do Estado pela leniência legislativa, *RT* 962 p. 37-52, 2015.
38. PEREIRA, Ana Letícia Silva et al. Visibilidade *post mortem*: análise do direito ao uso do nome social nos registros de óbito. *Revista Feminismos*, v. 11, n. 1, 2023, p. 13.

com a retificação do nome e do gênero de sua filha e, mediante atuação da Defensoria Pública do Rio de Janeiro, especificamente do Núcleo de Defesa dos Direitos Homoafetivos e Diversidade Sexual (Nudiversis) da Defensoria, e obteve êxito, assegurando a dignidade póstuma de Samantha.[39]

De se indicar também o segundo caso no Brasil e primeiro no Nordeste a contemplar a alteração póstuma de prenome de pessoa transgênero. Lorena Muniz, falecida em um incêndio ocorrido em uma clínica de estética, local em que iria realizar uma cirurgia de implante de silicone, teve acolhido, de forma póstuma, o pedido formulado pela Defensoria Pública de Pernambuco para o reconhecimento da sua identidade de gênero. Acerca do caso, destaque-se a fala da vice-presidente do IBDFAM, Maria Berenice Dias:

> O fato de ter ocorrido a morte da pessoa antes que ela tivesse tomado a providência de promover a alteração de identidade de gênero não significa que ela não tivesse a identidade com a qual se identificava. Como tal, cabe à Justiça assegurar esse direito ainda que a pessoa tenha falecido.[40]

Contudo, infelizmente, a temática não é pacífica. Em 2019 os pais de uma jovem que faleceu precocemente, chamada Victoria, não conseguiram a alteração *post mortem* do seu nome, sob o argumento de que seria o nome um direito personalíssimo e pedido de alteração não fora efetuado por Victória em vida.[41]

> Apelação cível. Alteração de nome e gênero. Pessoa transgênero. Direito personalíssimo. Morte. Pedido póstumo. Genitores. Ilegitimidade reconhecida. O Supremo Tribunal Federal pacificou a possibilidade de alteração de prenome e gênero de pessoas transgênero, no julgamento da Ação Direta de Inconstitucionalidade 4.275/DF. Por consistir um direito personalíssimo, eventual pedido de alteração caberá exclusivamente ao próprio interessado. O de cujus não exerceu tal prerrogativa em vida, não sendo autorizado aos seus genitores, em momento póstumo, requerem em nome próprio a alteração de direito personalíssimo de outrem.[42]

Embora no caso de Victória o processo visando a retificação não tenha sido iniciado em vida há de se entender como perfeitamente legítima a alteração póstuma mormente por não se poder olvidar de todas as barreiras encontradas pelas pessoas transgênero para o acesso e a efetiva alteração do nome, ao que há de se associar a precocidade com que normalmente pessoas transgênero têm suas vidas ceifadas.

---

39. DEFENSORIA PÚBLICA DO RIO DE JANEIRO, 2022. DPRJ obtém retificação pós-morte de nome e gênero de jovem trans. Disponível em: https://defensoria.rj.def.br/noticia/detalhes/18194-Defensoria-pede-retificacao-de-nome-e-genero-de-jovem-trans-falecida.
40. Assessoria de Comunicação do IBDFAM. Reconhecimento póstumo de identidade de gênero traz dignidade às pessoas trans. 2022. Disponível em: https://ibdfam.org.br/noticias/9773/Reconhecimento+p%C3%B3stumo+de+identidade+de+g%C3%AAnero+traz+dignidade+%C3%A0s+pessoas+trans+. Acesso em: 20 maio 2023.
41. BENEVIDES, Bruna; SOARES, Inês; DANDARA, Victória. Dignidade póstuma para as pessoas trans – *Conjur*, 2022 Disponível em: https://www.conjur.com.br/2022-jun-28/opiniao-dignidade-postuma-pessoas-trans2. Acesso em: 25 abr. 2023.
42. TJ-DF 07001860420198070015 DF 0700186-04.2019.8.07.0015, Relator: Carmelita Brasil, Data de Julgamento: 18.07.2019, 2ª Turma Cível, Data de Publicação: Publicado no DJE: 24.07.2019. P.: Sem Página Cadastrada.

Para além das questões documentais atreladas ao nome há outra situação delicada que merece atenção no presente caso. Mesmo com a suscitada necessidade de coerência documental aqui trazida não se vislumbra a existência de qualquer imposição no que tange ao que constará da lápide da pessoa. Aqueles que se conectam com a chamada "Cultura Pop" eventualmente associam o aqui descrito com uma das situações trazidas em *Sandman*, história em quadrinhos que em um dado momento relata a ocorrência do falecimento de uma mulher trans em que a família faz uma lápide em que consta o seu nome antigo (Alvin) e que, após o fim do enterro uma amiga da falecida vai até o túmulo e "empunhando seu batom predileto, risca o nome de Alvin e então escreve, em letras rosadas, o nome da pessoa com quem convivera: Wanda".[43]

Nos parece ser bastante evidente que em se tratando da lápide da pessoa transgênero não há qualquer motivo que impeça que se honre quem aquela pessoa efetivamente foi em vida com a aposição ali do nome social que ela ostentava, sendo qualquer conduta diversa dessa um manifesto desrespeito à sua memória.

Importante se consignar que o respeito aos direitos *post mortem* das pessoas transgênero já é objeto de atenção na legislação alienígena, podendo se mencionar, à guisa de exemplo, a determinação do Departamento de Saúde da cidade de Nova York que desde janeiro de 2020 prevê a possibilidade de que se assinale a opção "X" na certidão de óbito daqueles que não se identificam como homem ou mulher, com a assertiva de que "Todos os novaiorquinos, independentemente de sua identidade de gênero, merece ter documentos que reflitam e confirmem quem eles são. [...] Hoje estamos mandando uma clara mensagem aos novaiorquinos não binários que nos respeitamos e honramos seus direitos fundamentais em todas as fases de sua vida".[44]

Assim, é de se laborar para que um elemento da sexualidade como a identidade de gênero não venha a dar azo a ofensas à dignidade e à memória de quem faleceu, havendo de vicejar, mesmo após a morte, os direitos da personalidade de uma pessoa que lutou para ser conhecida e respeitada segundo quem ela se reconhecia ser.

5. TUTELAS ESPECÍFICAS E REFLEXOS NA RESPONSABILIDADE CIVIL DIANTE DA VIOLAÇÃO PÓSTUMA DA IDENTIDADE DE GÊNERO

Como assentado no decorrer do presente texto, a ocorrência da morte da pessoa transgênero não é capaz de pôr fim às violências que já suportou em vida, muitas vezes, sendo perpetuada pela própria família ou pelo Estado, que deveriam preservar os atributos da personalidade daquele sujeito. Com isso, assevera-se que não pode restar ignorado todo e qualquer desrespeito à dignidade da pessoa morta através de condutas que negam a autodeterminação de gênero e a identidade apresentada socialmente.

---

43. CUNHA, Leandro Reinaldo da; DUARTE, Pedro de Oliveira. O ser e a arte: o papel pedagógico da cultura pop na naturalização da(s) sexualidade(s) no direito. *Revista Direito UNIFACS*, v. 278, 2023, p. 14-15.
44. Disponível em: https://www.nyc.gov/site/doh/about/press/pr2019/non-binary-gender-category-to-nyc-death-certificates.page. Acesso em: 03 set. 2023 (tradução livre dos autores).

E no âmbito da discussão das consequências civis dos atos atentatórios praticados postumamente contra a dignidade e a memória da pessoa transgênero podemos considerar tanto as questões de caráter individual quanto aqueles dotados de reflexos coletivos.

No âmbito individual é fato que aquele que teve violados seus direitos com o vilipêndio da sua memória e apagamento de sua identidade após a morte pode, ante a atuação dos legitimados para tanto, suscitar a responsabilização do agente de tais ofensas, nos exatos termos do art. 12 do Código Civil vigente. Portanto é sólido afirmar que o desrespeito à identidade de gênero do falecido permite a fixação da responsabilidade civil daquele que praticou tal ato, cabendo, em caso, a imposição do dever de indenizar em decorrência do dano moral sofrido.

Todavia, há de se considerar que no caso dos atos terem sido praticados por familiares, como já aduzido quando da discussão quanto a titularidade do exercício dos direitos do falecido, a questão da eficácia da imposição do dever de indenizar pode ganhar espaço.

Inicialmente, haveria a questão da atuação do autor do ilícito visando a recomposição dos danos causados, pois se entendeu que sua conduta foi válida dificilmente haverá de propor a ação sob o argumento de um dano ao falecido, ainda mais contra si mesmo. Contudo, se o ato foi praticado por outros familiares intolerantes não se entende plausível vedar que os demais legitimados pelo parágrafo único do art. 12 do Código Civil venham a pleitear a responsabilidade civil.

No entanto, a questão que se coloca é que, ordinariamente, nesses casos, quem haverá de indenizar é exatamente quem figura como herdeiro do falecido e, portanto, destinatário do patrimônio do falecido.

Caso seja o único herdeiro é de se entender que se fará presente o instituto da confusão como modalidade de pagamento indireto. Se, por outro lado, existirem outros herdeiros parece incidir perfeitamente a hipótese de compensação, persistindo apenas a responsabilidade com relação ao remanescente da composição entre o crédito que merece face aos direitos sucessórios e o débito impostos face ao dever de indenizar.

Contudo, tendemos a entender que no presente caso seria possível se considerar alguma sorte de afastamento da condição de herdeiro em decorrência de tal prática, o que refutaria a condição de herdeiro do agente e, ato contínuo, vedaria a caracterização da confusão.

Um segundo aspecto que pode se colocar em uma zona cinzenta entre os direitos individuais do falecido e os interesses da coletividade como um todo reside na figura da responsabilidade objetiva do Estado em decorrência de sua leniência legislativa.[45] "A leniência do Estado em cuidar dos interesses da população transexual e intersexual, com inquestionável ciência acerca da gravidade da realidade enfrentada, é atitude que ofende

---

45. CUNHA, Leandro Reinaldo da. Identidade de gênero e a responsabilidade civil do Estado pela leniência legislativa, *RT* 962 p. 37-52, 2015, p. 48.

a humanidade como um todo, e não apenas a estas pessoas", servindo como estímulo ao preconceito, intolerância e segregação, em conduta que não só atenta contra princípios constitucionais básicos mas que também enseja sua responsabilidade.[46]

Ante a toda a omissão verificada que permite que uma ampla gama de ofensas sejam perpetradas contra as pessoas transgênero cabe ao Poder Judiciário a incumbência de suprir tais omissões e impedir os abusos e violações suportadas pela pessoa transgênero, o que muitas vezes se materializa por meio da função precaucional da responsabilidade civil: "o estabelecimento de um sistema de responsabilidade baseado em mecanismos precaução e prevenção, com medidas prospectivas, a fim de não só reparar integralmente os danos, mas evitar que estes venham a se concretizar, em uma necessária atuação *ex ante* e não apenas *ex post* facto".[47]

Na sequência há de se ponderar que se entende plausível se considerar que a violação póstuma aqui debatida não se restringe ao âmbito individual da responsabilidade civil, mas gera efeitos coletivos, em especial, por se tratar de ato ilícito que afronta os direitos de toda uma minoria.

É possível o questionamento sobre o fato de uma ofensa direcionada contra uma pessoa determinada poder atingir toda uma comunidade. E a resposta, por via de regra, seria negativa. Contudo, quando a vítima direta da ofensa é um sujeito pertencente a uma minoria e a ofensa deriva de caracteres que tornam esses sujeitos mais suscetíveis de terem seus direitos violados, é cabível a detida análise sobre a violação coletiva dos direitos das minorias, seguindo a premissa condutora da ADO 26 que considerou a homofobia e a transfobia como passíveis de condenação pelo crime de racismo.

Portanto, se a conduta discriminatória ocorreu porque o ofendido imediato está inserido em uma "categoria", antes mesmo de se atingir o indivíduo, a ofensa caracteriza um reforço de inferioridade daquele grupo de modo que se constata a relação direta entre indivíduo e grupo minoritário.[48] Desse modo, observa-se a caracterização do viés coletivo do dano diante da reprodução de atos discriminatórios individuais, mas que atingem toda a comunidade LGBTQIAPN+.

A discriminação pode ser definida a partir de suas consequências, tais como as desvantagens sociais que ocasionam, verdadeiros efeitos negativos no status cultural ou material das minorias. Os atos discriminatórios reproduzem estigmas, legitimam a exclusão de oportunidades profissionais, desestabilizam a saúde mental desses sujeitos e inviabilizam a construção de uma sociedade igualitária. Tais atos reproduzem desvantagens devido ao funcionamento das instituições estatais, as quais operam de acordo

---

46. CUNHA, Leandro Reinaldo da. Identidade de gênero e a responsabilidade civil do Estado pela leniência legislativa. *Revista dos Tribunais*, São Paulo, v. 962, p. 37-52, 2015, p. 7.
47. PAVAN, Vitor Ottoboni; SALIBA, Maurício Gonçalves. Pensar a responsabilidade civil: o direito de danos a partir do direito civil-constitucional no brasil. *RFD-Revista da Faculdade de Direito da UERJ*, n. 38, p. 206-238, 2020, p. 0234.
48. ARRUDA, Pedro de Matos. Tribunal de Justiça do Distrito Federal e dos Territórios – TJDFT – Processo 0724479-75.2022.8.07.0001.

com os interesses dos grupos majoritários, o que mantém as relações hierárquicas de poder existentes socialmente.[49]

Posto isso, ressalte-se que a caracterização de danos coletivos enseja o pagamento de indenização a fundos de proteção pertinentes ao objeto da violação, o que tem sido sustentado como indenizável independentemente da caracterização de sentimentos de dor ou ofensa à integridade psíquica, posto que se busca precipuamente prevenir a ofensa a direitos transindividuais relevantes socialmente.[50] De toda sorte, no objeto desta pesquisa, evidencia-se além da ofensa a interesses sociais relevantes, os sentimentos coletivos de dor e revolta por parte da comunidade trans diante da violação póstuma da identidade de gênero de um dos seus membros, o que repercute em toda essa comunidade como um lamentável reforço de todos os seus traumas oriundos de instituições sociais que promovem segregação social, estigma, apagamento de suas identidades, cerceamento de sua autonomias existenciais e total desrespeito às suas memórias.

Não se olvida que existe também a possibilidade de incidirem danos em ricochete no âmbito familiar da pessoa falecida, pois certas ofensas, ainda que tenham em vista o desrespeito ao morto, podem gerar danos reflexos naqueles que lhe são próximos, o que embasa também a exigência de reparação pelos danos de fato suportados também pelos familiares. Desse modo, os bens da personalidade do cônjuge, companheiro ou parente do falecido podem ser violados mediatamente, enquanto que imediatamente incidem a afronta e a tutela sobre as projeções póstumas daquele que faleceu.[51]

Evidente está, portanto, que as violações *post mortem* sofridas pela pessoa transgênero não podem restar ignoradas, cabendo a respectiva indenização em qualquer das modalidades acima descritas.

6. CONSIDERAÇÕES FINAIS

A partir das reflexões expostas neste artigo, verificou-se que as violências e violações incidem sobre a personalidade da pessoa transgênero mesmo após a sua morte. Tal aspecto reitera uma realidade social e jurídica ainda carente de soluções no âmbito legislativo, o que tem fomentado não só o processo de exclusão social em vida, como também o apagamento da identidade e memória dessas pessoas após a morte.

Constatou-se que persistem os registros de violência e barreiras para aceitação e acolhimento da pessoa trans no seio da entidade familiar, de modo que as condutas violadoras dos direitos da personalidade dessas pessoas, não raro, partem dos seus próprios familiares.

O presente estudo buscou analisar a violação póstuma da identidade de gênero e seus possíveis reflexos na responsabilidade civil, abordando tutelas específicas e repa-

---

49. MOREIRA, Adilson José. Pensando como um negro: ensaio de hermenêutica jurídica. *Revista de Direito Brasileira*, v. 18, n. 7, p. 393-420, 2017, p. 417.
50. BESSA, Leonardo Roscoe. Dano moral coletivo. *Revista Direito e Liberdade*, v. 7, n. 3, p. 237-274, 2009, p. 248.
51. BESSA, Leonardo Roscoe. Dano moral coletivo. *Revista Direito e Liberdade*, v. 7, n. 3, p. 237-274, 2009, p. 248.

radoras como possíveis respostas às violações póstumas sofridas. Foram investigadas a violação da dignidade póstuma decorrente da ausência de previsão legal do uso do nome social nos assentos de óbito, quando a pessoa trans não realizou a retificação do nome em vida, bem como as violações frequentes nos atos fúnebres, em que a própria família condena a pessoa transgênero a uma exibição póstuma com características divergentes em relação à identidade assumida em vida, resgatando o gênero esperado em razão do nascimento e enterrando junto com o corpo o direito à autodeterminação duramente conquistado em vida.

Embora existam vitórias a serem celebradas devido às decisões judiciais que trouxeram respostas a muitos anseios da comunidade LGBTQIAPN+, tais como a criminalização da homofobia e transfobia, é notória a falta de um sistema legal atencioso às diversas necessidades e particularidades vivenciadas por esse grupo. Como abordado na pesquisa, um sistema legal satisfatório corrobora com a efetiva prevenção dos danos, o que hoje é função essencial da responsabilidade civil.

Desse modo, afirmou-se que tal lacuna gera responsabilidade civil do Estado na hipótese estudada acerca da ausência de previsão legal sobre o uso no nome social nos assentos de óbito, o que tem ensejado a necessidade de se obter decisão judicial para a alteração do registro com a inclusão do nome social, o que sequer encontra-se pacificado pela jurisprudência.

Outrossim, foram abordadas as possibilidades de reparação individual e coletiva diante da violação póstuma dos cadáveres, quando velados e/ou enterrados desrespeitando a identidade de gênero. Em tais circunstâncias é cabível ação indenizatória em que o causador do dano *post mortem* pode ser demandado, ainda que seja um familiar.

Não se afasta tampouco a possibilidade da configuração de dano extrapatrimonial coletivo, vez que tal sorte de atos discriminatórios agridem toda a comunidade de pessoas transgênero, constituída como minoria que suporta todos as desvantagens sociais como consequência de um sistema de poder que ameaça, segrega, exclui, mata e dilacera até mesmo a memória desses sujeitos.

A morte pode retirar do mundo físico uma pessoa, mas não tem o poder de apagar quem ela foi, sua personalidade, essência e vivência. Se essa é uma realidade inafastável garantida a qualquer pessoa também o é, por óbvio, para uma pessoa transgênero.

REFERÊNCIAS

ARRUDA, Pedro de Matos. Tribunal de Justiça do Distrito Federal e dos Territórios – TJDFT – Processo 0724479-75.2022.8.07.0001

ASSESSORIA DE COMUNICAÇÃO DO IBDFAM. Reconhecimento póstumo de identidade de gênero traz dignidade às pessoas trans . 2022. Disponível em: https://ibdfam.org.br/noticias/9773/Reconhecimento+p%C3%B3stumo+de+identidade+de+g%C3%AAnero+traz+dignidade+%C3%A0s+pessoas+trans+. Acesso em: 20 maio 2023.

BELTRÃO, Silvio Romero. Tutela jurídica da personalidade humana após a morte: conflitos em face da legitimidade ativa. *Revista de Processo*, São Paulo: Ed. RT. p. 7. 2015.

BENEVIDES, Bruna G. *Dossiê*: Assassinatos e violências contra travestis e transexuais brasileiras em 2021. Antra, 2022.

BENEVIDES, Bruna G. Dossiê: assassinatos e violências contra travestis e transexuais brasileiras em 2022 ANTRA (Associação Nacional de Travestis e Transexuais) – Brasília, DF: Distrito Drag; ANTRA, 2023. 109p. ISBN: 978-85-906774-8-2.

COSTA, Fabricio Veiga. A problemática jurídica da transexualidade infantil. In: VIERIA, Tereza Rodrigues (Org.). *Transgêneros*. Brasília: Editora Zacarewicz, 2019.

CUNHA, Leandro Reinaldo da. *Identidade e Redesignação de Gênero, aspectos da personalidade, da família e da responsabilidade civil*. 2. ed. Rio de Janeiro. Lumen Juris Direito. 2018.

CUNHA, Leandro Reinaldo da. *Sucessão*: Colação e sonegados. Indaiatuba: Editora Foco, 2022.

CUNHA, Leandro Reinaldo da. O esvaziamento do preceito do nome social diante das atuais decisões dos tribunais superiores. *Revista dos Tribunais*. São Paulo: Ed. RT, n. 1011, p. 67-81, 2020.

CUNHA, Leandro Reinaldo da. Identidade de gênero e a responsabilidade civil do Estado pela leniência legislativa, *RT* 962 p. 37-52, 2015.

CUNHA, Leandro Reinaldo da. *Passabilidade como fator de inclusão e acesso para pessoas transgênero*. Disponível em: https://www.migalhas.com.br/coluna/direito-e-sexualidade/392338/passabilidade-como-fator-de-inclusao-e-acesso-para-pessoas-transgenero. Acesso em: 25 ago. 2023.

CUNHA, Leandro Reinaldo da; DUARTE, Pedro de Oliveira. O ser e a arte: o papel pedagógico da cultura pop na naturalização da(s) sexualidade(s) no direito. *Revista Direito UNIFACS*, v. 278, 2023.

DEFENSORIA PÚBLICA DO RIO DE JANEIRO, 2022. DPRJ obtém retificação pós-morte de nome e gênero de jovem trans. Disponível em: https://defensoria.rj.def.br/noticia/detalhes/18194-Defensoria-pede--retificacao-de-nome-e-genero-de-jovem-trans-falecida. Acesso em: 30 maio 2023.

GODINHO, Adriano Marteleto; GUERRA, Gustavo Rabay. A defesa especial dos direitos da personalidade: os instrumentos de tutela previstos no direito brasileiro. *Revista Jurídica Cesumar-Mestrado*, v. 13, n. 1, 2013.

MIRAGEM, Bruno. *Teoria Geral do Direito Civil*. Rio de Janeiro: Forense, 2021.

MORAES, Maria Celina Bodin de. Ampliando os direitos da personalidade. *Revista de Saúde Pública*, v. 41, n. 5, 2007.

PAVAN, Vitor Ottoboni; SALIBA, Maurício Gonçalves. Pensar a responsabilidade civil: o direito de danos a partir do direito civil-constitucional no brasil. *RFD-Revista da Faculdade de Direito da UERJ*, n. 38, p. 206-238, 2020.

PEREIRA, Ana Letícia Silva et al. Visibilidade *post mortem*: análise do direito ao uso do nome social nos registros de óbito. *Revista Feminismos*, v. 11, n. 1, 2023.

REQUIÃO, Maurício. Estatuto da pessoa com deficiência, incapacidades e interdição. Imprenta: Florianópolis, Tirant lo Blanch, 2018.

RODOTÀ, Stefano. A antropologia do *homo dignus*. Trad. Maria Celina Bodin de Moraes. *Civilistica.com*. Rio de Janeiro, a. 6, n. 2, jan./mar. 2017.

SCHREIBER, Anderson. *Direitos da personalidade*. 3. ed. São Paulo: Atlas, 2014.

SUPERIOR TRIBUNAL DE JUSTIÇA. STF enquadra homofobia e transfobia como crimes de racismo ao reconhecer omissão legislativa. Disponível em: https://portal.stf.jus.br/noticias/verNoticiaDetalhe.asp?idConteudo=414010. Acesso em: 25 maio 2023.

TEIXEIRA, Ana Carolina Brochado. Autonomia existencial. *Revista Brasileira Direito Civil*, v. 16, 2018.

ENTRE RECONHECIMENTO E REDISTRIBUIÇÃO: A LUTA DAS PESSOAS TRANS PELO DIREITO FUNDAMENTAL À IGUALDADE

Natan Galves Santana

Doutorando em Direito pelo Centro Universitário de Bauru. Mestre em Direito pela Universidade Paranaense, UNIPAR. Pós-graduado em Direito de Família e Sucessões pelo Instituto Damásio de Direito. Professor universitário. Advogado. https://orcid.org/0000-0001-6248-8070. E-mail: ngalvess@gmail.com.

Tereza Rodrigues Vieira

Pós-doutora em Direito pela Université de Montreal. Doutora em Direito pela PUC-SP. Docente do Mestrado em Direito Processual e Cidadania, e, dos cursos de Direito e Medicina, todos na UNIPAR – Universidade Paranaense. https://orcid.org/0000-0003-0333-7074. E-mail: terezavieira@uol.com.br.

Sumário: 1. Introdução – 2. Minorias: reconhecimento ou distribuição? – 3. Gênero e sexualidade – 4. Transexuais – 5. Responsabilidade estatal para a inclusão de pessoas transgênero – 6. Conclusão – Referências.

1. INTRODUÇÃO

As pessoas que representam minorias sexuais por muitos anos foram tratadas como doentes e com problemas mentais, além de serem taxadas como imorais, sendo discriminadas e humilhadas tanto pela sociedade como pelo Poder Público, de modo que somente por meio de muita luta é que começaram a reivindicar a dignidade e seus direitos fundamentais.

As pessoas que pertencem a grupos minoritários não desejam privilégios ou imunidades, querem tão somente respeito e igualdade, como forma de afirmar que são humanas e dignas de direitos.

Nas últimas décadas, os tribunais brasileiros reconheceram alguns direitos às minorias sexuais. O Supremo Tribunal Federal, no ano 2011, possibilitou o casamento entre pessoas do mesmo sexo e, no ano 2019, o mesmo tribunal equiparou a homotransfobia ao crime de racismo. Percebe-se que o Poder Legislativo é omisso quando está diante dessas minorias, cabendo ao Poder Judiciário assegurar os direitos fundamentais frente ao descaso do legislador.

Destaca-se que as pessoas trans são as que mais sofrem com a discriminação. Assim, é preciso elucidar as seguintes indagações: Os tribunais brasileiros ainda precisam assegurar direitos às pessoas transexuais? O Poder Legislativo é omisso quanto à proteção das minorias sexuais? Pode uma mulher transexual não redesignada frequentar um banheiro feminino?

Para responder a tais questionamentos é necessário compreender as minorias à luz da Constituição Federal de 1988. As minorias querem reconhecimento, ou seja, desejam ser consideradas pela sociedade ou buscam redistribuição, logo, buscam por igualdade, principalmente no aspecto econômico e, em alguns casos, lutam por reconhecimento e redistribuição.

Assim, o objetivo do presente trabalho é sopesar gênero e sexualidade, os conceitos, o processo evolutivo na sociedade, principalmente acerca das pessoas trans, e como o Conselho Federal de Medicina (CFM) assegura acompanhamento a essas pessoas.

Verifica-se que é necessário compreender a função do Estado para garantir igualdade e respeito, como o Poder Judiciário age perante os casos de discriminação e como a moral e a religião interferem no processo legislativo, colocando as pessoas trans em situação de vulnerabilidade social.

Para elaborar o presente artigo foi utilizada a metodologia dedutiva. O trabalho partirá dos aspectos gerais para o viés particular, com respaldo em pesquisa bibliográfica em doutrinas, periódicos e na legislação pertinente.

2. MINORIAS: RECONHECIMENTO OU DISTRIBUIÇÃO?

A Constituição Federal de 1988 dispõe no art. 5º que "todos são iguais perante a lei, sem distinção de qualquer natureza" (Brasil, 1988), portanto, há igualdade jurídica ou igualdade formal, por outro lado, há a igualdade fática, que se refere à igualdade material. Desta feita, as pessoas devem ter as mesmas oportunidades e condições de vida, independentemente dos aspectos pessoais de cada indivíduo. Diante deste cenário, é preciso tratar igualmente os iguais e desigualmente os desiguais (Alexy, 2014).

Durante a Revolução Francesa as pessoas buscavam tão somente a igualdade, sendo esta um elemento essencial para assegurar um Estado de Direito e, principalmente, um Estado Democrático (RIOS, 2008). Entretanto, nos dias atuais, nota-se um movimento que busca muito mais do que o direito à igualdade; as pessoas buscam o reconhecimento da diferença e o respeito à diversidade, ou seja, almejam o direito à diferença e à diversidade cultural.

Dimoulis (2021, p. 84) estabelece que "as diferenças permitem que alguém seja reconhecido, que tenha identidade (com ele mesmo)". Frisa-se que o direito à diferença luta pelo reconhecimento, deste modo, o objetivo é questionar a homogeneização, já que todas as pessoas são diferentes, nascendo a necessidade de se respeitar a diferença/diversidade (Bittar, 2009).

Quando se pensa em uma sociedade plural, o direito à diferença é um princípio fundamental, pois valoriza a diversidade humana, corroborando com o direito à dignidade humana, previsto no art. 1º, inc. III, da CF/88. As pessoas não querem apenas a tolerância, mas o reconhecimento, portanto, o direito à diferença, assegurado pelo Poder Público, é bastante significativo para combater a discriminação e o preconceito.

De grande valia destacar as palavras de Rios (2008, p. 84) sobre o igualitarismo:

> O igualitarismo, por sua vez, pode ser abstrato ou concreto. Em sua versão abstrata, a igualdade de todos acima de qualquer diferença revela-se vazia, impedindo inclusive os seres humanos reais concretos de lutarem por uma equalização efetiva, que transforme a igualdade de direito em igualdade de fato. Seria, inclusive, um falso igualitarismo, na medida em que o Outro só será igual na medida em que se despojar de tudo aquilo que constitui sua especificidade. Implica, inclusive, uma anulação do Alter e uma desnecessidade de contato e comunicação, ao defini-lo como igual ao Ego.

O direito à igualdade apenas acontece considerando a sociedade plural, logo, as minorias visam o respeito, ademais, existem as minorias quantitativas e qualitativas. As minorias quantitativas dizem respeito a um número inferior de pessoas, como é o caso das minorias sexuais e das pessoas com deficiência, já as minorias qualitativas não têm a inferioridade numérica, contudo, não possuem poder econômico ou político, como é o caso das mulheres (Anselmini; Cristianetti, 2020).

Ao falar em direito à diferença, percebe-se que é preciso esclarecer que essa minoria que luta pela diferença estará também lutando por reconhecimento ou redistribuição e, em alguns casos, tanto por reconhecimento quanto por redistribuição.

Para Fraser (2008), as minorias que demandam por redistribuição mais justa dos recursos buscam uma justiça social, já o reconhecimento retrata como as pessoas são vistas na sociedade, desse modo, intenta o fim do preconceito. É possível afirmar que a redistribuição é o caso das mulheres que buscam igualdade de salário, já quanto ao reconhecimento, cita-se os povos indígenas que buscam direitos e proteção. Por sua vez, há grupos que almejam tanto reconhecimento como redistribuição, que é o caso das pessoas transgênero, pois almejam respeito, por consequência, o fim do preconceito, como também buscam por emprego e salário digno, uma vez que a discriminação conduz essas pessoas ao desemprego. Assim, é notória a necessidade tanto de reconhecimento como de redistribuição.

Neste sentido, nota-se que o reconhecimento e a redistribuição são determinantes para a justiça de uma sociedade e não podem ser considerados separadamente pelas minorias sexuais, uma vez que, geralmente, quando um grupo minoritário busca o reconhecimento também sofre pela ausência de distribuição, e o grupo que visa principalmente a redistribuição também quer o reconhecimento. Portanto, a luta por reconhecimento e respeito das identidades e diferenças culturais é tão importante quanto a luta por recursos econômicos e poder político e ambas devem ser abordadas em uma teoria ampla de justiça social para que se tenha uma sociedade equilibrada (Fraser, 2008).

Nota-se que a igualdade é fundamental para a sociedade, tanto é que se encontra de forma expressa no texto da Constituição Federal de 1988. Todavia, uma sociedade rica em diversidade, como é a sociedade brasileira, espera muito mais do que a igualdade. Espera-se, também, o respeito ao direito à diferença, ou seja, a promoção da diversidade.

É necessário reconhecer a diferença e que as pessoas a respeitem. Além disso, o Poder Legislador, no momento de elaborar uma legislação, precisa considerar as minorias objetivando resguardar todas as classes, de modo que as pessoas atinjam a igualdade de direitos; após reconhecer a diferença, é possível promover a discriminação positiva, que visa reduzir as injustiças e aplicar a inclusão social, reconhecendo e proporcionando dignidade a todas as pessoas.

3. GÊNERO E SEXUALIDADE

Importante aqui tecer algumas considerações sobre gênero e sexualidade. O gênero pode ser definido como as características pessoais e envolve fatores biológicos, sociais, culturais, históricos e religiosos. Assim é compreendida então a identidade do indivíduo, sendo mais conhecidas a identidade feminina e a identidade masculina, que não precisam, necessariamente, estar ligadas com o sexo biológico, portanto, a identidade de gênero é uma construção. Porém, cabe lembrar que a identidade de gênero não se reduz ao feminino ou ao masculino, em razão da existência das pessoas transgênero (Gonçalves; Gonçalves, 2021).

As sexualidades dissidentes não seguem um sistema, uma lógica normativa e, consequentemente, binária. São vidas conduzidas na mesma arena de batalha das relações de poder e saber, no entanto, são vidas que estão na fronteira, com constante resgate perpetrado pelo discurso da lei, da moral e dos saberes científicos para a patologização e a medicalização. "São vidas que inventam novos modos de existencialização, que se compõem através de outros modos de subjetivação, logo, escapam dos processos de normatização, captura e engessamento identitário" (Barreto, 2018, p. 33). Assim:

> Através de processos culturais, definimos o que é – ou não – natural; produzimos e transformamos a natureza e a biologia e, consequentemente, as tornamos históricas. Os corpos ganham sentido socialmente. A inscrição dos gêneros – feminino ou masculino – nos corpos é feita, sempre, no contexto de uma determinada cultura e, portanto, com as marcas dessa cultura. As possibilidades da sexualidade – das formas de expressar os desejos e prazeres – também são sempre socialmente estabelecidas e codificadas. As identidades de gênero e sexuais são, portanto, compostas e definidas por relações sociais, elas são moldadas pelas redes de poder de uma sociedade (Louro, 2007, p. 11 apud Barreto, 2019).

Destaca-se a etimologia da palavra gênero, de acordo com Rodrigo da Cunha Pereira (2018, p. 389):

> Do grego *genos* e do latim *genus*, classe de, família de. Designa qualquer agrupamento de indivíduos, fatos ou objetos que tenham as mesmas características. O gênero é o que é comum das várias espécies, é o geral, e a espécie é o mais específico. Diz-se tradicionalmente que o gênero humano é o comum de dois: o masculino e o feminino. Empregado como conceito pela primeira vez em 1964, por Robert Stoller, serviu inicialmente para distinguir do sexo no sentido anatômico) da identidade (no sentido social ou psíquico). Nessa acepção, portanto, o gênero designa o sentido (social ou psíquico) da identidade social, enquanto o sexo define a organização anatômica da diferença entre o macho e a fêmea.

Percebe-se que a identidade de gênero não está necessariamente relacionada com o sexo estabelecido com o nascimento. Desse modo, a pessoa pode nascer, por exemplo, com o sexo masculino e se identificar com o gênero feminino, bem como pode se identificar com sexo de nascimento. Esse conceito ganhou destaque em 1970, com o movimento feminista, que tinha como objetivo assinalar os diferentes fatores biológicos e sociais da formação da identidade, logo, entendia que as pessoas também eram produto do aspecto social e não apenas dos aspectos biológicos (Reis, 2021).

O gênero diverso do feminino e do masculino no Brasil ainda é motivo de muita discriminação, já que "foi assim que se construiu no patriarcalismo a suposta superioridade do homem em relação à mulher, inclusive uma divisão sexual do trabalho, relegando às mulheres tarefas domésticas sem atribuição de um conteúdo econômico, reforçando a desigualdade" (Pereira, 2018, p. 391).

Recentemente, o Supremo Tribunal Federal (STF) publicou uma coletânea sobre diversidade. Na obra é possível compreender que gênero diz respeito ao autoconhecimento que a pessoa faz de si própria, o qual pode ser cisgênero, ou seja, a pessoa se reconhece com o sexo de nascimento, ou transgênero, caso a pessoa se reconheça de forma oposta ao sexo de nascimento (Brasil, 2020). Referida temática será objeto de estudo em tópico pertinente.

Surge, assim, a necessidade de se laborar o tema, pois todas as pessoas têm direito à identidade de gênero, sendo a questão gênero um tema de preocupação internacional, conjuntura que ocasiona uma codificação desse direito. Mesmo sem força normativa, o Poder Judiciário faz uso de alguns princípios internacionais, como acontece com os julgamentos do STF que utilizam os Princípios de Yogyakarta, que, em seu preâmbulo, dispõe sobre a identidade de gênero:

> "identidade de gênero" como estando referida à experiência interna, individual e profundamente sentida que cada pessoa tem em relação ao gênero, que pode, ou não, corresponder ao sexo atribuído no nascimento, incluindo-se aí o sentimento pessoal do corpo (que pode envolver, por livre escolha, modificação da aparência ou função corporal por meios médicos, cirúrgicos ou outros) e outras expressões de gênero, inclusive o modo de vestir-se, o modo de falar e maneirismos (Yogyakarta, 2006).

A identidade de gênero é um direito de todo ser humano, figurando como um direito humano e proporcionando a dignidade e o livre desenvolvimento da personalidade. Assim, retirar da pessoa o acesso ao conhecimento sobre a identidade de gênero é violar direitos fundamentais encontrados na Constituição Federal. Por sua vez, a sexualidade "pode ser entendida como a energia libidinal, presente em todo o humano" (Pereira, 2018, p. 706). Ainda, a sexualidade possui relação com a intimidade de cada pessoa, neste sentido, é por meio da relação sexual que surge a questão da orientação sexual.

Cabe destacar que no Brasil há um número exorbitante de assassinatos contra pessoas de sexualidade divergente. Com supedâneo no definido na sociedade como dominante, por consequência, o diferente é excluído (Rios, Piovesan, 2001). Um dado importante divulgado pelo *Grupo Gay da Bahia* (2022) indica que cinco pessoas morrem por semana por causa da orientação sexual, ou seja, "por serem o que são".

Verifica-se que a identidade de gênero é essencial para que as pessoas possam se conhecer e viver livremente os seus desejos, sem a limitação estatal ou de outros indivíduos, já que se trata de um direito humano fundamental, encontrado tanto na norma jurídica interna como na internacional, portanto, a análise do gênero e da sexualidade é essencial para possibilitar o desenvolvimento da personalidade, bem como evitar qualquer tipo de discriminação negativa e o preconceito decorrente da orientação sexual.

4. TRANSEXUAIS

Importante citar o conceito de transexual. Vieira esclarece que transexual é a pessoa que tem a convicção de que pertence ao gênero oposto ao designado ao nascimento, logo, rejeita o órgão genital e, na maioria das vezes, deseja realizar cirurgias e/ou acompanhamento hormonal. Vieira (2019) aponta que "culpar este indivíduo é o mesmo que culpar a bússola por apontar para o norte". A pessoa transexual, em geral, afirma que seu corpo é um erro da natureza (Scheibe, Silva Filho, 2010).

Pereira (2018) fundamenta que a pessoa transexual possui um conflito com o sexo de nascimento, pois não age da maneira que a sociedade espera para aquele gênero. Assim, esse desconforto faz com que a pessoa busque uma transição para o sexo oposto, que normalmente acontece por meio de um procedimento cirúrgico.

Atualmente, o Conselho Federal de Medicina (CFM), por meio da Resolução 2.265/2019, determina, no art. 1º, que: "compreende-se por transgênero ou incongruência de gênero a não paridade entre a identidade de gênero e o sexo ao nascimento", sendo que as pessoas transexuais possuem acesso integral à saúde, desde o acolhimento inicial até o momento pós-cirúrgico.

Até pouco anos atrás a transexualidade era considerada um transtorno mental, pois estava classificada como uma desordem mental na Classificação Internacional de Doenças, o CID. 10, contudo, com a nova classificação, realizada pela Organização Mundial da Saúde (OMS), a CID 11, que entrou em vigor em 2022, apenas manteve a transexualidade dentro da incongruência de gênero, como um problema relacionado à saúde. Cabe destacar que antes disso o Conselho Federal de Psicologia divulgou a Resolução 01/2018, esclarecendo que a transexualidade não era uma patologia e proibindo que os profissionais psicólogos empreendessem qualquer "tratamento" que visasse reversão ou a cura da identidade de gênero de um indivíduo. O Conselho vedou que os profissionais participassem de eventos que tivessem por objetivo criminalizar ou afirmar que a transexualidade era uma patologia que precisava ser tratada e curada (CRP-PR, 2018).

Em complemento, destaca-se que a homossexualidade também estava elencada pela Organização Mundial da Saúde como uma doença e apenas em 1990 foi que deixou de ser classificada como uma enfermidade mental, já que nenhum estudo obteve sucesso em comprovar a patologia.

Atualmente, é possível realizar procedimentos cirúrgicos para a afirmação de gênero, porém, apenas são permitidos se o paciente for maior de 18 anos e desejar se adequar ao que idealiza. Em caso de criança púbere ou adolescente há o bloqueio puberal, uma prática médica que visa interromper a produção de hormônios sexuais, assim, impede o desenvolvimento de caracteres sexuais ligados ao sexo biológico. O bloqueio puberal é importante, pois reduz a chance de uma cirurgia corretiva no futuro (CFM, 2019).

Ressalta-se que a pessoa trans não é obrigada a se submeter ao procedimento cirúrgico, tendo em vista que cabe a ele a autonomia corporal, já que todas as pessoas precisam ser observadas de forma individual dentro do contexto social (Borges, 2012).

Destaca-se que as pessoas transexuais possuem os mesmos direitos das pessoas cisgênero, principalmente no que tange ao planejamento familiar, como bem indica a Constituição Federal, já que não há nenhum comportamento ou desvio na personalidade que retire das pessoas trans o direito do exercício da paternidade/maternidade. O preconceito prejudica essas pessoas que desejam oferecer segurança jurídica, amor e afeto às crianças, sendo que o operador do Direito precisa se livrar desta roupagem preconceituosa pautada na moral religiosa para garantir a efetivação da dignidade humana. Portanto, é evidente o direito de formação familiar das pessoas transgênero decorrente da adoção e da reprodução assistida (Vieira, 2023).

Com o escopo de conceder maior proteção aos transexuais, diante da ausência de reconhecimento, desde 2009, o dia 31 de março é celebrado como o Dia Internacional da Visibilidade Transgênero. Comentando sobre a importância deste dia, Carla Watanabe (2023) aponta que invisibilizar a população trans fomenta na sociedade a ideia de que esse grupo não existe, assim, a visibilidade tem como objetivo mostrar que essas pessoas existem e merecem ser tratadas com dignidade (IBDFAM, 2023). Watanabe ainda menciona que:

> No caso das pessoas trans, nossas lutas versam sobre o mais básico dos direitos, que é o de existir. Nossa história é apagada desde o momento que assumimos a autêntica identidade de gênero. Somos expulsas da família, da escola, do emprego e do círculo de amigos, que nos rejeitam por termos cruzado a fronteira intransponível do gênero. Como resultado, nós nos tornamos ininteligíveis, ou seja, o outro não nos reconhece como humanos, como um igual. Ao contrário, somos transformadas em 'seres abjetos', que podem ser ridicularizados nos púlpitos dos parlamentos, que são alvejados por insultos nas ruas e que merecem toda sorte de escárnio por ocupar 'indevidamente' o lugar do homem ou da mulher 'de verdade' (IBDFAM, 2023).

Nota-se que as pessoas transexuais estão lutando com muito rigor pelos direitos à igualdade e ao respeito, todavia, percebe-se que há uma omissão por parte do Poder Público quanto à proteção dessas pessoas, haja vista que o índice de discriminação é alto, por consequência, coloca as pessoas trans em uma posição de vulnerabilidade.

5. RESPONSABILIDADE ESTATAL PARA A INCLUSÃO DE PESSOAS TRANSGÊNERO

A Constituição Federal de 1988 especifica no seu art. 3º os objetivos fundamentais da República Federativa do Brasil, sendo que o inciso III busca erradicar as desigualdades sociais e o inciso IV reza que o Estado deve promover o bem de todos, sem qualquer tipo de preconceito (Brasil, 1988), tratando, portanto, da igualdade material.

No mesmo sentido, o artigo 5º da CF dispõe que todos são iguais perante a lei, logo, todos têm direito à igualdade de direitos. Todas as identidades de gênero precisam ser protegidas pelo Estado, já que a identidade de gênero é a expressão da personalidade humana, de modo que cabe ao Estado garantir toda a proteção às pessoas transexuais, incluindo o acompanhamento psicológico, o tratamento médico para aquelas que desejam realizar o procedimento com objetivo de adequar o sexo, bem como a alteração do nome e do sexo em documentos (STF, 2021).

A Ação Direta de Inconstitucionalidade (ADI) 4.275 dispôs sobre a alteração do nome e do sexo de pessoas transexuais no registro civil e foi julgada em 2018 com o objetivo de realizar uma interpretação do art. 58 da Lei 6015/79 à luz da Constituição, bem como dos tratados de Direitos Humanos que o Brasil ratificou, logo, o cumprimento de tais dispositivos é obrigatório.

A referida ADI reconheceu a possibilidade de as pessoas transgêneros substituírem o prenome e o sexo independentemente da cirurgia de transgenitalização. *In verbis* a ementa da decisão do Supremo Tribunal Federal:

> Ação direta de inconstitucionalidade. Direito constitucional e registral. Pessoa transgênero. Alteração do prenome e do sexo no registro civil. Possibilidade. Direito ao nome, ao reconhecimento da personalidade jurídica, à liberdade pessoal, à honra e à dignidade. Inexigibilidade de cirurgia de transgenitalização ou da realização de tratamentos hormonais ou patologizantes. 1. O direito à igualdade sem discriminações abrange a identidade ou expressão de gênero. 2. A identidade de gênero é manifestação da própria personalidade da pessoa humana e, como tal, cabe ao Estado apenas o papel de reconhecê-la, nunca de constituí-la. 3. A pessoa transgênero que comprove sua identidade de gênero dissonante daquela que lhe foi designada ao nascer por autoidentificação firmada em declaração escrita desta sua vontade dispõe do direito fundamental subjetivo à alteração do prenome e da classificação de gênero no registro civil pela via administrativa ou judicial, independentemente de procedimento cirúrgico e laudos de terceiros, por se tratar de tema relativo ao direito fundamental ao livre desenvolvimento da personalidade. 4. Ação direta julgada procedente. (Brasil, 2018).

Muito antes dessa decisão, doutrinadores já discutiam sobre a possibilidade de alteração do nome e do gênero. Vieira (2012) destaca que essas mudanças dizem respeito à busca da real identificação, ou seja, de cada um ser reconhecido como deseja, sendo que o gênero é uma característica da identidade pessoal.

A título de esclarecimento, de acordo com Carlos Nino (1989), o Estado não deve interferir na autonomia individual, já que cada pessoa possui a liberdade individual sobre seus planos de vida. Portanto, se uma escolha não prejudica outras pessoas, não há motivos para a interferência estatal, além disso, o Estado deve ter meios e métodos para assegurar o pleno desenvolvimento individual (Brasil, 2022).

Outro ponto que merece realce é a questão da homotransfobia. O Supremo Tribunal Federal realizou o julgamento do Mandado de Injunção 4.733, considerando a omissão do Congresso Nacional em não legislar sobre as condutas ofensivas e discriminatórias quanto à orientação sexual. A Corte decidiu pela aplicação da Lei 7.716/89 enquanto o Congresso Nacional não legislar sobre o tema.

Neste sentido, é de soberana importância apresentar parte do fundamento da referida decisão:

> [...] É atentatório ao Estado Democrático de Direito qualquer tipo de discriminação, inclusive a que se fundamenta na orientação sexual das pessoas ou em sua identidade de gênero. 2. O direito à igualdade sem discriminações abrange a identidade ou expressão de gênero e a orientação sexual. 3. À luz dos tratados internacionais de que a República Federativa do Brasil é parte, dessume-se da leitura do texto da Carta de 1988 um mandado constitucional de criminalização no que pertine a toda e qualquer discriminação atentatória dos direitos e liberdades fundamentais. 4. A omissão legislativa em tipificar a discriminação por orientação sexual ou identidade de gênero ofende um sentido mínimo de justiça ao sinalizar que o sofrimento e a violência dirigida a pessoa gay, lésbica, bissexual, transgênera ou intersex é tolerada, como se uma pessoa não fosse digna de viver em igualdade. A Constituição não autoriza tolerar o sofrimento que a discriminação impõe. 5. A discriminação por orientação sexual ou identidade de gênero, tal como qualquer forma de discriminação, é nefasta, porque retira das pessoas a justa expectativa de que tenham igual valor. [...] (Brasil, 2019).

Nota-se que o Poder Legislativo não se manifesta sobre a proteção das minorias sexuais, deixando a questão da saúde tão somente a cargo de Resoluções do Conselho Federal de Medicina e do Poder Judiciário para coibir qualquer tipo de discriminação, já que o Congresso Nacional se mantém inerte.

Uma problemática atual é quanto ao uso do banheiro para as pessoas transexuais, sendo motivo de discussão e debate, tanto no âmbito jurídico como no âmbito social.

Em 2015, o STF iniciou o julgamento do Recurso Extraordinário decorrente de um processo do Tribunal de Justiça de Santa Catarina, tendo em vista que o Juízo de 1º grau deste Tribunal determinou que um *shopping* realizasse o pagamento de danos morais no valor de R$15.000,00 (quinze mil reais), pois impediu uma mulher transexual de ingressar no banheiro feminino. Em recurso, o Tribunal de Justiça de Santa Catarina pontuou que apenas houve mero dissabor.

Iniciado o julgamento no STF, apenas votaram os Ministros Roberto Barroso (Relator) e Edson Fachin, favoráveis à população transexual. Logo após, o Ministro Luiz Fux pediu vista e, desde então, o processo está parado sem julgamento.

O relator reconheceu a constitucionalidade da ação, já que trata de direitos fundamentais, como a intimidade e a identidade sexual, bem como da dignidade da pessoa humana e dos direitos da personalidade, de forma que não aborda apenas questões patrimoniais. Assim, foi reconhecida a repercussão geral, logo, a decisão será aplicada a outros casos (Brasil, 2014).

Conforme mencionado, o STF iniciou o julgamento em 2015 e, até a presente data, não houve julgamento. Buscando resolver o problema, o Deputado David Miranda (PSOL/RJ) apresentou o Projeto de Lei 5.005/2020, com a finalidade de modificar a Lei 13.460/17, a Lei 9.029/95 e a Lei 8.078/90, bem como acrescentar a vedação de qualquer tipo de discriminação decorrente da orientação sexual ou da identidade de gênero. Dessa forma, banheiros e vestuários deveriam ser acessados de acordo com a identidade de gênero que a pessoa se identificasse (Brasil, 2020).

O autor do mencionado Projeto de Lei tem como justificativa a hostilização e a humilhação vivenciadas pela população LGBTQIA+ (lésbica, gay, bissexual, transgênero, *queer*, intersexo, assexual e outros), principalmente as pessoas trans (Brasil, 2020). Neste sentido, a Procuradoria-Geral da República, em 2015, por meio do então Procurador-Geral Rodrigo Janot, defendeu a autodeterminação de gênero em parecer enviado ao STF, alertando sobre a preocupação com as violações de direitos humanos das minorias sexuais, as quais não poderiam ser ignoradas pelo Poder Judiciário, sendo nítido o ódio e a discriminação presentes na sociedade brasileira, motivação suficiente para o debate de questões que precisavam ser superadas (Brasil, 2016).

A propósito, o Provimento 73, de 28 de junho de 2018, do Conselho Nacional de Justiça (CNJ), dispõe que toda pessoa capaz, maior de dezoito anos, pode alterar o prenome e o gênero nos assentos de nascimento e casamento de pessoa transgênero no Registro Civil das Pessoas Naturais, a fim de adequá-los à identidade autopercebida.

Violência obstétrica – Outra questão mais recente, que não tem recebido a atenção devida, envolve o tratamento dado aos homens trans que dão à luz, os quais reclamam da atuação desrespeitosa e abusiva praticada em alguns hospitais ou casas de saúde durante a gestação ou parto. As queixas se referem à denominada violência obstétrica, isto é, a ação praticada por profissionais de saúde que não respeitam a integridade (física, mental e social) dos pacientes.

Alguns membros de equipes de saúde emitem comentários descabidos sobre a identidade de gênero e o processo reprodutivo das pessoas trans, propagando-os desnecessariamente. Referidas práticas passaram a ser consideradas como "violência". No que concerne aos homens trans, as críticas se pautam no tratamento "feminino", como "a mãe", "a paciente", "a gestante" e "a parturiente".

A desumanização do cuidado corrobora o despreparo dos profissionais com a pessoa trans no momento do nascimento do filho. Se o nome e o gênero já estão alterados, por que a persistência quanto ao tratamento no feminino? Evidentemente, a pessoa trans não perdeu a sua autonomia ou a capacidade de decidir livremente acerca do seu corpo e da sua sexualidade. Diante de tal discriminação, um impacto negativo é causado na qualidade de vida da pessoa trans, conduzindo-a a sentimentos de perda de autoestima ou acarretando transtorno de estresse pós-traumático, podendo impactar no acompanhamento ginecológico e obstétrico, levando à desistência e à recusa de cuidados médicos (Vieira, 2023).

Em que pese a evolução dos direitos das minorias sexuais, é essencial continuar lutando pela igualdade e para que toda decisão seja analisada pelo Poder Legislativo para a codificação do direito, garantindo mais segurança às minorias sexuais (Favreto; Santana; Vieira, 2021). Por fim, nota-se que aqueles que pertencem às minorias sexuais, especificamente os transgêneros, têm os mesmos direitos das pessoas cisgêneros e cabe ao Estado assegurar a inclusão social dessas pessoas no meio social, sob pena de ser responsabilizado por não garantir uma efetivação plena dos direitos fundamentais encontrados na Constituição Federal.

6. CONCLUSÃO

As pessoas transgêneros que pertencem à minoria sexual que mais sofre com a discriminação decorrente da identidade social, portanto, lutam por reconhecimento e redistribuição, pois almejam ser reconhecidas como pessoas dignas de direitos, buscam a igualdade e o respeito por parte de toda população, bem como por parte do Estado. Além do reconhecimento, pugnam por redistribuição, já que é evidente a discriminação para com as pessoas transgêneros em geral no âmbito trabalhista, pois raramente conseguem um emprego formal. Desta forma, considerando a necessidade de obter um mínimo essencial, muitas vezes, essas pessoas acabam recorrendo ao trabalho sexual, não porque desejam, mas como a única saída para se manterem vivas, pois são deixadas de lado, à margem da sociedade, tanto pela população em geral como pela família e pelo Estado.

No Brasil não existe uma legislação específica sobre a transexualidade, ficando a cargo do Conselho Federal de Medicina a edição de resoluções sobre questões pertinentes às pessoas transgêneros.

Por conta do preconceito que está enraizado na sociedade brasileira, fruto da moral e da religião, o Poder Legislativo é omisso sobre tal tema, ficando responsável por efetivar os direitos fundamentais no Poder Judiciário, que precisa agir diante da omissão legislativa, como fez em 2011, quando o STF possibilitou o casamento entre pessoas do mesmo sexo e, no ano 2019, quando o mesmo tribunal equiparou a homotransfobia ao crime de racismo.

Ainda há diversos debates que merecem atenção dos pesquisadores, como a possibilidade do uso do banheiro de acordo com a identidade de gênero de cada pessoa e não conforme o sexo biológico.

Por fim, percebe-se que o Brasil caminha a passos lentos quanto ao reconhecimento da igualdade para as minorias sexuais. Ainda há muita dificuldade em admitir o mínimo a todas as pessoas, sem qualquer distinção, seja em razão do sexo, da orientação sexual ou da identidade de gênero. As pessoas transexuais não querem nada além da liberdade, do respeito e da igualdade, bem como a observância aos preceitos da Constituição Federal e dos tratados de direitos humanos dos quais o Brasil é signatário.

REFERÊNCIAS

ALEXY, Robert. *Teoria dos direitos fundamentais*. São Paulo: Malheiros, 2008.

ANSELMINI; CRISTIANETTI Minorias e a Busca pelo Reconhecimento no Estado Democrático de Direito: Uma Abordagem a Partir de Jurgen Habermas e Nancy Fraser. *Revista Jurídica Cesumar*, janeiro/abril 2020, v. 20, n. 1, p. 151-165. Disponível em: https://doi.org/10.17765/2176-9184.2020v20n1p151-165. Acesso em: 23 abr. 2023.

BARRETO, Daniele Jardim. Estudos de gêneros e suas implicações nas psicologias. In: VIEIRA, Tereza Rodrigues (Org.). *Transgêneros*. Brasília: Zakarewicz, 2019.

BITTAR, Eduardo Carlos Bianca. Reconhecimento e direito à diferença: teoria crítica, diversidade e a cultura dos Direito Humanos. *Revista da Faculdade de Direito*, Universidade de São Paulo, v. 104, p. 551-565, 2009. Disponível em: https://www.revistas.usp.br/rfdusp/article/view/67869. Acesso em: 23 abr. 2023.

BORGES, Michelle de Souza. Direito à identidade: o transexual e sua autonomia corporal. *IBDFAM*, 2012. Disponível em: https://ibdfam.org.br/artigos/842/Direito+%C3%A0+identidade:+o+transexual+e+. Acesso em: 23 abr. 2023.

BRASIL. [Constituição (1988)]. Constituição da República Federativa do Brasil de 1988. Brasília, DF: Presidência da República, [2016]. Disponível em: http://www.planalto.gov.br/ccivil_03/constituicao/constituicao.htm. Acesso em: 24 abr. 2023.

BRASIL. Projeto de Lei 5005/2020. Câmara dos deputados, Brasília. 2020. Disponível em: https://www.camara.leg.br/propostas-legislativas/2264612. Acesso em: 25 abr. 2023.

BRASIL. PGR defende autodeterminação de gênero em parecer enviado ao STF. Direitos Humanos. 2016. Disponível em: https://mppr.mp.br/Noticia/PGR-defende-autodeterminacao-de-genero-em-parecer--enviado-ao-STF. Acesso em: 25 abr. 2023.

BRASIL. Supremo Tribunal Federal (STF). Direito das pessoas LGBTQQIAP+. Cadernos de Jurisprudência do Supremo Tribunal Federal: concretizando direitos humanos. CNJ, Brasília. 2022.

BRASIL. Supremo Tribunal Federal. Ação Direta de Inconstitucionalidade 4.275. Relator: Ministro Marco Aurélio. Brasília, DF, 2018. Disponível em: https://redir.stf.jus.br/paginadorpub/paginador.jsp?docTP=TP&docID=749297200. Acesso em: 26 abr. 2023.

BRASIL. Supremo Tribunal Federal. Mandado de Injunção 4.733. Relator: Ministro Edson Fachin. Brasília, DF, 2019. Disponível em: https://redir.stf.jus.br/paginadorpub/paginador.jsp?docTP=TP&docID=753957476. Acesso em: 26 abr. 2023.

BRASIL. Supremo Tribunal Federal. Repercussão geral no recurso extraordinário 845.779. Relator: Ministro Roberto Barroso, Brasília, 2014. Disponível em: https://portal.stf.jus.br/processos/downloadPeca.asp?id=15317399481&ext=.pdf. Acesso em: 26 abr. 2023.

BRASIL. Supremo Tribunal Federal (STF). Diversidade. Brasília, DF, 2020.

CONSELHO Federal de Medicina. Resolução CFM 2.265/2019. Brasília, DF, 2019. Disponível em: https://sistemas.cfm.org.br/normas/visualizar/resolucoes/BR/2019/2265. Acesso em: 30 mar. 2023.

CRP-PR. Diferença não é doença: OMS retira transexualidade da lista de transtornos mentais. 2018. Disponível em: https://crppr.org.br/diferenca-nao-e-doenca-oms-retira-transexualidade-da-lista-de-transtornos--mentais/. Acesso em: 25 abr. 2023.

DEUS, Enézio de. Uma transexual, uma criança, uma (des)esperança... *IBDFAM*, 2008. Disponível em: https://ibdfam.org.br/artigos/375/Uma+Transexual%2C+uma+crian%C3%A7a%2C+uma+%28des%29esperan%C3%A7a... Acesso em: 23 abr. 2023.

DIMOULIS, Dimitri. *Direito de igualdade*: antidiscriminação, minorias sociais, remédios constitucionais. São Paulo: Almedina, 2021.

FAVRETO, Gabriela Schons; SANTANA, Natan Galves; VIEIRA, Tereza Rodrigues. Minorias sexuais e os princípios de Yogyakarta: Evolução dos direitos humanos internacionais. *Revista Prática Forense*, n. 51, mar. 2021.

FRASER, Nancy. Redistribuição, reconhecimento e participação: por uma concepção integrada da justiça. In: SARMENTO, Daniel; IKAWA, Daniela; PIOVESAN, Flávia. (Coord.) *Igualdade, diferença e direitos humanos*. Rio de Janeiro: Lúmen Júris, 2008.

GONÇALVES, Marllon Caceres; GONÇALVES, Josiane Peres. Gênero, Identidade de Gênero e Sexualidade: Conceitos e determinações em contexto social. *Revista Ciências Humanas-Educação e Desenvolvimento Humano*, v. 14, p. 25, 2021. DOI: https://doi.org/10.32813/2179-1120.2021.v14.n1.a600. Acesso em: 15 abr. 2023.

GRUPO Gay da Bahia. *Informações sobre assassinatos da população LGBTQIA+*. Salvador, 2022.

IBDFAM. *Dia Internacional da Visibilidade Transgênero reafirma o direito de existir das pessoas trans*. Assessoria de Comunicação do IBDFAM. 2023. Disponível em: https://ibdfam.org.br/noticias/10643/

Dia+Internacional+da+Visibilidade+Transg%C3%AAnero+reafirma+o+direito+de+existir+das+pessoas+trans+. Acesso em: 24 abr. 2023.

LOURO, G. *O corpo educado* – Pedagogias da sexualidade. Belo Horizonte: Autêntica, 2007.

ORGANIZAÇÃO DAS NAÇÕES UNIDAS. Princípios de Yogyakarta. 2006. Disponível em: http://www.clam.org.br/uploads/ conteudo/principios_de_yogyakarta.pdf. Acesso em: 24 abr. 2023.

PEREIRA, Rodrigo da Cunha Pereira. *Dicionário de direito de família e sucessões*. 2. ed. São Paulo: Saraiva, 2018.

REIS, Toni. *Manual de comunicação LGBTI+*. 2021. http://labds.eci.ufmg.br/bitstream/123456789/92/1/01.%20Manual%20de%20cominca%c3%a7%c3%a3o%20LGBT%20%2b%20Autor%20Grupo%20Dignidade.pdf. Acesso em: 23 abr. 2023.

RIOS, Roger Raupp. *Direito da antidiscriminação*: discriminação direta, indireta e ações afirmativas. Porto Alegre: Livraria do Advogado, 2008.

RIOS, Roger Raupp; PIOVESAN, Flávia. A discriminação por gênero e por orientação sexual. *Seminário Internacional as minorias e o Direito*. Brasília. Recuperado em, v. 7, p. 156, 2001. Disponível em: http://www.clam.org.br/bibliotecadigital/uploads/publicacoes/693_609_riosroger.pdf. Acesso em: 03 abr. 2023.

SCHEIBE, Elisa; SILVA FILHO, José Carlos Moreira da. Transexuais e direitos de personalidade sob o prisma da repersonalização do direito privado. *Argumenta Journal Law*, v. 12, n. 12, p. 145-162, 2010. Disponível em: https://dx.doi.org/10.35356/argumenta.v12i12.164. Acesso em: 10 abr. 2023.

VIEIRA, Tereza Rodrigues. Adequação de sexo do transexual: aspectos psicológicos, médicos e jurídicos. *Revista Psicologia*: Teoria e Prática, v. 2, n. 2, p. 88-102, 2000. Disponível em: http://editorarevistas.mackenzie.br/index.php/ptp/article/view/1113. Acesso em: 25 abr. 2023.

VIEIRA, Tereza Rodrigues. *Nome e sexo*: mudanças no registro civil. São Paulo: Atlas, 2012.

VIEIRA, Tereza Rodrigues. *Transgêneros*. Brasília: Zakarewicz, 2019.

VIEIRA, Tereza Rodrigues. *A família transexual*: algumas reflexões jurídicas e sociológicas acerca da afirmação de gênero. Publicado em 01 mar. 2023. Disponível em: https://www.migalhas.com.br/depeso/382264/a-familia-transexual Acesso em: 07 maio 2023.

RESPONSABILIDADE CIVIL E VIOLÊNCIA DE GÊNERO

RESPONSABILIDADE CIVIL, GÊNERO E VIOLÊNCIA OBSTÉTRICA

Ana Carla Harmatiuk Matos

Doutora e Mestre em Direito pela Universidade Federal do Paraná e mestre em Derecho Humano pela Universidad Internacional de Andalucía. Tutora in Diritto na Universidade di Pisa-Italia. Professora na graduação, mestrado e doutorado em Direito da Universidade Federal do Paraná. Vice-Presidente do IBDCivil. Diretora Regional-Sul do IBDFAM. Advogada militante em Curitiba. Conselheira Estadual da OAB-PR. Membro Consultora da Comissão Especial de Direitos das Sucessões do Conselho Federal da OAB.

Jacqueline Lopes Pereira

Doutoranda e mestra em Direito das Relações Sociais (PPGD-UFPR). Especialista em Direito das Famílias e Sucessões pela ABDConst. Integrante da Comissão de Gênero do IBDFAM-PR. Pesquisadora vinculada ao Núcleo de Direitos Humanos e Vulnerabilidades e ao Núcleo de Estudos em Direito Civil Constitucional (Virada de Copérnico), ambos do PPGD-UFPR. Servidora pública do TJPR.

Sumário: 1. Introdução – 2. Violência obstétrica como violência gênero – 3. Responsabilidade civil e violência obstétrica – 4. Violência obstétrica sob as lentes dos tribunais – 5. Conclusão – Referências.

1. INTRODUÇÃO

Na proteção e combate contra às agressões em razão de gênero a temática da violência obstétrica merece destaque e, no contexto brasileiro, evidenciam-se as sobreposições de vulnerabilidades de raça, gênero, classe e deficiência.

O tema é amplo e, de um mesmo dano causado por violência obstétrica, podem resultar repercussões no âmbito civil, penal e ético-profissional. Levando-se em conta esse aspecto, o presente estudo efetua recorte metodológico para tratar da responsabilidade civil decorrente dessa prática.

O objeto da pesquisa é examinar a função promocional da responsabilidade civil e instrumentos de mitigação da violência obstétrica no Brasil pelo acesso do direito à informação e ao consentimento livre da parturiente.

Na primeira seção, apresenta-se o contributo da produção teórica jurídica, bem como de índole interdisciplinar, e de projetos de lei que buscam delimitar a concepção do termo, numa perspectiva de gênero. No segundo tópico, reflete-se sobre a função promocional da responsabilidade civil para combater atos que caracterizem a violência obstétrica. Por fim, no último item, realiza-se levantamento de julgados do Superior Tribunal de Justiça a partir de pesquisa que combina os descritores "responsabilidade civil" e "violência obstétrica" junto à base de dados do tribunal.

2. VIOLÊNCIA OBSTÉTRICA COMO VIOLÊNCIA GÊNERO

Em 11 de novembro de 2002, Alyne Pimentel – mulher negra, habitante da região metropolitana do Rio de Janeiro e grávida de seis meses – procurou atendimento na Casa de Saúde Nossa Senhora da Glória de Belford Roxo em razão de dores abdominais e náuseas. A gestante foi medicada e foi agendado retorno para 13 de novembro. Nesse meio tempo, o quadro de saúde se agravou e, na nova consulta, não foi possível detectar os batimentos cardíacos do feto. Na mesma tarde, após a indução do parto e do aguardo de 14 horas para cirurgia para curetagem, a condição de saúde de Alyne piorou.

Em 15 de novembro de 2002, foi solicitada a transferência de Alyne para o Hospital Geral de Nova Iguaçu, porém este recusou utilizar a única ambulância disponível para transportá-la naquele momento. Como a família não tinha condições financeiras de pagar um serviço privado, o transporte ocorreu oito horas depois. Em 16 de novembro de 2002, a mãe de Alyne procurou o prontuário da filha, mas foi-lhe negado o acesso e, na mesma data, a paciente faleceu sob a causa de hemorragia digestiva.[1]

Esses são os contornos fáticos do caso que resultou na condenação do Brasil em 2011 perante o Comitê de Eliminação de discriminação contra Mulheres. Compreendeu-se que houve descumprimento dos deveres de eliminação da discriminação contra mulheres na saúde pública, violação do direito à vida e à saúde de Alyne. Dentre as obrigações a que o Estado brasileiro foi condenado, além da compensação material e moral à família da vítima, também se determinou a adequada capacitação a profissionais da saúde.[2]

Outro caso a se mencionar é o recente julgamento da Corte Interamericana de Direitos Humanos (Corte IDH) no caso "Brítez Arce v. Argentina". Em 1992, Cristina Brítez Arce foi internada no Hospital Público Materno Infantil Ramón Sardá, em Buenos Aires. Constatada a morte do feto, houve indução do parto que, por falta de adequado tratamento da doença pré-eclâmpsia, culminou no falecimento da paciente. Os processos judiciais instaurados não tiveram julgamentos em tribunais independentes e imparciais, o que justificou a submissão de denúncia à Comissão Interamericana de Direitos Humanos (CIDH) em 2001. Em fevereiro de 2021, o caso chegou à jurisdição da Corte IDH e, em 16 de novembro de 2022, a Argentina foi condenada pela violação dos direitos à vida e à saúde de Cristina Brítez Arce, tratando, pela primeira vez, do termo "violência obstétrica" ligado ao art. 2º da Convenção Interamericana para prevenir, punir e erradicar a violência contra a mulher (Convenção de Belém do Pará).[3]

A partir desses dois casos paradigmáticos, é possível traçar os contornos do que se entende por "violência obstétrica" e sua caracterização como violência de gênero.

---

1. ORGANIZAÇÃO DAS NAÇÕES UNIDAS (ONU). *Relatório Alyne da Silva Pimentel Teixeira (deceased) v. Brazil* Trad. Juliana Fontana Moyses. Comitê CEDAW, 2011.
2. CATOIA, Cinthia de Cassia; SEVERI, Fabiana Cristina; FIRMINO, Inara Flora Cipriano. Caso "Alyne Pimentel": violência de gênero e interseccionalidades. *Revista estudos feministas*, [s. l], n. 28, v. 1, 2020. Disponível em: bit.ly/3E5StJY. Acesso em: 25 maio 2023.
3. CORTE INTERAMERICANA DE DERECHOS HUMANOS. *Caso Brítez Arce y otros vs. Argentina*. Sentencia de 16 de novembro de 2022. Disponível em: bit.ly/40kEJV2. Acesso em: 27 maio 2023.

Os dois casos tiveram como vítimas mulheres de países da América do Sul, o que leva à primeira consideração a respeito da origem do termo, que nasceu nos anos 2000 na América Latina a partir de demandas de movimentos sociais a favor do parto humanizado.[4]

Situa-se que as vítimas da prática de violência obstétrica podem ser mulheres cisgênero, homens transgênero e pessoas não binárias, bastando que tenham a potencial capacidade de gestar. Ainda, como se verá adiante, o ato de violência não se restringe ao âmbito físico e pode ser resultado de discriminação por raça, identidade gênero e orientação sexual.[5]

O caso de Alyne Pimentel chama a atenção para o recorte racial e de classe em torno da violência obstétrica no Brasil. Thula Pires e Malu Stanchi observam que a discussão sobre a humanização do parto ainda se centraliza nos privilégios da branquitude, pois "desatende a necessidade de focalizar a discussão sobre a violência obstétrica a partir dos efeitos do racismo institucional estabelecido pelos processos colonialistas de dominação brasileira e nas ações potencialmente violentas que esses refluxos e reinvenções do sistema colonial provocam nos corpos femininos não brancos".[6]

Estudo publicado em 2017 por Leal *et al* expõe o dado desigual de que, no Brasil, 70% das gestantes negras não têm acesso ao acompanhamento pré-natal adequado e que 97,9% delas enfrentam o parto normal sem aplicação de anestesia peridural.[7-8]

Outro recorte de vulnerabilidade é o de mulheres com deficiência que enfrentam barreiras físicas, comunicacionais e atitudinais para compreender de forma livre e esclarecida quais serão seus direitos e opções de procedimentos a serem adotados ao longo da gestação e no momento do parto.[9]

A literatura especializada indica que não há um conceito único que defina a violência obstétrica. O próprio termo é alvo de críticas, pois, ao empregar a referência à obstetrícia, exclui outros profissionais da saúde que potencialmente praticam tal violência.[10]

---

4. ARAGÃO, Suéllyn Mattos de; SCHIOCCHET, Taysa. Violência obstétrica: entre evidências e ocultações. In: DAVID, Décio Franco; MACCOPPI, Jaqueline Alexandra (Org.). *Violência obstétrica*: perspectivas multidisciplinares. Florianópolis: Habitus, 2002, p. 32.
5. BARBOZA, Heloisa Helena. Violência obstétrica e os direitos da pessoa transexual gestante. In: VIVEIROS DE CASTRO (Coord.). *Violência de gênero em debate*: diálogos interdisciplinares. Rio de Janeiro: Lumen Juris, 2019, p. 1-19.
6. PIRES, Thula; STANCHI, Malu. Racismo institucional e violência obstétrica: dispositivo sistêmico de genocídio da população negra. VIVEIROS DE CASTRO (Coord.). *Violência de gênero em debate*: diálogos interdisciplinares. Rio de Janeiro: Lumen Juris, 2019, p. 210.
7. LEAL, Maria do C.; GAMA, Silvana G. N. da; PEREIRA, Ana P.E.; PACHECO, Vanessa E.; CARMO, Cleber N. do; SANTOS, Ricardo V.; A cor da dor: iniquidades raciais na atenção pré-natal e ao parto no Brasil. *Cad Saúde Pública*, v. 33, n. 1, 2017, p. 5-7.
8. PIRES, Thula; STANCHI, Malu. Racismo institucional e violência obstétrica: dispositivo sistêmico de genocídio da população negra. VIVEIROS DE CASTRO (Coord.). *Violência de gênero em debate*: diálogos interdisciplinares. Rio de Janeiro: Lumen Juris, 2019, p. 228.
9. TERRA, Aline de Miranda Valverde; MATOS, Ana Carla Harmatiuk. Violência obstétrica contra a gestante com deficiência. *Pensar*, Fortaleza, v. 24, n. 1, p. 1-13, jan./mar. 2019, p .5-6.
10. Isabella Feitosa e Karine Mota afirmam que a violência obstétrica pode ser praticada não apenas por obstetras, mas também por demais profissionais da saúde, técnicos administrativos e pode ocorrer tanto em instituições

Ana Carolina Brochado Teixeira e Livia Leal apontam que a violência obstétrica se relaciona à desigualdade de gênero e opera-se por violência institucional que atinge mulheres pela apropriação de seus corpos na prática de poder repressivo mediante "condutas diversas por parte dos profissionais da saúde, de desrespeito, negligência e maus-tratos em face da gestante, que envolve, inclusive, a interferência indevida na escolha do modo do parto a ser adotado pela mulher".[11]

As origens dessa prática remontam à mudança do ambiente doméstico do parto, antes realizado por parteiras, para o ambiente hospitalar e regido pela visão do corpo da mulher como objeto do ato médico.[12]

Quanto ao momento em que pode ocorrer, Thamis Dalsenter Viveiros de Castro pontua que não se restringe ao parto em si, porquanto retrata "qualquer conduta que prive de direitos fundamentais e viole a autonomia da gestante".[13]

Segundo o levantamento de dados bibliográficos elaborado por Taysa Schiocchet e Suéllyn Mattos de Aragão, as modalidades de violência obstétrica podem ser classificadas em física, moral ou verbal.[14] De acordo com as autoras, destacam-se, entre as práticas de violência obstétrica física: a episiotomia,[15] o "ponto do marido" ou *Husband Stich*,[16] a intervenção com finalidades didáticas, medidas de aceleração do parto, "Manobra de

---

públicas, quanto instituições privadas. (FEITOSA, Isabella Sousa; MOTA, Karine Alves Gonçalves. A responsabilidade civil e as formas de indenização nos casos de violência obstétrica praticada em hospitais públicos. *Revista Vertentes do Direito*, Palmas, v. 8, n. 1, p. 186, jan./jun. 2021. Semestral. Disponível em: https://sistemas.uft.edu.br/periodicos/index.php/direito/article/view/10661. Acesso em: 12 maio 2023).

11. TEIXEIRA, Ana Carolina Brochado; LEAL, Livia Teixeira. O dever de informação na relação médico-gestante como forma de garantia da autonomia existencial no parto. In: CASTRO, Thamis Dalsenter Viveiros de (Coord.). *Violência obstétrica em debate*: diálogos interdisciplinares. Rio de Janeiro: Lumen Juris, 2019, p. 129-130.
12. "A alteração do ambiente do parto, de doméstico, assistido por parteiras, para o hospitalar, conduzido por médicos, implicou também a alteração de seu significado, passando de um evento fisiológico, feminino, familiar e social, para um ato médico e masculino. Tornou-se uma prática na qual o corpo da mulher funciona como uma máquina, sendo a assistência prestada como linha de produção" (GADENZ, Danielli; MATOS, Ana Carla Harmatiuk. O parto como processo de dominação masculina: uma análise da violência obstétrica com base na teoria crítica dos direitos humanos. *Revista Direito e Liberdade*, Natal, v. 21, n. 3, p. 37-83, set./dez. 2019. Quadrimestral, p. 40).
13. VIVEIROS DE CASTRO, Thamis Dalsenter. Direito ao acompanhante, violência obstétrica e poder familiar. *Pensar*, Fortaleza, v. 25, n. 14, p. 03, mar. 2020. Trimestral. Disponível em: https://ojs.unifor.br/rpen/article/view/10093. Acesso em: 11 maio 2023.
14. ARAGÃO, Suéllyn Mattos de; SCHIOCCHET, Taysa. Violência obstétrica: entre evidências e ocultações. In: DAVID, Décio Franco; MACCOPPI, Jaqueline Alexandra (Org.). *Violência obstétrica*: perspectivas multidisciplinares. Florianópolis: Habitus, 2002, p. 36.
15. Trata-se de procedimento cirúrgico de corte do períneo, a fim de expandir a dilatação do cérvix, sendo recomendada pela OMS apenas entre 10% e 30% dos casos. Todavia, no Brasil, atinge o desproporcional percentual de 56% de ocorrência em partos normais. (LEAL, Maria do C.; PEREIRA, Ana P. E.; DOMINGUES, Rosa M. S. M.; THEME FILHA, Mariza M.; DIAS, Marcos A. B.; NAKAMURA-PEREIRA, Marcos; BASTOS, Maria H.; GAMA, Silvana G. N. da. Intervenções Obstétricas durante o trabalho de parto em mulheres brasileiras de risco habitual. *Cadernos de Saúde Pública*, Rio de Janeiro, v. 30, 2014).
16. Consiste na sutura que diminui o diâmetro do diafragma vulvovaginal após a episiotomia com o suposto objetivo de proporcional prazer ao parceiro sexual da mulher (SÃO BENTO, Paulo Alexandre de Souza; SANTOS, Rosangela da Silva. Realização da episiotomia nos dias atuais à luz da produção científica: uma revisão. *Esc. Anna Nery* v. 10, n. 3, p. 552-559. Rio de Janeiro, 2006).

Kristeller",[17] restrição da posição para o parto, imposição de intervenções não consentidas, agressão física e má prática profissional, como erro médico. Dentre as violências morais, há a cesariana por dissuasão, o cuidado indigno, violações da privacidade, recusa de assistência, negativa de atendimento emergencial, intervenções aceitas pela paciente a partir de informações desvirtuadas, a discriminação com base em preconceito de qualquer natureza e a antecipação ou postergação injustificada da alta hospitalar. Por fim, a violência obstétrica verbal ocorre pelo constrangimento verbal e acusações humilhantes à gestante.[18]

Em 2012, a Rede Parto do Princípio elaborou o dossiê "Violência obstétrica 'parirás com dor'" para a CPMI da Violência Contra as Mulheres. O documento expôs relatos alarmantes ao parlamento sobre a condição de parturientes no país e, a título exemplificativo, citou a episiotomia como uma questão marcada por classe social e raça:

> [...] enquanto as mulheres brancas e de classe média que contam com o setor privado da saúde, em sua maioria serão "cortadas por cima" na epidemia de cesárea, as mulheres que dependem do SUS (mais de dois terços delas) serão "cortadas por baixo", passarão pelo parto vaginal com episiotomia. Como as mulheres negras têm características diferentes em termos de cicatrização, pela maior tendência a formação de queloides [cicatrizes tumoriformes mais comuns nos indivíduos de raça negra], acreditamos que estão mais sujeitas a complicações cicatriciais da episiotomia.[19]

Os atos caracterizadores da violência obstétrica consistem em violência de gênero, por violação evidente do princípio da igualdade de gênero (art. 5º, *caput* da CF) e direito ao livre planejamento familiar (art. 226, § 7º da CF), bem como de legislação e tratados de direitos humanos protetivos.

A "Convenção sobre a eliminação de todas as formas de discriminação contra as mulheres" (CEDAW), assinada e ratificada sem reservas pelo Brasil em 1994,[20] fundamentou a possibilidade de reparação em favor da família de Alyne Pimentel na sentença proferida pelo respectivo Comitê em 2011.

É também pertinente citar a Convenção de Belém do Pará celebrada em 1994, que em seu art. 1º define a violência contra a mulher como "qualquer ato ou conduta baseada no gênero, que cause morte, dano ou sofrimento físico, sexual ou psicológico à mulher, tanto na esfera pública como na esfera privada".[21]

Apesar dos diplomas legais serem concernentes à violência de gênero, não apresentam definição específica sobre a violência obstétrica. Por isso, as classificações acadêmi-

---

17. É o procedimento pelo qual o profissional de saúde "empurra" a barriga da gestante a fim de acelerar a expulsão do feto (TERRA, Aline de Miranda Valverde; MATOS, Ana Carla Harmatiuk. Violência obstétrica contra a gestante com deficiência. *Pensar*, Fortaleza, v. 24, n. 1, p. 1-13, jan./mar. 2019, p. 02).
18. ARAGÃO, Suéllyn Mattos de; SCHIOCCHET, Taysa. Violência obstétrica: entre evidências e ocultações. In: DAVID, Décio Franco; MACCOPPI, Jaqueline Alexandra (Org.). *Violência obstétrica*: perspectivas multidisciplinares. Florianópolis: Habitus, 2002, p. 36-40.
19. PARTO DO PRINCÍPIO. "*Parirás com dor*": Dossiê elaborado pela Rede Parto do Princípio para a CPMI da Violência Contra as Mulheres. Disponível em: https://shre.ink/HG5L. Acesso em: 28 maio 2023, p. 89.
20. ORGANIZAÇÃO DAS NAÇÕES UNIDAS. *Convenção sobre a eliminação de todas as formas de discriminação contra a mulher*. Disponível em: https://shre.ink/HG5X. Acesso em: 28 maio 2023.
21. BRASIL. *Decreto 1.973/1996*. Disponível em: https://shre.ink/HGwW. Acesso em: 28 maio 2023.

cas tratam de rol meramente exemplificativo, já que não há lei em sentido formal com abrangência nacional no Brasil. Isso, contudo, pode mudar, caso o país siga o movimento recente de países da região.

A Venezuela foi o primeiro país da América do Sul a enfrentar a questão em sua legislação em 2007,[22] seguida pela Argentina[23] que, recorda-se, sofreu a recente condenação da Corte IDH no caso Brítez Arce. Outros países latino-americanos, como o Panamá, Bolívia, México e Uruguai desenvolveram legislações que tocam a temática[24] e, no cenário local, há projetos de lei em tramitação há mais de uma década.

Na Câmara dos Deputados, seguem onze projetos sobre violência obstétrica[25] apensados ao Projeto de Lei 6.567/2013, iniciado no Senado Federal sob o n. 8/2013 e que têm como um de seus enfoques a melhoria das condições de parto nos estabelecimentos de Saúde do Sistema Único de Saúde. Em maio de 2023, a deputada federal Maria Arraes (Solidariedade-PE) foi designada como relatora do PL e houve abertura de prazo para apresentação de emendas ao projeto original.

Destaca-se, por ora, a "Lei do Acompanhante" (Lei 11.108/2005), que permitiu que os serviços do SUS, rede própria ou conveniada, permitam a presença de acompanhante à gestante no parto. Thamis Dalsenter Viveiros de Castro alerta que, embora a legislação seja de 2005, são reiterados os relatos de mulheres impedidas do exercício do direito. De igual modo, a autora lembra que a Lei 13.257/2016 enfocou o atendimento humanizado e garantias à gestante e à primeira infância.[26]

Os estados de Santa Catarina[27] (Lei 17.097/2017) e Paraná (Lei 19.207/2017)[28] possuem legislação sobre a implantação de medidas de informação e proteção à gestante e à parturiente contra a violência obstétrica. Ainda, o município de Diadema, em São Paulo, editou a Lei 3.363/2013 que, em seu art. 2º prevê que violência obstétrica se refere a "todo

---

22. REPÚBLICA BOLIVARIANA DE VENEZUELA. *Ley 38.668 de 23 de abril de 2007.* Disponível em: bit.ly/3K-43crW. Acesso em: 13 maio 2023.
23. REPÚBLICA ARGENTINA. *Ley 25.485 de 1º de abril de 2009.* Disponível em: bit.ly/3YuqxYh Acesso em: 13 maio 2023.
24. COLETIVO MARGARIDA ALVES. *Violência obstétrica no abortamento.* Disponível em: bit.ly/3SaCP61. Acesso em: 13 maio 2023.
25. Dentre os apensos, destaca-se o Projeto de Lei 7.633/2014, que "Dispõe sobre a humanização da assistência à mulher e ao neonato durante o ciclo gravídico-puerperal e dá outras providências" (Jean Willys, PSOL-RJ) e o Projeto de Lei 8.219/2017, que "Dispõe sobre a violência obstétrica praticada por médicos e/ou profissionais de saúde contra mulheres em trabalho de parto ou logo após." (Francisco Floriano, DEM-RJ). (CÂMARA DOS DEPUTADOS. *PL 6567/2013 Árvore de Apensados e Outros Documentos da Matéria.* Disponível em: https://shre.ink/HG5T. Acesso em: 28 maio 2023).
26. VIVEIROS DE CASTRO, Thamis Dalsenter. Direito ao acompanhante, violência obstétrica e poder familiar. *Pensar*, Fortaleza, v. 25, n. 14, p. 1-12, mar. 2020. Trimestral. Disponível em: https://ojs.unifor.br/rpen/article/view/10093. Acesso em: 11 maio 2023. p. 4-7.
27. SANTA CATARINA. *Lei 17.097/2017.* Dispõe sobre a implantação de medidas de informação e proteção à gestante e parturiente contra a violência obstétrica no Estado de Santa Catarina. Disponível em: https://shre.ink/HG5Q. Acesso em: 28 maio 2023.
28. PARANÁ. *Lei Estadual do Paraná 19.207/2017.* Dispõe sobre a implantação de medidas de informação e proteção à gestante e à parturiente contra a violência obstétrica no Estado do Paraná. Disponível em: https://shre.ink/HG53. Acesso em: 28 maio 2023.

ato praticado pelo médico, pela equipe do hospital, por um familiar ou acompanhante que ofenda, de forma verbal ou física, as mulheres gestantes, em trabalho de parto ou, ainda, no período de puerpério".[29]

Embora não haja lei federal que verse sobre atos tipificados como violência obstétrica, é inegável que, sob o recorte da responsabilidade civil, seja necessário avaliar a extensão e natureza dos danos causados à pessoa gestante. Nesse sentido, importante avaliar a função da responsabilidade civil no estado da arte que visa à proteção das vítimas desses atos.

3. RESPONSABILIDADE CIVIL E VIOLÊNCIA OBSTÉTRICA

Compreendida a violência obstétrica que atinge uma em cada quatro mulheres no Brasil,[30] constata-se que a prática se concretiza, dentre outras formas, pela violação do direito de escolha da gestante e a falta de consentimento livre e esclarecido sobre o procedimento que enfrentará na realização do parto.[31]

A prática desta violência de gênero, em relação aos profissionais médicos, pode ensejar sua responsabilização na esfera ético-profissional, civil e penal.[32] Não se olvida da repercussão que um mesmo ato danoso nessas diversas frentes, entretanto, neste estudo, enfoca-se a responsabilidade no âmbito civil.

Nelson Rosenvald lembra que, além das funções compensatória, punitiva, restituitória e preventiva, a responsabilidade civil tem o potencial de desestimular comportamentos antissociais ou que imponham riscos anormais a uma coletividade, de modo a promover o direito fundamental à proteção de todos.[33]

À luz dessa perspectiva, o instituto da responsabilidade civil contribui para o combate à violência obstétrica ao estimular comportamentos dos profissionais de saúde que tenham como objetivo a ampliação do acesso a informações e coleta do consentimento livre e esclarecido da parturiente.

Fernanda Schaefer sublinha alguns dos principais deveres médicos em sua atuação, o que inclui o atendimento antes, durante e após o parto: "de informar (Código de Ética Médica, art. 59) e de aconselhar de forma que o paciente possa compreender suas condições e o tratamento a ser seguido"; de assistência e de perícia; de prudência e de diligência; de ouvir e interrogar o paciente sobre os sintomas; de recomendar o melhor

---

29. DIADEMA. *Lei Municipal 3.363/2013*. Disponível em: https://shre.ink/HG5z. Acesso em: 28 maio 2023.
30. FUNDAÇÃO PERSEU ABRAMO. *Mulheres brasileiras e gênero nos espaços público e privado*. Disponível em: https://shre.ink/HG5Z. Acesso em: 28 maio 2023.
31. Maine Tokarski observa que a autonomia reprodutiva da mulher inclui a agência de fazer escolhas que sejam respeitadas no momento do parto. (TOKARSKI, Maine Lais. Autonomia Sitiada: o parto como terreno de disputa. 2018. 173 f. Dissertação (Mestrado) - Curso de Direito, PPGD, Universidade Federal do Paraná, Curitiba, 2018. Disponível em: https://shre.ink/HG5t. Acesso em: 29 maio 2023, p. 155-156).
32. ELITO JUNIOR, Júlio. A responsabilidade do médico. In: BOYACIYAN, Krikor. Ética em ginecologia e obstetrícia. 5. ed. São Paulo: Conselho Regional de Medicina do Estado de São Paulo, 2018. p. 29.
33. ROSENVALD, Nelson. *As funções da responsabilidade civil*: a reparação e a pena civil. São Paulo: Editora Saraiva, 2022. E-book. ISBN 9786555598902. p. 31-33.

tratamento; de manter-se informado sobre o quadro clínico; de vigilância; de sigilo a informações confidenciais; de guardar a vida humana; de aperfeiçoamento constante.[34]

Há que se distinguir a prestação do dever de informar e a prestação de abstenção[35] quanto a procedimentos não anuídos pela parturiente. Por um lado, o dever de informar consiste em obrigação positiva que abrange a apresentação de informações sobre as características dos procedimentos e seus riscos e, por outro lado, o dever de abstenção será uma obrigação negativa de não fazer aquilo com o que a parturiente não aderiu.

Sobre o descumprimento do dever de informação à parturiente, Paula Moura e Gláucia da Silva observam que "a responsabilidade civil médica ultrapassa até mesmo a existência de eventual erro médico e se caracteriza pela negligência médica no dever de informar e pela prática de ato sem a devida autorização, atraindo o disposto no artigo 951 do Código Civil e artigo 14, § 4º do CDC".[36]

A informação livre e acessível à parturiente serve de antessala para o exercício de outros direitos garantidos na legislação,[37] como o direito a acompanhante, introduzido pela Lei 11.108/2005. Tal direito pode ser resguardado através da elaboração do plano de parto, que consiste em negócio jurídico unilateral existencial realizado na fase pré-natal para prever os procedimentos aos que a gestante concorda ou discorda a ser submetida, podendo indicar quem a acompanhará no momento do parto.[38]

O plano estimula o cumprimento do dever de informação à gestante e, ademais, a indicação de acompanhante pode prevenir abusos ou, ao menos, garantir uma testemunha dos atos praticados durante o parto.[39]

Ainda assim, menciona-se que há registros de violência obstétrica praticada mesmo com a presença de acompanhante na sala de parto. Menciona-se a violência sexual praticada por médico anestesista contra mulheres durante o procedimento de parto cesariano

---

34. SCHAEFER, Fernanda. *Responsabilidade civil do médico e erro de diagnóstico*. Curitiba: Juruá, 2006, p. 35.
35. LIMA, Éfren P. P. de S. Análisis de los efectos del incumplimiento de los deberes informativos del consentimiento informado. *Revista IBERC*, Minas Gerais, v. 2, n. 2, p. 02, maio/ago. 2019.
36. PEREIRA, Paula Moura Francesconi de Lemos; SILVA, Gláucia Nascimento da. A informação como forma de combate à violência obstétrica na relação médico-paciente e os impactos na seara da responsabilidade civil. In: VIVEIROS DE CASTRO (Coord.). *Violência de gênero em debate*: diálogos interdisciplinares. Rio de Janeiro: Lumen Juris, 2019, p. 163.
37. Miguel Kfouri Neto ensina que o tratamento médico aplicado sem consentimento livre e esclarecido do paciente gera responsabilidade civil do médico, eis que "o consentimento é um pré-requisito essencial de todo tratamento ou intervenção médica" (KFOURI NETO, Miguel. A quantificação do dano na ausência de consentimento livre e esclarecido do paciente. *Revista IBERC*, Minas Gerais, v. 2, n. 1, p. 15, jan./abr. 2019).
38. Ana Carla Harmatiuk Matos e Aline Valverde Terra lembram que, em caso da gestante ser pessoa com deficiência psíquica, o instrumento "será válido se ela apresentar funcionalidades suficientes para entender as consequências de suas escolhas e mediante sua exclusiva manifestação de vontade" (TERRA, Aline de Miranda Valverde; MATOS, Ana Carla Harmatiuk. Violência obstétrica contra a gestante com deficiência. *Pensar*, Fortaleza, v. 24, n. 1, p. 9, jan./mar. 2019).
39. "Analisando os casos, numa situação em que a paciente se encontra "sozinha" no momento de seu parto, é extremamente difícil obter provas de que foi xingada, ofendida, discriminada, e até abusada sexualmente." (FEITOSA, Isabella Sousa; MOTA, Karine Alves Gonçalves. A responsabilidade civil e as formas de indenização nos casos de violência obstétrica praticada em hospitais públicos. *Revista Vertentes do Direito*, Palmas, v. 8, n. 1, p. 201, jan./jun. 2021. Semestral).

em 2022. A equipe de enfermagem notou o comportamento irregular do anestesista e obteve registros de imagem que demonstraram a conduta em um dos partos, mesmo com a presença de outros médicos e do pai do recém-nascido.[40]

Mesmo que aplicáveis as normas de direito consumerista, conforme disposto no art. 14, § 4º do Código de Defesa do Consumidor,[41] a responsabilidade civil da(o) profissional liberal deve ser subjetiva, exigindo um juízo avaliativo de negligência, imprudência ou imperícia.

Já a responsabilidade do hospital ou clínica médica será objetiva, nos termos do art. 932, inc. III[42] do Código Civil. Roberto Veloso e Maiane Serra ressaltam que mesmo hospitais com fins filantrópicos devem cumprir os deveres de informação e responsabilidade pelos atos culposos de profissionais contratados.[43]

Nesse quadro, nota-se a potencialidade do instituto da responsabilidade civil apresentar função promocional de combate à violência de gênero. Sobreleva-se a adoção de medidas que facilitem o cumprimento do dever de informação e resguardem os direitos à parturiente, como é o exemplo da elaboração de plano de parto e da garantia da presença de acompanhante.

4. VIOLÊNCIA OBSTÉTRICA SOB AS LENTES DOS TRIBUNAIS

Os dois casos que inauguram este estudo são emblemáticos por repercutirem em condenações dos Estados-parte signatários de tratados de direitos humanos. No caso Alyne Pimentel, a Convenção sobre a eliminação de todas as formas de discriminação contra as mulheres (CEDAW) e no caso Brítez Arce, o Pacto de San José da Costa Rica. Tais exemplos revelam uma perspectiva ampliada sobre a violência obstétrica, que ensejou responsabilização internacional do Brasil e da Argentina.

Sem deixar de demarcar a importância dos referidos julgados, para uma compreensão da atualidade do tema em nível nacional, é imprescindível examinar o estado da arte nos tribunais brasileiros.

Em estudo de decisões do Superior Tribunal de Justiça (STJ) proferidas entre 2004 e 2014, Thaísa Rodrigues e Altacílio Nunes examinaram vinte e um acórdãos que discutiram ações indenizatórias envolvendo a área da obstetrícia. O levantamento realizado pelos autores utilizou os descritores "parto", "erro médico"; "médico"; "paciente";

---

40. UFMG. *Violência Obstétrica*: caso de anestesista preso em flagrante por estupro durante cesárea lança luz sobre o tema. Disponível em: https://shre.ink/HG5D. Acesso em: 29 maio 2023.
41. Art. 14. O fornecedor de serviços responde, independentemente da existência de culpa, pela reparação dos danos causados aos consumidores por defeitos relativos à prestação dos serviços, bem como por informações insuficientes ou inadequadas sobre sua fruição e riscos. (...) § 4º A responsabilidade pessoal dos profissionais liberais será apurada mediante a verificação de culpa.
42. Art. 932. São também responsáveis pela reparação civil: (...) III – o empregador ou comitente, por seus empregados, serviçais e prepostos, no exercício do trabalho que lhes competir, ou em razão dele.
43. VELOSO, Roberto Carvalho; SERRA, Maiane Cibele de Mesquita. Reflexos da responsabilidade civil e penal nos casos de violência obstétrica. *Revista Brasileira de Direitos e Garantias Fundamentais*, Brasília, v. 2, n. 1, p. 269, jan./jun. 2016.

"profissional da saúde"; "dano moral"; "dano material"; "SUS"; "responsabilidade civil" e "indenização por erro médico". A pesquisa concluiu que o estado do Rio de Janeiro continha maior número de recursos analisados pelo STJ, seguido de São Paulo e, na sequência, Minas Gerais. Ainda, observou-se que 71% das falhas médicas ocorreram em parto natural e 29% em cesarianas, sendo a demora na realização do parto a maior causa de danos.[44]

Ao se lançar nos descritores de pesquisa de julgados do STJ[45] os termos "violência obstétrica" e "responsabilidade civil", até o mês de maio de 2023, os resultados são apenas treze decisões monocráticas publicadas entre 25.06.2019 e 05.05.2023. Dessa amostra, há um Recurso Especial (1.839.462), oito recursos de Agravo em Recurso Especial (2.276.571, 2.178.558, 2.127.187, 2.082.037, 2.083.701, 1.965.844,[46] 1.859.924 e 1.374.952), um Agravo Interno no Agravo em Recurso Especial (2.298.239) e um Conflito de Competência (179.323).[47]

As decisões monocráticas não resolveram o mérito dos recursos, por impedimento da Súmula 7.[48] De toda maneira, servem de ilustração para avaliar os fundamentos jurídicos dos acórdãos recorridos e os desenvolvidos pelas partes recorrentes na interposição de Recurso Especial.[49]

O AREsp 1.374.952-MG tem como fundo fático uma ação indenizatória ajuizada por uma mulher em face do médico obstetra, em razão do uso desnecessário de fórceps e da manobra de Kristeller, que resultaram na morte do bebê. Consta do voto do acórdão do Tribunal de Justiça do Estado de Minas Gerais que, diferentemente do alegado pelo réu, quarenta e três minutos não caracterizariam "longo período expulsivo" capaz de justificar as medidas aplicadas e, por isso, manteve-se a sentença condenatória.[50]

---

44. RODRIGUES, Thaísa Mara Leal Cintra; NUNES, Altacílio Aparecido. Indenizações em obstetrícia: estudo das decisões do Superior Tribunal de Justiça do Brasil de 2004 a 2014. *Revista de Direito Sanitário*, São Paulo, v. 19, n. 1, p. 121-143, jun. 2018.
45. BRASIL. STJ. *Jurisprudência do STJ*. Disponível em: https://scon.stj.jus.br/SCON/. Acesso em: 30 maio 2023.
46. A decisão monocrática do AResp 1.965.844 foi contabilizada nos resultados do sítio eletrônico três vezes por ter três diferentes recorrentes.
47. Para o fim pretendido nesse estudo, não se verticalizará o Conflito de Competência 179.323 que, apesar de ter como fundo danos sofridos por um recém-nascido em decorrência de violência obstétrica, a decisão monocrática do Ministro Marco Buzzi se ateve ao debate sobre a competência envolvendo interesse de criança domiciliada em cidade do estado de São Paulo. Tampouco se examinará o AREsp 2.082.037, pois além de versar sobre responsabilidade civil do estado, também se deteve em questões processuais quanto à denunciação da lide e ilegitimidade de parte.
48. Súmula 7 "A pretensão de simples reexame de prova não enseja recurso especial".
49. Art. 105. Compete ao Superior Tribunal de Justiça: III – julgar, em recurso especial, as causas decididas, em única ou última instância, pelos Tribunais Regionais Federais ou pelos tribunais dos Estados, do Distrito Federal e Territórios, quando a decisão recorrida: a) contrariar tratado ou lei federal, ou negar-lhes vigência; b) julgar válido ato de governo local contestado em face de lei federal; c) der a lei federal interpretação divergente da que lhe haja atribuído outro tribunal.
50. BRASIL. STJ. *Agravo em Recurso Especial 1.374.952 – MG*. Dje. Min. Marco Buzzi. Brasília. 25 jun. 2019. Disponível em: https://processo.stj.jus.br/processo/revista/documento/mediado/?componente=MON&sequencial=96878417&num_registro=201802569748&data=20190625. Acesso em: 29 maio 2023.

A Minª Maria Isabel Gallotti negou seguimento ao Recurso Especial 1.839.462 interposto por uma mulher em face de acórdão que negou provimento à sua apelação. O Tribunal de Justiça do Estado de São Paulo manteve a sentença de improcedência da ação indenizatória interposta em face de plano de saúde por erro médico durante o parto. A autora alegou que a aplicação da manobra de Kristiller causou-lhe tetraplegia e que o prontuário médico teria sido rasurado para ocultar a comprovação da culpa da equipe médica atuante. A decisão de inadmissibilidade do Recurso Especial ressaltou que o Tribunal de origem concluiu pela ausência de comprovação do erro médico e do nexo de causalidade entre os procedimentos do parto e a tetraplegia. Ressalta-se que, nesse caso, restou comprovada a aplicação da manobra de Kristeller, contudo, os julgadores entenderam que não haveria relação de causalidade da sua aplicação com o dano físico à autora.[51]

Já no AREsp 2.178.558, o quadro fático que justificou a judicialização de ação indenizatória funda-se em danos causados a uma mulher portadora de glicose sanguínea elevada e bebê com sobrepeso. Não obstante a expressa recomendação à modalidade de parto cesariano, a parturiente foi submetida a parto normal com sete meses de gestação e, como no caso anterior, utilizou-se a manobra de Kristeller. O município gestor do hospital foi condenado por violência obstétrica, em sentença que foi mantida pelo Tribunal de Justiça do Estado de Mato Grosso.[52]

No AREsp 1.859.924, pretendeu-se a admissão de Recurso Especial para reforma do acórdão proferido pelo Tribunal de Justiça do estado de Pernambuco em ação de indenização por danos morais. A autora ajuizou a demanda em face do hospital maternidade em que teria ocorrido falha no atendimento por profissionais da Medicina e Enfermagem ao não prover alojamento conjunto da mãe com o recém-nascido internado em UTI. Apesar da condenação pela falha na prestação de serviço pelo hospital, não se comprovou a prática de ato ilícito pelos médicos e enfermeiros durante o parto. Compreendeu-se que, em que pese a responsabilidade civil do hospital ser objetiva, o art. 14, § 4º do CDC exige a comprovação da culpa dos profissionais liberais envolvidos. Dentre os fundamentos utilizados nas instâncias de origem, mencionou-se o art. 2º da Convenção de Belém do Pará e tratou do conceito de violência obstétrica.[53]

O AREsp 1.965.844 apresenta três decisões monocráticas proferidas pelo Min. Luis Felipe Salomão para negar seguimento aos recursos das partes envolvidas em ação de indenização por danos materiais, morais e estéticos com origem no Tribunal de Justiça do Estado de São Paulo. O quadro fático remonta a prática de violência obstétrica contra

---

51. BRASIL. STJ. *Recurso Especial 1.839.462 – SP*. Dje. Min. Maria Isabel Gallotti. Brasília. 25 jun. 2019.
52. BRASIL. STJ. *Recurso Especial 2.178.558 – MT*. Dje. Min. Gurgel de Faria. Brasília. 19 out. 2022.
53. "Neste sentido, deve-se destacar que, nos termos do art. 2º da Convenção Interamericana para Prevenir, Punir e Erradicar a Violência contra a Mulher (Convenção de Belém do Pará), a violência contra a mulher abrange a violência física, sexual e psicológica ocorrida em serviços de saúde. Desta previsão exsurge o conceito de violência obstétrica, caracterizada pela apropriação do corpo e dos processos reprodutivos das mulheres pelos profissionais de saúde, através do tratamento desumanizado, abuso da medicalização e patologização dos processos naturais, capazes de causa perda da autonomia e da capacidade das mulheres, impactando negativamente na qualidade de vida das mesmas" (BRASIL. STJ. *Agravo em Recurso Especial 1.859.924-PE*. DJe. Min. Humberto Martins. Brasília. 04 jun. 2021).

uma parturiente com o uso de fórceps e que resultou em paralisia cerebral da criança. O acórdão que deu parcial provimento aos recursos de apelação de ambas as partes reduziu o valor fixado a título de danos morais e estéticos para R$ 50.000,00 (cinquenta mil reais) e manteve a condenação de pagamento de pensão vitalícia em favor da criança, a serem arcados solidariamente pelo hospital e pelo plano de saúde.[54]

O AREsp 2.083.701 tem como fundo a ação indenizatória com sentença de improcedência mantida pelo Tribunal de Justiça do Distrito Federal, que reconheceu a aplicação das normas de direito do consumidor, porém, não identificou a ocorrência de falha na prestação de serviços hospitalares para caracterização da alegada violência obstétrica. No caso, a parturiente alegou que o dano moral decorreria do fato de não ter sido ofertado o contato direto com a criança na primeira hora do nascimento.[55]

Menciona-se o AResp 2.127.187, interposto por um município com a pretensão de admissão do Recurso Especial para reformar o acórdão do Tribunal de Justiça do Estado de Goiás em razão da alegada desproporcionalidade do valor da condenação face aos danos sofridos pela vítima, conforme disposto no art. 927 do CC. De acordo a fundamentação do acórdão de segundo grau, o município agravante foi condenado a pagar compensação por danos morais em R$20.000,00 a uma mulher que, mesmo em adiantado trabalho de parto, foi compelida a caminhar até o centro cirúrgico e, em virtude de forte contração, o bebê foi expelido no corredor da maternidade. Embora o Recurso Especial não tenha sido admitido por óbice da Súmula 7, o Relator Min. Humberto Martins ressaltou que não seria viável reavaliação do valor da indenização, pois a possibilidade se restringe a "casos em que arbitrados na origem em valores irrisórios ou excessivos, o que não se verifica no caso concreto".[56]

Outro caso envolvendo condenação de município por violência obstétrica ocorrida nas dependências de hospital público é o que originou a interposição do AREsp 2.276.571. A ação indenizatória foi ajuizada por uma mãe e sua filha haja vista a ausência de médico anestesiologista no momento do parto, o que impossibilitou a adoção da cesariana, com a realização de manobras no parto normal que causaram lesões permanentes no bebê (paralisia do plexo braquial). A sentença de improcedência foi reformada pelo Tribunal de Justiça do Estado do Rio de Janeiro, que utilizou em sua fundamentação a Teoria da perda de uma chance e condenou o município ao pagamento de compensação por danos morais no valor de R$100.000,00 à criança e de R$50.000,00 à mãe. O município interpôs Recurso Especial para alegar a inexistência de nexo de causalidade e, subsidiariamente, a redução do valor fixado a título indenizatório, bem como a readequação dos honorários sucumbenciais. Embora o mérito do recurso não tenha sido examinado pelo STJ, depreende-se da ementa do acórdão do TJRJ que, dentre os fundamentos utilizados pelos julgadores, esteve o *"Direito da mulher ao planejamento reprodutivo e à atenção*

---

54. BRASIL. STJ. *Agravo em Recurso Especial 1.965.844 – SP.* Dje. Min. Luis Felipe Salomão. Brasília. 04 abr. 2022. Disponível em: https://processo.stj.jus.br/processo/monocraticas/decisoes/?num_registro=202102226576&-dt_publicacao=04/04/2022. Acesso em: 29 maio 2023.
55. BRASIL. STJ. *Agravo em Recurso Especial 2.083.701 – DF.* Dje. Min. Humberto Martins. Brasília. 17 maio 2022.
56. BRASIL. STJ. *Agravo em Recurso Especial 2.217.187 – GO.* DJe. Min. Humberto Martins. Brasília. 04 ago. 2022.

humanizada à gravidez, ao parto e ao puerpério, bem como à criança, ao nascimento seguro, ao crescimento e ao desenvolvimento saudáveis".[57]

Por fim, cita-se a decisão monocrática da Minª Nancy Andrighi no AREsp 2.298.239 que negou conheceu o Recurso Especial interposto por uma criança e sua mãe em face de plano de saúde e hospital conveniado. Na origem, tratou-se de ação de compensação por danos morais decorrentes de violência obstétrica em parto emergencial realizado sem a garantia do acompanhante à parturiente. Consta da ementa do acórdão que negou provimento ao recurso de apelação que a gestante deu entrada na maternidade às 9h10 em trabalho de parto. O atendimento foi feito de modo emergencial em cerca de quarenta minutos e houve o emprego de *fórceps* para alívio do sofrimento fetal. Restou incontroverso o fato de não ter sido dada a opção da parturiente ter acompanhante na sala de parto. Os julgadores compreenderam a ausência de ato ilícito, já que se demandou atendimento célere para evitar danos mais gravosos.[58]

Infere-se, em primeiro lugar, que o termo "violência obstétrica" passa a ser encontrado gradualmente em maior número de julgados do Superior Tribunal de Justiça a partir de 2019, restringindo-se, todavia, a decisões monocráticas de inadmissibilidade.

Em segundo lugar, constata-se que a violência obstétrica praticada resultou, na maioria dos casos, em danos físicos (AREsp 1.374.952-MG, REsp 1.839.462, AREsp 2.178.558, AREsp 1.965.844, AResp 2.127.187, AREsp 2.276.571). Em um dos casos (Resp 1.839.462) não se identificou o nexo de causalidade entre a atuação profissional no parto e a tetraplegia.

Nos casos do AREsp 2.083.701 e do AREsp 2.298.239, os danos alegados teriam decorrido, respectivamente, do impedimento do contato da mãe com o bebê na primeira hora do nascimento e da impossibilidade do exercício do direito ao acompanhante.

5. CONCLUSÃO

A partir da incursão teórica, revisão bibliográfica e análise de julgados sob o recorte da responsabilidade civil decorrente de violência obstétrica contra parturientes brasileiras, apontam-se as seguintes assertivas conclusivas:

a) A violência obstétrica atinge mulheres de modo diferenciado e mais gravoso a depender de sua condição de classe, raça e deficiência;

b) A violência obstétrica é violência institucional que se intensifica na passagem do parto no ambiente doméstico para o parto no ambiente hospitalar e pode ser praticada durante o período de gestação e mesmo após o nascimento da criança, já que implica na violação de direitos fundamentais e da autonomia da mulher;

c) Os danos causados pela violência obstétrica podem ser da ordem física, moral ou verbal, pela aplicação de práticas cirúrgicas não recomendadas (como a episiotomia

---

57. BRASIL. STJ. *Agravo em Recurso Especial 2.276.571- RJ*. DJe. Min. Humberto Martins. Brasília. 15 mar. 2023.
58. BRASIL. STJ. *Agravo em Recurso Especial 2.298.239 – SP. DJe. Min. Nancy Andrighi*. Brasília. 05 maio 2023.

e o "ponto do marido"), falha na prestação de informações e/ou qualquer tipo de constrangimento verbal à gestante.

d) Apesar de inexistir legislação federal que defina precisamente o conceito de violência obstétrica, as normas nacionais e internacionais em prol dos direitos das mulheres qualificam a prática como violência de gênero;

e) Legislações recentes de países latino-americanos tratam da violência obstétrica e há projetos de leis em andamento no Congresso Nacional há mais de uma década;

f) A Lei 11.108/2005 dispõe sobre o direito ao acompanhante à gestante no momento do parto, porém, pesquisas indicam reiteradas violações da legislação nas maternidades brasileiras;

g) A responsabilidade civil apresenta o potencial de desestímulo de comportamentos antissociais e, na ótica da violência obstétrica, pode promover o direito fundamental de gestantes e parturientes pela promoção de sua autonomia mediante consentimento livre e esclarecido;

h) As(os) profissionais da saúde – especialmente obstetras – que acompanham a pessoa gestante, seja no pré-natal, durante ou após o parto, devem cumprir o dever positivo de informação quanto aos procedimentos e respectivos riscos, como também o dever negativo de se abster naquilo que não for consentido.

i) A informação livre e acessível à parturiente serve de antessala para o exercício de outros direitos garantidos na legislação, como o direito ao acompanhante, sendo o plano de parto um profícuo instrumento para atendimento de sua autonomia;

j) A responsabilidade civil dos profissionais é subjetiva e demanda a constatação de culpa (art. 14, § 4º do CDC), enquanto a responsabilidade do hospital ou clínica médica será objetiva (art. 932, inc. III do CC);

k) Em levantamento de dados com o uso combinado dos descritores "responsabilidade civil" e "violência obstétrica", localizam-se apenas decisões monocráticas no campo de busca de jurisprudência do Superior Tribunal de Justiça;

l) O termo "violência obstétrica" passa a ser encontrado gradualmente em maior número de julgados do Superior Tribunal de Justiça a partir de 2019, restringindo-se, todavia, a decisões monocráticas de inadmissibilidade;

m) Seis dos casos analisados resultaram de danos físicos à parturiente e/ou ao bebê; outros dois casos se fundamentaram na violação ao direito de contato da mãe com o bebê e da impossibilidade de exercício do direito ao acompanhante.

REFERÊNCIAS

ARAGÃO, Suéllyn Mattos de; SCHIOCCHET, Taysa. Violência obstétrica: entre evidências e ocultações. In: DAVID, Décio Franco; MACCOPPI, Jaqueline Alexandra (Org.). *Violência obstétrica*: perspectivas multidisciplinares. Florianópolis: Habitus, 2002.

BARBOZA, Heloisa Helena. Violência obstétrica e os direitos da pessoa transexual gestante. In: VIVEIROS DE CASTRO (Coord.). *Violência de gênero em debate:* diálogos interdisciplinares. Rio de Janeiro: Lumen Juris, 2019.

BRASIL. Decreto 1.973/1996. Disponível em: https://shre.ink/HGwW. Acesso em: 28 maio 2023.

BRASIL. STJ. Agravo em Recurso Especial 1.374.952 – *MG*. Dje. Min. Marco Aurélio Bellizze. Brasília. 25 jun. 2019.

BRASIL. STJ. Recurso Especial 1.839.462 – SP. Dje. Min. Maria Isabel Gallotti. Brasília. 02 mar. 2020.

BRASIL. STJ. Agravo em Recurso Especial 1.859.924-PE. DJe. Min. Humberto Martins. 04 jun. 2021.

BRASIL. STJ. Agravo em Recurso Especial 1.965.844 – SP. Dje. Min. Luis Felipe Salomão. Brasília. 04 abr. 2022.

BRASIL. STJ. Agravo em Recurso Especial 2.083.701 –DF. Dje. Min. Humberto Martins. Brasília. 17 maio 2022.

BRASIL. STJ. Agravo em Recurso Especial 2.082.037 – SP. Dje. Min. Manoel Erhardt. Brasília. 28 jun. 2022.

BRASIL. STJ. Recurso Especial 2.178.558 – MT. Dje. Min. Gurgel de Faria. Brasília, 19 out. 2022.

BRASIL. STJ. Agravo em Recurso Especial 2.217.187 – GO. DJe. Min. Humberto Martins. Brasília, 04 ago. 2022.

BRASIL. STJ. Agravo em Recurso Especial 2.276.571- RJ. DJe. Min. Humberto Martins. Brasília, 15 mar. 2023.

BRASIL. STJ. Agravo em Recurso Especial 2.298.239 – SP. DJe. Min. Nancy Andrighi. Brasília. 05 maio 2023.

BRASIL. STJ. Conflito de Competência 179.323 – MG. Dje. Min. Marco Buzzi. Brasília, 03 ago. 2021.

BRASIL. STJ. Jurisprudência do STJ. Disponível em: https://scon.stj.jus.br/SCON/. Acesso em: 30 maio 2023.

CÂMARA DOS DEPUTADOS. *PL 6567/2013 Árvore de Apensados e Outros Documentos da Matéria*. Disponível em: https://shre.ink/HG5T. Acesso em: 28 maio 2023.

CATOIA, Cinthia de Cassia; SEVERI, Fabiana Cristina; FIRMINO, Inara Flora Cipriano. Caso "Alyne Pimentel": violência de gênero e interseccionalidades. *Revista estudos feministas*, [s. l], n. 28, v. 1, 2020. Disponível em: bit.ly/3E5StJY. Acesso em: 25 maio 2023.

COLETIVO MARGARIDA ALVES. *Violência obstétrica no abortamento*. Disponível em: bit.ly/3SaCP61. Acesso em: 13 maio 2023.

CORTE INTERAMERICANA DE DERECHOS HUMANOS. *Caso Brítez Arce y otros vs. Argentina*. Sentencia de 16 de noviembre de 2022. Disponível em: bit.ly/40kEJV2. Acesso em: 27 maio 2023.

DIADEMA. Lei Municipal 3.363/2013. Disponível em: https://shre.ink/HG5z. Acesso em: 28 maio 2023.

ELITO JUNIOR, Júlio. A responsabilidade do médico. In: BOYACIYAN, Krikor. *Ética em ginecologia e obstetrícia*. 5. ed. São Paulo: Conselho Regional de Medicina do Estado de São Paulo, 2018.

FEITOSA, Isabella Sousa; MOTA, Karine Alves Gonçalves. A responsabilidade civil e as formas de indenização nos casos de violência obstétrica praticada em hospitais públicos. *Revista Vertentes do Direito*, Palmas, v. 8, n. 1, p. 183-205, jan./jun. 2021. Semestral.

FUNDAÇÃO PERSEU ABRAMO. *Mulheres brasileiras e gênero nos espaços público e privado*. Disponível em: https://shre.ink/HG5Z. Acesso em: 28 maio 2023.

GADENZ, Danielli; MATOS, Ana Carla Harmatiuk. O parto como processo de dominação masculina: uma análise da violência obstétrica com base na teoria crítica dos direitos humanos. *Revista Direito e Liberdade*, Natal, v. 21, n. 3, p. 37-83, set./dez. 2019. Quadrimestral.

KFOURI NETO, Miguel. A quantificação do dano na ausência de consentimento livre e esclarecido do paciente. *Revista IBERC*, Minas Gerais, v. 2, n. 1, p. 01-22, jan./abr. 2019.

LEAL, Maria do C.; GAMA, Silvana G. N. da; PEREIRA, Ana P.E.; PACHECO, Vanessa E.; CARMO, Cleber N. do; SANTOS, Ricardo V.; A cor da dor: iniquidades raciais na atenção pré-natal e ao parto no Brasil. *Cad. Saúde Pública*, v. 33, n. 1, p. 1-17, 2017.

LEAL, Maria do C.; PEREIRA, Ana P. E.; DOMINGUES, Rosa M. S. M.; THEME FILHA, Mariza M.; DIAS, Marcos A. B.; NAKAMURA-PEREIRA, Marcos; BASTOS, Maria H.; GAMA, Silvana G. N. da. Intervenções Obstétricas durante o trabalho de parto em mulheres brasileiras de risco habitual. *Cadernos de Saúde Pública*, Rio de Janeiro, v. 30, 2014.

LIMA, Éfren P. P. de S. Análisis de los efectos del incumplimiento de los deberes informativos del consentimiento informado. *Revista IBERC,* Minas Gerais, v. 2, n. 2, p. 1-19, maio/ago. 2019.

ORGANIZAÇÃO DAS NAÇÕES UNIDAS. *Convenção sobre a eliminação de todas as formas de discriminação contra a mulher.* Disponível em: https://shre.ink/HG5X. Acesso em: 28 maio 2023.

ORGANIZAÇÃO DAS NAÇÕES UNIDAS (ONU). *Relatório Alyne da Silva Pimentel Teixeira* (deceased) v. Brazil. Trad. Juliana Fontana Moyses. Comitê CEDAW, 2011.

PARANÁ. Lei Estadual do Paraná 19.207/2017. Dispõe sobre a implantação de medidas de informação e proteção à gestante e à parturiente contra a violência obstétrica no Estado do Paraná. Disponível em: https://shre.ink/HG53. Acesso em: 28 maio 2023.

PARTO DO PRINCÍPIO. *"Parirás com dor":* Dossiê elaborado pela Rede Parto do Princípio para a CPMI da Violência Contra as Mulheres. Disponível em: https://shre.ink/HG5L. Acesso em: 28 maio 2023.

PEREIRA, Paula Moura Francesconi de Lemos; SILVA, Gláucia Nascimento da. A informação como forma de combate à violência obstétrica na relação médico-paciente e os impactos na seara da responsabilidade civil. In: VIVEIROS DE CASTRO (Coord.). *Violência de gênero em debate:* diálogos interdisciplinares. Rio de Janeiro: Lumen Juris, 2019.

PIRES, Thula; STANCHI, Malu. Racismo institucional e violência obstétrica: dispositivo sistêmico de genocídio da população negra. VIVEIROS DE CASTRO (Coord.). *Violência de gênero em debate:* diálogos interdisciplinares. Rio de Janeiro: Lumen Juris, 2019.

REPÚBLICA ARGENTINA. *Ley 25.485 de 1º de abril de 2009.* Disponível em: bit.ly/3YuqxYh. Acesso em: 13 maio 2023.

REPÚBLICA BOLIVARIANA DE VENEZUELA. *Ley 38.668 de 23 de abril de 2007.* Disponível em: bit.ly/3K43crW. Acesso em: 13 maio 2023.

RODRIGUES, Thaísa Mara Leal Cintra; NUNES, Altacílio Aparecido. Indenizações em obstetrícia: estudo das decisões do Superior Tribunal de Justiça do Brasil de 2004 a 2014. *Revista de Direito Sanitário,* São Paulo, v. 19, n. 1, p. 121-143, jun. 2018.

ROSENVALD, Nelson. *As funções da responsabilidade civil:* a reparação e a pena civil. São Paulo: Editora Saraiva, 2022. E-book. ISBN 9786555598902.

SANTA CATARINA. *Lei 17.097/2017.* Dispõe sobre a implantação de medidas de informação e proteção à gestante e parturiente contra a violência obstétrica no Estado de Santa Catarina. Disponível em: https://shre.ink/HG5Q. Acesso em: 28 maio 2023.

SÃO BENTO, Paulo Alexandre de Souza; SANTOS, Rosangela da Silva. Realização da episiotomia nos dias atuais à luz da produção científica: uma revisão. *Esc. Anna Nery* v. 10, n. 3, p. 552-559. Rio de Janeiro, 2006.

SCHAEFER, Fernanda. *Responsabilidade civil do médico e erro de diagnóstico.* Curitiba: Juruá, 2006.

TEIXEIRA, Ana Carolina Brochado; LEAL, Livia Teixeira. O dever de informação na relação médico-gestante como forma de garantia da autonomia existencial no parto. In: CASTRO, Thamis Dalsenter Viveiros de. (Coord.). *Violência obstétrica em debate:* diálogos interdisciplinares. Rio de Janeiro: Lumen Juris, 2019.

TERRA, Aline de Miranda Valverde; MATOS, Ana Carla Harmatiuk. Violência obstétrica contra a gestante com deficiência. *Pensar*, Fortaleza, v. 24, n. 1, p. 1-13, jan./mar. 2019.

TOKARSKI, Maine Lais. *Autonomia Sitiada:* o parto como terreno de disputa. 2018. 173 f. Dissertação (Mestrado) – Curso de Direito, PPGD, Universidade Federal do Paraná, Curitiba, 2018. Disponível em: https://shre.ink/HG5t. Acesso em: 29 maio 2023.

UFMG. *Violência Obstétrica*: caso de anestesista preso em flagrante por estupro durante cesárea lança luz sobre o tema. Disponível em: https://shre.ink/HG5D. Acesso em: 29 maio 2023.

VELOSO, Roberto Carvalho; SERRA, Maiane Cibele de Mesquita. Reflexos da responsabilidade civil e penal nos casos de violência obstétrica. *Revista Brasileira de Direitos e Garantias Fundamentais*, Brasília, v. 2, n. 1, p. 257-277, jan./jun. 2016.

VIVEIROS DE CASTRO, Thamis Dalsenter. Direito ao acompanhante, violência obstétrica e poder familiar. *Pensar*, Fortaleza, v. 25, n. 14, p. 1-12, mar. 2020. Trimestral.

O DANO DIRETO E O DANO REFLEXO NAS VIOLÊNCIAS DE GÊNERO EM CONTEXTO DE VIOLÊNCIA DOMÉSTICA E SEUS EFEITOS PARA A RESPONSABILIDADE CIVIL

Fernanda Nunes Barbosa

Doutora em Direito pela Universidade do Estado do Rio de Janeiro (UERJ), mestre pela Universidade Federal do Rio Grande do Sul (UFRGS) e graduada pela Pontifícia Universidade Católica do Rio Grande do Sul (PUC-RS). Professora do Mestrado Profissional em Direito e Desenvolvimento Sustentável do Centro Universitário UNIFACVEST. Editora da Série *Pautas em Direito* da Editora Arquipélago. Advogada.

Renata Peruzzo

Mestre em Direitos Humanos pelo Centro Universitário Ritter dos Reis (UniRitter) – Bolsista CAPES/PROSUP. Especialista em Direito Civil e Processual Civil pelo IDC. Secretária de Desembargador no TJRS.

Sumário: 1. Introdução – 2. Violência como dano e as múltiplas formas de violências de gênero ou agravadas pelo gênero – 3. O dano reflexo ou por ricochete na responsabilidade civil – 4. O dano direto e o dano reflexo nas violências de gênero – 5. Conclusão – Referências.

1. INTRODUÇÃO

Passados quase 100 anos da crítica de Virgínia Wolf à figura do "Anjo do Lar"[1] representada em poema do escritor inglês Coventry Patmore e após muitas conquistas dos movimentos feministas[2] e de movimentos pelos direitos de grupos igualmente vulnerabilizados (ou vulnerados), tais como crianças e adolescentes,[3]

---

1. "É muito mais difícil matar um fantasma do que uma realidade". Com essa frase, Virgínia Woolf referia-se à laboriosa tarefa de desconstruir o papel de "Anjo do Lar" atribuído às mulheres de sua época por uma sociedade que construíra o feminino como o locus da delicadeza, do amor e da resiliência. WOOLF, Virgínia. *Profissões para mulheres e outros artigos feministas*. Trad. Denise Bottmann. Porto Alegre: L&PM, 2018, p. 13.
2. A década de 1980 foi marcante para o movimento feminista por trazer para o centro a noção de "lugar de fala", que é a busca pelo fim da mediação, praticamente o eixo discursivo da luta dos "feminismos da diferença", assim chamado por Heloisa Buarque de Hollanda. Esse foi um momento de transição de um suposto feminismo universal para um feminismo que passou a levar em conta as múltiplas interseccionalidades. HOLLANDA, Heloisa Buarque de. *Explosão Feminista*: arte, cultura, política e universidade. São Paulo: Companhia das Letras, 2018, p. 241-251.
3. A Convenção Internacional dos Direitos da Criança de 1989 define a criança e o adolescente como "sujeitos de direitos", retirando-as de uma posição de "objeto de direito" à qual estavam até então submetidas, em um movimento evolutivo que "desloca um entendimento histórico de que crianças seriam sujeitas aos direitos de seus pais". Com isso, a discussão se transfere dos poderes paternos à responsabilidade parental. A criança, o enfant, não é mais aquela/e que ocupa um lugar sem fala. Ao contrário, os documentos internacionais, com destaque

idosos[4] e pessoas com deficiência,[5] o real e o simbólico continuam a provocar uma série de violências que atingem não apenas a vítima que está na mira do comportamento agressivo, mas a pessoas de seu entorno. Tal decorre da chamada violência machista ou violência de gênero, reconhecida formalmente por ocasião da Conferência das Nações Unidas sobre Direitos Humanos (Viena, 1993) como uma das formas de violação dos direitos humanos.[6]

No Brasil, números do ano de 2021 apontam que ocorreram um total de 1.319 feminicídios no país, com uma mulher sendo vítima de feminicídio a cada 7 horas. Relativamente à violência sexual, foram registrados 56.098 boletins de ocorrência de estupros, incluindo vulneráveis, o que significa dizer que uma menina ou mulher foi vítima de estupro a cada 10 minutos no país, considerando apenas os casos que chegaram às autoridades policiais.[7] Ainda em termos estatísticos, o Atlas da Violência do ano de 2021 traz números importantes sobre as violências contra grupos vulnerabilizados no Brasil, como a população LGBTQIAP+,[8] e, apesar de a transfobia ser crime desde 2019, o Brasil é ainda o lugar onde mais se mata pessoas trans e travestis em todo o mundo (33% das mortes globais) há 13 anos consecutivos. Cabe destacar que 96% dos assassinatos de pessoas trans, no mundo, são de mulheres trans ou de pessoas transfemininas.[9]

Na obra literária "Terra das Mulheres", da romancista norte-americana Charlotte Perkins Gilman, publicada no ano de 1915, uma fantasiosa realidade projeta a formação de um Estado onde apenas existem mulheres. A presença masculina aparece, no entanto, no uso da força, na imposição de uma vontade que desconsidera o feminino naquele que é um dos mais importantes pilares da nossa condição humana: a capaci-

---

para a Convenção de 1989 da ONU, alicerçam a estrutura que será construída internamente no Brasil, onde a liberdade passa a ser garantida pelo Estatuto da Criança e do Adolescente (ECA) dos anos 1990. BRITO, Leila Maria Torraca de. Criança: sujeito de direitos nas varas de família? In: ALTOÉ, Sonia (Org.). *Sujeito do direito, sujeito do desejo*: direito e psicanálise. Rio de Janeiro: Revinter, 1999. p. 77-88, esp. p. 78-79.

4. Em âmbito internacional, o Brasil foi um dos seis países que assinou, no ano de 2015, a Convenção Interamericana sobre a Proteção dos Direitos Humanos dos Idosos, instrumento cujo objetivo é "promover, proteger e assegurar o reconhecimento e o pleno gozo e exercício, em condições de igualdade, de todos os direitos humanos e liberdades fundamentais da pessoa idosa". Registre-se que na MSC 412/2017 constou a recomendação para que fosse adotado, em relação a esta Convenção, o procedimento previsto do § 3º do Art. 5º da Constituição Federal, para fins de sua equiparação a Emenda Constitucional, assim como se deu com os instrumentos da Convenção Internacional sobre os Direitos das Pessoas com Deficiência, tendo em vista suas motivações e, ainda, por se tratar do primeiro documento internacional juridicamente vinculante específico sobre os direitos das pessoas idosas.
5. Veja-se a Convenção sobre os Direitos da Pessoa com Deficiência (CDPD) acompanhada do respectivo protocolo facultativo, que foi subscrita pelo Brasil sem reservas e ratificada pelo Congresso Nacional (Decreto 186/2008), com o quórum qualificado determinado pelo art. 5º, § 3º, da CF/88.
6. Disponível em: https://www.oas.org/dil/port/1993%20Declaração%20e%20Programa%20de%20Acção%20adoptado%20pela%20Conferência%20Mundial%20de%20Viena%20sobre%20Direitos%20Humanos%20em%20junho%20de%201993.pdf. Acesso em: 10 nov. 2022.
7. Disponível em: https://forumseguranca.org.br/wp-content/uploads/2022/03/violencia-contra-mulher-2021-v5.pdf. Acesso em: 11 nov. 2022.
8. CERQUEIRA, Daniel. *Atlas da Violência 2021*/Daniel Cerqueira et al. São Paulo: FBSP, 2021. Disponível em: https://www.ipea.gov.br/atlasviolencia/arquivos/artigos/5141-atlasdaviolencia2021completo.pdf. Acesso em: 11 nov. 2022.
9. Disponível em: https://transrespect.org/en/tmm-update-tdor-2021/. Acesso em: 11 nov. 2022.

dade de livremente decidir. Na ficção, os preconceitos e estereótipos são apresentados na forma de diálogo entre os homens que aportam a essa terra para explorar essa civilização misteriosa e interdita para eles e as mulheres que a construíram. Trata-se de uma invasão promovida por três homens convencidos de que um país só de mulheres seria caótico e inviável.

Essa simbólica invasão não se distancia da usurpação dos espaços femininos na perspectiva do corpo e das diversas formas de violência perpetradas contra as mulheres na atualidade,[10] as quais ocorrem inclusive por meio da violência praticada não diretamente contra si, mas contra seus filhos e filhas (inclusive causando-lhes a morte), contra as pessoas menores de idade, idosas ou com deficiência que dela dependam ou que estejam sujeitas a sua tutela, guarda ou custódia, de forma a transformá-las em verdadeiro *instrumento* (sic) para a causação de danos. Tais violências, que ocorrem por substituição, caracterizam dano compensável no terreno da responsabilidade civil e não se confundem com o chamado dano reflexo ou por ricochete. Como se buscará demonstrar, trata-se de dano direto à mulher vítima de violência de gênero, diferenciando-se do dano reflexo ou por ricochete que possam sofrer terceiras pessoas por violências cometidas contra a mulher, bem como do dano direto igualmente sofrido por essas pessoas.

Com efeito, entende-se que a partir de uma aplicação do direito com perspectiva de gênero,[11] da qual não escapa nenhum ramo ou instituto jurídicos, a responsabilidade civil em tais casos – em especial o instituto do dano e a sua quantificação – deve considerar a instrumentalização de terceiros (comumente pessoas de especial vulnerabilidade reconhecidas como afetos da vítima) como *critério* tanto para a qualificação do dano moral direto contra a mulher como para a majoração do seu *quantum* indenizatório nos casos concretos.

---

10. Conforme descreve o Art. 7º da Lei 11.340/2006 (nominada Lei Maria da Penha): "São formas de violência doméstica e familiar contra a mulher, *entre outras*: I – *a violência física*, entendida como qualquer conduta que ofenda sua integridade ou saúde corporal; II – *a violência psicológica*, entendida como qualquer conduta que lhe cause dano emocional e diminuição da autoestima ou que lhe prejudique e perturbe o pleno desenvolvimento ou que vise degradar ou controlar suas ações, comportamentos, crenças e decisões, mediante ameaça, constrangimento, humilhação, manipulação, isolamento, vigilância constante, perseguição contumaz, insulto, chantagem, violação de sua intimidade, ridicularização, exploração e limitação do direito de ir e vir ou qualquer outro meio que lhe cause prejuízo à saúde psicológica e à autodeterminação; III – *a violência sexual*, entendida como qualquer conduta que a constranja a presenciar, a manter ou a participar de relação sexual não desejada, mediante intimidação, ameaça, coação ou uso da força; que a induza a comercializar ou a utilizar, de qualquer modo, a sua sexualidade, que a impeça de usar qualquer método contraceptivo ou que a force ao matrimônio, à gravidez, ao aborto ou à prostituição, mediante coação, chantagem, suborno ou manipulação; ou que limite ou anule o exercício de seus direitos sexuais e reprodutivos; IV – *a violência patrimonial*, entendida como qualquer conduta que configure retenção, subtração, destruição parcial ou total de seus objetos, instrumentos de trabalho, documentos pessoais, bens, valores e direitos ou recursos econômicos, incluindo os destinados a satisfazer suas necessidades; V – *a violência moral*, entendida como qualquer conduta que configure calúnia, difamação ou injúria". (g.n.)
11. Veja-se: Conselho Nacional de Justiça (Brasil). Protocolo para julgamento com perspectiva de gênero [recurso eletrônico] / Conselho Nacional de Justiça. Brasília: Conselho Nacional de Justiça – CNJ; Escola Nacional de Formação e Aperfeiçoamento de Magistrados – Enfam, 2021. Disponível em: http:// www.cnj.jus.br e www.enfam.jus.br. Acesso em: 10 de abr. 2023.

2. VIOLÊNCIA COMO DANO E AS MÚLTIPLAS FORMAS DE VIOLÊNCIAS DE GÊNERO OU AGRAVADAS PELO GÊNERO

Não há uma base biológica fixa para o processo social do gênero, mas sim uma arena para onde os corpos são trazidos para processos sociais conforme suas diferenças reprodutivas. Assim, para Connell e Pearson, "o gênero é a estrutura de relações sociais que se centra sobre a arena reprodutiva e o conjunto de práticas que trazem as distinções reprodutivas sobre os corpos para o seio dos processos sociais".[12] Nessa perspectiva, gênero diz respeito à forma como as sociedades humanas, em seus múltiplos contextos culturais, lidam com os corpos e sua continuidade e com as consequências desse "lidar" tanto para os indivíduos como para o destino coletivo. E o poder das estruturas na formação da ação individual faz com que o gênero quase sempre pareça não se transformar.[13]

As categorias "homem" e "mulher" mantiveram-se absolutas até pelo menos o avanço da psicanálise, que veio mostrar que as divisões de gênero não eram fixadas no início da vida, mas decorriam de um processo de desenvolvimento dirigido pelo conflito ao longo de cada existência.[14] No Norte Global, foi Simone de Beauvoir quem primeiro desafiou as categorias de gênero, trazendo a crítica de como as mulheres se constituíam no "outro" na consciência dos homens.[15]

Categoria de análise criada nos anos 1980, a ideia de gênero revolucionou os estudos feministas ao distinguir a realidade biológica dos corpos (traduzida na ideia de sexo) da construção social sobre o que seria apropriado para homens e mulheres fazerem, pensarem e sentirem. A partir dessa distinção "tornou-se possível desmascarar operações semânticas que procuravam apresentar como descritivos (*lugar de mulher é na cozinha*) juízos que são, na verdade, normativos, segundo uma lógica sexista de subordinação feminina (*lugar de mulher deve ser na cozinha*)".[16]

A maioria das supostas distinções de gênero constituem, portanto, formas de discriminação[17] de gênero construídas ao longo da história por uma série de eventos que são parte de um esforço social direcionado a canalizar o comportamento

---

12. CONNELL, Raewyn; PEARSE, Rebecca. *Gênero:* uma perspectiva global. Trad. Marília Moschkovich. São Paulo: Versos, 2015, p. 48.
13. CONNELL, Raewyn; PEARSE, Rebecca. *Gênero:* uma perspectiva global. Trad. Marília Moschkovich. São Paulo: Versos, 2015, p. 48-49.
14. CONNELL, Raewyn; PEARSE, Rebecca. *Gênero:* uma perspectiva global. Trad. Marília Moschkovich. São Paulo: Versos, 2015, p. 128.
15. A alteridade é uma categoria fundamental do pensamento humano, mas a alteridade masculino – feminino aparece em nossas sociedades como um absoluto. O homem define a mulher não em si, como um ser autônomo, mas em relação a ele. BEAUVOIR, Simone. *O Segundo Sexo*: fatos e mitos. Trad. Sérgio Milliet. 3. ed. Rio de Janeiro: Nova Fronteira, 2016, p. 12-13.
16. Nicola LACEY. Unspeakable Subjects: Feminist Essays in Legal Social Tehory, apud CAMPOS, Carmen Hein de; BERNARDES, Márcia Nina. Violência contra as mulheres, reação violenta ao gênero e ideologia de gênero familista. *Civilistica.com*. Rio de Janeiro, a. 8, n. 1, 2019. Disponível em: http://civilistica.com/violencia-contra-as-mukheres-reacao/, acesso em 10 jun. 2019.
17. "Sobre o conceito de "discriminação", embora a Convenção Americana e o Pacto Internacional sobre Direitos Civis e Políticos não contenham uma definição deste termo, a Corte e o Comitê de Direitos Humanos das Nações Unidas tomaram como base as definições contidas na Convenção Internacional sobre a Eliminação de Todas

das pessoas.[18] Com efeito, ao mesmo tempo em que os arranjos de gênero são fontes de prazer, reconhecimento e identidade, também são fontes de injustiça, violência e consequente dano. Dano que pode advir, inclusive, de falas, que não apenas refletem uma dominação, mas que a colocam em ação. Os estudos sobre discurso de ódio referem, por exemplo, que a linguagem pode ter efeitos semelhantes aos da própria dor física ou de um ferimento (daí a expressão "as palavras machucam" e "o discurso racista foi como um tapa na cara").[19]

Reconhecendo a sua própria "timidez hermenêutica" e a importância de vencê-la no que toca à reprovação à violência doméstica e familiar contra a mulher, "avançando na maximização dos princípios e das regras do novo subsistema jurídico introduzido em nosso ordenamento com a Lei 11.340/2006", de que são exemplos as Súmulas 542,[20] 588,[21] 589[22] e 600,[23] o STJ fixou, em 2018, a seguinte tese quanto à ocorrência do chamado dano *in re ipsa* nos casos de violência doméstica: Tese 683. "Nos casos de violência contra a mulher praticados no âmbito doméstico e familiar, é possível a fixação de valor mínimo indenizatório a título de dano moral, desde que haja pedido expresso da acusação ou da parte ofendida, ainda que não especificada a quantia, e independentemente de instrução probatória".[24] Seguindo essa lógica, é preciso que a jurisprudência nacional (e não apenas a legislação) continue avançando, também no terreno da responsabilidade civil, na aplicação das normas com tal perspectiva gênero.

---

as Formas de Discriminação Racial e na Convenção sobre a Eliminação de Todas as Formas de Discriminação contra a Mulher para afirmar que a discriminação constitui "toda distinção, exclusão, restrição ou preferência que se baseiem em determinados motivos, como a raça, a cor, o sexo, o idioma, a religião, a opinião política ou de outra natureza, a origem nacional ou social, a posição econômica, o nascimento ou qualquer outra condição social, e que tenham por objeto ou por resultado anular ou menosprezar o reconhecimento, gozo ou exercício, em condições de igualdade, dos direitos humanos e liberdades fundamentais de todas as pessoas". Cf. Nações Unidas, Comitê de Direitos Humanos, Observação Geral 18, Não discriminação, 10.11.1989, CCPR/C/37, par. 7, e A Condição Jurídica e os Direitos dos Migrantes Indocumentados. Parecer Consultivo OC-18/03 de 17 de setembro de 2003. Série A N. 18, par. 92" (CIDH. Caso Artavia Murillo e Outros vs. Costa Rica).

18. CONNELL, Raewyn; PEARSE, Rebecca. *Gênero*: uma perspectiva global. Trad. Marília Moschkovich. São Paulo: Versos, 2015, p. 38.
19. Butler lembra que nós existimos não apenas porque somos reconhecidos, mas, a priori, porque somos reconhecíveis. Os termos que facilitam o reconhecimento são, eles próprios, convencionais; são os efeitos e os instrumentos de um ritual social que decide, muitas vezes por meio da exclusão e da violência, as condições linguísticas dos sujeitos aptos à sobrevivência (física). Ex: chamar uma mulher de "fácil", uma pessoa em situação de rua de "mendigo" etc. Toni Morrison, por sua vez, refere-se à violência da representação. Ela diz que a linguagem opressiva faz mais do que simplesmente representar a violência, ela *é* a violência. BUTLER, Judith. *Discurso de Ódio*: uma política do performativo. Trad. Roberta Fabbri Viscardi. São Paulo: Editora Unesp, 2021, p. 16-23.
20. "A ação penal relativa ao crime de lesão corporal resultante de violência doméstica contra a mulher é pública incondicionada." (Súmula 542, Terceira Seção, julgado em 26.08.2015, DJe 31.08.2015).
21. "A prática de crime ou contravenção penal contra a mulher com violência ou grave ameaça no ambiente doméstico impossibilita a substituição da pena privativa de liberdade por restritiva de direitos." (Súmula 588, Terceira Seção, julgado em 13.09.2017, DJe 18.09.2017).
22. "É inaplicável o princípio da insignificância nos crimes ou contravenções penais praticados contra a mulher no âmbito das relações domésticas." (Súmula 589, Terceira Seção, julgado em 13.09.2017, DJe 18.09.2017).
23. "Para a configuração da violência doméstica e familiar prevista no artigo 5º da Lei 11.340/2006 (Lei Maria da Penha) não se exige a coabitação entre autor e vítima." (Súmula 600, Terceira Seção, julgado em 22.11.2017, DJe 27.11.2017).
24. STJ. REsp 1.643.051-MS, Rel. Min. Rogerio Schietti Cruz, Terceira Seção, por unanimidade, julgado em 28.02.2018, Dje 08.03.2018 (Tema 983).

Na comunidade autônoma da Andaluzia, na Espanha, em boa hora andou o legislador ao reconhecer, de forma expressa, que são vítimas da violência de gênero, nos termos do art. 1bis da Lei 13/2007, de 26 de setembro de 2007, com as modificações promovidas pela Lei 7/2018, de 30 de julho, não apenas a mulher, mas também as filhas e filhos que sofrem a violência a que está submetida sua mãe, as pessoas menores de idade ou idosas ou com deficiência ou em situação de dependência que estejam sujeitas à guarda ou à custódia desta mulher e que convivam no entorno violento, além de considerar vítimas também as mães cujos filhos e filhas tenham sido assassinados.[25] Nesse sentido, a lei andaluza amplia expressamente em relação à legislação brasileira o conceito de violência de gênero ao incluir todo o entorno familiar e afetivo desta mulher, que serão as vítimas "de ocasião", sendo o objetivo do agressor, em última instância, causar dano à mulher por meio de seus entes queridos.

No Brasil, a Lei Maria da Penha (Lei 11.340/2006, com suas modificações posteriores[26]) não conceitua quem são as vítimas da violência de gênero nos termos em que faz a lei andaluza em sua redação atual e tampouco prevê expressa e amplamente a violência vicária (por substituição), definindo o que se entende por violência de gênero no seu art. 5º:

> Art. 5º Para os efeitos desta Lei, configura violência doméstica e familiar contra a mulher qualquer ação ou omissão baseada no gênero que lhe cause morte, lesão, sofrimento físico, sexual ou psicológico e dano moral ou patrimonial: (Vide Lei complementar 150, de 2015)
>
> I – no âmbito da unidade doméstica, compreendida como o espaço de convívio permanente de pessoas, com ou sem vínculo familiar, inclusive as esporadicamente agregadas;
>
> II – no âmbito da família, compreendida como a comunidade formada por indivíduos que são ou se consideram aparentados, unidos por laços naturais, por afinidade ou por vontade expressa;
>
> III – em qualquer relação íntima de afeto, na qual o agressor conviva ou tenha convivido com a ofendida, independentemente de coabitação.
>
> Parágrafo único. As relações pessoais enunciadas neste artigo independem de orientação sexual.

---

25. Art. 1bis da Lei 13/2007, de 26 de setembro de 2007, com as modificações promovidas pela Lei 7/2018, de 30 de julho: "Artículo 1 bis. Concepto de víctima de violencia de género. A efectos de la presente Ley, se considerarán víctimas de violencia de género y tendrán reconocidos los derechos de esta norma sin necesidad de interposición de denuncia, tanto si se trata de violencia física, violencia psicológica, violencia sexual o violencia económica: a) La mujer que, por el hecho de serlo, independientemente de su edad, orientación o identidad sexual, origen, etnia, religión, o cualquier otra condición o circunstancia personal o social, sufra un daño o perjuicio sobre su persona. A estos efectos, el término «mujer» incluye a las menores de edad que puedan sufrir violencia de género. b) Las hijas e hijos que sufran la violencia a la que está sometida su madre. c) Las personas menores de edad, las personas mayores, las personas con discapacidad o en situación de dependencia, que estén sujetas a la tutela o guarda y custodia de la mujer víctima de violencia de género y que convivan en el entorno violento. d) Las madres cuyos hijos e hijas hayan sido asesinados."
26. "Cria mecanismos para coibir a violência doméstica e familiar contra a mulher, nos termos do § 8º do art. 226 da Constituição Federal, da Convenção sobre a Eliminação de Todas as Formas de Discriminação contra as Mulheres e da Convenção Interamericana para Prevenir, Punir e Erradicar a Violência contra a Mulher; dispõe sobre a criação dos Juizados de Violência Doméstica e Familiar contra a Mulher; altera o Código de Processo Penal, o Código Penal e a Lei de Execução Penal; e dá outras providências". Disponível em: http://www.planalto.gov.br/ccivil_03/_ato2004-2006/2006/lei/l11340.htm. Acesso em: 10 nov. 2022.

Nesse sentido, a lei brasileira não aponta expressamente que as violências de gênero possam ter como vítimas outros sujeitos além da mulher ou que tais violências se possam instrumentalizar por meio de ação danosa cometida, de forma imediata, contra entes queridos desta mulher, embora estenda os mecanismos de proteção também aos seus filhos. Há autorização, na Lei 13.431/2017, à criação de juizados ou varas especializadas em crimes contra a criança e o adolescente, bem como previsão de competência dos juizados ou varas especializadas em violência doméstica até a implementação desses juizados,[27] mas isso independentemente da motivação da violência.[28]

Na jurisprudência, essa omissão legislativa se destaca em matéria de competência jurisdicional. Por exemplo, a Terceira Turma do STJ,[29] em 2017, definiu a competência do Juizado Especial da Violência Doméstica e Familiar contra a Mulher para decidir sobre o pedido de supressão judicial de autorização paterna para que a mãe pudesse retornar ao seu país de origem com o filho. Entendeu-se, nesse julgado, que a circunstância do requerimento ter sido formulado na vigência de medida protetiva para a genitora frente ao genitor, aliada aos princípios da proteção integral e do melhor interesse da criança, acarretava na competência para a decisão do Juizado Especializado em Violência Doméstica, que teria "melhores subsídios cognitivos para preservar e garantir os prevalentes interesses da criança, em meio à relação conflituosa de seus pais". Recentemente, o Superior Tribunal de Justiça afetou para apreciação em sede de recurso repetitivo a questão da aplicabilidade da Lei Maria da Penha à violência de gênero contra a mulher independentemente da idade. Trata-se do Tema 1186,[30] assim descrito:

> Se o gênero sexual feminino, independentemente de a vítima ser criança ou adolescente, é condição única para atrair a aplicabilidade da Lei 11.340/2006 (Lei Maria Da Penha) nos casos de violência doméstica e familiar praticada contra a mulher, afastando-se, automaticamente, a incidência da Lei 8.069/1990 (Estatuto da Criança e do Adolescente).

Até outubro de 2022, os precedentes das Quinta e Sexta Turmas do STJ, competentes para apreciação de matéria penal, manifestavam a compreensão de que o fator determinante para a definição do juízo competente – se o Juizado Especial de Violência Doméstica e Familiar contra a Mulher, ou se o juízo criminal – deveria ser a prática do crime ter se dado pela condição de a vítima ser criança ou adolescente, atraindo a pro-

---

27. BRASIL. Lei 13.431, de 4 de abril de 2017. "Estabelece o sistema de garantia de direitos da criança e do adolescente vítima ou testemunha de violência e altera a Lei 8.069, de 13 de julho de 1990 (Estatuto da Criança e do Adolescente)". "Art. 23. Os órgãos responsáveis pela organização judiciária poderão criar juizados ou varas especializadas em crimes contra a criança e o adolescente. Parágrafo único. Até a implementação do disposto no *caput* deste artigo, o julgamento e a execução das causas decorrentes das práticas de violência doméstica ficarão, preferencialmente, a cargo dos juizados ou varas especializadas em violência doméstica e temas afins".
28. STJ, REsp 2.005.974/RJ, relatora Ministra Laurita Vaz, Sexta Turma, julgado em 14.02.2023, DJe de 23.02.2023. No caso, cuida-se de estupro de vulnerável praticado contra menino de 11 anos de idade por seu vizinho. Diante da declaração de competência por parte do Juizado de Violência Doméstica, o Ministério Público se insurgiu, alegando a ausência de motivação de gênero necessária à atuação do referido juizado.
29. STJ, REsp 1.550.166/DF, relator Ministro Marco Aurélio Bellizze, Terceira Turma, julgado em 21.11.2017, DJe de 18.12.2017.
30. STJ, Tema Repetitivo 1186, 3ª Seção, REsp 2015598/PA, afetado em 24.04.2023, mérito pendente de apreciação até a conclusão do presente artigo.

teção da normativa do Estatuto da Criança e do Adolescente e a competência de varas que não sejam especializadas em violência doméstica contra a mulher – nesse sentido, caso de estupro de vulnerável praticado por genitor contra filha de 4 anos (STJ, AgRg no REsp 1.490.974/RJ, relator Ministro Antonio Saldanha Palheiro, Sexta Turma, julgado em 20.08.2019, DJe de 02.09.2019); caso de estupro de vulnerável no âmbito de relação amorosa, consentida, sendo a vítima do sexo feminino (STJ, AgRg no AREsp 1.020.280/DF, Rel. Ministro Jorge Mussi, 5ª T., DJe 31.08.2018). Com o julgamento, pela Terceira Seção, do HC 728.173/RJ, ficou definido que, a partir da publicação do acórdão em questão, a violência contra criança e adolescente somente seria de competência de varas criminais comuns na ausência de varas especializadas em violência contra criança e adolescente e de varas especializadas em violência doméstica. Nesse habeas corpus, debatia-se a competência para julgamento de estupro praticado por ex-padrasto contra enteada. Assim, passou-se a compreender que a violência praticada contra a mulher, independentemente da idade, mas em contexto caracterizado por relação de afeto, poder e submissão, configuraria violência de gênero – no mesmo sentido, caso estupro de vulnerável praticado por genitor contra a filha de 04 anos de idade, em que se considerou que a Lei Maria da Penha "não reclama considerações sobre a motivação da conduta do agressor, mas tão somente que a vítima seja mulher (pouco importando a sua idade) e que a violência seja cometida em no [sic.] ambiente doméstico, familiar ou em relação de intimidade ou afeto entre agressor e agredida" (STJ, RHC 121.813/RJ, relator Ministro Rogerio Schietti Cruz, Sexta Turma, julgado em 20.10.2020, DJe de 28.10.2020). No caso do recurso representativo da controvérsia do Tema 1186 (REsp 2015598/PA), cuida-se de estupro de vulnerável praticado pelo genitor contra três filhas menores de 12 anos e o argumento central da sustentação de competência da vara criminal comum é o de que "a satisfação da lascívia, por um adulto, em detrimento de uma criança, não perpassa a submissão do gênero, tanto que o crime é praticado contra meninos e meninas".

Todavia, fato é que constituem situações distintas o dano sofrido por filhos e filhas de uma mulher vítima de violência de gênero no contexto doméstico (dano reflexo ou por ricochete) e o dano sofrido por uma mulher cujo filho ou filha fora vitimado como forma de causar-lhe um dano, havendo, na primeira hipótese, uma triangularização do dano que parece inexistir na segunda, que mais se caracteriza como a forma mais gravosa de violência psicológica.[31]

Ademais, a Lei 11.340/2006, ao reafirmar que "a violência doméstica e familiar contra a mulher constitui uma das formas de violação dos direitos humanos" (art. 6º), e os fundamentos que conduziram à criação de todo o arcabouço protetivo da mulher em termos de políticas públicas e legislativas também indicam a maior gravidade do dano moral ocorrido no âmbito doméstico.

---

31. Como afirmou a Corte Superior no julgamento do Recurso Especial 1.643.051/MS, julgado pela sistemática dos Repetitivos e que deu ensejo à Tese 683, "À evidência, os episódios que envolvem violência doméstica contra a mulher causam sofrimento psíquico, com intensidade que, por vezes, chega a provocar distúrbios de natureza física e até mesmo o suicídio da vítima". STJ. REsp 1.643.051-MS, Rel. Min. Rogerio Schietti Cruz, Terceira Seção, por unanimidade, julgado em 28.02.2018, DJe 08.03.2018 (Tema 983).

3. O DANO REFLEXO OU POR RICOCHETE NA RESPONSABILIDADE CIVIL

O dano constitui elemento central da responsabildiade civil[32] e sua evolução traz, subjacente, a do nexo causal, a despeito da existência de teses que advogam a possibilidade de uma responsabildiade civil sem dano.[33] Todo aquele(a) que sofre uma lesão de natureza patrimonial deve ser indenizado(a), ao passo que a vítima do dano dito moral (extrapatrimonial) deve ser compensada, uma vez que de indenizacão propriamente dita não se trata. Indenizacão é palavra que provém do latim *in dene* e significa devolver (o patrimônio) ao estado anterior, isto é, repor o prejuízo com todas as suas consequências, o que não é possível em lesões à esfera extrapatrimonial da pessoa.[34]

Sobre o conceito de dano, pode-se afirmar não estar estabelecido em lei, senão como uma cláusula geral de reparação como a contida no art. 186 do Código Civil, a ser concretizada pela doutrina e pela jurisprudência.[35] Em se tratando de dano reflexo, ou dano por ricochete, o instituto da responsabilidade civil se volta para a vítima indireta do evento danoso. O art. 948 do Código Civil brasileiro prevê expressamente a indenização pelo dano reflexo para a hipótese de homicídio. A vítima direta, naturalmente, não será a destinatária dessa indenização, mas sim os seus familiares e pessoas que demonstrem vínculo tal que configure um dano reflexo ao evento danoso. Indeniza-se aqui o chamado prejuízo de afeição à vítima por ricochete.[36] De salientar que as hipóteses de dano por ricochete não estão restritas à previsão legal, consoante o teor do Enunciado 560 aprovado na VI Jornada de Direito Civil do Conselho da Justiça Federal, segundo

---

32. ALVIM, Agostinho. *Da inexecução das obrigações e suas consequências*. 5. ed. São Paulo: Saraiva, p. 180-181. No mesmo sentido, Miragem refere que "só se pode referir à indenização e ao dever de indenizar na medida em que haja dano injusto". MIRAGEM, Bruno Nubens Barbosa. *Direito civil*: responsabilidade civil. São Paulo: Saraiva, 2015, p. 156. Ainda, Ghersi refere ser óbvio que não há reparação sem dano, embora os aspectos do dano tenham se diversificado tanto que exigem atenção constante dos atores do universo jurídico. GHERSI, Carlos Alberto. *Teoría general de la reparación de daños*. 2. ed. Ciudad de Buenos Aires: Editorial Astrea, 1999, p. 41.
33. Seria o caso da imposição, por exemplo, no âmbito da responsabilidade civil ambiental, de obrigações de fazer e/ou não fazer com a finalidade de prevenir um dano ao meio ambiente. Ainda, pode-se apontar a responsabilidade civil pelo ilícito lucrativo, que, em poucas palavras, confere maior dimensão ao princípio da reparação integral do dano – nas palavras de Rosenvald, "[n]a medida em que o ofensor obteve um lucro ilícito ou economizou despesas com a violação de uma certa posição jurídica, naturalmente a 'melhor indenização' terá que incluir dentre os seus critérios alternativos a restituição ou o resgate de benefícios econômicos, sob pena de violentarmos a justiça corretiva que anima a *restitutio in integro*. Se desejamos que a característica restaurativa dos remédios tenha uma eficácia preventiva mais ampla sobre os ilícitos, então devemos considerar o uso mais corriqueiro de *disgorgement of profits*, em substituição à abordagem clássica da restauração como 'nada mais e nada menos do que as perdas do demandante'. O cumprimento das normas (*enforcement*) demanda uma alteração no foco preventivo da responsabilidade civil: de seu caráter meramente residual na indenização compensatória para uma eficácia mais enérgica no remédio de restituição de ganhos ilícitos". ROSENVALD, Nelson. *A responsabilidade civil pelo ilícito lucrativo*. Salvador: JusPodivm, 2019, p. 454-455.
34. Conforme Moraes, "Prefere-se, assim, dizer que o dano moral é *compensável*, embora o próprio texto constitucional, em seu art. 5º, X, se refira à *indenização* do dano moral". BODIN DE MORAES, Maria Celina. *Danos à pessoa humana*: uma leitura civil-constitucional dos danos morais. Rio de Janeiro: Renovar, 2003, p. 145.
35. FARIAS, Cristiano Chaves de. BRAGA NETTO, Felipe Peixoto. ROSENVALD, Nelson. *Novo tratado de responsabilidade civil*. São Paulo: Atlas, 2015, p. 230-231.
36. SANSEVERINO, Paulo de Tarso Vieira. *Princípio da reparação integral*: indenização no Código Civil. São Paulo: Saraiva, 2010, p. 294.

o qual "no plano patrimonial, a manifestação do dano reflexo ou por ricochete não se restringe às hipóteses previstas no art. 948 do Código Civil".[37] Tampouco se restringem, assim, ao evento morte, sendo suficiente a caracterização de ofensa à esfera patrimonial ou existencial em razão do dano injusto diretamente causado a outrem,[38] o que deverá ser aferido individualmente, já que o prejuízo de afeição é pessoal.[39]

O limite para o reconhecimento do dever de indenizar um dano reflexo é encontrado no nexo causal,[40] que, nos termos do art. 403 do Código Civil, é assim compreendido como a relação direta e imediata entre o evento danoso e o dano. É também o nexo causal que determina a indenizabilidade do dano direto, entendido como o dano no qual inexiste a triangularização.

À pergunta de por que se mostra relevante distinguir as hipóteses de dano reflexo e dano direto nas violências de gênero no contexto doméstico, tem-se o fato de que, no caso dos danos extrapatrimoniais experimentados pelas vítimas, defende-se que deve ser critério de majoração do *quantum* o dano *direcionado a terceiros* (violência vicária) com a finalidade (*telos*) de atingir a mulher de modo mais gravoso. Há, em tais eventos, a "instrumentalização de um afeto da mulher vítima da violência" por parte do agressor. Assim, conquanto se defenda, em uma análise por assim dizer tradicional do direito de danos, não haver relevância prática na distinção entre danos morais puros, ou diretos, e danos morais reflexos, ou indiretos,[41] é em especial na prática jurídica que essa distinção assume relevo no tocante à violência de gênero em contexto doméstico.

Aqui, o critério para a majoração do dano moral encontra respaldo *i.* no agravamento do dano por pretender atribuir à vítima, psicologicamente, a culpa pelo evento que vitimou seu afeto; *ii.* no fato de a violência direcionar-se, verdadeiramente, à mulher no contexto de uma ordem social patriarcal.[42] É nesse sentido que se propõe, em última

---

37. VI Jornada de Direito Civil, [11-12 de março de 2013, Brasília]. - Brasília: Conselho da Justiça Federal, Centro de Estudos Judiciários, 2013. 180 p. Disponível em: https://www.cjf.jus.br/cjf/corregedoria-da-justica-federal/centro-de-estudos-judiciarios-1/publicacoes-1/jornadas-cej/vijornadadireitocivil2013-web.pdf. Acesso em: 31 maio 2023.
38. BRAGA NETO, Felipe. ROSENVALD, Nelson. *Código Civil Comentado*. Salvador: JusPodivm, 2020, p. 918.
39. SANSEVERINO, Paulo de Tarso Vieira. *Princípio da reparação integral*: indenização no Código Civil. São Paulo: Saraiva, 2010, p. 296. A propósito, no julgamento da Apelação Cível 1003935-73.2018.8.26.0269, a 1ª Câmara de Direito Público do Tribunal de Justiça de São Paulo chancelou o deferimento de indenização por danos morais em ricochete à genitora de vítima de ato infracional análogo a estupro de vulnerável em escola municipal. (TJSP, Apelação Cível n 1003935-73.2018.8.26.0269, Rel. Rubens Rihl, 1ª Câmara de Direito Público, j. 26.01.2023). Já no julgamento da Apelação Cível 70062439476, a 9ª Câmara Cível do Tribunal de Justiça do Rio Grande do Sul chancelou o reconhecimento de danos morais e de danos existenciais em ricochete a genro frente a acidente vascular cerebral sofrido pela sogra. (Apelação Cível 70062439476, Nona Câmara Cível, Tribunal de Justiça do RS, Relator: Eugênio Facchini Neto, Julgado em: 04.02.2015).
40. CAVALIERI FILHO, Sergio. *Programa de Responsabilidade Civil*. 15. ed. Barueri, SP: Atlas, 2022, p. 132.
41. BITTAR, Carlos Alberto. *Reparação civil por danos morais*. 2. ed. São Paulo: Ed. RT, 1994, p. 52. Segundo o autor, a relevância da distinção é meramente técnica, eis que, na prática, em restando caracterizado dano, seja moral ou material, deverá haver reparação integral.
42. Medeia, na versão de Eurípedes, mata seus filhos para causar o sofrimento de Jasão, pai das crianças, por tê-la traído e contraído núpcias com outra mulher, Gláucia. Conta-se que a versão original da tragédia apresentava o homicídio dos filhos por súditos insatisfeitos com o reinado de Medeia. CASTRO, Susana de. *As mulheres das tragédias gregas*: poderosas? Barueri, SP: Manole, 2011, p. 40.

instância, uma análise de gênero do fenômeno legal no que tange, especialmente, à interpretação do art. 944 do CCb (princípio da *restitutio in integrum*) em relação ao dano extrapatrimonial, sem com isso defender-se, no ponto, a aplicação de uma indenização/compensação com função punitiva, de nuance retributiva.

Vê-se, pois, que se trata de casos que se distanciam das hipóteses mais corriqueiras de dano reflexo ligadas a acontecimentos como lesões ou mesmo morte de entes queridos em decorrência de atos intencionais ou não intencionais (como acidentes de todos os tipos e homicídios) nos quais há efetiva triangularização.[43] Nas violências de gênero apontadas, o que se verifica é uma instrumetalização da pessoa humana com o propósito de causar dano a outrem (mulher).[44] Aqui, as posições de vítima direta e terceiro se invertem, e eventuais limites quanto à legitimação para pleitear danos reflexos (por exemplo, fazer parte de sua família nuclear) por parte da mulher não são aplicáveis.

4. O DANO DIRETO E O DANO REFLEXO NAS VIOLÊNCIAS DE GÊNERO

O dano reflexo ou por ricochete, como acima se apontou, pressupõe uma relação de causa e efeitos triangularizada, na qual o ofensor prejudica uma vítima direta que sofre, em sua esfera jurídica própria, um dano, o qual resultará, por sua vez, em um novo dano a outrem, também próprio e independente, de maneira reflexa.

Em um caso que causou comoção no estado do Rio Grande do Sul, na noite de treze de dezembro do ano de 2022, quatro crianças foram encontradas mortas dentro da residência de seu pai, de quem sua mãe estava separada após obtenção de medida protetiva e a quem visitavam, e aponta-se o pai das crianças como suspeito.[45] Fala-se

---

43. Exemplo corriqueiro foi objeto da Apelação Cível 1.0000.22.278677-4/001, julgada pela 10ª Câmara Cível do Tribunal de Justiça de Minas Gerais, em que reconhecido o dano moral por ricochete à genitora e aos irmãos de vítima fatal de acidente de trânsito. (TJMG – Apelação Cível 1.0000.22.278677-4/001, Relatora: Desa Jaqueline Calábria Albuquerque , 10ª Câmara Cível, julgamento em 21.03.2023). Outro caso em que a triangularização do dano por ricochete foi bem explorada é encontrado no Agravo em Recurso Especial 1829272/RJ, em que mantido o reconhecimento de danos à genitora, aos filhos e aos irmãos de pessoa desaparecida durante operação policial no Rio de Janeiro – caso Amarildo. (STJ, AREsp 1.829.272/RJ, relator Ministro Francisco Falcão, Segunda Turma, julgado em 02.08.2022).
44. Tome-se por exemplo os fatos relatados na Apelação Crime 50061002020218210023, relacionados a vários processos envolvendo as partes: descumprindo medida protetiva, o acusado se dirigiu à residência onde a ex-companheira se encontrava e, diante da negativa dela em encontra-lo, danificou a motocicleta do irmão da ex-companheira. Posteriormente, dirigiu-se ao próprio filho para ameaçar de morte a ex-companheira. Não há relato nas decisões judiciais consultadas de animosidade entre o autor dos fatos e o cunhado, o que autoriza a hipótese de que os danos ao patrimônio do cunhado tenham se dado para atingir a ex-companheira. Da mesma forma, ao se dirigir ao filho para que levasse à ex-companheira a ameaça contra a vida dela, desconsidera a possibilidade de dano extrapatrimonial ao filho, buscando, por intermédio deste, causar dano à ex-companheira. (TJRS. Apelação Criminal 50061002020218210023, Sexta Câmara Criminal, Relator: Ricardo Bernd, Julgado em: 07.12.2021). No julgamento do Habeas Corpus 0071964-53.2020.8.19.0000, a 4ª Câmara Criminal do Tribunal de Justiça do Rio de Janeiro manteve a segregação de acusado de tentar matar o filho da sua companheira, desferindo contra ele disparos de arma de fogo. Segundo o voto do Relator, a agressão contra o menor se deu para "castigar" a genitora, então companheira do acusado. (TJRJ. Habeas Corpus 0071964-53.2020.8.19. Relator Des. Francisco José de Asevedo – Julgamento: 15.12.2020 – Quarta Câmara Criminal).
45. PAGANELLA, Eduardo. "Quatro crianças são encontradas mortas dentro de casa em Alvorada; suspeito é o pai". G1 RS, 14 dez. 2022. Disponível em: https://g1.globo.com/rs/rio-grande-do-sul/noticia/2022/12/14/quatro-criancas-sao-encontradas-mortas-dentro-de-casa-em-alvorada.ghtml. Acesso em: 08 abr. 2023.

que o motivo seria atingir a ex-companheira e mãe das crianças.[46] Em 2019, na cidade de Patos de Minas/MG, uma criança de dois anos foi morta pelo pai, que em seguida se suicidou, supostamente em razão de problemas conjugais.[47] Em 2016, em São José do Rio Preto/SP, um homem matou os dois filhos em razão da iminente dissolução da relação conjugal.[48] Outro caso envolveu agressões físicas (golpes de machado) praticadas por um homem contra o sogro, a companheira, o enteado e a cunhada, supostamente em razão de ter sido afastado do lar em razão de violência doméstica; no julgamento da Apelação Crime n° 70077009975[49] foi mantida a sentença de pronúncia e o acusado foi ao Tribunal do Júri por tentativa de homicídio das quatro vítimas,[50] onde houve a desclassificação para o crime de lesões corporais leves, que resultou em composição.[51]

É para esse tipo de dano e seu eventual enquadramento como dano reflexo ou por ricochete – e nesse contexto de violência dirigida indiretamente à mulher – que o presente artigo se dirige.

Dois são, portanto, os incisos do art. 7º da Lei 11.340 de 2006 que assumem relevância para o presente estudo: o inciso II, que define violência psicológica,[52] e o V, que define violência moral, como formas de violência doméstica e familiar contra a mulher.

A importância do reconhecimento desse dano sob a perspectiva de gênero à primeira vista se volta, no âmbito do ordenamento jurídico brasileiro, à quantificação do dano. À luz do *caput* do art. 944 do Código Civil, a extensão do dano determina o valor da indenização, o que não implica seja esse o único critério para a sua quantificação. Nesse sentido, o Enunciado 379 da IV Jornada de Direito Civil já destacava: "O art. 944, *caput*, do Código Civil não afasta a possibilidade de se reconhecer a função punitiva ou pedagógica da responsabilidade civil".[53]

---

46. MENDES, Letícia. "Dois meses depois, como está o caso de pai preso por suspeita de matar os quatro filhos em Alvorada". *GZH*, 11 fev. 2023. Disponível em: https://gauchazh.clicrbs.com.br/seguranca/noticia/2023/02/dois-meses-depois-como-esta-o-caso-de-pai-preso-por-suspeita-de-matar-os-quatro-filhos-em-alvorada-cldz5nse300360157fd48nfnp.html. Acesso em: 08 abr. 2023.
47. ROCHA, Farley. "Tragédia! Pai mata filho de 2 anos e se mata em seguida em Patos de Minas". *Patos Hoje*, 20 ago. 2019. Disponível em: https://patoshoje.com.br/noticias/tragedia-pai-mata-filho-de-2-anos-e-se-mata--em-seguida-em-patos-de-minas-58855.html. Acesso em: 08 abr. 2023.
48. TEIXEIRA, Joseane. "Pai que matou os dois filhos em Rio Preto vai a júri popular", 07 abr. 2022. *Diário da Região*. Disponível em: https://www.diariodaregiao.com.br/cidades/pai-que-matou-os-dois-filhos-em-rio-preto-vai--a-juri-popular-1.958392. Acesso em: 08 abr. 2023.
49. TJRS. Recurso em Sentido Estrito 70077009975, Terceira Câmara Criminal, Relator: Rinez da Trindade, Julgado em: 30.05.2018.
50. Conforme a acusação, cujo relato se extrai da sentença de pronúncia, na madrugada de 29.11.2016, o acusado causou fratura craniana no sogro, em seguida na companheira, tentou estrangular o enteado e agrediu, também na cabeça, a cunhada quando esta buscou impedir o estrangulamento do sobrinho.
51. Informações extraídas a partir dos dados obtidos em consulta ao processo 094/2.16.0000990-1 no sítio do Tribunal de Justiça do RS.
52. Veja-se Nota de Rodapé 10.
53. Jornadas de direito civil I, III, IV e V: enunciados aprovados/coordenador científico Ministro Ruy Rosado de Aguiar Júnior. – Brasília: Conselho da Justiça Federal, Centro de Estudos Judiciários, 2012. Disponível em: https://www.cjf.jus.br/cjf/corregedoria-da-justica-federal/centro-de-estudos-judiciarios-1/publicacoes-1/jornadas-cej/EnunciadosAprovados-Jornadas-1345.pdf. Acesso em: 31 maio 2023.

Ocorre que, para além de qualquer consideração nesse sentido, defende-se aqui a hipótese de reconhecimento de dano extrapatrimonial direto à mulher em razão das lesões a pessoas que lhe são caras – como filhos, genitores, irmãos etc – legitimando a majoração do valor da indenização com foco na função satisfatória da indenização. Afinal, mesmo sem conteúdo econômico, deve-se buscar uma compensação pecuniária que mais se aproxime do ressarcimento dos prejuízos extrapatrimoniais da vítima e seja pautada pela equidade.[54]

A fixação do valor da indenização por equidade, por sua vez, deve se dar mediante a aplicação do método bifásico de arbitramento, conforme tese desenvolvida por Paulo de Tarso Vieira Sanseverino[55] e largamente aplicada em precedentes do Superior Tribunal de Justiça.[56] Por esse método, a fixação do valor da indenização por danos extrapatrimoniais é dividida em dois momentos (fases): no primeiro, enfoca-se o interesse jurídico lesado na perspectiva de casos análogos,[57] dos quais se extrai um valor base para a indenização; no segundo, ponderam-se as circunstâncias do caso concreto,[58] do que resulta um valor definitivo para a indenização do caso em questão. Nos casos de violência doméstica, então, a perspectiva de gênero deve ser aplicada nesta segunda fase.

Com efeito, o Protocolo para Julgamento com Perspectiva de Gênero do CNJ implica, no âmbito processual, que eventual desequilíbrio entre os sujeitos do processo seja revertido mediante o afastamento de estereótipos, preconceitos e problemas estruturais.[59] A aplicação da perspectiva de gênero na segunda fase do arbitramento da indenização por danos extrapatrimoniais busca atender, em alguma medida, no âmbito do direito material, esse propósito de recomposição do equilíbrio no reconhecimento da dignidade das vítimas de violência de gênero no âmbito doméstico.

---

54. SANSEVERINO, Paulo de Tarso Vieira. *Princípio da reparação integral*: indenização no Código Civil. São Paulo: Saraiva, 2010, p. 271 e p. 280.
55. SANSEVERINO, Paulo de Tarso Vieira. *Princípio da reparação integral*: indenização no Código Civil. São Paulo: Saraiva, 2010.
56. STJ, REsp 959.780/ES, relator Ministro Paulo de Tarso Sanseverino, Terceira Turma, julgado em 26.04.2011, DJe de 06.05.2011; AgInt nos EDcl no REsp 1.809.457/SP, relator Ministro Luis Felipe Salomão, Quarta Turma, julgado em 20.02.2020, DJe de 03.03.2020; AgInt no REsp 1.999.918/RS, relator Ministro Humberto Martins, Segunda Turma, julgado em 24.04.2023, DJe de 27.04.2023.
57. Sanseverino explica que a fixação da indenização por danos morais com base exclusivamente no interesse jurídico lesado, embora preserve a igualdade e coerência em julgados de casos semelhantes e implique valorização do interesse jurídico lesado, tende a resultar em indevido tarifamento judicial das indenizações, em detrimento da análise e valoração do caso concreto. SANSEVERINO, Paulo de Tarso Vieira. *Princípio da reparação integral*: indenização no Código Civil. São Paulo: Saraiva, 2010, p. 287.
58. Trata-se de uma "operação de concreção individualizadora" que considera, principalmente, as seguintes circunstâncias: "a) a gravidade do fato em si e suas consequências para a vítima (dimensão do dano); b) a intensidade do dolo ou o grau de culpa do agente (culpabilidade do agente); c) a eventual participação culposa do ofendido (culpa concorrente da vítima); d) a condição econômica do ofensor; e) as condições pessoais da vítima (posição política, social e econômica)". SANSEVERINO, Paulo de Tarso Vieira. *Princípio da reparação integral*: indenização no Código Civil. São Paulo: Saraiva, 2010, p. 283.
59. Conselho Nacional de Justiça (Brasil). Protocolo para julgamento com perspectiva de gênero [recurso eletrônico] /Conselho Nacional de Justiça. Brasília : Conselho Nacional de Justiça – CNJ; Escola Nacional de Formação e Aperfeiçoamento de Magistrados – Enfam, 2021, p. 82-84.

Além disso, analisar a responsabilidade civil sob a perspectiva de gênero como aqui está sendo proposto aumentará o espectro de legitimidade da pretensão indenizatória, concretizando o princípio da reparação integral do dano. Para ilustrar, tome-se os fatos descritos no julgamento do Habeas Corpus 0071964-53.2020.8.19.0000 pela 4ª Câmara Criminal do Tribunal de Justiça do Rio de Janeiro,[60] em que o acusado tentou matar o filho da sua companheira por meio de disparos de arma de fogo, a fim de "castigar" a genitora. Com a análise sob a perspectiva de gênero, a companheira e mãe da vítima dos disparos de arma de fogo passa a ter legitimidade para postular indenização por danos morais diretos, não em ricochete. Ou seja, para fins de responsabilidade civil, duas foram as vítimas diretas da tentativa de homicídio descrita no referido julgado.

5. CONCLUSÃO

A violência doméstica é uma realidade que atinge um amplo espectro de pessoas e é reflexo de uma cultura machista e patriarcal. Muitas vezes, a violência não é praticada diretamente contra a mulher, mas sim contra seus filhos e filhas, pais, irmãos e demais afetos, de forma a transformá-los em verdadeiros *instrumentos* (sic) para a causação de danos.

Trata-se violências por substituição, as quais caracterizam dano compensável no terreno da responsabilidade civil e não se confundem com o chamado dano reflexo ou por ricochete. Como se buscou demonstrar nestas páginas, evidencia-se dano direto à mulher vítima de violência de gênero, diferenciando-se do dano reflexo ou por ricochete que possam sofrer terceiras pessoas por violências cometidas contra a mulher, bem como do dano direto igualmente sofrido por essas pessoas.

A partir de uma aplicação do direito com perspectiva de gênero, tem-se que o instituto do dano e a sua quantificação devem considerar a instrumentalização de terceiros (comumente pessoas de especial vulnerabilidade reconhecidas como afetos da vítima) como *critério* tanto para a qualificação do dano moral direto contra a mulher como para a majoração do seu *quantum* indenizatório nos casos concretos. O critério para a majoração do dano moral encontra respaldo *i.* no agravamento do dano por pretender atribuir à vítima, psicologicamente, a culpa pelo evento que vitimou seu afeto; *ii.* no fato de a violência direcionar-se, verdadeiramente, à mulher no contexto de uma ordem social patriarcal.

Portanto, propõe-se uma análise de gênero do fenômeno legal no que tange à interpretação do art. 944 do CCb (princípio da *restitutio in integrum*) em relação ao dano extrapatrimonial, tendo em vista que, nas violências apontadas, o que se verifica é uma instrumetalização da pessoa humana com o propósito de causar dano a outrem (mulher).

---

60. TJRJ. *Habeas Corpus* 0071964-53.2020.8.19. Relator Des. Francisco José de Asevedo – Julgamento: 15.12.2020 – Quarta Câmara Criminal.

REFERÊNCIAS

ALVIM, Agostinho. *Da inexecução das obrigações e suas consequências*. 5. ed. São Paulo: Saraiva, 1980.

BEAUVOIR, Simone. *O Segundo Sexo*: fatos e mitos. Trad. Sérgio Milliet. 3. ed. Rio de Janeiro: Nova Fronteira, 2016.

BITTAR, Carlos Alberto. *Reparação civil por danos morais*. 2. ed. São Paulo: Ed. RT, 1994.

BODIN DE MORAES, Maria Celina. *Danos à pessoa humana*: uma leitura civil-constitucional dos danos morais. Rio de Janeiro: Renovar, 2003.

BRAGA NETO, Felipe. ROSENVALD, Nelson. *Código Civil Comentado*. Salvador: JusPodivm, 2020.

BRITO, Leila Maria Torraca de. Criança: sujeito de direitos nas varas de família? In: ALTOÉ, Sonia (Org.). *Sujeito do direito, sujeito do desejo*: direito e psicanálise. Rio de Janeiro: Revinter, 1999.

BUTLER, Judith. *Discurso de Ódio*: uma política do performativo. Trad. Roberta Fabbri Viscardi. São Paulo: Editora Unesp, 2021.

CAMPOS, Carmen Hein de; BERNARDES, Márcia Nina. Violência contra as mulheres, reação violenta ao gênero e ideologia de gênero familista. *Civilistica.com*. Rio de Janeiro, a. 8, n. 1, 2019. Disponível em: http://civilis-tica.com/violencia-contra-as-mukheres-reacao/. Acesso em: 10 jun. 2019.

CASTRO, Susana de. *As mulheres das tragédias gregas*: poderosas? Barueri, SP: Manole, 2011.

CAVALIERI FILHO, Sergio. *Programa de Responsabilidade Civil*. 15. ed. Barueri, SP: Atlas, 2022.

CERQUEIRA, Daniel. *Atlas da Violência 2021*/Daniel Cerqueira et al. São Paulo: FBSP, 2021. Disponível em: https://www.ipea.gov.br/atlasviolencia/arquivos/artigos/5141-atlasdaviolencia2021completo.pdf. Acesso em: 11 nov. 2022.

CONNELL, Raewyn; PEARSE, Rebecca. *Gênero: uma perspectiva global*. 3. Ed. Trad. Marília Moschkovich. São Paulo: Editora nVersos, 2015.

FARIAS, Cristiano Chaves de. BRAGA NETTO, Felipe Peixoto. ROSENVALD, Nelson. *Novo tratado de responsabilidade civil*. São Paulo: Atlas, 2015.

GHERSI, Carlos Alberto. *Teoría general de la reparación de daños*. 2. ed. Ciudad de Buenos Aires: Editorial Astrea, 1999.

GILMAN, Charlotte Perkins. *Terra das Mulheres*. Trad. Flávia Yacubian. Rio de Janeiro: Rosa dos tempos, 2018.

HOLLANDA, Heloisa Buarque de. *Explosão Feminista*: arte, cultura, política e universidade. São Paulo: Companhia das Letras, 2018.

MENDES, Letícia. Dois meses depois, como está o caso de pai preso por suspeita de matar os quatro filhos em Alvorada. *GZH*, 11 fev. 2023. Disponível em: https://gauchazh.clicrbs.com.br/seguranca/noticia/2023/02/dois-meses-depois-como-esta-o-caso-de-pai-preso-por-suspeita-de-matar-os-quatro-filhos-em-alvorada-cldz5nse300360157fd48nfnp.html. Acesso em: 08 abr. 2023.

MIRAGEM, Bruno Nubens Barbosa. *Direito civil*: responsabilidade civil. São Paulo: Saraiva, 2015.

PAGANELLA, Eduardo. "Quatro crianças são encontradas mortas dentro de casa em Alvorada; suspeito é o pai". *G1RS*, 14 dez. 2022. Disponível em: https://g1.globo.com/rs/rio-grande-do-sul/noticia/2022/12/14/quatro-criancas-sao-encontradas-mortas-dentro-de-casa-em-alvorada.ghtml. Acesso em: 08 abr. 2023.

ROCHA, Farley. Tragédia! Pai mata filho de 2 anos e se mata em seguida em Patos de Minas. *Patos Hoje*, 20 ago. 2019. Disponível em: https://patoshoje.com.br/noticias/tragedia-pai-mata-filho-de-2-anos-e-se-mata-em-seguida-em-patos-de-minas-58855.html. Acesso em: 08 abr. 2023.

ROSENVALD, Nelson. *A responsabilidade civil pelo ilícito lucrativo*. Salvador: JusPodivm, 2019.

SANSEVERINO, Paulo de Tarso Vieira. *Princípio da reparação integral*: indenização no Código Civil. São Paulo: Saraiva, 2010.

TEIXEIRA, Joseane. Pai que matou os dois filhos em Rio Preto vai a júri popular. 07 abr. 2022. *Diário da Região*. Disponível em: https://www.diariodaregiao.com.br/cidades/pai-que-matou-os-dois-filhos--em-rio-preto-vai-a-juri-popular-1.958392. Acesso em: 08 abr. 2023.

WOOLF, Virgínia. *Profissões para mulheres e outros artigos feministas*. Trad. Denise Bottmann. Porto Alegre: L&PM, 2018.

A EXTENSÃO DO DANO À MULHER NA VIOLÊNCIA DOMÉSTICA OU FAMILIAR: DEVER GERAL DE INCOLUMIDADE, LESÕES À PERSONALIDADE E INDENIZAÇÃO DE PREJUÍZOS

Gilberto Fachetti Silvestre

Pós-Doutorado em Direito pela Faculdade Nacional de Direito da Universidade Federal do Rio de Janeiro (UFRJ). Doutor em Direito Civil pela Pontifícia Universidade Católica de São Paulo (PUC-SP). Mestre em Direito Processual Civil pela Universidade Federal do Espírito Santo (UFES). Professor do Departamento de Direito e do Programa de Pós-Graduação em Direito da Universidade Federal do Espírito Santo (UFES). Bolsista de Produtividade Pesquisador Capixaba da Fundação de Amparo à Pesquisa e Inovação do Espírito Santo (FAPES). Advogado. E-mail: gilberto.silvestre@ufes.br.

Sumário: 1. Introdução – 2. A violência doméstica como ato ilícito civil: dever geral de incolumidade, lesão à personalidade e prejuízo extrapatrimonial – 3. As lesões à personalidade da mulher na violência doméstica – 4. A liquidação legal da indenização à mulher – 5. Conclusão – Referências.

1. INTRODUÇÃO

Este estudo apresenta uma tese propositiva e inspiradora para a tutela reparatória dos prejuízos patrimoniais e extrapatrimoniais ocasionados à mulher vítima de violência doméstica ou familiar.

A proposição parte de uma análise crítica da prática do dia a dia forense, que vê a violência contra a mulher como *um único* ato lesivo e, consequentemente, ensejador de *um* dano moral. Neste sentido, a extensão do dano indenizável a que se refere o *caput* do art. 944 do Código Civil fica limitada à ideia de *um* dano moral. Isso ocorre porque não existe um entendimento de melhor técnica quanto às diferenças de definição entre dano, lesão e prejuízo.

O conteúdo aqui explanado não tem um objetivo didático de explorar conceitos já amplamente discutidos em estudos sobre violência doméstica ou familiar e a Lei 13.340/2006 (Lei Maria da Penha). Tais conceitos já devem ser conhecidos para compreender o objeto e o objetivo deste trabalho.[1] Isto porque foi feita a importação de uma discussão ampla da responsabilidade civil para aplicá-la à Lei Maria da Penha.

---

1. Sobre questões históricas e sociais envolvendo a repressão e a violência contra a mulher, veja, a título de sugestão: BLÁZQUEZ, Guillermo Suárez. La emancipación jurídica privada de la mujer romana: un antecedente histórico de "liberación de género". *Revista Internacional de Derecho Romano*, n. 30, p. 387-445, abr. 2023; MAUGER-VIELPEAU, Laurence. L'aide universelle d'urgence pour les victimes de violences conjugales. *Droit de la Famille*, n. 4, p. 31-33, 2023; CREMADES, Adolfo A. Díaz-Bautista. La mujer en las constituciones de Constantino recogidas en el Código de Justiniano. *Revista Internacional de Derecho Romano*, n. 30, p. 133-159, abr. 2023; GROSSI, Miriam Pillar. Velhas e novas violências contra a mulher: 15 anos de lutas e estudos feministas. *Revista Estudos*

Esta pesquisa discute os conceitos do dano, da lesão e do prejuízo para revelar como sua correta compreensão e sua aplicação colaboram com a tutela dos direitos da mulher e, por via reflexa, com a prevenção e a dissuasão da violência doméstica ou familiar. Portanto, não se abordou diretamente a prevenção da violência, a não ser pelo reflexo da responsabilidade civil. A abordagem se restringe às sanções de natureza civil aplicadas à violência praticada.

A pesquisa propõe um outro olhar quanto ao que é realizado na prática forense, buscando identificar os *variados* direitos da personalidade da mulher que são lesados nos casos de violência, pois *um* ato de violência não é só *um* dano moral, mas, sim, consiste na lesão a *vários* direitos da personalidade, o que aumenta a extensão do dano e o valor da indenização. A proposta de inspirar o aumento das verbas indenizatórias-compensatórias não tem motivos desviados ou gananciosos. Objetiva demonstrar qual é, efetivamente, a real extensão do dano sofrido pela mulher.

Quanto à análise de casuística, este estudo preferiu imaginar e construir situações hipotéticas gerais, pois os casos de violência doméstica são investigados sob sigilo e o processo judicial tramita sob segredo de justiça (§ 8º do art. 9º da Lei 11.340/2006 e *caput* do art. 189 e art. 195 do Código de Processo Civil). Assim, não foi possível desenvolver exemplos concretos detalhados e casos judiciais ou, ainda, precedentes judiciais e decisões de escol, optando-se por construir a tese com base em hipóteses abstratas e gerais que têm viabilidade de aplicação.

A pesquisa revelou que, do modo como a prática forense tutela hoje o dano moral decorrente da violência doméstica – aqui utilizando de sinédoque –, é possível afirmar que a proteção da mulher, quanto à responsabilidade civil decorrente dos abusos domésticos, não está sendo plena, exatamente por causa de uma incompreensão de ordem técnico-teórica quanto ao que é dano, lesão e prejuízo.

2. A VIOLÊNCIA DOMÉSTICA COMO ATO ILÍCITO CIVIL: DEVER GERAL DE INCOLUMIDADE, LESÃO À PERSONALIDADE E PREJUÍZO EXTRAPATRIMONIAL

O ato lesivo, em Direito, consiste no acontecimento que causa prejuízo a alguém. Este ato lesivo pode ser *ilícito* – quando é descumprido um dever de incolumidade, ou seja, de não lesar –, ou *lícito* – quando a lei autoriza ou aceita que alguém lese o direito de outrem, como ocorre, por exemplo, na legítima defesa.[2]

Feministas, ano 2, v. esp., p. 473-484, 1994; LOPES, Ana Filipa Alves. *Violência doméstica*. Dissertação (Mestrado em Direito) – Universidade Lusíada do Porto. Porto, Portugal, 2013; MAGALHÃES, Reia Sílvia Rios. Violência doméstica ostensiva e violência doméstica velada: reflexões sobre os aspectos sociais e legais das formas da violência doméstica física e psicológica contra a mulher no Brasil. *Humana Res*, v. 1, n. 5, p. 121-139, jan./ago. 2022; MORAIS, Teresa. *Violência doméstica* (o reconhecimento jurídico da vítima). Coimbra: Almedina, 2019; CUNHA, Rogério Sanches; PINTO, Ronaldo Batista. *Violência doméstica: Lei Maria da Penha. Lei 11.340/2006. Comentada artigo por artigo*. 7. ed. Salvador: JusPodivm, 2018.

2. JORGE, Fernando de Sandy Lopes Pessoa. *Ensaio sobre os pressupostos da responsabilidade civil*. Coimbra: Almedina, 1999.

O ato lesivo, portanto, é um ato danoso; é um fato jurídico.[3] Dano é a lesão a um bem jurídico com redução do seu valor.[4,5] *Lesão* é o descumprimento de um dever de incolumidade, isto é, dever de integridade do bem jurídico protegido pela lei. *Bem jurídico* são os dois bens tutelados pelo Direito, quais sejam, as pessoas e as coisas, de modo que o dano pode ser caracterizado como a infração a um dever de incolumidade ou integridade de uma pessoa ou coisa. A *redução* consiste no prejuízo sofrido quando o bem (pessoa ou coisa) é lesado e tais prejuízos podem ser *extrapatrimoniais* (mais conhecidos como dano moral) e *patrimoniais* (mais conhecidos como dano patrimonial, material ou perdas e danos).[6] Quanto ao *valor*, trata-se do que Immanuel Kant[7] chamou de valores do mundo social, que seriam o *preço* das coisas e a *dignidade* das pessoas, ou seja, as coisas têm preço e as pessoas têm dignidade.[8]

Assim, dano é, em sentido genérico ou imediato, o descumprimento de dever e, em sentido estrito ou mediato, a consequência negativa de tal descumprimento. Daí poder falar em dano-evento e dano-prejuízo,[9] tal como faz a literatura jurídica italiana, a exemplo de Flavio Samuele Pera, que bem resume essas duas figuras.[10]

O *dano-evento* é a lesão direta à pessoa, ao patrimônio ou a terceiro, decorrente do descumprimento de um direito. Ele é o dano imediato de um evento lesivo, porque corresponde à violação de um bem jurídico. Dessa maneira, o dano-evento é o que decorre da conduta contrária ao direito de outrem, pouco importando se lícita ou ilícita, já que a simples contrariedade à lei, ao negócio jurídico e à sentença judicial é um dano(-evento). Nesse sentido, o dano-evento sempre será um dano à pessoa ou um dano à coisa.[11]

Já o *dano-prejuízo* ou *dano-consequência* é o resultado prejudicial criado a partir do dano-evento e, por isso, é mediato. Corresponde à redução do valor do bem jurídico. Logo, o dano-prejuízo sempre será patrimonial ou extrapatrimonial, pois é nesse sentido que se avalia a redução do valor da coisa ou da pessoa.

---

3. DE CUPIS, Adriano. *Il danno*: teoria generale della responsabilità civile. 2. ed. Milano: Giuffrè, 1966, v. 1. p. 7-10 e 57-61.
4. NORONHA, Fernando. *Direito das obrigações*. 2. ed. São Paulo: Saraiva, 2007. v. 1.
5. SILVESTRE, Gilberto Fachetti. *A responsabilidade civil pela violação à função social do contrato*. São Paulo: Almedina, 2018.
6. DE CUPIS, Adriano. *Il danno*: teoria generale della responsabilità civile. 2. ed. Milano: Giuffrè, 1966, v. 1. p. 49-56.
7. KANT, Immanuel. *Grundlegung zur Metaphysic der Sitten*. 7. durchgesehene Aufl. Hamburg: Felix Meiner Verlag Hamburg, 1994.
8. SILVESTRE, Gilberto Fachetti. *A responsabilidade civil pela violação à função social do contrato*. São Paulo: Almedina, 2018.
9. SILVESTRE, Gilberto Fachetti. *A responsabilidade civil pela violação à função social do contrato*. São Paulo: Almedina, 2018; SILVESTRE, Gilberto Fachetti; FAIM, Lucas Correa. Contribuições da tutela processual civil dos direitos da personalidade para a eficácia do marco legal do saneamento básico. *Revista de Direito da Administração Pública*, a. 5, v. 1, n. 3, p. 234-257, jan. 2020.
10. PERA, Flavio Samuele. Danno-evento e danno-conseguenza. VIOLA, Luigi. *Tractatus dei danni. La responsabilità civile ed il danno*. Matelica: Halley Editrice, 2007, v. 1. p. 387-396.
11. SILVESTRE, Gilberto Fachetti. *A responsabilidade civil pela violação à função social do contrato*. São Paulo: Almedina, 2018; SILVESTRE, Gilberto Fachetti; FAIM, Lucas Correa. Contribuições da tutela processual civil dos direitos da personalidade para a eficácia do marco legal do saneamento básico. *Revista de Direito da Administração Pública*, a. 5, v. 1, n. 3, p. 234-257, jan. 2020.

Um dano-evento a uma coisa causa sempre um dano-prejuízo patrimonial, já que todas as coisas têm um preço. Contudo, também pode causar um dano-prejuízo extrapatrimonial, dependendo da afeição que a coisa atingida tem para o sujeito.

Semelhantemente, um dano-evento a uma pessoa sempre dará causa a um dano-prejuízo extrapatrimonial. Mas da lesão à integridade psicossomática, moral ou intelectual do sujeito pode resultar um dano-prejuízo patrimonial.[12]

Com isso, a violência doméstica constitui um dano-evento cometido, por exemplo, pelo marido ou companheiro que descumpre o dever de incolumidade quanto à salubridade e ao bem-estar da mulher ou companheira. Por outro lado, também – e principalmente – caracteriza um dano-prejuízo, pois as condições degradantes a que se submete a mulher lesa sua incolumidade quanto aos aspectos psicossomáticos e, também, espirituais ou morais.

Dessa maneira, quando se fala em responsabilidade civil, o que se tutela em Direito é o prejuízo (patrimonial e extrapatrimonial) causado à vítima, pois até lesões praticadas licitamente poderão ser indenizadas, a exemplo do que se verifica nos arts. 929 e 930 c/c art. 188, todos do Código Civil. Assim, a origem do prejuízo (patrimonial ou extrapatrimonial) é a lesão à pessoa ou à coisa.[13]

Para o Direito Civil, uma pessoa é vista e tutelada na perspectiva do seu patrimônio e da sua personalidade. Para a proteção da pessoa humana, de sua personalidade e de sua dignidade, a ordem jurídica tutela uma série de direitos que tratam dos aspectos fundamentais e essenciais do ser humano: trata-se dos direitos da personalidade.

A pessoa natural é constituída fundamentalmente a partir de três aspectos, quais sejam:[14] 1) o *psicofísico*, que se refere ao corpo físico da pessoa e aos seus pensamentos, constituído de seus membros, órgãos, tecidos e seu lado psicológico; os direitos da personalidade que se referem a esse aspecto têm por objeto a integridade psicofísica ou psicossomática da pessoa; 2) o *espírito* ou a *moral*, sendo que não se trata de uma definição religiosa de espírito; aqui, o significado se refere a sentimentos, inclinações sensíveis, conceitos que a pessoa tem si de mesma e que os outros têm desta pessoa, enfim, as situações imateriais da pessoa; neste caso, os direitos da personalidade querem assegurar a integridade espiritual ou moral da pessoa; e 3) a *inteligência*, que diz respeito

---

12. SILVESTRE, Gilberto Fachetti. *A responsabilidade civil pela violação à função social do contrato*. São Paulo: Almedina, 2018; SILVESTRE, Gilberto Fachetti; FAIM, Lucas Correa. Contribuições da tutela processual civil dos direitos da personalidade para a eficácia do marco legal do saneamento básico. *Revista de Direito da Administração Pública*, a. 5, v. 1, n. 3, p. 234-257, jan. 2020.
13. SILVA, Clóvis Veríssimo do Couto e. O conceito de dano no direito brasileiro e no direito comparado. *Revista de Direito Civil Contemporâneo*, ano 2, v. 2, p. 333-348, jan./mar. 2015; HENRIQUES, Felipe Sardenberg Guimarães Trés; SILVESTRE, Gilberto Fachetti. *Excludentes da responsabilidade civil por erro do médico*. Artigo inédito. Vitória, 2023.
14. SILVESTRE, Gilberto Fachetti; HIBNER, Davi Amaral. A tutela dos direitos da personalidade no Brasil e na Itália: questões materiais e processuais. II Congresso de Processo Civil Internacional. *Anais do II Congresso de Processo Civil Internacional*. Vitória: UFES, 2017, v. 1. p. 11-26; HENRIQUES, Felipe Sardenberg Guimarães Trés; SILVESTRE, Gilberto Fachetti. *Excludentes da responsabilidade civil por erro do médico*. Artigo inédito. Vitória, 2023.

à capacidade que a pessoa tem de produzir conhecimento, de inventar, de criar; protege, portanto, a criatividade, a produção intelectual, o invento, a arte que o sujeito produz e pode produzir; por tal razão, os direitos da personalidade tratam da integridade intelectual da pessoa natural.

Toda vez que um desses aspectos é lesado haverá uma lesão à pessoa e desta lesão decorrem: 1) necessariamente, um prejuízo extrapatrimonial, uma vez que foi reduzida a dignidade da pessoa humana, caracterizada como o dever geral de incolumidade que congrega todos os direitos da personalidade; e 2) eventualmente, um prejuízo patrimonial, como, por exemplo, o pagamento de despesas de tratamento médico (dano emergente) ou a perda de valores pela impossibilidade de trabalhar (lucro cessante).

Ocorre que, geralmente, quando há lesão a direitos da personalidade, costuma-se se referir ao prejuízo sentido pura e simplesmente como "dano moral". Na verdade, o dano moral é um ato lesivo da integridade da pessoa, o que causará prejuízos extrapatrimoniais e patrimoniais, mas convencionou-se ter dano moral e prejuízo extrapatrimonial como sinônimos, o que, na melhor técnica, não é o apropriado.

Por isso, aqui, o dano moral é definido como a lesão ao dever geral de incolumidade em relação àquela pessoa que foi vítima de uma violência doméstica, o que causa uma lesão à integridade da sua personalidade e, assim, traz, essencialmente, prejuízos extrapatrimoniais e, eventualmente, prejuízos patrimoniais.

Outrossim, embora seja semelhante ao dano moral, a jurisprudência brasileira tornou autônomo o chamado dano estético, que se refere a qualquer tipo de lesão, deformidade ou mudança na aparência física de uma pessoa após sofrer um evento danoso.[15] Comumente, decorre de acidentes, cirurgias, queimaduras e doenças.

A priori, o dano estético é uma lesão ao aspecto psicofísico da pessoa e poderia ser caracterizado como dano moral. Ocorre que os tribunais brasileiros preferiram tratá-lo como uma figura danosa autônoma, paralela ao dano moral, por causa do impacto profundo e duradouro que provoca na vítima, afetando não só a autoestima e a confiança da pessoa, mas também suas relações interpessoais e sua qualidade de vida como um todo.[16] Nesse sentido, a depender da violência doméstica, é possível que o agressor seja condenado a pagar à vítima uma compensação por dano estético cumulada com outra compensação por dano moral, além do tratamento para correção ou para amenizar a deformidade.

De outra via, nos últimos anos a violência doméstica tem sido relacionada com o chamado dano existencial, sendo causa deste tipo de prejuízo. Embora não esteja previsto de forma expressa na legislação brasileira, o dano existencial é reconhecido pela literatura jurídica e pela jurisprudência como uma lesão causada à vida pessoal e às re-

---

15. LOPEZ, Teresa Ancona. *O dano estético*: responsabilidade civil. 3. ed. São Paulo: Ed. RT, 2004.
16. LOPEZ, Teresa Ancona. *O dano estético*: responsabilidade civil. 3. ed. São Paulo: Ed. RT, 2004.

lações interpessoais de um indivíduo em decorrência de um ato ilícito.[17] Surgiu da ideia de que o indivíduo possui direitos fundamentais em sua vida pessoal, social e afetiva, ocorrendo justamente quando uma conduta ilícita prejudica o pleno desenvolvimento e a plena realização pessoal do indivíduo, afetando aspectos privados como a convivência familiar, a saúde mental, o lazer e a cultura. Neste sentido, não é material ou patrimonial, mas sim imaterial, uma vez que se refere a aspectos intangíveis da vida do indivíduo.

A jurisprudência brasileira reconhece o dano existencial e sua importância para proteger e garantir os direitos fundamentais dos indivíduos, além do âmbito puramente material. O Superior Tribunal de Justiça (STJ), por exemplo, reconhece a indenização do dano existencial como dano moral.[18]

A violência doméstica é causa de danos existenciais, pois consiste em uma grave violação dos direitos fundamentais e afeta a vida e a integridade física e psicológica das vítimas.[19] Além dos danos imediatos causados por essa violência, há os efeitos do dano existencial na vida das vítimas.[20] A violência doméstica provoca uma violação de direitos como a convivência familiar de forma saudável, a liberdade e o desenvolvimento pessoal, comprometendo a qualidade de vida e o bem-estar emocional das vítimas.[21]

A comprovação do dano existencial depende da demonstração de que houve uma violação efetiva dos direitos fundamentais da vítima e que esta violação causou um prejuízo considerável à vida do indivíduo. Assim, seria importante apresentar provas como depoimentos, laudos periciais e documentos para comprovar os sentimentos negativos sofridos. Mas, é necessária tal comprovação em caso de violência doméstica? Certamente, não.[22] A subjugação na violência contra a mulher é tal que o sofrimento

---

17. LOPEZ, Teresa Ancona. Dano existencial. *Revista de Direito Privado*, v. 15, n. 57, p. 287-302, jan./mar. 2014; SILVESTRE, Gilberto Fachetti; FERREIRA, Tiago Lóss. Novos danos ou novas adjetivações do dano moral? A desnecessidade da autonomização dos danos extrapatrimoniais no Direito Civil brasileiro: questões materiais e processuais. *Revista de Direito Brasileira*, v. 29, n. 11, p. 393-417, maio/ago. 2022.
18. Exemplificativamente, veja: STJ, Recurso Especial 1.732.398/RJ, 3ª Turma, Rel. Min. Marco Aurélio Bellizze, julgado em 22.05.2018; STJ, Agravo no Recurso Especial 688.993/RJ, Rel. Min. Moura Ribeiro, julgado em 12.05.2015; e STJ, Agravo no Recurso Especial 654.453/RJ, Rel. Min. Napoleão Nunes Maia Filho, julgado em 16.03.2015.
19. ROMÃO, Lina Maria Vidal; FEITOSA, Pedro Walisson Gomes; VIEIRA, Jacyanne Gino et al. Saúde mental de mulheres em situação de violência doméstica no Brasil: uma revisão sistemática. *Id on Line Revista Multidisciplinar de Psicologia*, v. 13, n. 47, p. 293-305, out. 2019; BATISTA, Diego; BRAZ, Melissa Medeiros. Repercussões da violência doméstica na saúde mental da mulher: revisão de literatura. *Anais do Salão Internacional de Ensino, Pesquisa e Extensão*, v. 9, n. 2, mar. 2020.
20. LEITE, José Augusto; SILVA, Artenira da Silva e. O dano existencial decorrente de violência doméstica e familiar: uma análise sobre os limites e possibilidade de aplicação. *Revista Quaestio Iuris*, v. 15, n. 2, p. 628-650, maio 2022.
21. SILVESTRE, Gilberto Fachetti; FERREIRA, Tiago Lóss. Novos danos ou novas adjetivações do dano moral? A desnecessidade da autonomização dos danos extrapatrimoniais no Direito Civil brasileiro: questões materiais e processuais. *Revista de Direito Brasileira*, v. 29, n. 11, p. 393-417, maio/ago. 2022; LEITE, José Augusto; SILVA, Artenira da Silva e. O dano existencial decorrente de violência doméstica e familiar: uma análise sobre os limites e possibilidade de aplicação. *Revista Quaestio Iuris*, v. 15, n. 2, p. 628-650, maio 2022.
22. BRASILINO, Fábio Ricardo Rodrigues; DOMINGUES, Jean Guilherme Capeli. A violência doméstica e o dano moral presumido: a partir da tese fixada em julgamento de recurso especial repetitivo (Tema 983) – uma experiência brasileira. *Revista Jurídica Luso-Brasileira*, ano 5, n. 5, p. 529-547, 2019.

a que se refere o dano existencial é praticamente notório (e fato notório independe de prova, conforme inciso I do art. 374 do Código de Processo Civil).

Existem variadas formas de lesar a pessoa que os tribunais e a literatura jurídica preferem catalogar como danos autônomos. O problema é que isto é feito como uma forma de crítica e de reação ao Direito positivo brasileiro, sob a alegação de que o ordenamento jurídico não contempla todas as formas de dano que uma pessoa pode sofrer. Contudo, aquilo que se designou de "novos danos" são, na realidade, o mesmo dano moral de sempre. O que se alterou no tempo foi que lesões que sempre existiram fossem reconhecidas como dano moral.[23] Assim, por exemplo, desnecessário falar em dano existencial; basta demonstrar que a lesão ao bem-estar ou ao convívio familiar saudável trazem prejuízos para a pessoa, o que se designa de "dano moral". Toda lesão à pessoa é dano moral.

Nesse sentido, aqui não se falará do variado catálogo de danos construído pela literatura e pela jurisprudência brasileiras; apenas se falará em dano moral como lesão à pessoa e nos prejuízos decorrentes deste ato.

3. AS LESÕES À PERSONALIDADE DA MULHER NA VIOLÊNCIA DOMÉSTICA

A Lei 11.340/2006 (Lei Maria da Penha) define, no *caput* do art. 5º, a violência doméstica e familiar contra a mulher como sendo "qualquer ação ou omissão baseada no gênero que lhe cause morte, lesão, sofrimento físico, sexual ou psicológico e dano moral ou patrimonial". Na melhor técnica, seria desnecessário acrescentar "dano moral" a esta definição, pois "morte, lesão, sofrimento físico, sexual ou psicológico" já são danos morais, uma vez que decorrem de lesão à incolumidade dos direitos da personalidade da mulher.

De *lege ferenda*, o mais correto seria falar em "qualquer ação ou omissão baseada no gênero que lhe cause morte, lesão, sofrimento físico, sexual ou psicológico, perdas e danos e outros danos morais ou patrimoniais", a exemplo do que faz o Código Civil em situações semelhantes, como, por exemplo, nos arts. 948 a 951. De *lege lata* – interpretando sistematicamente o *caput* do art. 5º com o art. 11 e o *caput* do art. 12, ambos do Código Civil –, é possível entender "morte, lesão, sofrimento físico, sexual ou psicológico" como um rol exemplificativo (*numerus apertus*) de prejuízos sofridos, sendo "dano moral ou patrimonial" conceitos jurídicos indeterminados que possibilitam a subsunção de outras lesões, que possam se verificar no caso concreto, ou que possam surgir com as transformações culturais e sociais.

O art. 7º da Lei Maria da Penha prevê que a violência doméstica pode se manifestar por meio de diferentes formas, quais sejam:[24] 1) *violência física*: refere-se a qualquer con-

---

23. SILVESTRE, Gilberto Fachetti; FERREIRA, Tiago Lóss. Novos danos ou novas adjetivações do dano moral? A desnecessidade da autonomização dos danos extrapatrimoniais no Direito Civil brasileiro: questões materiais e processuais. *Revista de Direito Brasileira*, v. 29, n. 11, p. 393-417, maio/ago. 2022.
24. MAUGER-VIELPEAU, Laurence. L'aide universelle d'urgence pour les victimes de violences conjugales. *Droit de la Famille*, n. 4, p. 31-33, 2023; MORAIS, Teresa. *Violência doméstica* (o reconhecimento jurídico da víti-

duta que cause lesão corporal à mulher, desde agressões leves até casos de espancamento e tentativas de homicídio; 2) *violência psicológica*: são agressões verbais, humilhações, ameaças, constrangimentos, coações, manipulações e outras condutas que interferem negativamente no emocional e no afetivo da mulher; 3) *violência sexual*: abrange qualquer ação – por meio de violência física, ameaça, coação ou qualquer outra forma de pressão – que constranja a mulher a manter relações sexuais não desejadas; 4) *violência patrimonial*: ocorre quando há destruição, subtração, retenção ou impedimento do uso dos bens, recursos financeiros ou documentos da mulher, visando controlá-la e privá-la de recursos econômicos; e 5) *violência moral*: caracteriza-se por difamação, calúnia, injúria e outras formas de atingir a honra e a dignidade da mulher, prejudicando sua autoestima e integridade psicológica, no que se pode incluir a alienação parental contra a mãe, por exemplo.

Observe que todas essas modalidades de violência – que não são *numerus clausus* – ferem a integridade e a incolumidade da pessoa (*in casu*, a mulher), o que consiste em dano moral na acepção cá utilizada. Dessa lesão à personalidade da mulher decorrem prejuízos morais e patrimoniais, estes últimos, inclusive, independentemente da existência de violência patrimonial. Daí a importância de se tutelar os prejuízos causados e não o dano. O dano é um só e os prejuízos podem ser múltiplos. Isto interfere na compreensão da extensão do dano e, consequentemente, no valor e na forma da reparação, conforme prescrito no *caput* do art. 944 do Código Civil.

Por exemplo, uma mulher que sofreu uma violência moral não foi vítima somente de *um* dano moral ("violência moral"); ela foi vítima de *um* dano moral (evento) e sofreu *variadas* lesões a *variados* direitos da personalidade que não somente a sua honra. Os direitos da personalidade lesados por causa da violência moral, nesta hipótese, foram a honra (nas acepções objetiva e subjetiva), a privacidade e o recato (dependendo do que foi dito sobre sua esfera íntima), o sossego (pois a situação lhe causa inquietude), a identidade de gênero ou de orientação sexual, dentre outros direitos que, com o tempo, possam vir a figurar em casos como este.[25]

Observe que, nesta compreensão, a extensão do dano se dilata, o que garante uma indenização maior à mulher violentada (*caput* do art. 944 do Código Civil). Mas, atenção: quando se fala em indenização maior não se está utilizando de subterfúgios para a mulher enriquecer às custas do agressor; a extensão é maior porque, naquela circunstância, os prejuízos são maiores, o que não é comumente percebido no dia a dia forense. Assim, entender essa situação como meramente *um* "dano moral" prejudica a própria tutela dos

---

ma). Coimbra: Almedina, 2019; CUNHA, Rogério Sanches; PINTO, Ronaldo Batista. *Violência doméstica: Lei Maria da Penha. Lei 11.340/2006. Comentada artigo por artigo*. 7. ed. Salvador: JusPodivm, 2018; LOPES, Ana Filipa Alves. *Violência doméstica*. Dissertação (Mestrado em Direito) – Universidade Lusíada do Porto. Porto, Portugal, 2013; MAGALHÃES, Reia Sílvia Rios. Violência doméstica ostensiva e violência doméstica velada: reflexões sobre os aspectos sociais e legais das formas da violência doméstica física e psicológica contra a mulher no Brasil. *Humana Res*, v. 1, n. 5, p. 121-139, jan./ago. 2022.

25. Sobre as transformações na proteção da mulher ao longo dos anos, o que fizeram surgir novos direitos, veja: GROSSI, Miriam Pillar. Velhas e novas violências contra a mulher: 15 anos de lutas e estudos feministas. *Revista Estudos Feministas*, ano 2, v. esp., p. 473-484, 1994.

direitos da mulher, sendo melhor analisar a circunstância na perspectiva das *variadas* lesões ocorridas e dos *variados* prejuízos sofridos, o que, repetindo, não é comum na prática diária das tutelas indenizatórias envolvendo a violência contra a mulher.

Logo, o que era *um* se torna *vários*, melhor tutelando os direitos da mulher e tendo como reflexo um maior efeito preventivo e dissuasório contra a violência doméstica ou familiar. É que – seguindo a linha da literatura jurídica italiana e tomando por referência Adriano De Cupis[26] e Flavio Samuele Pera[27] – a prática forense tem tutelado o *dano-evento* e não o *dano-prejuízo* (ou *dano-consequência*). Este erro técnico, teórico e conceitual traz à vítima doméstica outro problema, qual seja, uma deficiente e uma insuficiente proteção de seus direitos.

Pois bem. Para além disso, a violência doméstica – seja ela física, psicológica, sexual ou patrimonial – resulta em um trauma psicológico na vida da mulher. O constante medo, a humilhação, a manipulação e a agressão danam profundamente a autoestima, a confiança, a segurança e o bem-estar emocional.[28]

Esse trauma influencia negativamente no aspecto psicofísico da mulher, pois molesta e deprecia sua saúde física e mental e pode lhe causar feridas ou deformidades físicas e transtorno psicológicos e psiquiátricos.[29] Também influencia de forma negativa no aspecto espiritual, pois reduz a noção que a pessoa tem de si e que as outras pessoas têm dela. E não é exageração pensar que interfere no seu aspecto intelectual, pois as sensações negativas prejudicam a inteligência da pessoa e sua capacidade de trabalhar criativamente.

Sendo assim, a não observância do dever geral de abstenção à incolumidade alheia – qual seja, segundo Walter Moraes, "respeitar a vida de cada homem"[30] – promove o desencadeamento de lesões e, consequentemente, um dano à essência da pessoa.[31] Para Rosa Maria de Andrade Nery e Nelson Nery Júnior, a lesão humanística corresponde a uma quebra da própria unidade da pessoa.[32]

---

26. DE CUPIS, Adriano. *Il danno*: teoria generale della responsabilità civile. 2. ed. Milano: Giuffrè, 1966, v. 1. p. 7-10 e 57-61; DE CUPIS, Adriano. *Il danno*: teoria generale della responsabilità civile. 2. ed. Milano: Giuffrè, 1970. v. 2.
27. PERA, Flavio Samuele. Danno-evento e danno-conseguenza. VIOLA, Luigi. *Tractatus dei danni. La responsabilità civile ed il danno*. Matelica: Halley Editrice, 2007, v. 1. p. 387-396.
28. BATISTA, Diego; BRAZ, Melissa Medeiros. Repercussões da violência doméstica na saúde mental da mulher: revisão de literatura. *Anais do Salão Internacional de Ensino, Pesquisa e Extensão*, v. 9, n. 2, mar. 2020.
29. BITTAR, Danielle Souza; KOHLSDORF, Marina. Ansiedade e depressão em mulheres vítimas de violência doméstica. *Psicologia Argumento*, v. 31, n. 74, p. 447-456, jul.-set. 2013; ROMÃO, Lina Maria Vidal; FEITOSA, Pedro Walisson Gomes; VIEIRA, Jacyanne Gino et al. Saúde mental de mulheres em situação de violência doméstica no Brasil: uma revisão sistemática. *Id on Line Revista Multidisciplinar de Psicologia*, v. 13, n. 47, p. 293-305, out. 2019.
30. MORAES, Walter. Concepção tomista de pessoa: um contributo para a teoria do direito de personalidade. *Revista de Direito Privado*, v. 1, n. 2, p. 187-204, abr./jun., 2000. "Homem", aqui, é utilizado, na acepção tradicional filosófica, como sinônimo de ser humano, não se restringindo à pessoa natural do gênero ou do sexo masculino.
31. SILVESTRE, Gilberto Fachetti; FERREIRA, Tiago Lóss. Novos danos ou novas adjetivações do dano moral? A desnecessidade da autonomização dos danos extrapatrimoniais no Direito Civil brasileiro: questões materiais e processuais. *Revista de Direito Brasileira*, v. 29, n. 11, p. 393-417, maio/ago. 2022.
32. NERY, Rosa Maria de Andrade; NERY JR., Nelson. *Instituições de direito civil*: direitos da personalidade (direito de humanidade). São Paulo: Ed. RT, 2017. v. 7.

Quando se fala em "quebra da unidade da pessoa", isto revela que as consequências negativas da lesão são variadas e não somente *uma*; a "essência da pessoa" não é só *uma*, mas um complexo infinito de atributos.

Não só isso, porém. Ainda segundo Rosa Maria de Andrade Nery e Nelson Nery Júnior, "a natureza humana é composta de espírito e matéria; daí se dizer que o homem é feito de espírito e corpo"; logo, "o dano ao chamado direito de personalidade é qualquer ofensa ao todo que compõem o ser humano, como unidade. É a quebra da harmonia do todo".[33]

Observe que, para eles, o descumprimento do dever de incolumidade de qualquer que seja o direito da personalidade representa uma lesão à personalidade da pessoa humana, ao que preferem designar de humanidade do sujeito. Nesta perspectiva, a pessoa em seu conjunto é ferida e tem sua humanidade diminuída. Assim, é possível concluir que o dano(-evento) moral e seus prejuízos sempre são graves, o que proporciona uma tutela indenizatória e reparatória mais extensas. (Obviamente que aqui não se fala dos danos morais banalizados e industrializados que vemos saindo dos tribunais todos os dias).

Resta demonstrar, porém, que em caso de violência doméstica ou familiar, o já grave dano moral será ainda mais agravado para a mulher violentada por um ente querido, com o qual convive e no qual a tradição cultural manda confiar.

A violência doméstica pode desencadear uma variedade de efeitos negativos nos aspectos fundamentais da pessoa mulher que a vivencia.[34]

Quando se fala em violência e agressão, a primeira impressão que se tem é a da ferida, do machucado no corpo. Assim, o ato violento lesa a incolumidade do aspecto somático da mulher, podendo-se dar como exemplo de sofrimento físico: 1) morte: caso extremo em que o homem tira a vida da mulher; 2) tortura física: quando se impõe dor física com intimidação ou punição à mulher, algumas vezes por vingança e outras vezes por puro prazer sadomasoquista ou crueldade; 3) lesão corporal: é a ferida (em sentido amplo) ao corpo físico da mulher; é a agressão física produzida com *animus lædendi* (vontade de lesionar), ou seja, são os machucados, e pode ser simples, grave, gravíssima ou seguida de morte; 4) perturbações fisiológicas: quando tecidos, órgãos, membros e outras partes do corpo da mulher têm seu funcionamento comprometido, seja transitoriamente, seja permanentemente; 5) deformidades: quando a agressão causa incapacidades ou deficiências físicas; 6) avaria estética: a lesão pode causar deformidades que desarmonizam a mulher ante a padrões estéticos; e 7) privação de liberdade de locomoção: imposição da impossibilidade de autodeterminar a própria conduta (ação ou omissão), sendo a mulher obrigada a restringir sua circulação social.

---

33. NERY, Rosa Maria de Andrade; NERY JR., Nelson. *Instituições de direito civil*: direitos da personalidade (direito de humanidade). São Paulo: Ed. RT, 2017, v. 7. p. 78.
34. MAGALHÃES, Reia Sílvia Rios. Violência doméstica ostensiva e violência doméstica velada: reflexões sobre os aspectos sociais e legais das formas da violência doméstica física e psicológica contra a mulher no Brasil. *Humana Res*, v. 1, n. 5, p. 121-139, jan./ago. 2022.

Em se tratando de lesão à integridade da saúde psicológica, é possível enumerar os seguintes prejuízos a serem indenizáveis: 1) ansiedade: a exposição à violência gera altos níveis de expectativa de novas agressões, ou seja, à ansiedade, subtraindo a paz da mulher e levando-a a viver em constante alerta e medo; 2) depressão: a sensação de impotência diante da situação de violência contribui para o desenvolvimento de quadros depressivos; 3) transtorno de estresse pós-traumático (TEPT): a violência doméstica pode causar um impacto tão intenso que a mulher pode desenvolver sintomas como *flashbacks*, pesadelos, desvio de situações que lembrem o trauma e hipervigilância; e 4) tortura psicológica: quando se ataca a mulher com o objetivo de adoecê-la ou torná-la dependente.[35]

Não se pode olvidar do aspecto espiritual ou moral, que são as impressões da mulher, sejam as que tem de si mesma, sejam as que os outros têm dela e sejam as que ela pensa que os outros têm quanto a ela:[36] 1) baixa autoestima: as agressões e o tratamento desrespeitoso podem levar a mulher a duvidar de si mesma e a se sentir impotente diante do mundo; 2) sentimentos de desvalorização: a mulher duvida de si e desenvolve uma ideia negativa de si mesma; 3) isolamento social: a vítima de violência doméstica muitas vezes se sente envergonhada, com medo de julgamentos ou retaliações, o que a leva a se isolar socialmente e resultar em sentimentos de solidão, isolamento e dificuldade em buscar ajuda; e 4) dificuldades nos relacionamentos interpessoais: a violência doméstica afeta a capacidade da mulher de confiar nos outros e estabelecer relacionamentos saudáveis, gerando dificuldades em estabelecer limites, medo de intimidade e receio de repetir padrões abusivos.

É possível, ainda, que o aspecto intelectual da mulher seja atingido, pois a situação de sofrimento pode ser tal que retira da vítima sua capacidade criativa e inventiva.

---

35. BATISTA, Diego; BRAZ, Melissa Medeiros. Repercussões da violência doméstica na saúde mental da mulher: revisão de literatura. *Anais do Salão Internacional de Ensino, Pesquisa e Extensão*, v. 9, n. 2, mar. 2020, detalham outros efeitos da violência doméstica, quais sejam, "abuso de álcool e/ou drogas ilícitas, transtornos de ansiedade generalizada, aumento nas tentativas de suicídio entre mulheres violentadas, aumento de incidência de transtorno de Borderline e espectro emocional negativo generalizado, sintomas de psicose, aumento geral do estresse emocional, piora da função sexual".

36. MAUGER-VIELPEAU, Laurence. L'aide universelle d'urgence pour les victimes de violences conjugales. *Droit de la Famille*, n. 4, p. 31-33, 2023; BITTAR, Danielle Souza; KOHLSDORF, Marina. Ansiedade e depressão em mulheres vítimas de violência doméstica. *Psicologia Argumento*, v. 31, n. 74, p. 447-456, jul.-set. 2013; BATISTA, Diego; BRAZ, Melissa Medeiros. Repercussões da violência doméstica na saúde mental da mulher: revisão de literatura. *Anais do Salão Internacional de Ensino, Pesquisa e Extensão*, v. 9, n. 2, mar. 2020; CABRAL, Hildeliza Lacerda Tinoco Boechat; SILVESTRE, Gilberto Fachetti; ZARRO, Karolinne Victória José da Silva. Reflexos da Covid-19 na violência doméstica e familiar e as medidas jurídicas para a proteção da mulher. *Revista Transformar*, v. 14, ed. esp., p. 106-118, maio/ago. 2020; CUNHA, Rogério Sanches; PINTO, Ronaldo Batista. *Violência doméstica*: Lei Maria da Penha. Lei 11.340/2006. Comentada artigo por artigo. 7. ed. Salvador: JusPodivm, 2018; LOPES, Ana Filipa Alves. *Violência doméstica*. Dissertação (Mestrado em Direito) – Universidade Lusíada do Porto. Porto, Portugal, 2013; MAGALHÃES, Reia Sílvia Rios. Violência doméstica ostensiva e violência velada: reflexões sobre os aspectos sociais e legais das formas da violência doméstica física e psicológica contra a mulher no Brasil. *Humana Res*, v. 1, n. 5, p. 121-139, jan./ago. 2022; MORAIS, Teresa. *Violência doméstica* (o reconhecimento jurídico da vítima). Coimbra: Almedina, 2019; ROMÃO, Lina Maria Vidal; FEITOSA, Pedro Walisson Gomes; VIEIRA, Jacyanne Gino et al. Saúde mental de mulheres em situação de violência doméstica no Brasil: uma revisão sistemática. *Id on Line Revista Multidisciplinar de Psicologia*, v. 13, n. 47, p. 293-305, out. 2019.

Pois bem. Todos esses prejuízos aos aspectos psíquico, intelectual, espiritual e somático resultam da columidade de direitos da personalidade como: 1) honra subjetiva: noção de si própria; 2) honra objetiva: noção que a comunidade passará a ter dela, podendo subjugá-la (dependendo a cultura e da tradição deste meio) ou dela se penalizar (o que também não é um sentimento bom, pois inferioriza a mulher diante dos outros); 3) fama: como a mulher ficará conhecida no meio em que vive (por exemplo, "a mulher que apanhou ou apanha do marido", o que não é um bom estigma); 4) recato: é a reserva de sua intimidade, de não querer se expor perante os outros, o que nem sempre a investigação sob sigilo e o segredo de justiça garantem; 5) privacidade: tem sua vida pessoal exposta ou seus problemas do passado expostos; 6) identidade de gênero: passa a crer que ser mulher é algo ruim, que mulher é inferior ao homem e passa a detestar sua condição de gênero ou sexual; 7) liberdade: seja de pensamento ou de locomoção, em que a mulher não pode expor suas ideias, pensamentos e representações quanto ao relacionamento ante o risco de ser mais violada ou, ainda, fica impossibilitada no circular no meio social; 8) saúde mental ou psíquica: a mulher se torna psiquiátrica e psicologicamente doente, ou seja, não tem saúde psíquica; 9) integridade física: trata-se da perturbação na ordem corpórea, ou seja, somática, em que se causa feridas, deformidades, incapacidades ou deficiências; 10) vida: direito que é o pressuposto de todos os direitos; 11) inteligência: não só quando se humilha a mulher dizendo que não tem capacidade intelectiva, mas quando se interfere na sua atividade laborativa criativa, impedindo-a de planejar e pensar trabalhos; 12) estética: quando a agressão causa deformidades que quebram a harmonia de padrões estéticos do ser humano (é o que se convencionou chamar de dano estético); 13) existência: quando a lesão retira a harmonia e o bem-estar da vida da mulher (é o que se convencionou chamar de dano existencial); e 14) segurança: trata-se do direito de ter uma vida sem perturbações e sem se sentir sob constante risco.

Veja que nessa abordagem hipotética e bem generalista, foram identificados pelo menos 16 prejuízos à personalidade e 14 direitos da personalidade que podem ter sua integridade lesada. É bom que se insista: observe que não há só *um* dano moral (= agressão), mas *várias* lesões a direitos da personalidade que ocasionam *vários* prejuízos extrapatrimoniais, aumentando a extensão do dano.

Não se trata de um aumento forçado da extensão do dano; trata-se de revelar qual é a verdadeira e justa extensão do dano indenizável e compensável em caso de violência doméstica ou familiar contra a mulher.

Mas há, ainda, os prejuízos patrimoniais decorrentes da lesão àqueles 14 direitos da personalidade. As infrações da incolumidade entes esses 14 direitos causaram pelo menos 16 prejuízos patrimoniais, mas há, agora, os prejuízos patrimoniais, os quais também decorrem da lesão aos 14 direitos da personalidade. Importante lembrar o dano-evento à pessoa pode causar dois tipos de dano-prejuízo, quais sejam, os prejuízos extrapatrimoniais (o que comumente se chama de "dano moral") e patrimoniais (perdas e danos, "dano material" ou "dano patrimonial").

Na hipótese geral aqui trabalhada, os prejuízos patrimoniais consistirão em: 1) danos emergentes: serão os valores despendidos pela mulher, de seus recursos próprios, com o tratamento médico para os transtornos físicos e mentais, o acompanhamento psicológico, as sessões de fisioterapia, a internação hospitalar, a cirurgia plástica, a hospedagem ou a locomoção para fugir das agressões, os medicamentos, as próteses, o patrimônio particular que foi destruído, desviado ou gasto à sua revelia (no caso de violência patrimonial) e toda uma série de situações que podem decorrer da agressão; 2) lucros cessantes: engloba o que a mulher deixou de lucrar porque, por exemplo, foi impedida de trabalhar pelo membro da família, ficou impossibilitada de trabalhar por causa da gravidade das lesões ou do tratamento médico, deixou de criar por causa dos transtornos gerados; e 3) perda de uma chance: não são lucros cessantes, mas oportunidades em que havia uma alta probabilidade de ganho patrimonial e que a mulher deixa de aproveitar porque impedida pelo ente familiar ou por causa dos transtornos e problemas causados pelas agressões (por exemplo, o caso clássico de se tornar impossibilitada de participar de um concurso público em que teria grandes chances de aprovação porque todos os candidatos foram aprovados para a fase seguinte).

Veja que as lesões àqueles 14 direitos da personalidade causaram 16 tipos de prejuízos extrapatrimoniais, aos quais se somam, agora, outros três tipos de prejuízos, só que de ordem patrimonial. E mais: perceba que esses três tipos de prejuízos patrimoniais se manifestam com várias rubricas indenizatórias.

Se no dia a dia forense se pleiteia dano moral (*uma* verba indenizatória) e dano patrimonial (*duas* verbas) por causa da lesão à dignidade da mulher (*um* direito da personalidade), na perspectiva aqui trabalhada se fala de possíveis 14 direitos da personalidade lesados e da probabilidade de 19 verbas indenizatórias.

Está difundida na literatura jurídica brasileira a tese de que, na violência doméstica, é desnecessário o prejuízo para se estabelecer o dever de indenizar a mulher violada.[37] Na realidade, a violência doméstica produz prejuízos *in re ipsa*, pois toda lesão a direitos da personalidade reduz o valor dignidade humana *ipso jure*.[38] Desse modo, ela prescinde da prova de existência de prejuízos (dano-prejuízo), mas necessita da comprovação de existência do dano-evento, que é o ato lesivo do qual resultam aqueles prejuízos.

---

37. BONNA, Alexandre Pereira; SOUZA, Luanna Tomaz de; LEAL, Pastora do Socorro Teixeira. Reflexões sobre o dano moral em casos de violência doméstica cometida contra a mulher a partir do Recurso Especial Repetitivo 1.675.874/MS. *Revista IBERC*, v. 1, n. 1, p. 1-28, 2019; RITT, Eduardo; SOUZA, Eduardo Fleck de. A fixação da indenização mínima à mulher vítima de violência doméstica e familiar no processo penal como uma forma de efetividade da dignidade da pessoa humana. In: BRASIL, Herley da Luz; PEREIRA, Ulysses Sbsczk Aziz (Org.). *Pesquisas e atualidades em ciências jurídicas no Brasil*. Rio Branco: Stricto Sensu, 2021, p. 55-67; GOMES, Thais Silva; BRITO, Ronaldo Figueiredo. A (des) necessidade de produção de prova nos pedidos de danos morais no âmbito criminal nos casos de violência doméstica. *Revista Legis Augustus*, v. 9, n. 2, p. 19-38, 2017; BRASILINO, Fábio Ricardo Rodrigues; DOMINGUES, Jean Guilherme Capeli. A violência doméstica e o dano moral presumido: a partir da tese fixada em julgamento de recurso especial repetitivo (Tema 983) – uma experiência brasileira. *Revista Jurídica Luso-Brasileira*, ano 5, n. 5, p. 529-547, 2019.
38. SILVESTRE, Gilberto Fachetti; MARCHIORI, Bruna Figueira. La lesión a los derechos de la personalidad en la jurisprudencia de la instancia de recurso especial brasileña. *Opinión Jurídica*, v. 20, n. 41, p. 177-199, enero-junio 2021; SILVESTRE, Gilberto Fachetti; MARCHIORI, Bruna Figueira. As recentes caracterizações do dano moral no Superior Tribunal de Justiça. *Revista de Estudos Empíricos em Direito*, v. 7, n. 3, p. 221-237, out. 2020.

Para responder à questão sobre a possibilidade de reparação de natureza cível por ocasião da prolação da sentença condenatória nos casos de violência cometida contra mulher praticados no âmbito doméstico e familiar, o Superior Tribunal de Justiça (STJ), ao julgar os Recursos Especiais 1.675.874/MS,[39] 1.643.051/MS[40] e 1.683.324/DF,[41] firmou a seguinte tese no Tema Repetitivo 983: "Nos casos de violência contra a mulher praticados no âmbito doméstico e familiar, é possível a fixação de valor mínimo indenizatório a título de dano moral, desde que haja pedido expresso da acusação ou da parte ofendida, ainda que não especificada a quantia, e independentemente de instrução probatória".

No Tema Repetitivo 983 a 3ª Seção do STJ entendeu pela possibilidade de fixação de um valor indenizatório mínimo pelo juízo criminal, a título de dano moral, na ação penal que julga a violência doméstica ou familiar contra uma mulher. Aplicaram ao procedimento criminal contra a mulher, assim, a regra do inciso IV do *caput* do art. 387 do Código de Processo Penal (efeitos civis e processuais da sentença criminal), pelo qual o juiz, ao proferir sentença condenatória, "fixará valor mínimo para reparação dos danos causados pela infração, considerando os prejuízos sofridos pelo ofendido".

O inciso IV do *caput* do art. 387 do Código de Processo Penal permite que o juízo criminal decida sobre a condenação penal e a indenização, não fixou um procedimento quanto à reparação de natureza cível por ocasião da prolação da sentença condenatória, pois, segundo o próprio tribunal, "a aferição do dano moral, na maior parte das situações, não ensejará nenhum alargamento da instrução criminal, porquanto tal modalidade de dano, de modo geral, dispensa a produção de prova específica acerca da sua existência, encontrando-se *in re ipsa*".[42]

Ao aplicar o inciso IV do *caput* do art. 387 do Código de Processo Penal às ações penais de violência doméstica ou familiar, a 3ª Seção do STJ entendeu que o "dano moral" sofrido pela mulher se relaciona à dor, ao sofrimento e à humilhação da vítima e deriva da própria prática criminosa experimentada. Por isso, é de difícil reparação e não é razoável exigir instrução probatória sobre o dano (*rectius*: dano-prejuízo) "se a própria conduta criminosa empregada pelo agressor já está imbuída de desonra, descrédito e menosprezo à dignidade e ao valor da mulher como pessoa".[43]

Entendeu a 3ª Seção, a propósito, que não exigir a prova do prejuízo sentido pela mulher é uma forma de protegê-la e de concretizar sua especial proteção institucional e processual: "o atendimento integral à mulher em situação de violência doméstica, de sorte a reduzir sua revitimização e as possibilidades de violência institucional, consubstanciadas em sucessivas oitivas e pleitos perante juízos diversos".[44]

---

39. STJ, REsp. 1.675.874/MS, 3ª Seção, Rel. Min. Rogerio Schietti Cruz, julgado em 28.02.2018.
40. STJ, REsp. 1.643.051/MS, 3ª Seção, Rel. Min. Rogerio Schietti Cruz, julgado em 28.02.2018.
41. STJ, REsp. 1.683.324/DF, 3ª Seção, Rel. Min. Sebastião Reis Júnior, julgado em 27.09.2017.
42. STJ, Agravo Regimental no Recurso Especial (AgRg. no REsp.) 1.626.962/MS, 6ª Turma, Rel. Min. Sebastião Reis Júnior, julgado em 16.12.2016.
43. STJ, REsp. 1.675.874/MS, 3ª Seção, Rel. Min. Rogerio Schietti Cruz, julgado em 28.02.2018.
44. STJ, REsp. 1.675.874/MS, 3ª Seção, Rel. Min. Rogerio Schietti Cruz, julgado em 28.02.2018.

Em realidade, a 3ª Seção do Superior Tribunal de Justiça nada criou de tão novo e sistematizou a condenação à reparação civil na ação criminal de violência doméstica, aplicando entendimentos já consolidados sobre o dano moral *in re ipsa*[45] e sobre o inciso IV do *caput* do art. 387 do Código de Processo Penal.

Embora o Tema Repetitivo 983 colabore com a mulher com uma forma de celeridade e economia processual, não se pode deixar de fazer uma crítica: diferentemente do que consta no acórdão do Recurso Especial 1.675.874/MS, a tese firmada contribui, mas não garante, o atendimento integral à mulher vítima de violência doméstica, pois o inciso IV do *caput* do art. 387 do Código de Processo Penal permite que o juízo fixe na sentença condenatória um valor *mínimo* para a reparação dos danos causados pela infração.

E aí está o problema: esta pesquisa revelou que, em razão de incompreensões técnico-teóricas, mesmo na esfera cível já se concede o mínimo de indenização à mulher agredida e o entendimento da 3ª Seção vem a assegurar um mínimo do mínimo indenizatório. Assim, embora a extensão do dano seja ampla, a esfera criminal, dada as suas peculiaridades, *a priori*, proporcionaria uma reparação civil muito aquém do que a vítima faz jus.

É verdade, porém, que a complementação dos *quanta* indenizatórios pode ser feita, posteriormente, na esfera cível. Mas isso significaria uma perpetuação dos transtornos da mulher em ter que revolver toda a situação violenta, levando à "revitimização e as possibilidades de violência institucional, consubstanciadas em sucessivas oitivas e pleitos perante juízos diversos" que o próprio Superior Tribunal de Justiça condenou no Recurso Especial 1.675.874/MS.

Parece, então, que a solução de *lege lata* é a sistemática jurisdicional estabelecida pelo art. 935 c/c art. 200, ambos do Código Civil, c/c inciso I do *caput* do art. 91 do Código Penal, em que há, simultaneamente, uma separação e uma comunhão entre as jurisdições criminal e civil. Assim, aguardar-se-ia o julgamento da ação criminal – que fixará a apuração dos fatos – e, posteriormente, aquela apuração dos fatos vincula o juízo cível, ao qual caberá fixar a extensão do dano e os *quanta* indenizatórios.

4. A LIQUIDAÇÃO LEGAL DA INDENIZAÇÃO À MULHER

Em matéria de responsabilidade civil, o Direito brasileiro segue o princípio da reparação integral do dano, prescrito no *caput* do art. 944 do Código Civil: "Art. 944. A indenização mede-se pela extensão do dano. Parágrafo único. Se houver excessiva desproporção entre a gravidade da culpa e o dano, poderá o juiz reduzir, equitativamente, a indenização".

---

45. SILVESTRE, Gilberto Fachetti; MARCHIORI, Bruna Figueira. La lesión a los derechos de la personalidad en la jurisprudencia de la instancia de recurso especial brasileña. *Opinión Jurídica*, v. 20, n. 41, p. 177-199, enero-junio 2021; SILVESTRE, Gilberto Fachetti; MARCHIORI, Bruna Figueira. As recentes caracterizações do dano moral no Superior Tribunal de Justiça. *Revista de Estudos Empíricos em Direito*, v. 7, n. 3, p. 221-237, out. 2020.

A reparação integral do dano significa que a responsabilidade civil deve garantir a imunização do dano da vítima e revela que a indenização tem como função reparar o dano sofrido pela vítima.[46]

O valor da indenização, geralmente estabelecido como uma prestação pecuniária (em dinheiro), é fixado de acordo com a extensão do dano,[47] que é o prejuízo efetivamente sofrido pela vítima, lembrando que tal prejuízo poderá ser de ordem patrimonial (dano patrimonial, material ou perdas e danos) ou extrapatrimonial (dano moral). Observe, então, que a indenização não tem caráter punitivo ou dissuasório; é a responsabilidade civil que os tem, como padrão ético de *neminem lædere* e como limite do exercício da liberdade e dos direitos.[48]

A indenização das lesões corporais e dos transtornos psicológicos que a violência doméstica ou familiar causar à mulher compreenderão as verbas dos arts. 948, 949 e 950, todos do Código Civil.

O art. 948 trata da liquidação legal da indenização em caso de homicídio. Neste caso, a família da mulher será a beneficiada. A norma traz as indenizações variadas ("rubricas") que o juiz deverá analisar ao fixar a indenização:

> Art. 948. No caso de homicídio, a indenização consiste, sem excluir outras reparações:
>
> I – no pagamento das despesas com o tratamento da vítima, seu funeral e o luto da família;
>
> II – na prestação de alimentos às pessoas a quem o morto os devia, levando-se em conta a duração provável da vida da vítima.

Os incisos I e II não constituem um rol taxativo (*numerus clausus*), pois o *caput* diz que não são excluídas outras reparações, como, por exemplo (*numerus apertus*), o dano moral por lesão a outros direitos da personalidade. As verbas podem ser assim analisadas:[49]

As despesas com o tratamento da vítima se referem às despesas para tentar recuperar a saúde da vítima entre a ocorrência do ato ilícito e a sua morte. Aqui são incluídas despesas com internação hospitalar, transferências, medicamentos, exames, cirurgias, próteses *etc*. Evidentemente que o dano será maior se causar a morte da vítima. Se a mulher não falecer, tais despesas são indenizáveis, porém com base no art. 949. Se a vítima for socorrida em hospital público ou com cobertura pelo Sistema Único de Saúde (SUS), ou acionar o plano de saúde, não há despesa a ser paga (exceto no caso de planos de saúde participativo e de exames ou tratamentos sem cobertura pelo plano). Assim, a indenização devida a título de despesas médicas depende do que a família efetivamente despendeu nesse tratamento.

---

46. SANSEVERINO, Paulo de Tarso. *Princípio da reparação integral*. São Paulo: Saraiva, 2010.
47. SANSEVERINO, Paulo de Tarso. *Princípio da reparação integral*. São Paulo: Saraiva, 2010.
48. HENRIQUES, Felipe Sardenberg Guimarães Trés; SILVESTRE, Gilberto Fachetti. *Excludentes da responsabilidade civil por erro do médico*. Artigo inédito. Vitória, 2023.
49. HENRIQUES, Felipe Sardenberg Guimarães Trés; SILVESTRE, Gilberto Fachetti. *Excludentes da responsabilidade civil por erro do médico*. Artigo inédito. Vitória, 2023.

As despesas com o funeral da vítima são aquelas feitas para translado do corpo, contratação de funerária, capela mortuária e aquisição de sepultura. Entretanto, se a vítima tem plano funerário e todas essas despesas estão cobertas, não há que se falar em prejuízo e, consequentemente, não há o que indenizar.

O luto compreende o período em que a família, por razões emocionais, fica impossibilitada de exercer sua atividade profissional. Para ser devida, é preciso que a família não tenha trabalhado em sinal de luto. Não se trata de uma indenização de caráter objetivo. Cobre, portanto, o dia do funeral, os dias de viagens para enterro em outra localidade e os dias de recolhimento.

No caso de empregado, ele tem direito à licença nojo remunerada por dois dias consecutivos, conforme art. 473 da Consolidação das Leis do Trabalho (CLT). Em se tratando de servidores públicos, a licença nojo também é remunerada e será de oito dias consecutivos (alínea b do inciso III do art. 97 da Lei 8.112/1990). Bem, se nesses casos a licença nojo é remunerada, então o agente do dano não a deverá indenizar. Assim, as despesas com o luto dizem respeito ao lucro cessante em caso de familiares que sejam trabalhadores liberais ou autônomos.

A prestação de alimentos indenizatórios é uma pensão civil devida pelo agente do dano aos dependentes da mulher morta, no caso de esta ser provedora de despesas no âmbito doméstico. Deve ser fixada com base em três critérios: 1) a condição econômica do agente do dano; e) a participação da vítima na cobertura das despesas familiares; e 3) a expectativa de vida da vítima.

O valor devido não se refere a alimentos necessários (apenas aqueles para a sobrevivência), mas sim aos alimentos civis, que incluirão despesas com alimentação, moradia, educação, lazer, ou seja, tudo o que for necessário à manutenção do padrão de vida dos dependentes.

As outras reparações mencionadas no *caput* do art. 948 dizem respeito a despesas que não estejam previstas nas hipóteses dos incisos. Encobrem, então e por exemplo, indenização com dano moral, dano estético, perda de uma chance e outras perdas e danos (lucros cessantes e danos emergentes) não conjecturados pelo legislador no art. 948.

O art. 949 do Código Civil rege a liquidação legal da indenização em caso de ofensa à saúde: "Art. 949. No caso de lesão ou outra ofensa à saúde, o ofensor indenizará o ofendido das despesas do tratamento e dos lucros cessantes até ao fim da convalescença, além de algum outro prejuízo que o ofendido prove haver sofrido".

O dano a ser indenizado é a lesão à saúde, o que inclui lesões corporais, maus-tratos psicológicos e físicos e torturas psicológicas. Aqui a beneficiária direta é a própria mulher vítima da violência. Não deixa de incluir, também, o contágio venéreo previsto no art. 130 do Código Penal como consectário da violência sexual a que se refere o inciso III do art. 7º da Lei 11.340/2006.

A lesão à saúde biopsicofísica a que se refere o art. 949 é de caráter transitório ou temporário, quer dizer, a mulher convalescerá e poderá voltar a desenvolver suas atividades com normalidade.[50] Contudo, ainda na hipótese de violência sexual, a transmissão consciente do HIV ou de outras moléstias incuráveis podem caracterizar lesões permanentes à saúde, cuja indenização tem por regime jurídico o art. 950.

Nos casos de lesão à saúde, a indenização consistirá no pagamento de danos emergentes com o tratamento médico, correspondendo ao valor gasto com internação hospitalar, transferências, medicamentos, exames, cirurgias, próteses, terapia etc.[51]

Não há despesa a ser paga pelo agressor se a vítima for tratada em hospital público ou com cobertura pelo SUS, ou se acionar o plano de saúde.

O valor da indenização compreende o período entre o implemento da violência e a convalescença, quando a mulher poderá voltar a exercer suas atividades habituais totalmente recuperada ou com certa normalidade.

Também podem haver lucros cessantes por causa da doença, que será o valor referente ao que a mulher deixou de ganhar por causa da impossibilidade de exercer sua atividade profissional ou econômica. Se alguém exerceu a atividade pela vítima ou a seu mando, então não há lucro cessante. Aqui se incluem valores com dias ou horas perdidas com consultas médicas, terapia, sessões de fisioterapia etc. Se a vítima fez jus ao auxílio doença pago pelo INSS, não há lucro cessante indenizável pelo agressor, exceto se comprovada uma redução do valor percebido anteriormente em relação ao auxílio previdenciário. (Por exemplo, o agressor pagará a diferença entre o teto remuneratório da pensão por doença e o valor que a mulher recebia com suas atividades).[52]

O art. 949 também é um rol exemplificativo (*numerus apertus*) de hipóteses de indenização, pois abstratamente prevê a possibilidade de se ter que reparar outro prejuízo que a mulher tenha sofrido. São prejuízos que não estão previstos nas hipóteses anteriores. Encobrem, então, indenização com dano moral, dano estético, perda de uma chance e outras perdas e danos (lucros cessantes e danos emergentes) não contemplados pelo legislador no art. 949.[53]

Quanto ao art. 950, ele rege a indenização em caso de ofensa permanente à saúde, isto é, nas hipóteses de dano permanente causado à mulher vítima de violência:

> Art. 950. Se da ofensa resultar defeito pelo qual o ofendido não possa exercer o seu ofício ou profissão, ou se lhe diminua a capacidade de trabalho, a indenização, além das despesas do tratamento e lucros cessantes até ao fim da convalescença, incluirá pensão correspondente à importância do trabalho para que se inabilitou, ou da depreciação que ele sofreu.
>
> Parágrafo único. O prejudicado, se preferir, poderá exigir que a indenização seja arbitrada e paga de uma só vez.

---

50. HENRIQUES, Felipe Sardenberg Guimarães Trés; SILVESTRE, Gilberto Fachetti. *Excludentes da responsabilidade civil por erro do médico*. Artigo inédito. Vitória, 2023.
51. HENRIQUES, Felipe Sardenberg Guimarães Trés; SILVESTRE, Gilberto Fachetti. *Excludentes da responsabilidade civil por erro do médico*. Artigo inédito. Vitória, 2023.
52. HENRIQUES, Felipe Sardenberg Guimarães Trés; SILVESTRE, Gilberto Fachetti. *Excludentes da responsabilidade civil por erro do médico*. Artigo inédito. Vitória, 2023.
53. HENRIQUES, Felipe Sardenberg Guimarães Trés; SILVESTRE, Gilberto Fachetti. *Excludentes da responsabilidade civil por erro do médico*. Artigo inédito. Vitória, 2023.

Por serem lesões à saúde, aplicam-se as mesmas indenizações prescritas no art. 949. Porém, por ter caráter permanente ou prolongado ou serem *sine die* (sem prazo determinado para a cura) – o que pode afetar o exercício das atividades anteriormente desenvolvidas pela vítima –, adicionam-se valores quanto às atividades profissionais, além daqueles já previstos no art. 949.

Assim, uma lesão consistente em defeito permanente que impede a vítima de exercer sua atividade profissional ou econômica, a indenização consistirá em uma pensão correspondente aos valores integrais que a vítima percebia pela atividade que não pode mais exercer. Por outro lado, se a lesão for um defeito permanente, que diminui a capacidade de trabalho da vítima, mas não a impede de trabalhar ou exercer outra atividade, a indenização será uma pensão que corresponde à diminuição de renda, em que será paga a diferença depreciativa da renda (o que percebia antes menos o valor da nova renda).[54]

5. CONCLUSÃO

A violência doméstica e familiar contra a mulher revela um conjunto de problemas sociais, culturais, psicológicos, físicos e jurídicos que existem antes, durante e após a agressão. Restringindo-se a uma perspectiva jurídica, de ordem material e processual, a incompreensão dogmática de conceitos fundamentais da responsabilidade civil tem prejudicado a melhor tutela dos interesses da mulher.

No que se refere à indenização dos prejuízos sentidos, pode-se afirmar que a mulher não está sendo plenamente indenizada pelo dano que efetivamente sofre. É que no Brasil, literatura e profissionais jurídicos confundem os conceitos de dano-evento e de dano-prejuízo, tutelando indenização de dano-evento (cuja extensão é reduzida) em detrimento da indenização que realmente importa e contempla os interesses da mulher, qual seja, a do dano-prejuízo. Não se indeniza dano; o que se indeniza são os prejuízos.

Esta pesquisa teve por resultado revelar a real extensão do dano nos casos de violência doméstica ou familiar contra a mulher. Uma revisão bibliográfica de caráter multidisciplinar – que explorou, principalmente, alguns trabalhos acadêmicos e empíricos da área de psicologia –, foi possível identificar, em tese e hipoteticamente, vários tipos de prejuízos sentidos por uma mulher vítima de violência doméstica e familiar. Tais prejuízos aumentam a extensão do dano a que se refere o *caput* do art. 944 do Código Civil e aumentam, consequentemente, a indenização que a mulher tem direito de receber. (Além de tornar mais rigorosos os efeitos punitivo, preventivo e dissuasório da responsabilidade civil por violência doméstica ou familiar).

Consequentemente, a contribuição foi, através da explanação de uma questão técnico-dogmática – importada da literatura jurídica italiana e francesa –, a melhor tutela dos direitos da mulher vítima de violência doméstica ou familiar, além de fortalecer o efeito punitivo primário da responsabilidade civil e os efeitos pedagógico e preventivo secundários.

---

54. HENRIQUES, Felipe Sardenberg Guimarães Trés; SILVESTRE, Gilberto Fachetti. *Excludentes da responsabilidade civil por erro do médico*. Artigo inédito. Vitória, 2023.

REFERÊNCIAS

BATISTA, Diego; BRAZ, Melissa Medeiros. Repercussões da violência doméstica na saúde mental da mulher: revisão de literatura. *Anais do Salão Internacional de Ensino, Pesquisa e Extensão*, v. 9, n. 2, mar. 2020. Disponível em: https://periodicos.unipampa.edu.br/index.php/SIEPE/article/view/98787. Acesso em: 19 maio 2023.

BITTAR, Danielle Souza; KOHLSDORF, Marina. Ansiedade e depressão em mulheres vítimas de violência doméstica. *Psicologia Argumento*, v. 31, n. 74, p. 447-456, jul./set. 2013. Disponível em: https://www.sumarios.org/revista/psicologia-argumento. Acesso em: 19 maio 2023.

BLÁZQUEZ, Guillermo Suárez. La emancipación jurídica privada de la mujer romana: un antecedente histórico de "liberación de género". *Revista Internacional de Derecho Romano*, n. 30, p. 387-445, abr. 2023.

BONNA, Alexandre Pereira; SOUZA, Luanna Tomaz de; LEAL, Pastora do Socorro Teixeira. Reflexões sobre o dano moral em casos de violência doméstica cometida contra a mulher a partir do Recurso Especial Repetitivo 1.675.874/MS. *Revista IBERC*, v. 1, n. 1, p. 1-28, 2019. Disponível em: https://revistaiberc.emnuvens.com.br/iberc/article/view/13. Acesso em: 19 maio 2023.

BRASILINO, Fábio Ricardo Rodrigues; DOMINGUES, Jean Guilherme Capeli. A violência doméstica e o dano moral presumido: a partir da tese fixada em julgamento de recurso especial repetitivo (Tema 983) – uma experiência brasileira. *Revista Jurídica Luso-Brasileira*, ano 5, n. 5, p. 529-547, 2019.

CABRAL, Hildeliza Lacerda Tinoco Boechat; SILVESTRE, Gilberto Fachetti; ZARRO, Karolinne Victória José da Silva. Reflexos da Covid-19 na violência doméstica e familiar e as medidas jurídicas para a proteção da mulher. *Revista Transformar*, v. 14, ed. esp., p. 106-118, maio/ago. 2020.

CREMADES, Adolfo A. Díaz-Bautista. La mujer en las constituciones de Constantino recogidas en el Código de Justiniano. *Revista Internacional de Derecho Romano*, n. 30, p. 133-159, abr. 2023.

CUNHA, Rogério Sanches; PINTO, Ronaldo Batista. *Violência doméstica: Lei Maria da Penha. Lei 11.340/2006. Comentada artigo por artigo.* 7. ed. Salvador: JusPodivm, 2018.

DE CUPIS, Adriano. *Il danno*: teoria generale della responsabilità civile. 2. ed. Milano: Giuffrè, 1966. v. 1.

DE CUPIS, Adriano. *Il danno*: teoria generale della responsabilità civile. 2. ed. Milano: Giuffrè, 1970. v. 2.

GOMES, Thais Silva; BRITO, Ronaldo Figueiredo. A (des) necessidade de produção de prova nos pedidos de danos morais no âmbito criminal nos casos de violência doméstica. *Revista Legis Augustus*, v. 9, n. 2, p. 19-38, 2017.

GROSSI, Miriam Pillar. Velhas e novas violências contra a mulher: 15 anos de lutas e estudos feministas. *Revista Estudos Feministas*, ano 2, v. esp., p. 473-484, 1994.

HENRIQUES, Felipe Sardenberg Guimarães Trés; SILVESTRE, Gilberto Fachetti. *Excludentes da responsabilidade civil por erro do médico*. Artigo inédito. Vitória, 2023.

JORGE, Fernando de Sandy Lopes Pessoa. *Ensaio sobre os pressupostos da responsabilidade civil*. Coimbra: Almedina, 1999.

KANT, Immanuel. *Grundlegung zur Metaphysic der Sitten*. 7. durchgesehene Aufl. Hamburg: Felix Meiner Verlag Hamburg, 1994.

LEITE, José Augusto; SILVA, Artenira da Silva e. O dano existencial decorrente de violência doméstica e familiar: uma análise sobre os limites e possibilidade de aplicação. *Revista Quaestio Iuris*, v. 15, n. 2, p. 628-650, maio 2022. Disponível em: https://www.e-publicacoes.uerj.br/index.php/quaestioiuris/article/view/54667. Acesso em: 19 maio 2023.

LOPES, Ana Filipa Alves. *Violência doméstica*. Dissertação (Mestrado em Direito) – Universidade Lusíada do Porto. Porto, Portugal, 2013.

LOPEZ, Teresa Ancona. *O dano estético*: responsabilidade civil. 3. ed. São Paulo: Ed. RT, 2004.

LOPEZ, Teresa Ancona. Dano existencial. *Revista de Direito Privado*, v. 15, n. 57, p. 287-302, jan./mar. 2014.

MAGALHÃES, Reia Sílvia Rios. Violência doméstica ostensiva e violência doméstica velada: reflexões sobre os aspectos sociais e legais das formas da violência doméstica física e psicológica contra a mulher no Brasil. *Humana Res*, v. 1, n. 5, p. 121-139, jan./ago. 2022. Disponível em: https://revistahumanares.uespi.br/index.php/article/view/123/76. Acesso em: 19 maio 2023.

MAUGER-VIELPEAU, Laurence. L'aide universelle d'urgence pour les victimes de violences conjugales. *Droit de la Famille*, n. 4, p. 31-33, 2023.

MORAES, Walter. Concepção tomista de pessoa: um contributo para a teoria do direito de personalidade. *Revista de Direito Privado*, v. 1, n. 2, p. 187-204, abr./jun. 2000.

MORAIS, Teresa. *Violência doméstica* (o reconhecimento jurídico da vítima). Coimbra: Almedina, 2019.

NERY, Rosa Maria de Andrade; NERY JR., Nelson. *Instituições de direito civil: direitos da personalidade (direito de humanidade)*. São Paulo: Ed. RT, 2017. v. 7.

NORONHA, Fernando. *Direito das obrigações*. 2. ed. São Paulo: Saraiva, 2007. v. 1.

PERA, Flavio Samuele. Danno-evento e danno-conseguenza. VIOLA, Luigi (Org.). *Tractatus dei danni. La responsabilità civile ed il danno*. Matelica: Halley Editrice, 2007.

RITT, Eduardo; SOUZA, Eduardo Fleck de. A fixação da indenização mínima à mulher vítima de violência doméstica e familiar no processo penal como uma forma de efetividade da dignidade da pessoa humana. In: BRASIL, Herley da Luz; PEREIRA, Ulysses Sbsczk Aziz (Org.). *Pesquisas e atualidades em ciências jurídicas no Brasil*. Rio Branco: Stricto Sensu, 2021, p. 55-67. Disponível em: https://sseditora.com.br/wp-content/uploads. Acesso em: 19 maio 2023.

ROMÃO, Lina Maria Vidal; FEITOSA, Pedro Walisson Gomes; VIEIRA, Jacyanne Gino; *et al*. Saúde mental de mulheres em situação de violência doméstica no Brasil: uma revisão sistemática. *Id on Line Revista Multidisciplinar de Psicologia*, v. 13, n. 47, p. 293-305, out. 2019. Disponível em: https://pdfs.semanticscholar.org/5efc/.pdf. Acesso em: 19 maio 2023.

SANSEVERINO, Paulo de Tarso. *Princípio da reparação integral*. São Paulo: Saraiva, 2010.

SILVA, Clóvis Veríssimo do Couto e. O conceito de dano no direito brasileiro e no direito comparado. *Revista de Direito Civil Contemporâneo*, ano 2, v. 2, p. 333-348, jan./mar. 2015.

SILVESTRE, Gilberto Fachetti. *A responsabilidade civil pela violação à função social do contrato*. São Paulo: Almedina, 2018.

SILVESTRE, Gilberto Fachetti; FAIM, Lucas Correa. Contribuições da tutela processual civil dos direitos da personalidade para a eficácia do marco legal do saneamento básico. *Revista de Direito da Administração Pública*, a. 5, v. 1, n. 3, p. 234-257, jan. 2020.

SILVESTRE, Gilberto Fachetti; FERREIRA, Tiago Lóss. Novos danos ou novas adjetivações do dano moral? A desnecessidade da autonomização dos danos extrapatrimoniais no Direito Civil brasileiro: questões materiais e processuais. *Revista de Direito Brasileira*, v. 29, n. 11, p. 393-417, maio/ago. 2022.

SILVESTRE, Gilberto Fachetti; HIBNER, Davi Amaral. A tutela dos direitos da personalidade no Brasil e na Itália: questões materiais e processuais. II Congresso de Processo Civil Internacional. *Anais do II Congresso de Processo Civil Internacional*. Vitória: UFES, v. 1. p. 11-26, 2017.

SILVESTRE, Gilberto Fachetti; MARCHIORI, Bruna Figueira. As recentes caracterizações do dano moral no Superior Tribunal de Justiça. *Revista de Estudos Empíricos em Direito*, v. 7, n. 3, p. 221-237, out. 2020.

SILVESTRE, Gilberto Fachetti; MARCHIORI, Bruna Figueira. La lesión a los derechos de la personalidad en la jurisprudencia de la instancia de recurso especial brasileña. *Opinión Jurídica*, v. 20, n. 41, p. 177-199, ene.-jun. 2021.

RESPONSABILIDADE CIVIL, PLANEJAMENTO FAMILIAR E CUIDADO SOB A ÓTICA DO GÊNERO

RESPONSABILIDADE CIVIL POR CONCEPÇÃO INDESEJADA

Cíntia Muniz de Souza Konder

Doutora em direito civil pela UERJ, Mestre em Ciências Jurídicas e Sociais pela UFF, graduada pela Faculdade Nacional de Direito da UFRJ. Professora do Departamento de Direito Civil da Faculdade Nacional de Direito da UFRJ.

Sumário: 1. Introdução – 2. Direitos reprodutivos: conteúdo e natureza jurídica – 3. As ações com o objetivo de reparação civil por violação de direitos reprodutivos: *wrongful conception, wrongful pregnancy, wrongful birth e wrongful life* – 4. O nexo causal existente entre a omissão da informação adequada e o dano efetivamente causado nos casos de gravidez indesejada ou não planejada no Brasil – 5. Conclusão – Referências.

1. INTRODUÇÃO

"Estima-se que mais da metade das gravidezes no mundo ou 121 milhões por ano não são planejadas. Mais de 60% dessas gravidezes acabam em aborto e 45% deles não são feitos de forma segura".[1] Os dados impressionantes foram apresentados em 2022 e confirmados no Relatório do Estado da População 2023 pela UNFPA – Agência de Saúde Sexual e Reprodutiva das Nações Unidas.[2] Mónica Ferro, Diretora do Escritório de Genebra do Fundo das Nações Unidas para a População, entende que existem muitas causas desse fenômeno, tais como pobreza, níveis baixos de escolaridade, participação no mercado de trabalho, exposição à violência e falta de uso de anticoncepcionais.[3]

A questão sobre a qual se debruça esse artigo não cuida da falta de acesso aos métodos de contracepção, mas justamente das hipóteses nas quais existe o acesso, especificamente, aos métodos de esterilização voluntária, mas a gravidez não planejada acontece. Tais casos são discutidos nos Tribunais nacionais e estrangeiros todos os anos. Decorrem de falha na prestação de serviços, erros médicos e omissões no dever de informar, que ocasionam concepções que justamente objetivavam ser evitadas com tais procedimentos. Na doutrina e jurisprudência americanas, seguidas por vários países europeus, convencionou-se a denominação de *wrongful conception* e *wrongful pregnancy*.

Partindo-se da premissa de que o desenvolvimento dos métodos de esterilização voluntária pode, a depender da omissão médica, notadamente no que concerne à informação adequada, gerar o dever de reparar, busca-se, nesse artigo, cumprir quatro

---

1. Relatório da ONU diz que 50% das gravidezes no mundo não são planejadas. *Nações Unidas. ONU News. Perspectiva Global. Reportagens Humanas.* Disponível em: https://shorturl.at/IJQ78. Acesso em: 11 jul. 2023.
2. The State of Reproductive Choice. *In: State of World Population report 2023*, p. 102.
3. Relatório da ONU diz que 50% das gravidezes no mundo não são planejadas. *Nações Unidas. ONU News. Perspectiva Global. Reportagens Humanas.* Disponível em: https://shorturl.at/IJQ78. Acesso em: 11 jul. 2023.

objetivos: (i) tomar por base o alcance dos direitos reprodutivos; (ii) apresentar as noções de *wrongful conception e wrongful pregnancy*, (iii) analisar a importância da informação adequada e do dever de esclarecimento, bem como (iv) discutir o nexo causal existente entre a omissão da informação adequada e o dano efetivamente causado.

2. DIREITOS REPRODUTIVOS: CONTEÚDO E NATUREZA JURÍDICA

Tratar de direitos reprodutivos implica falar de autonomia reprodutiva, direito ao livre planejamento familiar e liberdade sexual. Conforme Miriam Ventura:

> Os Direitos Reprodutivos são constituídos por princípios e normas de direitos humanos que garantem o exercício individual, livre e responsável, da sexualidade e reprodução humana. É, portanto, o direito subjetivo de toda pessoa decidir sobre o número de filhos e os intervalos entre seus nascimentos, e ter acesso aos meios necessários para o exercício livre de sua autonomia reprodutiva, sem sofrer discriminação, coerção, violência ou restrição de qualquer natureza.[4]

Desde a primeira conferência mundial sobre a mulher, realizada no México pela Organização das Nações Unidas em 1975, o planejamento familiar já era uma preocupação internacional. A II Conferência Internacional de Direitos Humanos, que gerou a Declaração e o Programa de Viena de 1993, estabeleceu que "[O]s Direitos Humanos das mulheres e das crianças do sexo feminino constituem uma parte inalienável, integral e indivisível dos Direitos Humanos universais". Entretanto, a jornalista Mariana Vick ressalta que foram as próprias mulheres, por meio dos movimentos feministas, que colocaram os direitos reprodutivos em pauta desde o início do século 20. Assim escreve Vick:

> [O]s primeiros registros do tema datam do início do século 20, quando a feminista americana Margaret Sanger escreveu sobre o papel da autonomia reprodutiva para a emancipação feminina na revista The Woman Rebel ("a mulher rebelde"), que havia fundado em 1914.
>
> Enfermeira obstetra que viu a mãe morrer após a 18ª gravidez, Sanger defendia que as mulheres deveriam se libertar da "escravidão biológica" e ter controle sobre sua reprodução no lugar dos homens, principais autores das leis que proibiam a contracepção na época.[5]

Os direitos reprodutivos propriamente ditos, assim como a saúde reprodutiva, foram previstos no capítulo VII do Programa de Ação da Conferência Internacional sobre População e Desenvolvimento (CIPD), realizada no Cairo, no ano de 1994, e na Declaração e Plataforma de Ação da IV Conferência Mundial sobre a Mulher, realizada em Beijing no ano de 1995.[6]

---

4. VENTURA, Miriam. *Direitos Reprodutivos no Brasil*. 3. ed. Brasília, 2009, [s.n.], p. 19.
5. VICK, Mariana. Direitos reprodutivos: uma história de avanços e obstáculos. *Jornal Nexo*. Disponível em: https://shorturl.at/hmHY0. Acesso em: 29 jun. 2023.
6. Heloísa Helena Barboza ressalta: "Durante décadas o planejamento familiar e o controle da natalidade não eram pensados como tema de saúde e cidadania, mas como um problema "coletivo/macro/social", pertinente ao debate sobre demografia e crescimento econômico. O 'planejamento familiar' e o 'controle da natalidade', em outra compreensão, serviram de instrumento de políticas populacionais coercitivas e controle do crescimento da população em alguns países, como a China e a Índia" (BARBOZA, Heloísa Helena. Proteção da autonomia reprodutiva dos transexuais. *Revista Estudos Feministas*. Florianópolis: 20(2): 256, maio/ago. 2012, p. 549.

No Brasil, a autonomia reprodutiva e a liberdade de planejamento familiar têm *status* de norma constitucional, prevista no artigo 226, § 7º da Constituição Federal de 1988,[7] regulamentada pela Lei 9.263/1996. A viabilização deste direito foi facilitada com o desenvolvimento de métodos anticoncepcionais mais eficientes do que as técnicas de Ogino-Knaus ("Tabelinha") e de temperatura basal corporal, tais como anticoncepcionais hormonais orais, injetáveis ou em forma de adesivo, preservativos masculinos e femininos – métodos contraceptivos conhecidos como métodos de barreira –, implantes hormonais subcutâneos, dispositivo intrauterino (DIU) hormonal e não hormonal e anel vaginal, dentre outros. No que concerne às técnicas cirúrgicas, duas costumam ser utilizadas para fins de contracepção: a denominada esterilização ou ligação tubária[8] e a vasectomia.

Mesmo diante de tantos métodos e técnicas, Astrid Bandt, representante do Fundo de População das Nações Unidas (UNFPA), esclareceu que

> Atualmente, mais de 60% das gravidezes no Brasil não foram planejadas, segundo pesquisa deste ano realizada pelo instituto Inteligência em Pesquisa e Consultoria (IPEC), a pedido da Bayer e da Federação Brasileira das Associações de Ginecologia e Obstetrícia (Febrasgo). Nesse contexto, o país ainda caminha com timidez na garantia de acesso a métodos contraceptivos.[9]

---

7. Segundo Vitor Almeida: "Em que pese o meritório esforço dos constituintes em contemplar o direito ao planejamento familiar em sede constitucional, sua inclusão em artigo disposto no capítulo "Da família, da criança, do adolescente, do jovem e do Idoso" demonstra o apego demasiado de regular os temas relativos à reprodução e à sexualidade dentro do ambiente familiar. Muito mais razoável e democrático seria tutelá-los na esfera do direito à saúde, o que impediria as posições tradicionais que vinculam tal direito às exigências de união entre as pessoas – casamento ou união estável. Sua localização topográfica na Constituição de 1988 não obsta um entendimento do planejamento familiar livre das amarras da tradicional família aristocrático – burguesa, visto o reconhecimento de entidades familiares outras que não as fundadas no casamento, como as uniões estáveis e a família monoparental, e a tendência à sedimentação do caráter meramente exemplificativo do rol do art. 226 da Constituição de 1988, não encerrando qualquer espécie de *numerus clausus* (ALMEIDA, Vitor. O direito ao planejamento familiar e as novas formas de parentalidade na legalidade constitucional. *Direito Civil*: Estudos – Coletânea do XV Encontro dos Grupos de Pesquisa – IBDCIVIL, p. 422-423).
8. "A esterilização tubária é uma operação relativamente nova. Como método de controle da fertilidade, é, em verdade, uma técnica do século XX. Entretanto, suas origens estão no século XIX, mais precisamente em 1809, quando Haighton realizou experimentos seccionando as tubas de coelhas. Em seres humanos, Blundell, em Londres, em 1823, é considerado pelos ingleses o pioneiro da ligadura tubária (Pai, 1974). Entretanto, como não há publicação específica na literatura médica provando tal fato, outros autores, principalmente americanos, consideram que foi Lungren (1881), nos Estados Unidos, o primeiro a realizar uma ligadura tubária. Sua experiência é descrita como uma esterilização tubária em que foram utilizados fios de seda para amarrar as tubas de uma paciente que já tinha realizado duas operações cesarianas (Siegler, 1980). No início do século XX, a esterilização cirúrgica passou a ser praticada mais rotineiramente, mas basicamente por razões eugênicas, tais como retardo mental severo. Somente a partir de 1930, com os avanços da clínica cirúrgica e com o advento das sulfonamidas e da penicilina, o uso desta operação começou a ser ampliado. Entretanto, sua história continuou ligada ao Movimento Eugênico até que, com os abusos do nazismo, a prática passou a ser questionada e foi temporariamente abandonada (Potts & Diggory, 1983). O 'renascimento' desse procedimento cirúrgico ocorreu nos anos 60, quando houve um grande interesse pela esterilização voluntária, principalmente por questões populacionais, mas, também, devido à introdução de novas tecnologias, como a laparoscopia, bem como de técnicas mais simples (minilaparotomias) e mais efetivas. A partir dos anos 70, essa técnica cirúrgica se sedimentou como prática contraceptiva, chegando à década de 90 como a forma de contracepção mais usada mundialmente" (MOLINA, Aurelio. Parte II – Controle da fecundidade Laqueadura tubária: situação nacional, internacional e efeitos colaterais. In: GIFFIN, K., and COSTA, SH. (Org.). *Questões da saúde reprodutiva* [online]. Rio de Janeiro: Editora FIOCRUZ, 1999, p. 128).
9. BANDT, Astrid. *UNFPA defende educação como prevenção da gravidez na adolescência*. Disponível em: https://shorturl.at/oABE2. Acesso em: 03 jul. 2023.

O acesso perpassa não só pela garantia de atendimento de saúde especializado em saúde reprodutiva e planejamento familiar, mas também, quando há o efetivo acesso, pelo direito ao devido aconselhamento e retirada de dúvidas quanto ao uso do método escolhido e o adequado acompanhamento.

Não deve ser esquecido que no Brasil é importante um olhar sobre a questão do gênero na responsabilidade pela contracepção,[10] vale dizer, a mulher é muito mais responsabilizada pelas medidas de precaução para evitar uma gravidez indesejada ou não planejada e essa responsabilidade aumenta ou diminui em razão da região do país, da cultura do casal e/ou do local, da faixa etária, da religião, da raça/etnia, dentre tantas outras variáveis imprescindíveis para essa análise.[11] Heloísa Helena Barboza e Vitor Almeida destacam:

> No campo da sexualidade e da reprodução, a restrição aos direitos da mulher torna-se mais nítida, especialmente em razão dos progressos biotecnológicos, conforme já observado, ainda que no plano jurídico-constitucional homens e mulheres gozem de igualdade de condições para o exercício dos direitos sexuais e reprodutivos. O corpo da mulher vem sendo cada vez mais "docilizado" (Barboza, 2013, passim), a partir da intervenção médica, sobretudo, durante o período gestacional.[12]

Ainda assim, com toda essa carga social, familiar e na maioria das vezes econômicas,[13] somente no final do ano de 2022, a mulher casada deixou de precisar do consentimento expresso do cônjuge para realizar a esterilização cirúrgica, que também era exigido para o homem, caso assim desejasse proceder. A exigência era prevista no parágrafo quinto do art. 10 da Lei 9.263 de 1996, revogado pela Lei 14.443 de 2 de setembro de 2022.

---

10. "Tal como ocorre com o aprendizado do sexo com o/a parceiro/a, na adolescência e juventude, há uma forte naturalização ou banalização das práticas contraceptivas, em geral atribuídas às mulheres, tomadas como algo dado, meramente técnico, quase compulsório, de ordem natural, como se isso fosse possível. "Evitar filhos" tem sido compreendido no campo da saúde como algo inerente às mulheres, impossível não saber, não fazer, não conseguir evitar uma gravidez inesperada. Daí ouvirmos em todos os espaços sociais expressões tais como: "Como assim, engravidou sem querer?" "Com tanta informação hoje em dia, com tantos métodos, como pode?". O tema da contracepção, embora tomado no campo da saúde como de domínio técnico relativo ao conhecimento de métodos contraceptivos, engendra relações sociais complexas entre homens e mulheres, que ocorrem em contextos de hierarquias de gênero, de aprendizado da sexualidade e também de violência. Convivemos com uma reprovação moral e social da reprodução, principalmente em classes populares, como se diante da pobreza, não houvesse sentido algum em reproduzir, ter filhos, formar uma família" (BRANDÃO, Elaine Reis. Tênues direitos: sexualidade, contracepção e gênero no Brasil. *Anuário antropológico [online]*, v. 45, n. 2, 2020, p. 12. Disponível em: http://journals.openedition.org/aa/5766; DOI: https://doi.org/10.4000/aa.5766. Acesso em: 03 jul. 2023).
11. Para a reflexão sobre a autonomia reprodutiva dos transexuais cf: BARBOZA, Heloísa Helena. Proteção da autonomia reprodutiva dos transexuais. *Estudos Feministas*, Florianópolis, 20(2): 256, maio/ago. 2012, p. 549-558.
12. BARBOZA, Heloísa Helena; ALMEIDA, Vitor. (Des)Igualdade de gênero: restrições à autonomia da mulher. *Pensar*, Fortaleza, v. 22, n. 1, p. 240-271, jan./abr. 2017.
13. "No Brasil, 48,7% das famílias são chefiadas por mulheres, segundo estudo feito pelo Grupo Globo. A pesquisa apresentou uma série de dados sobre o papel da mulher brasileira dentro e fora do mercado de trabalho e mostrou que, embora elas sejam maioria com ensino superior, ainda lideram os índices de desemprego no país: 14,9% das pessoas sem emprego são mulheres e 12%, homens". BATÌSTELA, Clarisse; VAZ, Ana. *Pesquisa revela que 48,7% das famílias são chefiadas por mulheres: 'Mãe empreendedora', diz moradora de SC*. Disponível em: https://shorturl.at/defu4. Acesso em: 03 jul. 2023.

3. AS AÇÕES COM O OBJETIVO DE REPARAÇÃO CIVIL POR VIOLAÇÃO DE DIREITOS REPRODUTIVOS: *WRONGFUL CONCEPTION, WRONGFUL PREGNANCY, WRONGFUL BIRTH* E *WRONGFUL LIFE*

Oriundas do direito anglo-saxão, as ações designadas como *wrongful conception, wrongful pregnancy, wrongful birth* e *wrongful life* buscam a reparação civil em razão de danos decorrentes de violações relacionadas ao planejamento familiar e aos direitos reprodutivos. No entanto, o reconhecimento de violações a tais direitos não foi uma construção histórica simples e célere, eis que permeadas de juízos morais, e religiosos, além da visão regional de cada Tribunal, conforme se pode ver dos casos abaixo.

Sob a perspectiva do direito norte-americano, a história dos danos pré-natais ressarcíveis (*Prenatal Torts*) teve início em 1884, com o julgamento pela Suprema Corte de Massachusetts do caso *Dietrich v. Inhabitants of Northampton*. Nele, o objetivo era pleitear indenização para a gestante, que ao andar por uma calçada defeituosa, escorregou e caiu, o que levou à perda do filho que esperava, no quarto mês de gestação, tendo o feto sobrevivido apenas em torno de quinze minutos fora do ventre materno.[14] O pedido foi negado, sob o fundamento de que o nascituro faz parte da gestante e não é reconhecido legalmente como pessoa.[15] Somente em 1946, no caso *Bonbrest x Kotz*, o Tribunal de Columbia decidiu que se uma criança tem a possibilidade de sobreviver fora do útero materno, então ela própria pode pleitear indenização por danos que sofreu enquanto aguardava o nascimento no ventre de sua mãe,[16] fazendo cair por terra o argumento de décadas utilizado no caso Dietrich, ocorrendo o *overruling*. O caso se tornou um marco por reconhecer direitos ao feto por danos causados no útero.[17]

Em 1934, a Suprema Corte de Minnesota julgou o caso *Christensen v. Thornby*. Em razão de sua esposa ter enfrentado grandes dificuldades no parto do primeiro filho, Christensen foi aconselhado a fazer uma vasectomia, sendo-lhe garantido que, assim, sua esposa não engravidaria. O procedimento foi feito e o médico asseverou que havia sido um sucesso. Mesmo assim, a gravidez ocorreu. Christensen buscou reparação por danos emocionais e despesas com a gravidez da esposa. A Corte negou o pedido, fundamentando, dentre outros argumentos, que o nascimento de uma criança saudável não constitui uma lesão.[18] Cunhou-se, então, o célebre argumento que perdurou por décadas nas Cortes americanas, de que "o nascimento de

---

14. HEATHCOTTE, Brock, Dietrich v. Inhabitants of Northampton [Brief] (1884). *Embryo Project Encyclopedia* (2008-05-09). ISSN: 1940-5030. Disponível em: http://embryo.asu.edu/handle/10776/1782. Acesso em: 04 jul. 2023.
15. *Prenatal tort*. Legal Information Institute. Cornell Law School, 2023. Disponível em: https://www.law.cornell.edu/wex/prenatal_tort. Acesso em: 04 jul. 2023.
16. *Prenatal tort*. Legal Information Institute. Cornell Law School, 2023. Disponível em: https://www.law.cornell.edu/wex/prenatal_tort. Acesso em: 04 jul. 2023.
17. GODOY, Gabriel Gualano de. *Acórdão Perruche e o direito de não nascer*. Dissertação (Mestrado) apresentada ao Programa de Pós-graduação *stricto sensu* em Direito da Universidade Federal do Paraná (UFPR). Curitiba, 2007, p. 13. Disponível em: https://acervodigital.ufpr.br/handle/1884/12026. Acesso em: 11 jul. 2023.
18. EISENBERG, Melvin A. Overruling. *In Legal Reasoning*. Cambridge: Cambridge University Press, p. 98-110.

uma criança é uma benção",[19] impedindo assim, a reparação civil por nascimento de uma criança saudável.

O caso *Shaheen v. Knight* foi julgado pelo Tribunal de Apelações do Condado de Lycoming, Pennsylvania, em 1957. Nele, Shaheen contratou o médico para esterilizá-lo, de forma a limitar o tamanho de sua família e sustentá-la com conforto. A cirurgia foi realizada, mas não funcionou, pois tempos depois sua esposa descobriu-se grávida. Ao buscar a reparação, a Corte negou o pedido, fundamentando que permitir ações como essas importaria em reconhecer que o médico deveria pagar pela diversão, alegria e carinho que o autor teria na criação e educação de seu filho. Fundamentou, também, que muitas pessoas estariam dispostas a sustentar a criança se pudessem ter a sua guarda, mas que Shaheen assim não desejava – ele queria manter o filho com o apoio financeiro do médico, o que, se permitido, violaria a ordem pública.[20] Mantinha-se, décadas depois, o argumento do nascimento como fato – sempre – abençoado.

No caso *Custodio v. Bauer*,[21] julgado pela Corte de Apelação da Califórnia, em 1967, o casal buscou reparação civil em virtude da concepção indesejada e "nascimento de um filho saudável"[22] em virtude de falha na cirurgia de esterilização da mulher, já mãe de nove filhos. Um dos trechos da decisão, referindo-se a ações anteriores, estabelece que "o nascimento de uma criança talvez possa ser menos do que um evento tão abençoado assim". Deste modo, a Corte entendeu que o casal tinha motivos suficientes para processar os médicos.[23]

O caso *Gleitman v. Cosgrove*,[24] julgado pela Suprema Corte de Nova Jersey em 1966, trouxe uma novidade: foi um dos significativos casos em que a própria pessoa nascida com deficiência – um bebê – propôs a ação, junto com seus pais, pelos danos decorrentes do nascimento indesejado. A gestante consultou o médico Cosgrove já grávida de dois meses, informando-o que no primeiro mês de gravidez teve rubéola. O médico afirmou que a doença não teria nenhum efeito para o bebê, fato que o segundo médico que consultou, meses depois, confirmou.[25] Houve o nascimento do bebê, que apresentou distúrbios de fala, visão e audição. Os pedidos foram indeferidos. Jankowski menciona

---

19. MURTAUGH, Michael, T. Wrongful Birth: The Courts' Dilemma in Determining a Remedy for a Blessed Event, 27 *Pace L. Rev.* 241 (2007), p. 243.
20. GRANT, Gilmore; KESSLER, Friedrich; KRONMAN, Anthony T.; LESSIG, Lawrence. Shaheen v. Knight. *Contracts: Cases and materials*, Resource 4.1.20. Disponível em: https://opencasebook.org/casebooks/246-contracts-cases-and-materials/resources/4.1.20-shaheen-v-knight/. Acesso em: 06 jul. 2023.
21. HAQQ, Luke. The history of wrongful birth and the history of reproductive technologies, 24, *MINN. J. L. SCI & TECH.* 293 (2023). Disponível em: https://scholarship.law.umn.edu/mjlst/vol24/iss2/2. Acesso em: 06 jul. 2023.
22. O dizer "nascimento de um filho saudável" é importante, pois, conforme se verá, a depender da corrente doutrinária, haverá uma distinção por dano por nascimento indesejado de criança sadia e dano por nascimento indesejado de criança com deficiência.
23. ZHANG, Mark, "Turpin v. Sortini (1982)". *Embryo Project Encyclopedia* (2012-01-01). Disponível em: http://embryo.asu.edu/handle/10776/2294. Acesso em: 06 jul. 2023.
24. A depender do autor, esse caso pode ser classificado como *wrongful life* ou *wrongful birth*.
25. Gleitman v. Cosgrove. *Justia Us Law*. Disponível em: https://law.justia.com/cases/new-jersey/supreme-court/1967/49-n-j-22-0.html. Acesso em: 04 jul. 2023.

os dois argumentos da decisão, que acabaram por justificar, posteriormente, as negativas de muitas ações do mesmo tema: "Primeiro, a política pública apoia a santidade da vida humana e presume que a existência em qualquer estado de saúde é sempre preferível à inexistência e, segundo, os danos são incalculáveis, porque um tribunal não pode medir o valor de nunca ter nascido".[26]

No ano de 1973, a Suprema Corte americana tomou uma marcante decisão, que influenciaria bastante as próximas ações judiciais: determinou que a Constituição dos Estados Unidos da América prevê o direito fundamental, ligado à privacidade, de uma pessoa escolher fazer um aborto até o primeiro trimestre de gravidez.[27] Afirma-se que após essa decisão, somada ao desenvolvimento e à popularidade dos métodos contraceptivos e de esterilização, muitas Cortes começaram a reconhecer as ações de violação de direitos reprodutivos, notadamente aquelas proposta em virtude do nascimento indesejado da criança com deficiência, justamente porque a gestante teria a opção de realizar a interrupção da gravidez durante o primeiro trimestre.[28]

Embora tenha sido julgado na Corte de Cassação francesa, de tradição totalmente distinta dos Tribunais norte-americanos, é importante trazer o caso *Perruche*, que ultrapassou as portas do Tribunal e ganhou o debate público. Daniel Amaral Carnaúba resume bem o caso, inclusive quanto a eventuais equívocos na sua interpretação: No início da gravidez e com sintomas de rubéola, a Sra. Perruche buscou atendimento médico e quis realizar exame de sangue para confirmar a doença. Se confirmada a enfermidade, optaria pelo abortamento, uma vez eu a rubéola pode causar malformações fetais. Por uma sucessão de erros do laboratório e do médico, foi dito a ela que não tinha a doença. Nasceu Nicolas Perruche, com gravíssimos problemas de saúde: não ouvia, não enxergava, era portador de cardiomiopatia e severos distúrbios neurológicos, o que faria com que dependesse de cuidados por toda a sua vida. O que tornou o caso tão conhecido, em primeiro lugar, foi o fato de não só os pais de Nicolas, mas também o próprio Nicolas ser autor da ação de reparação dos danos à sua saúde em virtude da doença. Em 17

---

26. "*First, public polycy supports the sancty of human life and presumes that existance in any state of health is always preferable than non existance, and second, damages are incalculable, because a court cannot measure the value of never been born]*". Tradução livre. JANKOWSKI, Kathryn J. Wrongful Birth and Wrongful Life Actions Arising From Negligent Genetic Counseing: The Need for Legislation Supporting Reproductive Choice. Fordham Urban Law Journal, v. 17, n. 1, 1988, p. 45-46. Disponível em https://ir.lawnet.fordham.edu/ulj/vol17/iss1/2. Acesso em: 04 jul. 2023.
27. TEMME, Laura. *Roe v. Wade Case Summary: What You Need to Know*. Disponível em: https://shorturl.at/dCDMQ. Acesso em: 4 jul. 2023. É importante notar que em 2022, a Suprema Corte Americana estabeleceu que a Constituição americana não concede o direito ao aborto. Assim, Roe v. Wade foi *overruled* e foi deixado a cargo dos estados decidir se permitem ou não o aborto. (Supreme Court of the United States. *Dobbs, State Health Officer of the Mississipi Department of Health et al. v. Jackson's Women's Health Organization* et al, n. 19-1392, Decided June 24, 2022. Disponível em: www.supremecourt.gov. Acesso em: 11 jul. 2023.
28. "The United States Supreme Court's decision in *Roe v. Wade* to protect abortions during the first trimester of pregnancy opened the door for a Variety of litigants to attempt to establish Other new rights stemming from additional dimensions of procreative activities. In particular, individuals and their children have brought wrongful life, wrongful birth, and wrongful pregnancy tort actions in federal and state courts". (LACROIX, Sumner J.; MARTIN, Linda G. Damages in Wrongful Pregnancy Tort Actions. In: IRELAND, Thomas R.; WARD, John O. (Ed.). *Assessing Damages in injuries and deaths of minor children*. Tucson, Arizona : Lawyers & Judges Publ. Comp.l 2002, p. 94).

de novembro de 2000, a Corte de Cassação acolheu o pedido. Carnaúba explica que, a despeito de o caso ser bastante discutível, sendo uma das críticas a de que a Corte teria reconhecido um "direito a não nascer" em relação às pessoas com deficiência, na decisão não há nenhuma menção a esse suposto direito ou à ideia de que a vida de pessoas com deficiência não merece ser vida, mas sim que os danos indenizados são aqueles patrimoniais e extrapatrimoniais decorrentes da doença, esclarecendo, também, que a França tem tradição de dar importância à reparação dos danos corporais e por isso a sua legislação impõe um sistema de seguro obrigatório para os médicos.[29] O caso despertou tanta polêmica que houve a edição e promulgação da Lei 2002-3003, apelidada de "Lei Anti-Perruche", proibindo a reparação civil justamente nessa hipótese.

Todos esses casos convergem para demonstrar que o reconhecimento dos direitos reprodutivos e as ações de reparação civil que os asseguram foram admitidos paulatinamente. Releva notar que existe muita divergência na doutrina acerca do significado das expressões *wrongful conception, wrongful pregnancy, wrongful birth* e *wrongful life*.[30] Para esse trabalho, já refletindo em adaptá-lo ao caso brasileiro, adotam-se as seguintes nomenclaturas e significados: *wronfgul conception* é a ação judicial que tem por objetivo a reparação civil oriunda de gravidez indesejada, que culmina no nascimento de uma criança saudável ou com deficiência. *Wrongful pregnancy* é a ação judicial cujo propósito é a reparação civil em razão da falha no método de abortamento, que no Brasil é permitido nos casos de estupro,[31] para salvar a vida da gestante e nos casos de feto anencéfalo. As

---

29. CARNAÚBA, Daniel Amaral. Direito de não nascer: entendendo o acórdão Perruche. *Consultor Jurídico*. Disponível em: https://shorturl.at/wxS14. Acesso em: 11 jul. 2023.
30. Recomenda-se o estudo realizado por SILVA, Rafael Peteffi da Silva. *Wrongful Conception, Wrongful Birth e Wrongful Life*: possibilidade de recepção de novas modalidades de danos pelo ordenamento brasileiro. Disponível em: https://shorturl.at/bhvyG. Acesso em: 11 jul. 2023.
31. Embora as ações descritas nesse artigo refiram-se às questões médicas, não se vê óbice para a propositura de ação de indenização nos casos em que, diante de uma autorização legal para abortamento, restar comprovado que tal autorização foi violada, na forma de impedimento ou retardo do procedimento, causando mais danos à vítima. Recorde-se: "Vítima de estupro, a menina descobriu estar com 22 semanas de gravidez ao ser encaminhada ao Hospital Universitário de Florianópolis. A unidade orientou a família a entrar com pedido judicial para realizar o aborto, pois, informou, realizava o procedimento sem autorização apenas até a 20ª semana. Depois que o caso foi parar na Justiça, a decisão e trechos de uma audiência sobre o caso foram revelados em uma reportagem dos sites Portal Catarinas e The Intercept. O material foi publicado no dia 20 de junho. *Na audiência com a menina, que já havia sido afastada da família e era mantida no abrigo para que não realizasse o aborto, a juíza Joana Ribeiro Zimmer e a promotora Mirela Dutra Alberton pedem para a criança se ela 'suportaria mais um pouquinho' a gestação*". (BATÍSTELA, Clarissa. *Família de menina impedida de abortar após estupro em SC cogita deixar cidade em que mora, diz advogada*. Disponível em: https://shorturl.at/ikyzP. Acesso em 04 jul. 2023 (grifou-se)). "Augusto Aras, procurador-geral da República, informou ao Supremo Tribunal Federal que abriu uma apuração preliminar para investigar se a ministra Damares Alves – da pasta Mulher, Família e Direitos Humanos – tentou impedir que uma menina de dez anos, vítima de estupro, fizesse a interrupção de sua gravidez, conforme permite a lei. O caso em questão ocorreu no Espírito Santo, em agosto, e teve enorme repercussão nacional. Apesar da enorme pressão feita por grupos religiosos, a menina foi submetida ao procedimento para a interrupção da gravidez em um hospital de Recife. O principal suspeito do estupro é um tio da menina, que foi preso. Uma reportagem do jornal *Folha de S. Paulo* afirmou que Damares agiu nos bastidores para tentar impedir o aborto legal – a reportagem dizia que a ministra desejava que a menina fosse levada a um hospital de Jacareí (SP) para que fosse feito o parto. Além disso, assessores da ministra são acusados de terem divulgado os dados (como o endereço) da menina para grupos antiaborto". (CONJUR. *PGR apura se Damares tentou impedir aborto de menina vítima de estupro*. Disponível em: https://shorturl.at/bptA9. Acesso em: 04 jul. 2023.

ações de *wrongful life*, por sua vez, tem como finalidade que a própria criança com deficiência proponha uma ação de indenização por vida indesejada. Em razão dessa opção terminológica, deixa-se de adotar *wrongful birth*, eis que, ressalvadas as controvérsias, envolve gravidez planejada, mas que envolve o nascimento de criança com deficiência, uma vez que o Brasil não adota a possibilidade de abortamento nesses casos.

A pergunta que se pretende responder no próximo tópico é: nos casos de *wrongful conception*, em matéria de reparação civil, qual é o papel da ausência da informação apropriada e do dever de esclarecimento no estabelecimento do nexo causal entre a omissão e o dano efetivamente causado?

4. O NEXO CAUSAL EXISTENTE ENTRE A OMISSÃO DA INFORMAÇÃO ADEQUADA E O DANO EFETIVAMENTE CAUSADO NOS CASOS DE GRAVIDEZ INDESEJADA OU NÃO PLANEJADA NO BRASIL

Já existiu a era na qual o médico apenas dizia o que tinha que ser feito em relação ao seu corpo e à sua saúde, sem grandes explicações e sem questionamentos por parte dos seus pacientes ou de suas famílias. Como bem assevera Vera Maria Jacob de Fradera:

> A possibilidade de um médico ser responsabilizado por um erro ou falha em sua conduta profissional nem sempre foi considerada, de vez que, durante longo tempo, desfrutou de uma posição de destaque na sociedade, orientando as famílias às quais assistia, não só em relação à saúde, como em muitos outros assuntos. Era o "médico de família", o médico de cabeceira, que, durante décadas dispensava cuidados, às vezes, a três gerações de um clã familiar.
>
> A partir do momento em que se inaugurou o sistema de Medicina socializada, na grande maioria dos países, houve uma transformação radical na forma do relacionamento médico-paciente, pois de uma relação amistosa, se transformou em um contato frio e impessoal, em que o médico vê no paciente um desconhecido, alguém que, provavelmente lhe foi encaminhado por outro médico ou por um serviço de assistência do Estado, enquanto que, para o paciente, o médico é apenas um técnico com o qual manterá relacionamento estritamente profissional.[32]

Esta longínqua época não mais existe. O médico é um prestador de serviços e lida com vidas humanas. Para que o paciente possa tomar decisões sobre o próprio corpo, para que possa ter autonomia, o seu consentimento precisa ser livre e esclarecido. E isso somente é possível por meio da informação e do esclarecimento, que são deveres que, se violados, suscitam a falha na prestação do serviço médico.[33]

A informação é tão importante que a Constituição da República a prevê como direito fundamental no art. 5º, incisos XIV, XXXIII e LXXII. O Código de Defesa do

---

32. FRADERA, Vera Maria Jacob de. A responsabilidade civil dos médicos. *Arquivos do Conselho Federal de Medicina do Paraná*, v. 11, n. 41, jan./mar. 1994, p. 1-17. Disponível em: https://www.crmpr.org.br/uploadAddress/41[3359].pdf. Acesso em: 22 jun. 2023, p. 1.
33. "Assim é que, no caso brasileiro, em respeito ao texto constitucional, parece lícito considerar a personalidade não como um novo reduto de poder do indivíduo, no âmbito do qual seria exercido a sua titularidade, mas como valor máximo do ordenamento, modelador da autonomia privada, capaz de submeter toda a atividade econômica a novos critérios de validade". TEPEDINO, Gustavo. A tutela da personalidade no ordenamento civil-constitucional brasileiro. *Temas de Direito Civil*. Rio de Janeiro: Renovar, 1999, p. 46.

Consumidor, Lei 8.0789/90, amplia ainda mais o seu papel, prevendo, também, o dever de esclarecimento nos artigos 50, 54-D, I e 54-G, § 1º.

Um dos objetivos da Política Nacional de Relações de Consumo é a "educação e informação de fornecedores e consumidores quanto aos seus direitos e deveres, com vistas à melhoria do mercado de consumo".[34] Exemplos dessa política de defesa são os direitos considerados básicos do consumidor, como a informação adequada e clara sobre bens ou serviços.[35] Esses mecanismos são criados, dentre outras finalidades, para ajudá-lo a tomar uma decisão informada sobre as contratações. A informação é o meio que garante a liberdade real de escolha, por isso assegurada como um direito básico do consumidor.[36]

Sob a ótica da boa-fé objetiva, o dever de informar é indicado como dever anexo ou lateral do contrato, pois é inviável o estabelecimento da confiança sem a adequada informação. O seu fornecimento, na formação do contrato, é requisito para a lealdade na relação, pois viabiliza a formação da vontade, na medida em que oferece os elementos básicos para a decisão racional.

Na prestação de serviços médicos para a prevenção de gravidez não desejada, área na qual o paciente desconhece a técnica, a informação adequada e o dever de esclarecimento assumem especial relevância, ao ponto de, na sua ausência ou na sua prestação de maneira insatisfatória ou errônea, ser possível, a depender do caso, estabelecer-se o nexo causal entre a omissão e o dano – vale dizer – a violação aos direitos reprodutivos e ao direito ao planejamento familiar. Não se entende que o dano é o nascimento da criança, ilação perigosa a desafiar emocionados debates morais e religiosos sobre se o nascimento de uma criança é, de fato, para todas e todos, uma dádiva ou benção. O que há é a falha na prestação de serviços, que pode ocorrer por violação do direito à informação adequada e ao dever de esclarecimento.[37]

---

34. CDC, art. 4º, IV: "A Política Nacional das Relações de Consumo tem por objetivo o atendimento das necessidades dos consumidores, o respeito à sua dignidade, saúde e segurança, a proteção de seus interesses econômicos, a melhoria da sua qualidade de vida, bem como a transparência e harmonia das relações de consumo, atendidos os seguintes princípios: [...] IV - educação e informação de fornecedores e consumidores, quanto aos seus direitos e deveres, com vistas à melhoria do mercado de consumo".
35. CDC, art. 6º "São direitos básicos do consumidor: [...] II – a educação e divulgação sobre o consumo adequado dos produtos e serviços, asseguradas a liberdade de escolha e a igualdade nas contratações; III – a informação adequada e clara sobre os diferentes produtos e serviços, com especificação correta de quantidade, características, composição, qualidade, tributos incidentes e preço, bem como sobre os riscos que apresentem; IV – a proteção contra a publicidade enganosa e abusiva, métodos comerciais coercitivos ou desleais, bem como contra práticas e cláusulas abusivas ou impostas no fornecimento de produtos e serviços".
36. Nesse sentido, defende Claudia Lima Marques: "Na Alemanha já se considera a autonomia de um direito da informação, como ramo transversal do novo direito privado constitucionalizado. Como ensina Michael Kloepfer, informação é um tema novo, transversal e multifacetado do direito privado. Informação é, ao mesmo tempo, um estado subjetivo, é o saber ou não saber, informação é um processo interativo, que se denomina normalmente de comunicação (tornar comum); informação é um conteúdo, são os dados, saberes, conhecimentos, imagens, sons, formas, palavras, símbolos ou (in)formações organizadas, e – acima de tudo – informação é um direito!" MARQUES, Claudia Lima. Prefácio. In: BARBOSA, Fernanda Nunes. *Informação*: direito e dever nas relações de consumo. São Paulo: Ed. RT, 2008, p. 10-11.
37. [S]omente cabe falar em verdadeiro consentimento informado se o paciente for capaz de compreender o teor do Termo de Consentimento Informado, cujo vocabulário deve ser suficientemente preciso e compreensível

No estudo da responsabilização dos profissionais de saúde pela violação da autonomia dos pacientes, é imprescindível analisar se o princípio do consentimento livre e esclarecido foi cumprido.[38] Para que seja possível exercer a sua autonomia, o paciente deve conhecer as informações sobre a sua saúde, o diagnóstico, os tratamentos disponíveis, os riscos de cada intervenção médica, os efeitos colaterais e ter as suas dúvidas respondidas em um processo dialógico com o médico, para que então possa exercer a sua autonomia e tomar as decisões relacionadas à sua saúde e ao seu próprio corpo.

Para que possa exercer a autonomia reprodutiva, é imprescindível que seja informado que mesmo procedimentos como laqueadura tubária e vasectomia não possuem 100% de eficácia e que pode ocorrer uma gravidez que, naquele momento da vida, não era desejada.

De acordo com Paula Moura Francesconi de Lemos Pereira: "[E]sse direito é fundamental para o paciente, pois tem a função instrumental de concretizar a autodeterminação pessoal, já que a toda pessoa deve ser assegurado o poder de decidir, livremente, sobre o seu próprio corpo".[39]

Como exemplo de ausência de consentimento informado, pode-se apresentar o seguinte caso: o paciente foi submetido a vasectomia com objetivo de planejamento familiar. No entanto, não recebeu a informação devida sobre o procedimento, as medidas pré-operatórias, nem tampouco foi esclarecido sobre os cuidados no pós-operatório, principalmente a necessidade de realizar espermograma após 25 ejaculações (e enquanto isso adotar outro método de contracepção.) No caso, sequer foi exigido do paciente a assinatura do Termo de Consentimento Informado. Com fundamento na violação do direito à informação, o pedido de danos morais foi concedido, mas o de pensão mensal foi indeferido, ao argumento que vale transcrever:

---

ao paciente, para que proporcione completo entendimento sobre seus termos. É necessário, pois, que o médico promova uma efetiva interação com seus pacientes, observando as condições e as limitações concretas de cada um, explicando-lhes cada aspecto do conteúdo do Termo, para que este possa ser uma fonte de segurança para ambos. [...]

O postulado acabado de referir é imprescindível para estabelecer que o consentimento somente será como válido se as informações transmitidas aos pacientes forem bastantes para a formação da sua convicção. À míngua de informação, ou sendo ela incompleta ou imprecisa para sustentar um consentimento devidamente esclarecido, poder-se-á afirmar que, ainda que o paciente tenha aposto sua assinatura no Termo que lhe tiver sido apresentado, o consentimento obtido será considerado inválido, passando a conduta médica a ser tratada como um ato não autorizado, incidindo, a partir daí, as regras que imputem a ele a responsabilidade civil pela intervenção não permitida sobre a integridade física de terceiros. (GODINHO, Adriano Marteleto. A responsabilidade civil dos profissionais de saúde pelo dano derivado do desrespeito à autonomia dos pacientes. *Migalhas de Responsabilidade Civil*. Disponível em: https://www.migalhas.com.br/coluna/migalhas-de-responsabilidade-civil/383886/responsabilidade-pelo-dano-do-desrespeito-a-autonomia-dos-pacientes. Aceso em: 26 jun. 2023.

38. Cf: KONDER, Carlos Nelson. O consentimento no Biodireito: o caso dos transexuais e dos wannabes. *Revista Trimestral de Direito Civil*, ano 4, v. 15, jul./set. 2003, p. 41-71.
39. PEREIRA, Paula Moura Francesconi de Lemos. *Relação médico-paciente*: o respeito à autonomia do paciente e a responsabilidade civil do médico pelo dever de informar. Rio de Janeiro: Lumen Juris, 2011, p. 76.

> No tocante à pensão mensal, entendo que não se pode resolver a questão de ter mais um filho, em *virtude de falha no serviço estatal, com o pagamento de uma pensão mensal. Ter filhos é assumir obrigações sim, de natureza material, mas, sobretudo, imaterial, as quais não podem ser transferidas para o Poder Público. Por outro lado, as compensações são inúmeras e traduzem, ao menos ao meu sentir, o próprio sentido da vida.* Não consigo vislumbrar direito ao pagamento de pensão, até porque, em tese, possui o Poder Público o dever de prestar serviços de saúde e educação, dentre outros, para colaborar na formação da personalidade dos seus cidadãos. Se admitirmos a extensão da responsabilidade da Administração Pública para reconhecer o direito ao pagamento de pensão mensal, em breve o cidadão proporá ação postulando que o Estado cuide do seu filho, lhe transferindo o poder familiar.[40]

O autor da ação, na realidade, não buscava transferir o ônus da criação de sua filha para o Estado, tampouco se furtar ao exercício do poder familiar. Não discutiu na sua ação judicial – pelo menos a sentença não relata isso – que ter uma filha não traz compensações e não traduz "o sentido da vida". Entende-se que a questão central não é esta e, portanto, este não pode ser o fundamento para se negar a pensão mensal, sob pena de se voltar aos tempos das decisões das Cortes americanas dos idos de 1934 e 1957, revelando-se decisão flagrantemente inconstitucional. O que houve, vale dizer, foi falha na prestação de serviços médicos por violação de dever de informar e de esclarecer, direito fundamental do consumidor, também previsto na lei consumerista. Em razão disso, o autor teve violados os seus direitos reprodutivos e o seu direito ao planejamento familiar, ocorrendo, portanto, lesão à autonomia reprodutiva, de proteção constitucional. Desse fato resultaram danos morais e danos materiais, que o autor teve e terá de suportar. O pagamento da pensão mensal representa um tipo de dano material que decorre da lesão à autonomia reprodutiva que se pretendia evitar e teria sido evitada se a informação correta e o esclarecimento tivessem ocorrido.

O papel da informação é tão relevante que Eduardo Dantas assim defende:

> O esclarecimento vai além da informação, porque a pessoa pode ter sido informada e não obstante não ter sido esclarecida; não ter compreendido perfeitamente as informações que lhe foram prestadas, seja porque não foram claras o suficiente, seja porque não tenham sido adequadas à sua linguagem, às suas características culturais, psicológicas ou ainda porque foram insuficientes etc. Neste sentido, é de bom alvitre pontuar que para esclarecer não é preciso que o médico forneça ao paciente um manual completo de anatomia ou outro qualquer em linguagem técnica e ininteligível por quem não seja do mesmo meio que ele, médico. Excesso de informação e esclarecimento, não são sinônimos e esclarecer não é nem de longe, cumprir o protocolo. É antes disso, a base da relação médico-paciente e o que se exige é a qualidade da informação, que não tem relação, necessariamente, com a quantidade.[41]

O alerta de Dantas pode ser visto no segundo caso analisado abaixo. Trata-se de ação de reparação civil por danos materiais e morais, ajuizada em função de a autora ter se submetido a laqueadura de trompas e, anos depois, ter ocorrido gravidez indesejada.

---

40. TJERJ. 1ª Vara de Fazenda Pública. Processo 0119945-90.2011.8.19.0001, p. 13.06.2013 (grifou-se).
41. DANTAS, Eduardo. Revisitando a responsabilidade por conselhos, recomendações ou informações: três décadas de evolução do conceito e seu impacto nas atividades de saúde. DOMENECH, Javier Barceló; MATOS, Filipe Miguel Albuquerque; PEREIRA, André Gonçalo; ROSENVALD, Nelson. *Responsabilidade civil em saúde: diálogos com o Prof. Doutor Jorge Sinde Monteiro*. Coimbra: Centro de Direito Biomédico, 2021, p. 89. (grifou-se)

Na primeira instância o pedido foi julgado improcedente, mas na segunda instância a sentença foi reformada justamente em razão da violação dos deveres de informação adequada e do esclarecimento necessário e adequado a uma pessoa humilde:

> Por conseguinte, da exposição dos fatos narrados na inicial e de toda a prova produzida nos autos, verifica-se que *o médico deixou de informar à paciente acerca da falibilidade do método contraceptivo empregado* e que a literatura médica aponta um baixíssimo nível de reversão natural. Ao contrário, *garantiu à autora que a cirurgia teria sido "um sucesso" e que ela jamais poderia engravidar novamente.* Vale ressaltar que se exige que *a informação seja dada diretamente à paciente, não suprindo esse dever formulário assinado por seu cônjuge ou parente, de forma lacônica, informando tão somente os riscos da cirurgia.* No ponto, o réu assente com a alegação da autora, salientando que realmente a informou acerca do sucesso da cirurgia, que englobaria a inexistência de intercorrências e a obtenção do fim almejado. Embora alegue que jamais afirmou a impossibilidade física de nova gestação, não há dúvidas de que para um leigo, notadamente para a autora, pessoa humilde, a afirmação de que o procedimento cirúrgico foi um sucesso e que alcançou o fim almejado implica o reconhecimento da impossibilidade de concepção.[42]

Nesse caso, o médico e o hospital foram condenados, solidariamente, não só aos danos morais, mas também ao pagamento de pensão mensal, no valor de 70% do salário-mínimo até que seu filho complete 18 anos de idade. Caso esteja matriculado em colégio e/ou universidade, a pensão será estendida até os 24 anos.

Outro julgado demonstra como as razões de moralidade se superpõem à normatividade para decidir acerca da reparação civil. No caso, a autora alega que embora tenha tido todas as condições para realizar a laqueadura tubária por ocasião do nascimento do seu terceiro filho, o procedimento não fora feito, o que ocasionou nova gestação, daí a ação de reparação civil.

Na primeira instância a autora teve o pedido julgado parcialmente procedente, mas na segunda instância houve divergência sobre em que momento teria ocorrido o procedimento de laqueadura, se após o parto do terceiro filho ou do quarto filho. O perito médico concluiu, com base na documentação acostada aos autos, que a autora não fora submetida à laqueadura tubária por ocasião do terceiro parto e sim no quarto parto, conforme boletim médico. Para o Desembargador relator, no laudo médico, consta que a laqueadura não fora realizada por ocasião do parto do terceiro filho. Contudo, no prontuário médico conta a expressão "Realizada cesárea + LT (laqueadura tubária) sem intercorrências, sendo corroborado pelo relatório médico. Com base nas informações, os pedidos de indenização foram indeferidos. Um dos fundamentos pode ser conferido abaixo:

> A dificuldade em relação ao tema já foi destacada em doutrina, *a qual se justifica no fato da questão ser mais do que jurídica, fundamentada em uma base ética e moral.* De fato, *o recurso à moral parece indispensável ao mesmo tempo para afirmar simbolicamente o valor intrínseco da vida e de sua superioridade sobre as razões pessoais da mãe e para poupar a criança,* que poderá vir a descobrir a verdade mais tarde, constatando que para seus pais era nada mais que um 'prejuízo' do qual procuraram ser indenizados depois de haver tentado em vão dele se desfazer.[43]

---

42. TJERJ. 27ª Câmara Cível. Apelação Cível 0010907-33.2008.8.19.0007, p. 06.06.2014.
43. TJERJ, 6ª Câmara de Direito Privado. Apelação Cível 0402901-77.2014.8.19.0001, p. 18.11.2020. (grifou-se)

Um dos argumentos utilizados no julgamento para indeferir os pedidos de dano moral e material é conhecido na antiga jurisprudência americana dos idos de 1930 a 1960, justamente por considerar que a indenização por dano moral configuraria a existência de um filho "bastardo emocional", por poder vir a descobrir, mais tarde, que os pais buscaram reparação civil por um nascimento que não foi desejado, ou seja, aquele filho teria sido um prejuízo na vida dos pais.

5. CONCLUSÃO

A problemática da responsabilidade civil por concepção indesejada perpassa pela análise da falha na prestação de serviços, que pode se dar por informação inadequada. O fundamento das ações, nestes casos, é a falta de informação, falta de esclarecimento ou informação errônea acerca do procedimento médico que busca a esterilização, de modo que o paciente acredita que não pode mais conceber ou gerar um filho.

Muitas decisões judiciais fundamentam a impossibilidade de indenização por dano material ou moral na falibilidade do procedimento médico, que não garante cem por cento de sucesso, podendo ocorrer gravidez, mesmo que em um percentual mínimo de casos.

O problema se torna muito mais contundente quando os fundamentos judiciais para negar a indenização são moralistas, por entender que não é possível indenizar a ocorrência de gravidez porque o nascimento de uma criança "é uma dádiva" ou um "evento abençoado", ou porque os pais querem transferir ao Estado o poder familiar, retomando os fundamentos do direito americano da década de 30.

Entende-se que não se trata de analisar se o nascimento de uma criança é o não um fato abençoado, tampouco se os pais desejam transferir ao Estado o poder familiar. O nascimento de uma criança não é o dano nesta situação. O dano é a lesão ao livre planejamento familiar e aos direitos reprodutivos, que compõem a autonomia reprodutiva. Por isso, é necessário reconduzir o juízo moralista ao juízo normativo para verificar que o que ocorre nestes casos é a falha na prestação de serviços por ausência de informação ou informação inadequada, o que viola o direito fundamental à autonomia reprodutiva.

REFERÊNCIAS

ALMEIDA, Vitor. O direito ao planejamento familiar e as novas formas de parentalidade na legalidade constitucional. *Direito Civil: Estudos* – Coletânea do XV Encontro dos Grupos de Pesquisa – IBDCIVIL, p. 422-423. São Paulo: Blucher, 2018.

BANDT, Astrid. *UNFPA defende educação como prevenção da gravidez na adolescência.* Disponível em: https://shorturl.at/oABE2.

BARBOZA, Heloísa Helena. Proteção da autonomia reprodutiva dos transexuais. *Revista Estudos Feministas*. Florianópolis: 20(2): 256, p. 549-558, maio/ago. 2012.

BARBOZA, Heloísa Helena; ALMEIDA, Vitor. (Des)Igualdade de gênero: restrições à autonomia da mulher. *Pensar*, Fortaleza, v. 22, n. 1, p. 240-271, jan./abr. 2017.

BATÍSTELA, Clarissa. *Família de menina impedida de abortar após estupro em SC cogita deixar cidade em que mora, diz advogada.* Disponível em: https://shorturl.at/ikyzP.

BATÌSTELA, Clarìssa; VAZ, Ana. *Pesquisa revela que 48,7% das famílias são chefiadas por mulheres*: 'Mãe empreendedora', diz moradora de SC. Disponível em: https://shorturl.at/defu4.

BRANDÃO, Elaine Reis. Tênues direitos: sexualidade, contracepção e gênero no Brasil. *Anuário antropológico [online]*, v. 45, n. 2, 2020, p. 11-21. Disponível em: http://journals.openedition.org/aa/5766; DOI: https://doi.org/10.4000/aa.5766.

CARNAÚBA, Daniel Amaral. Direito de não nascer: entendendo o acórdão Perruche. *Consultor Jurídico*. Disponível em: https://shorturl.at/wxS14.

CONJUR. *PGR apura se Damares tentou impedir aborto de menina vítima de estupro*. Disponível em: https://shorturl.at/bptA9.

DANTAS, Eduardo. Revisitando a responsabilidade por conselhos, recomendações ou informações: três décadas de evolução do conceito e seu impacto nas atividades de saúde. In: DOMENECH, Javier Barceló; MATOS, Filipe Miguel Albuquerque; PEREIRA, André Gonçalo; ROSENVALD, Nelson. *Responsabilidade civil em saúde*: diálogos com o Prof. Doutor Jorge Sinde Monteiro. Coimbra: Centro de Direito Biomédico, 2021.

EISENBERG, Melvin A. Overruling. *In Legal Reasoning*. Cambridge: Cambridge University Press, 2022.

FRADERA, Vera Maria Jacob de. A responsabilidade civil dos médicos. *Arquivos do Conselho Federal de Medicina do Paraná*, v. 11, n. 41, jan./mar. 1994, 1994, p. 1-17. Disponível em: https://www.crmpr.org.br/uploadAddress/41[3359].pdf.

GLEITMAN V. COSGROVE. *Justia Us Law*. Disponível em: https://law.justia.com/cases/new-jersey/supreme-court/1967/49-n-j-22-0.html.

GODINHO, Adriano Marteleto. A responsabilidade civil dos profissionais de saúde pelo dano derivado do desrespeito à autonomia dos pacientes. *Migalhas de Responsabilidade Civil)*. Disponível em: https://www.migalhas.com.br/coluna/migalhas-de-responsabilidade-civil/383886/responsabilidade-pelo--dano-do-desrespeito-a-autonomia-dos-pacientes.

GODOY, Gabriel Gualano de. *Acórdão Perruche e o direito de não nascer*. Dissertação (Mestrado) apresentada ao Programa de Pós-graduação *stricto sensu* em Direito da Universidade Federal do Paraná (UFPR). Curitiba, 2007, p. 13. Disponível em: https://acervodigital.ufpr.br/handle/1884/12026.

GRANT, Gilmore; KESSLER, Friedrich; KRONMAN, Anthony T.; LESSIG, Lawrence. Shaheen v. Knight. *Contracts*: Cases and materials, Resource 4.1.20. Disponível em: https://opencasebook.org/casebooks/246-contracts-cases-and-materials/resources/4.1.20-shaheen-v-knight/.

HAQQ, Luke. The history of wrongful birth and the history of reproductive technologies, 24, *MINN. J. L. SCI & TECH*. 293 (2023). Disponível em: https://scholarship.law.umn.edu/mjlst/vol24/iss2/2.

HEATHCOTTE, Brock, Dietrich v. Inhabitants of Northampton [Brief] (1884). *Embryo Project Encyclopedia* (2008-05-09). ISSN: 1940-5030. Disponível em: http://embryo.asu.edu/handle/10776/1782.

JANKOWSKI, Kathryn J. Wrongful Birth and Wrongful Life Actions Arising From Negligent Genetic Counseing: The Need for Legislation Supporting Reproductive Choice. *Fordham Urban Law Journal*, v. 17, n. 1, 1988, p. 45-46. Disponível em: https://ir.lawnet.fordham.edu/ulj/vol17/iss1/2.

KONDER, Carlos Nelson. O consentimento no Biodireito: o caso dos transexuais e dos wannabes. *Revista Trimestral de Direito Civil*, ano 4, v. 15, p. 41-71, jul./set. 2003.

LACROIX, Sumner J.; MARTIN, Linda G. Damages in Wrongful Pregnancy Tort Actions. In IRELAND, Thomas R.; WARD, John O. (Ed.). *Assessing Damages in injuries and deaths of minor children*. Tucson, Arizona: Lawyers & Judges Publ. Comp. L, 2002.

MARQUES, Claudia Lima. Prefácio. In: BARBOSA, Fernanda Nunes. *Informação*: direito e dever nas relações de consumo. São Paulo: Ed. RT, 2008.

MOLINA, Aurelio. Parte II – Controle da fecundidade Laqueadura tubária: situação nacional, internacional e efeitos colaterais. In: GIFFIN, K., and COSTA, SH. (Org.). *Questões da saúde reprodutiva* [online]. Rio de Janeiro: Editora FIOCRUZ, 1999.

MURTAUGH, Michael, T. Wrongful Birth: The Courts' Dilemma in Determining a Remedy for a Blessed Event, 27 *Pace L. Rev.* 241, p. 243, 2007.

PEREIRA, Paula Moura Francesconi de Lemos. *Relação médico-paciente*: o respeito à autonomia do paciente e a responsabilidade civil do médico pelo dever de informar. Rio de Janeiro: Lumen Juris, 2011.

PRENATAL TORT. Legal Information Institute. *Cornell Law School*, 2023. Disponível em: https://www.law.cornell.edu/wex/prenatal_tort.

RELATÓRIO DA ONU diz que 50% das gravidezes no mundo não são planejadas. *Nações Unidas. ONU News. Perspectiva Global. Reportagens Humanas.* Disponível em: https://shorturl.at/IJQ78.

SILVA, Rafael Peteffi da Silva. *Wrongful Conception, Wrongful Birth e Wrongful Life*: possibilidade de recepção de novas modalidades de danos pelo ordenamento brasileiro. Disponível em: https://shorturl.at/bhvyG.

TEMME, Laura. *Roe v. Wade Case Summary*: What You Need to Know. Disponível em: https://shorturl.at/dCDMQ.

TEPEDINO, Gustavo. A tutela da personalidade no ordenamento civil-constitucional brasileiro. *Temas de Direito Civil*. Rio de Janeiro: Renovar, 1999.

THE STATE OF REPRODUCTIVE CHOICE. *State of World Population report 2023*.

TJERJ. 1ª Vara de Fazenda Pública. Processo 0119945-90.2011.8.19.0001, p. 13.06.2013.

TJERJ. 27ª Câmara Cível. Apelação Cível 0010907-33.2008.8.19.0007, p. 06.06.2014.

TJERJ, 6ª Câmara de Direito Privado. Apelação Cível 0402901-77.2014.8.19.0001, p. 18.11.2020.

VENTURA, Miriam. *Direitos Reprodutivos no Brasil*. 3. ed. Brasília, UNFPA – Fundo de População das Nações Unidas, 2009.

VICK, Mariana. Direitos reprodutivos: uma história de avanços e obstáculos. *Jornal Nexo*. Disponível em: https://shorturl.at/hmHY0.

ZHANG, Mark. "Turpin v. Sortini (1982)". *Embryo Project Encyclopedia* (2012-01-01). Disponível em: http://embryo.asu.edu/handle/10776/2294.

DANOS E TECNOLOGIA: ÚTEROS ARTIFICIAIS E NOVAS FRONTEIRAS AO PLANEJAMENTO FAMILIAR

Fernanda Paes Leme

Doutora em Direito Civil – UERJ (2016). Mestre em Direito Civil – UERJ (2011). Especialista em Direito Civil pela Veiga de Almeida (2009). Coordenadora da Graduação em Direito do Ibmec-RJ. Professora Titular de Direito Civil do Ibmec-RJ. Graduada em Direito pela Universidade Cândido Mendes – UCAM (2007). Professora de Direito Civil do Ibmec-RJ. Professora convidada nos cursos de especialização da PUC-Rio, EMERJ e CEPED/UERJ. Pesquisadora. Advogada OAB-RJ 151918. fernanda.rito@ibmec.edu.br.

Pedro Gueiros

Mestre em Direito Civil pela PUC-Rio. Integrante do Núcleo Legalite da PUC-Rio. Pesquisador em Direito e Tecnologia no Instituto de Tecnologia e Sociedade do Rio de Janeiro (ITS Rio). Graduado em Direito pelo Ibmec-RJ. Advogado Orientador do Núcleo de Prática Jurídica do Ibmec-RJ. pedro.gueiros@ibmec.edu.br.

Sumário: 1. Introdução – 2. Biotecnologia e reprodução humana assistida – 3. O avanço de úteros artificiais – 4. Planejamento familiar, autodeterminação e a perspectiva de danos – 5. Considerações finais – Referências.

1. INTRODUÇÃO

Os fascínios em torno do progresso técnico-científico parecem comumente estar atrelados à promoção do bem-estar e inovação. Mesmo diante de tantas aspirações positivas à vida em sociedade, devido à constante transformação e potenciais disruptivos, desafios éticos e regulatórios costumam estar de igual modo inerentes ao processo de expansão de novas formas de tecnologia. Ainda que legislação e tecnologia dificilmente caminhem *pari passu*, os impactos na vida humana exigem constante atenção, em especial, de operadores do Direito. Afinal, não se pode perder de vista que a pessoa humana deve ser a principal destinatária de qualquer tecnologia idealizada.

Significa dizer que a tecnologia não é neutra. Como qualquer produto da atividade humana, ela precisa ser tutelada de maneira assertiva para que seus efeitos produzidos se coadunem com os propósitos inseridos sob um ordenamento jurídico solidário e democrático. Nessa perspectiva, é razoável questionar *se e como* a tecnologia já existente empregada para fins de reprodução humana assistida é condizente com os propósitos do ordenamento jurídico brasileiro, notadamente com a primazia da proteção da pessoa humana e da sua dignidade.

Por isso, ainda que pensar em traçar de antemão limites regulatórios possa soar temerário às técnicas de criação e inovação, delimitar seu alcance e aplicabilidade se revela sensivelmente necessário. É o que se depreende, exemplificativamente, de elementos tecnológicos que possam impactar diretamente o exercício e a proteção dos direitos da personalidade, como os métodos direcionados ao uso direto do corpo humano.

Regras e preceitos bioéticos precisam ser acurados ao lidar com os dilemas morais e sociais que emergem sobre a intersecção entre tecnologia incutida ao próprio ser humano.[1] Ao analisar situações controvertidas envolvendo técnicas avançadas envolvendo a reprodução humana cada vez mais adaptadas por meios artificiais, Michael Sandel discorre na obra *Contra a perfeição: Ética na era da engenharia genética*, como no âmbito do planejamento familiar, os pais já podem escolher características mais desejáveis a seus futuros filhos.[2] Não é propriamente uma novidade verificar como clínicas especializadas em inseminações artificiais possibilitam certas escolhas na concepção assistida de bebês. Traços fenótipos como cor dos olhos, cor do cabelo ou até mesmo o próprio gênero, podem hoje ser deliberadamente filtrados a partir da catalogação de doadores de gametas, sejam estes óvulos ou espermatozoides, seja por via homóloga ou ainda (mais especialmente), por via heteróloga.[3] Atualmente, com o aperfeiçoamento de Inteligências Artificiais (IAs),[4] já há clínicas no Brasil que possibilitam a criação de filhos mais parecidos com os próprios pais, a partir da análise do rosto de pacientes e doadores.[5]

---

1. Nesse sentido, Heloisa Helena Barboza sintetiza que: "Diante de tal quadro já se pode constatar o importante papel da Bioética, quer na definição antes referida, quer considerada como 'ramo da filosofia moral que estuda as dimensões morais e sociais das técnicas resultantes do avanço do conhecimento nas ciências biológicas. Como um dos seus primeiros resultados pode-se considerar a formulação dos 'princípios da Bioética', em torno dos quais tem havido importante consenso e que passaram a constituir o ponto de partida obrigatório para qualquer discussão a propósito da eutanásia, dos transplantes de órgãos, do genoma humano, da experimentação em humanos, do emprego das técnicas de reprodução assistida e de todas as demais questões que se possam enquadrar dentro do amplíssimo espectro que tem sido reconhecido à Bioética, a envolver, a um só tempo, desde a codificação do genoma humano até o equilíbrio ambiental". BARBOZA, Heloisa Helena. Princípios da Bioética e do Biodireito. *Revista Bioética*, v. 8, n. 2, 2009, p. 211.
2. Em uma de suas passagens, Sandel pondera: "Ao cuidarem da saúde dos filhos, os pais não os convertem em produtos da sua vontade ou instrumentos da sua ambição, nem se lançam ao papel de projetistas. Não se pode dizer o mesmo daqueles que pagam quantias exorbitantes para escolher o sexo do filho (por motivos alheios à medicina) ou que deseja projetar com a bioengenharia os dotes intelectuais e as competências esportivas da sua prole. Como todas as distinções, o limite entre terapia e melhoramento se torna indistinto nos extremos". SANDEL, Michael. *Contra a perfeição: ética na era da engenharia genética*. Rio de Janeiro: Civilização Brasileira, 2013, p. 62.
3. Conforme informações de reportagem da BBC Brasil, ainda em 2009. BBC. *Clínica nos EUA oferece escolha de cor de olhos de bebês*. Disponível em: https://www.bbc.com/portuguese/noticias/2009/03/090302_bebeescolhaeuafn. Acesso em: 22. abr. 2023.
4. Acerca do uso crescente de IAs no setor da saúde, Kaufman observa que: "Apesar dos resultados efetivos, a adoção da inteligência artificial na saúde ainda é relativamente limitada. Além de restrições financeiras, de carência de profissionais capacitados e do medo de perder o emprego, a não explicabilidade (caixa-preta) do funcionamento dos modelos, legitimamente, é um fator de forte resistência". KAUFMAN, Dora. *Desmistificando a inteligência artificial*. Belo Horizonte: Autêntica, 2022, p. 185.
5. SILVA, Mariana Maria. *Uso de inteligência artificial em fertilização in vitro torna bebês mais parecidos com os pais*. Disponível em: https://exame.com/future-of-money/uso-de-inteligencia-artificial-em-inseminacoes--torna-bebes-mais-parecidos-com-os-pais/. Acesso em: 22 abr. 2023.

Não se desconhece que, ao menos sob a perspectiva da inclusão e diversidade do planejamento familiar, os avanços médico-científicos permitem um acesso mais amplo de casais que não se enquadram no conceito tradicional de família heteronormativa.[6] Ao que antes era limitado apenas a casais heterossexuais inférteis ou com dificuldades de reprodução sexual, atualmente pessoas podem se beneficiar dos procedimentos artificiais em atenção aos seus mais diversos arranjos de família. Significa dizer que eventuais razões quanto à existência ou não de alguma limitação ou dificuldade biológica se tornam elementos prescindíveis. Em 2022, por exemplo, houve o primeiro nascimento de gêmeos com a genética idêntica a dos dois pais, no caso, um casal de homens homossexuais.[7] A medida foi possível também em virtude do avanço da regulação aplicável. De acordo com a Resolução 2.294/2021, do Conselho Federal de Medicina (CFM), permite-se a possibilidade de cessão temporária do útero de familiares até o quarto grau de parentesco para a gestação assistida. Ainda assim, situações inusitadas também desafiam aspectos morais e do que vem a ser socialmente aceitável.

Recentemente, na Espanha, uma atriz de 68 anos anunciou que gestará um bebê por meio de barriga de aluguel, fruto de técnica de inseminação artificial de seu próprio filho morto.[8] Significa dizer que sua *filha* será simultaneamente sua *neta*, devido à crioconservação de gametas congelados deixados por seu filho já falecido. A ausência de autorização prévia específica, no Brasil por exemplo, impediria a reprodução assistida *post mortem*, nos termos da supracitada Resolução 2.294/2021.[9] Acerca dos liames das tendências de reprodução assistida, válidas são as ponderações de Perlingieri:

> Quanto à manipulação genética, nem sempre é possível negar sua licitude. (...) a manipulação genética deverá ser feita, e com coragem, se conseguir evitar um dano certo e grave e possibilitar o desenvolvimento normal, se não mesmo o melhor, da pessoa e sempre que existir a certeza, de um ponto de vista científico, de alcançar um resultado positivo. Causa perplexidade a legitimação de uma intervenção de manipulação genética no embrião toda vez que for possível intervir no homem. É preferível legitimar apenas aquelas intervenções que servem a remover graves impedimentos físicos ou psíquicos. É oportuno evitar qualquer tipificação legislativa. A manipulação não pode chegar à reprodução de seres ideais, nem novas concepções da raça. Isso significaria dar um passo para trás na história.[10]

---

6. Vale ressaltar que não apenas de acordo com o art. 1.565, § 2º do Código Civil assegura ao casal o direito ao livre planejamento familiar, mas também, de acordo com a Lei 9.263/96, trata-se de um direito de todo e qualquer cidadão, conforme art. 1º.
7. CINTRA, Caroline. *Casal gay do DF tem filhos gêmeos com genética das duas famílias; bebês são os primeiros do Brasil com gene de dois pais*. Disponível em: https://g1.globo.com/df/distrito-federal/noticia/2022/02/27/casal-gay-do-df-tem-filhos-gemeos-com-genetica-das-duas-familias-bebes-sao-os-primeiros-do-brasil-com-gene-de-dois-pais.ghtml. Acesso em: 22 abr. 2023.
8. KIRBY, Paul. *A atriz que gerou polêmica ao usar barriga de aluguel para gerar bebê do filho morto*. Disponível em: https://www.bbc.com/portuguese/articles/cnlxzvrknxyo?at_bbc_team=editorial&at_campaign_type=owned&at_link_type=web_link&at_link_origin=BBC_News_Brasil&at_format=link&at_link_id=1F9053CC-D476-11ED-8307-2332D99D5CC3&at_medium=social&at_campaign=Social_Flow&at_ptr_name=facebook_page&fbclid=IwAR1oL-JMJtt8rQRDFQedVt4Ise57Zd6v9GbnQ7FOgZXtPNU1lAuChSshl2E. Acesso em: 22 abr. 2023.
9. Nos termos do item VIII da Resolução: "É permitida a reprodução assistida post mortem desde que haja autorização específica do(a) falecido(a) para o uso do material biológico criopreservado, de acordo com a legislação vigente".
10. PERLINGIERI, Pietro. *O direito civil na legalidade constitucional*. Rio de Janeiro: Renovar, 2008, p. 829-830.

2. BIOTECNOLOGIA E REPRODUÇÃO HUMANA ASSISTIDA

O propósito deste artigo é discutir o avanço dos úteros artificiais. Mas, indubitavelmente, essa possibilidade ou avanço biotecnológico, bem como uma série de questionamentos que possam ser feitos a partir de tal potencial realidade, não surgiu repentinamente. Parte-se como desdobramento de um conjunto maior e diversificado de iniciativas no campo da biotecnologia, especialmente em relação à reprodução humana assistida, ainda que não circunscrito exclusivamente a esse conjunto de técnicas.[11]

Sem nenhum compromisso com o estabelecimento de uma ordem cronológica ou evolutiva, apenas de forma ilustrativa, já foi objeto de discussão: (i) a maternidade de substituição; (ii) a concepção *post mortem*; e (iii) a utilização de embriões excedentários para fins de pesquisa. Além disso, já fazem parte da realidade, independentemente de efetiva discussão jurídica e ética: (i) o Diagnóstico Genético Pré-Implantação (DGPI); (ii) a seleção de doadores para fins de se alcançar determinado fenótipo; (iii) a edição genética; (iv) os transumanos; (v) bebês geneticamente modificados; (vi) os *savior siblings*; e, ao que tudo indica, (vii) os híbridos humanos e os úteros artificiais.

Um dos fatores que mais chamam atenção é de que, na grande maioria de situações listadas, o Direito assistiu quase que passivamente ao avanço tecnológico e aos seus usos no campo da medicina. No caso brasileiro, especificamente, no mais das vezes, as questões ilustrativamente mencionadas acima foram objeto de Resoluções do CFM quando, melhor seria se tivessem sido objeto de ampla e multidisciplinar discussão para posterior regulação.

A maternidade substitutiva, por exemplo, é objeto de Resolução do CFM desde 1992. A Resolução CFM 1.358/1992, que vigorou até 2010, quando da sua revogação pela Resolução CFM 1.957/2010, já determinava que "as doadoras temporárias do útero devem pertencer à família da doadora genética, num parentesco até o segundo grau, sendo os demais casos sujeitos à autorização do Conselho Regional de Medicina".[12] Previsão semelhante foi repetida nas Resoluções posteriores, observando-se, no entanto, ampliação nas legitimadas para doação temporária de útero, bem como ampliando sensivelmente as disposições sobre a referida técnica.

Nesse sentido, enquanto as Resoluções vigentes até 2013[13] apenas determinavam que as doadoras de útero deveriam pertencer à família da doadora genética, em um parentesco até o segundo grau, sendo vedado o caráter lucrativo ou comercial da doação, a partir de 2013, mantida a vedação do caráter lucrativo ou comercial, são observadas

---

11. Como destacado por Bodin de Moraes e Dalsenter, "Ainda considerada por muitos como ficção científica, a tecnologia de informação e comunicação (ICT) tem sido utilizada no corpo humano há bastante tempo. Mais recentemente, implantes humanos de baixa tecnologia têm sido cada vez mais usados em contextos não terapêuticos. As aplicações incluem entradas em boates VIP, pagamentos automáticos e controle seguro de acesso. BODIN DE MORAES, Maria Celina. DALSENTER, Thamis. Autonomia existencial nos atos de disposição do próprio corpo. *Pensar*, Fortaleza, v. 19, n. 3, p. 779-818, set./dez. 2014, p. 805-806.
12. Resolução CFM 1.358/1992, seção VII, item 1.
13. Resolução CFM 1.358/1992 e Resolução CFM 1.957/2010.

alterações nas disposições sobre a maternidade de substituição, ampliando o rol de legitimadas. Assim, a Resolução CFM 2013/2013 determinou que: "as doadoras temporárias do útero devem pertencer à família de um dos parceiros num parentesco consanguíneo até o quarto grau (primeiro grau – mãe; segundo grau – irmã/avó; terceiro grau – tia; quarto grau – prima), em todos os casos respeitada a idade limite de até 50 anos".

Verifica-se a desvinculação do parentesco biológico ou genético entre a doadora de útero e a doadora genética bem como o alargamento do rol de legitimados para parentes de até quarto grau de qualquer um dos parceiros titulares do projeto parental, vai ao encontro da noção constitucionalizada de família. A Resolução CFM 2013/2013 inovou também ao estabelecer um conjunto de documentos mínimos a serem anexados ao prontuário do paciente. Inclui-se o termo de consentimento informado a ser assinado por todos os envolvidos no processo, contrato entre os pacientes, versando sobre a filiação e, também, aspectos relativos ao registro civil.

Depreende-se, claramente, que questões jurídicas sensíveis foram objeto de tratamento e decisões no âmbito do CFM, quando deveriam ter sido objeto de discussões e deliberações multidisciplinares e jurídicas. As Resoluções posteriores reproduziram tais previsões com algumas alterações, mas mantendo as recomendações acerca dos aspectos civis e de filiação.[14]

Certamente, em que pese a relevância da recomendação, não era suficiente para que fosse registrado o nascimento com a filiação indicada por contrato, afastando a máxima romana de que maternidade é estabelecida pelo parto. A rigor, o registro civil dos filhos havidos por técnicas de reprodução assistida, especialmente na hipótese de maternidade de substituição, só se tornou possível pela via administrativa direta após a edição do Provimento 52 do Conselho Nacional de Justiça (CNJ), em março de 2016.[15] No entanto, não há como deixar de destacar que o primeiro movimento para determinar requisitos para o registro em tais situações foi do CFM.

Especificamente, sobre normas éticas para a utilização das técnicas de reprodução assistida, destaca-se que, desde a Resolução CFM 1.358/1992, é vedada a utilização de tais técnicas "com a intenção de selecionar o sexo ou qualquer outra característica biológica do futuro filho, exceto quando se trate de evitar doenças ligadas ao sexo do filho que venha a nascer".[16] A mesma Resolução previu a possibilidade de as técnicas de reprodução assistida serem utilizadas "na preservação e tratamento de doenças genéticas ou hereditárias", abarcando intervenções com fins de diagnóstico ou terapêuticos.[17]

É de se notar que a vedação de utilização de técnicas de reprodução assistida para fins de seleção de características do filho ou filha que seria gerado, é acompanhada de uma exceção. Nesse caso, ainda que possa ser compreendida e não tenha causado

---

14. Resolução CFM 2.294/2021 e Resolução CFM 2.320/2022.
15. Provimento 52 do Conselho Nacional de Justiça foi revogado pelo Provimento 63, de 2017.
16. Resolução CFM 1.358/1992, seção I, item 4. Igual texto foi reproduzido nas resoluções posteriores.
17. Resolução CFM 1.358/1992, seção VI Igual texto foi reproduzido na Resolução CFM 1.957/2010, sendo alterado nas posteriores.

maiores alardes, autoriza uma escolha dos pais em relação ao filho que será gerado. Por derradeiro, abriu-se uma brecha que foi sendo ampliada nos últimos anos. Como destacado por Ana Paula da Costa:

Os avanços da ciência e tecnologia permitiram que, para além de tratar a infertilidade, a própria matéria biológica humana a ser implantada no útero da mulher possa ser clinicamente analisada, de modo a evitar dar início a gestações de embriões não saudáveis. Com o tempo, percebeu-se que a mesma tecnologia poderia ser utilizada para selecionar e gestar embriões geneticamente compatíveis com pessoa doente, que precise de tratamento com transplante de células-tronco para buscar a cura.[18]

Nesse sentido, por exemplo, a Resolução CFM 2013/2013, indo muito além da anterior, previu a possibilidade de utilização das técnicas de reprodução assistida para seleção de embriões compatíveis com algum filho ou filha do casal acometido por alguma doença, cujo tratamento efetivo fosse o transplante de células-tronco ou de órgãos.[19] Trata-se da utilização de técnicas de reprodução humana assistida para o tratamento de doenças de pessoas vivas por intermédio do já referido Diagnóstico Genético Pré-Implantacional (DGPI), com o fim de gerar os chamados *savior siblings* ou irmãos salvadores.

Como se verifica, conforme a Resolução CFM, seria possível selecionar embriões para implantação a partir da sua compatibilidade com irmãos vivos doentes e com o objetivo de os novos filhos serem doadores de órgãos, inclusive. A Resolução CFM 2.320/2022, reproduziu tal previsão, excluindo a parte final referente à doação de órgãos. Mas, de toda forma, causa espanto que tenha sido considerado o disposto no texto de uma Resolução que vigorou por nove anos. Cumpre ainda destacar que a Resolução CFM 2.320/2022 prevê a possibilidade de utilização das técnicas de reprodução assistida para "seleção de embriões submetidos a diagnóstico de alterações genéticas causadoras de doenças, podendo nesses casos ser doados para pesquisa ou descartados".

Diante desse cenário, e do que já é realidade, é que propomos pensar e problematizar a técnica de úteros artificiais. Certamente, nunca é tarde para estabelecer um debate sério e multidisciplinar acerca dos usos da tecnologia, notadamente no âmbito da reprodução humana. No entanto, não se pode descuidar que, para além de olhar para potenciais usos, deve-se refletir sobre o que já é realidade hoje e, se necessário for, dar um passo atrás.

3. O AVANÇO DE ÚTEROS ARTIFICIAIS

Em vista aos avanços na reprodução artificial assistida, as expectativas de instrumentalização da vida humana têm se mostrado efetivamente disruptivas, a ponto de fazer questionar a própria imprescindibilidade da gestação física humana. Por meio de

---

18. COSTA, Ana Paula Correia de Albuquerque. Reflexões acerca dos savior siblings no atual estado da arte, p. 248. *Responsabilidade Civil Médica*. Editora Foco. Edição do Kindle.
19. "As técnicas de RA também podem ser utilizadas para tipagem do sistema HLA do embrião, com o intuito de seleção de embriões HLA-compatíveis com algum filho(a) do casal já afetado por doença, doença esta que tenha como modalidade de tratamento efetivo o transplante de células-tronco ou de órgãos" (Resolução CFM 2013/2013). A Resolução CFM 2320/2022 repetiu texto semelhante, excluindo 'ou de órgãos'.

métodos ectnogêneses, é crescente a expectativa de tornar a reprodução inteiramente extracorpórea, a partir de úteros artificiais. A ectogênese é o termo empregado "na literatura bioética, para se referir a diversos meios nos quais a gravidez típica da espécie (gestação intrauterina) é substituída por meios alternativos de desenvolvimento do embrião".[20] A expressão, curiosamente, foi cunhada pelo biólogo evolucionista JBS Haldane, ainda em 1924, ao conjecturar a viabilidade de gestação da vida humana extracorpórea.[21] À época, Haldane acreditava que no ano de 2074 os úteros artificiais estariam tão populares que apenas uma pequena parcela da população (cerca de 30%) nasceria de úteros humanos.[22]

Em certa medida, dada a evolução de técnicas médico-científicas, as incubadoras em hospitais e maternidades oferecem realmente uma maior expectativa de vida ao nascer. Particularmente, nos casos envolvendo partos prematuros, elas podem oferecer a continuidade do amadurecimento de bebês, mas com uma limitação mínima de 22 semanas de gestação, período mais cedo em que um bebê sobreviveu ao nascimento prematuro.[23] Não obstante, os métodos de preservação embrionária extrauterina vêm se desenvolvendo de forma bastante significativa. Em 2017, pesquisadores do Hospital Infantil de Filadélfia criaram o útero artificial mais bem desenvolvido até então. Sob a experiência inédita, foi possível manter e simular em um saco plástico a inteira gestação de cordeiros prematuros com sucesso.[24]

Ainda mais recentemente, uma notícia chamou a atenção do mundo. Um biotecnólogo alemão propôs a criação de um verdadeiro complexo de úteros artificiais humanos, capaz de gerar 30 mil bebês por ano.[25] O "EctoLife", que mais parece ter saído da obra de ficção científica *Admirável Mundo Novo* de Aldous Huxley, permitiria ainda a manipulação sob demanda de características humanas na gestação artificial de bebês, como altura, força e inteligência.[26] Muito embora cientistas concordem que o projeto seja inviável com o estado atual de tecnologia,[27] especialmente porquanto a vida apenas é levada a cabo, por ora, a partir da nidação do embrião em útero humano, seria uma

---

20. SILVA NETTO, Manuel Camelo Ferreira da; DANTAS, Carlos Henrique Félix; LÔBO, Fabíola Albuquerque. De onde vêm os bebês? Útero artificial, bioética e direito: os possíveis impactos da ectogênese no campo da filiação – análise do contexto jurídico brasileiro. *Revista Bioetica y Derecho*, 2021, p. 283-298, p. 286.
21. ROSEN, Christine. Why Not Artificial Wombs? *The New Atlantis*, Center for the Study of Technology and Society, n. 3, Outono, 2003, p. 67-76. DOI: https://www.jstor.org/stable/43152051.
22. Ibidem.
23. PRASAD, Aarathi. *How artificial wombs will change our ideas of gender, family and equality*. Disponível em: https://www.theguardian.com/commentisfree/2017/may/01/artificial-womb-gender-family-equality-lamb. Acesso em: 23 abr. 2023.
24. PARTRIDGE, Emily A. et al. An extra-uterine system to physiologically support the extreme premature lamb. *Nature Communications*, 2017, n. 8. DOI: 10.1038/ncomms15112.
25. MOREIRA, Fernando. *Primeiro complexo com úteros artificiais do mundo permitiria que pais escolhessem características de bebês em 'menu'*. Disponível em: https://extra.globo.com/noticias/page-not-found/primeiro-complexo-com-uteros-artificiais-do-mundo-permitiria-que-pais-escolhessem-caracteristicas-de-bebes--em-menu-25627202.html. Acesso em: 23 abr. 2023.
26. Ibidem.
27. VIDAL, Luiza. *Choquei compartilha vídeo de útero artificial; tecnologia ainda não existe*. Disponível em: https://www.uol.com.br/vivabem/noticias/redacao/2022/12/14/video-de-utero-artificial.htm. Acesso em: 21 maio 2023.

tecnologia plausível dentro das próximas décadas.[28] Tendo em vista que a deflagração de tal progresso parece estar muito mais limitado a *quando* do que *se* poderia acontecer, a pergunta que resta é saber se a humanidade deveria aceitar ou de alguma forma regular este tipo de ingerência tão desconcertante.

Ao abordar desafios éticos e morais, Henri Atlan apresenta na obra *O Útero Artificial* aspectos relacionados às novas fronteiras dos papéis e o gênero na maternidade e paternidade com o avanço da reprodução humana instrumentalizada pelos úteros artificiais.[29] De acordo com o autor, por meio da hipermedicalização da procriação, o planejamento familiar se tornará muito em breve algo muito mais adepto à vontade dos pais, desassociando as funções tradicionais entre gêneros, mas também permitindo maiores individualismos. Similar à teoria do *Gene Egoísta*, proposta por Richard Dawkins,[30] a perspectiva em torno de uma reprodução artificial massificada poderia tornar a experiência humana na Terra ainda mais autocentrada. Ademais, como destacado por Souza, a possibilidade de uma completa gestação fora do útero natural, somado a outras tantas possibilidades já existentes e outras que serão desenvolvidas, "pode ser o início de um grande processo de reorganização social, com redefinição de papéis sociais, com forte impacto potencial no meio ambiente e na dignidade da pessoa humana".[31]

Sendo assim, quais seriam os limites para entre esta potencial autonomia dos pais, circunscrita à esfera do planejamento familiar, e a autodeterminação dos futuros filhos?

4. PLANEJAMENTO FAMILIAR, AUTODETERMINAÇÃO E A PERSPECTIVA DE DANOS

Discussões envolvendo limites às vontades dos pais e a gestação de seus filhos não são contemporâneas às técnicas de engenharia genética. Diversos são os casos que historicamente envolvem a reivindicação de indenizações pelos próprios filhos frente a excessiva intrusividade na autodeterminação anterior ao próprio nascimento. Na França, o caso *Affaire Perruche* chamou a atenção nos anos 2000, após um adolescente ter obtido

---

28. FIRSTPOST. *Baby in a Pod: What is EctoLife, the world's 'first artificial womb facility'*? Disponível em: https://www.firstpost.com/explainers/ectolife-the-worlds-first-artificial-womb-facility-11805801.html. Acesso em: 21 maio 2023.
29. DINIZ, Debora. *O útero artificial*. Atlan H. Rio de Janeiro: Editora Fiocruz; 2006, p. 128.
30. Ao descrever que o egoísmo individual propriamente inerente à natureza e aos institutos dos animais é o veículo principal que move as principais formas de reproduções, Dawkins argumenta: "Temos o poder de desafiar os genes egoístas que herdamos e, se necessário, os memes egoístas com que fomos doutrinados. Podemos até discutir maneiras de estimular e ensinar deliberadamente o altruísmo puro e desinteressado – algo que não existe na natureza e que nunca existiu antes na história do mundo. Somos construídos como máquinas de genes e educados como máquinas de memes, mas temos o poder de nos revoltar contra os nossos criadores. Somos os únicos na Terra com o poder de nos rebelar contra a tirania dos replicadores egoístas". DAWKINS, Richard. *O gene egoísta*. São Paulo: Companhia das Letras, 2007, 343.
31. SOUZA, Henrique Freire de Oliveira. *O caso do útero artificial. Protegendo a dignidade da pessoa humana e o meio ambiente*. Disponível em: https://conteudojuridico.com.br/consulta/Artigos/57251/o-caso-do-tero-artificial-protegendo-a-dignidade-da-pessoa-humana-e-o-meio-ambiente. Acesso em: 04 jun. 2023.

o direito a ser indenizado em razão de ter nascido com grave deficiência física, devido à sua mãe ter contraído rubéola durante a gravidez.[32]

Em 2019, foi veiculado um caso até então, inusitado de um processo movido por uma filha contra seus pais por ter nascido feia.[33] Ainda em 2019, foi amplamente noticiado o caso do jovem adulto indiano que pretendia processar os pais por ter nascido sem o seu consentimento.[34] Ambas as concepções, ao que se sabe, foram naturais e sem a intervenção de alguma das técnicas de reprodução humana assistida e, talvez por essa razão, causem estranhamento. Mas, se os pais tivessem escolhido o fenótipo da filha e/ou, no caso do jovem indiano, tivessem utilizado o Diagnóstico Genético Pré-Implantacional (DGPI) para que ele fosse um irmão salvador? Certamente, a análise seria um pouco diversa, afinal, qual é o limite entre a legitimidade e a abusividade no exercício do planejamento familiar?

O planejamento familiar, nos termos da Lei 9.263/1996, é o "conjunto de ações de regulação da fecundidade que garanta direitos iguais de constituição, limitação ou aumento da prole pela mulher, pelo homem ou pelo casal". Significa dizer que o planejamento familiar abarca todas as ações voltadas para a efetivação da escolha autônoma dos pais entre ter ou não ter filhos e quantos filhos ter, incluindo o aceso às técnicas de reprodução humana assistida. Porém, não abarca a escolha de características dos futuros filhos.

O exercício do planejamento familiar, assim como o exercício de qualquer outro direito, não é absoluto. Nesse sentido, importa delimitar os contornos e os limites desse específico ato de autonomia.

Considerando, o perfil da situação jurídica pretendida pelo exercício do planejamento familiar, conclui-se que se trata de ato de autonomia privada não patrimonial, cujo fundamento é a cláusula geral de tutela da pessoa humana. Essencial destacar que, para atos de tal natureza, a liberdade deve ser harmonizada com os demais substratos que conformam o princípio da dignidade da pessoa humana, quais sejam, a solidariedade, a igualdade e a integridade psicofísica,[35] dos titulares do planejamento familiar e daquele que será concebido.[36]

---

32. Ao comentar o precedente, Schreiber comenta ainda que: "A suposição de que, no entendimento daquela corte superior, o nascimento de uma criança pudesse ser considerado como dano ressarcível gerou infindáveis polêmicas no direito francês, que culminaram com a edição da Lei 2002-303. O referido diploma proibiu expressamente a indenização por simples nascimento indesejado, limitando o remédio ressarcitório àquelas hipóteses em que o erro médico tenha provocado diretamente o *handicap*, o tenha agravado, ou tenha, de alguma forma, impedido que fossem adotadas as providências necessárias a atenuá-lo". SCHREIBER, Anderson. *Novos paradigmas da responsabilidade civil: da erosão dos filtros da reparação à diluição dos danos*. 5. ed. São Paulo: Atlas, 2013, p. 97-98.
33. AMO DIREITO. *Caso inédito chama atenção: mulher processa os pais por ter nascido feia; veja a foto*. Disponível em: https://www.amodireito.com.br/2019/02/direito-mulher-processa-pais-nascido-feia.html. Acesso em: 27 maio 2023.
34. VITORIO, Tamires. *Indiano vai processar os pais por ter nascido sem ser consultado*. Disponível em: https://exame.com/casual/indiano-vai-processar-os-pais-por-ter-nascido-sem-ser-consultado/. Acesso em: 27 maio 2023.
35. Bodin de Moraes, Maria Celina. *Danos à pessoa humana: uma leitura civil-constitucional dos danos morais*. Rio de Janeiro: Renovar, 2003.
36. Nesse sentido, Meireles pontua: "Autonomia sim, mero arbítrio não. Isso só se torna compreensível nos atos de autonomia existenciais a partir da configuração da dignidade humana pelos princípios da liberdade, integridade,

Além disso, como todo e qualquer ato de autonomia, o exercício do planejamento familiar não é absoluto, estando sujeito aos controles de licitude e legitimidade. Afinal, como bem destacado por Paulo Luiz Netto Lôbo, "seja qual for a concepção que se lhe atribua, a autonomia privada apenas é apreensível a partir dos seus limites".[37]

O critério da licitude/ilicitude é o primeiro limite imposto à autonomia privada e corresponde ao princípio da legalidade, que determina não ser possível fazer aquilo que a lei proíbe. Esse critério, por exemplo, é suficiente para negar a possibilidade de mercantilização da reprodução humana pela compra de gametas e/ou remuneração para maternidade substitutiva. Mas não é suficiente, por outro lado, para a valoração em termos positivos do ato de autonomia em si. Isso porque, um ato pode ser *lícito*, não violando frontalmente uma norma, mas não ser *legítimo*, diga-se, não se coadunar com os valores do ordenamento jurídico.

Assim, o segundo limite genérico à autonomia privada é o critério da legitimidade. Trata-se de outro limite negativo, porém interno, que determina que os atos de autonomia, além de lícitos, têm que ser exercidos em conformidade com a sua função. Refere-se, portanto, a um controle de abusividade ou de *disfuncionalidade* do ato. Os parâmetros para esse controle de legitimidade são aqueles estabelecidos pelo legislador no art. 187 do Código Civil de 2002, a saber: fim econômico ou social, boa-fé e bons costumes.

A utilização da técnica do Diagnóstico Genético Pré-Implantacional (DGPI) é lícita, mas nem sempre será legítima. Logo, essa análise precisa ser feita de forma casuística, embora seja possível estabelecer alguns parâmetros a partir da finalidade social do próprio planejamento familiar, da boa-fé objetiva e dos bons costumes.

A finalidade social deve orientar o que se pretende ou que pode ser buscado com a reprodução humana assistida, a partir da resposta a difícil indagação acerca da sociedade que estamos construindo. E, de pronto, se o objetivo é a concretização dos valores constitucionais e a construção de uma sociedade justa, solidária, plural e igualitária, as técnicas não podem ser utilizadas para seleção de fenótipos e ou características como força, inteligência, dentre outras.

O próprio DGPI deve ser utilizado com muita parcimônia e, em casos, muito bem justificados. Afinal, pode-se facilmente caminhar para a prática de eugenia e intensificar a desigualdade social, criando até mesmo certa estratificação, entre os concebidos e nascidos por técnicas de reprodução assistida e os não.

Os bons costumes, em que pese a dificuldade em sua delimitação, deve ser um parâmetro determinante para legitimar ou não a adoção de certas técnicas.[38] Seria legí-

---

igualdade e solidariedade. A autonomia existencial vai ao encontro da liberdade, mas se houver colisão com a integridade, igualdade ou solidariedade o problema deve ser resolvido com base na ponderação". MEIRELES, Rose Melo Vencelau. *Autonomia privada e dignidade humana*. Rio de Janeiro: Renovar, 2009, p. 110.

37. LÔBO, Paulo Luiz Netto. *Direito civil*: parte geral. 2. ed. São Paulo: Saraiva, 2010, p. 99.
38. Especialmente no tocante às repercussões do Direito de Família, Viveiros de Castro afirma que "é preciso reafirmar que, também no contexto da família democrática, a imposição dos bons costumes não se faz a fim de uniformizar convicções de ordem moral ou comportamentos de acordo com a moral social dominante. Ao

timo e em conformidade com a moralidade constitucional, optar por uma concepção e gestação assistidas, não naturais quando essa fosse perfeitamente possível? Seria legítima a utilização da maternidade substitutiva ou, até mesmo, de um útero artificial em razão de preocupações estéticas?

Por fim, é de extrema relevância tutelar os filhos que serão concebidos, as gerações futuras. Mais ainda, deve-se coibir toda e qualquer forma de instrumentalização da vida humana.

No Brasil, conquistas atreladas ao direito à origem genética permitem que os filhos tenham conhecimento não apenas a ser por meio de exames de DNA a comprovação de vínculo de filiação,[39] mas também no caso de doadores de materiais genéticos, identificar suas origens genômicas.[40] Nesse sentido, o direito a conhecer a descendência familiar é um dos elementos inerentes aos próprios direitos da personalidade,[41] o que não impõe a inserção de qualquer pessoa a uma determinada família, especialmente diante da existência da multiparentalidade, isto é, socioafetiva e biológica. A propósito, como observa Dias:

> A possibilidade da gestação por substituição, por meio do uso de material genético de diferentes pessoas, pluralizou o próprio conceito de filiação. Existe mãe gestacional e mãe biológica. A doação anônima de material genético livrou os genitores da responsabilidade parental. Essas novidades

---

contrário, o apelo aos bons costumes é feito para obrigar que o exercício da autonomia familiar, e, por conseguinte, o poder familiar, seja exercício de acordo com os deveres decorrentes da clausula geral". DALSENTER, Thamis Dalsenter Viveiros de Castro. *Bons costumes no Direito Civil Brasileiro*. São Paulo: Almedina, 2017, p. 261.

39. Nesse sentido, o Superior Tribunal de Justiça: Direito de família. Ação negatória de paternidade. Exame de DNA negativo. Reconhecimento de paternidade socioafetiva. Improcedência do pedido. 1. Em conformidade com os princípios do Código Civil de 2002 e da Constituição Federal de 1988, o êxito em ação negatória de paternidade depende da demonstração, a um só tempo, da inexistência de origem biológica e também de que não tenha sido constituído o estado de filiação, fortemente marcado pelas relações socioafetivas e edificado na convivência familiar. Vale dizer que a pretensão voltada à impugnação da paternidade não pode prosperar, quando fundada apenas na origem genética, mas em aberto conflito com a paternidade socioafetiva. 2. No caso, as instâncias ordinárias reconheceram a paternidade socioafetiva (ou a posse do estado de filiação), desde sempre existente entre o autor e as requeridas. Assim, se a declaração realizada pelo autor por ocasião do registro foi uma inverdade no que concerne à origem genética, certamente não o foi no que toca ao desígnio de estabelecer com as então infantes vínculos afetivos próprios do estado de filho, verdade em si bastante à manutenção do registro de nascimento e ao afastamento da alegação de falsidade ou erro. 3. Recurso especial não provido (STJ. REsp n. 1.059.214/RS, relator Ministro Luis Felipe Salomão, Quarta Turma, julgado em 16.02.2012, DJe de 12.03.2012).

40. Como observa Bodin de Moraes: "Conhecê-lo significa não apenas impedir o incesto e possibilitar a aplicação de impedimentos matrimoniais ou prever e evitar enfermidades hereditárias mas, responsavelmente, estabelecido o vínculo entre o titular do patrimônio genético e sua descendência, assegurar o uso do sobrenome familiar, com sua história e sua reputação, garantir o exercício dos direitos e deveres decorrentes do pátrio poder, além das repercussões patrimoniais e sucessórias. Daí decorre que, em nosso sistema jurídico, o conhecimento verídico acerca da própria historicidade é direito elementar e fundamental. Neste cenário, somando-se as técnicas modernas de reprodução, os avanços crescentes da medicina e da genética e o reconhecimento do afeto como formador de vínculos de parentesco, parece insustentável que o intérprete continue a utilizar-se de elaborações estruturais acerca das entidades familiares. A busca por caminhos e interpretações funcionais, despidas de preconceitos, mostra-se essencial para a edificação da tutela concreta dos filhos". BODIN DE MORAES, Maria Celina. Instrumentos para a proteção dos filhos frente aos próprios pais. *Civilistica.com*. Rio de Janeiro, a. 7, n. 3, 2018. Disponível em: http://civilistica.com/instrumentospara-a-protecao-dos-filhos/. Acesso em: 21 maio 2023, p. 09.

41. DIAS, Maria Berenice. *Manual de Direito das Famílias*. 14. ed. Salvador: JusPodivm, 2021, p. 216-217.

provocaram consequências paradoxais. Nunca foi tão fácil descobrir a verdade biológica, a verdade passou a ter pouca valia frente à verdade afetiva. Tanto é assim que foi construída a diferença entre pai e genitor. *Pai* é o que cria, o que dá amor, e *genitor* é somente o que gera. Se durante muito – por presunção legal ou por falta de conhecimentos científicos – confundiam-se essas duas figuras, hoje é possível identificá-las em pessoas distintas.[42]

No tocante à perspectiva de danos, é perceptível que pretensas vontades dos pais não são capazes de sobressair aos direitos inerentes à condição de filho. Informações relacionadas às próprias origens já se mostram capazes de serem facilmente obtidas, no entanto, situação mais complexa será quando o filho nasce com características deliberadamente pré-condicionadas. No caso de um pleno estabelecimento de úteros artificiais, como garantir que a pessoa humana desenvolvida tenha chances de concordar com as seleções optadas pelos próprios pais?

Uma primeira linha argumentativa poderia aduzir que seria inviável falar em danos sobre as características preestabelecidas da mesma maneira com que há a aleatoriedade genética da reprodução humana tradicional. No entanto, da mesma maneira com que certos elementos fenotípicos sejam de pouca importância, do ponto de vista social, tal como altura, cores dos olhos ou cabelos, questionável passa a ser maiores interferências, como níveis de inteligência, predisposições corporais ou até mesmo a inclusão de certas deficiências físicas. Seria necessário regulamentar possíveis critérios aptos a serem modificados pelos próprios pais?

Segundo Harari, a humanidade passa por uma clara transição do culto ao humanismo para a era dos dados.[43] A crescente vontade e desejo humano de se aperfeiçoar a ponto de buscar incessantemente por melhorias artificiais no próprio corpo e sua formação apenas torna a experiência humana mais utilitarista e "datificada", paradoxalmente, movida a aspirações historicamente humanas de encontrar uma perfeição; de querer ser Deus. Nesse sentido, a inteligência desacoplada da consciência,[44] pode ser efetivamente retrógrada, ao projetar seres humanos melhorados artificialmente daqueles jogados à própria sorte, própria da aleatoriedade da procriação tradicional.

5. CONSIDERAÇÕES FINAIS

A partir de reflexões brevemente abordadas nesse trabalho, buscou-se trazer à baila controvérsias dos limites éticos envolvidos em processos de reprodução humana assistida. Os crescentes progressos e intervenções médico-científicas oferecem potenciais de interferências a ponto de tornar questionável a própria necessidade de gestação humana tradicional. Sob a perspectiva do Direito, identificar as potenciais controvérsias à tutela da pessoa humana exige de profissionais um constante processo de vigilância para que os valores éticos e solidários permeados pelo ordenamento jurídico estejam incutidos aos avanços tecnológicos.

---

42. Ibidem, p. 219.
43. HARARI, Yuval Noah. *Homo deus*: uma breve história do amanhã. São Paulo: Companhia das Letras, 2016, p. 392.
44. Ibidem, p. 398.

Especialmente sob o instituto da responsabilidade civil, diversas conquistas trouxeram conquistas relevantes ao direito à autodeterminação dos próprios filhos frente aos pais. A autonomia privada inerente ao exercício do planejamento familiar não se confunde a uma carta branca aos pais de projetarem sua futura prole à sua mera vontade. Para tanto, faz-se necessário com que medidas e instrumentos regulatórios venham a traçar parâmetros objetivos para que eventuais interferências genéticas, tais como as inúmeras vantagens prometidas por úteros artificiais estejam coadunadas com valores que respeitem a condição humana. "A ligação de finalidade entre o cuidado de si e o cuidado dos outros ocorre apenas a partir do cálculo de que o bem-estar dos outros, no fim das contas, serve ao meu próprio bem-estar".[45]

REFERÊNCIAS

AMO DIREITO. *Caso inédito chama atenção*: mulher processa os pais por ter nascido feia; veja a foto. Disponível em: https://www.amodireito.com.br/2019/02/direito-mulher-processa-pais-nascido-feia.html. Acesso em: 27 maio 2023.

BARBOZA, Heloisa Helena. Princípios da Bioética e do Biodireito. *Revista Bioética*, v. 8, n. 2, 2009.

BBC. *Clínica nos EUA oferece escolha de cor de olhos de bebês*. Disponível em: https://www.bbc.com/portuguese/noticias/2009/03/090302_bebeescolhaeuafn. Acesso em: 22 abr. 2023.

Bodin de Moraes, Maria Celina. *Danos à pessoa humana*: uma leitura civil-constitucional dos danos morais. Rio de Janeiro: Renovar, 2003.

BODIN DE MORAES, Maria Celina. Instrumentos para a proteção dos filhos frente aos próprios pais. *Civilistica.com*. Rio de Janeiro, a. 7, n. 3, 2018. Disponível em: http://civilistica.com/instrumentospara--a-protecao-dos-filhos/. Acesso em: 21 maio 2023.

BODIN DE MORAES, Maria Celina. DALSENTER, Thamis. Autonomia existencial nos atos de disposição do próprio corpo. *Pensar*, Fortaleza, v. 19, n. 3, p. 779-818, set./dez. 2014.

CINTRA, Caroline. *Casal gay do DF tem filhos gêmeos com genética das duas famílias; bebês são os primeiros do Brasil com gene de dois pais*. Disponível em: https://g1.globo.com/df/distrito-federal/noticia/2022/02/27/casal-gay-do-df-tem-filhos-gemeos-com-genetica-das-duas-familias-bebes-sao-os-primeiros-do-brasil-com-gene-de-dois-pais.ghtml. Acesso em: 22 abr. 2023.

COSTA, Ana Paula Correia de Albuquerque. Reflexões acerca dos *savior siblings* no atual estado da arte, p. 248. *Responsabilidade Civil Médica*. Indaiatuba: Foco. Edição Kindle.

DALSENTER, Thamis Dalsenter Viveiros de Castro. *Bons costumes no Direito Civil Brasileiro*. São Paulo: Almedina, 2017.

DAWKINS, Richard. *O gene egoísta*. São Paulo: Companhia das Letras, 2007.

DIAS, Maria Berenice. *Manual de Direito das Famílias*. 14. ed. Salvador: JusPodivm, 2021

DINIZ, Debora. *O útero artificial*. Atlan H. Rio de Janeiro: Editora Fiocruz; 2006.

FIRSTPOST. *Baby in a Pod: What is EctoLife, the world's 'first artificial womb facility'?* Disponível em: https://www.firstpost.com/explainers/ectolife-the-worlds-first-artificial-womb-facility-11805801.html. Acesso em: 21 maio 2023.

HAN, Byung-Chul. *O que é poder?* Petrópolis: Vozes, 2019.

HARARI, Yuval Noah. *Homo Deus*: uma breve história do amanhã. São Paulo: Companhia das Letras, 2016.

---

45. HAN, Byung-Chul. *O que é poder?* Petrópolis: Vozes, 2019, p. 187.

KIRBY, Paul. *A atriz que gerou polêmica ao usar barriga de aluguel para gerar bebê do filho morto.* Disponível em: https://www.bbc.com/portuguese/articles/cnlxzvrknxyo?at_bbc_team=editorial&at_campaign_type=owned&at_link_type=web_link&at_link_origin=BBC_News_Brasil&at_format=link&at_link_id=1F9053CC-D476-11ED-8307-2332D99D5CC3&at_medium=social&at_campaign=Social_Flow&at_ptr_name=facebook_page&fbclid=IwAR1oL-JMJtt8rQRDFQedVt4Ise57Zd6v9Gbn-Q7FOgZXtPNU1lAuChSshl2E. Acesso em: 22 abr. 2023.

LÔBO, Paulo Luiz Netto. *Direito civil*: parte geral. 2. ed. São Paulo: Saraiva, 2010.

MEIRELES, Rose Melo Vencelau. *Autonomia privada e dignidade humana*. Rio de Janeiro: Renovar, 2009.

MOREIRA, Fernando. *Primeiro complexo com úteros artificiais do mundo permitiria que pais escolhessem características de bebês em 'menu'*. Disponível em: https://extra.globo.com/noticias/page-not-found/primeiro-complexo-com-uteros-artificiais-do-mundo-permitiria-que-pais-escolhessem-caracteristicas-de-bebes-em-menu-25627202.html. Acesso em: 23 abr. 2023.

PARTRIDGE, Emily A. et al. An extra-uterine system to physiologically support the extreme premature lamb. *Nature Communications*, 2017, n. 8. DOI: 10.1038/ncomms15112.

PERLINGIERI, Pietro. *O direito civil na legalidade constitucional*. Rio de Janeiro: Renovar, 2008.

PRASAD, Aarathi. *How artificial wombs will change our ideas of gender, family and equality*. Disponível em: https://www.theguardian.com/commentisfree/2017/may/01/artificial-womb-gender-family-equality-lamb. Acesso em: 23 abr. 2023.

ROSEN, Christine. Why Not Artificial Wombs? *The New Atlantis*, Center for the Study of Technology and Society, n. 3, Outono, 2003, p. 67-76. DOI: https://www.jstor.org/stable/43152051.

SANDEL, Michael. *Contra a perfeição: ética na era da engenharia genética*. Rio de Janeiro: Civilização Brasileira, 2013.

SCHREIBER, Anderson. *Novos paradigmas da responsabilidade civil*: da erosão dos filtros da reparação à diluição dos danos. 5. ed. São Paulo: Atlas, 2013.

SILVA, Mariana Maria. *Uso de inteligência artificial em fertilização in vitro torna bebês mais parecidos com os pais.* Disponível em: https://exame.com/future-of-money/uso-de-inteligencia-artificial-em-inseminacoes-torna-bebes-mais-parecidos-com-os-pais/. Acesso em: 22 abr. 2023.

SILVA NETTO, Manuel Camelo Ferreira da; DANTAS, Carlos Henrique Félix; LÔBO, Fabíola Albuquerque. De onde vêm os bebês? Útero artificial, bioética e direito: os possíveis impactos da ectogênese no campo da filiação – análise do contexto jurídico brasileiro. *Revista Bioética y Derecho*, p. 283-298, 2021.

SOUZA, HENRIQUE FREIRE DE OLIVEIRA. *O caso do útero artificial. Protegendo a dignidade da pessoa humana e o meio ambiente*. Disponível em: https://conteudojuridico.com.br/consulta/Artigos/57251/o--caso-do-tero-artificial-protegendo-a-dignidade-da-pessoa-humana-e-o-meio-ambiente. Acesso em: 04 jun. 2023.

VIDAL, Luiza. *Choquei compartilha vídeo de útero artificial; tecnologia ainda não existe*. Disponível em: https://www.uol.com.br/vivabem/noticias/redacao/2022/12/14/video-de-utero-artificial.htm. Acesso em: 21 maio 2023.

VITORIO, Tamires. *Indiano vai processar os pais por ter nascido sem ser consultado*. Disponível em: https://exame.com/casual/indiano-vai-processar-os-pais-por-ter-nascido-sem-ser-consultado/. Acesso em: 27 maio 2023.

RESPONSABILIDADE CIVIL PELO TEMPO DEDICADO AO CUIDADO: UM CAMINHO RUMO À IGUALDADE MATERIAL?

Andressa Regina Bissolotti dos Santos

Doutora e Mestra em Direitos Humanos e Democracia pelo Programa de Pós-Graduação em Direito da Universidade Federal do Paraná. Foi pesquisadora visitante do Centro de Estudos Sociais da Universidade de Coimbra de jan./jul. 2021. Atualmente compõe a equipe da Secretaria Nacional dos Direitos das Pessoas LGBTQIA+ do Ministério dos Direitos e da Cidadania. Professora universitária e advogada.

Sumário: 1. Introdução – 2. O cuidado como elemento central da desigualdade entre homens e mulheres – 3. O cuidado como necessidade e como dever jurídico: reflexões sobre o enquadramento jurídico do ato de cuidar – 4. A proposta: responsabilidade civil e a reparação dos danos causados pelo desequilíbrio no exercício do cuidado – 5. Considerações finais – Referências.

1. INTRODUÇÃO

A Constituição Federal de 1988 define, em seu artigo 5º, inciso I, a igualdade de homens e mulheres em direitos e obrigações.[1] Aduz, ainda, que é seu objetivo fundamental a promoção do bem de todas as pessoas, sem preconceitos de sexo ou quaisquer outras formas de discriminação, conforme seu artigo 3º, inciso IV.[2]

No escopo da hermenêutica proposta pela metodologia do Direito Civil Constitucional, é fundamental que todos os institutos de Direito Civil sejam repensados à luz desses e de outros ditames constitucionais. Não cabe, nos objetivos deste capítulo, a explicação detalhada desta metodologia, que já se encontra relativamente consolidada na pesquisa jurídica. Apenas para melhor delimitação, ressaltamos que tal metodologia pode ser pensada como forma de contextualização e corporificação das relações civis, compreendendo-se que "a positividade (do direito) não deriva de um universo transcendente, mas da circunstância de que o direito é 'cognoscível para o observador'"[3] e que, portanto, trata-se de realizar uma hermenêutica que busque considerar os efeitos

---

1. Art. 5º. Todos são iguais perante a lei, sem distinção de qualquer natureza, garantindo-se aos brasileiros e aos estrangeiros residentes no País a inviolabilidade do direito à vida, à liberdade, à igualdade, à segurança e à propriedade, nos termos seguintes:
   I – homens e mulheres são iguais em direitos e obrigações, nos termos desta Constituição".
2. Art. 3º Constituem objetivos fundamentais da República Federativa do Brasil:
   (...)
   IV – promover o bem de todos, sem preconceitos de origem, raça, sexo, cor, idade e quaisquer outras formas de discriminação.
3. PERLINGIERI, Pietro. *Perfis do Direito Civil*: introdução ao Direito Civil Constitucional. 3. ed. Rio de Janeiro: Renovar, 2002.

dos institutos jurídicos em relação ao meio social e a seus destinatários, avaliando-se sua compatibilidade com os valores constitucionais.[4]

Assim, a metodologia do Direito Civil-Constitucional aponta para a tomada do procedimento de interpretação do direito como uma forma de conhecimento,[5] a qual possui "suas raízes 'em uma disposição de fundo de quem compreende' e que pode ser designada como 'asserção axiológica'".[6] Compreendendo-se que toda atividade hermenêutica possui, assim, uma asserção axiológica, é que se expõe a asserção hermenêutica da proposta aqui apresentada, como o valor constitucional da igualdade material entre homens e mulheres, preconizada pela Constituição Federal, como já exposto.

Neste trabalho tomaremos, portanto, a responsabilidade civil, em suas diferentes modalidades, a partir de sua "funcionalização" para realização dos ditames constitucionais de igualdade material entre os gêneros. De fato, a hermenêutica à luz da Constituição exige não a mera compatibilização formal dos institutos, mas acima de tudo a sua "correspondência substancial aos valores que, incorporados ao texto constitucional, passam a conformar todo o sistema jurídico".[7]

Trata-se, portanto, de questionar acerca da possível funcionalização da responsabilidade civil rumo à promoção do valor constitucional da igualdade material entre homens e mulheres.

Nesse sentido, esse capítulo busca inicialmente posicionar o trabalho de cuidado exercido pelas mulheres como elemento central da desigualdade material entre os gêneros, especialmente por seu apagamento social enquanto trabalho, o que frequentemente leva à sua exclusão como contribuição direta ao crescimento patrimonial das pessoas que se beneficiam desse trabalho necessário, realizado pelas mulheres.

Falar de cuidado é falar, ainda hoje, das desigualdades existentes entre homens e mulheres. Historicamente, as atividades de cuidado foram tomadas como naturais, realizadas simplesmente por instinto ou amor, o que as manteve, até recentemente, fora das discussões sobre o trabalho. Assim é que se tem demonstrado que "repensar o cuidado também como um trabalho implica uma mudança de paradigma".[8]

A partir disso, considera-se a existência de nexo causal entre os prejuízos sofridos por quem se dedica de forma desequilibrada à realização de um dever (e uma necessidade) de cuidado compartilhado, e os benefícios gerados a quem não precisa cumprir esse

---

4. SCHREIBER, Anderson; KONDER, Carlos Nelson. Uma agenda para o direito civil-constitucional. *Revista Brasileira de Direito Civil – RBDCivil*, v. 10, p. 09-27, dez. 2016.
5. KONDER, Carlos Nelson. Distinções hermenêuticas da constitucionalização do Direito Civil: o intérprete na doutrina de Pietro Perlingieri. In: MENEZES, Joyceane Bezerra; CICCO, Maria Cristina de; RODRIGUES, Francisco Luciano Lima (Ed.). *Direito Civil na Legalidade Constitucional*: algumas aplicações. Indaiatuba, SP: Editora Foco, 2021. p. 71-86.
6. PERLINGIERI. *Perfis do Direito Civil...* Op. cit., p. 69.
7. MORAES, Maria Celina Bodin de. A constitucionalização do direito civil e seus efeitos sobre a responsabilidade civil. *Direito, Estado e Sociedade*, v. 9, p. 233-258, dez. 2006. p. 235.
8. FONTOURA, Natália. *Debates conceituais em torno do cuidado e de sua provisão*. Brasília, DF: Instituto de Pesquisa Econômica Aplicada (Ipea), 2023. p. 1-40. p. 12.

dever e/ou dar conta dessa necessidade, por vê-lo cumprido por outra pessoa. A partir desse nexo causal, bem como da presença de efetivo prejuízo (dano) àquela que realiza com exclusividade ou grande proeminência os deveres de cuidado, consubstanciado principalmente nos obstáculos criados à sua própria realização pessoal e profissional, é que se visualiza a possibilidade de pensar a questão a partir dos institutos da responsabilidade civil.

Ao longo deste capítulo, a tese poderá ser melhor desenvolvida e apresentada, com consideração acerca do correto enquadramento dos pressupostos necessários ao surgimento do dever de reparar.

Inicialmente, passaremos às considerações sobre a centralidade dos deveres de cuidado na desigualdade entre os gêneros, bem como sobre o repensar do enquadramento jurídico e social desse cuidado, que deve ser *visto* como trabalho, atividade necessária e verdadeiro dever jurídico positivo, para que possa ser objeto de valorização e consideração jurídicas.

Posteriormente, posicionado devidamente o cuidado, será possível portanto retornar à responsabilidade civil, questionando se seria possível ver no desequilíbrio existente no cuidado a produção de um dano reparável.

2. O CUIDADO COMO ELEMENTO CENTRAL DA DESIGUALDADE ENTRE HOMENS E MULHERES

As desigualdades entre homens e mulheres dependem, para sua produção, da (re) produção de um sistema (ou uma matriz) que significa as corporalidades humanas, lhes conferindo sentido dentro de uma suposta complementaridade essencial, que se desdobraria supostamente da própria biologia, de forma a ditar os comportamentos sociais a serem adotados. Essa matriz reivindica a existência de uma coerência interna entre a ideia de sexo (corpo), gênero (identidade como homem/mulher) e desejo (direcionado ao sexo/gênero oposto),[9] inscrevendo a heterossexualidade como a única forma possível se sexualidade humana, e baseando-a em uma predeterminação dos papéis possíveis a cada gênero, em uma marcação de diferenças que é também hierarquizadora.[10]

Como têm demonstrado as teorias feministas, as potências reprodutivas dos corpos socialmente identificados como femininos são centrais nos critérios definidos para essas significações diferenciais e hierárquicas.[11] No escopo da organização moderna da

---

9. BUTLER, Judith. *El género en disputa*: el feminismo y la subversión de la identidad. Barcelona: Paidós, 2007.
10. Como, aliás, as marcações de diferenças tendem a ser no âmbito das construções culturais ocidentais, como nos demonstra WOODWARD, Kathryn. Identidade e diferença: uma introdução teórica e conceitual. IN: SILVA, Tomaz Tadeu da (Org.). *Identidade e diferença*: a perspectiva dos estudos culturais. 15. ed. Petrópolis, RJ: Vozes, 2014. p. 07-72. Assim, o binário homem/mulher opera não apenas marcando uma diferença, mas também inscrevendo uma hierarquia no escopo dessa diferença marcada.
11. ORTNER, Sherry B. Está a mulher para o homem assim como a natureza para a cultura? IN: BRANDÃO, Izabel et. al (Org.). *Traduções da Cultura*: perspectivas feministas (1970-2010). Florianópolis: EDUFAL; Editora da UFSC, 2017. p. 91-123.

sociedade em torno da família nuclear,[12] surge, portanto, a necessidade de compreender de que maneira os diferentes aspectos do trabalho necessário à (re)produção da vida são distribuídos e significados.

Para tanto, cabe compreender os sentidos do conceito de "divisão sexual do trabalho". Surgido na França, no início dos anos 1970, esse conceito tinha como objetivo a inclusão do trabalho doméstico na definição de "trabalho", demonstrando que "uma enorme massa de trabalho é efetuada gratuitamente pelas mulheres, que esse trabalho é invisível, que é realizado não para elas mesmas, mas para outros, e sempre em nome da natureza, do amor e do dever materno".[13]

Trata-se, enfim, da forma de divisão do trabalho social entre os gêneros, que se consolida então como elemento prioritário para a própria manutenção da relação existente entre os gêneros. A partir do que o conceito em questão oferece é possível perceber não só a existência de *diferentes* tarefas atribuídas a homens e mulheres no escopo do meio social, mas igualmente refletir sobre "os processos mediante os quais a sociedade utiliza essa diferenciação para hierarquizar as atividades, e, portanto, os sexos, em suma, para criar um sistema de gênero".[14] Assim, a divisão sexual do trabalho opera a partir de dois princípios organizadores: um que separa as tarefas sociais (os trabalhos de homens e os trabalhos de mulheres) e um que hierarquiza essas tarefas, subvalorizando o trabalho identificado como feminino e, em diversos casos, até mesmo tornando-o invisível.

Essa forma de organização social, frise-se, permanece operando mesmo no mundo contemporâneo, apesar do aumento da participação feminina no escopo do mercado profissional.[15] Verifica-se que esse aumento não necessariamente resultou

---

12. Como aduz Philippe Ariès, não se pode partir do pressuposto de que a família nuclear seja um elemento "natural". O historiador demonstra como a ideia de família "nuclear" e da separação entre público e privado que de que ela depende, foi sendo construído no escopo da Modernidade europeia, através da assunção pela família de uma série de funções antes exercidas fora dela, como a educação e cuidado das crianças, bem como as experiências afetivas centrais na vida das pessoas humanas. ARIÈS, Philippe. *História social da criança e da família*. 2. ed. Rio de Janeiro: LTC, 1981. Assim, embora tendamos a considerar a família como um espaço de "natural" desenvolvimento de afetos, a história mostra que também ela é um espaço que resulta de uma trajetória e de uma história particular as quais, aliás, não podem ser generalizadas para todas as experiências culturais humanas. Pense-se, nesse ponto, que os estudos descoloniais têm demonstrado a existência de formas diversas de vivenciar o gênero, as relações sexuais, afetivas e de filiação, que não se limitam à perspectiva dos papeis específicos vivenciados pelo binarismo homem/mulher no escopo das famílias nucleares modernas. Assim, a pretensão de "naturalidade" e "universalidade" do gênero e da família é, também, um dos resultados do processo colonial, conforme LUGONES, MARÍA. *Colonialidade e gênero*. Tabula Rasa [online]. 2008, n. 9, p. 73-102.
13. HIRATA, Helena; KERGOAT, Danièlle. Novas configurações da divisão sexual do trabalho. *Cadernos de Pesquisa*, v. 37, n. 132, p. 595-609, set./dez. 2007. p. 597.
14. HIRATA. KERGOAT. Op. cit., p. 596.
15. Optou-se pela utilização do termo mercado "profissional" como forma de evitar uma confusão comum: a de que as mulheres só teriam ingressado no mundo do "trabalho" recentemente, no âmbito do século XX. Como autoras dos feminismos interseccionais demonstram, essa afirmação é absolutamente incorreta, tendo em vista que as mulheres sempre participaram do mundo do trabalho, inclusive *fora* do ambiente "doméstico". Tenha-se, por exemplo, o trabalho das mulheres escravizadas, não apenas nas casas das famílias brancas, mas também no campo e em diversas outras tarefas, como nos demonstra DAVIS, Angela. *Mulheres, Raça e Classe*. São Paulo: Boitempo, 2016. Tenha-se, igualmente, o trabalho das mulheres nas fábricas desde o início da Revolução Industrial. Ou seja, as mulheres *sempre* estiveram ocupando postos "fora" de casa, conforme nos indica também SAFFIOTI, Heleieith I. B. *A mulher na sociedade de classes*: mito e realidade. 3 ed. São Paulo: Expressão Popular,

numa maior divisão entre os gêneros das tarefas tradicionalmente femininas. Assim, demonstra-se a construção de um paradigma que exige a "conciliação" entre a vida familiar e a vida profissional, numa política fortemente sexuada, tendo em vista que essa conciliação é frequentemente exigida apenas das mulheres.[16] Essa "conciliação" pode resultar com frequência na assunção, pelas mulheres, de trabalhos de meio período, trabalhos informais, postos, enfim, que lhes permitam a flexibilidade necessária para manter as necessidades da família (e em especial dos filhos e/ou outras pessoas vulneráveis) em primeiro lugar.

Faz-se referência, igualmente, ao modelo da "delegação",[17] utilizado por aquelas famílias que possuem "a necessidade e os meios de delegar a outras mulheres as tarefas domésticas e familiares".[18] Ou seja, mesmo considerando-se as famílias em que as mulheres tenham amplo desenvolvimento profissional, dificilmente é possível verificar uma equânime divisão das tarefas de cuidado; mais comum é deparar-se com a operação do modelo da delegação, com outras mulheres sendo remuneradas para assumir aquelas tarefas.

Os dados do Instituto Brasileiro de Geografia e Estatística apontam para essa realidade. Em dados da Pesquisa Nacional por Amostra de Domicílios (Pnad) contínua, constatou-se que em 2019 as mulheres dedicavam em média 21,4 horas semanais aos afazeres domésticos ou ao cuidado de pessoas, contra 11,0 horas dedicadas pelos homens.[19]

Os dados de 2019 indicaram assim uma diferença de 10,4 horas semanais, maior do que a diferença encontrada em 2016, que era de 9,9 horas semanais. Esse aumento, aliás, é forte indicador da estabilidade da divisão sexual do trabalho no contexto brasileiro, e da ausência de uma correlação necessária entre aumento da participação feminina no mercado profissional formal e aumento da participação masculina na realização dos afazeres domésticos.

2013. É mais acurado, portanto, falar em conquista do acesso ao mercado "profissional" por parte das mulheres, e não do mercado de "trabalho", onde elas sempre estiveram. A lógica da "profissão", no entanto, aponta mais para a possibilidade de construção de carreiras ascendentes, com alcance de postos de elevada remuneração e prestígio os quais, esses sim, estiveram completamente inacessíveis a qualquer participação feminina até muito recentemente.

16. HIRATA. KERGOAT. Op. cit., p. 604.
17. Há aqui um forte aspecto interseccional, que deve ser pontuado. Em uma pesquisa comparando o exercício do trabalho de cuidado no Brasil, França e Japão, Helena Hirata demonstrou como ele se demonstra indissociável da divisão racial e étnica do trabalho. Assim, para ela "o trabalho de cuidado é exemplar das desigualdades imbricadas de gênero, de classe e de raça, pois os cuidadores são majoritariamente mulheres, pobres, negras, muitas vezes migrantes (provenientes de migração interna ou externa)" HIRATA, Helena. O trabalho de cuidado: comparando Brasil, França e Japão. *SUR* 24, v. 13, n. 24, 2016. p. 53-64. p. 54.
18. Ibidem.
19. INSTITUTO BRASILEIRO DE GEOGRAFIA E ESTATÍSTICA. Em média, mulheres dedicam 10,4 horas por semana a mais que os homens aos afazeres domésticos ou ao cuidado de pessoas. Editoria Estatísticas Sociais. Publ. em 04 de junho de 2020. Atual. Em 16 de julho de 2020. Disponível em: https://agenciadenoticias.ibge.gov.br/agencia-sala-de-imprensa/2013-agencia-de-noticias/releases/27877-em-media-mulheres-dedicam-10-4-horas-por-semana-a-mais-que-os-homens-aos-afazeres-domesticos-ou-ao-cuidado-de-pessoas. Acesso em: 28 maio 2023.

Os dados do trabalho doméstico remunerado também confirmam a força da divisão sexual do trabalho na realidade brasileira. De acordo com análise divulgada pelo DIEESE e baseada nos dados da Pnad Contínua, 92% das pessoas ocupadas no trabalho doméstico eram mulheres em 2021, com 65% delas sendo também negras.[20]

Ressalte-se, por fim, que o Instituto de Pesquisa Econômica Aplicada publicou, em 2022, nota técnica indicando que uma mulher sem filhos menores 14 (quatorze) anos tinha quase o dobro das chances de estar participando da força de trabalho, quando comparada a uma mulher com filhos na faixa etária indicada. Por outro lado, para os homens o efeito identificado foi o oposto: um homem com filhos menores de 14 anos participava 1,49 vezes mais da força de trabalho, comparado a um homem sem filhos nessa faixa etária, ou seja, a probabilidade de um homem estar participando da força de trabalho cresce na presença de filhos.[21]

Assim, é necessário considerar que apesar da inscrição da igualdade de gênero como direito fundamental e objetivo por parte da Constituição, a realidade social parece indicar, no âmbito da divisão sexual do trabalho, uma manutenção da "família tradicional, na qual as mulheres são entendidas como as responsáveis pela provisão de cuidados para filhos, idosos, pessoas com deficiências ou outros dependentes".[22]

Verifica-se, assim, que as análises realizadas quanto à divisão sexual do trabalho permanecem em franca operação, independentemente do aumento da participação feminina no mercado profissional formal. A entrada da mulher nos espaços profissionais parece dela exigir a adoção do paradigma da "conciliação" e/ou da "delegação", de forma que constituir uma família pode indicar um aumento dos obstáculos das mulheres de realização pessoal e profissional, dada a demanda de cuidados que a compõem.

Pontuadas essas questões, e no escopo de avançar em nossa análise, cabe então questionar essa realidade do ponto de vista jurídico, especialmente considerando aquelas hipóteses em que o cuidado surge como dever jurídico de diversos sujeitos, embora realizado de forma desigual por esses obrigados. É o que se fará no tópico a seguir.

3. O CUIDADO COMO NECESSIDADE E COMO DEVER JURÍDICO: REFLEXÕES SOBRE O ENQUADRAMENTO JURÍDICO DO ATO DE CUIDAR

Como demonstrado no tópico acima, a histórica atribuição das tarefas de cuidado às mulheres é elemento relevante na compreensão das desigualdades existentes entre homens e mulheres. Está relacionada à divisão moderna entre a esfera pública e a esfera

---

20. DEPARTAMENTO INTERSINDICAL DE ESTATÍSTICA E ESTUDOS SOCIOECONÔMICOS (DIEESE). Trabalho Doméstico no Brasil. 2022. Disponível em: https://www.dieese.org.br/infografico/2022/trabalhoDomestico.pdf. Acesso em: 28 maio 2023.
21. MACEDO, Natália Guerra da Rocha; PINHEIRO, Luana Simões. Determinantes da participação das mulheres brasileiras na força de trabalho durante a pandemia da COVID-19. Instituto de Pesquisa Econômica Aplicada. *Mercado de trabalho*: conjuntura e análise 73. Brasília, DF: Ipea, 2022.
22. INSTITUTO DE PESQUISA ECONÔMICA APLICADA. *Políticas sociais*: acompanhamento e análise, v. 28. Brasília, DF: IPEA, 2021. p. 412.

privada,[23] em um esquema que estabelece não apenas diferença, mas hierarquização entre esses dois espaços, as tarefas neles realizadas e quem as realiza.[24]

Essa desigualdade é tanto maior quanto maior a presença de pessoas vulneráveis no ambiente familiar, sejam crianças, idosos ou pessoas com deficiência.[25] Isso não exclui a presença das desigualdades até aqui indicadas mesmo no bojo das famílias heteroafetivas[26] sem filhos ou outras pessoas vulneráveis, sendo possível verificar que os afazeres domésticos recaem sobremaneira sobre as mulheres mesmo na ausência de filhos menores.[27]

Ainda assim, a presença de pessoas demandando maior cuidado tende a agravar a situação de desequilíbrio e desigualdade, como indica a análise do IPEA acerca da diminuição da probabilidade de a mulher estar profissionalmente ocupada, quando na presença de filhos menores de 14 anos. O fato de que a presença desses mesmos filhos tenha indicado, por outro lado, o aumento da probabilidade da inserção profissional dos homens, indica a reprodução de uma lógica tradicional de família, com uma divisão sexual do trabalho bastante marcada, apesar dos avanços quanto à igualdade entre os gêneros no contexto brasileiro.

Isto indica, por um lado, o quanto é necessário que as discussões sobre igualdade e direitos sejam feitas tomando a realidade e o contexto das pessoas cujas vidas são ordenadas pelo direito, no escopo do Direito Civil-Constitucional. Assim, é possível constatar que a igualdade material entre os gêneros não é uma realidade, mas um *valor* eleito pela Constituição, que requer a tomada de medidas para que se realize de forma plena.[28]

---

23. ARIÈS. Op. cit.
24. Considere-se, ademais, que o questionamento sobre essa divisão (público/privado) e sobre a crença a ela relacionada de que o público seria social e político, enquanto o privado se explicaria pura e simplesmente pela natureza, é uma das questões centrais das teorias de gênero, como mostram MIGUEL, Luis Felipe; BIROLI, Flávia. *Feminismo e política*: uma introdução. São Paulo: Boitempo, 2014. Elas têm buscado demonstrar que o privado e as relações nele realizadas é tão político quanto o público, de forma que a divisão sexual do trabalho é também resultado de processos históricos e culturais, e não mero reflexo de disposições naturais de homens e mulheres.
25. Isso nos alerta, igualmente, para a problemática da manutenção de um paradigma de cuidado que relegue à família a responsabilidade pela quase integralidade dos cuidados às pessoas vulneráveis socialmente. Assim, para Flávia Biroli, a construção de uma sociedade que assegure liberdade individual e igualdade de condições requer "a ampliação da responsabilidade social pelo cuidado, rompendo com a ideia de que os períodos ou situações de maior vulnerabilidade no ciclo de vida das pessoas, como a infância, a velhice, as doenças ou deficiências, são problemas individuais ou das famílias" BIROLI, Flávia. *Família*: novos conceitos. São Paulo: Fundação Perseu Abramo, 2014. p. 63.
26. A análise, nesse trabalho, se dedica aos contextos heteroafetivos pelo próprio recorte ofertado pelos dados utilizados e pelas teorias abordadas, as quais se dedicam à análise das famílias conformadas nas relações conjugais entre homens e mulheres. Isso não descarta, no entanto, a possibilidade de que essas realidades desiguais venham a se reproduzir, de diferentes e complexas maneiras, também em relacionamentos homoafetivos. Englobar tal questão, no entanto, exigiria um aprofundamento que fugiria aos recortes propostos para o presente trabalho e que indicam a necessidade da produção de pesquisas capazes de esclarecer as continuidades e rupturas dos relacionamentos homoafetivos em relação às divisões desiguais dos afazeres domésticos.
27. Tenha-se em mente, por exemplo, que a análise do IPEA sobre a quantia de horas dedicadas aos afazeres domésticos não se resume à família com filhos.
28. Nesse sentido, retoma-se as discussões realizadas em artigo anterior, refletindo sobre a inconsistência da utilização da igualdade de gênero, pelos Tribunais, como suposta razão de afastamento de alimentos a ex-cônjuge e

Antes que voltemos a esse ponto, no entanto, um outro aspecto deve ser considerado, relacionado ao agravamento do desequilíbrio de oportunidades de realização pessoal e profissional das mulheres, quando existem vulneráveis no ambiente familiar, a exigirem cuidado. Nesses casos, frise-se, o desequilíbrio que causa prejuízo à vida pessoal e profissional de uma das pessoas responsáveis juridicamente pelo cuidado, decorre igualmente do descumprimento de um dever positivo de cuidado pela outra parte.

O cerne da problemática se dá na presença dos filhos mais jovens, como indicou o IPEA. Lembremos que a criança, desde a promulgação da Constituição Federal de 1988, e especialmente após a publicação do Estatuto da Criança e do Adolescente, deve ser considerada como "sujeito de direitos", ou melhor ainda, como pessoa humana[29] e não como mero "objeto de direitos". De fato, está-se no escopo da doutrina da proteção integral, o que "significa, para a população infantojuvenil, deixar de ser tratada como objeto passivo, passando a ser, como os adultos, titular de direitos juridicamente protegidos".[30] Entre esses direitos está o de ser *cuidada* por seus responsáveis.

Quer-se dizer, o exercício da parentalidade erige, acima de tudo, um conjunto de *responsabilidades* àqueles que se tornam pais ou mães. Relevante, nesse ponto, evocar o princípio da parentalidade responsável, consubstanciado nos deveres que pai(s) e mãe(s) possuem em "assistir, criar e educar os filhos menores".[31] É de se afirmar, o exercício cotidiano do cuidado não pode ser visto como uma faculdade daqueles elegidos pelo ordenamento como garantes da criança, mas como um dever positivo e amplamente exigível.

Cabe, aliás, indicar a presença de dispositivos que são claros na positivação do cuidado como dever. Desde a previsão do artigo 227 acerca do dever da "família" em assegurar com absoluta prioridade os direitos da criança e do adolescente,[32] passando pela previsão semelhante no artigo 4º do Estatuto da Criança e do Adolescente,[33] e pela positivação mais evidente do dever de cuidado em seu artigo 22:

---

ex-companheira, mesmo quando existente uma disparidade de colocação profissional ao fim do divórcio ou da união estável. As reflexões no presente artigo ressoam as reflexões dessa produção anterior, cuja problemática e conclusões permanecem atuais: MATOS, Ana Carla Harmatiuk; MENDES, Anderson Pressendo; SANTOS, Andressa Regina Bissolotti dos; OLIVEIRA, Ligia Ziggiotti de; IWASAKI, Micheli Mayumi. Alimentos em favor de ex-cônjuge ou companheira: reflexões sobre a (des)igualdade de gênero a partir da jurisprudência do STJ. *Quaestio Iuris*, v. 08, Número Especial, Rio de Janeiro, 2015, p. 2474-2492.

29. Para a autora Eliza Cruz "a doutrina da proteção integral é a expressão do reconhecimento da criança como pessoa e sua titularidade de situações jurídicas." CRUZ, Elisa Costa. *Guarda parental*: releitura a partir do cuidado. Rio de Janeiro: Processo, 2021. p. 27-28.
30. PEREIRA, Tania da Silva. *O melhor interesse da criança*: um debate interdisciplinar. Rio de Janeiro: Renovar, 1999. p. 15.
31. BARBOZA, Heloisa Helena. Paternidade responsável: o cuidado como dever jurídico. IN: PEREIRA, Tânia da Silva; OLIVEIRA, Guilherme de (Coord.). *Cuidado e responsabilidade*. São Paulo: Atlas, 2011, p. 95.
32. Art. 227. Art. 227. É dever da família, da sociedade e do Estado assegurar à criança, ao adolescente e ao jovem, com absoluta prioridade, o direito à vida, à saúde, à alimentação, à educação, ao lazer, à profissionalização, à cultura, à dignidade, ao respeito, à liberdade e à convivência familiar e comunitária, além de colocá-los a salvo de toda forma de negligência, discriminação, exploração, violência, crueldade e opressão.
33. Art. 4º É dever da família, da comunidade, da sociedade em geral e do poder público assegurar, com absoluta prioridade, a efetivação dos direitos referentes à vida, à saúde, à alimentação, à educação, ao esporte, ao lazer, à profissionalização, à cultura, à dignidade, ao respeito, à liberdade e à convivência familiar e comunitária.

Art. 22. Aos pais incumbe o dever de sustento, guarda e educação dos filhos menores, cabendo-lhes ainda, no interesse destes, a obrigação de cumprir e fazer cumprir as determinações judiciais.

Parágrafo único. A mãe e o pai, ou os responsáveis, têm direitos iguais e deveres e responsabilidades compartilhados no cuidado e na educação da criança, devendo ser resguardado o direito de transmissão familiar de suas crenças e culturas, assegurados os direitos da criança estabelecidos nesta Lei.

O compartilhamento das responsabilidades pelo cuidado é, portanto, expressamente previsto. Quando sejam casados, prevê ainda o Código Civil esse compartilhamento dos deveres em relação aos filhos como dever de ambos os cônjuges.[34] Ou seja, não há que se negar a positividade do efetivo dever de cuidado, bem como de sua equânime atribuição a homens e mulheres.

Cabe, então, aduzir às palavras de Maria Celina Bodin de Moraes "esta palavra, responsabilidade, é a que hoje melhor define a relação parental".[35] Não à toa, aliás, parte da doutrina defenda a possibilidade de reparação da criança pelos efeitos do chamado "abandono afetivo", que pode melhor ser compreendido como a negligência no cumprimento dos deveres parentais.[36]

Coisa diversa, e ainda pouco explorada, são as consequências que esse descumprimento gera naquela pessoa que acaba por ter de cumprir com a integralidade desses deveres. Aquela pessoa que, enfim, diante do descumprimento do dever jurídico de compartilhamento do cuidado, se vê assumindo todas – ou a imensa maioria – das tarefas relacionadas com o cuidado dessas crianças e adolescentes, com prejuízo às condições de possibilidade da realização de seus projetos profissionais e pessoais de vida.

As estatísticas acerca da desigualdade de gênero demonstram que há um prejuízo coletivo de gênero em operação. Um prejuízo marcado por menores salários, menor ocupação em cargos de chefia, maior quantia de horas dedicadas aos afazeres domésticos. Não se trata, evidentemente, de questionar o direito de crianças e adolescentes a receberem cuidado; mas de questionar o descumprimento do dever correlativo por parte desse direito e suas possíveis consequências jurídicas, especialmente quando traduzido em produção de dano.

Ressalte-se, ademais, que a existência de deveres positivos de cuidado não se verifica apenas na presença de crianças e adolescentes no ambiente familiar. A Constituição Federal também reconhece o dever da família de amparar pessoas idosas[37] e o Estatuto do Idoso faz evidente opção pelo atendimento da pessoa idosa pela própria família, em detrimento do atendimento em instituições públicas de cuidado.[38] Verifica-se,

---

34. Art. 1.566. São deveres de ambos os cônjuges:
    IV – sustento, guarda e educação dos filhos;
35. MORAES, Maria Celina Bodin de. A responsabilidade e a reparação civil em Direito de Família. In: PEREIRA, Rodrigo da Cunha (Org.). *Tratado de Direito das Famílias*. Belo Horizonte: IBDFAM, 2016. p. 829-858. p. 845.
36. Idem.
37. Art. 230. A família, a sociedade e o Estado têm o dever de amparar as pessoas idosas, assegurando sua participação na comunidade, defendendo sua dignidade e bem-estar e garantindo-lhes o direito à vida.
38. Art. 3º É obrigação da família, da comunidade, da sociedade e do poder público assegurar à pessoa idosa, com absoluta prioridade, a efetivação do direito à vida, à saúde, à alimentação, à educação, à cultura, ao esporte, ao lazer, ao trabalho, à cidadania, à liberdade, à dignidade, ao respeito e à convivência familiar e comunitária.

evidentemente, que esse atendimento exige dedicação e trabalho concreto, sendo ele tradicionalmente executado pelas mulheres, nos termos do demonstrado até então.

O mesmo se diga quanto à pessoa com deficiência. O Estatuto da Pessoa com Deficiência também posiciona a família como responsável na efetivação dos direitos das pessoas com deficiência.[39] Esse papel da família é, em grande medida, exercido também por mulheres, e com frequência pelas mães das pessoas com deficiência. Cite-se, nesse sentido, tese de doutorado defendida na Universidade Federal da Paraíba, que realizou estudo empírico com diversas mães de pessoas com deficiência, demonstrando os desafios por elas enfrentados, inclusive tendo em vista o não compartilhamento desse cuidado com os pais das pessoas em questão.[40]

O contexto de desequilíbrio na realização das tarefas de cuidado, portanto, é especialmente marcado diante da presença de vulneráveis no ambiente familiar. Isso salta aos olhos tendo em vista que o dever jurídico de prover o cuidado não é atribuído apenas às mulheres. Assim, o desequilíbrio demonstra a presença do descumprimento de deveres juridicamente vinculantes, que possuem como resultado a causação de danos, de ordem patrimonial e extrapatrimonial, consubstanciados no abandono de carreiras profissionais, na estagnação ou não desenvolvimento dessas carreiras, com efeitos de perda material e, igualmente, de perda existencial.

Investigar de que maneira essa realidade pode ou não gerar um repensar do instituto da responsabilidade civil, é algo que passaremos então a realizar, no próximo tópico.

4. A PROPOSTA: RESPONSABILIDADE CIVIL E A REPARAÇÃO DOS DANOS CAUSADOS PELO DESEQUILÍBRIO NO EXERCÍCIO DO CUIDADO

Posicionada a problemática social que se está a enfrentar, passemos então à análise da possibilidade de aplicação do instituto da responsabilidade civil à questão, questionando-se ainda acerca da modalidade adequada.

---

§ 1º A garantia de prioridade compreende:

(...)

V – priorização do atendimento da pessoa idosa por sua própria família, em detrimento do atendimento asilar, exceto dos que não a possuam ou careçam de condições de manutenção da própria sobrevivência;

39. Art. 8º É dever do Estado, da sociedade e da família assegurar à pessoa com deficiência, com prioridade, a efetivação dos direitos referentes à vida, à saúde, à sexualidade, à paternidade e à maternidade, à alimentação, à habitação, à educação, à profissionalização, ao trabalho, à previdência social, à habilitação e à reabilitação, ao transporte, à acessibilidade, à cultura, ao desporto, ao turismo, ao lazer, à informação, à comunicação, aos avanços científicos e tecnológicos, à dignidade, ao respeito, à liberdade, à convivência familiar e comunitária, entre outros decorrentes da Constituição Federal, da Convenção sobre os Direitos das Pessoas com Deficiência e seu Protocolo Facultativo e das leis e de outras normas que garantam seu bem-estar pessoal, social e econômico.

40. É interessante, nesse ponto, citar as palavras da autora: "Neste trabalho, ao eleger as mulheres-mães de pessoas com deficiência como sujeitos, não desconsidero que as famílias possuem diferentes arranjos que extrapolam a estrutura nuclear composta por um homem e uma mulher com filhos e filhas. Todavia, a literatura consultada, bem como minha experiência na área, permitem-me afirmar que são elas as principais cuidadoras das pessoas com deficiência nas mais diferentes famílias." SOARES, Alessandra Miranda Mendes. *Experiências das mulheres-mães de pessoas com deficiência*: da (in)visibilidade à participação social. Tese (Doutorado). Orientação: Maria Eulina Pessoa de Carvalho. Universidade Federal da Paraíba, 2018. p. 90-91.

Inicialmente, é de se ponderar sobre a relevância de consideração do instituto da responsabilidade civil no escopo da responsabilidade civil contemporânea, constitucionalizada ou, ainda, do "Direito de Danos".[41] Como aduz Marcos Ehrhardt Junior, o direito privado funcionalizado exige a adoção de nova racionalidade jurídica, focada na proteção da parte vulnerável das relações sociais. O autor utiliza a expressão "Direito de Danos" para se referir ao sistema contemporâneo de responsabilização, o qual foca na necessidade social de distribuição dos danos sofridos, com destaque para os aspectos existenciais no escopo da proteção da pessoa humana.

Citando Maria Celina Bodin de Moraes, pode-se perceber que a responsabilidade civil se apresenta como instrumento jurídico relativamente flexível e "apto a oferecer a primeira forma de tutela a interesses novos, considerados merecedores de tutela tão logo sua presença seja identificada pela consciência social, e que de outra maneira ficariam desprotegidos".[42]

Aí também o posicionamento de Venturi de que o "Direito de Danos" indica como fundamento do instituto da responsabilidade civil a proteção dos direitos da pessoa humana, colocando em destaque a garantia da reparação dos prejuízos injustamente sofridos e produzindo alterações profundas na estrutura clássica do instituto, inclusive com a ocorrência de uma transformação na própria concepção acerca do que seja o dano ressarcível.[43] Isso a transformar, enfim, a responsabilidade civil em um "instrumento" de proteção da pessoa humana.

Assim, a estrutura clássica da responsabilidade civil sofre relevantes modificações. Por um lado, marcadas pelo aumento das hipóteses de responsabilidade objetiva, assim como também pelo aumento dos tipos de dano considerados ressarcíveis.[44] Ressalte-se, igualmente, que a própria assunção da possibilidade de que a responsabilidade civil incida no ambiente familiar é resultado desse movimento, com a superação das posições que viam a família como um ambiente não poroso a outras normas que não as especificamente desenhadas para sua regulamentação.

De fato, atualmente, quanto à incidência da responsabilidade civil no ambiente das relações familiares, fala-se em duas posições:

> De um lado, aqueles que aceitam a responsabilização ao interno da família, mas apenas e tão somente nos casos em que haja um ilícito absoluto (como previsto no art. 186 c/c art. 927 do Código Civil); de

---

41. EHRHARDT JUNIOR, Marcos. Responsabilidade Civil ou Direito de Danos? Breves reflexões sobre a inadequação do modelo tradicional sob o prisma do Direito Civil Constitucional. IN: RUZYK, Carlos Eduardo Pianosvki; MENEZES, Joyceane Bezerra de; EHRHARDT JUNIOR, Marcos (Org.). *Direito Civil Constitucional – A ressignificação da função dos institutos fundamentais do direito civil contemporâneo e suas consequências*. Florianópolis: Conceito Editorial, 2014. p. 303-314.
42. MORAES. A constitucionalização do direito civil... Op. cit., p. 238.
43. VENTURI, Thais G. Pascoaloto. A responsabilidade civil como instrumento de tutela e efetividade dos direitos da pessoa. *Civilística.com*. a. 5. n. 6. 2016. p. 1-23.
44. O que se verifica como central, tendo em vista que "a obrigação de indenizar pressupõe o dano e sem ele não há indenização devida" CAVALIERI FILHO, Sergio. *Programa de Responsabilidade Civil*. 13. ed. São Paulo: Atlas, 2019. p. 103.

outro lado, os que sustentam a indenização tanto em casos gerais (regidos pela cláusula do art. 186) como em casos específicos.[45]

A esses "casos específicos", decorrentes do descumprimento de "obrigações que pesam sobre uma pessoa como consequência de seu *status* em um contexto familiar"[46] se poderia chamar "ilícito endofamiliar".

Ora, é possível tomar o dever jurídico de cuidado como comportamento específico exigível em decorrência do *status* familiar das partes, o qual, se descumprido, é capaz de gerar o dever de indenizar. Reportamo-nos nesse sentido ao conceito de dever jurídico que o toma como "a conduta externa de uma pessoa imposta pelo Direito Positivo por exigência da convivência social".[47] Assim, identificadas normas jurídicas que preveem de forma positiva a realização e o compartilhamento do cuidado, está-se diante de um *dever jurídico* o qual, se descumprido, se consubstancia em ato antijurídico, que se consubstanciado em dano, pode levar ao dever de reparar.

Nesse sentido, cabe fazer referência ao dever existente, para ambos os cônjuges, de guarda e educação dos filhos, no escopo do artigo 1.566, inciso IV. Ressalte-se, ademais, que não seria novidade a incidência da responsabilidade civil por descumprimento de dever conjugal. A jurisprudência possui relativo número de casos em que há deferimento de pedidos reparatórios por descumprimento do direito de fidelidade, que possui a mesma natureza jurídica do correspondente dever conjugal aqui analisado.[48]

Mas não se deve resumir a possibilidade às situações em que exija vínculo de conjugalidade entre as partes, especialmente tendo em vista o caráter polêmico da positividade de tais deveres.[49] O dever de cuidado decorre de diversos dispositivos que visam à proteção de pessoas vulneráveis no ambiente familiar, como exposto anteriormente.

Quanto aos filhos, há previsão expressa do compartilhamento dos deveres de cuidado, nos termos do parágrafo único do artigo 22 do Estatuto da Criança e do Adolescente. Essa disposição estabelece entre os pais e a criança uma relação jurídica triangular[50] na

---

45. MORAES, Maria Celina Bodin de. *A responsabilidade e a reparação civil em Direito de Família*. Op. cit., p. 830.
46. ROSENVALD, Nelson. A singularidade do ilícito endofamiliar e da responsabilidade civil na conjugalidade. *Revista IBERC*, v. 3, n. 1, p. 1-8, jan./abr. 2020, p. 2.
47. CAVALIERI FILHO. Op. cit., p. 13.
48. Para um debate mais aprofundado sobre essa questão, indica-se a seguinte leitura: LIMA, Francielle Elisabet Nogueira; OLIVEIRA, Ligia Ziggiotti de. Reflexões e desafios propostos pela leitura feminista acerca do descumprimento de deveres conjugais. *Civilistica.com*. a. 7. n. 3. 2018. p. 1-18.
49. Tenha-se, por exemplo, que Maria Celina Bodin de Moraes, ao analisar a incidência da responsabilidade civil no âmbito do direito de família, defende sua não incidência no caso de descumprimento de deveres conjugais e sua incidência quanto os deveres descumpridos possuam relação com os deveres parentais. MORAES. A responsabilidade e a reparação civil... Op. cit. Nos alinhamos à autora, compreendendo que a responsabilidade decorre dos deveres positivos de cuidado em relação aos vulneráveis no ambiente familiar e não propriamente ao descumprimento do dever conjugal.
50. Mais uma vez, reportamo-nos a configuração familiar em que mais surge de forma mais clássica a desigualdade de gênero, ou seja, àquela tradicional família mãe-pai-criança. Mas não se pretende ignorar a existência de outras configurações familiares, nem tampouco afastar a possibilidade de que também nessas configurações se verifiquem divisões desiguais de cuidado, com eventual produção de dano àquela pessoa que acabe por assumir excessivamente o trabalho de cuidado.

qual, no escopo da proteção integral e prioritária da criança, se inscreve igualmente um dever jurídico de *compartilhamento* dos deveres parentais, juridicamente exigível por ocupar o cerne do bem jurídico protegido.

Coisa semelhante se diga, ademais, quanto às previsões de proteção primordial da *família* frente a pessoas idosas e com deficiência. A "família" a indicar, em uma hermenêutica baseada na igualdade de direitos e deveres entre homens e mulheres, todos os membros do grupo familiar e não apenas aquelas a quem historicamente se atribuem as tarefas domésticas.

Nesse sentido, descumprido esse dever de compartilhamento do cuidado frente aos vulneráveis no ambiente familiar, e decorrendo desse descumprimento um prejuízo ao desenvolvimento profissional e pessoal daquela pessoa que assumiu com exclusividade ou grande desequilíbrio essas tarefas de cuidado, é cabível o dever de reparar.

Quanto ao dano, importante delimitá-lo do ponto de vista de suas modalidades. Em primeiro plano, indique-se que é necessária a verificação da ocorrência efetiva de prejuízo, bem como a existência de nexo causal entre esse prejuízo e a dedicação desequilibrada na realização do dever jurídico atribuído de forma compartilhada. Esse prejuízo pode se consubstanciar no abandono de uma carreira em curso, ou mesmo na estagnação da carreira, decorrente de sua secundarização.

Ora, o tempo é recurso escasso na sociedade contemporânea. Ao dedicar esse recurso sobremaneira às tarefas de cuidado, ficam secundarizadas as outras tarefas, como a dedicação profissional, necessária para seu desenvolvimento. Aqui exsurge um dano material, consubstanciado seja por lucros cessantes, quanto à eventual carreira abandonada, mas principalmente no escopo da chamada teoria da perda da chance,[51] quanto à chance de progressão profissional.

Poder-se-ia, ainda, aventar a possibilidade de dano moral, consubstanciado na verificação de que o sacrifício dos projetos pessoais e profissionais da pessoa, em razão de sua assunção desequilibrada do cuidado, no cumprimento de um dever jurídico que não apenas a ela cabia, indica evidente ofensa à sua dignidade humana, atraindo assim o dano moral.

Nessa roupagem, e se considerada um ilícito *endofamiliar*, o dever de reparar decorre então do descumprimento do dever jurídico, consubstanciado no mandamento de compartilhamento do cuidado. Presente esse descumprimento, bem como o dano e o nexo causal, exsurge o dever de indenizar.

---

51. Lembremos, nesse sentido, de sua definição: "a perda de uma chance se caracteriza quando, em virtude da conduta de outrem, desaparece a probabilidade de um evento que possibilitaria um benefício futuro para a vítima, como progredir na carreira artística ou militar, arrumar um melhor emprego (...) e outras situações que tiram da vítima a oportunidade de um ganho ou vantagem" CAVALIERI FILHO. Op. cit., p. 109. Nesse caso, não se exige a certeza da vantagem, mas a certeza da sua *probabilidade*. Indique-se, ainda, que a quantificação da indenização se baseia na perda da *chance* e não do efetivo resultado que poderia vir a surgir, visto que seu surgimento guarda algo de incerteza, ainda que presente a probabilidade de que viesse a se realizar. Enquadramos a perda da chance como modalidade de dano material, mas é relevante também considerar que há certa discussão doutrinária e jurisprudencial quanto a seu enquadramento.

Quanto às questões probatórias, ressalte-se a ampla possibilidade de demonstração da existência ou inexistência do compartilhamento determinado pelo ordenamento jurídico, a partir dos elementos externos desse cuidado: o efetivo acompanhamento nas atividades escolares, nas consultas terapêuticas necessárias, na adoção, enfim, das variadas ações necessárias ao cuidado. Estas ações podem ser comprovadas de variadas formas, seja em provas documentais eventualmente existentes,[52] como também através da prova testemunhal.

Tudo isto a indicar, enfim, a existência de um mandamento jurídico positivo de *compartilhamento* do cuidado, que se descumprido com causação de danos, pode atrair a incidência da responsabilidade civil como resposta jurídica cabível à proteção da pessoa.

5. CONSIDERAÇÕES FINAIS

Em suma, o presente capítulo tem a pretensão de apresentar um novo olhar sobre o trabalho realizado no ambiente doméstico e os deveres de cuidado que se relacionam com esse trabalho, necessário à continuidade da vida de todas as pessoas, e em especial daquelas mais vulneráveis.

Tomado o cuidado como dever jurídico positivo e exigível, torna-se possível aventar a aplicação do instituto da responsabilidade civil, como forma de reparar os prejuízos sofridos quando ele se realize de forma desequilibrada, com descumprimento de um dos juridicamente responsáveis, em prejuízo do outro, que passa a assumir aquela "cota" de cuidado não realizada.

Não se pode deixar de aduzir, no entanto, que a apresentação desta inovadora percepção acerca da relação entre cuidado e responsabilidade civil requer as devidas precauções perante o caso concreto, no sentido de evitar as angústias quanto à configuração da responsabilidade civil contemporânea em "loteria".[53]-[54]

Requer, ainda, que este capítulo sirva acima de tudo como ponto de partida de um desenvolvimento da compreensão do compartilhamento do cuidado como dever jurídico, no caminho a uma sistematização das respostas jurídicas a esse descumprimento, as quais perpassam especialmente pela responsabilidade civil, tendo em vista "o monumental crescimento de sua importância na sociedade contemporânea".[55]

---

52. Cite-se, a exemplo, atas de comparecimento nas reuniões escolares, declarações de clínicas onde se realizam os procedimentos terapêuticos continuados acerca de quem realiza o acompanhamento da pessoa vulnerável, entre outros documentos possíveis.
53. Nas palavras do autor: "atualmente é possível definir o estudo da responsabilidade civil pelas incertezas, instabilidade e mutabilidade cada vez mais comuns, apresentando, frequentemente, soluções díspares para casos idênticos, transformando a responsabilidade civil contemporânea quase numa loteria" EHRHARDT JUNIOR. Op. cit., p. 311.
54. Há que se lembrar, ademais, na toada de Cavalieri Filho, que se hoje se apresenta angústia frente a existência de uma suposta indústria da responsabilidade civil, e especialmente do dano moral, há que se lembrar que "não há indústria sem matéria prima" CAVALIERI FILHO. Op. cit., p. 02, sendo essa matéria prima os danos injustos presentes em uma sociedade complexa e desigual.
55. MORAES. A constitucionalização... Op. cit., p. 253.

Finalizamos, enfim, com um convite a um repensar do estatuto jurídico dos deveres de cuidado que emanam da Constituição Federal e leis protetivas, e à ampla concentração da realização desses deveres por pessoas específicas, as quais acabam por sofrer prejuízos ao seu desenvolvimento profissional e pessoal. Esses danos não podem permanecer irressarcidos, na lógica da responsabilidade civil solidarista e da realização da efetiva igualdade material entre homens e mulheres, preconizada pela Constituição Federal.

REFERÊNCIAS

ARIÈS, Philippe. *História social da criança e da família*. 2. ed. Rio de Janeiro: LTC, 1981

BARBOZA, Heloisa Helena. Paternidade responsável: o cuidado como dever jurídico. IN: PEREIRA, Tânia da Silva; OLIVEIRA, Guilherme de (Coord.). *Cuidado e responsabilidade*. São Paulo: Atlas, 2011.

BIROLI, Flávia. *Família*: novos conceitos. São Paulo: Fundação Perseu Abramo, 2014.

BUTLER, Judith. *El género en disputa*: el feminismo y la subversión de la identidad. Barcelona: Paidós, 2007.

CAVALIERI FILHO, Sergio. *Programa de Responsabilidade Civil*. 13. ed. São Paulo: Atlas, 2019.

CRUZ, Elisa Costa. *Guarda parental*: releitura a partir do cuidado. Rio de Janeiro: Processo, 2021.

DAVIS, Angela. *Mulheres, Raça e Classe*. São Paulo: Boitempo, 2016.

DEPARTAMENTO INTERSINDICAL DE ESTATÍSTICA E ESTUDOS SOCIOECONÔMICOS (DIEESE). *Trabalho Doméstico no Brasil*. 2022. Disponível em: https://www.dieese.org.br/infografico/2022/trabalhoDomestico.pdf. Acesso em: 28 maio 2023.

EHRHARDT JUNIOR, Marcos. Responsabilidade Civil ou Direito de Danos? Breves reflexões sobre a inadequação do modelo tradicional sob o prisma do Direito Civil Constitucional. IN: RUZYK, Carlos Eduardo Pianosvki; MENEZES, Joyceane Bezerra de; EHRHARDT JUNIOR, Marcos (Org.). *Direito Civil Constitucional* – A ressignificação da função dos institutos fundamentais do direito civil contemporâneo e suas consequências. Florianópolis: Conceito Editorial, 2014.

FONTOURA, Natália. *Debates conceituais em torno do cuidado e de sua provisão*. Brasília, DF: Instituto de Pesquisa Econômica Aplicada (Ipea), 2023.

HIRATA, Helena. O trabalho de cuidado: comparando Brasil, França e Japão. *SUR* 24, v. 13, n. 24, p. 53-64, 2016.

HIRATA, Helena; KERGOAT, Danièlle. Novas configurações da divisão sexual do trabalho. *Cadernos de Pesquisa*, v. 37, n. 132, p. 595-609, set./dez. 2007.

INSTITUTO BRASILEIRO DE GEOGRAFIA E ESTATÍSTICA. *Em média, mulheres dedicam 10,4 horas por semana a mais que os homens aos afazeres domésticos ou ao cuidado de pessoas*. Editoria Estatísticas Sociais. Publ. em 04 de junho de 2020. Atual. Em 16 de julho de 2020. Disponível em: https://agenciadenoticias.ibge.gov.br/agencia-sala-de-imprensa/2013-agencia-de-noticias/releases/27877-em-media-mulheres-dedicam-10-4-horas-por-semana-a-mais-que-os-homens-aos-afazeres-domesticos-ou-ao-cuidado-de-pessoas. Acesso em: 28 maio 2023.

INSTITUTO DE PESQUISA ECONÔMICA APLICADA. *Políticas sociais*: acompanhamento e análise, v. 28. Brasília, DF: IPEA, 2021.

KONDER, Carlos Nelson. Distinções hermenêuticas da constitucionalização do Direito Civil: o intérprete na doutrina de Pietro Perlingieri. In: MENEZES, Joyceane Bezerra; CICCO, Maria Cristina de; RODRIGUES, Francisco Luciano Lima (Ed.). *Direito Civil na Legalidade Constitucional*: algumas aplicações. Indaiatuba, SP: Editora Foco, 2021.

LIMA, Francielle Elisabet Nogueira; OLIVEIRA, Ligia Ziggiotti de. Reflexões e desafios propostos pela leitura feminista acerca do descumprimento de deveres conjugais. *Civilistica.com*. a. 7. n. 3. p. 1-18. 2018.

LUGONES, MARÍA. Colonialidade e gênero. *Tabula Rasa* [online]. n. 9, p. 73-102. 2008.

MACEDO, Natália Guerra da Rocha; PINHEIRO, Luana Simões. Determinantes da participação das mulheres brasileiras na força de trabalho durante a pandemia da COVID-19. Instituto De Pesquisa Econômica Aplicada. *Mercado de trabalho*: conjuntura e análise 73. Brasília, DF: Ipea, 2022.

MATOS, Ana Carla Harmatiuk; MENDES, Anderson Pressendo; SANTOS, Andressa Regina Bissolotti dos; OLIVEIRA, Ligia Ziggiotti de; IWASAKI, Micheli Mayumi. Alimentos em favor de ex-cônjuge ou companheira: reflexões sobre a (des)igualdade de gênero a partir da jurisprudência do STJ. *Quaestio Iuris*, v. 08, p. 2474-2492, Número Especial. Rio de Janeiro, 2015.

MIGUEL, Luis Felipe; BIROLI, Flávia. *Feminismo e política*: uma introdução. São Paulo: Boitempo, 2014.

MORAES, Maria Celina Bodin de. A constitucionalização do direito civil e seus efeitos sobre a responsabilidade civil. *Direito, Estado e Sociedade*, v. 9, p. 233-258, dez. 2006.

MORAES, Maria Celina Bodin de. A responsabilidade e a reparação civil em Direito de Família. IN: PEREIRA, Rodrigo da Cunha (Org.). *Tratado de Direito das Famílias*. Belo Horizonte: IBDFAM, 2016.

ORTNER, Sherry B. Está a mulher para o homem assim como a natureza para a cultura? IN: BRANDÃO, Izabel et. al. (Org.). *Traduções da Cultura*: perspectivas feministas (1970-2010). Florianópolis: EDUFAL; Editora da UFSC, 2017.

PEREIRA, Tania da Silva. *O melhor interesse da criança*: um debate interdisciplinar. Rio de Janeiro: Renovar, 1999.

PERLINGIERI, Pietro. *Perfis do Direito Civil*: introdução ao Direito Civil Constitucional. 3. ed. Rio de Janeiro: Renovar, 2002.

ROSENVALD, Nelson. A singularidade do ilícito endofamiliar e da responsabilidade civil na conjugalidade. *Revista IBERC*, v. 3, n. 1, p. 1-8, jan./abr. 2020.

SAFFIOTI, Heleieth I. B. *A mulher na sociedade de classes*: mito e realidade. 3. ed. São Paulo: Expressão Popular, 2013.

SCHREIBER, Anderson; KONDER, Carlos Nelson. Uma agenda para o direito civil-constitucional. *Revista Brasileira de Direito Civil – RBDCivil*, v. 10, p. 09-27, dez. 2016.

SOARES, Alessandra Miranda Mendes. *Experiências das mulheres-mães de pessoas com deficiência*: da (in)visibilidade à participação social. Tese (Doutorado). Orientação: Maria Eulina Pessoa de Carvalho. Universidade Federal da Paraíba, 2018.

VENTURI, Thais G. Pascoaloto. A responsabilidade civil como instrumento de tutela e efetividade dos direitos da pessoa. *Civilística.com*. a. 5. n. 6. p. 1-23. 2016.

WOODWARD, Kathryn. Identidade e diferença: uma introdução teórica e conceitual. In: SILVA, Tomaz Tadeu da (Org.). *Identidade e diferença*: a perspectiva dos estudos culturais. 15. ed. Petrópolis, RJ: Vozes, 2014.

ASSIMETRIAS DE GÊNERO EM RELAÇÕES FAMILIARES: POSSIBILIDADES DE APLICAÇÃO DA TEORIA DA PERDA DE UMA CHANCE EM HIPÓTESE DE AUSÊNCIA DE DIVISÃO DE CUIDADOS PARENTAIS

Lígia Ziggiotti de Oliveira

Doutora em Direitos Humanos e Democracia pela Universidade Federal do Paraná. Mestra em Direito das Relações Sociais pela mesma instituição. Autora de livros e artigos. Membra das Comissões de Estudos sobre Violência de Gênero e de Diversidade Sexual e de Gênero da OAB-PR. Advogada.

Francielle Elisabet Nogueira de Lima

Doutoranda em Direito das Relações Sociais e Mestra em Direitos Humanos e Democracia pela Universidade Federal do Paraná. Pesquisadora bolsista vinculada à Clínica de Direitos Humanos da Universidade Federal do Paraná (CDH-UFPR). Membra da Comissão da Diversidade Sexual e de Gênero da OAB/PR. Advogada.

Sumário: 1. Introdução – 2. O exercício do cuidado a partir de gênero e o direito das famílias – 3. Perspectivas de gênero à responsabilidade civil incidente no direito das famílias – 4. A teoria da perda de uma chance aplicada à assimetria de cuidados parentais – 5. Considerações finais – Referências.

1. INTRODUÇÃO

Em março de 2023, um julgado espanhol se transformou, globalmente, em manchete de múltiplos veículos de informação. Como informou, por exemplo, um relevante portal brasileiro de notícias, "um tribunal espanhol condenou um homem a pagar à sua ex-mulher mais de 200.000 euros (cerca de R$ 1,1 milhão), resultado da soma de duas décadas de salário por trabalho doméstico no período em que permaneceram casados".[1]

Embora não tenha havido a circulação do inteiro teor deste entendimento judicial, a credora, entrevistada pela mídia, relatou a perpetuação da dependência econômica em relação ao ex-cônjuge, uma vez que mitigou a atuação dela em mercado lucrativo ao passo que ele se favoreceu da dedicação exclusiva que a esposa empreendia com atividades domésticas.

---

1. PORTAL UOL. *Espanha obriga homem a pagar R$ 1,1 milhão para ex-mulher por trabalhos domésticos*. Disponível em: https://noticias.uol.com.br/ultimas-noticias/rfi/2023/03/07/mulher-processa-ex-marido-na-espanha-e--vai-receber-mais-de-r-1-milhao-de-salario-por-trabalhos-domesticos.htm. Acesso em: 20 mar. 2023.

Tal narrativa não é desconhecida do contexto brasileiro. De acordo com o Instituto de Pesquisa Econômica Aplicada, em 2015, as mulheres dedicaram 18 horas a mais, por semana, do que os homens em afazeres desta natureza, e, após terem filhos comuns, atesta-se uma tendência de redução das atividades lucrativas por elas e, paradoxalmente, de aumento de tempo dedicado ao trabalho remunerado por eles.[2]

Em geral, a resposta jurídica proveniente de um enredo familiar como o narrado se resolve com os instrumentos classicamente construídos para o campo: alimentos e guarda de filhos constituem caminhos conhecidos da doutrina e da jurisprudência para promover distribuição equânime de responsabilidades parentais.

Contudo, as análises críticas sobre as aplicações de tais fórmulas têm demonstrado falência das soluções conhecidas para efetivamente promoverem transformações atentas à desigualdade de gênero.

Nesta cadência, parte-se da premissa de que não bastam as estratégias havidas, apenas, em Direito das Famílias. É necessária a experiência de outros campos ainda afeitos ao Direito Civil para a circulação de novas rotas de enfrentamento da ausência de divisão dos deveres parentais em relações familiares, problemática essencialmente atravessada pelas relações de gênero.[3]

O presente texto visa, portanto, à exploração de possibilidades situadas no âmbito da responsabilidade civil para ampliar as hipóteses jurídicas de reequilíbrio patrimonial em relações nas quais o cuidado pelos filhos não seja compartilhado de forma simétrica entre quem detenha tal obrigação – considerando gênero um aspecto que, em geral, informa a distribuição desigual destas atribuições. Destaca-se, de forma pontual, a teoria da perda de uma chance como apta a estabelecer irradiações originais para a tratativa do tema, pelo que se desenvolvem, com especial vagar, os contornos desta eventual aplicação à hipótese.

Para tanto, enfrentam-se aspectos ligados ao exercício do cuidado, valorando-o juridicamente, a partir do gênero enquanto categoria relacional – ou, então, de perspectivas críticas de gênero. Em sequência, desenvolvem-se linhas gerais acerca das implicações da responsabilidade civil em relações familiares, para, por fim, abordar a teoria da perda de uma chance como uma tese viável à defesa de titular do poder parental que, excessivamente demandado quanto aos cuidados de filhos, devido à ausência do outro corresponsável, sofre um distanciamento drástico de suas atividades lucrativas.

---

2. BARBOSA, Ana Luiza Neves de Holanda; COSTA, Joana Simões de Melo. *Oferta de creche e participação das mulheres no mercado de trabalho no Brasil*. Disponível em: https://repositorio.ipea.gov.br/handle/11058/7805. Acesso em 25 de maio de 2023.
3. Para os fins deste trabalho, compreende-se gênero enquanto categoria de análise sobre as diferenças sexuais e as relações de poder, na forma preconizada por Joan Scott (SCOTT, Joan. Gênero: uma categoria útil de análise histórica. *Educação & Realidade*, v. 15, n. 02, jul./dez. 1990).

2. O EXERCÍCIO DO CUIDADO A PARTIR DE GÊNERO E O DIREITO DAS FAMÍLIAS

Cerca de 6,6% das crianças nascidas em território brasileiro, em 2022, não tiveram o registro paterno indicado em suas documentações pessoais.[4] Estes dados estatísticos permitem a percepção de uma discrepância de envolvimento – neste caso absolutamente inexistente – com filhos informada a partir de gênero.

De todo modo, entre a ausência absoluta de um dos corresponsáveis pelo poder familiar,[5] flagrada em dados estatísticos extraídos simplesmente de registros civis, e a presença inconsistente, oscilante e esporádica para o exercício do cuidado exigido por crianças e adolescentes situa-se uma grande parcela das realidades familiares cis-heterossexuais brasileiras.

Fundamentando tal percepção, as autoras Bila Sorj e Adriana Fontes indicam, acerca do trabalho de cuidado no país, que este engajamento é distribuído de modo desfavorável às mulheres em relação aos homens, independentemente da perspectiva de raça ou de classe social que se adote.

De acordo com elas:

> As mulheres trabalham, em média, 4,5 vezes mais horas em afazeres domésticos do que os homens e essa diferença é decrescente com a renda. No quinto mais pobre, o tempo gasto em afazeres domésticos das mulheres é quase seis vezes o dos homens, enquanto no quinto mais rico a diferença cai para 3,6 vezes.[6]

Como desenvolvido em estudos anteriores, a situação revela uma assimetria com firmes prejuízos relacionados a um ideal de igualdade substancial, que se agrava em um padrão cotidiano de presença ou de ausência frente às demandas mais comezinhas da prole comum:

> É necessário questionar se o cuidado *de* crianças, e não apenas o cuidado *com* crianças, encontra-se compartilhado. Neste sentido, não basta anunciar que o direito se preocupa com o encaminhamento delas, e, ainda, não basta discutir, abstratamente, sobre as melhores decisões direcionadas a um bom cuidado. A tratativa cotidiana do cuidado é que não tem vindo às discussões teóricas e jurisprudenciais, e, neste sentido, invisibilizamos questões completamente relevantes para a concretização de uma infância efetivamente protegida.[7] De fato, o exercício assimétrico do cuidado, como tem sido

---

4. PORTAL DA TRANSPARÊNCIA. *Pais ausentes*. Disponível em: https://transparencia.registrocivil.org.br/painel-registral/pais-ausentes. Acesso em: 1º jun. 2023.
5. É sabido que a ausência do nome paterno, em registro civil, também indica a possibilidade de outros formatos familiares distintos daqueles provenientes de vínculos consanguíneos, derivados de pares constituídos por indivíduos cisgêneros e heterossexuais. Contudo, devido à prevalência, ainda, deste modelo parental em relação a outros, a análise se debruça neste sentido, até porque, nestes casos, configura-se de modo mais óbvio os desdobramentos da desigualdade de gênero.
6. SORJ, Bila; FONTES, Adriana. O care como regime estratificado: implicações de gênero e classe social. In: HIRATA, Helena; GUIMARÃES, Nadya Araujo. *Cuidado e cuidadoras*: as várias faces do trabalho do care. São Paulo: Atlas, 2012, p. 114.
7. Os exemplos são tão comezinhos quanto significativos de uma boa infância levada a sério. Alguns podem ser trazidos para a elucidação de nosso argumento: quem alimenta uma criança? Com que alimentos? Quem a

percebido, sepulta as promessas de igualdade substancial em sociedade, e, em acréscimo, não é a melhor versão de cuidado a que se pode aportar. Decorrem daí pelo menos dois nefastos efeitos: ignora-se a posição de quem cuida, incrementando a vulnerabilidade deste sujeito, e se oferece uma proteção insatisfatória a quem é pretensamente cuidada.[8]

A estes fatos, a despeito de se caracterizarem como potenciais produtores de efeitos jurídicos, não se atribuem consequências suficientemente responsivas, ignorando-se, por completo, a sua força constitutiva.[9] Como indica Elisa Costa Cruz, atualmente, para o Direito, detém baixa carga valorativa o ato de cuidar.[10]

Ao revés da experiência apreendida, deve-se reconhecer um papel ativo aos fatos que denunciam um exercício assimétrico do cuidado em relações parentais, uma vez que estes se desdobram em uma violação da igualdade de gênero e reduzem a participação feminina efetiva em mercado de trabalho remunerado. E, para fixar os contornos da corresponsabilidade, não faltam obrigações jurídicas precisamente impostas pelo Código Civil Brasileiro.

Do poder parental, ou poder familiar decorrem, conforme o art. 1.634 do Código Civil,[11] efeitos como o exercício da guarda, a direção da criação e da educação de crianças e de adolescentes. Em outras palavras, o exercício do cuidado se mostra em jogo quando se observam os feixes do poder familiar, de modo que pode ser tido como dever jurídico do qual é credora não só a prole, como, ainda, a outra pessoa a quem, eventualmente, atribui-se referida titularidade.

Neste quadrante, torna-se especialmente visível o deslocamento do convívio, e da respectiva assunção diária de demandas filiais, em contextos nos quais os pais não se encontram em situação conjugal, porque são estes que passam a organizar a relação que detêm com os descendentes através dos institutos típicos do Direito das Famílias. A análise parece, então, desdobrar-se em uma divisão ainda dicotômica entre aspectos

---

higieniza? Há boa qualidade de água e produtos adequados de limpeza para tanto? Quem acompanha a rotina escolar dela? Como é levada ao posto de saúde para o acompanhamento de vacinas? É providencial questionar, em cada caso envolvendo uma vulnerabilidade anunciada, abstratamente, pelos microssistemas: quem cuida deste sujeito? Como cuida? Por que cuida? E quem, por isso, exime-se destes cuidados?

8. DE OLIVEIRA, Ligia Ziggiotti. *Cuidado como valor jurídico*: crítica aos direitos da infância a partir do feminismo. Tese (Doutorado), Universidade Federal do Paraná, Setor de Ciências Jurídicas, Programa de Pós-Graduação em Direito. Curitiba, 2019, p. 120.
9. Sobre a força constitutiva dos fatos para o direito: FACHIN, Luiz Edson. *Direito civil*: sentidos, transformações e fins. Rio de Janeiro: Renovar, 2015.
10. CRUZ, Elisa Costa. *Guarda parental*: releitura a partir do cuidado. Rio de Janeiro: Editora Processo, 2021, p. 125.
11. Art. 1.634. Compete a ambos os pais, qualquer que seja a sua situação conjugal, o pleno exercício do poder familiar, que consiste em, quanto aos filhos: I – dirigir-lhes a criação e a educação; II – exercer a guarda unilateral ou compartilhada nos termos do art. 1.584; III – conceder-lhes ou negar-lhes consentimento para casarem; IV – conceder-lhes ou negar-lhes consentimento para viajarem ao exterior; V – conceder-lhes ou negar-lhes consentimento para mudarem sua residência permanente para outro Município; VI – nomear-lhes tutor por testamento ou documento autêntico, se o outro dos pais não lhe sobreviver, ou o sobrevivo não puder exercer o poder familiar; VII – representá-los judicial e extrajudicialmente até os 16 (dezesseis) anos, nos atos da vida civil, e assisti-los, após essa idade, nos atos em que forem partes, suprindo-lhes o consentimento; VIII – reclamá-los de quem ilegalmente os detenha; IX – exigir que lhes prestem obediência, respeito e os serviços próprios de sua idade e condição.

afetivos e econômicos das relações parentais, as quais são traduzidas em fixação de guarda e de alimentos a crianças e adolescentes.

O instituto da guarda de filhos é tido como evoluído, do ponto de vista da igualdade de gênero, em razão das modificações legislativas ocorridas em 2014 com a finalidade de tê-la tornada compartilhada para a maioria das hipóteses. Como exceção à imposição deste regime constam apenas as situações nas quais um dos genitores não deseja este modelo, relegando a versão unilateral ao outro, e a de acordo entre as partes, conforme o Código Civil.[12]

Afirma-se, de modo acrítico e descolado da realidade, que o modelo atual promove o envolvimento afetivo equânime de genitores e de genitoras, independentemente de com quem se fixe a residência. Porém, o cumprimento da imposição jurídica de divisão de responsabilidades de cuidados de modo contínuo, comezinho e diário, por meio da atribuição da guarda – ainda que pela modalidade compartilhada – e da convivência familiar, revela-se ineficaz.

Como demonstra Tatiana Lauand Sirena,[13] a exemplo de 300 casos de divórcio julgados pelo Tribunal de Justiça do Estado do Paraná, em 2021, 248 das hipóteses revelaram a fixação de guarda compartilhada com fixação de residência materna para os filhos, sugerindo, ainda após a alteração legislativa, uma hierarquia quanto à intensidade da convivência a partir do gênero.

Adicionalmente, observa-se que, de um modo geral, em tais contextos de regulamentação e dissolução de vínculo conjugal em que há filhos envolvidos, sequer há a aferição de um mínimo convivencial apto a de fato concretizar práticas parentais – atos positivos e negativos na assistência material e imaterial da prole – de efetiva corresponsabilização pelos cuidados reiterados que se edificam e se renovam no dia a dia.[14]

Notadamente, a indisponibilidade de tempo e de energia para a dedicação materna a atividades remuneradas – isto é, para outras searas além do cuidado com os filhos – não se desdobra em um montante monetariamente aferível a ser adimplido pelo outro sujeito que, embora igualmente obrigado ao sustento moral e material da prole, exime-se de tal responsabilidade, e não necessariamente relativiza tal ausência por uma via compensatória.

Nesta cadência, é perceptível que, a título de alimentos, inexistem medidas compensatórias quanto aos rendimentos dos genitores e à proporcionalidade do *quantum*. A obrigação desta natureza se encontra, recorrentemente, alavancada por parâmetros

---

12. Art. 1.584. A guarda, unilateral ou compartilhada, poderá ser: § 2º Quando não houver acordo entre a mãe e o pai quanto à guarda do filho, encontrando-se ambos os genitores aptos a exercer o poder familiar, será aplicada a guarda compartilhada, salvo se um dos genitores declarar ao magistrado que não deseja a guarda do menor.
13. SIRENA, Tatiana Lauand. *Mãe, obrigada*: a necessária extinção do instituto da guarda como meio de defesa da mãe obrigada. Tese (Doutorado), Universidade Federal do Paraná, Setor de Ciências Jurídicas, Programa de Pós-Graduação em Direito. Curitiba, 2023.
14. MATOS, Ana Carla Harmatiuk; VIEIRA, Diego Fernandes. Das práticas parentais e a urgência da construção de um relacionamento parental mínimo à promoção da dignidade humana. *Revista Brasileira de Direito Civil – RBDCivil*, Belo Horizonte, v. 31, n. 4, p. 61-90, out./dez. 2022.

insuficientes, considerado o papel de prover a dignidade de grupos como crianças e adolescentes. Por exemplo, a dimensão jurisprudencial de fixação de 30% dos rendimentos do alimentante como régua para casos variados significa uma mitigação do instituto, impossibilitando o seu melhor manejo para a superação de desigualdades sociais.[15]

E, considerados os alimentos a ex-cônjuge ou companheira, ou mesmo a modalidade compensatória destes, que poderiam ser tratados como modos de reparação da dedicação excessiva – e até mesmo exclusiva por um dos cônjuges – a trabalhos domésticos em comparação com o consorte, é certo que a jurisprudência os descredencia, frequentemente, a ponto de se tornarem inócuos para o alcance de restauração de justiça quanto a acesso a bens materiais por motivos atinentes a gênero.[16]

Assim sendo, "guarda e alimentos representam institutos com potencial relevante, embora subaproveitado, para a superação parcial de vulnerabilidades em relações familiares".[17]

Por consequência, considerados os fechamentos experimentados nestas temáticas, atualmente, convém explorar outras rotas de responsabilização aportadas pelo Direito Civil.

3. PERSPECTIVAS DE GÊNERO À RESPONSABILIDADE CIVIL INCIDENTE NO DIREITO DAS FAMÍLIAS[18]

Na perspectiva atual do manto protetor da dignidade da pessoa humana e seus direitos fundamentais como epicentro do ordenamento jurídico, a Responsabilidade Civil, em sua concepção atual e heterogênea, caminha lado a lado com a realidade complexa da sociedade hodierna que se submete à regulamentação do Direito, desafiando a tradicional dogmática civilística.

A estreita letra da lei civil que, no histórico da codificação brasileira, trouxe, em um primeiro momento, atenção exclusiva ao ato ilícito, para, posteriormente, preocupar-se com o dano injusto, ante as hipóteses de objetivação da responsabilidade civil,[19]

---

15. MATOS, Ana Carla Harmatiuk; DE OLIVEIRA, Ligia Ziggiotti; PEREIRA, Jacqueline Lopes; DOS SANTOS, Andressa Regina Bissolotti; LIMA, Francielle Elisabet Nogueira. Os Tribunais e o senso comum: sobre a regra de fixação dos alimentos em 30% dos rendimentos do alimentante. *RBDCivil*, v. 22, 2019.
16. MATOS, Ana Carla Harmatiuk; MENDES, Anderson Pressendo; DOS SANTOS, Andressa Regina Bissolotti; DE OLIVEIRA, Ligia Ziggiotti; IWASAKI, Micheli Mayumi. Alimentos em favor de ex-cônjuge ou companheira: reflexões sobre a (des)igualdade de gênero a partir da jurisprudência do STJ. *Revista Quaestio Juris*, v. 8, n. 4, 2015.
17. DE OLIVEIRA, Ligia Ziggiotti. Possíveis aportes críticos de gênero em Direito das Famílias. In: DE MENEZES, Joyceane Bezerra; MATOS, Ana Carla Harmatiuk. *Direito das Famílias por Juristas Brasileiras*. Indaiatuba: Foco, 2022, p. 78.
18. As reflexões propostas para este tópico decorrem de atualizações de artigo publicado conjuntamente pelas mesmas autoras que subscrevem o presente capítulo. Nesse sentido, ver LIMA, Francielle Elisabet Nogueira; OLIVEIRA, Lígia Ziggiotti de. Reflexões e desafios propostos pela leitura feminista acerca do descumprimento de deveres conjugais. *Civilistica.com* – Revista Eletrônica de Direito Civil, v. 7, p. 1-18, 2018.
19. MORAES, Maria Celina Bodin de. *Danos à pessoa humana*: uma leitura civil-constitucional dos danos morais. 2. ed. rev. Rio de Janeiro: Editora Processo, 2017.

também não se mostra suficiente para abranger a totalidade das dinâmicas que emergem das relações interpessoais no plano concreto, servindo, portanto, de mera orientação jurídica para a resolução de conflitos.

Nesta esteira, tensões se potencializam no enfrentamento da aplicabilidade dos espectros da Responsabilidade Civil ao Direito das Famílias, seara que, tal qual as demais que tradicionalmente foram alocadas no Direito Privado, absorveu a principiologia axiológica constitucional,[20] transformando significativamente o campo regulatório das relações familiares.

O outrora enrijecido corpo de regras abstratas e generalistas pautava-se um modelo fundado exclusivamente no casamento, que tinha por características principais o hetero-patriarcalismo, a hierarquização das relações entre seus membros e a transpessoalidade, com destaque à proteção da filiação biológica. Neste cenário, o cotejo das demais áreas do direito com a disciplina do contexto doméstico era desencorajado, justificando-se a seletividade de atuação estatal pelo princípio de proteção à privacidade daquelas relações.

A movimentação causada pela efervescência da despatrimonialização e da repersonalização do Direito Privado veio acompanhada, a seu turno, pela valorização das relações afetivas, fundamentando-se nos ideais de instrumentalidade e solidariedade típicos do eudemonismo, trazendo à apreciação jurídica o pluralismo das experiências familiares.

Simultaneamente à *ratio* contemporânea do Direito Civil, as demandas sociais oriundas das relações vivenciadas na conjuntura da família democrática conduzem a um exercício reflexivo sobre a incidência da Responsabilidade Civil no Direito das Famílias, especialmente sob o viés de gênero.

Isso porque não se nega que as regras da Responsabilidade Civil podem incidir nas relações afetivo-familiares. No entanto, a celeuma nasce ao tentar mensurar e delimitar quais situações, existenciais ou patrimoniais, são passíveis de aporte compensatório.

Por um lado, observa-se relevante interesse na incidência da Responsabilidade Civil no eixo da conjugalidade – ou, então, nos chamados danos horizontais.[21] No conteúdo debatido pela doutrina, sobressaem-se as ponderações feitas em face do descumprimento dos deveres insculpidos nos artigos 1.566 e 1.724 do Código Civil. Com especial ênfase, destaca-se a discussão acerca da consequência jurídica em razão do descumprimento do dever de fidelidade ou de lealdade, e não dos demais deveres igualmente legislados, como a infração à assistência e ao respeito mútuos, bem como ao cuidado material, afetivo e intelectual com a prole.

Nesse sentido, já se cogitou da hipótese de que esta atenção ao descumprimento do dever da fidelidade/lealdade privilegia, de certo modo, o elemento obrigacional

---

20. RAMOS, André Luiz Arnt. Dogmática e efetividade: o papel da civilística no desbravamento de espaços de liberdades. *Revista Brasileira de Direito Civil* – RBDCivil, Belo Horizonte, v. 11, p. 17-35, jan./mar. 2017.
21. BRAGA NETTO, Felipe Peixoto; DE FARIAS, Cristiano Chaves; ROSENVALD, Nelson. *Novo tratado de responsabilidade civil*. São Paulo: Atlas, 2015. p. 953.

mais próximo do espectro moralista que, por muito tempo, imperou na racionalidade jurídica e que, atualmente, parece não mais condizer com os princípios de solidariedade, igualdade e liberdade humanas.[22] A excepcionalidade da prestação alimentar por força de conjugalidade, mesmo na modalidade compensatória, conforme afirmado anteriormente, afigura-se sintomática dessa configuração. Além disso, considerando que o dever de fidelidade nasceu com o objetivo de controlar os corpos e a sexualidade, especialmente a feminina,[23] não parece que esse recorte mereça a centralidade que lhe é dada no campo de disputas judiciais e doutrinárias.

De outro norte, também se mostra profícua a perspectiva do dano vertical, isto é, nas hipóteses em que a violação a um direito subjetivo de índole fundamental se dá no cerne de uma relação parental-filial, na qual um dos polos é integrado por criança ou adolescente, sujeito de direitos vulnerável em relação a quem detém o poder familiar.

Dentre as variadas questões debatidas nesse eixo, para além da atual discussão sobre exposição excessiva em redes sociais e restrições abusivas ao regime de convivência provocado por um dos entes parentais, há entendimentos favoráveis à indenização decorrente do descumprimento do dever de cuidado parental, sintetizada na questionável expressão "abandono afetivo".[24]-[25]

É possível estabelecer, assim, diálogo com o diagnóstico de Maria Celina Bodin de Moraes, para quem uma das principais tendências no Direito das Famílias contemporâneo consiste em maximizar a responsabilização parental frente à infância e à juventude, e, paralelamente, em maximizar a liberdade conjugal, limitando a intervenção estatal no segundo caso e endossando-a, no primeiro.[26]

Entretanto, com a valoração jurídica do cuidado, o sopesamento dos conclamados princípios da parentalidade responsável e do melhor interesse da criança e do adolescente, de um lado, e do princípio da solidariedade familiar, de outro, permite encaminhamentos mais alinhados à concretização de justiça social, no bojo do próprio Direito Civil, ao tratar de situações que evidenciam ausência de divisão de cuidados parentais.

---

22. LIMA, Francielle Elisabet Nogueira; OLIVEIRA, Lígia Ziggiotti de. Reflexões e desafios propostos pela leitura feminista acerca do descumprimento de deveres conjugais. *Civilistica.com* – Revista Eletrônica de Direito Civil, v. 7, p. 1-18, 2018.
23. SILVA, Marcos Alves da. *Da monogamia*: a sua superação como princípio estruturante do Direito de Família. Curitiba: Juruá, 2013. p. 295-296.
24. Importa registrar, sobre o abandono afetivo, que se trata de construção jurisprudencial desgastada progressivamente. Observada a experiência do Superior Tribunal de Justiça nesta temática, não há pacificação sobre se caracterizar, a conduta, como ilícita, e não há critérios para o enquadramento dela em termos jurídicos, o que conduz à ineficácia do reconhecimento do abandono afetivo como causador de dano compensável (DA COSTA, Natália Winter; RAMOS, André Luiz Arnt. Responsabilidade por abandono afetivo nas relações paterno-filiais: um retrato do estado da questão na literatura e nos tribunais. *Revista IBERC*, v. 3, n. 1, 2020)
25. Para uma compreensão mais acurada das críticas tecidas à nomenclatura abandono afetivo e suas inconsistências, ver SOARES, Flaviana Rampazzo; BASTOS, Ísis Boll de Araujo. Abandono parental de cuidado: nomenclatura e repercussão do tema na atualidade jurisprudencial e na visão de quem atua em âmbito jurídico. In: TEIXEIRA, Ana Carolina Brochado et al (Coord.). *Responsabilidade civil e o direito de família*. Indaiatuba: Foco, 2021. p. 97-112.
26. BODIN DE MORAES, Maria Celina. A nova família, de novo: estruturas e função das famílias contemporâneas. *Revista Pensar*, Fortaleza, v. 18, n. 2, maio/ago. 2013.

Em casos como tais, como se verá a seguir, cogita-se da hipótese de incidência da teoria da perda de uma chance.

4. A TEORIA DA PERDA DE UMA CHANCE APLICADA À ASSIMETRIA DE CUIDADOS PARENTAIS

A teoria da perda de uma chance, inspirada em contribuições advindas do direito francês (*perte d'une chance*) e da tradição *common law*, autoriza a indenização derivada da mitigação de obtenção de potencial vantagem futura em razão de um ilícito. Em consonância com os ensinamentos de Cristiano Chaves de Farias, Felipe Peixoto Braga Netto e Nelson Rosenvald, trata-se de uma flexibilização do nexo da causalidade, no qual este é presumido, o benefício perdido é provável e o dano, certo.[27]

Em outras palavras, a sua aplicação "não se confunde com o proveito final esperado (esse sim hipotético), dizendo na verdade respeito à possibilidade de materialização do resultado positivo, não fosse a prática ilícita refreadora do processo em curso".[28]

A perda de uma chance tende a ser costumeiramente acionada para recompor a supressão de oportunidade de proveito futuro sob a ótica dos bens materiais. No entanto, na esteira do que aduz Silmara Domingues Araújo Amarilla, a teoria "merece enfrentamento também sob o viés dos bens jurídicos de ordem existencial, psíquica e moral, encontrando nas relações familiares ambiente fecundo".[29]

Como acima aduzido, a ausência de compartilhamento efetivo de cuidados parentais constitui um ilícito do qual são potenciais vítimas não só o destinatário dos atos de responsabilização parental, mas, também, o outro genitor onerado pela ausência do corresponsável em atividades cotidianas desta natureza.

A redução do tempo destinado a trabalhos remunerados em prol destes relacionados à guarda, a direção da criação e da educação de crianças e de adolescentes significa, habitualmente, uma precarização econômica de um dos genitores. Por outro lado, a presença da prole costuma incrementar a dedicação do outro a atividades lucrativas. Logo, quando não há uma divisão equânime do cuidado, observa-se verdadeira perda de uma chance de uma das partes em alçar esta vantagem patrimonial, que se vê obstaculizada pelo outro que descumpre com justa obrigação jurídica.

Contorna-se, com isso, a viabilidade da aplicação da teoria da perda de uma chance, a qual, segundo o Superior Tribunal de Justiça, não conduz à reposição de valor fixo matematicamente concluído como o que, efetivamente, deixou-se de obter como pro-

---

27. DE FARIAS, Cristiano Chaves; BRAGA NETTO, Felipe Peixoto; ROSENVALD, Nelson. *Novo tratado de responsabilidade civil*. São Paulo: Atlas, 2015, p. 255-257.
28. AMARILLA, Silmara Domingues Araújo. Mães que devoram: um ensaio sobre a perda de uma chance no âmbito dos vínculos materno-filiais. In: TEIXEIRA, Ana Carolina Brochado et al (Coord.). *Responsabilidade civil e o direito de família*. Indaiatuba: Foco, 2021. p. 186.
29. AMARILLA, Silmara Domingues Araújo. Mães que devoram: um ensaio sobre a perda de uma chance no âmbito dos vínculos materno-filiais. In: TEIXEIRA, Ana Carolina Brochado et al (Coord.). *Responsabilidade civil e o direito de família*. Indaiatuba: Foco, 2021. p. 171-189.

veito, mas, sim, como de uma proporção do dano experimentado.[30] E, de acordo com a melhor doutrina, "as chances somente se tornam ressarcíveis quando o processo que conduza a elas já se tenha deflagrado".[31]

Assim sendo, irradiar as consequências da teoria da perda de uma chance para um caso concreto no qual um dos genitores reduziu, após o advento de filhos, a participação em mercado laboral, ao passo que o outro, coobrigado aos cuidados parentais, desonerou-se deste envolvimento familiar, exige a observância de critérios balizadores específicos.

Nesta cadência, cabe argumentar que constitui parâmetro relevante para a análise a demonstração do investimento, em termos de produtividade, havido anteriormente e posteriormente ao nascimento de prole comum pelos genitores.

Por exemplo, caso existam um professor e uma professora de âmbito universitário compondo o polo parental, é possível, analogicamente, estampar a publicação de artigos científicos, de capítulos e de livros, a participação em eventos acadêmicos, e a progressão das carreiras como demonstrativos dos impactos da parentalidade para cada qual nestes serviços.

É certo que a prova de que houve assimetria, em relação ao exercício dos cuidados direcionados a descendentes, torna-se mais viabilizada em situações de ausência de conjugalidade, porquanto a própria fixação da guarda e da convivência paterno e materno-filial expõem a organização cotidiana das partes com tais demandas.

Todavia, que os genitores sejam casados ou constituam união estável não parece excluir a possibilidade de aplicação da teoria da perda de uma chance quando se apresente referida assimetria, que sempre pode ser extraída de documentos como acompanhamentos parentais, por exemplo, em rotinas pediátricas e odontológicas, em eventos escolares, em depoimentos e oitivas de testemunhas, entre outras evidências.

Ademais, não sendo a integralidade do eventual proveito econômico convertido, neste diapasão, em reparação pecuniária, a percepção deste *quantum* pode partir da investigação quanto à condição salarial de colegas de carreira contemporâneos a quem se afastou das atividades lucrativas por conta do advento da prole, permitindo um parâmetro aproximado apto a compor um montante fixo a título indenizatório.

Por fim, é interessante registrar que, considerada a perda de uma chance como dano patrimonial, e não extrapatrimonial, consiste em matéria de defesa plausível ao ofensor comprovar o pagamento, a título de alimentos a filhos, de valor especialmente direcionado à distribuição do exercício do cuidado com terceiros, como instituição de ensino em tempo integral e trabalhadores remunerados, tais quais babás.

---

30. SUPERIOR TRIBUNAL DE JUSTIÇA. Recurso Especial 788459-BA. Rel. Min. Fernando Gonçalves. Julgado em 13 de março de 2006.
31. DE FARIAS, Cristiano Chaves; BRAGA NETTO, Felipe Peixoto; ROSENVALD, Nelson. *Novo tratado de responsabilidade civil*. São Paulo: Atlas, 2015, p. 256.

5. CONSIDERAÇÕES FINAIS

A contemporânea e dinâmica abordagem da Responsabilidade Civil, provocada especialmente pelo fundamento na proteção da dignidade da pessoa humana, permite o fértil entrelaçamento com o Direito das Famílias, a fim de se buscar soluções para problemáticas que outrora não eram dignas de atenção.

O presente capítulo intentou, a título ensaístico e exploratório, dar corpo à possibilidade de indenização na hipótese de ausência de divisão de cuidados parentais, através da teoria da perda de uma chance.

Entende-se que essa cogitação parte de pressupostos sólidos, na medida em que a valoração do cuidado enquanto dever jurídico perfaz escopo das responsabilidades parentais, e que a inexistência de distribuição equânime deste dever, além de sobrecarregar um dos entes parentais, ocasiona a privação – ou, ao menos, um desfalque – de se dedicar a projetos de vida que extrapolam a seara dos cuidados à prole. Há, assim, a perda de uma oportunidade séria e razoável de se prosperar economicamente.

Tendo em vista que a atribuição dos cuidados cotidianos de filhos(as) tende a ser suportada majoritariamente por mulheres, observa-se como a presente hipótese se alicerça em aportes de gênero que conduzem à instrumentalização de institutos jurídicos em prol do enfrentamento de vulnerabilidades.

Certamente, a busca de solução para as desigualdades de gênero no campo do Direito exige formulações prospectivas que focalizem além do contexto pós-violatório – isto é, quando o dano injusto já foi efetivado. Entretanto, a democratização do cuidado – já valorado juridicamente – inspira a eleição de ferramentas que possam de fato impactar o tecido social e provocar as transformações almejadas.

REFERÊNCIAS

AMARILLA, Silmara Domingues Araújo. Mães que devoram: um ensaio sobre a perda de uma chance no âmbito dos vínculos materno-filiais. In: TEIXEIRA, Ana Carolina Brochado et al (Coord.). *Responsabilidade civil e o direito de família*. Indaiatuba: Foco, 2021.

CRUZ, Elisa Costa. *Guarda parental*: releitura a partir do cuidado. Rio de Janeiro: Editora Processo, 2021.

DA COSTA, Natália Winter; RAMOS, André Luiz Arnt. Responsabilidade por abandono afetivo nas relações paterno-filiais: um retrato do estado da questão na literatura e nos tribunais. *Revista IBERC*, v. 3, n. 1, 2020.

DE FARIAS, Cristiano Chaves; BRAGA NETTO, Felipe Peixoto; ROSENVALD, Nelson. *Novo tratado de responsabilidade civil*. São Paulo: Atlas, 2015.

DE OLIVEIRA, Ligia Ziggiotti. *Cuidado como valor jurídico*: crítica aos direitos da infância a partir do feminismo. Tese (Doutorado), Universidade Federal do Paraná, Setor de Ciências Jurídicas, Programa de Pós-Graduação em Direito. Curitiba, 2019.

DE OLIVEIRA, Ligia Ziggiotti. Possíveis aportes críticos de gênero em Direito das Famílias. In: DE MENEZES, Joyceane Bezerra; MATOS, Ana Carla Harmatiuk. *Direito das Famílias por Juristas Brasileiras*. Indaiatuba: Foco, 2022.

FACHIN, Luiz Edson. *Direito civil*: sentidos, transformações e fins. Rio de Janeiro: Renovar, 2015.

LIMA, Francielle Elisabet Nogueira; OLIVEIRA, Lígia Ziggiotti de. Reflexões e desafios propostos pela leitura feminista acerca do descumprimento de deveres conjugais. *Civilistica.com* – Revista Eletrônica de Direito Civil, v. 7, p. 1-18, 2018.

MATOS, Ana Carla Harmatiuk; DE OLIVEIRA, Ligia Ziggiotti; PEREIRA, Jacqueline Lopes; DOS SANTOS, Andressa Regina Bissolotti; LIMA, Francielle Elisabet Nogueira. Os Tribunais e o senso comum: sobre a regra de fixação dos alimentos em 30% dos rendimentos do alimentante. *RBDCivil*, v. 22, 2019.

MATOS, Ana Carla Harmatiuk; VIEIRA, Diego Fernandes. Das práticas parentais e a urgência da construção de um relacionamento parental mínimo à promoção da dignidade humana. *Revista Brasileira de Direito Civil* – RBDCivil, Belo Horizonte, v. 31, n. 4, p. 61-90, out./dez. 2022.

MATOS, Ana Carla Harmatiuk; MENDES, Anderson Pressendo; DOS SANTOS, Andressa Regina Bissolotti; DE OLIVEIRA, Ligia Ziggiotti; IWASAKI, Micheli Mayumi. Alimentos em favor de ex-cônjuge ou companheira: reflexões sobre a (des)igualdade de gênero a partir da jurisprudência do STJ. *Revista Quaestio Juris*, v. 8, n. 4, 2015.

BODIN DE MORAES, Maria Celina. A nova família, de novo: estruturas e função das famílias contemporâneas. *Revista Pensar*, Fortaleza, v. 18, n. 2, maio/ago. 2013.

BODIN DE MORAES, Maria Celina. *Danos à pessoa humana*: uma leitura civil-constitucional dos danos morais. 2. ed. rev. Rio de Janeiro: Editora Processo, 2017.

PORTAL DA TRANSPARÊNCIA. *Pais ausentes*. Disponível em: https://transparencia.registrocivil.org.br/painel-registral/pais-ausentes. Acesso em 01 de junho de 2023.

PORTAL UOL. *Espanha obriga homem a pagar R$ 1,1 milhão para ex-mulher por trabalhos domésticos*. Disponível em: https://noticias.uol.com.br/ultimas-noticias/rfi/2023/03/07/mulher-processa-ex-marido-na-espanha-e-vai-receber-mais-de-r-1-milhao-de-salario-por-trabalhos-domesticos.htm. Acesso em: 20 mar. 2023.

RAMOS, André Luiz Arnt. Dogmática e efetividade: o papel da civilística no desbravamento de espaços de liberdades. *Revista Brasileira de Direito Civil* – RBDCivil, Belo Horizonte, v. 11, p. 17-35, jan./mar. 2017.

SCOTT, Joan. Gênero: uma categoria útil de análise histórica. *Educação & Realidade*, v. 15, n. 02, jul./dez. 1990.

SILVA, Marcos Alves da. *Da monogamia*: a sua superação como princípio estruturante do Direito de Família. Curitiba: Juruá, 2013.

SIRENA, Tatiana Lauand. *Mãe, obrigada*: a necessária extinção do instituto da guarda como meio de defesa da mãe obrigada. Tese (Doutorado), Universidade Federal do Paraná, Setor de Ciências Jurídicas, Programa de Pós-Graduação em Direito. Curitiba, 2023.

SOARES, Flaviana Rampazzo; BASTOS, Ísis Boll de Araujo. Abandono parental de cuidado: nomenclatura e repercussão do tema na atualidade jurisprudencial e na visão de quem atua em âmbito jurídico. In: TEIXEIRA, Ana Carolina Brochado et al (Coord.). *Responsabilidade civil e o direito de família*. Indaiatuba: Foco, 2021.

SORJ, Bila; FONTES, Adriana. O care como regime estratificado: implicações de gênero e classe social. In: HIRATA, Helena; GUIMARÃES, Nadya Araujo. *Cuidado e cuidadoras*: as várias faces do trabalho do care. São Paulo: Atlas, 2012.

SUPERIOR TRIBUNAL DE JUSTIÇA. Recurso Especial 788459-BA. Rel. Min. Fernando Gonçalves. Julgado em 13 de março de 2006.

DISCRIMINAÇÃO, DADOS PESSOAIS E GÊNERO

DEVERES E RESPONSABILIDADE CIVIL DOS AGENTES DE TRATAMENTO DE DADOS. UMA PERSPECTIVA DE GÊNERO SOBRE AS LIMITAÇÕES DO CONSENTIMENTO

Ana Frazão

Professora de Direito Civil e Comercial da UnB – Universidade de Brasília. Advogada.

Maria Cristine Lindoso

Doutoranda em Direito pela Universidade de Brasília – UnB. Professora de Direito e Tecnologia do IDP – Instituto Brasileiro de Ensino e Pesquisa – e do CEUB – Centro de Ensino Unificado de Brasília. Advogada.

"If at the most basic level, consent is the freedom to make decisions, then we must craft a world those decisions are not governed by oppressive structures."[1]

Sumário: 1. Introdução – 2. A não discriminação no tratamento de dados pessoais; 2.1 Breve histórico das preocupações com a não discriminação no tratamento de dados pessoais; 2.2 Alcance do princípio da não discriminação no tocante às questões de gênero; 2.3 O controle dos corpos como dimensão da discriminação de gênero – 3. O consentimento e suas limitações; 3.1 O papel do consentimento na LGPD; 3.2 Os debates sobre o consentimento informado sob a perspectiva de gênero; 3.3 Consentimento informado para o tratamento de dados – 4. Consentimento e responsabilidade civil dos agentes de tratamento – 5. Mecanismos de legitimação do consentimento de deveres de cuidado respectivos – 6. Mecanismos jurisdicionais para ações de responsabilidade civil com perspectiva de gênero – 7. Conclusão – Referências.

1. INTRODUÇÃO

O presente estudo tem por objetivo mapear aspectos sobre a discriminação de gênero no tratamento de dados pessoais, destacando os impactos que podem ser sofridos por mulheres tanto em âmbito individual, como em âmbito coletivo.

Sob essa perspectiva, são analisadas, na primeira parte do estudo, as limitações do consentimento no mercado de tratamento de dados, onde existem importantes assimetrias informacionais e restrições que dificultam que a titular de dados efetivamente compreenda os prejuízos que podem sobrevir com a exploração indevida das suas informações.

---

1. OLUFEMI, Lola. *Feminism, Interrupted*: Disrupting Power. London: Pluto Press, 2020. Tradução livre: Se no nível mais básico o consentimento é a liberdade de tomar decisões, então temos que criar um mundo onde essas decisões não são governadas por estruturas opressoras.

Com base nas considerações sobre a fragilidade específica das mulheres no mercado de dados, o pretende artigo busca examinar, na segunda parte, como deve se orientar o regime de deveres e de responsabilidade civil dos agentes de tratamento de dados, diante da diferente realidade vivida pelas mulheres e dos impactos da discriminação de gênero.

Ao final, o estudo pretende também colaborar com soluções e perspectivas que podem ser adotadas pelos agentes de tratamento à luz das tecnologias de promoção à privacidade, da *accountability* e da perspectiva de gênero que vem sendo adotada em diferentes âmbitos do direito.

2. A NÃO DISCRIMINAÇÃO NO TRATAMENTO DE DADOS PESSOAIS

2.1 Breve histórico das preocupações com a não discriminação no tratamento de dados pessoais

A preocupação com o tratamento de dados e com as questões relacionadas ao direito à privacidade não é recente. Desde meados de 1980, alguns países europeus já contavam com leis de proteção de dados[2] e já havia noção da importância do resguardo da intimidade e do direito de cada um decidir sobre as suas próprias informações pessoais em razão do crescente mercado de dados que estava acompanhando a revolução tecnológica.[3]

No Brasil, essa preocupação também não é nova, apesar de ter se manifestado de forma mais expressiva apenas recentemente, por meio da entrada em vigor da Lei Geral de Proteção de Dados – LGPD. Entretanto, vale lembrar que a própria Constituição de 1988 já estabelecia a previsão do *habeas data*, na tentativa de criar uma ferramenta para assegurar a qualidade dos dados e a própria ciência dos cidadãos sobre o conteúdo existente sobre si mesmos.

Outras leis também ajudaram a promover maior segurança dos titulares de dados pessoais, como o (i) próprio Código de Defesa do Consumidor, (ii) a Lei 12.737/2012, que criminaliza alguns delitos na internet, como a divulgação indevida de vídeos íntimos não autorizados, (iii) o Marco Civil da Internet, que estabelece normativas gerais de atuação na internet, e (iv) a Lei do Cadastro Positivo (Lei 12.414/2011), que estabelece alguns diretrizes gerais sobre scores de crédito e formas de consulta e utilização de bases de dados dos consumidores.

Com a Lei Geral de Proteção de Dados, esse sistema ficou mais robusto e consolidou relevantes princípios para a proteção de dados como um todo. Um deles, e que é objeto do presente estudo, é o da *não discriminação*. Sua importância decorre da própria Constituição, que veda discriminações abusivas de forma geral, sendo igualmente consequência da percepção de que não existe neutralidade no tratamento de dados.

---

2. MENDES, Laura S. F. *Autodeterminação informativa*: a história de um conceito. *Rev. De Ciências Jurídicas Pensar*, v. 25, n. 4, 2020.
3. LEONARDI, Marcel. *Tutela e privacidade na internet*. São Paulo: SP: Editora Saraiva, 2011, p. 67-68.

Afinal, muitas vezes esses processos, especialmente aqueles automatizados e realizados por diferentes aplicações de inteligência artificial, reproduzem preconceitos que podem causar grandes prejuízos para grupos minoritários.[4]

Esses resultados discriminatórios em decisões automatizadas podem ocorrer em diversas etapas do tratamento de dados e por vários motivos: falta de representatividade dos dados, uso de dados históricos, supressão de informações sensíveis, falsa anonimização de dados pessoais, deficiência no *design* do algoritmo, criação de modelos de tratamento de dados que são enviesados e discriminatórios ou inferências e correlações estatísticas discriminatórias que são feitas por *data mining* sem qualquer compromisso com a realidade.[5]

Assim, a inserção de um princípio que expressamente veda a discriminação cria, para os agentes, uma obrigação que deve ser cumprida em todo o processo de tratamento dos dados pessoais, inclusive no que diz respeito ao dever de assumir posturas ativas para o controle dos respectivos sistemas, mesmo que eles tenham mecanismos de aprendizagem autônoma, a fim de assegurar a qualidade dos dados utilizados, bem como dos resultados, os quais não podem refletir estereótipos preconceituosos.

Apesar de a LGPD, no que toca especificamente à questão da discriminação, não fazer recomendações específicas sobre o tratamento de dados pessoais automatizado – o que, inclusive, deve ser objeto de regulamentação própria com as iniciativas relacionadas à inteligência artificial – ela traz recomendações expressas que devem orientar a conduta dos agentes no sentido de preservar os ideais de igualdade (formal e material) que estão no texto constitucional e são reproduzidos na lei.[6]

2.2 Alcance do princípio da não discriminação no tocante às questões de gênero

Além do aspecto individual, já que a *não discriminação* busca evitar resultados prejudiciais para os próprios titulares, o princípio assume relevância igualmente no âmbito coletivo, na medida em que o tratamento de dados pode trazer repercussões para grupos inteiros e ampliar ainda mais as situações de desigualdade.[7]

Como destaca Anita Allen, no tocante a grupos socialmente vulneráveis, os problemas envolvendo o mercado de tratamento de dados compreendem (i) múltiplas formas de monitoramento e vigilância discriminatórios, (ii) diferenciação de oportunidades e anúncios com base discriminações que reforçam preconceitos e estereótipos, e (iii)

---

4. LINDOSO, Maria Cristine. *Discriminação de gênero no tratamento automatizado de dados pessoais.* Como a automatização incorpora vieses de gênero e perpetua a discriminação de mulheres. Rio de Janeiro: Processo, 2021.
5. LINDOSO, Maria Cristine. Op. cit., 2021.
6. MENDES, Laura; MATIUZZO, Marcela; FUJIMOTO, Mônica Tiemy. Discriminação algorítmica à luz da Lei Geral de Proteção de Dados. In: DONEDA, Danilo et. al (Coord.). *Tratado de Proteção de Dados Pessoais.* Rio de Janeiro: Forense, 2017.
7. KOVACS, A., Jain, T. *Informed Consent* – Said Who? A Feminist Perspective on Principles of Consent in the Age of Embodied Data. Data Governance Network Working Paper 13, 2020, p. 7.

exploração das limitações financeiras desses grupos.[8] Assim, além de prejuízos individualmente percebidos, o tratamento de dados discriminatório pode trazer impactos para grupos minoritários como um todo.

O caso das mulheres é um exemplo perfeito. Um *software* que faz análise de crédito sem se utilizar dos cuidados necessários para evitar resultados discriminatórios pode atribuir *scores* de crédito menores para mulheres.[9] Individualmente, uma mulher irá sentir esses prejuízos por não conseguir receber um financiamento específico ou ter acesso a um empréstimo menor. Coletivamente, esse tipo de resultado reforça um estereótipo no mercado – de que mulheres possuem descontrole financeiro e por isso devem receber menos crédito – e compromete consideravelmente o empreendedorismo feminino como um todo.

Outro exemplo diz respeito a site de pesquisa que, também sem se preocupar com a não discriminação, apresenta majoritariamente resultados pornográficos quando feita uma busca sobre mulheres lésbicas.[10] Individualmente, as mulheres podem se sentir ofendidas com a produção de um resultado não representativo de uma orientação sexual. Coletivamente, esse resultado reproduz um padrão de hipersexualização e fetichização de um grupo mulheres e de uma orientação sexual.

Um último exemplo sobre essas duas dimensões da discriminação é o mercado de anúncios *online*. Novamente sem o cuidado necessário, uma rede de anúncios pela internet pode oferecer para mulheres somente anúncios de vagas de emprego com salários menores e horários flexíveis, enquanto aos homens são direcionados anúncios de posições de liderança com salários maiores. Individualmente, as mulheres deixam de ter acesso a oportunidades de emprego em razão do estereótipo de que todas elas são mães e buscam os mesmos padrões no mercado de trabalho. Coletivamente, o resultado produzido também reforça estereótipos e mantém os baixos padrões de representatividade no mercado de trabalho, especialmente nos postos de liderança.

2.3 O controle dos corpos como dimensão da discriminação de gênero

Especificamente falando em mulheres, além das preocupações com a não discriminação no âmbito individual e coletivo, há também receio de que possa se institucionalizar uma forma adicional de controle dos corpos – que é uma dimensão da discriminação

---

[8]. ALLEN, Anita L. *Dismantling the "Black Opticon"*: Privacy, Race, Equity and Online Data-Protection Reform. Public Law and Legal Tehroy Research Paper Series n. 22-16, February, 2022, p. 910.
[9]. Esse caso famoso que exemplifica esse caso é o do Apple Card, que foi objeto de investigações por fornecer limites de créditos menores para mulheres, sem motivo aparente que não o gênero. Ver: VIDGOR, Neil. *Apple Card Investigated after Gender Discrimination Complaints*. A proeminent software developer said on Twitter that the credit card was "sexist" against woman applying for credit. Nov. 2019. Disponível em: https://www.nytimes.com/2019/11/10/business/Apple-credit-card-investigation.html. Acesso em: 22 abr. 2023.
[10]. A Google exemplifica essa questão, conforme descreveu Sofiya Nouble. Ver: NOUBLE, Sofiya Umoja. *Algorithms of Oppression*. How Search engines reinforce racism. New York University Press, 2018, p. 54 e MARINHO, Julia. *Google muda algoritmo para que 'lésbica' não seja mais sinônimo de 'pornô'*, 2019. Disponível em: https://www.tecmundo.com.br/internet/144805-google-muda-algoritmo- lesbica-nao-seja-sinonimo-porno.htm. Acesso em: 23 abr. 2023.

de gênero – que se torna ainda maior quando se considera como operam os agentes de tratamento de dados no contexto capitalismo de vigilância.[11]

Isso porque os dados pessoais representam uma verdadeira fonte de poder,[12] pois são utilizados como moeda de troca para monitoramento dos consumidores e até mesmo para manipulação de seus desejos e vontades em prol dos interesses e lucros dos agentes.

Por outro lado, cada vez mais, tem-se dificuldade de compreender até que ponto o titular dos dados é responsável por fazer suas próprias escolhas, já que as tecnologias de *big data* e monitoramento ostensivo a partir de dados pessoais estão sendo utilizadas para efetivamente interferir no processo de escolha dos usuários e antecipar (ou criar neles) desejos que atendem a interesses puramente capitalistas.[13] Não é sem razão que já se fala até mesmo em neurocapitalismo, privacidade e identidade cerebrais e no direito de não ser manipulado.

Diante disso, é possível perceber que o funcionamento da própria estrutura do capitalismo na atualidade orienta-se para efetivamente influenciar indevidamente ou mesmo manipular a tomada de decisão dos usuários – todos eles, sem distinção. Através do vasto conhecimento que se tem sobre cada um decorrente da coleta de dados pessoais, empresas estão cada vez mais empenhadas em monitorar interesses com objetivo de modificá-los e moldá-los de acordo com seus interesses, ou seja, com base no que gera lucro e atende aos propósitos das grandes companhias que pagam por isso.[14]

Esse ponto, inclusive, trouxe reflexões de autoras como Powles e Nissenbaum, ao destacarem que a discriminação algorítmica, embora não seja o único problema quando se pensa no mercado de dados, é de extrema gravidade. Não obstante, é muitas vezes ignorado, pois há pouca clareza quanto ao funcionamento dos algoritmos e das estruturas de tratamento de dados, assim como há pouca transparência sobre como são, efetivamente, produzidos os resultados discriminatórios. O que se foca no debate público são somente os resultados, mas não como esses resultados foram produzidos.[15]

Para mulheres, esse problema é ainda maior, pois a história mostra que a intenção de modificar e influenciar comportamentos sempre foi uma forma de tentar controlar os corpos femininos, para que a manutenção de uma estrutura de dominação masculina e um sistema patriarcal. Enquanto o movimento feminista fez vários avanços nesse

---

11. O termo do capitalismo de vigilância foi conceituado por Soshana Zuboff para se referir a essa estrutura de mercado que tem como uma de suas características a utilização dos dados pessoais para monitoramento constante dos cidadãos, com objetivo de criar perfis cada vez mais complexos dos indivíduos e comercializar essas informações. Ver: ZUBOFF, Soshana. *The age of surveillance capitalism*. The fight for a human future at the new frontier of power. New York: Public Affairs, 2019.
12. VÉLIZ, Carissa. *Privacidade é poder*. Por que e como você deveria retomar o controle de seus dados. São Paulo: Editora Contracorrente, 2021, p. 116.
13. RICHARDS, Neil M.; KING, Jonathan H. *Big Data Ethics*. Wake Forest Law Review, n. 393, 2014.
14. ZUBOFF, Soshana. *The age of surveillance capitalism*. The fight for a human future at the new frontier of power. New York: Public Affairs, 2019.
15. POWLES, Julia; NISSENBAUM, Helen. Bias in Artificial Intelligence. Trying to "fix" A.I. distracts from the more urgent questions about technology. One Zero, 2018. Disponível em: https://onezero.medium.com/the--seductive-diversion-of-solving-bias-in-artificial-intelligence-890df5e5ef53.

sentido, para garantir às mulheres espaços de empoderamento, a atual estrutura do capitalismo de vigilância vem mostrando significativos retrocessos, justamente porque se torna possível moldar opiniões, decisões e escolhas sem que a titular sequer tenha conhecimento ou consciência nesse processo.[16]

E se é verdadeiro que todos os titulares de dados pessoais sofrem, em alguma medida, com um sistema de controle de corpos, sabe-se que as repercussões deste para mulheres são muito maiores, pois historicamente, sempre houve pretensão de controle das mulheres através da manipulação de seus desejos e vontades. Essa é uma consequência do próprio sistema patriarcal que estrutura a sociedade até hoje, por meio do qual se pretende controlar as formas de reprodução, do desejo sexual, da manifestação da opinião e do comportamento de mulheres, e que recentemente ficou ainda mais expressivo através dos movimentos chamados *redpills*.[17]

É nesse contexto que o princípio da *não discriminação* assume importante protagonismo para evitar que o sistema de tratamento de dados, que se baseia no objetivo de vigilância, torne-se um mecanismo de controle do indivíduo que serve também para manutenção de estruturas injustas, discriminatórias e preconceituosas,[18] impactando ainda mais a realidade das mulheres.

3. O CONSENTIMENTO E SUAS LIMITAÇÕES

3.1 O papel do consentimento na LGPD

A LGPD acabou adotando o paradigma do *privacy self-management*,[19] depositando muitas expectativas no consentimento, o que confere ao titular grande protagonismo no exercício do direito de controle sobre as suas informações e dados pessoais.[20] Por isso, diante das preocupações discriminatórias que o tratamento de dados pode ter, é comum que os agentes de mercado busquem a base legal do consentimento para tentar legitimar aqueles resultados produzidos. Daí ser o consentimento uma das bases legais que possui maior relevância no direito brasileiro de proteção de dados.[21]

---

16. KOVACS, A., Jain, T. *Informed Consent* – Said Who? A Feminist Perspective on Principles of Consent in the Age of Embodied Data. Data Governance Network Working Paper 13, 2020, p. 10.
17. O movimento que se intitula *redpill* é um movimento misógino que se espalhou na internet, especialmente em determinadas redes sociais e na chamada *deep web* por meio do qual homens se associam para divulgar discurso de ódio em relação a mulheres e divulgarem padrões de masculinidade supostamente ideal. Sobre casos recentes de *redpills*, ver: INTRIERI, Laura. *Red Pills e Incels*: por que é difícil frear misoginia online no Brasil. 14 mar. 2023. Disponível em: https://www.terra.com.br/byte/red-pills-e-incels-por-que-e-dificil-frear-misoginia-online-no-brasil,a907ddf0bb1a6687f06be537286d962aplyfiiak.html.
18. Suárez-Gonzalo, Sara Personal data are political. A feminist view on privacy and big data. *Recerca. Revista de Pensament i Anàlisi*, 24(2), p. 173-192, 2019.
19. LINDOSO, Maria Cristine. Comentários sobre o consentimento: principais aspectos e preocupações. In: PINHO, Anna (Coord.). *Manual de Direito na Era Digital*: Penal e Internacional. São Paulo: Editora Foco, 2023, p. 158.
20. FRAZÃO, Ana; PRATA DE CARVALHO, Angelo; MILANEZ, Giovanna. *Curso de proteção de dados pessoais*: fundamentos da LGPD. Rio de Janeiro: Forense, 2022.
21. É o que diz Bioni ao mencionar que o consentimento é "o elemento nuclear da estratégia regulatória de privacidade informacional". Ver: BIONI, Bruno. *Proteção de dados pessoais*: funções e limites do consentimento. Rio de Janeiro: Forense, 2019, p. 188.

Um dos motivos para tanto é que dados pessoais são considerados uma extensão da personalidade, o que implica dizer que o sistema de proteção de dados atrai para si todas as preocupações relativas aos direitos de personalidade e ao exercício da autonomia da vontade, cabendo ao titular a definição da forma de construir a própria vida, realizar suas necessidades, tomar suas próprias decisões e escolher os contornos de sua existência.[22] Também por isso, o direito à proteção de dados é hoje considerado e positivado como um direito fundamental.[23]

Não obstante, é importante compreender a dimensão possível desse consentimento, bem como suas limitações, especialmente diante dos impactos que eles podem trazer para os titulares, seja no âmbito individual, seja no âmbito coletivo. Não é sem razão que, mesmo colocando grande protagonismo na manifestação de vontade do titular, a LGPD também busca criar formas de efetivar um consentimento efetivo para legitimar o tratamento de dados, estimulando (e as vezes obrigando) os agentes a adotarem posturas ativas para viabilizar uma manifestação de vontade verdadeiramente livre e informada.[24]

3.2 Os debates sobre o consentimento informado sob a perspectiva de gênero

O debate sobre o consentimento informado e sobre sua validade transcende a discussão de proteção de dados pessoais e remonta aos questionamentos sobre as verdadeiras manifestações livres de vontade que há muito se estruturam dentro dos diversos regimes de organização social.

Bioni destaca que uma primeira discussão sobre o consentimento informado surgiu, historicamente, no campo das pesquisas clínicas dentro da medicina, seja para autorizar a divulgação dos dados e resultados, seja para que o paciente tivesse conhecimento do estudo a que estava se submetendo e quais as repercussões e preocupações a ele associados.[25] Foi quando teriam surgido decisões judiciais criando parâmetros para divulgação de informações, a fim de tentar criar um padrão informativo suficiente para

---

22. TEIXEIRA, Ana Carolina Brochado. Autonomia existencial. *Revista Brasileira de Direito Civil* – RBDCilvil, Belo Horizonte, v. 16, p. 75-104, abr./jun. 2018, p. 80.
23. Além da inclusão pela Emenda Constitucional n. x, a qual colocou o direito à proteção de dados pessoais no rol de direitos fundamentais da Carta Magna, merece destaque o julgamento pelo Supremo Tribunal Federal da Adin 6393, julgado em 07 de maio de 2020, que destacou não só o direito à proteção de dados, como o direito à autodeterminação informativa, como direitos fundamentais e autônomos e que decorrem da garantia da inviolabilidade da vida privada e da dignidade da pessoa humana.
24. Nesse sentido, o art. 5º, XII, da LGPD já define como consentimento a manifestação da vontade "livre, informada e inequívoca, por meio da qual o titular concorda com o tratamento de seus dados pessoais para uma finalidade determinada". O compartilhamento dos dados também exige consentimento, nos termos do art. 7º, parágrafo 5º, e ele deverá observada a finalidade previamente informada (art. 8º, parágrafo 4º). Também merece comentário que o consentimento para dados pessoais sensíveis deverá ser feito de forma específica e destacada, previamente informando-se a finalidade (art. 11, I, da LGPD).
25. BIONI, Bruno; LUCIANO, Maria. O consentimento como processo: Em busca do consentimento válido. In: DONEDA, Danilo et. al (Coord.). *Tratado de proteção de dados pessoais*. Rio de Janeiro: Forense, 2021, p. 150-151.

que o paciente pudesse tomar uma decisão suficientemente informada sobre o estudo clínico a que seria submetido.[26]

Sob a perspectiva de gênero, a questão do consentimento informado torna-se ainda mais complexa mesmo em situações corriqueiras. Carole Pateman, por exemplo, destaca que o consentimento é, em verdade, uma ficção dentro das relações contratuais, na medida em que grupos vulneráveis, especificamente as mulheres, sequer têm a possibilidade de manifestação de vontade, quem dirá participar efetivamente da ordem social e da construção política.[27]

Já Catharine Mackinnon, em reflexões similares, afirma que o consentimento válido sequer seria possível em muitas circunstâncias, se consideradas estruturas de assimetria de poder que impedem ou constrangem uma manifestação de vontade verdadeiramente livre.[28]

Outras teóricas feministas, como Pérez, analisam a ótica do consentimento não pela liberdade de escolha, que historicamente não era conferida às mulheres,[29] mas sim pela ótica da construção simbólica e social dentro de um regime que estrutura a dominância e o poder através da divisão sexual.[30] Nesse sentido, o consentimento seria não uma manifestação da vontade, mas sim um exercício de limitação de uma conduta masculina: ao homem é conferida a possibilidade de se comportar como deseja e, através do consentimento, a mulher coloca limites ao que ela não quer em relação àquele comportamento.[31]

É importante notar que essas diferentes vertentes de análise sobre o consentimento – de manifestação de vontade informada ou de limitação de poder – permearam estudos em diversos campos do conhecimento: na área criminal, ao se discutir, por exemplo, manifestações de vontade em crimes de estupro e de que forma a negativa da vítima é ignorada porque o limite que se tenta colocar naquela conduta é indiferente aos desejos masculinos; na área trabalhista, como vem ocorrendo com os debates sobre assédio e possibilidades da mulher manifestar uma negativa ou um consentimento efetivo diante de posições de hierarquia; na área cível, quando se pensa na efetiva capacidade das partes de manifestarem sua vontade no âmbito dos contratos diante das assimetrias informacionais e das diferenças sociais que possam existir entre as partes.

---

26. BIONI, Bruno; LUCIANO, Maria. O consentimento como processo: Em busca do consentimento válido. In: DONEDA, Danilo et. al. (Coord.). *Tratado de proteção de dados pessoais*. Rio de Janeiro: Forense, 2021, p. 151.
27. PATEMAN, Carole. *The disorder of women*: Democracy, feminism and political theory. Polity Press, 1989.
28. MACKINNON, Catharine A. *Butterflu Politics*. Changing the World for Women. United States of America: Belknap Harvard, 2019.
29. É o que defende Carole Pateman, por exemplo, ao falar da estruturação da sociedade a partir de um contrato sexual (em referência aos teóricos contratualistas do liberalismo): a organização social havia se estruturado através da divisão sexual do trabalho, colocando as mulheres em um espaço desvalorizado pela estrutura do capitalismo – o lar. Essa divisão não teria sido consentida por elas, o que colocava todo um gênero à margem da tomada de decisão e da estrutura política. Ver: PATEMAN, Carole. *The sexual contract*. Stanford University Press, 1988.
30. PÉREZ, Y. (2016). *Consentimiento sexual*: Un análisis con perspectiva de género. Universidad Nacional Autónoma de México-Instituto de Investigaciones Sociales. *Revista Mexicana de Sociología*, 78(4), 741-767.
31. VARON, Joana; PEÑA, Paz. *Artificial intelligence and consent*: a feminist anti-colonial critique. Internet Policy Review, v. 10, 2021.

Dessa forma, é inequívoco que a análise do consentimento informado, em qualquer seara, não pode desconsiderar grandes assimetrias e, no caso específico das mulheres, a perspectiva de gênero, o que será ainda mais necessário nos mercados de tratamento de dados, como se examinará no próximo tópico.

3.3 Consentimento informado para o tratamento de dados

A doutrina vem fazendo profundas reflexões sobre a extensão possível do consentimento no mercado de dados no atual contexto do capitalismo de vigilância, a fim de investigar se seria mesmo viável uma manifestação verdadeiramente livre, informada e inequívoca por parte do titular de dados.

Muitas dessas reflexões aproveitam estudos feitos no campo do direito do consumidor, que conseguiram superar o dogma da suposta soberania do consumidor para considerar uma realidade na qual a liberdade, a racionalidade e o acesso à informação por parte do consumidor são limitados, o que se agrava em mercados concentrados, nos quais o consumidor não tem nem mesmo diversidade de opções de escolha.[32] Acresce que a vulnerabilidade do consumidor tem sido aumentada – e não diminuída – no meio virtual.[33]

Para o titular de dados, que muitas vezes também é um consumidor, a situação não é diferente. Pensando inicialmente sobre a assimetria informacional, sabe-se que o titular possui verdadeiras limitações cognitivas que impedem a real compreensão sobre a extensão e a relevância do tratamento de seus dados.[34] Trata-se não propriamente de incapacidade, mas de desconhecimento técnico e falta de informações sobre todo o processo de tratamento das informações e suas repercussões.

Além disso, o titular também está limitado por vieses e heurísticas que dificultam a racionalização no processo de tomada de decisão, podendo também impedir o consentimento verdadeiro.[35] E, dificultando ainda mais esse processo, os termos das políticas de privacidade também costumam ser longos e exaustivos, com uma linguagem que impede a correta compreensão de quais os riscos estão associados àquela transação de dados pessoais.[36]

---

32. FRAZÃO, Ana. *O mito da soberania do consumidor*. É legítimo esperar que as soluções de mercado protejam o consumidor? Parte 1. Publicado em 1º.12.2021. Disponível em: http://www.professoraanafrazao.com.br/files/publicacoes/2021-12-15-O_mito_da_soberania_do_consumidor_E_legitimo_esperar_que_as_solucoes_de_mercado_protejam_o_consumidor_Parte_I.pdf

33. FRAZÃO, Ana. *A falácia da soberania do consumidor. Economia digital pode tornar o consumidor ainda mais vulnerável*. Publicado em 08.12.2021. Disponível em: http://www.professoraanafrazao.com.br/files/publicacoes/2021-12-08-A_falacia_da_soberania_do_consumidor_O_aumento_da_vulnerabilidade_do_consumidor_na_economia_digital_Parte_II.pdf.

34. SOLOVE, Daniel J. Privacy Self-Management and the Consent Dilemma. *Harvard Law Review*, 2013.

35. MENDES, Laura Schertel; FONSECA, Gabriel C. Soares. Proteção de dados pessoais para além do consentimento: tendências contemporâneas de materialização. *Revista de Estudos Institucionais*, v. 6, n. 2, maio/ago. 2020.

36. KOVACS, A., Jain, T. *Informed Consent* – Said Who? A Feminist Perspective on Principles of Consent in the Age of Embodied Data. Data Governance Network Working Paper 13, 2020, p. 12.

Ou seja, há sérias dificuldades na análise de custo-benefício nas transações que envolvem dados pessoais, o que é uma consequência, dentre outros fatores, da falta de racionalidade de muitos processos de escolha e da falta de informações suficientes para uma tomada de decisão sobre os dados pessoais. Desse modo, o consentimento muitas vezes não é informado e muito menos inequívoco, pois o titular não consegue ter conhecimento suficiente sobre a repercussão do uso de seus dados e a certeza de que aquela transação lhe será benéfica em alguma medida.

Outro aspecto importante da assimetria informacional decorre da falta de compreensão macro do fenômeno por parte do titular de dados, que apenas tem visibilidade das micro transações que envolvem suas informações específicas, mas não consegue compreender a estrutura de operações como um todo, e de que forma determinado agente irá explorar aquelas informações e para qual finalidade.[37] Consequentemente, costuma faltar a percepção, por parte do titular, de que seus dados são agregados com dados de terceiros para diversos objetivos diferentes, seja para criação de perfis de consumo, mapeamento de interesses em comum, ou até mesmo elaboração de políticas públicas.[38]

Como se sabe, os dados pessoais não costumam ser utilizados isoladamente, mas sim em conjunto com dados de outras pessoas, fazendo com que o processo seja muito mais complexo e transcenda consideravelmente a esfera do indivíduo propriamente dito. Esse é um dos aspectos que vem sendo colocados para demonstrar, inclusive, que os dados pessoais possuem repercussões para além da esfera individual e que podem impactar direitos de terceiros, na medida em que "a capacidade de ter, manter e administrar a privacidade depende muito das características do ambiente social, material e informativo da pessoa".[39] Nesse sentido, não existiria um ser individual que pudesse, sozinho, consentir ou concordar com políticas de privacidade, pois esse ser é, na verdade, um coletivo.[40]

Nos termos do que já foi visto anteriormente, as repercussões para mulheres quanto à estruturação do sistema de tratamento de dados e da violação aos direitos de privacidade são muito maiores e mais prejudiciais, seja no âmbito individual, seja no âmbito coletivo. Por isso, a reflexão sobre formas de buscar um consentimento válido também deve levar em consideração as diferentes formas de manifestação de vontade dentro da sociedade, e as diferenças que levam mulheres e homens a consentirem.

Assim, pensando na proteção de dados, pode-se dizer que a discussão sobre consentimento alcança não só as limitações informacionais envolvidas no processo de tomada de decisão, como também as diferenças de poder que efetivamente existem entre os agentes e os titulares de dados. Para cumprir os requisitos previstos na LGPD, é

---

37. LINDOSO, Maria Cristine. Comentários sobre o consentimento: principais aspectos e preocupações. In: PINHO, Anna (Coord.). *Manual de Direito na Era Digital*: Penal e Internacional. São Paulo: Editora Foco, 2023, p. 158.
38. KOVACS, A., Jain, T. *Informed Consent* – Said Who? A Feminist Perspective on Principles of Consent in the Age of Embodied Data. Data Governance Network Working Paper 13, 2020, p. 14.
39. COHEN, Julie E. *What privacy is for*. Harvard Law Review, 126. p. 1905.
40. COHEN, Julie E. *What privacy is for*. Harvard Law Review, 126. p. 1905.

preciso levar em consideração os diferentes níveis de informação a que cada uma dessas partes tem acesso, bem como os diferentes regimes de poder que se estabelecem entre os agentes e os titulares de dados.

4. CONSENTIMENTO E RESPONSABILIDADE CIVIL DOS AGENTES DE TRATAMENTO

Como ficou claro pelas seções antecedentes, existem importantes discussões sobre as limitações do consentimento como manifestação de vontade livre, informada e inequívoca. Ainda foi possível mapear as dificuldades adicionais para atestar a validade do consentimento quando se leva em consideração as diferenças sociais que se estruturam como regimes próprios de poder em relação a grupos minoritários, dentre eles as mulheres. Dentro desse contexto, deve-se investigar se a simples coleta do consentimento é suficiente para eximir do agente de tratamento de dados o dever de indenizar.

Sabe-se que, a respeito da LGPD, existe significativa controvérsia sobre qual o regime de responsabilidade civil aplicado. Alguns autores entendem que a orientação da lei está construída no sentido de consolidar a *responsabilidade civil de natureza subjetiva*, por meio da qual se apura a existência de conduta culposa do agente e nexo de causalidade entre o ato ilícito e o dano sofrido. Segundo tal orientação, os arts. 42 e 43 da LGPD permitem concluir que o dever de indenizar só existe quando houver violação a alguma das normas ou obrigações previstas na referida lei, não havendo nem mesmo justificativa para o legislador dispor de um regime de responsabilidade civil diferente quando ele próprio cria uma série de deveres de cuidado que devem ser observados no processo de tratamento de dados.[41]

Outra parte da doutrina entende que, por se considerar a atividade de tratamento de dados uma atividade de risco, o regime de responsabilidade deveria ser objetivo,[42] segundo o qual a existência de ato ilícito não é pressuposto para fazer surgir o dever de reparação, sendo suficiente a existência de dano e de nexo causal. Consequentemente, os princípios norteadores da LGPD são no sentido de limitar a quantidade de dados coletados e minimizar os riscos associados ao tratamento, justamente diante da natureza de risco da atividade,[43] bem como de deflagrar a responsabilidade do agente pelo risco causado e do qual tem proveito. Também se entende que a norma se aproxima ao Código de Defesa do Consumidor em vários aspectos, até mesmo de forma expressa, ao autorizar sua aplicação analógica e complementar, o que reforçaria o entendimento de

---

41. TEPEDINO, Gustavo; TERRA, Aline de Miranda Valverde; GUEDES, Gisela Sampaio da Cruz. *Fundamentos do Direito Civil* – Responsabilidade Civil. Rio de Janeiro: Forense, 2021, p. 286.
42. MULHOLLAND, Caitlin. Responsabilidade Civil por danos causados pela violação de dados sensíveis e a Lei Geral de Proteção de Dados Pessoais (Lei 13.709/2018). *Revista de Direitos e Garantias Fundamentais*, v. 19, n. 3, p. 159-180, set./dez. 2018.
43. MENDES, Laura Schertel; DONEDA, Danilo. Reflexões iniciais sobre a nova Lei Geral de Proteção de Dados. *Revista de Direito do Consumidor*, v. 27, n. 120, p. 469-483, nov./dez. 2018.

que a responsabilidade decorre da atividade em si, independentemente da ocorrência de ilícito ou não.[44]

De forma conciliadora, e talvez mais coerente com a própria interpretação da LGPD como um todo, pode-se defender que não há um regime jurídico único de responsabilidade civil para todos os tipos de tratamento de dados possíveis,[45] sendo possível diferenciar os regimes conforme o grau de risco,[46] incluídos dentre os tratamentos com alto risco os que envolvem dados pessoais sensíveis,[47] direitos dos consumidores[48] ou direitos dos cidadãos frente a entes públicos.[49]

Frazão, além de outros autores,[50] ainda destacam que a diferenciação entre responsabilidade subjetiva e objetiva nesse caso pode não ter maior relevância a depender da extensão que se atribua aos diversos deveres de conduta a serem observados pelos agentes. Isso porque, caso os deveres sejam considerados de fim e não de meio, os resultados da aplicação do modelo de responsabilidade subjetiva serão próximos aos da responsabilidade objetiva, na medida em que, havendo o dano, isso por si só refletiria o descumprimento do dever de proteção respectivo.[51]

Independentemente do regime, e ainda que se considere que a LGPD estabelece os pressupostos de responsabilização subjetiva, fato é que a orientação legal é totalmente direcionada em favor do titular de dados, razão pela qual é sustentável afirmar que "a culpa e autoria do agente de tratamento de dados são presumidas e, adicionalmente, pode haver a inversão do ônus da prova quanto aos demais pressupostos da responsabilidade civil".[52]

Nesse sentido, também existem interessantes considerações no sentido de que é necessária uma gestão de riscos especialmente preocupada com os danos causados pelo tratamento automatizado de dados pessoais que venha a ser discriminatório (es-

---

44. SCHREIBER, Anderson. Responsabilidade Civil na Lei Geral de Proteção de Dados Pessoais. In: DONEDA, Danilo et. al (Coord.). *Tratado de proteção de dados pessoais*. Rio de Janeiro: Forense, 2021, pp. 326.
45. FRAZÃO, Ana; PRATA DE CARVALHO, Angelo; MILANEZ, Giovanna. *Curso de proteção de dados pessoais*: fundamentos da LGPD. Rio de Janeiro: Forense, 2022. P. 436.
46. Não é sem razão que o Anteprojeto do Marco Civil da Inteligência Artificial apresentado pela Comissão de Juristas nomeada pelo Senado no final de 2022 atribui o regime de responsabilidade objetiva às utilizações de inteligência artificial que envolvam altos riscos e o regime de responsabilidade subjetiva com inversão do ônus da prova às utilizações de inteligência artificial que envolvam baixo risco.
47. GUEDES, Gisela Sampaio da CRUZ; MEIRELES, Rose Melo Vencelau. Capítulo 8: Término do Tratamento de Dados. In: FRAZÃO, Ana; OLIVA, Milena Donato; TEPEDINO, Gustavo. *Lei Geral de proteção de Dados Pessoais e suas repercussões no Direito Brasileiro*. São Paulo: Thomson Reuters Brasil, 2019.
48. SCHREIBER, Anderson. Responsabilidade Civil na Lei Geral de Proteção de Dados Pessoais. In: DONEDA, Danilo et. al (Coord.). *Tratado de proteção de dados pessoais*. Rio de Janeiro: Forense, 2021, p. 320-323.
49. FRAZÃO, Ana; PRATA DE CARVALHO, Angelo; MILANEZ, Giovanna. *Curso de proteção de dados pessoais*: fundamentos da LGPD., Rio de Janeiro: Forense, 2022. p. 436.
50. GUIMARÃES, Arthur. Responsabilidade civil na LGPD: não há consenso entre os especialistas. Portal *Jota*, 24.06.2022. Disponível em: https://www.jota.info/coberturas-especiais/protecao-de-dados/responsabilidade--civil-na-lgpd-e-bola-dividida-e-nao-ha-consenso-entre-especialistas-24062022. Acesso em: 14 mar. 2023.
51. FRAZÃO, Ana; PRATA DE CARVALHO, Angelo; MILANEZ, Giovanna. *Curso de proteção de dados pessoais*: fundamentos da LGPD. Rio de Janeiro: Forense, 2022. p. 435.
52. BIONI, Bruno; DIAS, Daniel. Responsabilidade Civil na proteção de dados pessoais: construindo pontes entre a Lei Geral de Proteção de Dados e o Código de Defesa do Consumidor. *Revista Civilistica*, n. 3, 2020.

pecialmente em se falando em inteligência artificial e outros mecanismos autônomos), pois, como já apontado, esses danos também causam impactos no âmbito coletivo. Por essa razão, a doutrina ressalta a importância de mecanismos de seguro e de fundos de ressarcimento, justamente para que aquelas que sejam vítimas não fiquem efetivamente desamparadas.[53]

Não obstante todas essas considerações, fato é que, ao se pensar na responsabilidade civil, é forçoso reconhecer que ainda existe uma dificuldade significativa para que os agentes de tratamento de dados consigam se valer da base legal do consentimento como forma de se resguardarem em relação ao dever de indenizar por danos que decorram do referido tratamento, especialmente quando a possibilidade ou probabilidade destes não é previamente informada ao titular de dados.

Vale ressaltar, sobre este ponto, que a maior parte dos termos que coletam consentimento não observam critérios adequados de transparência para que o titular tenha suficiente conhecimento sobre a extensão e os impactos do processo como um todo. Ademais, diante dos vieses e da limitação técnica que normalmente estão associados ao titular, danos causados até mesmo quando esse consentimento for considerado válido podem facilmente ser atribuídos como de responsabilidade do agente, quando este não criou ferramentas técnicas suficientes para evitar que ele fosse causado.

Tal conclusão se impõe com maior razão quando o tratamento de dados envolver alto risco, até porque se parte da premissa de que o consentimento do titular de dados para o tratamento respectivo não abrange a isenção de responsabilidade pelos danos porventura daí decorrentes.

De toda sorte, se nem mesmo o consentimento foi obtido de forma válida, tem-se que a responsabilidade dos agentes pelos danos sofridos pelos titulares é ainda mais inequívoca, tendo em vista que, a rigor, aquele tratamento não poderia sequer estar sendo realizado, de forma que cabe ao agente arcar com toda a responsabilidade pelos danos eventualmente decorrentes. Em casos assim, mesmo que se aplique a responsabilidade subjetiva, a constatação da ilicitude decorrerá precisamente da inexistência de base legal para justificar o tratamento de dados.

Por fim, ainda vale lembrar que, especialmente em mercados concentrados sobre serviços ou produtos importantes, em que não há opções viáveis para o titular de dados e o seu consentimento se dá na modalidade "pegar ou largar", há ainda maiores razões para questionar a validade do consentimento e, consequentemente, não afastar a responsabilidade civil do agente de tratamento diante de danos decorrentes do tratamento.

Para além de todos esses problemas, o princípio da *não discriminação*, que foi detalhado inicialmente no presente trabalho, impõe ao agente de tratamento de dados entender que grupos minoritários, como as mulheres, estão inseridas de forma dife-

---

53. MULHOLLAND, Caitlin; KREMER, Bianca. Responsabilidade civil por danos causados pela violação do princípio da igualdade no tratamento de dados pessoais. In: TEPEDINO, Gustavo; SILVA, Rodrigo da Guia. *O Direito na Era da Inteligência Artificial*. São Paulo: Thomson Reuters Brasil, 2020.

rente em todo esse contexto, o que dificulta ainda mais a legitimação do consentimento ou a sua consideração como excludente ou mesmo atenuante da responsabilidade dos agentes de tratamento.

Com efeito, se a manifestação da vontade encontra limitações em razão das assimetrias técnica e informacional que existem entre o agente e o titular dos dados, é certo que essas limitações ganham uma extensão ainda maior quando se consideram também as perspectivas de gênero. Tanto é assim que, como visto, as discussões sobre a limitação do consentimento são amplamente debatidas dentro de teorias feministas, justamente porque se sabe que mulheres, por estarem em posição de desigualdade, não conseguem, em muitas situações, efetivamente usufruir de liberdade suficiente para poderem manifestar sua verdadeira vontade.

Essas limitações ficam claras quando se percebe que o impacto do tratamento dos dados, na esfera individual ou coletiva, é muito maior para elas: apesar da *não discriminação* ser um princípio constante na LGPD, foram abordados anteriormente exemplos que mostram que a incorporação de vieses discriminatórios no processo de tratamento de dados pessoais é, na verdade, cotidiana. Como muitas mulheres sequer sabem disso, não conseguem compreender a extensão e o impacto do tratamento de seus dados, razão pela qual a manifestação da vontade torna-se ainda mais limitada e menos informada.

No consentimento em relação aos dados pessoais, homens não precisam se preocupar com reproduções de estereótipos, com o controle de seus corpos ou com a reprodução de padrões sociais puramente preconceituosos somente porque são homens. Já as mulheres precisam, o que faz com que, para além dos vieses e heurísticas, da assimetria informacional, da incapacidade técnica e de outros limitantes do consentimento, a própria desigualdade de gênero seja um elemento adicional que deve ser considerado pelos agentes de tratamento de dados.

Portanto, a responsabilização dos agentes que se utilizam da base legal do consentimento não afasta a conclusão de que existem diversos limitantes na efetiva manifestação da vontade, sendo que alguns deles estão vinculados ao gênero. Somente assim se poderá compreender os contornos da base legal prevista pela LGPD, responsabilizando o agente de tratamento pelos danos decorrentes de tratamento em relação aos quais o consentimento das titulares, embora existente, não atende os seus pressupostos materiais e/ou gera danos indevidos para o titular.

5. MECANISMOS DE LEGITIMAÇÃO DO CONSENTIMENTO DE DEVERES DE CUIDADO RESPECTIVOS

Foi possível perceber que o consentimento inequívoco, informado e livre talvez não seja sequer possível, uma vez que existem limitações na manifestação da vontade que são traduzidas pela assimetria entre os agentes e os titulares, pela falta de transparência que existe nos processos de tratamento de dados pessoais e pelos aspectos sociais de desigualdades.

Consequentemente, para que o consentimento seja considerado uma base legítima, e para que efetivamente seja possível repensar a responsabilização do agente, não basta a adoção de Termos e Políticas de Privacidade genéricas e padronizadas, excessivamente técnicas e de difícil compreensão.

Uma das soluções que vem sendo desenhadas é justamente a de repensar os parâmetros de transparência, para que o titular de dados tenha conhecimento sobre a forma e a extensão do tratamento de seus dados e seja possível viabilizar um consentimento verdadeiro. Alguns autores utilizam, nesse sentido, a ideia do devido processo informacional, visto como um conjunto de exigências e orientações para tornar legítimo o tratamento de dados, orientado para a proteção da privacidade e estruturado a partir de um sistema de direitos e deveres que permita aos cidadãos efetivamente conhecerem todas as etapas do tratamento de dados.[54] Seria um mecanismo para garantir que o consentimento seja informado, pois garante ao titular transparência sobre o uso e a extensão da exploração de seus dados pessoais.

As chamadas PETs – *privacy enhancing technologies* –, da qual a *privacidade por design* é a expressão mais famosa, são também uma demonstração de como é necessário repensar os códigos e a própria estrutura de tratamento de dados para que ela esteja orientada para a proteção da privacidade dos titulares e se volte sempre aos melhores interesses humanos.[55]

A incorporação das tecnologias de *privacidade por design* está inserida na percepção correta de Lessig de que o direito não pode ser o único vetor de regulação da tecnologia.[56] Pelo contrário, é preciso, para buscar um consentimento verdadeiro, preencher algumas condições tecnológicas para tanto, como dito por Schertel Mendes e Fonseca.[57] Assim, percebe-se a necessidade de estruturar os sistemas também para que se viabilize uma manifestação de vontade efetiva,[58] utilizando-se do *design* e das ferramentas mais modernas de estruturação algorítmica para dar cumprimento aos princípios que orientam o tratamento de dados pessoais.[59]

Em uma interpretação análoga da *privacidade por design*, e reconhecendo a importância de se implementarem mudanças técnicas nos sistemas a fim de efetivamente viabilizar o consentimento, desenvolve-se também o conceito de *igualdade por design*,

---

54. BIONI, Bruno. *Regulação e Proteção de Dados Pessoais*: o princípio da accountability. Rio de Janeiro: Forense, 2022, p. 12-13.
55. LINDOSO, Maria Cristine. Igualdade por design: novas formas de pensar o fim da discriminação por algoritmos e data mining. *Revista de Direito e as Novas Tecnologias*, v. 13, out./dez. 2021.
56. LESSIG, Lawrance. *Code 2.0*. Soho Books, 2009.
57. MENDES, Laura Schertel; FONSECA, Gabriel Campos Soares. Proteção de dados para além do consentimento: tendências de materialização. In: DONEDA, Danilo ...et al (Coord.). *Tratado de proteção de dados pessoais*. Rio de Janeiro: Forense, 2021, p. 86.
58. COHEN, Julia. Examined lives: informational privacy and the subject as object. *Stanford Law Review*, v. 52, 2000.
59. MENDES, Laura Schertel; FONSECA, Gabriel C. Soares. Proteção de dados pessoais para além do consentimento: tendências contemporâneas de materialização. *Revista de Estudos Institucionais.*, v. 6, n. 2, maio/ago. 2020.

justamente para que os códigos estejam orientados a não promoverem resultados discriminatórios e os agentes assumam para si esse dever, independentemente da capacidade de desenvolvimento e aprendizagem autônoma de cada sistema.[60] Mais do que isso, passa-se a exigir igualmente o controle dos resultados, diante das inúmeras dificuldades de explicabilidade e inteligibilidade dos processos de inteligência artificial.[61]

Como visto, partindo da premissa de que a percepção da desigualdade deve se inserir no dimensionamento das limitações do consentimento, mudanças técnicas nos sistemas de tratamento de dados, com vistas a eliminar as desigualdades e efetivar o princípio da *não discriminação*, tendem a trazer os mesmos efeitos das configurações de *privacidade por design*: assegurar a confiança dos titulares em relação àqueles sistemas e garantir acesso a configurações personalizadas que estejam alinhadas às preferências individuais de manifestação da personalidade.[62]

A *accountability* também é uma expressão importante dentro do contexto do devido processo informacional, como ferramenta para criar mais uma forma de efetiva responsabilidade dos agentes de tratamento pelos resultados produzidos através do tratamento dos dados pessoais. É da *accountability* que resulta o dever geral de prevenção para os agentes de tratamento de dados, para que estes adotem práticas justas, orientadas aos melhores interesses humanos e que se submetam a auditorias e sistemas de controle que assegurem aos titulares conhecimento e segurança sobre como ocorre aquele tratamento de dados.[63]

A *accountability* talvez seja a forma mais efetiva de se perseguir um consentimento efetivo e de pensar em uma estrutura de responsabilidade, pois ela cria para os entes privados, como destaca Anita Allen, deveres de (i) fornecer informações; (ii) fornecer explicações; (iii) justificar as próprias condutas; (iv) encarar sanções; e (v) se manter previsível e confiável, dentro de um padrão de legalidade.[64] A dimensão informacional, de justificação e de explicação da *accountability* se assemelha muito ao que os agentes precisam perseguir para viabilizarem o consentimento, enquanto a possibilidade de serem sancionados e a necessidade de manterem um comportamento previsível e legal impõem um regime de responsabilidade a ser cumprido.

Para Allen, a *accountability,* como mecanismo de controle de poder e de diminuição das assimetrias informacionais e dos impactos em relação a grupos minoritários,

---

60. LINDOSO, Maria Cristine. Igualdade por design: novas formas de pensar o fim da discriminação por algoritmos e data mining. *Revista de Direito e as Novas Tecnologias*, v. 13, out./dez. 2021.
61. GILLIS, Talia. The input fallacy. *Minnesota Law Review*. Fevereiro, 2021. https://papers.ssrn.com/sol3/papers.cfm?abstract_id=3571266.
62. MENDES, Laura Schertel; FONSECA, Gabriel Campos Soares. Proteção de dados para além do consentimento: tendências de materialização. In: DONEDA, Danilo ...et al (Coord.). *Tratado de proteção de dados pessoais*. Rio de Janeiro: Forense, 2021, p. 86.
63. BIONI, Bruno. *Regulação e Proteção de Dados Pessoais*: o princípio da accountability. Rio de Janeiro: Forense, 2022.
64. ALLEN, Anita L. *Why Privacy Isn't Everything*. Feminist Reflections on Personal Accountability. Roam & Littlefield Publishers, Inc.: United States of America, 2003, p. 20-21.

efetivamente evita abusos e permite uma estrutura mais igualitária.[65] Aprofundando a questão da proteção de dados, Bioni ressalta que a *accountability* seria "a expressão de que um vínculo obrigacional não é estático, mas sim dinâmico",[66] reforçando a ideia de processo e a importância do diálogo, de uma estrutura comunicativa transparente para legitimar e também contingenciar um sistema de tratamento de dados, no qual existe clara assimetria de poder.[67]

Portanto, apesar da complexidade da discussão, fato é que há instrumentos viáveis para que agentes de tratamento possam assegurar que o consentimento dos usuários atenda aos requisitos legais. Resgatando-se a discussão sobre responsabilidade, é de extrema relevância apurar se o agente de tratamento tomou as providências esperadas, como a criação de ferramentas e estruturas, para permitir ao titular um verdadeiro conhecimento sobre como serão utilizados os seus dados pessoais.

É inequívoco que tais iniciativas devem levar em consideração as realidades específicas de grupos vulneráveis, como as mulheres. Afinal, é através desses deveres que será possível diminuir a desigualdade informacional existente entre o titular e o agente, viabilizando minimamente alguma forma de controle de poder do agente sobre os dados pessoais, para que a utilização dessas informações observe o melhor interesse do titular, o que ele efetivamente autorizou.

E se existem grupos que sofrem impactos diferentes com o tratamento de dados, é essencial que os agentes adotem, em relação a esses grupos, preocupações diferentes também, sob risco de não conferir efetividade às PETs ou ao princípio da *accountability*.

Cabe ao agente pensar no consentimento como um processo,[68] nas repercussões que diferentes grupos podem ter em relação àquela manifestação de vontade e nos danos que podem ser causados de forma mais grave para grupos minoritários em caso de vazamento de dados ou outras formas de violação. É fundamental utilizar-se da sua melhor tecnologia não só para prestigiar a proteção da privacidade e dos direitos dos titulares de dados, mas também para evitar que resultados discriminatórios sejam produzidos. Esses são verdadeiros deveres dos agentes, que decorrem não só da percepção de que o tratamento de dados pessoais deve estar dentro de um devido processo informacional que é justo e *accountable*, mas também da própria LGPD, pois toda a orientação principiológica da norma está direcionada nesse sentido.

Por fim, tais medidas ainda podem e devem, sempre que possível, estar conectadas a políticas de ESG e responsabilidade social corporativa, pois qualquer ação em favor da igualdade de gênero na atualidade exige a abordagem dos problemas decorrentes dos tratamentos de dados, especialmente quando operacionalizados por inteligência artificial.

---

65. ALLEN, Anita L. Op. cit., 2003, p. 26.
66. BIONI, Bruno. *Regulação e Proteção de Dados Pessoais*: o princípio da accountability. Rio de Janeiro: Forense, 2022, p. 26.
67. BIONI, Op. cit. 2022, p. 78.
68. BIONI, Bruno; LUCIANO, Maria. O consentimento como processo: Em busca do consentimento válido. In: DONEDA, Danilo et. al (Coord.). *Tratado de proteção de dados pessoais*. Rio de Janeiro: Forense, 2021.

É inequívoco que a adoção das referidas medidas tem impactos diretos sobre a responsabilidade civil dos agentes de tratamento. Caso se entenda que se trata de responsabilidade subjetiva, poder-se-á alegar, conforme o caso, até mesmo que não houve violação dos deveres respectivos, os quais, pelo contrário, foram cumpridos pelo agente de tratamento, ainda que possa ter havido algum dano para o titular de dados.[69] Caso se entenda que se trata de responsabilidade objetiva, tais medidas, se não são suscetíveis de afastar a responsabilidade, certamente atenuarão os riscos respectivos, presumivelmente evitando ou reduzindo a ocorrência de danos ou minorando a extensão destes.

Consequentemente, não adotar as devidas medidas para assegurar a validade do consentimento implica não só assumir para si os riscos que a atividade de tratamento de dados atrai, mas também descumprir um regulamento normativo claro que precisa também considerar aspectos de gênero.

6. MECANISMOS JURISDICIONAIS PARA AÇÕES DE RESPONSABILIDADE CIVIL COM PERSPECTIVA DE GÊNERO

A preocupação específica com questões de gênero vem sendo incorporada atualmente na própria atuação do Estado, que percebeu que questões atinentes à realidade das mulheres precisam ser tratadas com uma perspectiva diferenciada.

Em verdade, o foco nas questões de gênero se insere em uma preocupação do Direito como um todo, diante da necessidade de se construírem métodos feministas para solução de problemas. Isso vem sendo feito indo além da simples aplicação da norma para fazer perguntas diferentes às mulheres, tornar o processo de análise jurídica mais sensível a outras realidades e pensar na experiência pessoal como mecanismo de teste dos princípios jurídicos.[70]

Cita-se como exemplo desses novos métodos a implementação obrigatória, instituída pelo Conselho Nacional de Justiça, de perspectiva de gênero nos julgamentos judiciais.[71] O protocolo, que data de 2021, tem como ponto de partida a necessidade de aproximar diferentes realidades do contexto do poder judiciário, reconhecendo que mulheres vivenciam experiências diferentes e sofrem impactos diferentes com as decisões que são tomadas.

E é nesse mesmo sentido que também se deve orientar a responsabilidade civil no caso de tratamento de dados. Especialmente diante dos riscos de discriminação de gênero, não há que se discutir deveres dos agentes de tratamento de dados de forma genérica, como se todos os titulares fossem iguais e sofressem o mesmo impacto caso seus dados pessoais sejam tratados de forma abusiva ou discriminatória.

---

69. Tal interpretação, conforme já se pontuou, apenas será cabível casos se entenda que tais obrigações são de resultado, de forma que a ocorrência do dano já seria a demonstração da violação da obrigação.
70. BARLETT, Katharine T. Feminist Legal Methods. *Harvard Law Review*, v. 103, 1990.
71. Conselho Nacional de Justiça (Brasil). *Protocolo* para julgamento com perspectiva de gênero. Brasília: CNJ; Escola Nacional de Formação e Aperfeiçoamento de Magistrados, 2021.

De forma contrária, compreender que os dados possuem dimensão coletiva e causam impactos diferentes às mulheres é justamente reconhecer que existem realidades múltiplas, sendo necessário pensar em como o princípio da não discriminação efetivamente poderia garantir a proteção da experiência feminina no âmbito virtual.

O adequado entendimento das vivências particulares das mulheres no âmbito virtual, até mesmo para adotar diferentes preocupações em termos de responsabilidade civil, pode contribuir inclusive para tornar o mercado de dados mais democrático, justo e igualitário.[72] Daí por que não se tem dúvidas de que, embora a questão da responsabilidade civil por discriminação algorítmica ainda não conste formalmente do Protocolo para Julgamento com Perspectiva de Gênero de 2021 do CNJ, como questão de gênero específica dos ramos da justiça, certamente que deverá ser incluída em breve.

De toda sorte, aplicam-se aos casos de responsabilidade civil dos agentes de tratamento de dados todos os parâmetros e preocupações mapeados no respectivo documento, incluindo os relacionados à neutralidade e imparcialidade, interpretação e aplicação do direito, bem como princípio da igualdade. Daí o chamado para que sejam consideradas, pelos juízes, "as diferenças de gênero, raça e classe, que marcam o cotidiano das pessoas e que devem influenciar as bases sobre as quais o direito é criado, interpretado e aplicado"[73] e a advertência de que "agir de forma supostamente neutra, nesse caso, acaba por desafiar o comando da imparcialidade".[74]

7. CONCLUSÃO

Como visto, existe uma dificuldade de implementação do princípio da *não discriminação*, porque muitas vezes o tratamento dos dados pessoais é feito sem considerar as diferentes desigualdades do mundo real. Essa dimensão fica ainda mais clara quando se pensa em estruturas que legitimam o tratamento dos dados que já são, por si só, limitadas.

É o caso do consentimento. Mesmo sendo uma das bases legais mais importantes no contexto do tratamento dos dados pessoais, ela precisa ser compreendida no contexto de profunda assimetria informacional e técnica, que tem forte potencial de prejudicar uma manifestação de vontade verdadeiramente livre, informada e inequívoca por parte do titular dos dados. A limitação dessa base de dados fica ainda maior quando ela incorpora também as limitações da própria desigualdade, que também impactam na forma como diferentes grupos manifestam o consentimento.

O exemplo tratado no presente artigo foi o das mulheres. Como elas sofrem repercussões muito diferentes com o tratamento dos dados pessoais, seja no âmbito individual, seja no âmbito coletivo, o consentimento para elas assume dimensões adicionais, das quais muitas vezes elas sequer têm conhecimento.

---

72. ROGAN, Frances; BUDGEON, Shelley. The personal is political: Assessing Feminist Fundamentals in the Digital Age. *Social Sciences*, v. 7, 2018.
73. Op. cit., p. 74.
74. Op. cit., p. 75.

Daí porque é importante, ao pensar na responsabilidade civil do agente, compreender que o consentimento, caso seja utilizado como base legal para legitimar o tratamento de dados, deve considerar diversos aspectos sob a perspectiva de gênero, para que a manifestação da vontade possa ser efetivada nos termos da lei, diminuindo não só as assimetrias técnicas e informacionais, mas também desigualdades.

O presente artigo também buscou pensar em algumas soluções que estão sendo mapeadas para que o consentimento possa ser considerado válido, o que terá grandes impactos sobre o regime de responsabilização civil, uma vez que a perspectiva de gênero deve orientar a análise da validade do consentimento, bem como a natureza da responsabilidade civil, o grau de risco do tratamento e o exame sobre o cumprimento ou não dos deveres de proteção à luz do princípio da não discriminação.

Por fim, é fundamental considerar as discussões de gênero no poder judiciário e da adoção de métodos feministas de estudo do direito, a fim de que a compreensão, a interpretação e a aplicação do direito, também no que diz respeito ao tratamento de dados, longe de fecharem os olhos para as desigualdades de gênero, possam considerá-las e sopesá-las com a devida atenção.

REFERÊNCIAS

ALLEN, Anita L. Dismantling the "Black Opticon": Privacy, Race, Equity and Online Data-Protection Reform. *Public Law and Legal Tehroy Research Paper Series* n. 22-16, February, 2022.

ALLEN, Anita L. *Why Privacy Isn't Everything*. Feminist Reflections on Personal Accountability. Roam & Littlefield Publishers, Inc.: United States of America, 2003.

BARLETT, Katharine T. Feminist Legal Methods. *Harvard Law Review*, v. 103, 1990.

BIONI, Bruno; DIAS, Daniel. Responsabilidade Civil na proteção de dados pessoais: construindo pontes entre a Lei Geral de Proteção de Dados e o Código de Defesa do Consumidor. *Revista Civilistica*, n. 3, 2020.

BIONI, Bruno; LUCIANO, Maria. O consentimento como processo: Em busca do consentimento válido. In: DONEDA, Danilo et. al (Coord.). *Tratado de proteção de dados pessoais*. Rio de Janeiro: Forense, 2021.

BIONI, Bruno. *Proteção de dados pessoais*: funções e limites do consentimento. Rio de Janeiro: Forense, 2019.

BIONI, Bruno. *Regulação e Proteção de Dados Pessoais*: o princípio da accountability. Rio de Janeiro: Forense, 2022.

COHEN, Julia. Examined lives: informational privacy and the subject as object. *Stanford Law Review*, v. 52, 2000.

COHEN, Julie E. What privacy is for. Harvard Law Review, 126.

CONSELHO NACIONAL DE JUSTIÇA (Brasil). *Protocolo* para julgamento com perspectiva de gênero. Brasília: CNJ; Escola Nacional de Formação e Aperfeiçoamento de Magistrados, 2021.

FRAZÃO, Ana; PRATA DE CARVALHO, Angelo; MILANEZ, Giovanna. *Curso de proteção de dados pessoais*: fundamentos da LGPD. Rio de Janeiro: Forense, 2022.

FRAZÃO, Ana. *O mito da soberania do consumidor*. É legítimo esperar que as soluções de mercado protejam o consumidor? Parte 1. Publicado em 01.12.2021. Disponível em: http://www.professoraanafrazao.com.br/files/publicacoes/2021-12-15-O_mito_da_soberania_do_consumidor_E_legitimo_esperar_que_as_solucoes_de_mercado_protejam_o_consumidor_Parte_I.pdf.

FRAZÃO, Ana. *A falácia da soberania do consumidor*. Economia digital pode tornar o consumidor ainda mais vulnerável. Publicado em 08.12.2021, disponível em: http://www.professoraanafrazao.com.br/files/publicacoes/2021-12-08-A_falacia_da_soberania_do_consumidor_O_aumento_da_vulnerabilidade_do_consumidor_na_economia_digital_Parte_II.pdf.

GILLIS, Talia. The input fallacy. *Minnesota Law Review*. Fevereiro, 2021. https://papers.ssrn.com/sol3/papers.cfm?abstract_id=3571266.

GUEDES, Gisela Sampaio da CRUZ; MEIRELES, Rose Melo Vencelau. Capítulo 8: Término do Tratamento de Dados. In: FRAZÃO, Ana; OLIVA, Milena Donato; TEPEDINO, Gustavo. *Lei Geral de proteção de Dados Pessoais e suas repercussões no Direito Brasileiro*. São Paulo: Thomson Reuters Brasil, 2019.

GUIMARÃES, Arthur. Responsabilidade civil na LGPD: não há consenso entre os especialistas. *Portal Jota*, 24.06.2022. Disponível em: https://www.jota.info/coberturas-especiais/protecao-de-dados/responsabilidade-civil-na-lgpd-e-bola-dividida-e-nao-ha-consenso-entre-especialistas-24062022. Acesso em: 14 mar. 2023.

INTRIERI, Laura. *Red Pills e Incels*: por que é difícil frear misoginia online no Brasil. 14 mar. 2023. Disponível em: https://www.terra.com.br/byte/red-pills-e-incels-por-que-e-dificil-frear-misoginia-online-no-brasil,a907ddf0bb1a6687f06be537286d962aplyfiiak.html.

KOVACS, A., Jain, T. *Informed Consent – Said Who?* A Feminist Perspective on Principles of Consent in the Age of Embodied Data. Data Governance Network Working Paper 13, 2020.

LEONARDI, Marcel. *Tutela e privacidade na internet*. São Paulo: SP: Saraiva, 2011.

LESSIG, Lawrance. *Code 2.0*. Soho Books, 2009.

LINDOSO, Maria Cristine. Comentários sobre o consentimento: principais aspectos e preocupações. In: PINHO, Anna (Coord.). *Manual de Direito na Era Digital*: Penal e Internacional. São Paulo: Editora Foco, 2023.

LINDOSO, Maria Cristine. *Discriminação de gênero no tratamento automatizado de dados pessoais*. Como a automatização incorpora vieses de gênero e perpetua a discriminação de mulheres. Rio de Janeiro: Processo, 2021.

LINDOSO, Maria Cristine. Igualdade por design: novas formas de pensar o fim da discriminação por algoritmos e data mining. *Revista de Direito e as Novas Tecnologias*, v. 13, out./dez. 2021.

MACKINNON, Catharine A. *Butterflu Politics*. Changing the World for Women. United States of America: Belknap Harvard, 2019.

MARINHO, Julia. *Google muda algoritmo para que 'lésbica' não seja mais sinônimo de 'pornô'*, 2019. Disponível em: https://www.tecmundo.com.br/internet/144805-google-muda-algoritmo-lesbica-nao-seja-sinonimo-porno.htm. Acesso em: 23 abr. 2023.

MENDES, Laura S. F. *Autodeterminação informativa*: a história de um conceito. Rev. De Ciências Jurídicas Pensar, v. 25, n. 4, 2020.

MENDES, Laura Schertel; DONEDA, Danilo. Reflexões iniciais sobre a nova Lei Geral de Proteção de Dados. *Revista de Direito do Consumidor*, v. 27, n. 120, p. 469-483, nov./dez. 2018.

MENDES, Laura Schertel; FONSECA, Gabriel Campos Soares. Proteção de dados para além do consentimento: tendências de materialização. In: DONEDA, Danilo ....et al (Coord.). *Tratado de proteção de dados pessoais*. Rio de Janeiro: Forense, 2021.

MENDES, Laura; MATIUZZO, Marcela; FUJIMOTO, Mônica Tiemy. Discriminação algorítmica à luz da Lei Geral de Proteção de Dados. In: DONEDA, Danilo et. al (Coord.). *Tratado de Proteção de Dados Pessoais*. Rio de Janeiro: Forense, 2017.

MULHOLLAND, Caitlin; KREMER, Bianca. Responsabilidade civil por danos causados pela violação do princípio da igualdade no tratamento de dados pessoais. In: TEPEDINO, Gustavo; SILVA, Rodrigo da Guia. *O Direito na Era da Inteligência Artificial*. São Paulo: Thomson Reuters Brasil, 2020.

MULHOLLAND, Caitlin. Responsabilidade Civil por danos causados pela violação de dados sensíveis e a Lei Geral de Proteção de Dados Pessoais (Lei 13.709/2018). *Revista de Direitos e Garantias Fundamentais*, v. 19, n. 3, p. 159-180, set./dez. 2018.

NOUBLE, Sofiya Umoja. *Algorithms of Oppression*. How Search engines reinforce racism. New York University Press, 2018.

OLUFEMI, Lola. *Feminism, Interrupted*: Disrupting Power. London: Pluto Press, 2020.

PATEMAN, Carole. *The disorder of women*: Democracy, feminism and political theory. Polity Press, 1989.

PATEMAN, Carole. *The sexual contract*. Stanford University Press, 1988.

PÉREZ, Y. *Consentimiento sexual*: Un análisis con perspectiva de género. Universidad Nacional Autónoma de México-Instituto de Investigaciones Sociales. Revista Mexicana de Sociología, 78(4), 741-767, 2016.

POWLES, Julia; NISSENBAUM, Helen. Bias in Artificial Intelligence. Trying to "fix" A.I. distracts from the more urgent questions about technology. *One Zero*, 2018. Disponível em: https://onezero.medium.com/the-seductive-diversion-of-solving-bias-in-artificial-intelligence-890df5e5ef53.

RICHARDS, Neil M.; KING, Jonathan H. Big Data Ethics. *Wake Forest Law Review*, n. 393, 2014.

ROGAN, Frances; BUDGEON, Shelley. The personal is political: Assessing Feminist Fundamentals in the Digital Age. *Social Sciences*, v. 7, 2018.

SCHREIBER, Anderson. Responsabilidade Civil na Lei Geral de Proteção de Dados Pessoais. In: DONEDA, Danilo et. al (coord.). *Tratado de proteção de dados pessoais*. Rio de Janeiro: Forense, 2021.

SOLOVE, Daniel J. *Privacy Self-Management and the Consent Dilemma*. Harvard Law Review, 2013.

STJ, Agravo em Recurso Especial 2.130.619-SP, rel. Min. Francisco Falcão, j. 07.03.2023.

SUÁREZ-GONZALO, Sara Personal data are political. A feminist view on privacy and big data. *Recerca. Revista de Pensament i Anàlisi*, 24(2), p. 173-192, 2019.

TEIXEIRA, Ana Carolina Brochado. Autonomia existencial. *Revista Brasileira de Direito Civil* – RBDCilvil, Belo Horizonte, v. 16, p. 75-104, abr./jun. 2018.

TEPEDINO, Gustavo; TERRA, Aline de Miranda Valverde; GUEDES, Gisela Sampaio da Cruz. *Fundamentos do Direito Civil* – Responsabilidade Civil. Rio de Janeiro: Forense, 2021.

VARON, Joana; PEÑA, Paz. *Artificial intelligence and consent*: a feminist anti-colonial critique. Internet Policy Review, v. 10, 2021.

VÉLIZ, Carissa. *Privacidade é poder*. Por que e como você deveria retomar o controle de seus dados. São Paulo: Editora Contracorrente, 2021.

VIDGOR, Neil. *Apple Card Investigated after Gender Discrimination Complaints*. A proeminent software developer said on Twitter that the credit card was "sexist" against woman applying for credit. nov. 2019. Disponível em: https://www.nytimes.com/2019/11/10/business/Apple-credit-card-investigation.html. Acesso em: 22 abr. 2023.

ZUBOFF, Soshana. *The age of surveillance capitalism*. The fight for a human future at the new frontier of power. New York: Public Affairs, 2019.

INFLUENCIADORAS MIRINS ADULTIZADAS: A RESPONSABILIDADE CIVIL DOS PAIS PELA HIPERSEXUALIZAÇÃO DAS FILHAS

Fabíola Albuquerque Lôbo

Doutora em Direito pela Universidade Federal de Pernambuco (2003). Doutorado sanduíche realizado na Faculdade de Direito da UFPR (período de 2002). Mestrado em Direito pela Universidade Federal de Pernambuco (1999). Graduada em Direito pela Universidade Católica de Pernambuco (1992). Professora dos Cursos de Mestrado e Doutorado do Centro de Ciências Jurídicas – PPGD/ UFPE. Professora do Curso de Graduação – Direito Civil – Departamento de Direito Privado do Centro de Ciências Jurídicas / UFPE. Professora Titular de Direito Civil – Centro de Ciências Jurídicas / UFPE.

Camila Sampaio Galvão

Pós-graduanda em Direito de Família e Sucessões pelo Instituto Imadec. Graduada em Direito pela Universidade Federal de Alagoas (UFAL).

Sumário: 1. Introdução – 2. Sistema de proteção à criança e ao adolescente – 3. Influenciadores mirins e *sharenting* – 4. Hipersexualização de crianças nas redes sociais – 5. Responsabilidade civil dos pais pela hipersexualização – 6. Considerações finais – Referências.

1. INTRODUÇÃO

O contexto atual é drasticamente distinto de como viviam as gerações passadas. Em meio a redes sociais, realidade virtual, metaverso, inteligência artificial, algoritmos e tantas outras expressões do avanço tecnológico, os sujeitos são expostos cotidianamente ao dito "mundo digital", que inegavelmente veio para ficar, impondo ao Direito o múnus de desenvolver mecanismos para acompanhar essa metamorfose social, sobretudo para concretizar a proteção integral à criança e ao adolescente, em sua vulnerabilidade ínsita.

Da leitura da sociedade digital, o que se pode afirmar com clareza é que os álbuns de fotografia que pais e mães orgulhosamente mostravam aos amigos e familiares dão espaço aos álbuns digitais das redes sociais, compartilhados com uma infinidade de desconhecidos. O ponto chave é analisar se isto configura uma benigna manifestação da liberdade de expressão dos pais, em legítimo exercício da autoridade parental, ou se representa uma nefasta tendência de violação a direitos das crianças e adolescentes.

Uma das novas expressões desse mundo digital é o fenômeno dos influenciadores. Trata-se de indivíduos famosos na internet – pessoas famosas que, com o advento das redes sociais, passaram a usufruir de sua fama para o ofício de *influencer* ou pessoas que construíram sua carreira inteiramente nas redes sociais, se tornando famosas através da internet – que compartilham nas redes sociais o seu dia a dia, suas vidas, desfrutando da confiança que exercem sobre seus seguidores para influenciar padrões de consumo, e *lifestyle*, além de diversos outros nichos. Perceba-se que a diferença central entre um influenciador digital e um simples usuário de redes sociais é que o primeiro tem na internet uma fonte de renda, enquanto o segundo faz uso recreativo das redes.

Através do compartilhamento proposital de aspectos íntimos de seu dia a dia, os influenciadores exercem uma autolimitação de seu direito à privacidade, verificando-se uma disponibilidade moderada desse direito existencial, que só pode ser admitida se não houver prejuízo à dignidade humana.[1]

A privacidade é uma expressão da inviolabilidade da personalidade,[2] de forma que o direito à privacidade pode ser inferido do sentido da própria dignidade.[3] Acontece que, como o cenário atual não é o mesmo que antigamente, a significação da privacidade também foi transformada. Nesse sentido, é possível entender a privacidade como um vetor de proteção a uma identidade socialmente construída.[4]

A questão toma contornos mais relevantes, entretanto, quando se verifica a publicação pelos pais de dados de seus filhos, pois se tem a limitação a direitos da personalidade das crianças e adolescentes por terceiros (seus pais), o que traz à tona a coerente preocupação doutrinária com o chamado *sharenting* ou *(over)sharenting*.

2. SISTEMA DE PROTEÇÃO À CRIANÇA E AO ADOLESCENTE

Antes de assimilar o conceito do *sharenting*, é preciso relembrar que a problemática em análise precisa ser enfrentada à luz do princípio do melhor interesse da criança e do adolescente e da doutrina da proteção integral, inaugurados pela Declaração Universal dos Direitos da Criança (especialmente pelos princípios 2º e 9º) e pela Convenção sobre os Direitos da Criança (artigo 3º), em âmbito internacional, e positivadas no ordenamento brasileiro com a Constituição Federal e com o Estatuto da Criança e do Adolescente.

As crianças e adolescentes passam a ser, ainda, protegidas pelo manto do princípio da dignidade da pessoa humana, que assume função estruturante das relações de família, através da mudança de paradigma implementada pela constitucionalização do direito privado.[5]

---

1. Neste sentido, ver: NERY, Maria Carla Moutinho. A boa-fé como limitadora da autonomia privada no exercício da disponibilidade dos direitos da personalidade. In: LOBO, Fabíola Albuquerque, EHRHARDT JÚNIOR, Marcos, PAMPLONA FILHO, Rodolfo (Coord.). *Boa-fé e sua aplicação no Direito Brasileiro*. Belo Horizonte: Fórum, 2019.
2. BRANDEIS, Louis D. WARREN, Samuel D. The right to privacy. *Harvard Law Review*, v. 4, n. 5, dec. 15, 1890. BRANDEIS e WARREN, 1890.
3. BARROSO, Luís Roberto. *A dignidade da pessoa humana no direito constitucional contemporâneo*: a construção de um conceito jurídico à luz da Jurisprudência mundial. Belo Horizonte: Forum, 2014.
4. RAMOS, André Luiz Arnt. *Sharenting*: notas sobre liberdade de expressão, autoridade parenta, privacidade e melhor interesse de crianças e adolescentes. In: LÔBO, Fabíola Albuquerque; EHRHARDT JR., Marcos e ANDRADE, Gustavo (Org.). *Liberdade de expressão e relações privadas*. Belo Horizonte: Fórum, 2021, v. 1, p. 336-379.
5. LÔBO, Paulo Luiz Netto. Constitucionalização do direito civil. *Revista de informação legislativa*, Brasília, v. 141, p. 99-109, 1999. p. 105.

Na atualidade, a observância ao princípio da dignidade da pessoa humana dá à família o papel de garantir o desenvolvimento existencial e da personalidade de seus integrantes.[6] Assim, a autoridade parental passa a ter uma concepção igualitária e democrática, em que não se fala mais em sujeição dos filhos a um poder irrestrito dos pais.[7]

É esse panorama que deve permear a análise da novel situação aqui investigada, a exposição de menores *online*, seja pelos pais ou com seu aval, na atividade do influenciador mirim. Nesse sentido, o fenômeno levanta reflexões de grande relevância, uma vez que casos envolvendo menores sendo superexpostos na internet surgem diariamente.

A preocupação com o respeito à dignidade humana levou o Direito das Famílias, notadamente em temas de proteção a crianças e adolescentes, por uma trajetória de transformações importantes, que permitiram a evolução de uma família patriarcal para o modelo democrático de família, que compreende não só o reconhecimento e a proteção às mais diversas entidades familiares, como também um novo paradigma interpretativo das relações familiares.

No modelo tradicional, "o espaço privado familiar estava vedado à intervenção pública, tolerando-se a subjugação e os abusos contra os mais fracos",[8] enquanto o modelo atual traz o respeito à dignidade da pessoa humana como ponto nodal, inclusive no seio familiar, sendo um direito oponível não apenas ao Estado, mas também aos membros da própria família.[9]

Neste aspecto, salienta-se que:

> A constitucionalização do Direito Civil atingiu seu ápice com a Constituição Federal/88 e impôs uma hermenêutica interpretativa diferenciada às relações jurídicas, consolidando valores há muito postulados pela sociedade, resultando em um completo redirecionamento no conteúdo do Direito Privado.[10]

Dito isto, todo o sistema de proteção à criança e ao adolescente é oponível também no âmbito familiar privado. A preocupação com a defesa das crianças e adolescentes inclusive no seio familiar é de salutar relevância, vez que o aconchego do lar por vezes esconde aqueles que põem em risco a integridade e dignidade das crianças e adolescentes.

A Constituição Federal de 1988, ao determinar, no artigo 227, o dever de todos, inclusive da família, de assegurar "com absoluta prioridade" os direitos da criança e do

---

6. LÔBO, Fabíola Albuquerque. A responsabilidade dos pais e a proteção da pessoa dos filhos. In Carlos Eduardo Pianovski; SOUZA, Eduardo Nunes; MENEZES, Joyceane Bezerra e EHRHARDT JR, Marcos. *Direito Civil Constitucional*: a ressignificação da função dos institutos fundamentais do direito civil contemporâneo e suas consequências. Florianópolis: Editora Conceito, 2014, p. 468.
7. PERLINGIERI, Pietro. *O direito civil na legalidade constitucional*. Rio de Janeiro: Renovar, 2008, p. 999.
8. LÔBO, Paulo Luiz Netto. Constitucionalização do direito civil. *Revista de informação legislativa*, Brasília, v. 141, p. 99-109, 1999. p. 105.
9. LÔBO, Paulo Luiz Netto. Constitucionalização do direito civil. *Revista de informação legislativa*, Brasília, v. 141, p. 99-109, 1999. p. 105.
10. LÔBO, Fabíola Albuquerque. Os princípios constitucionais e sua aplicação nas relações jurídicas de família. In: LÔBO, Fabíola Albuquerque; EHRHARDT JR., Marcos e ANDRADE, Gustavo (Coord.). *Famílias no Direito Contemporâneo*: estudos em homenagem a Paulo Luiz Netto Lobo. Belo Horizonte: Fórum, p. 31-47, 2019. p. 31.

adolescente consolidou a doutrina da proteção integral e o princípio do melhor interesse. O dispositivo também impõe à família, à sociedade e ao Estado o dever de salvaguardar as crianças e adolescentes de negligência e exploração.[11] Assim, os reflexos da constitucionalização do direito civil levam à concepção de privilégio do desenvolvimento humano e da dignidade da pessoa nas relações interpessoais.[12]

Lançadas as bases constitucionais e internacionais de proteção à criança e ao adolescente, é relevante destacar que o sistema de proteção foi replicado em âmbito infraconstitucional. O Estatuto da Criança e do Adolescente foi assertivo ao impor à coletividade – sequer se restringindo à família e ao Estado – o dever de garantir os direitos das crianças e adolescentes, com absoluta prioridade,[13] e ao proibir a sujeição destes a qualquer tipo de negligência ou exploração.[14] A normativa ainda tratou de listar expressamente as crianças e adolescentes como titulares "de todos os direitos fundamentais inerentes à pessoa humana, sem prejuízo da proteção integral".[15]

Em paralelo ao sistema de proteção à criança e ao adolescente tem-se a evolução do instituto do pátrio poder, dando lugar ao que hoje se entende por autoridade parental. O já mencionado contexto de transformações levou a uma inversão de valores cunhou a autoridade parental nos termos em que é posta atualmente.

A diferença reside no fato que o pátrio poder era concebido como uma sujeição do filho em face do pai, existindo em função do pai, ao passo que a autoridade parental é consolidada no interesse dos filhos.[16] Por conseguinte, a autoridade parental – poder familiar na dicção do CC/02 – concebe "um plexo de deveres legais impostos aos pais voltados ao melhor interesse dos filhos".[17] Neste ponto, dentro da perspectiva da constitucionalização das relações familiares e da respectiva concepção de família democrática, não se admite mais a autoridade parental como um poder-sujeição.[18]

O exercício da autoridade parental na relação familiar desponta uma "correlação entre poder familiar e realização do interesse do filho, materializando a reciprocidade

---

11. CF/88: Art. 227. É dever da família, da sociedade e do Estado assegurar à criança, ao adolescente e ao jovem, com absoluta prioridade, o direito à vida, à saúde, à alimentação, à educação, ao lazer, à profissionalização, à cultura, à dignidade, ao respeito, à liberdade e à convivência familiar e comunitária, além de colocá-los a salvo de toda forma de negligência, discriminação, exploração, violência, crueldade e opressão.
12. FACHIN, Luiz Edson. *Direito Civil*: sentidos, transformações e fim. Rio de Janeiro: Renovar, 2015, p. 58-59.
13. ECA: Art. 4º É dever da família, da comunidade, da sociedade em geral e do poder público assegurar, com absoluta prioridade, a efetivação dos direitos referentes à vida, à saúde, à alimentação, à educação, ao esporte, ao lazer, à profissionalização, à cultura, à dignidade, ao respeito, à liberdade e à convivência familiar e comunitária.
14. ECA: Art. 5º Nenhuma criança ou adolescente será objeto de qualquer forma de negligência, discriminação, exploração, violência, crueldade e opressão, punido na forma da lei qualquer atentado, por ação ou omissão, aos seus direitos fundamentais.
15. ECA, Art. 3º.
16. LÔBO, Paulo. *Direito civil*. São Paulo: Saraiva Educação, 2021, v. 5: famílias, p. 81.
17. LÔBO, Fabíola Albuquerque. Os princípios constitucionais e sua aplicação nas relações jurídicas de família. In: EHRHARDT JÚNIOR, Marcos, LOBO, Fabíola Albuquerque; ANDRADE, Gustavo (Coord.). *Direito das relações familiares contemporâneas*: estudos em homenagem a Paulo Luiz Netto Lôbo. Belo Horizonte: Fórum, 2019. p. 25-47. p. 43-44.
18. PERLINGIERI, Pietro. *O direito civil na legalidade constitucional*. Rio de Janeiro: Renovar, 2008, p. 999.

de interesses ínsitos à relação paterno-filial",[19] assumindo, assim, uma função primordialmente educativa, objetivando o pleno desenvolvimento das capacidades dos filhos e, consequentemente, de sua personalidade.[20] Tem como função basilar a materialização dos "direitos fundamentais dos filhos, tornando-os pessoas capazes de exercer suas escolhas pessoais, com a correlata responsabilidade".[21] Dessarte, resta evidenciada pelos normativos constitucionais e infraconstitucionais a impossibilidade de exploração das crianças e adolescentes.

No contexto das redes sociais e dos que delas retiram sustento, peculiar é o questionamento de se a monetização de perfis de influenciadores mirins significaria uma forma de exploração destes, em violação aos preceitos legais e, sobretudo, aos direitos da personalidade. Mas isso é assunto para os tópicos seguintes.

Em consonância com o vasto plexo normativo já mencionado, a Lei Geral de Proteção de Dados buscou conferir segurança ao tratamento de dados das crianças e adolescentes que "deverá ser realizado em seu melhor interesse".[22] Tal proposição pode ser inferida da própria sistemática civil-constitucional, que, no caso das crianças e adolescentes, impõe o seu melhor interesse como norte interpretativo. Ainda assim, a expressa previsão legal é importante para demonstrar que finalmente está começando a ser compreendida a importância dos dados pessoais de crianças e adolescentes.

Não obstante, apesar da relevância inegável da inovação legal, o parágrafo primeiro do dispositivo pecou ao consignar o comando de que "o tratamento de dados pessoais de crianças deverá ser realizado com o consentimento específico e em destaque dado por pelo menos um dos pais ou pelo responsável legal".[23] Quanto a isto, é preciosa a crítica de Paulo Lôbo à exigência de consentimento de apenas um dos pais:

> O § 1º do art. 14 da Lei Geral de Proteção de Dados (LGPD – Lei 13.709/2018), estabelece regra problemática, ao determinar que o tratamento dos dados pessoais das crianças deverá ser realizado com o consentimento específico 'dado por pelo menos um dos pais'. Essa regra parece contradizer o caput do art. 14, para o qual deverá ser observado sempre o melhor interesse da criança, pois dispensa o consentimento do outro genitor, que não pode ser presumido, estando o casal unido ou separado, em virtude da autoridade parental de ambos. O consentimento de apenas um dos pais pode ser movido por interesses econômicos, nas hipóteses se superexposição da criança em redes sociais e blogues, para fins publicitários. Ademais, há violação da indisponibilidade dos direitos da personalidade da criança.[24]

---

19. LÔBO, Fabíola Albuquerque. Os princípios constitucionais e sua aplicação nas relações jurídicas de família. *In*: EHRHARDT JÚNIOR, Marcos, LOBO, Fabíola Albuquerque; ANDRADE, Gustavo (Coord.). *Direito das relações familiares contemporâneas*: estudos em homenagem a Paulo Luiz Netto Lôbo. Belo Horizonte: Fórum, 2019. p. 25-47. p. 43-44.
20. PERLINGIERI, Pietro. *O direito civil na legalidade constitucional*. Rio de Janeiro: Renovar, 2008, p. 999;
21. TEIXEIRA, Ana Carolina Brochado. A disciplina jurídica da autoridade parental. *Anais do V Congresso Brasileiro de Direito de Família*. Família e Dignidade Humana. São Paulo: IOB – Thomson. 2006. p. 103-123.
22. LGPD, Art. 14.
23. LGPD, Art. 14, parágrafo primeiro.
24. LÔBO, Paulo. *Direito civil*. São Paulo: Saraiva Educação, 2021, v. 5: famílias, p. 322.

Percebe-se, assim, que apesar do louvável avanço no regramento do tratamento de dados de crianças e adolescentes, a novel legislação não conseguiu protegê-los em plenitude, eis que deixou a possibilidade de consentimento de apenas um dos pais para o tratamento de dados infantis, o que fragiliza o cuidado. Na prática, isto significa que apenas um dos pais pode se valer da autoridade parental e tomar decisões sobre o destino das informações de seus filhos *online*. E essa decisão unilateral pode estar viciada por interesses diversos do melhor interesse da criança, sobretudo o proveito econômico.

O princípio do melhor interesse da criança e do adolescente traduz a obrigatoriedade de que esses indivíduos tenham "seus interesses tratados como prioridade, pelo Estado, pela sociedade e pela família, tanto na elaboração quanto na aplicação dos direitos que lhe digam respeito, notadamente nas relações familiares, como pessoa em desenvolvimento e dotada de dignidade",[25] de forma que a legislação precisa ser interpretada de acordo com essa base hermenêutica.

3. INFLUENCIADORES MIRINS E *SHARENTING*

O *sharenting* é definido como "o ato de tornar públicas, pelos pais, diversas informações detalhadas sobre seus filhos, na forma de fotos, vídeos e postagens nas mídias sociais, que violam a privacidade das crianças".[26] Da própria definição concebida por Anna Brosch, extrai-se a grande preocupação que circunda o tema: a violação à privacidade das crianças e suas reflexões.

Ainda na cátedra da polonesa, o *sharenting* é identificado a partir de quatro elementos que são a quantidade de postagens, a frequência com que elas acontecem, o conteúdo postado e a audiência que essas informações alcançam.[27] Assim, para o estudo do tema, deve-se levar em conta critérios qualitativos e quantitativos,[28] de forma que não se pode conceber a liberdade irrestrita, mesmo dos pais, para o compartilhamento de informações sobre seus filhos nas redes sociais.

É importante elucidar que o *sharenting* pode ser praticado pelos pais que são influenciadores digitais, ou pelos que são meros usuários. Da mesma forma, pode ser praticado através do compartilhamento de dados em suas próprias redes sociais ou em perfis criados em nome dos filhos. Cada uma dessas situações traz problemas que lhes são próprios.

---

25. LÔBO, Paulo. *Direito civil*. São Paulo: Saraiva Educação, 2021, v. 5: famílias, p. 81.
26. Em tradução livre. No original: "*making public by parents a lot of detailed information about their children in the form of photos, videos and posts through social media, which violate children's privacy.*" BROSCH, Anna. Sharenting: Why Do Parents Violate Their Children's Privacy? The New Educational Review. v. 54, 2018, p. 75-85, p. 78.
27. BROSCH, Anna. Sharenting: Why Do Parents Violate Their Children's Privacy? The New Educational Review. v. 54, 2018, p. 79-80.
28. TEIXEIRA, Ana Carolina Brochado; MULTEDO, Renata Vilela. A responsabilidade dos pais pela exposição excessiva dos filhos menores nas redes sociais: o fenômeno do *sharenting*. In: TEIXEIRA, Ana Carolina Brochado; ROSENVALD, Nelson e MULTEDO, Renata Vilela. *Responsabilidade civil e direito de família*: o direito de danos na parentalidade e conjugalidade. Indaiatuba: Editora Foco, 2021, p. 3-20, p. 13.

Não obstante, em quaisquer das hipóteses mencionadas, através do compartilhamento massivo de dados na internet, os pais moldam a identidade digital de seus filhos,[29] que deixam de ter a oportunidade de construir suas próprias identidades, ficando adstritos à história que seus pais escolheram contar.

Não se sabe o impacto que esse rastro digital terá sobre o indivíduo em questão, mas sabe-se que dificilmente o adulto conseguirá se desassociar da narrativa digital publicada por seus pais em sua infância.[30] Esse rastro digital pode, inclusive, modificar o senso de privacidade que a criança desenvolverá, além de modificar a forma como o ordenamento olhará para essa criança.

É relevante a preocupação de Stacey Steinberg quanto às repercussões do rastro digital que acompanhará a criança:

> Se um pai leva seu filho à fama na Internet durante a infância, o caso sugere que a criança sempre permanecerá sujeita às leis de privacidade que regem as figuras públicas. No entanto, ao contrário das gerações que atingiram a maioridade antes da mídia social, as práticas de compartilhamento de hoje oferecem uma gama cada vez maior de opções para os pais que desejam colocar seus filhos sob os olhos do público.[31]

Dessa forma, é de se questionar se "a utilização da imagem dos menores como parte de um perfil de um influenciador digital não seria uma forma de instrumentalização daquela pessoa humana em desenvolvimento, que se torna mera personagem numa atividade de seu genitor".[32]

As crianças, como parte natural de seu desenvolvimento psicossocial, modelam seus comportamentos de acordo com o que veem em seus pais. Se os pais constantemente compartilham as conquistas individuais e familiares nas redes sociais, buscando nelas a validação de sua vida cotidiana e se mostrando deslumbrados com as métricas de número de seguidores, curtidas e comentários que obtém, a criança irá associar esse comportamento como adequado.[33]

---

29. STEINBERG, Stacey. *Sharenting*: Children's Privacy in the Age of Social Media, 66 Emory L.J. 839. 2017. Disponível em: https://scholarship.law.ufl.edu/cgi/viewcontent.cgi?article=1796&context=facultypub. Acesso em: 10 abr. 2023.
30. STEINBERG, Stacey. *Sharenting*: Children's Privacy in the Age of Social Media, 66 Emory L.J. 839. 2017. Disponível em: https://scholarship.law.ufl.edu/cgi/viewcontent.cgi?article=1796&context=facultypub. Acesso em: 10 abr. 2023.
31. Em tradução livre. No original: *"If a parent leads his or her child to Internet fame during their minor years, the case suggests that the child would always remain subject to privacy laws governing public figures. However, unlike generations who came of age before social media, today's sharing practices offer an ever-expanding array of options for parents looking to place their child in the public eye"*. STEINBERG, Stacey. *Sharenting*: Children's Privacy in the Age of Social Media, 66 Emory L.J. 839. 2017. Disponível em: https://scholarship.law.ufl.edu/cgi/viewcontent. cgi?article=1796&context=facultypub. Acesso em: 10 abr. 2023. p. 861.
32. AFFONSO, Filipe José Medon. Influenciadores digitais e o direito à imagem de seus filhos: uma análise a partir do melhor interesse da criança. *Revista Eletrônica da PGE-RJ*, v. 2, p. 01-26, 2019. p. 15.
33. STEINBERG, Stacey. *Sharenting*: Children's Privacy in the Age of Social Media, 66 Emory L.J. 839. 2017. Disponível em: https://scholarship.law.ufl.edu/cgi/viewcontent.cgi?article=1796&context=facultypub. Acesso em: 10 abr. 2023.

Da mesma forma, se os pais compartilham excessivamente dados (próprios ou dos filhos) na internet, essas crianças crescerão com a cultura de *oversharing*, acreditando que o modo normal de se comportar *online* passa pela publicização excessiva dos aspectos mais íntimos de suas vidas.[34] Tem-se, assim, uma nova percepção de privacidade por essas crianças, forjada pelos pais.

Neste aspecto, é relevante a colocação de Ana Carolina Brochado Teixeira e Maria Carla Moutinho Nery:

> O problema se agrava quando os pais criam contas individuais em nome dos filhos para relatar a vida da criança desde a barriga da mãe, com as fotos dos meses de gravidez, o nascimento, a maternidade, o primeiro mês, o batismo, o primeiro aniversário, o primeiro dia na escola e assim por diante.
>
> Ao retratar essas fotos nas redes, os pais "coisificam" seus filhos como se eles não tivessem personalidade própria, utilizam e monetizam a imagem deles como se fossem a extensão de si mesmos sem perceber a propagação dos *dados sensíveis* da criança e dos danos provenientes desta conduta. Isso porque eles pensam na conotação lúdica das fotos e na ingenuidade da postagem, sem levar em consideração que a inocência é da criança e não dos inúmeros amigos virtuais. (...) Ao assim proceder, os pais maculam não só a intimidade e a privacidade dos seus filhos, mas se utilizam também do direito de imagem destes, como se eles fossem os titulares.[35]

Essa "coisificação" se materializa, muitas vezes, em perfis infantis milionários (em número de seguidores e em faturamento), dando luz, assim, à grande novel dificuldade na proteção às crianças e adolescentes: o fenômeno dos influenciadores mirins. Trata-se de crianças e adolescentes que exercem o ofício de influenciadores, compartilhando (eles mesmos ou seus pais) cada detalhe de suas vidas.

Ademais, "a família é o principal alicerce para a construção da identidade pessoal, desde os primeiros anos da vida. No processo de socialização, os pais e/ou cuidadores apresentam o mundo à criança e atribuem um sentido à realidade".[36] Dessa forma, os pais que fazem perfis em nome dos filhos e compartilham sua vida privada com o mundo, interferem na forma como essas crianças veem o mundo e fazem com que elas cresçam com uma diferente percepção de privado/público.

O fenômeno dos influenciadores mirins também é abrangido pelo *sharenting*, eis que, neste caso, os pais gerem a vida digital dos filhos, compartilhando o cotidiano da criança na internet.[37]

---

34. STEINBERG, Stacey. *Sharenting*: Children's Privacy in the Age of Social Media, 66 Emory L.J. 839. 2017. Disponível em: https://scholarship.law.ufl.edu/cgi/viewcontent.cgi?article=1796&context=facultypub. Acesso em: 10 abr. 2023.
35. TEIXEIRA, Ana Carolina Brochado; NERY, Maria Carla Moutinho. Vulnerabilidade digital de crianças e adolescentes: a importância da autoridade parental para uma educação nas redes. In: EHRHARDT JR., Marcos; LOBO, Fabiola. (Org.). *Vulnerabilidade e sua compreensão no direito brasileiro*. Indaiatuba: Foco, 2021, v. 1, p. 133-147, p. 141-142.
36. MATTOS, Ricardo Mendes. Constituição da sexualidade feminina negra e hipersexualização infantil: o caso de Mignonnes. *ODEERE*, v. 6, n. 2, p. 383-411, 2021. p. 393.
37. EBERLIN, Fernando Büscher von Teschenhausen. Sharenting, liberdade de expressão e privacidade de crianças no ambiente digital: O papel dos provedores de aplicação no cenário jurídico brasileiro. *Revista Brasileira de Políticas Públicas*, v. 7, p. 256-273, 2018.

É o caso da mãe que, ainda grávida, cria uma conta em uma rede social para o bebê que irá nascer. Tal rede social será alimentada com fotografias, recordações sobre aniversários, primeiros passos, primeiros dias escola, amigos, animais de estimação, relacionamento com familiares e várias outras informações. Nesse caso, os pais não estão tão somente administrando as suas próprias vidas digitais, mas também criando redes paralelas em nome de seus filhos.[38]

O tema da superexposição dos influenciadores mirins nas redes sociais precisa ser estudado em paralelo à autoridade parental e seus limites, tendo em vista os direitos da personalidade das crianças e adolescentes, potencialmente violados pelo fenômeno do *sharenting*.

O apagamento do limite entre o público e o privado, materializado pela violação à privacidade das crianças e em paralelo à presença infantil online desemboca em perigos como a hipersexualização. É parte natural do desenvolvimento infanto-juvenil a conformação a determinado gênero, com a apropriação das categorias próprias desse gênero que fará com que o indivíduo seja reconhecido socialmente e construa sua identidade.[39]

Não obstante, aqui reside o grande perigo da situação. O que faz sucesso na internet é um conteúdo predominantemente adulto (ou adultizado, no caso das crianças), que se consubstancia primordialmente em meninas com roupas curtas, muita maquiagem, danças sensuais e comportamentos sexualizados.

4. HIPERSEXUALIZAÇÃO DE CRIANÇAS NAS REDES SOCIAIS

As crianças que vivem o mundo digital têm convivência diária com a internet em seus prós e também em toda a sua perversidade, eis que as redes sociais permitem que as crianças entrem em contato com diversos tipos de conteúdo, muitas vezes inadequados para sua idade – mesmo com as ferramentas de controle parental. Não obstante, mesmo que não se esteja falando de temáticas necessariamente impróprias ao desenvolvimento da criança, fato é que as redes sociais atuarão como um outro pilar a moldar o comportamento infantojuvenil.

As crianças passam extensivos períodos em contato com as redes sociais. Tomando o TikTok como um exemplo inicial, tem-se uma rede na qual são publicados vídeos, em sua maioria contendo outras crianças e adolescentes performando danças, *trends* e desafios, muitas vezes provocantes. O que se percebe neste aplicativo é um ambiente adultizado, povoado por crianças e adolescentes que replicam o comportamento ali exibido, em busca de aceitação, pertencimento e fama.

Assim sendo, considerando que as crianças aprenderam, ao observar o comportamento dos pais, que a internet é o termômetro do sucesso de suas vidas precoces, um alto número de seguidores e curtidas vai lhes dar uma sensação de aceitação e sucesso, enquanto uma publicação "flopada" será motivo de angústia e frustração.

---

38. EBERLIN, Fernando Büscher von Teschenhausen. Sharenting, liberdade de expressão e privacidade de crianças no ambiente digital: O papel dos provedores de aplicação no cenário jurídico brasileiro. *Revista Brasileira de Políticas Públicas*, v. 7, p. 256-273, 2018.
39. TEIXEIRA, Filomena. Hipersexualização, gênero e media. *Interacções*, v. 11, n. 39, 2015. p. 3.

As redes sociais funcionam de acordo com diversas métricas próprias, que medem quanto um determinado perfil é relevante – o chamado engajamento. Quanto maior o engajamento que um perfil traz àquela rede social, mais o algoritmo daquela empresa irá recomendar o perfil para outros usuários, de forma que o sistema se retroalimenta. Assim, o grande objetivo dos influenciadores – mirins ou não – é alcançar um engajamento significativo, que permitirá que eles cresçam na rede social, conquistando cada vez mais engajamento e, portanto, monetização.

Os algoritmos, por sua vez, são ferramentas de propriedade das empresas, de forma que os usuários não têm acesso livre aos seus critérios, sendo difícil compreender os meandros de seu funcionamento. Em uma outra rede, já se tem notícia de denúncia, por exemplo, que o algoritmo do *youtube* estava canalizando usuários de maneira perigosa, incentivando pedofilia.[40] Não obstante, em virtude do caráter privado dos algoritmos, a correção desses vieses hostis fica a cargo das redes sociais, sendo de difícil fiscalização popular.

Em suma, a sistemática dos algoritmos é simples: quanto mais usuários procuram um conteúdo, mais a rede social apresenta aquele conteúdo como relevante para aquele e para outros usuários. Paralelamente, quanto mais um influenciador é identificado como produtor de conteúdo relevante, mais ele é recomendado pelo algoritmo para outros usuários. Assim, para alcançar um engajamento cada vez maior, os produtores de conteúdo precisam se moldar à métrica que faz sucesso naquela rede social.

Essa análise é muito relevante porque o engajamento é a "galinha dos ovos de ouro" dos influenciadores, pois é ele que garante ao criador de conteúdo as melhores parcerias publicitárias. Paralelamente, pelo contexto desenvolvido na internet,

> A imagem corporal das meninas tem vindo a torná-las, "crianças-mulheres-sexualizadas". Tratando-se de crianças, as imagens reenviam para a sexualização das suas expressões, posturas ou códigos de vestuário, demasiado precoces e evidenciando sinais de disponibilidade sexual, forjados e desajustados para a idade. Num mundo em que as crianças estão sob o olhar atento de pedófilos e sujeitas a diversa formas de abusos sexuais, esta situação é, verdadeiramente, preocupante.[41]

A cultura das redes sociais, sobretudo do Instagram e do tiktok evidencia uma tendência à adultização de crianças, que performam danças de cunho sensual, usam maquiagem forte e roupas justas e provocantes. A isto, soma-se a cultura de renúncia reiterada à privacidade, na qual o sucesso vem do maior número de seguidores, de indivíduos (desconhecidos) que acompanham a exposição das crianças. Neste sentido:

> Na cultura atual, que valoriza a autoexposição, renuncia à privacidade, capacidade de influenciar, de ser popular, ganhar seguidores e que acaba incentivando sexualização precoce, pergunta-se: podem os pais funcionar como incentivadores desses valores, operacionalizando instrumentos para

---

40. Vide: https://oglobo.globo.com/brasil/pesquisa-de-harvard-acusa-algoritmo-do-youtube-de-alimentar-pedofilia-23714288. Acesso em: abr. 2023.
41. TEIXEIRA, Filomena. Hipersexualização, género e media. *Interacções*, v. 11, n. 39, 2015. p. 4.

que os filhos estejam cada vez mais integrados nesse espaço? Podem os pais permitir que os filhos se exponham e sejam adultizados por meio de terceiros (mídia, empresários, amigos etc.)? Estariam essas condutas no âmbito de uma esfera de liberdade em relação à forma da condução do processo educacional facultada pela autoridade parental?[42]

Pensamos que não. Assustadoramente, percebe-se que o que faz mais sucesso na internet é o conteúdo adulto, hipersexualizado. Assim, para alimentar os perfis de suas redes sociais, as crianças (sobretudo meninas) acabam sendo adultizadas. Caso não produzam conteúdo conforme os interesses dos outros usuários, ou seja, caso não se adaptem ao que faz sucesso naquela rede social, falharão em seu objetivo de conquistar o maior número de curtidas, comentários e seguidores. Moldam, assim, seu comportamento e suas personalidades às demandas hipersexualizadas da internet.

Os sinais da sexualização infantojuvenil online nem sempre são explícitos. Muitas vezes é preciso observar a realidade para perceber crianças deixando de lado as tradicionais brincadeiras lúdicas apropriadas para a idade e brincando, por exemplo, de se maquiar, se vestir e posar de forma provocante,[43] ou até de namorar.

A internet, assim, promove uma mercantilização do corpo feminino, mesmo que não seja explícita. Isso porque as meninas, como dito, moldam seus comportamentos para cada vez mais adultizados e portanto sexualizados para conquistar sucesso na internet.

É comum encontrar nas redes sociais, especialmente no Instagram e no TikTok, vídeos de crianças – notadamente meninas – performando coreografias que estão "em alta". Essas danças consistem, em sua maioria, em movimentos sensualizados, que são desenvolvidos para ressaltar os traços do corpo feminino e seduzir.

> Possivelmente os pais das crianças não percebem que o conteúdo é sexualizante. Não obstante, a autoridade parental traz consigo a responsabilidade pela proteção e pela garantia ao melhor interesse da criança, que não pode ser negligenciada por qualquer motivo. Dessa forma, esse tipo de publicação, parece-nos, contrasta frontalmente com o papel da autoridade parental, eis que os pais, ao contrário de promoverem a erotização precoce de suas filhas, têm o dever de proteger-lhes[44] e de conferir-lhes educação digital.
>
> Isso porque, nada obstante sejam inicialmente exibidas por seus pais, não raro a exposição on-line passa a ser em algum momento a vontade da própria criança/adolescente: é o que se viu na pandemia da Covid-19 com a explosão do número de menores com contas no aplicativo TikTok. Por certo, tanto a

---

42. TEIXEIRA, Ana Carolina Brochado; AFFONSO, Filipe José Medon. A hipersexualização infantojuvenil na internet e o papel dos pais: liberdade de expressão, autoridade parental e melhor interesse da criança. In: EHRHARDT JÚNIOR, Marcos Augusto, LOBO, Fabíola Albuquerque e ANDRADE, Gustavo (Coord.). *Liberdade de expressão e relações privadas*. Belo Horizonte: Fórum, 2021
43. TEIXEIRA, Ana Carolina Brochado; AFFONSO, Filipe José Medon. A hipersexualização infantojuvenil na internet e o papel dos pais: liberdade de expressão, autoridade parental e melhor interesse da criança. In: EHRHARDT JÚNIOR, Marcos Augusto, LOBO, Fabíola Albuquerque e ANDRADE, Gustavo (Coord.). *Liberdade de expressão e relações privadas*. Belo Horizonte: Fórum, 2021, p. 345.
44. TEIXEIRA, Ana Carolina Brochado; AFFONSO, Filipe José Medon. A hipersexualização infantojuvenil na internet e o papel dos pais: liberdade de expressão, autoridade parental e melhor interesse da criança. In: EHRHARDT JÚNIOR, Marcos Augusto, LOBO, Fabíola Albuquerque e ANDRADE, Gustavo (Coord.). *Liberdade de expressão e relações privadas*. Belo Horizonte: Fórum, 2021 p. 348.

vontade, como a autonomia dessas pessoas humanas em desenvolvimento devem ser consideradas, mas há que se investigar se os menores não estão fazendo aquilo por pressão dos pais.[45]

Diante de todo o exposto, propõe-se a reflexão, sob a perspectiva da dignidade da criança que exerce o ofício de influenciador mirim, de se essa prática de vender a imagem, intimidade e privacidade da criança é condizente com sua dignidade e com a proteção o constitucional à criança. Nesse sentido, "quando decidimos que determinados bens podem ser comprados e vendidos, estamos decidindo, pelo menos implicitamente, que podem ser tratados como mercadorias, como instrumentos de lucro e uso".[46]

Ora, se consideramos as influenciadoras mirins como produtos disponíveis para serem moldados de acordo com as demandas da internet com o intuito de gerarem um maior lucro, certamente estamos negando-lhes a dignidade. Nas palavras de Sandel, "algumas das boas coisas da vida são corrompidas ou degradadas quando transformadas em mercadoria".[47]

A discussão ainda está timidamente caminhando ao topo dos Tribunais brasileiros, tendo alguns casos interessantes em Cortes estaduais. Não obstante, no fim de 2022, a Ministra Maria Thereza de Assis Moura proferiu decisão em ação de homologação de decisão estrangeira que permite um debate engrandecedor:

> Homologação de Decisão Estrangeira 7274 – EX (2022/0268244-0). Decisão: Trata-se de ação de homologação de decisão estrangeira, com pedido de tutela de urgência, promovida por F. L. L. C. em face de R. S. C., tendo por objeto sentença de divórcio com disposições acerca da guarda, exercício do poder parental e custódia dos filhos do casal, proferida pelo Juizado de Violência contra a Mulher N. 2 de Barcelona, Espanha. (...) Noticia que a sentença estrangeira de divórcio, ao dispor acerca dos filhos do casal, concedeu à mãe, F. L. L. C., a *exclusividade no exercício do poder parental*, da guarda e da custódia dos menores. Alega que, em 13 de julho de 2022, *o requerido utilizou, sem sua autorização, a imagem de um de seus filhos, em perfil profissional na rede social Instagram*. Entende que a atitude do requerido *violou a imagem e a privacidade da criança, uma vez que a postagem foi "utilizada para ganho profissional e de maneira a expor publicamente o corpo seminu de um menor de idade"* (fl. 8). Requer a concessão da tutela de urgência para determinar a imediata exclusão da foto do menor da rede social profissional do requerido. É o relatório. Decido. Como é assente, a tutela de urgência, calcada na probabilidade do direito invocado, supõe situação de perigo de dano ou risco ao resultado útil do processo, sendo incabível quando houver perigo de irreversibilidade dos efeitos da decisão (art. 300, caput e § 3º do CPC). No caso em apreço, está configurada a convergência dos requisitos para a concessão da medida, porquanto ficaram comprovados o perigo de dano ou risco ao resultado útil do processo e a probabilidade do direito invocado. A probabilidade do direito está consubstanciada no fato de que o feito encontra-se devidamente instruído e o título judicial homologando não ofende a ordem pública e a soberania nacional. O perigo da demora também ficou demonstrado, pois o requerido, que não mais detém o poder parental sobre o filho, mantém publicação de foto do menor, em seu perfil profissional do Instagram, sem a autorização da mãe e com objetivo de ganho comercial. Diante desse contexto, *a continuidade da exposição de foto não autorizada viola a proteção à imagem e à*

---

45. TEIXEIRA, Ana Carolina Brochado; AFFONSO, Filipe José Medon. A hipersexualização infantojuvenil na internet e o papel dos pais: liberdade de expressão, autoridade parental e melhor interesse da criança. In: EHRHARDT JÚNIOR, Marcos Augusto, LOBO, Fabíola Albuquerque e ANDRADE, Gustavo (Coord.). *Liberdade de expressão e relações privadas*. Belo Horizonte: Fórum, 2021 p. 349-350.
46. SANDEL, Michael J. *O que o dinheiro não compra*. Editora José Olympio, 2016, p. 15.
47. SANDEL, Michael J. *O que o dinheiro não compra*. Editora José Olympio, 2016, p. 16.

privacidade da criança conferidas pelo Estatuto da Criança e do Adolescente, devendo ser imediatamente excluída da rede social. Ante o exposto, defiro o pedido de tutela de urgência para determinar a imediata exclusão da imagem do filho das partes postada no Instagram profissional do requerido.[48]

Da decisão em comento percebe-se que a Ministra tomou como mais relevantes os fatos de que a exposição foi não autorizada e em conta paterna com objetivo profissional – lucrativo. Ocorre que a mãe denunciou que se tratava de imagem de uma criança seminua.

A nosso ver, o cerne da questão não é a ausência de autorização por parte da genitora detentora da autoridade parental, e sim a exposição abusiva da imagem infantil. Qualquer estágio de nudez da criança, por mais inocente que o genitor pense ser, é injustificável quando se trata de publicação nas redes sociais, eis que não se coaduna com o melhor interesse da criança, muito menos com a proteção integral.

5. RESPONSABILIDADE CIVIL DOS PAIS PELA HIPERSEXUALIZAÇÃO

Já foi delimitado o papel da autoridade parental, de "exercício dos direitos e deveres dos pais em relação aos filhos, no interesse destes".[49] Neste sentido, munidos da autoridade parental os pais têm deveres e responsabilidades para com os filhos, especialmente de garantir-lhes uma vida digna, com educação e respeito.

O *sharenting*, notadamente no caso dos influenciadores mirins, pode ser visto como um exercício disfuncional da autoridade parental, através do qual os pais desvirtuam o poder familiar que lhes é conferido e, com ele, superexpõem os filhos na internet, muitas vezes com o intuito lucrativo.

Para pensar na responsabilização civil desses pais, é importante ressaltar que o fundamento primordial é a violação do direito em si e dos deveres dele decorrentes,[50] e não necessariamente as consequências que vêm dessa violação. Diante do sistema de proteção integral à criança e ao adolescente e do regramento de responsabilização civil, "não temos como afastar a incidência das regras atinentes à responsabilidade civil no ramo do Direito de Família, por ser integrante do mesmo sistema".[51]

Nesse sentido, há rica normativa internacional protetiva das crianças e adolescentes,[52] além de regramentos infraconstitucionais suficientes para garantir a proteção às crianças e aos adolescentes. Mesmo que assim não fosse, a interpretação do ordenamento jurídico com base na Constituição verdadeiramente salvaguarda o direito dos vulneráveis.

---

48. STJ. HDE: 7274 EX 2022/0268244-0, Relator: Ministra Maria Thereza de Assis Moura, 14.12.2022.
49. LÔBO, Paulo. *Direito civil*. São Paulo: Saraiva Educação, 2021, v. 5: famílias, p. 322;
50. EHRHARDT JÚNIOR, Marcos. Breves notas sobre a responsabilidade civil no direito das famílias In: LÔBO, Fabíola Albuquerque; EHRHARDT JR., Marcos; e ANDRADE, Gustavo (Coord.). *Famílias no Direito Contemporâneo*: estudos em homenagem a Paulo Luiz Netto Lobo. Belo Horizonte: Fórum, p. 383-399, 2019. p. 383.
51. EHRHARDT JÚNIOR, Marcos. Breves notas sobre a responsabilidade civil no direito das famílias In: LÔBO, Fabíola Albuquerque; EHRHARDT JR., Marcos e ANDRADE, Gustavo (Coord.). *Famílias no Direito Contemporâneo*: estudos em homenagem a Paulo Luiz Netto Lobo. Belo Horizonte: Fórum, p. 383-399, 2019. p. 386.
52. Notadamente as já mencionadas Declaração Universal dos Direitos da Criança e Convenção sobre os Direitos da Criança.

É certo, então, que o *oversharenting* configura um abuso no exercício da autoridade parental,[53] de forma que atrai a incidência da responsabilização civil. Neste aspecto, não se poderia falar em consentimento da criança ou do adolescente apto a retirar a ilicitude da conduta, eis que "a hiperexposição parece estar vedada por si só, mesmo que não incomode o filho, pois ela pode trazer graves consequências relativas à criação de rastros digitais para o futuro da criança".[54]

Assim, para reparar os danos sofridos pelas meninas pela superexposição que lhes conduziu à sexualização precoce, poder-se-á valer do instituto da responsabilidade civil, podendo os pais ser condenados a reparar o dano causado à criança.[55]

O grande ponto de estrangulamento é a forma de aplicação do instituto da responsabilidade civil no caso concreto. O problema reside no fato de que o "tornar indene" é quase impossível nos casos de superexposição, eis que o retorno ao *status* quo normalmente não é alcançável. Isto porque é sabido que a internet e as redes sociais têm o condão de eternizar os conteúdos ali publicados, que mesmo que sejam apagados por seu autor original, podem ser salvos e replicados por uma infinidade de usuários, perdendo-se o controle.

Dessa forma, parece-nos que a escolha pelo caminho a ser adotado passa, em primeiro lugar, pela identificação da contemporaneidade da violação. Se a situação for referente a uma criança ou adolescente sendo atualmente superexposta, deve-se falar em atuação do Ministério Público ou de alguns dos responsáveis pela criança de forma a pleitear a perda ou suspensão do poder familiar para fazer cessar imediatamente a violação, evitando a concreção de um dano mais grave.

Na hipótese de tratar-se de uma jovem que foi superexposta nas redes sociais ao longo da infância e da adolescência em razão da conduta de seus pais, entra em cena o instituto da responsabilidade civil tradicional, com indenização pecuniária a reparar os danos morais que foram gerados pela hipersexualização resultante da superexposição online.

Paralelamente, em razão da necessária reparação integral, deve-se lançar mão, ainda, dos institutos da desindexação e do direito ao esquecimento, para que o indivíduo possa ser desassociado da história escrita por seus pais à sua revelia, tendo a oportunidade de ter uma página em branco para iniciar sua narrativa.

---

53. TEIXEIRA, Ana Carolina Brochado; MULTEDO, Renata Vilela. A responsabilidade dos pais pela exposição excessiva dos filhos menores nas redes sociais: o fenômeno do *sharenting*. In: TEIXEIRA, Ana Carolina Brochado; ROSENVALD, Nelson e MULTEDO, Renata Vilela. *Responsabilidade civil e direito de família*: o direito de danos na parentalidade e conjugalidade. Indaiatuba: Editora Foco, 2021, p. 14.
54. TEIXEIRA, Ana Carolina Brochado; MULTEDO, Renata Vilela. A responsabilidade dos pais pela exposição excessiva dos filhos menores nas redes sociais: o fenômeno do *sharenting*. In: TEIXEIRA, Ana Carolina Brochado; ROSENVALD, Nelson e MULTEDO, Renata Vilela. *Responsabilidade civil e direito de família*: o direito de danos na parentalidade e conjugalidade. Indaiatuba: Editora Foco, 2021, p. 14.
55. TEIXEIRA, Ana Carolina Brochado; MULTEDO, Renata Vilela. A responsabilidade dos pais pela exposição excessiva dos filhos menores nas redes sociais: o fenômeno do *sharenting*. In: TEIXEIRA, Ana Carolina Brochado; ROSENVALD, Nelson e MULTEDO, Renata Vilela. *Responsabilidade civil e direito de família*: o direito de danos na parentalidade e conjugalidade. Indaiatuba: Editora Foco, 2021, p. 15.

Diante de todo o exposto, Ana Carolina Brochado Teixeira e Filipe Medon são certeiros: "a novinha quer tão simplesmente ser criança e não ser tratada como adulta pela mídia e, principalmente, por seus pais".[56]

6. CONSIDERAÇÕES FINAIS

Quando as redes sociais surgiram, muitos foram pegos numa euforia coletiva pelas possibilidades infinitas da conectividade, mas as benesses do mundo digital facilmente se transformam em ameaças aos mais vulneráveis quando aqueles que têm o dever de cuidar das crianças e adolescentes agem de forma irresponsável e maculada por interesses preponderantemente patrimoniais.

O *sharenting* representa um exercício disfuncional da autoridade parental e, portanto, na medida em que gere danos aos filhos, não pode ser tolerado. As crianças têm todos os direitos inerentes às pessoas em desenvolvimento e em virtude disto sua privacidade e imagem precisam ser respeitadas.

É preciso, assim, conscientizar os pais quanto à importância da identidade digital de seus filhos, de sua privacidade e, sobretudo, dos mecanismos de proteção de seus filhos na internet. E essa conscientização é primordial para que se fale mais em prevenção do que em repressão, eis que a repressão na maioria das vezes será ineficaz em razão da perenidade das consequências negativas, tais quais a adultização.

A adultização decorre da superexposição e do acesso irrestrito nas redes sociais e interfere no desenvolvimento biopsíquico da criança e do adolescente. Atinge principalmente as meninas, em razão do machismo estrutural que circunda a sociedade brasileira e não é possível reparar integralmente.

Por mais que se lance mão da responsabilidade civil, uma criança que foi hipersexualizada terá que lidar com os efeitos disto pelo resto de sua vida, e com certeza sentirá os reflexos desse dano na idade adulta. Mesmo os institutos da desindexação e do direito ao esquecimento, apesar de importantes aliados, não serão capazes de excluir o dano.

REFERÊNCIAS

AFFONSO, Filipe José Medon. Influenciadores digitais e o direito à imagem de seus filhos: uma análise a partir do melhor interesse da criança. *Revista Eletrônica da PGE-RJ*, v. 2, p. 01-26, 2019.

BARROSO, Luís Roberto. *A Dignidade da Pessoa Humana No Direito Constitucional Contemporâneo*: a construção de um conceito jurídico à luz da Jurisprudência mundial. Belo Horizonte: Forum, 2014.

BRANDEIS, Louis D. WARREN, Samuel D. The right to privacy. *Harvard Law Review*, v. 4, n. 5, dec. 15, 1890. BRANDEIS e WARREN, 1890.

---

56. TEIXEIRA, Ana Carolina Brochado; AFFONSO, Filipe José Medon. A hipersexualização infantojuvenil na internet e o papel dos pais: liberdade de expressão, autoridade parental e melhor interesse da criança. In: EHRHARDT JÚNIOR, Marcos Augusto, LOBO, Fabíola Albuquerque e ANDRADE, Gustavo (Coord.). *Liberdade de expressão e relações privadas*. Belo Horizonte: Fórum, 2021, p. 345.

BRASIL, Constituição (1988). Constituição da República Federativa do Brasil. Em: Presidência da República. Disponível em: http://www.planalto.gov.br/ccivil_03/constituicao/constituicaocompilado.htm. Acesso em: 10 maio 2023.

BRASIL. Lei 8.069, de 13 de julho de 1990. Institui o Estatuto da Criança e do Adolescente, Em: Presidência da República. Disponível em: https://www.planalto.gov.br/ccivil_03/leis/l8069.htm. Acesso em: 10 maio 2023.

BROSCH, Anna. Sharenting: Why Do Parents Violate Their Children's Privacy? *The New Educational Review*. v. 54, p. 75-85, 2018.

EBERLIN, Fernando Büscher von Teschenhausen. Sharenting, liberdade de expressão e privacidade de crianças no ambiente digital: O papel dos provedores de aplicação no cenário jurídico brasileiro. *Revista Brasileira de Políticas Públicas*, v. 7, p. 256-273, 2018.

EHRHARDT JÚNIOR, Marcos. Breves notas sobre a responsabilidade civil no direito das famílias In: LÔBO, Fabíola Albuquerque; EHRHARDT JR., Marcos e ANDRADE, Gustavo (Coord.). *Famílias no Direito Contemporâneo*: estudos em homenagem a Paulo Luiz Netto Lobo. Belo Horizonte: Fórum, 2019.

FACHIN, Luiz Edson. *Direito Civil*: sentidos, transformações e fim. Rio de Janeiro: Renovar, 2015.

LÔBO, Fabíola Albuquerque. A responsabilidade dos pais e a proteção da pessoa dos filhos. In Carlos Eduardo Pianovski; SOUZA, Eduardo Nunes; MENEZES, Joyceane Bezerra e EHRHARDT JR, Marcos. *Direito Civil Constitucional*: a ressignificação da função dos institutos fundamentais do direito civil contemporâneo e suas consequências. Florianópolis: Editora Conceito, 2014.

LÔBO, Fabíola Albuquerque. Os princípios constitucionais e sua aplicação nas relações jurídicas de família. In: LÔBO, Fabíola Albuquerque; EHRHARDT JR., Marcos e ANDRADE, Gustavo (Coord.). *Famílias no Direito Contemporâneo*: estudos em homenagem a Paulo Luiz Netto Lobo. Belo Horizonte: Fórum, 2019.

LÔBO, Paulo Luiz Netto. Constitucionalização do direito civil. *Revista de informação legislativa*. Brasília, v. 141, p. 99-109, 1999.

LÔBO, Paulo. *Direito civil*. São Paulo: Saraiva Educação, 2021. v. 5: famílias

MATTOS, Ricardo Mendes. Constituição da sexualidade feminina negra e hipersexualização infantil: o caso de Mignonnes. *ODEERE*, v. 6, n. 2, p. 383-411, 2021.

NERY, Maria Carla Moutinho. A boa-fé como limitadora da autonomia privada no exercício da disponibilidade dos direitos da personalidade. In: LOBO, Fabíola Albuquerque, EHRHARDT JÚNIOR, Marcos, PAMPLONA FILHO, Rodolfo (Coord.). *Boa-fé e sua aplicação no Direito Brasileiro*. Belo Horizonte: Fórum, 2019.

PERLINGIERI, Pietro. *O direito civil na legalidade constitucional*. Rio de Janeiro: Renovar, 2008.

RAMOS, André Luiz Arnt. *Sharenting*: notas sobre liberdade de expressão, autoridade parenta, privacidade e melhor interesse de crianças e adolescentes. In: LÔBO, Fabíola Albuquerque; EHRHARDT JR., Marcos e ANDRADE, Gustavo (Org.). *Liberdade de expressão e relações privadas*. Belo Horizonte: Fórum, 2021. v. 1.

SANDEL, Michael J. *O que o dinheiro não compra*. Editora José Olympio, 2016.

STEINBERG, Stacey. Sharenting: *Children's Privacy in the Age of Social Media*, 66 Emory L.J. 839. 2017. Disponível em: https://scholarship.law.ufl.edu/cgi/viewcontent.cgi?article=1796&context=facultypub. Acesso em: 10 abr. 2023.

TEIXEIRA, Ana Carolina Brochado. A disciplina jurídica da autoridade parental. *Anais do V Congresso Brasileiro de Direito de Família*. Família e Dignidade Humana. São Paulo: IOB –Thomson. 2006.

TEIXEIRA, Ana Carolina Brochado; AFFONSO, Filipe José Medon. A hipersexualização infantojuvenil na internet e o papel dos pais: liberdade de expressão, autoridade parental e melhor interesse da criança. In: EHRHARDT JÚNIOR, Marcos Augusto, LOBO, Fabíola Albuquerque e ANDRADE, Gustavo (Coord.). *Liberdade de expressão e relações privadas*. Belo Horizonte: Fórum, 2021.

TEIXEIRA, Ana Carolina Brochado; MULTEDO, Renata Vilela. A responsabilidade dos pais pela exposição excessiva dos filhos menores nas redes sociais: o fenômeno do *sharenting*. In: TEIXEIRA, Ana Carolina Brochado; ROSENVALD, Nelson e MULTEDO, Renata Vilela. *Responsabilidade civil e direito de família*: o direito de danos na parentalidade e conjugalidade. Indaiatuba: Editora Foco, 2021.

TEIXEIRA, Ana Carolina Brochado; NERY, Maria Carla Moutinho. Vulnerabilidade digital de crianças e adolescentes: a importância da autoridade parental para uma educação nas redes. In: EHRHARDT JR., Marcos; LOBO, Fabiola. (Org.). *Vulnerabilidade e sua compreensão no direito brasileiro*. Indaiatuba: Foco, 2021. v. 1.

TEIXEIRA, Filomena. Hipersexualização, género e media. *Interacções*, v. 11, n. 39, 2015.

RESPONSABILIDADE CIVIL E DADOS PESSOAIS SENSÍVEIS SOBRE GÊNERO

Fernanda Pantaleão Dirscherl

Doutoranda em Derecho: protección jurídica y cohesión social, pela Universidad de León, Espanha. Mestra em Direito pela Universidade Federal de Uberlândia. Especialista em direito das famílias e sucessões, pela FMP/RS, em direito público, pela Estácio de Sá, em processo civil, Unyleya, e psicologia jurídica, UNIARA. Pesquisadora assistente do Grupo de Pesquisa sobre "Família, Sucessões, Criança e Adolescente e Direitos Transindividuais" junto ao Programa de Mestrado em Direito da Fundação Escola Superior do Ministério Público. Bacharel em Biomedicina e Direito pela Universidade Federal de Uberlândia. Membra do Núcleo IBDFAM Uberlândia. Membra da Comissão de Gênero e Enfrentamento à Violência Contra a Mulher do IBDFAM/MG. Membra da Comissão de Comunicação de Sucessões da OAB/MG e da Comissão Científica de Direito de Família da OAB/MG. Advogada. E-mail: fernandapantaleaod@gmail.com.

José Luiz de Moura Faleiros Júnior

Doutorando em Direito Civil pela Universidade de São Paulo – USP/Largo de São Francisco. Doutorando em Direito, na área de estudo 'Direito, Tecnologia e Inovação', pela Universidade Federal de Minas Gerais – UFMG. Mestre em Direito pela Universidade Federal de Uberlândia – UFU. Especialista em Direito Digital, em Direito Civil e Empresarial. É um dos Associados Fundadores do Instituto Avançado de Proteção de Dados – IAPD. Membro do Instituto Brasileiro de Estudos de Responsabilidade Civil – IBERC. Advogado. E-mail: jfaleiros@usp.br.

Sumário: 1. Introdução – 2. Dados pessoais sensíveis sobre gênero – 3. Discriminações de gênero a partir do tratamento de dados pessoais – 4. Incidentes de segurança com dados pessoais relativos a gênero e a responsabilização dos agentes de tratamento – 5. Considerações finais – Referências.

1. INTRODUÇÃO

A compreensão das questões de gênero tem sido ampliada e aprofundada nos últimos anos, ultrapassando a dicotomia binária homem/mulher e reconhecendo a influência da cultura e construção social na identidade de gênero. Os Princípios de Yogyakarta, documento produzido em 2006, apontam a identidade de gênero como uma experiência individual e profundamente sentida, que pode ou não corresponder ao sexo atribuído no nascimento.

A compreensão sobre gênero, portanto, está em constante evolução e se relaciona com as transformações sociais e econômicas mundiais. Nesse contexto, a Lei Geral de Proteção de Dados Pessoais (Lei 13.709/2018, ou apenas LGPD) ganha importância, pois busca garantir a proteção dos dados pessoais em um mundo cada vez mais conectado e digital. O Regulamento Geral sobre a Proteção de Dados Pessoais da União Europeia (2016/679(EU)) também é importante marco normativo par ao tema, pois define dados pessoais como informações que identificam ou são potencialmente identificáveis de um indivíduo, incluindo dados sensíveis. Já a legislação brasileira apresenta uma diferenciação entre dados pessoais gerais e sensíveis, reconhecendo estes últimos como informações que podem revelar aspectos íntimos da vida do indivíduo.

A par de tudo isso, constata-se que o direito à proteção de dados passou a ser reconhecido como um direito fundamental expresso na Constituição da República brasileira, ainda que antes já o fosse assim definido, mas como direito fundamental implícito, e sua tutela é derivada da garantia da privacidade e de outras garantias fundamentais. Não obstante, ainda pairam sonoras dúvidas em relação ao escopo de proteção garantido, por lei, aos dados pessoais sensíveis sobre gênero, às consequências das discriminações de gênero a partir do tratamento de dados pessoais, aos incidentes de segurança com dados pessoais relativos a gênero e à responsabilização dos agentes de tratamento.

Nesse sentido, este artigo busca analisar o respaldo e as garantias existentes pela LGPD no que diz respeito à proteção dos dados sensíveis relacionados às questões de gênero nas linhas de investigação acima indicadas. Para isso, será realizada análise bibliográfico-doutrinária, com base no método dedutivo, buscando-se extrair uma conclusão assertiva ao final.

2. DADOS PESSOAIS SENSÍVEIS SOBRE GÊNERO

Os debates sobre questões de gênero remontam aos estudos elaborados por Beauvoir[1] ao diferenciar o termo em relação ao vocábulo sexo, que, conforme corrobora Butler,[2] este segundo trata da constituição biológica do sujeito, enquanto o primeiro é designado pela influência da cultura, da construção social ao longo da vida.

No mesmo sentido tratam os Princípios de Yogyakarta, documento de direitos humanos produzidos em uma reunião em novembro de 2006 na Indonésia, por 29 especialistas de diversas nacionalidades, que indica:

> (...) "identidade de gênero" como estando referida à experiência interna, individual e profundamente sentida que cada pessoa tem em relação ao gênero, que pode, ou não, corresponder ao sexo atribuído no nascimento, incluindo-se aí o sentimento pessoal do corpo (que pode envolver, por livre escolha, modificação da aparência ou função corporal por meios médicos, cirúrgicos ou outros) e outras expressões de gênero, inclusive o modo de vestir-se, o modo de falar e maneirismos.[3]

Assim, verifica-se que as investigações em relação aos pormenores relacionados às questões de gênero vão além da ideia e do conceito fixo de homem e mulher.[4] Mo-

---

1. Cf. BEAUVOIR, Simone de. *O segundo sexo*: fatos e mitos. 4. ed. Trad. Sérgio Milliet. São Paulo: Difusão Europeia do Livro, 1970. v. 1.
2. BUTLER, Judith. *Problemas de gênero*: feminismo e subversão da identidade. Trad. Renato Aguiar. Rio de Janeiro: Civilização Brasileira, 2003.
3. DHNET – DIREITOS HUMANOS NA INTERNET. *Princípios de Yogyakarta*: Princípios sobre a aplicação da legislação internacional de direitos humanos em relação à orientação sexual e identificação de gênero. Julho 2007, p. 9. Disponível em: http://www.dhnet.org.br/direitos/sos/gays/principios_de_yogyakarta.pdf. Acesso em: 10 abr. 2023.
4. ARAÚJO. Dhyego Câmara de. Heteronormatividade jurídica e as identidades LGBTI sob suspeita. *Revista Direito & Práxis*, Rio de Janeiro, v. 9, n. 2, p. 640-662, 2018, passim.

difica-se a perspectiva do sistema binário da sexualidade apresentado pela sociedade, buscando-se compreender e refletir com a devida atenção sobre as novas formas de sexualidade que ressignificam e reivindicam olhares mais sensíveis para as medidas de proteção e garantia dos direitos relacionados ao gênero.

As questões relativas a gênero fundam-se na compreensão das relações históricas e socais acerca o tema. Lugones[5] explica que o sistema de gênero se associa com o sistema social e econômico não apenas de um local específico, mas se atrela a transformações a nível mundial, isso porque, apesar de cada sociedade viver sob um sistema de opressão próprio, ocorrem interferências e imposições de um país em relação a outro, pois relaciona-se com o conceito com o sistema de poder capitalista global. Essas questões de dominação se modificam perante as transformações sociais e atingem não apenas a sociedade como grupo, mas também os cidadãos, independentemente do gênero.

As correlações das questões de gênero perante a sociedade impõem a necessidade de que sejam identificadas áreas que carecem de análise diligente sobre o assunto. Nesse sentido, vislumbrando o crescimento constante de utilização do sistema de informação, e a consequente importância da Lei Geral de Proteção de Dados Pessoais (LGPD),[6] no atual contexto social, necessária a análise do respaldo e das garantias existentes por essa legislação.

Nesse diapasão, importante compreender como são abrangidos dados pessoais perante as legislações acerca o assunto. O Regulamento Geral sobre a Proteção de Dados Pessoais da União Europeia (2016/679(EU))[7] indica que dados pessoais são informações que identificam (ou que são potencialmente identificáveis) de um indivíduo, sendo possível a estipulação por dados de localização, genéticas, econômicas, mentais, cultural, identificação social, física e psicológica. O RGPD indica a existência de uma categoria especial de dados sensíveis ao tratar do processamento desses no Artigo 9.

Por outro lado, a legislação brasileira apresenta tanto uma definição em relação a dados pessoais gerais, quanto uma espécie denominada como "sensíveis", sendo que, de acordo com a diferenciação indicada pelo artigo 5º, nos incisos I e II, o dado pessoal é "informação relacionada a pessoa natural identificada ou identificável", enquanto o dado pessoal sensível é definido pela "origem racial ou étnica, convicção religiosa, opinião política, filiação a sindicato ou a organização de caráter religioso, filosófico ou político, dado referente à saúde ou à vida sexual, dado genético ou biométrico, quando vinculado a uma pessoa natural".

Para além de uma proteção legislativa dos dados pessoais a Emenda Constitucional 115/2002 acrescentou ao texto constitucional o direito à proteção de dados,

---

5. LUGONES, María. Colonialidad y Género. *Tabula Rasa*, Bogotá, n. 9, p. 73-102, dez. 2008.
6. BRASIL. Lei 13.709, de 14 de agosto de 2018. *Lei Geral de Proteção de Dados Pessoais (LGPD)*. Brasília. Disponível em: https://www.planalto.gov.br/ccivil_03/_ato2015-2018/2018/lei/l13709.htmhttps://www.planalto.gov.br/ccivil_03/_ato2015-2018/2018/lei/l13709.htm. Acesso em: 10 abr. 2023.
7. INTERSOFT CONSULTING. *General Data Protection Regulation*. Disponível em: https://gdpr-info.eu/art-4-gdpr/. Acesso em: 10 abr. 2023.

incluindo o amparo como direito fundamental.[8] Sobre o tema, destaca Daniel Piñeiro Rodriguez que "o direito à proteção de dados pessoais figura como garantia de caráter instrumental, derivada da tutela da privacidade, mas sem nela limitar-se, fazendo referência a todo leque de garantias fundamentais que se encontram na constelação jurídica-constitucional".[9]

Nesse sentido, Maria Celina Bodin de Moraes explica que os dados sensíveis se relacionam com as opções e características essencial de um indivíduo, que são elementos que podem estar associados a situações de discriminação e desigualdade.[10] Constatação importante essa para se compreender os entrelaces existentes nos direitos que se encontram resguardados pelo ordenamento jurídico atual com aqueles que requerem uma atenção ainda mais específica, em razão de novos entendimentos.

Ainda no mesmo sentido, Wermuth, Cardin e Mazaro[11] afirmam que: "Os dados sensíveis estão intimamente ligados a muitos dos direitos da personalidade da pessoa, pois são aqueles que a qualificam individualmente, fazendo com que tenha um lugar único no mundo".

A proteção dos dados pessoais está devidamente garantida perante a legislação constitucional e infraconstitucional, porém, ao analisar as disposições existentes, verifica-se a ausência de abordagem explícita em relação a dados sobre gênero do ponto de vista conceitual/explicativo, pois o que o artigo 5º, inciso II, apresenta é uma listagem das categorias que são envolvidas como dados pessoais sensíveis.[12]

Segundo a doutrina,[13] a ausência de indicação expressa sobre como seriam conceituados os dados sobre gênero gera complexa zona cinzenta, pois a lei apresenta a expressão 'vida sexual', que pode levar a diferentes interpretações. Uma dessas interpretações é a de que, do ponto de vista teleológico, o rol de direitos do titular definido na LGPD incluiria tanto orientação sexual quanto identidade de gênero dentro do contexto de

---

8. BRASIL. *Constituição da República Federativa do Brasil de 1988*. Brasília. Disponível em: https://www.planalto.gov.br/ccivil_03/constituicao/constituicao.htm. Acesso em: 10 abr. 2023.
9. RODRIGUEZ, Daniel Piñeiro. *O direito fundamental à proteção de dados*: vigilância, privacidade e regulação. Rio de Janeiro: Lumen Juris, 2021, p. 181.
10. MORAES, Maria Celina Bodin de. Apresentação do autor e da obra. In: RODOTÀ, Stefano. *A vida na sociedade de vigilância*: a privacidade hoje. Trad. Danilo Doneda e Luciana Cabral Doneda. Rio de Janeiro: Renovar, 2008, p. 7.
11. WERMUTH, Maiquel Angelo Dezordi; CARDIN, Valéria Silva Galdino; MAZARO, Juliana Luiza. Tecnologias de controle e dados sensíveis: como fica a proteção da sexualidade na lei geral de proteção de dados pessoais?, *Revista Jurídica Luso-Brasileira*, ano 8, n. 3, p. 1065-1091, 2022, p. 1077. Disponível em: https://www.cidp.pt/revistas/rjlb/2022/3/2022_03_1065_1091.pdf. Acesso em: 10 abr. 2023.
12. FICO, Bernardo de Souza Dantas; NOBREGA, Henrique Meng. The Brazilian Data Protection Law for LGBTQIA+ People: Gender identity and sexual orientation as sensitive personal data. *Revista Direito e PráxisI*, Rio de Janeiro, v. 13, n. 02, 2022, p. 1262-1288, p. 1265. Disponível em: https://www.scielo.br/j/rdp/a/sjf8hNGcJs-3v9L7kf8y6GLt/abstract/?lang=pt. Acesso em: 10 abr. 2023.
13. FICO, Bernardo de Souza Dantas; NOBREGA, Henrique Meng. The Brazilian Data Protection Law for LGBTQIA+ People: Gender identity and sexual orientation as sensitive personal data. *Revista Direito e PráxisI*, Rio de Janeiro, v. 13, n. 02, 2022, p. 1262-1288, p. 1271. Disponível em: https://www.scielo.br/j/rdp/a/sjf8hNGcJs-3v9L7kf8y6GLt/abstract/?lang=pt. Acesso em: 10 abr. 2023.

'vida sexual'.[14] Por sua vez, a interpretação abrangente do termo permite que se almeje à devida proteção das questões de gênero, não negando, principalmente, o devido amparo à população LGBTQIA+, para além dos fundamentos da Constituição da República brasileira, que seriam devidamente conservados.[15]

Surge, nesse espeque, a seguinte dúvida: o rol de dados pessoais sensíveis é taxativo ou exemplificativo? Chara Spadaccini de Teffé oferece uma descrição conceitual importante para que se compreenda o escopo protetivo da LGPD em relação aos dados pessoais sensíveis:

> Mas, afinal, o que torna um dado sensível? Em sendo uma categoria em *numerus apertus*, como caracterizar um dado pessoal como sensível, se não estiver no rol legal? Pode um dado se tornar sensível a partir do tratamento realizado ou da situação concreta relacionada com o seu uso? Essas perguntas mostram-se fundamentais para o desenvolvimento de um estudo aprofundado sobre o tema. Além da análise de experiência estrangeira, entende-se relevante verificar em cada caso o potencial de a informação afetar (I) o indivíduo a quem ela diz respeito, (II) o livre desenvolvimento de sua personalidade e (III) seu tratamento em condições concretas de liberdade e igualdade. Importa salientar que a linha distintiva entre dados pessoais de caráter geral e dados sensíveis não se mostra tão nítida. Diante da dinamicidade das relações e dos diversos contextos para o processamento de dados, afirma-se que não seria possível definir antecipadamente os efeitos de um tratamento de informações nem a real sensibilidade de um dado. Por exemplo, dados que pareçam não relevantes em determinado momento, que não façam referência a alguém diretamente ou, ainda, que não sejam formalmente sensíveis, uma vez transferidos, cruzados e/ou organizados, podem resultar em dados bastante específicos sobre determinada pessoa, trazendo informações, inclusive, de caráter sensível sobre ela.[16]

Ao se considerar o repertório do artigo 5º, inciso II, da LGPD como um rol de natureza exemplificativa, e não taxativa, atribui-se realce à complexidade da personalidade humana, o que leva ao surgimento e reconhecimento de novos direitos que necessitam de proteção, como direitos da personalidade e/ou fundamentais.[17]

Para Laura Schertel Mendes, "(...) a vitalidade e a continuidade da Constituição dependem da sua capacidade de se adaptar às novas transformações sociais e históricas, possibilitando uma proteção dos cidadãos contra novas formas de poder que surgem na sociedade".[18]

---

14. Para maior aprofundamento crítico, consultar: TEFFÉ, Chiara Spadaccini de. *Dados pessoais sensíveis*: qualificação, tratamento e boas práticas. Indaiatuba: Foco, 2022, p. 115.
15. COSTA, Ramon Silva. Proteção de dados sensíveis de pessoas LGBTI+: perspectivas sobre personalidade, vulnerabilidade e não discriminação. In: BARLETTA, Fabiana Rodrigues; ALMEIDA, Vitor (Coord.). *Vulnerabilidades e suas dimensões jurídicas*. Indaiatuba: Foco, 2023, p. 659-674.
16. TEFFÉ, Chiara Spadaccini de. Art. 11 (Do Tratamento de Dados Pessoais Sensíveis). In: MARTINS, Guilherme Magalhães; LONGHI, João Victor Rozatti; FALEIROS JÚNIOR, José Luiz de Moura (Coord.). *Comentários à Lei Geral de Proteção de Dados Pessoais (Lei 13.709/2018)*. Indaiatuba: Foco, 2022, p. 129.
17. WERMUTH, Maiquel Angelo Dezordi; CARDIN, Valéria Silva Galdino; MAZARO, Juliana Luiza. Tecnologias de controle e dados sensíveis: como fica a proteção da sexualidade na lei geral de proteção de dados pessoais? *Revista Jurídica Luso-Brasileira*, ano 8, n. 3, p. 1065-1091, 2022, p. 1078. Disponível em: https://www.cidp.pt/revistas/rjlb/2022/3/2022_03_1065_1091.pdf. Acesso em: 10 abr. 2023.
18. MENDES, Laura Schertel. *Privacidade, proteção de dados e defesa do consumidor*: linhas gerais de um novo direito fundamental. São Paulo: Saraiva, 2014, p. 169.

Noutros termos, constata-se que a nova tecnologia das comunicações eletrônicas inaugurou uma nova era,[19] não sendo mais possível desconsiderar o enquadramento da proteção de dados como categoria autônoma dos direitos da personalidade (liberdade positiva), em contraste ao direito fundamental à privacidade (liberdade negativa).[20]

A ideia de direitos da personalidade, portanto, é utilizada como menção aos "atributos humanos que exigem especial proteção no campo das relações privadas, ou seja, na interação entre particulares, sem embargo de encontrarem também fundamento constitucional e proteção nos planos nacional e internacional".[21]

Para além da análise do que são dados pessoais sensíveis, verifica-se que a própria legislação indica quais são as situações que devem ocorrer para que o tratamento desses dados seja realizado em conformidade com a lei, indicando no § 1º do artigo 11, o cumprimento do estabelecido pelo artigo quando os dados pessoais foram caracterizados como sensíveis e puderem acarretar danos ao titular.[22] No mesmo sentido, o RGPD apresenta determinações mais rígidas de proteção para dados pessoais de categoria especial,[23] isso porque o Artigo 9 trata do processamento de categorias especiais de dados pessoais, sendo que no item 1 indica quais tratamentos de dados devem ser proibidos, incluindo sobre a vida sexual da pessoa ou a orientação sexual.[24]

3. DISCRIMINAÇÕES DE GÊNERO A PARTIR DO TRATAMENTO DE DADOS PESSOAIS

A sexualidade é um aspecto indissociável da condição humana e integra a humanidade de cada indivíduo, sendo parte integrante dos direitos humanos, fundamentais e da personalidade. A sexualidade pode ser compreendida como uma ideia ampla e abrangente que se refere a toda sorte de manifestação vinculada ao sexo,[25] em concepção que se espraia desde as características física do indivíduo até a percepção quanto ao seu gênero e destinação de atração sexual, e sustenta-se

---

19. BRZEZINSKI, Zbigniew K. *Between two ages*: America's role in the technetronic era. Nova Iorque: Viking Press, 1971, p. 11.
20. BIONI, Bruno Ricardo. *Proteção de dados pessoais*: a função e os limites do consentimento. Rio de Janeiro: Forense, 2019, p. 92-93.
21. SCHREIBER, Anderson. *Direitos da personalidade*. São Paulo: Atlas, 2014, p. 13.
22. BRASIL. Lei 13.709, de 14 de agosto de 2018. *Lei Geral de Proteção de Dados Pessoais (LGPD)*. Brasília. Disponível em: https://www.planalto.gov.br/ccivil_03/_ato2015-2018/2018/lei/l13709.htm. Acesso em: 10 abr. 2023.
23. INTERSOFT CONSULTING. *General Data Protection Regulation*. Disponível em: https://gdpr-info.eu/art-9-gdpr/. Acesso em: 10 abr. 2023.
24. Pontua-se que identificação de gênero é instituto diferente de orientação sexual, uma vez que esse segundo se refere a capacidade de atração emocional, afetiva ou sexual de um sujeito por outro. In: DHNET – DIREITOS HUMANOS NA INTERNET. *Princípios de Yogyakarta*: Princípios sobre a aplicação da legislação internacional de direitos humanos em relação à orientação sexual e identificação de gênero. Julho 2007, p. 9. Disponível em: http://www.dhnet.org.br/direitos/sos/gays/principios_de_yogyakarta.pdf. Acesso em: 10 abr. 2023.
25. CUNHA, Leandro Reinaldo da. A sexualidade como elemento juridicamente relevante e a necessidade de compreensão de seus aspectos básicos. *Migalhas de Direito e Sexualidade*, 26 jan. 2023. Disponível em: https://s.migalhas.com.br/S/F90ED6. Acesso em: 10 abr. 2023.

estar erigida sob quatro patamares de sustentação: sexo, gênero, orientação sexual e identidade de gênero.[26]

O primeiro pilar da sexualidade, o sexo, é definido como a conformação física ou morfológica genital constatada no instante do nascimento da pessoa, que haverá de ser consignada na Declaração de Nascido Vivo (DNV) e, ato contínuo, na Certidão de Nascimento da pessoa, atendendo, ordinariamente, ao padrão binário de homem ou mulher. Entretanto, existem um grande número de condições sexuais que não se enquadram nessa dualidade do ideal binário do homem/macho ou mulher/fêmea, caracterizando a figura da pessoa intersexo, situação que pode ser encontrada em até 2% da população mundial.[27] A questão do sexo tem sido objeto de discussão fundada na simples perspectiva de que como há a imposição de que a informação do sexo conste da certidão de nascimento há a necessidade de se afastar a percepção da binaridade que ainda faz com que muitos médicos e cartórios indiquem a realização de intervenções cirúrgicas precoces em crianças em tenra idade, o que pode se revelar extremamente traumático e perigoso.

O gênero, por sua vez, é a expressão social que se espera de quem seja homem/macho (masculino) ou mulher/fêmea (feminino) baseado em expressões socioculturais.[28] É comum ocorrer confusão entre os conceitos de gênero e sexo, mas o primeiro difere da concepção do segundo. A orientação sexual é a atração romântica e/ou sexual que uma pessoa sente por outra(s), podendo ser heterossexual, homossexual ou bissexual, por exemplo. Por fim, a identidade de gênero refere-se à vivência interna e individual do gênero tal como cada pessoa o sente, que pode corresponder ou não ao sexo atribuído no nascimento.

Embora a sexualidade seja parte integrante dos direitos humanos, fundamentais e da personalidade, é recorrente a ocorrência de equívocos na compreensão dos conceitos vinculados à sexualidade na prática, bem como com a aplicação errônea em diversos documentos oficiais, legislações e decisões judiciais, o que é preocupante.

A discriminação em razão de gênero é fato de conhecimento público, havendo inclusive análises concretas de diferenciação indevida entre os gêneros feminino e masculino, como na diferenciação de salários e questões de mercado produtivo,[29] quanto

---

26. Cf. CUNHA, Leandro Reinaldo da; CAZELATTO, Caio Eduardo Costa. Pluralismo jurídico e movimentos LGBTQIA+: do reconhecimento jurídico da liberdade de expressão sexual minoritária enquanto uma necessidade básica humana. *Revista Jurídica – Unicuritiba*, Curitiba, v. 1, n. 68, p. 486-526, mar. 2022.
27. CUNHA, Leandro Reinaldo da. A sexualidade como elemento juridicamente relevante e a necessidade de compreensão de seus aspectos básicos. *Migalhas de Direito e Sexualidade*, 26 jan. 2023. Disponível em: https://s.migalhas.com.br/S/F90ED6. Acesso em: 10 abr. 2023.
28. CUNHA, Leandro Reinaldo da. A sexualidade como elemento juridicamente relevante e a necessidade de compreensão de seus aspectos básicos. *Migalhas de Direito e Sexualidade*, 26 jan. 2023. Disponível em: https://s.migalhas.com.br/S/F90ED6. Acesso em: 10 abr. 2023.
29. SOUSA, Solange de Cassia Inforzato de; FERNANDES, Larissa da Silva; GOMES, Magno Rogério. evidências da discriminação salarial de gênero em diferentes contextos macroeconômicos no Brasil. *Revista de Economia Mackenzie*, v. 19, n. 1, p. 241-268, p. 264-265. Disponível em: http://editorarevistas.mackenzie.br/index.php/rem/article/view/15068/11415. Acesso em: 10 abr. 2023.

em relação às próprias categorias de dados de minorias LGBTQIA+, como identidade de gênero e características sexuais.[30]

Os dados pessoais podem levar a discriminações de gênero porque muitos sistemas e processos que utilizam esses dados operam com base em estereótipos de gênero e normas sociais preconcebidas sobre como homens e mulheres devem se comportar e quais são suas características.[31] Por exemplo, uma empresa pode usar dados como gênero e idade para decidir quem deve ser contratado para um determinado cargo, assumindo que homens são mais qualificados do que mulheres para certas posições ou que mulheres mais velhas têm menos capacidade de trabalhar em determinadas funções.

O direito ao nome é um direito fundamental reconhecido em diversas legislações, que garante às pessoas o direito de serem chamadas pelo nome que escolherem.[32] No entanto, a forma como os nomes são tratados em sistemas de coleta e processamento de dados pode levar a discriminações de gênero. Isso ocorre porque muitos sistemas de dados são projetados para acomodar apenas dois gêneros binários: masculino e feminino. Isso significa que, quando as pessoas são obrigadas a selecionar seu gênero em formulários ou sistemas online, elas podem ser forçadas a escolher uma das duas opções, mesmo que não se identifiquem completamente com nenhuma delas.[33]

Além disso, os nomes em si podem ser utilizados como uma forma de classificar as pessoas por gênero. Por exemplo, se um sistema de dados assume que um nome é masculino ou feminino com base em convenções sociais, ele pode estar cometendo erros ao classificar pessoas com nomes que não se encaixam nessas convenções.[34] Essas discriminações podem afetar negativamente pessoas trans e não binárias, que podem ser obrigadas a se identificar como um gênero que não corresponde à sua identidade de gênero.[35] Ainda, podem levar a distorções nos dados, afetando a precisão das estatísticas e análises feitas a partir desses dados. Portanto, é importante que os sistemas de dados

---

30. GATO, Jorge. Discriminação contra pessoas LGBTI+: uma revisão de literatura nacional e internacional. In: SALEIRO, Sandra Palma (Org.). *Estudo nacional sobre necessidades das pessoas LGBTI e sobre a discriminação em razão da orientação sexual, identidade e expressão de género e características sexuais*. Lisboa: Comissão para a cidadania e a igualdade de género, 2022. Disponível em: https://www.cig.gov.pt/wp-content/uploads/2022/05/Estudo_necessidades_pessoas_LGBTI_discrimina_orienta_sexual_id_express_genero_caractrstcs_sexuais.pdf. Acesso em: 10 abr. 2023.
31. ALMEIDA, Vitor; RAPOZO, Ian Borba. Proteção de dados pessoais, vigilância e imagem: notas sobre a discriminação fisionômica. In: EHRHARDT JÚNIOR, Marcos (Org.). *Direito Civil*: futuros possíveis. Belo Horizonte: Fórum, 2022, p. 219-250.
32. ALMEIDA, Vitor. O direito ao nome e à identidade de gênero da pessoa transexual: notas sobre o provimento 73/2018 do Conselho Nacional de Justiça. In: SANTIAGO, Maria Cristina; MENEZES, Joyceane Bezerra de; MOUTINHO, Maria Carla (Org.). *20 anos do Código Civil brasileiro*: uma (re)leitura dos institutos do direito civil sob as perspectivas de gênero e vulnerabilidade. Rio de Janeiro: Processo, 2023, p. 63-97.
33. CUNHA, Leandro Reinaldo da. Mudança de nome e sexo nos documentos de identificação das pessoas trans. *Migalhas de Direito e Sexualidade*, 23 fev. 2023. Disponível em: https://s.migalhas.com.br/S/C1CC87. Acesso em: 10 abr. 2023.
34. Comentando o exemplo do "nome social" na experiência judiciária, conferir CUNHA, Leandro Reinaldo da. O esvaziamento do preceito do nome social diante das atuais decisões dos tribunais superiores. *Revista dos Tribunais*, São Paulo, n. 1011, p. 67-81, 2020, p. 69.
35. CUNHA, Leandro Reinaldo da. Do dever de especial proteção dos dados de transgêneros. *Revista Direito e Sexualidade*, Salvador, v. 2, n. 2, p. 213-231, jul./dez. 2021, p. 225-228.

sejam projetados de maneira inclusiva, permitindo que as pessoas se identifiquem da maneira que desejarem e que seus nomes sejam tratados com respeito e precisão.

Além disso, dados pessoais podem ser utilizados para criar perfis de indivíduos e direcionar anúncios, ofertas de emprego e serviços com base em suas características de gênero.[36] Por exemplo, uma plataforma de publicidade pode segmentar anúncios para mulheres com base em sua idade, assumindo que mulheres mais jovens preferem produtos de beleza e moda, enquanto mulheres mais velhas preferem produtos de limpeza doméstica. Essa prática pode limitar as oportunidades de emprego e acesso a serviços para indivíduos com base em estereótipos de gênero e perpetuar a discriminação.

Outro exemplo de como os dados pessoais podem levar à discriminação de gênero é a utilização de informações sobre o estado civil e a maternidade para negar oportunidades de emprego ou promoções para mulheres. Isso ocorre porque a sociedade muitas vezes espera que as mulheres sejam as principais cuidadoras dos filhos e da casa, o que pode levar a preconceitos em relação à sua capacidade de trabalhar e progredir na carreira.

Esses exemplos ilustram como a coleta, o processamento e o uso de dados pessoais podem levar à discriminação de gênero e perpetuar desigualdades na sociedade. Se não é possível vislumbrar, antecipadamente, todas as consequências do implemento da técnica na sociedade da informação, ao menos é possível compreender alguns de seus problemas – já existentes – para que eventual mapeamento de riscos propicie a parametrização de estruturas de proteção que congreguem inovação e regulação em esperada harmonia. Nesse sentido, busca-se responder à seguinte indagação: quais são os limites que os direitos humanos podem impor para o enfrentamento de questões que envolvam a discriminação algorítmica na tutela de situações jurídicas existenciais na Internet?

É importante destacar que existem alguns mecanismos que podem ajudar a mitigar a discriminação de gênero em contextos nos quais dados pessoais sobre gênero são tratados. Alguns exemplos incluem:

(i) Minimizar a coleta de dados: uma maneira de mitigar a discriminação de gênero é minimizar a quantidade de dados pessoais coletados em primeiro lugar. Isso pode ser feito por meio da implementação de medidas de privacidade de dados, como o uso de dados anonimizados ou agregados em vez de dados identificáveis individualmente;

(ii) Incorporação da diversidade: outra maneira de mitigar a discriminação de gênero é garantir que as equipes responsáveis pelo tratamento dos dados sejam diversas e incluam mulheres e pessoas de diferentes gêneros. Isso pode ajudar a garantir que diferentes perspectivas e experiências sejam consideradas no processo de análise de dados;

(iii) Desenvolvimento de algoritmos justos: ao desenvolver algoritmos que usam dados pessoais, é importante garantir que esses algoritmos sejam justos e não discrimi-

---

36. COSTA, Ramon Silva. Personalidade Hackeada: Considerações sobre proteção de dados pessoais sensíveis, vigilância digital e discriminação. In: TEFFÉ, Chiara Spadaccini de; BRANCO, Sergio (Org.). *Proteção de Dados e Tecnologia*. Rio de Janeiro: Instituto de Tecnologia e Sociedade do Rio de Janeiro; ITS/Obliq, 2022, v. 1, p. 52-78.

nem com base em gênero.[37] Isso pode ser feito por meio da implementação de técnicas de mitigação de viés, como a utilização de dados balanceados ou a aplicação de modelos de aprendizado de máquina que levem em conta a igualdade de oportunidades;

(iv) Transparência e responsabilidade: é importante garantir que as organizações responsáveis pelo tratamento de dados pessoais sejam transparentes sobre como esses dados são usados e protegidos, além de assumirem a responsabilidade por quaisquer efeitos discriminatórios que possam surgir do uso desses dados.

Esses são apenas alguns exemplos de mecanismos que podem ser usados para mitigar a discriminação de gênero em contextos nos quais dados pessoais sobre gênero são tratados. Cada situação pode exigir abordagens diferentes, e é importante avaliar cuidadosamente o contexto específico antes de implementar qualquer medida. É importante que as empresas, governos e outras organizações sejam conscientes dessas questões e trabalhem para garantir a igualdade de oportunidades e tratamento para todos, independentemente de sua identidade de gênero. Isso pode incluir a implementação de políticas de privacidade robustas e a promoção da diversidade e inclusão em todas as áreas.

4. INCIDENTES DE SEGURANÇA COM DADOS PESSOAIS RELATIVOS A GÊNERO E A RESPONSABILIZAÇÃO DOS AGENTES DE TRATAMENTO

Como anotam Gustavo Tepedino e Rodrigo da Guia Silva, "não parece aconselhável o abandono das formulações desenvolvidas historicamente para a conformação da responsabilidade civil tal como hoje conhecida".[38] Vale lembrar, citando Caitlin Mulholland, que, "para que uma pessoa seja obrigada a reparar um dano injusto, é fundamental que ela tenha a autonomia de atuação, isto é, tenha a capacidade de reconhecer a licitude ou ilicitude de sua conduta e, ao mesmo tempo, a habitualidade de identificar e prever a potencialidade danosa desta".[39]

---

37. Interessante exemplo é o do aplicativo "Grindr", assim analisado por Eder Monica e Ramon Silva Costa: "A rede conta com um panorama sociocultural das identidades, performances e representações de si dos usuários, que estão marcados pelas construções sociais acerca do masculino. Dessa forma, as ferramentas digitais criam deslocamentos e instabilidades nas fronteiras assumidas entre os gêneros e as sexualidades, sendo um aspecto notório desse processo o anonimato permitido pelos aplicativos que atrai muitos homens que se definem como "sigilosos" ou "discretos"". MONICA, Eder Fernandes; COSTA, Ramon Silva. Privacidade, liberdade sexual e sigilo: sentidos de liberdade no aplicativo Grindr. *Interfaces Científicas*, Aracaju, v. 8, n. 2, p. 9-116, mar. 2020, p. 110.
38. TEPEDINO, Gustavo; SILVA, Rodrigo da Guia. Desafios da Inteligência Artificial em matéria de responsabilidade civil. *Revista Brasileira de Direito Civil*, Belo Horizonte, v. 21, p. 61-86, jul./set. 2019. p. 85-86. E complementam: "Se é verdade que as novas tecnologias impõem renovados desafios, o direito civil mostra-se apto a oferecer as respostas adequadas a partir de seus próprios fundamentos teóricos. Oxalá possa o encanto pelas novas discussões envolvendo robôs e sistemas autônomos atuar como subsídio para a sempre necessária renovação do interesse no aperfeiçoamento dos estudos sobre a responsabilidade civil, sem que se recorra, mediante o atalho mais fácil – embora por vezes desastroso – ao anúncio de novos paradigmas que, descomprometidos com o sistema, justifiquem soluções casuísticas, em constrangedora incompatibilidade com a segurança jurídica oferecida pela dogmática do direito civil na legalidade constitucional".
39. MULHOLLAND, Caitlin. Responsabilidade civil e processos decisórios autônomos em sistemas de Inteligência Artificial (IA): autonomia, imputabilidade e responsabilidade. In: FRAZÃO, Ana; MULHOLLAND, Caitlin (Coord.). *Inteligência Artificial e Direito*: ética, regulação e responsabilidade. São Paulo: Thomson Reuters Brasil, 2019. p. 332.

Se a atribuição de personalidade jurídica a robôs não é solução viável, ou mesmo definitiva, cogita-se, noutro polo do espectro de possibilidades, do potencial dos seguros obrigatórios,[40] que seriam medidas de precaução decorrentes "da noção de solidariedade social conferida à responsabilidade civil na atualidade em decorrência do desenvolvimento tecnológico".[41]

O debate, então passa a se concentrar na parametrização de deveres, especialmente no contexto delimitado pelos princípios da prevenção e da precaução, bem como de outros, como reversibilidade, segurança e responsabilidade.[42] Entretanto, a responsabilidade civil não basta para solucionar todas as contingências decorrentes do implemento desses algoritmos em mercados complexos e datificados.[43]

Para suplantar qualquer desdobramento capaz de acarretar regresso, especialmente quanto à proteção jurídica que se deve conferir aos direitos humanos,[44] caminhos devem ser mapeados para conciliar inovação e regulação. O pluralismo jurídico global surge, nesse aspecto, como vetor da função promocional dos direitos humanos,[45] abrindo espaços à tutela subjacente-valorativa da pessoa, mesmo em um ambiente permeado pela disrupção tecnológica.

O atingimento desse desiderato, na esteira do que defende Gustavo Zagrebelsky, somente ocorrerá se determinadas condicionantes estruturais se fizerem presentes, inclusive para que delas se extraia o próprio direito de existir na perspectiva de gênero,[46] das quais a "*ductibilidade*" (maleabilidade) dos ordenamentos jurídicos constitucionais é a mais relevante, pois propicia o pacifismo e a integração democrática "através da rede

---

40. MEDON, Filipe. Seguros de responsabilidade civil como alternativa aos danos causados pela Inteligência Artificial. In: GOLDBERG, Ilan; JUNQUEIRA, Thiago (Coord.). *Temas atuais de direito dos seguros*. São Paulo: Thomson Reuters Brasil, 2020, t. I. p. 197-213.
41. BORJES, Isabel Cristina Porto; GOMES, Taís Ferraz; ENGELMANN, Wilson. *Responsabilidade civil e nanotecnologias*. São Paulo: Atlas, 2014. p. 127.
42. BARBOSA, Mafalda Miranda. Inteligência artificial, *e-persons* e direito: desafios e perspectivas. *Revista Jurídica Luso-Brasileira*, Lisboa, ano 3, n. 6, p. 1475-1503, 2017. p. 1501-1502.
43. COSTA, Ramon Silva; KREMER, Bianca. Inteligência artificial e discriminação: desafios e perspectivas para a proteção de grupos vulneráveis diante das tecnologias de reconhecimento facial. *Revista Brasileira de Direitos Fundamentais & Justiça*, Belo Horizonte, v. 1, p. 145-167, 2022.
44. José de Oliveira Ascensão aduz que os direitos do homem (direitos humanos, em sentido amplo), quando positivados em documentos internacionais de proteção e promoção da pessoa humana são considerados direitos humanos; quando positivados nas Cartas Constitucionais são considerados direitos fundamentais; e quando positivados na legislação civil são direitos de personalidade. ASCENSÃO, José de Oliveira. A dignidade da pessoa e o fundamento dos direitos humanos. *Revista da Faculdade de Direito da Universidade de São Paulo*, São Paulo, v. 103, p. 277-299, jan./dez., 2008. p. 278.
45. Conferir, por todos, SARLET, Ingo Wolfgang. *A eficácia dos direitos fundamentais*: uma teoria geral dos direitos fundamentais na perspectiva constitucional. 10. ed. Porto Alegre: Livraria do Advogado, 2010. p. 79; HUNT, Lynn. *A invenção dos direitos humanos*: uma história. Tradução de Rosaura Eichenberg. São Paulo: Cia. das Letras, 2009. p. 113-145; COMPARATO, Fábio Konder. *A afirmação histórica dos direitos humanos*. 7. ed. São Paulo: Saraiva, 2010. p. 91-92; RECASÉNS SICHES, Luis. *Filosofia del derecho*. México: Porrúa, 2008. p. 1-19.
46. DALSENTER, Thamis; ALMEIDA, Vitor. O direito de existir da pessoa transexual: corpo, identidade e recomeços. In: TEIXEIRA, Ana Carolina Brochado; MENEZES, Joyceane Bezerra de (Coord.). *Gênero, vulnerabilidades e autonomia*: repercussões jurídicas. 2. ed. Indaiatuba: Foco, 2021, p. 305-322.

de valores e procedimentos comunicativos que é, ademais, a única visão possível e não catastrófica da política em nosso tempo".[47]

Nesse contexto, segundo Jorge Pereira da Silva:

> O desiderato a se atingir é o de que o poder de intervenção estatal e a liberdade dos cidadãos se equilibrem de modo a garantir ao indivíduo tanta protecção quanto a necessária, mas também tanta liberdade pessoal quanto seja possível. Por isso, segundo a denominada concepção pessoal do bem jurídico, tem-se entendido que integram este conceito aquelas "realidades ou fins que são necessários para uma vida social livre e segura, que garantam os direitos humanos e fundamentais do indivíduo, assim como para o funcionamento do sistema estatal erigido para a consecução de tal objectivo. Não que, com esta referência, se pretenda induzir à importação acrítica para o direito constitucional dos resultados (nem sempre pacíficos) atingidos pela doutrina penalista sobre a teoria do bem jurídico – até porque a protecção penal é apenas uma modalidade, entre várias outras, de protecção de direitos fundamentais –, mas é importante reconhecer que a multifuncionalidade dos direitos fundamentais implica uma atenção redobrada ao conceito de bem jusfundamental e a sua colocação no centro do processo construtivo dos *conglomerados jurídicos* usualmente designados por direitos fundamentais.[48]

Em um universo no qual a predição algorítmica está presente de forma tão marcante, nichos de aglutinação de poder desenvolvem ambientes menos seguros à proteção dos direitos humanos. Nesse sentido, Shoshana Zuboff fala na instrumentação e instrumentalização do comportamento para fins de modificação, previsão, monetização e controle ao propor o termo "instrumentarismo" ("*instrumentarianism*"),[49] que simboliza o epítome do que a própria autora designa como capitalismo de vigilância. O poder instrumentário, em seus dizeres, realiza a expropriação da experiência humana como um imperativo econômico, processando decisivamente a redistribuição dos direitos humanos elementares dos indivíduos para o capital.

No Brasil, o que guiou a promulgação da Lei Geral de Proteção de Dados Pessoais foi justamente esse "núcleo duro" de parâmetros extraídos de uma compreensão mais ampla do direito à privacidade,[50] previstos no texto legal como fundamentos, em seu

---

47. ZAGREBELSKY, Gustavo. *El derecho dúctil*. Ley, derechos y justicia. Tradução do italiano para o espanhol de Marina Gascón. Madri: Trotta, 1995. p. 15, tradução livre. No original: "a través de la red de valores y procedimientos comunicativos que es además la única visión no catastrófica de la política posible en nuestro tiempo".
48. SILVA, Jorge Pereira da. *Deveres do Estado de protecção de direitos fundamentais*: fundamentação e estrutura das relações jusfundamentais triangulares. 3. ed. Lisboa: Universidade Católica Editora, 2015. p. 354.
49. ZUBOFF, Shoshana. "We make them dance": surveillance capitalism, the rise of instrumentarian power, and the threat to human rights. In: JØRGENSEN, Rikke Frank (Ed.). *Human rights in the age of platforms*. Cambridge: The MIT Press, 2019. p. 28. A autora explica: "As to the new species of power, I have suggested that it is best understood as *instrumentarianism*, defined as the *instrumentation and instrumentalization of behavior for the purposes of modification, prediction, monetization and control*. In this formulation, "instrumentation" refers to the ubiquitous, sensate, computational, actuating global architecture that renders, monitors, computes, and modifies human behavior. Surveillance capitalism is the puppet master that imposes its will through the vast capabilities of this connected puppet to produce instrumentarian power, replacing the engineering of souls with the engineering of behavior".
50. TRSTENJAK, Verica. General report: The influence of human rights and basic rights in private law. In: TRSTENJAK, Verica; WEINGERL, Petra (Ed.). *The influence of human rights in private law*. Cham: Springer, 2016. p. 48. "The right to privacy functions as a 'window' to the constitutional rights, which protects the private and personal sphere of an individual, e.g., dignity, free development of personality, religious freedom, privacy and data protection".

artigo 2º, e que atuam como vetores axiológicos para os direitos (e deveres) descritos noutras passagens da lei e, também, para a atuação posterior do Estado, no exercício de seu poder regulatório.

Destaca-se a redação do inciso VII do artigo 2º da LGPD: "A disciplina da proteção de dados pessoais tem como fundamentos: (...) VII – os direitos humanos, o livre desenvolvimento da personalidade, a dignidade e o exercício da cidadania pelas pessoas naturais". Sobre o tema, Bárbara Dayana Brasil destaca que "a proteção dos dados pessoais assume especial relevância, tendo em vista o modo como se procede a sua coleta, tratamento e processamento, assim como, a própria utilização dos dados".[51]

A responsabilidade civil é um importante mecanismo legal para prevenir e combater a discriminação de gênero decorrente do tratamento de dados pessoais sobre gênero. A responsabilidade civil implica que a pessoa ou a empresa que coleta, processa ou utiliza dados pessoais sobre gênero de forma discriminatória pode ser responsabilizada por danos e prejuízos causados à vítima da discriminação.

Isso significa que, caso a discriminação de gênero seja identificada em uma empresa que trata dados pessoais, a vítima pode recorrer à Justiça para buscar reparação pelos danos sofridos. Além disso, a responsabilidade civil também pode ter um caráter dissuasório, ou seja, pode incentivar a empresa a adotar práticas mais responsáveis e justas no tratamento de dados pessoais sobre gênero.[52] A definição de categorias merecedoras de maior proteção, como a dos dados pessoais adjetivados como "sensíveis" (art. 5º, II, da LGPD) é evidência sólida dessa preocupação do legislador. Outra evidência disso é estruturação de revisões das decisões automatizadas (art. 20, da LGPD), que devem ser realizadas por agentes humanos. Se a proteção insuficiente não pode ser admitida, sob pena de flagrante violação ao citado fundamento da lei, deve-se estruturar mecanismos de controle que atuem como freios aos desideratos que afastem os humanos de sua essência.[53]

Almeja-se, sim, a maior proteção ao "ser humano existencial",[54] concebido a partir da proteção de experiências individuais que tenham uma projeção útil para o próprio titular e para a coletividade. É nesse contexto que se colhe o maior valor da delimitação de fundamentos normativos nos dispositivos introdutórios da norma. Postulados instituídos com tal cariz atuam para além da lei especificamente considerada e inspiram o

---

51. BRASIL, Bárbara Dayana. Os direitos humanos como fundamento da proteção de dados pessoais na Lei Geral de Proteção de Dados brasileira. In: CRAVO, Daniela Copetti; JOBIM, Eduardo; FALEIROS JÚNIOR, José Luiz de Moura (Coord.). *Direito público e tecnologia*. Indaiatuba: Foco, 2022, p. 54.
52. Cf. COSTA, Ramon Silva; OLIVEIRA, Samuel Rodrigues de. Os direitos da personalidade frente à sociedade de vigilância: privacidade, proteção de dados pessoais e consentimento nas redes sociais. *Revista Brasileira de Direito Civil em Perspectiva*, Belém, v. 5, n. 2, p. 22-41, jul./dez. 2019.
53. MOYN, Samuel. *Not enough*: human rights in an unequal world. Cambridge: Harvard University Press, 2018. p. 220. O autor assevera: "Human rights will return to their defensible importance only as soon as humanity saves itself from its low ambitions. If it does, for the sake of local and global welfare, sufficiency and equality can again become powerful companions, both in our moral lives and in our political enterprises".
54. Comumente utiliza-se o termo "homem existencial", entretanto verifica-se a necessidade de utilização de um termo que ultrapasse a dicotomia homem/mulher atentando-se a importância e valorização do tema.

ordenamento como um todo. Quando há a violação de direitos devido ao tratamento inadequado de dados pessoais de gênero, é importante que haja uma responsabilização dos responsáveis por essa violação.[55] Isso pode ser feito através de mecanismos como a responsabilidade civil, que permite que as pessoas afetadas por essa violação sejam indenizadas pelos danos sofridos.

Além disso, a responsabilidade também pode ser uma forma de prevenção de futuras violações. Quando empresas e organizações se tornam responsáveis por suas ações, elas têm um incentivo para tomar medidas para evitar violações de direitos no futuro. Nesse sentido, é importante que o direito e as discussões sobre sexualidade e gênero considerem a responsabilidade como um instrumento para a promoção de direitos e a prevenção da discriminação.

5. CONSIDERAÇÕES FINAIS

Nos últimos anos, a compreensão sobre gênero tem se expandido e aprofundado, superando a dicotomia binária de homem e mulher e reconhecendo a influência da cultura na identidade de gênero. Isso é evidenciado pelos Princípios de Yogyakarta, que destacam a identidade de gênero como uma experiência individual e profundamente sentida. Nesse contexto, a Lei Geral de Proteção de Dados Pessoais ganha importância, pois busca garantir a proteção dos dados pessoais em um mundo cada vez mais conectado e digital.

Embora a legislação brasileira reconheça a diferenciação entre dados pessoais gerais e sensíveis, ainda há dúvidas sobre o escopo de proteção garantido aos dados pessoais sensíveis sobre gênero, às consequências das discriminações de gênero a partir do tratamento de dados pessoais e à responsabilização dos agentes de tratamento.

Para mitigar a discriminação de gênero em contextos nos quais dados pessoais sobre gênero são tratados, é possível minimizar a quantidade de dados coletados e implementar medidas de privacidade de dados, como o uso de dados anonimizados ou agregados em vez de dados identificáveis individualmente. Também é importante garantir que as equipes responsáveis pelo tratamento dos dados sejam diversas e incluam mulheres e pessoas de diferentes gêneros, de forma que diferentes perspectivas e experiências sejam consideradas no processo de análise de dados.

Além disso, é crucial desenvolver algoritmos justos que não discriminem com base em gênero, implementando técnicas de mitigação de viés, como a utilização de dados balanceados ou a aplicação de modelos de aprendizado de máquina que levem em conta

---

55. COSTA, Ramon Silva; PESSÔA, Júlia. Apresentação do dossiê: Relações de gênero e sexualidade na cibercultura: sociabilidades, redes digitais e dissidências. *CSOnline – Revista Eletrônica de Ciências Sociais*, Juiz de Fora, v. 31, p. 241-248, 2020, p. 241. Comentam: "Nossas possibilidades de comunicação e interação foram potencialmente e exponencialmente redimensionadas pelo avanço das mais diversas tecnologias digitais. Isso não quer dizer que ultrapassamos ou abandonamos nossa socialização em meios físicos, mas de fato já superamos uma discussão dicotômica sobre real e virtual e alcançamos uma realidade em que o progresso tecnológico perpassa substancialmente nossas esferas pública e privada, gerando alcances e efeitos distintos, de acordo com o cenário sociocultural e até mesmo com a experiência individual ou coletiva das pessoas".

a igualdade de oportunidades. Por fim, as organizações responsáveis pelo tratamento de dados pessoais devem ser transparentes sobre como esses dados são usados e protegidos, assumindo a responsabilidade por quaisquer efeitos discriminatórios que possam surgir do uso desses dados.

Em resumo, a compreensão sobre gênero está em constante evolução e se relaciona com as transformações sociais e econômicas mundiais. A proteção dos dados pessoais é um direito fundamental expresso na Constituição brasileira, e a Lei Geral de Proteção de Dados Pessoais é importante para garantir essa proteção em um mundo cada vez mais digital. Para mitigar a discriminação de gênero no tratamento de dados pessoais, é possível minimizar a coleta de dados, incorporar a diversidade nas equipes de tratamento de dados, desenvolver algoritmos justos e garantir transparência e responsabilidade das organizações responsáveis pelo tratamento desses dados.

Caso a discriminação de gênero seja identificada em uma empresa que lida com dados pessoais, a vítima tem o direito de buscar reparação pelos danos sofridos na Justiça. A responsabilidade civil também pode ser usada como um meio de dissuadir a empresa de adotar práticas discriminatórias e encorajá-la a adotar práticas mais justas e responsáveis no tratamento de dados pessoais sobre gênero. A legislação brasileira se preocupa com a proteção dos dados pessoais sensíveis, incluindo informações de gênero, e exige que revisões de decisões automatizadas sejam realizadas por agentes humanos. A proteção dos direitos humanos é um valor fundamental da lei e mecanismos de controle devem ser estabelecidos para impedir violações. A proteção dos indivíduos é essencial para a proteção da coletividade e é importante que as empresas sejam responsabilizadas por violações de direitos através de mecanismos como a responsabilidade civil. Além disso, a responsabilidade civil pode ser um incentivo para as empresas tomarem medidas para evitar violações de direitos no futuro. Em suma, a responsabilidade é um instrumento importante para a promoção dos direitos humanos e a prevenção da discriminação relacionada à sexualidade e ao gênero.

REFERÊNCIAS

ALMEIDA, Vitor. O direito ao nome e à identidade de gênero da pessoa transexual: notas sobre o provimento 73/2018 do Conselho Nacional de Justiça. In: SANTIAGO, Maria Cristina; MENEZES, Joyceane Bezerra de; MOUTINHO, Maria Carla (Org.). *20 anos do Código Civil brasileiro*: uma (re)leitura dos institutos do direito civil sob as perspectivas de gênero e vulnerabilidade. Rio de Janeiro: Processo, 2023.

ALMEIDA, Vitor; RAPOZO, Ian Borba. Proteção de dados pessoais, vigilância e imagem: notas sobre a discriminação fisionômica. In: EHRHARDT JÚNIOR, Marcos (Org.). *Direito Civil*: futuros possíveis. Belo Horizonte: Fórum, 2022.

ARAÚJO. Dhyego Câmara de. Heteronormatividade jurídica e as identidades LGBTI sob suspeita. *Revista Direito & Práxis*, Rio de Janeiro, v. 9, n. 2, p. 640-662, 2018.

ASCENSÃO, José de Oliveira. A dignidade da pessoa e o fundamento dos direitos humanos. *Revista da Faculdade de Direito da Universidade de São Paulo*, São Paulo, v. 103, p. 277-299, jan./dez. 2008.

BARBOSA, Mafalda Miranda. Inteligência artificial, *e-persons* e direito: desafios e perspectivas. *Revista Jurídica Luso-Brasileira*, Lisboa, ano 3, n. 6, p. 1475-1503, 2017.

BEAUVOIR, Simone de. *O segundo sexo*: fatos e mitos. 4. ed. Trad. Sérgio Milliet. São Paulo: Difusão Europeia do Livro, 1970. v. 1.

BUTLER, Judith. *Problemas de gênero*: feminismo e subversão da identidade. Trad. Renato Aguiar. Rio de Janeiro: Civilização Brasileira, 2003.

BIONI, Bruno Ricardo. *Proteção de dados pessoais*: a função e os limites do consentimento. Rio de Janeiro: Forense, 2019.

BORJES, Isabel Cristina Porto; GOMES, Taís Ferraz; ENGELMANN, Wilson. *Responsabilidade civil e nanotecnologias*. São Paulo: Atlas, 2014.

BRASIL, Bárbara Dayana. Os direitos humanos como fundamento da proteção de dados pessoais na Lei Geral de Proteção de Dados brasileira. In: CRAVO, Daniela Copetti; JOBIM, Eduardo; FALEIROS JÚNIOR, José Luiz de Moura (Coord.). *Direito público e tecnologia*. Indaiatuba: Foco, 2022.

BRASIL. Constituição da República Federativa do Brasil de 1988. Brasília. Disponível em: https://www.planalto.gov.br/ccivil_03/constituicao/constituicao.htm. Acesso em: 10 abr. 2023.

BRASIL. Lei 13.709, de 14 de agosto de 2018. Lei Geral de Proteção de Dados Pessoais (LGPD). Brasília. Disponível em: https://www.planalto.gov.br/ccivil_03/_ato2015-2018/2018/lei/l13709.htmhttps://www.planalto.gov.br/ccivil_03/_ato2015-2018/2018/lei/l13709.htm. Acesso em: 10 abr. 2023.

BRZEZINSKI, Zbigniew K. *Between two ages*: America's role in the technetronic era. Nova Iorque: Viking Press, 1971.

COMPARATO, Fábio Konder. *A afirmação histórica dos direitos humanos*. 7. ed. São Paulo: Saraiva, 2010.

COSTA, Ramon Silva. Personalidade Hackeada: Considerações sobre proteção de dados pessoais sensíveis, vigilância digital e discriminação. In: TEFFÉ, Chiara Spadaccini de; BRANCO, Sergio (Org.). *Proteção de Dados e Tecnologia*. Rio de Janeiro: Instituto de Tecnologia e Sociedade do Rio de Janeiro; ITS/Obliq, 2022. v. 1.

COSTA, Ramon Silva. Proteção de dados sensíveis de pessoas LGBTI+: perspectivas sobre personalidade, vulnerabilidade e não discriminação. In: BARLETTA, Fabiana Rodrigues; ALMEIDA, Vitor (Coord.). *Vulnerabilidades e suas dimensões jurídicas*. Indaiatuba: Foco, 2023.

COSTA, Ramon Silva; KREMER, Bianca. Inteligência artificial e discriminação: desafios e perspectivas para a proteção de grupos vulneráveis diante das tecnologias de reconhecimento facial. *Revista Brasileira de Direitos Fundamentais & Justiça*, Belo Horizonte, v. 1, p. 145-167, 2022.

COSTA, Ramon Silva; OLIVEIRA, Samuel Rodrigues de. Os direitos da personalidade frente à sociedade de vigilância: privacidade, proteção de dados pessoais e consentimento nas redes sociais. *Revista Brasileira de Direito Civil em Perspectiva*, Belém, v. 5, n. 2, p. 22-41, jul./dez. 2019.

COSTA, Ramon Silva; PESSÔA, Júlia. Apresentação do dossiê: Relações de gênero e sexualidade na cibercultura: sociabilidades, redes digitais e dissidências. *CSOnline – Revista Eletrônica de Ciências Sociais*, Juiz de Fora, v. 31, p. 241-248, 2020.

CUNHA, Leandro Reinaldo da. A sexualidade como elemento juridicamente relevante e a necessidade de compreensão de seus aspectos básicos. *Migalhas de Direito e Sexualidade*, 26 jan. 2023. Disponível em: https://s.migalhas.com.br/S/F90ED6. Acesso em: 10 abr. 2023.

CUNHA, Leandro Reinaldo da. A sexualidade como elemento juridicamente relevante e a necessidade de compreensão de seus aspectos básicos. *Migalhas de Direito e Sexualidade*, 26 jan. 2023. Disponível em: https://s.migalhas.com.br/S/F90ED6. Acesso em: 10 abr. 2023.

CUNHA, Leandro Reinaldo da. A sexualidade como elemento juridicamente relevante e a necessidade de compreensão de seus aspectos básicos. *Migalhas de Direito e Sexualidade*, 26 jan. 2023. Disponível em: https://s.migalhas.com.br/S/F90ED6. Acesso em: 10 abr. 2023.

CUNHA, Leandro Reinaldo da. Do dever de especial proteção dos dados de transgêneros. *Revista Direito e Sexualidade*, Salvador, v. 2, n. 2, p. 213-231, jul./dez. 2021.

CUNHA, Leandro Reinaldo da. Mudança de nome e sexo nos documentos de identificação das pessoas trans. *Migalhas de Direito e Sexualidade*, 23 fev. 2023. Disponível em: https://s.migalhas.com.br/S/C1CC87. Acesso em: 10 abr. 2023.

CUNHA, Leandro Reinaldo da. O esvaziamento do preceito do nome social diante das atuais decisões dos tribunais superiores. *Revista dos Tribunais*, São Paulo, n. 1011, p. 67-81, 2020.

CUNHA, Leandro Reinaldo da; CAZELATTO, Caio Eduardo Costa. Pluralismo jurídico e movimentos LGBTQIA+: do reconhecimento jurídico da liberdade de expressão sexual minoritária enquanto uma necessidade básica humana. *Revista Jurídica – Unicuritiba*, Curitiba, v. 1, n. 68, p. 486-526, mar. 2022.

DALSENTER, Thamis; ALMEIDA, Vitor. O direito de existir da pessoa transexual: corpo, identidade e recomeços. In: TEIXEIRA, Ana Carolina Brochado; MENEZES, Joyceane Bezerra de (Coord.). *Gênero, vulnerabilidades e autonomia*: repercussões jurídicas. 2. ed. Indaiatuba: Foco, 2021.

DHNET – DIREITOS HUMANOS NA INTERNET. *Princípios de Yogyakarta*: Princípios sobre a aplicação da legislação internacional de direitos humanos em relação à orientação sexual e identificação de gênero. Julho 2007. Disponível em: http://www.dhnet.org.br/direitos/sos/gays/principios_de_yogyakarta.pdf. Acesso em: 10 abr. 2023.

FICO, Bernardo de Souza Dantas; NOBREGA, Henrique Meng. The Brazilian Data Protection Law for LGBTQIA+ People: Gender identity and sexual orientation as sensitive personal data. *Revista Direito e PráxisI*, Rio de Janeiro, v. 13, n. 02, 2022, p. 1262-1288. Disponível em: https://www.scielo.br/j/rdp/a/sjf8hNGcJs3v9L7kf8y6GLt/abstract/?lang=pt. Acesso em: 10 abr. 2023.

GATO, Jorge. Discriminação contra pessoas LGBTI+: uma revisão de literatura nacional e internacional. In: SALEIRO, Sandra Palma (Org.). *Estudo nacional sobre necessidades das pessoas LGBTI e sobre a discriminação em razão da orientação sexual, identidade e expressão de gênero e características sexuais*. Lisboa: Comissão para a cidadania e a igualdade de género, 2022. Disponível em: https://www.cig.gov.pt/wp-content/uploads/2022/05/Estudo_necessidades_pessoas_LGBTI_discrimina_orienta_sexual_id_express_genero_caractrstcs_sexuais.pdf. Acesso em: 10 abr. 2023.

HUNT, Lynn. *A invenção dos direitos humanos*: uma história. Trad. Rosaura Eichenberg. São Paulo: Cia. das Letras, 2009.

INTERSOFT CONSULTING. *General Data Protection Regulation*. Disponível em: https://gdpr-info.eu/art-4-gdpr/. Acesso em: 10 abr. 2023.

LUGONES, María. Colonialidad y Género. *Tabula Rasa*, Bogotá, n. 9, p. 73-102, dez. 2008.

MEDON, Filipe. Seguros de responsabilidade civil como alternativa aos danos causados pela Inteligência Artificial. In: GOLDBERG, Ilan; JUNQUEIRA, Thiago (Coord.). *Temas atuais de direito dos seguros*. São Paulo: Thomson Reuters Brasil, 2020. t. I.

MENDES, Laura Schertel. *Privacidade, proteção de dados e defesa do consumidor*: linhas gerais de um novo direito fundamental. São Paulo: Saraiva, 2014.

MONICA, Eder Fernandes; COSTA, Ramon Silva. Privacidade, liberdade sexual e sigilo: sentidos de liberdade no aplicativo Grindr. *Interfaces Científicas*, Aracaju, v. 8, n. 2, p. 9-116, mar. 2020.

MORAES, Maria Celina Bodin de. Apresentação do autor e da obra. In: RODOTÀ, Stefano. *A vida na sociedade de vigilância*: a privacidade hoje. Trad. Danilo Doneda e Luciana Cabral Doneda. Rio de Janeiro: Renovar, 2008.

MOYN, Samuel. *Not enough*: human rights in an unequal world. Cambridge: Harvard University Press, 2018.

MULHOLLAND, Caitlin. Responsabilidade civil e processos decisórios autônomos em sistemas de Inteligência Artificial (IA): autonomia, imputabilidade e responsabilidade. In: FRAZÃO, Ana; MULHOLLAND, Caitlin (Coord.). *Inteligência Artificial e Direito*: ética, regulação e responsabilidade. São Paulo: Thomson Reuters Brasil, 2019.

RECASÉNS SICHES, Luis. *Filosofia del derecho*. México: Porrúa, 2008.

RODRIGUEZ, Daniel Piñeiro. *O direito fundamental à proteção de dados*: vigilância, privacidade e regulação. Rio de Janeiro: Lumen Juris, 2021.

SARLET, Ingo Wolfgang. *A eficácia dos direitos fundamentais*: uma teoria geral dos direitos fundamentais na perspectiva constitucional. 10. ed. Porto Alegre: Livraria do Advogado, 2010.

SCHREIBER, Anderson. *Direitos da personalidade*. São Paulo: Atlas, 2014.

SILVA, Jorge Pereira da. *Deveres do Estado de protecção de direitos fundamentais*: fundamentação e estrutura das relações jusfundamentais triangulares. 3. ed. Lisboa: Universidade Católica Editora, 2015.

SOUSA, Solange de Cassia Inforzato de; FERNANDES, Larissa da Silva; GOMES, Magno Rogério. evidências da discriminação salarial de gênero em diferentes contextos macroeconômicos no Brasil. *Revista de Economia Mackenzie*, v. 19, n. 1, p. 241-268, p. 264-265. Disponível em: http://editorarevistas.mackenzie.br/index.php/rem/article/view/15068/11415. Acesso em: 10 abr. 2023.

TEFFÉ, Chiara Spadaccini de. Art. 11 (Do Tratamento de Dados Pessoais Sensíveis). In: MARTINS, Guilherme Magalhães; LONGHI, João Victor Rozatti; FALEIROS JÚNIOR, José Luiz de Moura (Coord.). *Comentários à Lei Geral de Proteção de Dados Pessoais (Lei 13.709/2018)*. Indaiatuba: Foco, 2022.

TEFFÉ, Chiara Spadaccini de. *Dados pessoais sensíveis*: qualificação, tratamento e boas práticas. Indaiatuba: Foco, 2022.

TEPEDINO, Gustavo; SILVA, Rodrigo da Guia. Desafios da Inteligência Artificial em matéria de responsabilidade civil. *Revista Brasileira de Direito Civil*, Belo Horizonte, v. 21, p. 61-86, jul./set. 2019.

TRSTENJAK, Verica. General report: The influence of human rights and basic rights in private law. In: TRSTENJAK, Verica; WEINGERL, Petra (Ed.). *The influence of human rights in private law*. Cham: Springer, 2016.

WERMUTH, Maiquel Angelo Dezordi; CARDIN, Valéria Silva Galdino; MAZARO, Juliana Luiza. Tecnologias de controle e dados sensíveis: como fica a proteção da sexualidade na lei geral de proteção de dados pessoais? *Revista Jurídica Luso-Brasileira*, ano 8, n. 3, p. 1065-1091, 2022. Disponível em: https://www.cidp.pt/revistas/rjlb/2022/3/2022_03_1065_1091.pdf. Acesso em: 10 abr. 2023.

ZAGREBELSKY, Gustavo. *El derecho dúctil. Ley, derechos y justicia*. Trad. italiano para o espanhol de Marina Gascón. Madri: Trotta, 1995.

ZUBOFF, Shoshana. "We make them dance": surveillance capitalism, the rise of instrumentarian power, and the threat to human rights. In: JØRGENSEN, Rikke Frank (Ed.). *Human rights in the age of platforms*. Cambridge: The MIT Press, 2019.

EXPOSIÇÃO NÃO CONSENSUAL DE IMAGENS ÍNTIMAS: DA VIOLÊNCIA DE GÊNERO À PERSPECTIVA DO FENÔMENO NO ÂMBITO DE RESPONSABILIZAÇÃO CIVIL[1]

Dóris Ghilardi

Doutora em Direito pela Universidade do Vale do Itajaí – Univali. Subcoordenadora do Programa de Pós-Graduação em Direito da Universidade Federal de Santa Catarina – PPGD/UFSC. Docente nos cursos de pós-graduação stricto sensu e graduação em direito da Universidade Federal de Santa Catarina – UFSC. E-mail: dorisghilardi@gmail.com.

Ariani Folharini Bortolatto

Doutoranda em Direito na Universidade Federal de Santa Catarina – UFSC. Docente nos cursos de graduação e pós-graduação lato sensu em Direito da Faculdade Cesusc – Florianópolis/SC. E-mail: arianifb@gmail.com.

Sumário: 1. Introdução – 2. Contornos da exposição não consensual de imagens íntimas – 3. NCII como violência de gênero – 4. Responsabilidade civil por NCII e o poder institucional de julgamento – 5. Considerações finais – Referências.

1. INTRODUÇÃO

A dinamicidade cibernética contribuiu para escalada de um fenômeno não tão recente, mas que vem ganhando impacto e novas proporções em razão da rápida disseminação e alcance: a exposição não consensual de imagens íntimas, ou simplesmente NCII, consistente no ato de disseminação de material com conteúdo sexual, sem o consentimento da vítima.

Contemporaneamente tratado como forma de violência de gênero contra as mulheres, tem como uma das respostas possíveis ao seu enfrentamento, a responsabilização civil.

O texto, assim, se propõe a tratar e dialogar sobre imbricações do fenômeno que perpassam pelas raízes da violência gênero, atreladas à assimetria de poder e hierarquia, cultural e historicamente construída, responsáveis por colocar os homens em posição de superioridade em relação às mulheres o que, atualmente, requer um deslocamento de tratamento, para que seja possível uma resposta efetiva para as vítimas de tão grave problema social.

---

1. Pesquisa fomentada pelo Conselho Nacional de Desenvolvimento Científico e Tecnológico – CNPq.

Por fim, perpassa pela investigação dos pressupostos caracterizadores da responsabilização civil do agressor a partir da posição do Superior Tribunal de Justiça – STJ em concomitância com a análise minuciosa da (in)existência de elementos que evidenciem o julgamento sob a perspectiva de gênero ou traços de violência contra as mulheres perpetradas institucionalmente nos casos envolvendo a temática.

2. CONTORNOS DA EXPOSIÇÃO NÃO CONSENSUAL DE IMAGENS ÍNTIMAS

Mais habitualmente denominada na literatura inglesa de *revenge porn*, recebe outras designações como *non-consensual intimate images* (NCII) ou *image based sexual abuse*. A expressão *revenge porn*, traduzida como pornografia de vingança, é alvo de críticas em razão de que nem sempre a disseminação de imagens tem como elemento propulsor a vingança. Outras motivações são comuns, como a raiva, o entretenimento, o sentimento de posse e controle. A vingança, como bem destacado por Ivar Hartman,[2] não é o principal elemento definidor do fenômeno.

Outro aspecto de divergência em relação à expressão é a questão da pornografia, em razão da pressuposição de que alguma ação prévia da mulher tenha dado causa à retaliação. O fato de a mulher permitir a gravação ou até mesmo ser ela própria a gravar um ato de exposição sexual não caracteriza, por si só, nenhuma ilicitude, pelo contrário, o que leva ao tratamento da questão como antijurídica é a disseminação do conteúdo sem o devido consentimento.[3]

Portanto, embora mais usual o termo *revenge porn ou* pornografia de vingança, optou-se por trabalhar com a designação "exposição não consensual de imagens íntimas", com a utilização da sigla NCII, em razão de parecer metodologicamente mais adequada. A NCII pode ser compreendida como a disseminação de material com conteúdo sexual, sem o consentimento da vítima, especialmente de modo on-line.

Outros fenômenos do mundo digital também vêm chamando a atenção, porém não serão objeto deste, como situações específicas de pornografia, ou a circulação de imagens adulteradas de corpos nus, com a utilização da inteligência artificial, que permite colocar rostos em corpos de outras pessoas. O recorte adotado tem como foco os casos de disseminação de informação on-line de momentos privados, com gravações da própria vítima, do ofensor ou até mesmo de terceiros.[4]

---

2. HARTMANN, Ivar. A regulação da internet e os novos desafios da proteção de direitos constitucionais: o caso do revenge porn. *Revista de Informação Legislativa*: RIL, 55 (219), n. 219, p. 13-26, jul./set 2018. Disponível em http://www12.senado.legbr/ril/edicoes/55/219/ril_v55n219_p13. Acesso em: 02 mar. 2023).
3. CORREA, Adriana Espíndola; LANA, Alice de Perdigão. Revenge Porn e o Corpo Exposto nas Decisões do Superior Tribunal de Justiça. *Revista de Direito Público*, v. 18, n. 98, 73-97, abr./jun. 2021. Disponível em: https://www.portaldeperiodicos.idp.edu.br/direitopublico/article/view/5240. Acesso em: 1º mar. 2023.
4. Para Ivar Hartmann o que a diferencia o *revenge porn* dos demais tipos de disseminação de informação on-line é efetivamente a gravação das pessoas durante os eventos. (HARTMANN, Ivar. Op. cit.).

A divulgação virtual, embora não seja, inicialmente, indispensável para a caracterização da exposição íntima não autorizada, ganha centralidade na temática e evidencia o fenômeno em razão de ser o fator responsável por seu agravamento. O espaço digital, além de ser o meio mais utilizado para a prática, é também o mais danoso, dadas as condições técnicas oportunizadas tão somente pela internet, como a capacidade de rápida propagação e alto alcance de conteúdos publicados (efeito *Streisand*).

Por se tratar de fenômeno complexo, Ivar Hartmann[5] define quatro elementos que normalmente caracterizam o fenômeno, a saber: (*i*) a exposição do conteúdo na mídia; (*ii*) a caracterização do momento íntimo (privado); (*iii*) a intencionalidade da disseminação; e (*iv*) a falta de autorização para a exposição do conteúdo.

O Autor salienta que, apesar de vídeos e fotos serem normalmente utilizados para a NCII, o áudio também poderia caracterizar a prática. Embora a exposição, em termos de identificação, seja mais evidente por meio de gravação de vídeo e captura fotográfica, o áudio, também pode identificar a vítima e caracterizar a exposição indevida.

Quanto à exigência da privacidade, o Autor também propõe um alargamento, considerando não somente as situações em que uma das pessoas envolvidas sentem que o momento era íntimo (de cunho sexual), mas também os casos com potencial interesse libidinoso. Registros de contextos não sexuais, mas que a sua divulgação tenha o potencial de causar, em parte do público, "interesse sexual", não podem ser, então, desconsiderados, atraindo a categorização da NCII.[6]

Já a disseminação de conteúdo, a fim de verificar a reprovabilidade do ato, pode girar em torno de situações em que a divulgação da mídia ocorreu de forma negligente, intencional ou até mesmo premeditada. Quando não autorizada, a conduta do disseminador é menos relevante do que os efeitos impiedosos causados na vida da vítima.

O desrespeito ao consentimento, que leva a publicização de imagens íntimas, motivado por vingança, raiva ou desprezo, está atrelada diretamente pela equivocada, porém, enraizada ideia patriarcal de poder, de direito de acesso ao corpo da mulher e à noção de abuso. Com audiência tradicionalmente masculina, são os homens que acabam por ditar os contornos da sexualidade feminina, fazendo com que os impactos da NCII, de maneira perversa, atinjam na maioria dos casos as mulheres.[7]

Por isso, a importância do tratamento diferenciado ao fenômeno, compreendendo-se as várias possibilidades de enquadramento de NCII, com a sensibilidade perceptiva de que se trata de uma tipologia especial de sofrimento das vítimas.

A NCII, apontada inicialmente como uma violação dos direitos de personalidade, mais especificamente da privacidade, passa, mais adiante, com o desenvolvimento da

---

5. HARTMANN, Ivar. Op. cit.
6. Para exemplificar, cita situações, como o retrato tirado por uma mulher na piscina com suas amigas, sem a parte de cima do biquíni, com a intenção de borrar os seios ao publicar. Em princípio, não há qualquer conotação sexual, mas ao tornar pública a foto, existiria interesse sexual de parte da audiência na internet. Esse interesse atrairia a situação para o agrupamento de situações envolvendo a NCII (HARTMANN, Ivar. Op. cit.).
7. HARTMANN, Ivar. Op. cit.

tecnologia e da ideia de autodeterminação informacional, a ser considerada também como violação do direito à proteção de dados, percepção já não isenta de críticas.

Com o desenvolvimento da tecnologia elevando a informação ao patamar central da sociedade contemporânea[8] e a dificuldade de encerrar novas questões dentro da moldura inaugural do conceito, Stefano Rodotá propõe a reconstrução da compreensão da privacidade que não mais comporta o "direito de ser deixado só", prevalecendo a tendência que atrai definições centradas no controle pessoal das informações. Rumo a reconstrução do conceito de privacidade, sugere a passagem da tríade "pessoa-informação-sigilo" para uma sequência de maior relevância "pessoa-informação-circulação-controle".[9] Assim, as formas de circulação controlada passam a poder ser exigidas pelo titular do direito violado.

Note-se, todavia, que, em que pese a importância da reconstrução da concepção de privacidade e o seu alinhamento com as novas tendências, é preciso questionar a forma de tratamento que se tem dado à NCII, qual seja tão somente nos limites da violação da privacidade ou de dados pessoais. Tal abordagem contribui para o apagamento dos corpos expostos,[10] consoante ensinamentos de Adriana Correa e Alice Lana, que alertam para a insuficiência desse enquadramento.

Ora, a NCII trata de discussão envolvendo a exposição não autorizada de corpos nus, em contextos nitidamente ou potencialmente sexuais, com consequências severas para as vítimas, em sua maioria mulheres, razão pela qual o direito necessita, com urgência, considerar os sujeitos e as subjetividades envolvidas nesse tipo de prática, compreendendo as especificidades do fenômeno e as suas imbricações políticas, históricas e sociais, sob pena de cometimento de equívocos e revitimização.[11]

Ignorar esses aspectos, significa encobrir e corroborar com a qualidade do ato ocorrido, concedendo espaço para culpabilização das mulheres vítimas, na medida em que a elas é incumbido o dever de recato e controle sobre a exposição de seus corpos e sexualidade.[12] A imoralidade feminina, desenhada pela massa masculina opressora, merece ser revisitada, começando pelo olhar à NCII.

---

8. Nas palavras de Stefano Rodotá, não se deve limitar a falar de informação como recurso ou bem fundamental. "As tecnologias interativas criam uma nova "mercadoria" da qual a legislação tende a se ocupar..." (RODOTÁ, Stefano. *A Vida da Sociedade de Vigilância*. A privacidade hoje. Seleção e Apresentação Maria Celina Bodin de Moraes. Trad. Danilo Doneda e Luciana Cabral Doneda. Rio de Janeiro: Renovar, 2008, p. 46).
9. RODOTÁ, Stefano. Op. cit.
10. CORREA, Adriana Espíndola; LANA, Alice de Perdigão. Revenge Porn e o Corpo Exposto nas Decisões do Superior Tribunal de Justiça. *Revista de Direito Público*, v. 18, n. 98, 73-97, abr./jun. 2021. Disponível em: https://www.portaldeperiodicos.idp.edu.br/direitopublico/article/view/5240 Acesso em: 1º mar. 2023.
11. CORREA, Adriana Espíndola; LANA, Alice de Perdigão. Op. cit.
12. "Não se pode perder de vista a necessidade de avanço de posturas sobre a forma como a sexualidade feminina é julgada, a partir de uma dupla moral, para homens e mulheres, na qual delas se espera, ainda hoje, o papel de recato, do comportamento sexual 'adequado', discreto e tradicional. Afinal, são essas expectativas sobre o comportamento feminino 'adequado', sedimentadas ao longo de séculos de dominação masculina, que têm autorizado a absurda responsabilização da mulher pela própria violência que a vitimou, como se tivesse contribuído para a sua ocorrência, ao mesmo tempo em que tem a vida exposta e devastada na rede" (CHAKIAM,

Com base no exposto, a NCII precisa ser tratada, acima de tudo, como violência de gênero que efetivamente é!

3. NCII COMO VIOLÊNCIA DE GÊNERO

Algumas temáticas exigem o resgate do passado e a sua contextualização para que possam ser devidamente enfrentadas. A exposição de imagens íntimas não consensuais é uma delas. A reflexão sobre a implicação existente entre os processos de representações de gênero e as estruturas sociais das quais os sujeitos fazem parte, desnuda o atravessamento de opressões sofridas secularmente pelas mulheres, por meio de uma relação desigual e hierárquica, construída socialmente e reforçada pela normatividade.

Os resquícios do patriarcado, responsáveis pelo longo tempo de preponderância do homem sobre a mulher, assim como as relações de dominação entre os sexos, são pauta das discussões de gênero.[13] A construção dos estereótipos permite explicar não só os silenciamentos das narrativas das mulheres, como também as tensões e violências por elas sofridas até hoje.[14]

O tratamento dado ao sexo, tradicionalmente reservado aos homens, reforçado pela moral dominante – machista e preconceituosa –, interessa diretamente ao estudo da disseminação de imagens de corpos nus, eis que a audiência – massivamente masculina – monopoliza os contornos dados à sexualidade feminina. A imoralidade comportamental das mulheres foi construída pelos homens e, ainda hoje, é por eles reforçada.[15]

Nesse contexto, importa refletir sobre a posição do sociólogo Anthony Giddens, que atribui o fluxo crescente da violência masculina sobre as mulheres ao declínio do controle sexual que os homens vêm sofrendo. Assevera que, à medida em que o controle começa a falhar, o caráter compulsivo da sexualidade masculina é aflorado, fazendo crescer os atos de violência.[16]

Com linha de raciocínio semelhante, a antropóloga Rita Segato, defende que os atos de violência contra as mulheres estão diretamente relacionados a sua transgressão

---

Silvia. *A construção do Direito das Mulheres*: Histórico, Limites e Diretrizes para uma Proteção Penal Eficiente. 2. ed. rev. Rio de Janeiro: Lumen Juris, 2020, p. 255).

13. De acordo com Joan Scott, gênero é categoria de análise, compreendida como construção social de significados atribuídos a pessoas e coisas, além de ser uma estrutura de poder. (SCOTT, Joan. *Gênero*: Uma categoria útil par análise histórica. Trad. Christine Rufino Dabat e Maria Ávila. Educação e Realidade, 20 (2), p. 71-99, jul./dez. 1995. Disponível em: https://edisciplinas.usp.br/pluginfile.php/185058/mod_resource/content/2/G%C3%A-Anero-Joan%20Scott.pdf. Acesso em: 02 mar. 2023.

14. Para Bianchini, merece relevo o "reconhecimento da relação existente entre violência de gênero e discriminação: quanto maior a segunda, também maior a primeira." A justificativa encontra-se no fato de que "a violência contra as mulheres é decorrência de uma manifestação de poder historicamente desigual entre homens e mulheres, o qual foi, por tempos, legitimado juridicamente." (BIANCHINI, Alice. *Lei Maria da Penha*: Lei 11.340/06: aspectos assistenciais, protetivos e criminais da violência de gênero. 2. ed. São Paulo: Saraiva 2014, p. 121).

15. HARTMANN, Ivar. A regulação da internet e os novos desafios da proteção de direitos constitucionais: o caso do revenge porn. *Revista de Informação Legislativa*: RIL, 55 (219), n. 219, p. 13-26, jul./set 2018. Disponível em http://www12.senado.legbr/ril/edicoes/55/219/ril_v55n219_p13. Acesso em: 02 mar. 2023.

16. GIDDENS, Anthony. *A Transformação da Intimidade*: sexualidade, amor e erotismo nas sociedades modernas. Tradução Magda Lopes. São Paulo: Editora da Universidade Estadual Paulista, 1993, p. 11.

às duas leis do patriarcado: o controle e possessão sobre o corpo feminino e a consagradora regra da superioridade dos homens sobre as mulheres. Assim, quando agem com autonomia ou quando conquistam posições de autoridade e poder, as mulheres desafiam a lógica secularmente imposta, ficando sujeitas às situações de humilhação e violências.[17]

Embora a construção dos autores esteja mais diretamente relacionada com as questões de violência física, como o feminicídio, tal compreensão não se aparta da prática da exposição não consensual de imagens. Pelo contrário, tal fenômeno também está atrelado ao sentimento de posse e hierarquia que o homem acredita ainda ter sobre a mulher, pretexto utilizado para espalhar imagens íntimas de modo a humilhá-la perante a sociedade, causando-lhe danos.[18]

As condutas machistas estão tão solidificadas na sociedade que não é difícil ocorrer uma inversão de papéis diante da exposição de imagens não consentidas. Não raro, enquanto a vítima é responsabilizada pelo material divulgado, a atitude do ofensor é perdoada ou esquecida.

Com efeito, a NCII possui, em suas entranhas, os múltiplos e complexos pressupostos que circundam a violência de gênero, eis que indicam diversas assimetrias, o que repercute no comportamento do agressor, na reação da sociedade perante esse fenômeno e na situação de vulnerabilidade da vítima.[19] Portanto, caso se queira efetivamente lidar com os constantes e graves desafios impostos pelos múltiplos tipos de violências de gênero, mormente a exposição de imagens íntimas não consentida, não é mais possível ignorar o impacto do sistema sexo/gênero na produção de conhecimento universal e pretensamente neutro do direito, que perpetua as diferenças de gênero e as relações de poder de que são constituídas.

Os dados demonstram que a violência de gênero atinge principalmente as mulheres. A SaferNet, associação civil sem fins lucrativos, entidade nacional de referência no enfrentamento às violações de Direito Humanos e crimes na Internet, aponta que os principais atendimentos efetuados no ano de 2022, no Helpline, foram problemas com dados pessoais (264) e exposição de imagens íntimas (263), superando as fraudes e golpes de e-mails falsos (168), cyberbullying e outras ofensas (143). Os indicadores mostram, ainda, que a busca por consulta acerca do tema exposição de imagens íntimas atendeu 154 mulheres e 99 homens.[20]

---

17. SEGATO, Rita Laura. *Qué és un feminicídio*. Notas para un debate emergente. Série Antropologia. 401. Brasília: Universidade de Brasília, 2006. Disponível em: www.https://www.nodo50.org/codoacodo/enero2010/segato.pdf. Acesso em: 1º mar. 2023.
18. CHAKIAN, Silvia. Op. cit.
19. SILVA, Artenira da Silva e; PINHEIRO, Rossana Barros. *Exposição que fere, percepção que mata*: a urgência de uma abordagem psicojurídica da pornografia de vingança à luz da Lei Maria da Penha. *Revista da Faculdade de Direito*. UFPR. Curitiba, v. 62, n. 03, p. 243-265, set./dez. 2017.
20. SAFERNET. Disponível em: https://new.safernet.org.br/helpline Acesso em: 1º mar. 2023.

Do livro o "Corpo é o Código" é possível extrair que, em 2016, dos 90 casos sobre o tema judicializados, 54 cíveis e 36 penais, dos cíveis apenas 05 eram homens. Portanto, um número maior de mulheres.[21]

Discutir a NCII de forma entrelaçada com questões de poder, tecnologia, violações de privacidade e dados pessoais, com ênfase para a violência de gênero não é mais somente uma opção, mas uma necessidade considerando a gravidade da questão. Um tratamento que viabilize respostas jurídicas capazes de atingir os efeitos pretendidos pelas vítimas e que não inverta a sua condição, colocando-as na posição de "culpadas".

O ordenamento jurídico brasileiro já prevê interessantes mecanismos, tanto na esfera penal quanto na civil. No âmbito de direito penal, destaca-se a Lei 2.737/2012,[22] assim como as Leis 13.718/2018 e 13.772/2018, que incluíram, respectivamente, o art. 218-C[23] e o art. 216-B[24] ao Código Penal, com tipificações específicas. As alterações supriram a dificuldade de enquadramento legal de certos comportamentos como a NCII, "em tipos penais de pena compatível com a gravidade de suas consequências, devastadoras, na maioria dos casos".[25]

A Lei 13.772/18 alterou, ainda, o inc. II[26] do art. 7º da Lei Maria da Penha, incluindo dentre as modalidades de violência psicológica, a violação da intimidade. A lei Maria da Penha não disciplina tipos penais, mas formas de violência. A atração de comportamentos de violação de intimidade para o seu âmbito, pois, representa importante conquista, porquanto consolida o fenômeno da NCII no rol das violências de gênero.

No âmbito civil, é viabilizada a responsabilização em decorrência do cometimento de dano material e moral, consoante cláusula geral prevista no Código Civil (art. 927), acompanhada de obrigação de fazer, como a retirada do conteúdo íntimo não autorizado.

---

21. VALENTE, Mariana G; NERIS, Natalia; RUIZ, Juliana P.; BULGARELLI, Lucas. *O Corpo é o Código*: estratégias jurídicas de enfrentamento ao revenge porn no Brasil. InternetLab: São Paulo, 2016. Disponível em: https://www.internetlab.org.br/wp-content/uploads/2016/07/OCorpoOCodigo.pdf. Acesso em: 1º mar. 2023.
22. Conhecida como Lei Carolina Dieckmann, a Lei 12.737/12 impacta o Código Penal no sentido de segurança no ambiente virtual, acrescentando os artigos 154-A e 154-B, alterando a redação dos artigos 266 e 298.
23. Art. 218-C. Oferecer, trocar, disponibilizar, transmitir, vender ou expor à venda, distribuir publicar ou divulgar, por qualquer meio – inclusive por meio de comunicação de massa ou sistema de informática ou telemática –, fotografia, vídeo ou outro registro audiovisual que contenha cena de estupro ou de estupro de vulnerável ou que faça apologia ou induza a sua prática, ou, sem o consentimento da vítima, cena de sexo, nudez ou pornografia. Pena – reclusão, de 1 (um) a 5 (cinco) anos, se o fato não constitui crime mais grave.
24. Art. 216-B. Produzir, fotografar, filmar ou registrar, por qualquer meio, conteúdo com cena de nudez ou ato sexual ou libidinoso de caráter íntimo e privado sem autorização dos participantes: Pena – detenção, de 6 (seis) meses a 1 (um) ano, e multa.
25. CHAKIAM, Silvia. Op. cit.
26. Art. 7º São formas de violência doméstica e familiar contra a mulher, entre outras: [...] II – a violência psicológica, entendida como qualquer conduta que lhe cause dano emocional e diminuição da autoestima ou que lhe prejudique e perturbe o pleno desenvolvimento ou que vise degradar ou controlar suas ações, comportamentos, crenças e decisões, mediante ameaça, constrangimento, humilhação, manipulação, isolamento, vigilância constante, perseguição contumaz, insulto, chantagem, violação de sua intimidade, ridicularização, exploração e limitação do direito de ir e vir ou qualquer outro meio que lhe cause prejuízo à saúde psicológica e à autodeterminação; (Redação dada pela Lei 13.772, de 2018).

Neste aspecto, vale destacar o art. 21,[27] da Lei 12.965/2014, conhecida como Marco Civil da Internet, que prevê a responsabilidade civil subsidiária do provedor de aplicações de internet, quando, após o recebimento da notificação da prática de violação de intimidade não consentida, deixar de promover a indisponibilização do conteúdo.

Se o aparato legal já pode ser considerado de certa forma avançado, o recente protocolo para julgamento com perspectiva de gênero, do CNJ, alinhado ao Objetivo de Desenvolvimento Sustentável, ODS 5, da agenda 2030 da ONU, é mais um importante instrumento para essa luta. O que ainda precisa efetivamente mudar é a postura da sociedade e dos operadores jurídicos.

Por isso, a análise mais detalhada da responsabilidade civil aplicada a esta temática, observando todos os contornos acima expostos, revela-se urgente.

4. RESPONSABILIDADE CIVIL POR NCII E O PODER INSTITUCIONAL DE JULGAMENTO

A função jurisdicional é essencial ao acesso à justiça. Talvez, soe ser jargão ultrapassado, mas não é. Predomina na perspectiva processual, não apenas o poder, mas o dever do Estado-juiz em prestar a tutela de direitos. É na ótica instrumentalista que a cultura dominante do patriarcado e seus reflexos na tomada de decisões jurisdicionais devem ser motivo de especial atenção.

A possibilidade jurídica de responsabilização civil no âmbito da NCII é, em certa medida, incontroversa. Compreende-se que, nem sempre, será de fácil delimitação ou identificação de seus contornos. Por outro lado, não há dúvidas que a violência daí decorrente proporciona danos, ao menos, à integridade da vítima.

A proposta final, assim, se volta à caracterização dos elementos da responsabilidade civil decorrente da exposição não consensual de imagens íntimas em concorrência com o exame da motivação das decisões judiciais do Superior Tribunal de Justiça – STJ,[28] a fim de investigar a (in)existência de elementos que evidenciem o julgamento sob a perspectiva de gênero ou traços de violência de gênero perpetradas institucionalmente nos casos em que envolvam a temática.

É certo que, não havendo prescrição normativa ou alguma funcionalidade especial que exija, a responsabilização civil recai à normativa geral esculpida pelos artigos 186 e

---

27. Art. 21. O provedor de aplicações de internet que disponibilize conteúdo gerado por terceiros será responsabilizado subsidiariamente pela violação da intimidade decorrente da divulgação, sem autorização de seus participantes, de imagens, de vídeos ou de outros materiais contendo cenas de nudez ou de atos sexuais de caráter privado quando, após o recebimento de notificação pelo participante ou seu representante legal, deixar de promover, de forma diligente, no âmbito e nos limites técnicos do seu serviço, a indisponibilização desse conteúdo. Parágrafo único. A notificação prevista no *caput* deverá conter, sob pena de nulidade, elementos que permitam a identificação específica do material apontado como violador da intimidade do participante e a verificação da legitimidade para apresentação do pedido.
28. Para a pesquisa, utilizou-se, em diversas combinações, das seguintes palavras-chaves: "pornografia"; "vingança", "revenge porn", "imagem", "divulgação", "sexual", "nudez", "não consentida" e "consentimento". Considerando a incipiência de casos julgados, não se realizou a delimitação temporal.

927 do Código Civil, sendo imprescindível a caracterização dos elementos da responsabilidade subjetiva: a conduta ilícita, o dano, o nexo causal e a culpabilidade.

Talvez, o dano seja o elemento de maior aclaramento. O prejuízo à integridade psíquica e moral caracteriza o dano extrapatrimonial *in re ipsa*.[29] E, conforme tratado pela Min. Nancy Andrighi "o fato de o rosto da vítima não estar evidenciado nas fotos de maneira flagrante é irrelevante para a configuração dos danos morais".[30]

Está, aí, a tutela do direito à personalidade, evidenciada a partir do espectro da intimidade, da vida privada, da honra e da imagem. Mas não só. Na espécie, a proteção desses bens jurídicos está intrinsecamente vinculada à violência de gênero, o que enuncia a especialidade do prejuízo advindo na NCII.

Mas a expressão "prejuízo à integridade" é limitante, eis que o dano possui infindáveis formas de manifestação. Poderá ocorrer a perda do trabalho, a necessidade de troca de escola/faculdade, a mudança de nome; ansiedade e depressão, a insegurança pessoal, a diminuição do respeito e a privação de convivência com o círculo familiar e dos amigos; desencadear dificuldades em manter novas relações ou encontrar futuros parceiros; bem como, ainda, promover crimes sexuais perpetrados por terceiros ou outras formas de lesão à integridade, a exemplo, o estupro, o assédio sexual, e, até mesmo, o suicídio e a autoflagelação.

No julgamento de ação proposta pelo Ministério Público contra a Google com a pretensão de remover conteúdo íntimo de caráter sexual envolvendo uma adolescente,[31] a Min. Nancy Andrighi, retratando com propriedade técnica a NCII, consignou que "não são raras as ocorrências de suicídio ou de depressão severa em mulheres jovens e adultas, no Brasil e no mundo, após serem vítimas dessa prática".[32]

E registre-se: mencionar que o dano, teoricamente, possa talvez ser o elemento de maior aclaramento, não significa diminuir sua importância. Ao contrário. Ainda que se possa traçar investigação a respeito da sua extensão, são tão evidentes os prejuízos sofridos pela vítima que não se tem encontrado decisões em sentido contrário.

Porém, não é apenas a existência de dano que caracteriza a responsabilidade civil. A ilicitude da conduta, igualmente, deverá estar configurada. Mas, afinal, o que exa-

---

29. Assevera o Ministro Ricardo Villas Bôas Cueva, em seu voto-vista referente ao Recurso Especial 1.735.712 no STJ que "Como consabido, os danos morais em virtude de violação do direito de imagem decorrem de seu simples uso indevido, sendo prescindível, em tais casos, a comprovação da existência de prejuízo efetivo à honra ou ao bom nome do titular daquele direito, pois o dano é *in re ipsa*" (BRASIL. Superior Tribunal de Justiça. REsp 1.735.712/SP. Relatora Ministra Nancy Andrighi. Terceira Turma. julgado em 19.05.2020, DJe de 27.05.2020).
30. BRASIL. Superior Tribunal de Justiça. REsp 1.735.712/SP. Relatora Ministra Nancy Andrighi. Terceira Turma. Julgado em 19.05.2020, DJe de 27.05.2020.
31. Trata-se de situação em que a adolescente teve o cartão de memória de seu celular furtado por um colega de escola, o que ocasionou a divulgação de um vídeo caseiro feito pela jovem e que estava armazenado em seu telefone.
32. BRASIL. Superior Tribunal de Justiça. REsp 1.679.465/SP. Relatora Ministra Nancy Andrighi. Terceira Turma. julgado em 13.03.2018, DJe de 19.03.2018.

tamente caracteriza a antijuridicidade? O que deve o julgador examinar a respeito da prática fenomenológica da NCII?

Conforme já enuncia Ivar Hartmann, o ponto central é ausência de autorização para a divulgação. A própria exposição não consentida do conteúdo é que a caracteriza. Não à toa, a tendência é recair à concepção de privacidade e à autodeterminação informativa sob uma ótica generalista. Mas seria, então, a motivação do agente o *quid* da questão, aquilo que diferencia a NCII de outras práticas de exposição?

Na pesquisa em julgados do STJ, poucos retratam casos específicos a respeito da temática ora enfrentada. Entretanto, dentre àqueles que versam sobre pirataria de imagens de nudez produzidas para fins comerciais, ao julgar sobre a aplicabilidade do art. 21 do MCI, buscou-se realizar a delimitação dos contornos da antijuridicidade da NCII.[33]

Sob relatoria do Ministro Marco Aurélio Bellizze, a decisão do STJ[34] proferida no caso AgInt nos EDcl no AREsp 2.049.359/SP, primeiro, reforçou o caráter íntimo e privado do instituto, afastando, especificamente da hipótese legal, as situações em que o conteúdo tenha sido produzido com intuito comercial e econômico. Segundo, consignou que a motivação do ofensor é irrelevante à configuração do ilícito, uma vez que não há previsão na norma de elemento de ordem subjetiva.[35]

Para fins de configuração da ilicitude – e, somente nesse aspecto –, evidenciou-se, pois, que a motivação do infrator é irrelevante. Por outro lado, a finalidade, a intenção da própria vítima ao produzir o conteúdo ou autorizar que o faça, se com expectativa de caráter privado ou público, foi considerada como relevante à sua configuração.[36]

A investigação do consentimento remanesce, pois, como questão central à antijuricidade, especialmente, em relação à audiência e ao meio. Afinal, a autorização para gravar vídeo ou tirar fotos não deve ser interpretada como consentimento para a divulgação. São coisas distintas.[37] E, segundo Ivar Hartmann,[38] é nesse ponto que a

---

33. Ainda que não reporte casos específicos de NCII decorrente de relações pessoais, a pesquisa qualitativa nos fundamentos decisórios, nesses casos de pirataria de imagens sensuais, importa à investigação do tratamento dado pelos julgadores ao instituto da NCII.
34. BRASIL. Superior Tribunal de Justiça. AgInt nos EDcl no AREsp 2.049.359/SP. Relator Ministro Marco Aurélio Bellizze. Terceira Turma. Julgado em 20.03.2023, DJe de 22.03.2023.
35. Veja-se, o teor da decisão: "ressalta-se que a motivação da divulgação de materiais contendo cenas de nudez ou de atos sexuais, sem a autorização da pessoa reproduzida, se por vingança ou por qualquer outro propósito espúrio do agente que procede à divulgação não autorizada, é, de fato, absolutamente indiferente para a incidência do dispositivo em comento, sobretudo porque, de seu teor, não há qualquer menção a esse fator de ordem subjetiva" BRASIL. Superior Tribunal de Justiça. AgInt nos EDcl no AREsp 2.049.359/SP. Relator Ministro Marco Aurelio Bellizze. Terceira Turma. Julgado em 20.03.2023, DJe de 22.03.2023.
36. Nesse mesmo sentido, encontram-se outros julgados, a exemplo, REsp 2.025.712/SP (julgado em 14.03.2023), REsp 1.840.848/SP (julgado em 26.04.2022); REsp n. 1.848.036/SP (DJe de 05.05.2022); REsp 1.930.256/SP (julgado em 07.12.2021), todos da 3ª Turma do STJ.
37. A Min. Nancy Andrighi registrou em seu voto para julgamento do Recurso Especial 1.679.465 – SP que "assim, na exposição pornográfica não autorizada, a ausência de consentimento possui duas subdivisões: (a) a ausência de consentimento na captação ou (b) a ausência de consentimento na divulgação. É possível, assim, que a captura de imagens ou sons tenha ocorrido com o consentimento da outra" (BRASIL. Superior Tribunal de Justiça. REsp 1.679.465/SP. Relatora Ministra Nancy Andrighi. Terceira Turma. julgado em 13.03.2018, DJe de 19.03.2018).
38. HARTMANN, Ivar. Op. cit.

autodeterminação informativa se apresenta como extremamente útil, pois será a vítima quem deverá delimitar a sua própria concepção quanto à privacidade.

Mas o que chama atenção é que o julgado trata sobre situação vivenciada por uma mulher e, em momento algum, traduz preocupação sobre a vulnerabilidade de gênero. Ainda que afaste a aplicabilidade do art. 21 do MCI aos casos com fins comerciais, tal violência nem passou perto de ser analisada. Motivou-se, enfim, a decisão, apenas no caráter financeiro e na autodeterminação informativa.

Ficam, então, algumas reflexões: o voto é de um ministro (gênero masculino). Será que, em sendo uma ministra (gênero feminino), a temática seria enfrentada? A decisão de afastar o instituto da NCII poderia ter sido tomada com base em uma percepção de imoralidade feminina a respeito da exposição do próprio corpo?

Abre-se espaço para explicar que, naquele contexto, a preocupação da vítima realmente era financeira, o que restou demonstrado a partir dos fundamentos recursais. Todavia, compreende-se que, tendo se predisposto a explicar a NCII, restou perdida a oportunidade de expor, naquele voto, as nuances e a relevância do instituto, perquirindo-se sobre a (in)existência de violência por gênero.

Em outros casos semelhantes, ainda sobre a divulgação pirata de fotos sensuais e que tratam sobre a obrigação de remoção do conteúdo pelos provedores de internet,[39] as decisões apresentaram tons mais sensíveis. A título de amostra, parte-se à análise dos votos de julgamento do REsp 1.848.036 – SP.[40]

O Min. Paulo de Tarso Sanseverino delimitou a NCII como uma violência digital, e, como critérios essenciais à aplicação do art. 21, do MCI, elencou (*i*) o caráter não consensual da imagem íntima; (*ii*) a natureza privada das cenas de nudez ou dos atos sexuais disseminados; e (*iii*) a violação à intimidade. Quanto à inaplicabilidade da norma referida aos casos pirataria de fotos sensuais de caráter comercial – ponto controvertido na corte – foi o voto vencedor.

O Min. Ricardo Villas Bôas Cueva ressalvou a importância do exame da violação da intimidade a partir da extensão do consentimento do(a) ofendido(a), de modo que, tratando-se de material sensível, qualquer uso não autorizado, em sua ótica, implica caracterização da NCII, e, em que pese não seja *revenge porn*, caracteriza violência digital, aplicando-se, então, art. 21 do MCI, inclusive quando a intenção da vítima era comercial. Seu voto foi vencido a esse respeito.

A Min. Nancy Andrighi, por sua vez, apresentou uma visão apurada, dedicando-se ao instituto da NCII ao esboçar sobre os seguintes pontos: (*i*) o tratamento do *revenge porn* como espécie da NCII, (*ii*) que o direito à imagem reflete o direito ao próprio cor-

---

39. Quanto à obrigação dos provedores de internet de promover a remoção do conteúdo a partir da notificação extrajudicial, embora não seja objeto do presente, ressalte-se a existência de divergência entre os julgadores da Terceira Turma do STJ, não havendo, até então, posicionamento da Quarta Turma.
40. BRASIL. Superior Tribunal de Justiça. REsp 1.848.036/SP. Relator Ministro Paulo de Tarso Sanseverino. Terceira Turma. Julgado em 26.04.2022, DJe de 05.05.2022.

po, transpondo aos limites da intimidade e da privacidade; (*iii*) a imprescindibilidade de se perquirir o propósito do consentimento e a expectativa de privacidade da pessoa retratada em torno do ato captado; e que (*iii*) a pornografia da vingança é uma forma grave de violência de gênero. Da mesmo modo, foi voto vencido quanto à aplicação do art. 21 do MCI à pirataria de imagem íntima comercial.

O contexto de divulgação pirata de fotos sensuais de caráter comercial pode não corresponder exatamente aos casos que se acreditava encontrar, mas oportunizaram demonstrar que, dentre os ministros da Terceira Turma do STJ, o julgamento sob a perspectiva de gênero esteve retratado apenas no voto de uma mulher e, provavelmente, não por coincidência.

Outra questão que pôde ser observada é que, curiosamente, há apenas parcial correspondência entre os requisitos elencados no voto do Min. Paulo de Tarso Sanseverino para a configuração da NCII e os elementos assinalados por Ivar Hartmann.[41] A divergência vem ao encontro do que se questionou: a intencionalidade de disseminação. O que se evidencia é que este elemento é irrelevante, ao menos, à antijuridicidade.

É nesse sentido que se retoma a questão: considerando que a NCII, no âmbito das relações sem fins comerciais e econômicos, essencialmente se caracteriza por motivações pessoais como a vingança, a humilhação da vítima, os sentimentos de posse e controle, ou até mesmo, o entretenimento, é possível afirmar que a vontade interna do agente não importa ao julgamento?

Se a ilicitude prescinde da intencionalidade, o mesmo não se pode afirmar a respeito da situação peculiar da natureza do dano e, respectivamente, de sua extensão. É aí que a motivação se torna fator de extrema relevância, eis que representativa das opressões e desigualdades sofridas pelas mulheres frente à estrutura social patriarcal.

A intenção, que acaba por traçar os contornos específicos à NCII, é o elemento que traduz a imprescibilidade de se lançar um olhar especial ao caso concreto. A agravante da motivação intencional evidencia a particularidade do evento que é: não apenas em uma violência digital, mas como forma de agressão de gênero. E não ponderar tal especificidade pode representar, ainda, violência institucional, uma vez que, na medida em que o julgador se omite, revitimizam-se as mulheres, reforçando as tensões e as violências sofridas até hoje.

E, alerte-se, aqui, para o caso de aplicação do 'Protocolo para julgamento com perspectiva de gênero', conferindo peso diferente à palavra da vítima. Afinal, o ofensor buscará promover a sua desqualificação e, com isso, interferir na subjetividade do magistrado, contando com o *habitus* da moral dominante – machista e preconceituosa.

Nesse sentido, Ivar Hartmann[42] ressaltava ser ponto central a interpretação dos fatos realizada pela própria vítima (seus sentimentos, percepções e interesses), sendo dever

---

41. HARTMANN, Ivar. Op. cit.
42. HARTMANN, Ivar. Op. cit.

do julgador realizar esforço para se colocar no seu lugar ao invés permitir a condução subjetiva a partir de preconcepções da "imoralidade feminina".

Em casos de NCII, o julgador deverá ir a fundo no que se refere à violência de gênero, contextualizando tal situação em seu ato decisório, pecando pelo excesso e não se pautando apenas na prudência. Ademais, deverá delimitar, para apuração da extensão do dano, (*i*) a natureza do vínculo existente entre a vítima e o ofensor, bem como (*ii*) qual o nível de confiança que a vítima tinha em relação a quem praticou o ato ilícito.

Se a exposição não consensual de imagens íntimas, por exemplo, derivar de qualquer espécie de relação afetiva, o tratamento deverá ser diverso daquele que se daria em casos que não envolvam relações pessoais íntimas. Ainda, o grau de estabilidade é relevante, pois tal critério traz, intrinsecamente, o aspecto da confiança depositada no parceiro. Se as fotos ou vídeos tenham sido confeccionados no íntimo de uma relação duradoura, entende-se como agravada a conduta e a extensão do dano.

Nesse sentido, em observância à perspectiva de gênero, também deverão ser examinados o propósito do consentimento e a expectativa de privacidade da vítima, mencionados, pela Min. Nancy Andrighi,[43] como requisitos da antijuridicidade. Cabe aos magistrados realizar escuta ativa, evitando que as experiências pessoais e/ou ideias preconcebidas que permeiam a sua visão de mundo influenciem na apreciação dos fatos.

É que, ao julgar um caso de responsabilidade civil por NCII, a antijuridicidade talvez não seja o elemento que repercuta a especialidade necessária ao enfrentamento do fenômeno, mas sim o seu reflexo na motivação das decisões, principalmente, na extensão do dano, na investigação do nexo causal e da culpabilidade.

Resta, então, tratar a respeito dos elementos da causalidade e da culpa.

Quanto ao nexo causal – afastando-se a discussão da responsabilidade dos provedores de internet, por não ser objeto do presente –, a investigação deve recair sobre quem tenha divulgado o conteúdo com a finalidade de provocar a sua disseminação. É a própria exposição pública, praticada por quem não detinha o consentimento de outrem, que provoca o dano à integridade da vítima, independentemente de quantos (re)compartilhamentos tenham ocorrido. Esse último fator, contribuí apenas à mensuração do dano.

A culpabilidade, por sua vez, deve ser averiguada a partir do entendimento do agente quanto à sua prática e se podia agir de modo diferente. No caso da NCII, o ofensor age com pretensão ilícita, em plena consciência da nocividade da conduta. Trata-se, pois, de ato intencional e malicioso, deliberadamente praticado para causar prejuízo à vítima, equivalendo-se ao dolo (culpa grave). Na verdade, esta é a própria essência do instituto.

O que abre discussão é a respeito da culpa concorrente. Existem vozes ecoando a tese de que a vítima, ao permitir o registro e/ou a depender o local de intimidade, age culposamente contribuindo para a ocorrência do dano. E mais: na análise dos julgados

---

43. BRASIL. Superior Tribunal de Justiça. REsp 1.848.036/SP. Relator Ministro Paulo de Tarso Sanseverino. Terceira Turma. Julgado em 26.04.2022, DJe de 05.05.2022.

do STJ, esse fundamento, embora não prevalecente, esteve presente. No julgamento do Recurso especial 1.445.240 – SP, o ministro Raul Araújo assim se posicionou.

Previamente, contextualiza-se os fatos: trata-se de caso em que o casal, em um evento/festa, viveu a experiência de momentos íntimos em espaço denominado "cantinho do amor", tendo sido gravados por terceiro e expostos em sítio criado para tanto, com o acréscimo de diversas desqualificações graves, exclusivamente, em relação à mulher, sendo essa a autora da ação com pretensão indenizatória e de remoção do ilícito.

No voto, o ministro enunciou que "vejo nesse caso uma notória culpa concorrente. Afinal, pessoa que não é tão menor de idade assim, tem dezessete anos, vai para uma festa, tranca-se em um cubículo de meia parede, praticamente no meio do salão, com pessoas dançando logo ali ao lado, ingerindo bebidas alcoólicas, se é que não havia outras coisas ainda mais pesadas, e se arrisca a tanta intimidade em um ambiente que não é um quarto de casal – mas um cubículo de meia parede, mero tapume, na verdade. Por isso, vejo culpa concorrente".[44]

A questão é: poder-se-ia alegar culpa corrente? Para responder a essa pergunta se deve perquirir se ambas as condutas causaram o dano,[45] visto que o critério de distribuição de prejuízo se afasta da culpa, tratando-se, tecnicamente, de investigação quanto à concorrência de causas. O ordenamento jurídico apresenta impropriedade ao reportar à expressão "concorrência da culpa", uma vez que, independentemente do grau da culpabilidade, é o nexo causal que delimita a contribuição concorrencial para o dano.[46]

Nelson Rosenvald,[47] nesse sentido, elucida sobre situação que traduz o raciocínio exposto: em um acidente de trânsito provocado por alguém que invade a pista contrária e, do outro lado, há motorista inabilitado, ainda que haja culpa desse por não possuir autorização para dirigir (culpa por negligência), não é a sua conduta que enseja o dano, mas sim o ato daquele que transpõem a faixa central (nexo de causalidade).

Partindo-se à análise da posição do julgador, nota-se que a "culpa concorrente" foi apontada a partir do alegado risco que a vítima supostamente teria se exposto. Mas não só. Mesmo se tratando de uma mulher adolescente, a afirmação vem reforçada por expressões que demonstram o julgamento moral frente ao caso, pautada em princípios paternalistas, que embute a expectativa de que as mulheres sejam sexualmente recatadas.

---

44. BRASIL. Superior Tribunal de Justiça. REsp 1.445.240/SP. relator Ministro Luis Felipe Salomão. Quarta Turma. Julgado em 10.10.2017. DJe de 22.11.2017.
45. Nesse sentido, veja o Enunciado 630 do Conselho de Justiça Federal – CJF: "Culpas não se compensam. Para os efeitos do art. 945 do Código Civil, cabe observar os seguintes critérios: (i) há diminuição do *quantum* da reparação do dano causado quando, ao lado da conduta do lesante, verifica-se ação ou omissão do próprio lesado da qual resulta o dano, ou o seu agravamento, desde que (ii) reportadas ambas as condutas a um mesmo fato, ou ao mesmo fundamento de imputação, conquanto possam ser simultâneas ou sucessivas, devendo-se considerar o percentual causal do agir de cada um".
46. ROSENVALD, Nelson et al. *Novo Tratado de Responsabilidade Civil*. Disponível em: Minha Biblioteca, (4. ed.). Saraiva, 2019, p. 579.
47. ROSENVALD, Nelson, et al. Op. cit.

No caso, sequer havia autorização para o registro de imagens por quem o fez (o terceiro), menos ainda para a divulgação, o que agrava a situação. Mas ainda que houvesse, seria o consentimento para a captura a causa do dano? É a vivência de momentos íntimos que provocam prejuízos à integridade da vítima? O lugar e o modo das ocasiões de intimidade devem ser sopesados como causa concorrente?

Defende-se que é apenas a publicização intencional do ofensor o liame causal, pois daí deriva diretamente a consequência danosa. Se não existisse a prática da exposição não consentida, o prejuízo desapareceria. Logo, a causalidade necessária é encontrada no ato do ofensor e não no comportamento da mulher, uma vez que, essa, por si mesma, não seria capaz de, determinante e diretamente, dar causa ao evento danoso.

Há que se tomar cuidado para não recair na "cultura do estupro", buscando responsabilizar a vítima em razão do ambiente frequentado, da roupa que usava, ou do seu comportamento.[48] A tentativa de culpabilização da vítima nos casos de NCII, representa, mais uma vez, o controle do comportamento e do corpo das mulheres.

Para acrescer ao estudo, saliente-se que, em pesquisa realizada pelo IPEA,[49] encontrou-se, dentre os entrevistados, 58,5% de concordância a respeito da afirmativa de que "se as mulheres soubessem como se comportar, haveria menos estupros". Isso é representativo da ideia social de que são as mulheres quem devem se comportar, e não os estupradores.

Nesse soar, será que a afirmação da culpa concorrente de uma vítima de NCII por conta das condições e do local frequentado não representa intolerância e violência de gênero? A resposta tende a ser positiva. Por isso, sequer há razões para questionar a (in)existência de culpabilidade da vítima. Não é essa a questão relevante à concorrência das causas. E, nesse sentido, foi o voto vencedor proferido pelo Ministro Luis Felipe Salomão: "É interessante notar que, a meu *juízo*, o local onde se realizaram os atos íntimos e onde fora flagrada a recorrente e seu par não possui o condão de minorar o valor da reparação".

Pertinente notar que, o ministro referencia a existência de diversos projetos de lei que visam o combate a condutas ofensivas contra as mulheres na internet, denotando-se, daí, sua atenção à violência de gênero. O zelo, igualmente, foi encontrado no voto da Maria Isabel Gallotti que preferiu adequar os termos ("e aí menciona os adjetivos bastante ofensivos"), evitando a repetição literal das expressões abusivas e depreciativas expressas no julgado do tribunal inferior.

Ainda sobre a culpabilização da vítima, vale registrar o julgado que retrata exatamente a situação da prática de NCII perpetrada por parceiro afetivo. A vítima, tendo

---

48. IPEA – Instituto de Pesquisa Econômica Aplicada. *Sistema de Indicadores de Percepção Social*: tolerância social à violência contra as mulheres. Brasília, 2014. Disponível em https://www.ipea.gov.br/portal/images/stories/PDFs/SIPS/140327_sips_violencia_mulheres.pdf. Acesso em: 27 abr. 2023.
49. Idem.

promovido ação contra o Facebook,⁵⁰ assim como nos demais casos, visava à remoção de fotos que retratavam nudez e sensualidade, bem como a indenização por danos morais.

Em seu voto-vista, o Ministro Ricardo Villas Bôas Cueva, afastando a tentativa da parte contrária de apelar à subjetividade do julgador quanto à "imoralidade feminina", assinalou que a "[...] espécie de traje usado pela autora quando fotografada (se biquíni, roupa íntima, lingerie ou, como sustentado nas razões de seu recurso, 'adorno sexual') é completamente desinfluente para o exato deslinde da controvérsia".

A Ministra Nancy Andrighi, então relatora, afirmou a certeza da existência de dano moral por veiculação não autorizada da fotografia em página de rede social dotada de conteúdo com forte apelo sexual e de caráter depreciativo à figura da mulher, registrando, em acréscimo, que, as vítimas de NCII, representam, "em sua quase totalidade, mulheres que são objeto de vingança ou perseguição de antigos parceiros".[51]

Da pesquisa em julgados, a Ministra Nancy Andrighi, cumprindo o dever institucional da tutela de direitos, demonstra especial atenção e sensibilidade à violência de gênero. E no julgamento do REsp 1.679.465/SP (MP em representação da adolescente x Google), contextualizou, com a propriedade e a responsabilidade que se espera de um julgador, a cultura da violência contra a mulher e a construção simbólica da superioridade masculina.

Para encerramento provisório do debate, registra-se as palavras da Ministra Nancy, a fim de que não se deixe esquecer o que essencialmente caracteriza o fenômeno da *Non-Consensual Intimate Image* (NCII): "essa nova modalidade de violência não é suportada exclusivamente pelas mulheres, mas especialmente praticada contra elas, refletindo uma questão de gênero, culturalmente construída na sociedade".[52]

5. CONSIDERAÇÕES FINAIS

Aumentando as vulnerabilidades sociais que há muito se tenta rechaçar, o desenvolvimento das ferramentas tecnológicas tem imposto novos desafios trazidos pela sociedade de informação. Dentre elas, a exposição não consensual de imagens íntimas – NCII.

Se o fenômeno apresenta relevância sob ótica constitucional da personalidade, protegendo os dados e a autodeterminação informativa, mais atenção ainda se deve voltar àquelas que, na maioria das vezes, são as vítimas da prática: as mulheres. A NCII é mais um comportamento ditado pelas leis do patriarcado. O controle sobre o corpo feminino e a consagrada regra da superioridade masculina, tornam evidentes a violência de gênero.

A sexualidade é o alvo. Afinal, a mulher é estigmatizada pela "imoralidade feminina", construção pautada no discurso machista e sexista. A perpetuação do *habitus* torna tão

---

50. BRASIL. Superior Tribunal de Justiça. REsp 1.735.712/SP. Relatora Ministra Nancy Andrighi. Terceira Turma. Julgado em 19.05.2020, DJe de 27.05.2020.
51. Idem.
52. BRASIL. Superior Tribunal de Justiça. REsp 1.679.465/SP. Relatora Ministra Nancy Andrighi. Terceira Turma, julgado em 13.03.2018, DJe de 19.03.2018.

evidente o dano à integridade psíquica, moral e física das vítimas – agora, em âmbito digital, com maior potencialidade danosa – que vêm se criando mecanismos para coibir as condutas ofensoras. Nesse contexto, por exemplo, a Lei Maria da Penha.

Especificamente quanto à NCII, o Marco Civil da Internet traz os primeiros contornos da prática, mas não retrata com tanta exatidão o instituto. A epistemologia jurídica, então, se encarrega, como fez Ivar Hartmann ao delimitá-la em seus quatro elementos: (*i*) a exposição do conteúdo na mídia; (*ii*) a caracterização do momento íntimo (privado); (*iii*) a intencionalidade da disseminação; e (*iv*) a falta de autorização para a exposição do conteúdo.

A reflexão vai além: cada um desses pontos deve, necessariamente, ser analisado sob a perspectiva da violência de gênero, especialmente, no âmbito da responsabilização civil. Não se ignore o contexto e/ou se tente culpabilizar as mulheres. Cabe, a cada julgador realizar a interpretação dos fatos a partir da ótica da vítima e se esforçar para afastar as suas próprias subjetividades, já contaminadas de preconcepções do patriarcado. E, partir daí, é que não se admite a tese da "culpa concorrente da vítima".

Outro ponto central, em que pese prescindível à antijuridicidade, é a motivação intencional maliciosa. Tal elemento deve, sim, ser questionado, a fim de dimensionar a culpa do agente, a extensão do prejuízo à vítima e, com fins institucionais, para coibir a perpetuação da violência de gênero. A questão é que a vontade interna do agente é o *quid* caracterizador da fenomenologia, de modo que a sua evidência desnaturaliza os atos de NCII e desnuda as práticas violentas e abusivas ao reconhecê-las enquanto tais.

Aparenta, por fim, o Superior Tribunal de Justiça, estar atento à questão. Ainda que com certa parcimônia – o que pode ser objeto de críticas dada a relevância social da matéria –, mas são existentes as vozes que ecoam a violência de gênero na prática da NCII. A pouca tentativa de culpabilização da vítima restou vencida; e, ainda, foram evidenciados posicionamentos que, ao menos, tem pretensão de afastar as práticas violentas, evitando a "cultura do estupro" ao tornar irrelevante a roupa da vítima, o modo e o local em que experiencia sua intimidade.

Mas se tem muito caminho a percorrer pela frente. E espera-se que esse tenha sido apenas mais um passo dado contra qualquer tipo de violência de gênero.

REFERÊNCIAS

BIANCHINI, Alice. *Lei Maria da Penha: Lei 11.340/06*: aspectos assistenciais, protetivos e criminais da violência de gênero. 2 ed. São Paulo: Saraiva 2014.

BRASIL. Conselho de Justiça Federal. Enunciado 630. VIII Jornada de Direito Civil.

BRASIL. Superior Tribunal de Justiça. AgInt nos EDcl no AREsp 2.049.359/SP. Relator Ministro Marco Aurélio Bellizze, Terceira Turma. Julgado em 20.03.2023, DJe de 22.03.2023.

BRASIL. Superior Tribunal de Justiça. REsp 1.848.036/SP. Relator Ministro Paulo de Tarso Sanseverino. Terceira Turma. Julgado em 26.04.2022, DJe de 05.05.2022.

BRASIL. Superior Tribunal de Justiça. REsp 1.735.712/SP. Relatora Ministra Nancy Andrighi. Terceira Turma. Julgado em 19.05.2020, DJe de 27.05.2020.

BRASIL. Superior Tribunal de Justiça. REsp 1.679.465/SP. Relatora Ministra Nancy Andrighi. Terceira Turma. julgado em 13.03.2018, DJe de 19.03.2018.

BRASIL. Superior Tribunal de Justiça. REsp 1.445.240/SP. relator Ministro Luis Felipe Salomão. Quarta Turma. Julgado em 10.10.2017. DJe de 22.11.2017.

CHAKIAM, Silvia. *A construção do Direito das Mulheres*: Histórico, Limites e Diretrizes para uma Proteção Penal Eficiente. 2. ed. rev. Rio de Janeiro: Lumen Juris, 2020.

CORREA, Adriana Espíndola; LANA, Alice de Perdigão. Revenge Porn e o Corpo Exposto nas Decisões do Superior Tribunal de Justiça. *Revista de Direito Público*, v. 18, n. 98, 73-97, abr./jun. 2021. Disponível em: https://www.portaldeperiodicos.idp.edu.br/direitopublico/article/view/5240. Acesso em: 1º mar. 2023.

GIDDENS, Anthony. *A Transformação da Intimidade*: sexualidade, amor e erotismo nas sociedades modernas. Trad. Magda Lopes. São Paulo: Editora da Universidade Estadual Paulista, 1993.

HARTMANN, Ivar. A regulação da internet e os novos desafios da proteção de direitos constitucionais: o caso do revenge porn. *Revista de Informação Legislativa*: RIL, 55 (219), n. 219, p. 13-26, jul./set 2018. Disponível em: http://www12.senado.legbr/ril/edicoes/55/219/ril_v55n219_p13. Acesso em: 02 mar. 2023.

IPEA – Instituto de Pesquisa Econômica Aplicada. Sistema de Indicadores de Percepção Social: tolerância social à violência contra as mulheres. Brasília, 2014. Disponível em: https://www.ipea.gov.br/portal/images/stories/PDFs/SIPS/140327_sips_violencia_mulheres.pdf. Acesso em: 27 abr. 2023.

RODOTÁ, Stefano. *A Vida da Sociedade de Vigilância*. A privacidade hoje. Seleção e Apresentação Maria Celina Bodin de Moraes. Trad. Danilo Doneda e Luciana Cabral Doneda. Rio de Janeiro: Renovar, 2008.

ROSENVALD, Nelson et al. *Novo Tratado de Responsabilidade Civil*. Disponível em: Minha Biblioteca, (4. ed.). Saraiva, 2019.

SCOTT, Joan. Gênero: *Uma categoria útil par análise histórica*. Trad. Christine Rufino Dabat e Maria Ávila. Educação e Realidade, 20 (2), p. 71-99, jul./dez. 1995. Disponível em: https://edisciplinas.usp.br/pluginfile.php/185058/mod_resource/content/2/G%C3%AAnero-Joan%20Scott.pdf. Acesso em: 02 mar. 2023.

SEGATO, Rita Laura. *Que és un feminicídio*. Notas para un debate emergente. Série Antropologia. 401. Brasília: Universidade de Brasília, 2006. Disponível em: www.https://www.nodo50.org/codoacodo/enero2010/segato.pdf Acesso em: 1º mar. 2023.

SILVA, Artenira da Silva e; PINHEIRO, Rossana Barros. *Exposição que fere, percepção que mata*: a urgência de uma abordagem psicojurídica da pornografia de vingança à luz da Lei Maria da Penha. *Revista da Faculdade de Direito*. UFPR. Curitiba, v. 62, n. 03, p. 243-265, set./dez. 2017.

VALENTE, Mariana G; NERIS, Natalia; RUIZ, Juliana P.; BULGARELLI, Lucas. *O Corpo é o Código*: estratégias jurídicas de enfrentamento ao revenge porn no Brasil. InternetLab: São Paulo, 2016. Disponível em: https://www.internetlab.org.br/wp-content/uploads/2016/07/OCorpoOCodigo.pdf. Acesso em: 1º mar. 2023.

ANOTAÇÕES